Gerhard Konzelmann

König Davids Erbe

Gerhard Konzelmann

König Davids Erbe

3000 Jahre Jerusalem

Mit 15 Übersichtskarten

Herbig

Die zitierten Texte aus *Josephus Flavius »Der jüdische Krieg«*, herausgegeben von Gerhard Wirth, wurden von Hermann Endrös übersetzt und werden mit freundlicher Genehmigung des Wilhelm Goldmann Verlages, München, wiedergegeben.

Die Vorsätze vorne und hinten zeigen den Abtransport von Beutestücken aus dem Tempel von Jerusalem, darunter auch den siebenarmigen Leuchter (Relief am Titusbogen in Rom).

Das Schutzumschlagmotiv wurde freundlicherweise von Tony Stone Bilder-Welten, München, zur Verfügung gestellt.

Schutzumschlaggestaltung: Bernd und Christel Kaselow, München
Übersichtskarten: Eckehard Radehose, München
Satz: Filmsatz Schröter, München
Gesetzt aus 10,7/12 Punkt Palatino auf Macintosh in QuarkXPress
Druck: Jos. C. Huber, Dießen
Binden: R. Oldenbourg, München
Printed in Germany
ISBN 3-7766-1931-7

Inhalt

Anhang

Die Souveränität Allahs
gegen die Souveränität des Volkes

Der Krieg zwischen beiden Souveränitäten brach in zwei Stufen aus, als am 25. Februar 1996 und am 3. März 1996 jeweils ein junger Mann in israelischer Uniform im jüdischen Stadtteil Katamon einen Bus der Linie 18 bestieg, um zur Bushaltestelle beim Postamt im Zentrum von Jerusalem zu fahren. Beide Männer waren Palästinenser, Studenten der arabischen Bir-Zet-Universität. Sie unterschieden sich nicht von den vielen jüdischen Soldaten und Unteroffizieren, die zu diesem Zeitpunkt nach dem Sabbath zu ihren Kasernen fahren wollten. Sie schleppten Säcke hinter sich her. Befanden sich in den Säcken der jüdischen jungen Männer Kleidung, Nahrung und Ausrüstung, so enthielten die Säcke der zwei Palästinenser Sprengstoff. Sie wollten töten, um einen Frieden zu verhindern, der – nach ihrer Meinung – von Allah nicht gewollt war. Sie wollten seiner Souveränität Respekt verschaffen.
Die jungen Männer mißachteten die Wahlentscheidung des palästinensischen Volkes vom 20. Januar 1996, das mit hoher Mehrheit Yassir Arafat das Mandat zum Friedensschluß mit Israel gab. Die Selbstmordattentäter starben und töteten, weil sie das Mandat des Volkes als gegen Allahs Willen gerichtet verachteten. Seine Souveränität steht für sie und für mehrere tausend Gleichgesinnter selbstverständlich über der des Volkes.
Für die islamisch-palästinensische Kampforganisation Hamas hat die Befolgung von Allahs Willen absolute Priorität. Was Allah will, das sagen ihnen Geistliche aus Iran, die würdevoll, wissend und entschlossen wirken. Sie verlangen Kampf gegen Israel, weil Allahs Souveränität dessen Vernichtung fordere. Die Geistlichen aus Iran erheben Anspruch zu wissen, was Allahs Souveränität fordert.
Der Krieg begann am 25. Februar und am 3. März 1996 mit Absicht in Jerusalem – denn diese Stadt steht im Zentrum des Krieges beider Souveränitäten. Die Detonation am 4. März beim Einkaufszentrum Dizengoff in Tel Aviv ist als Bekräftigung der Kriegserklärung zu bewerten ...

»Die Völker brauchen den Tempel« – Davids Stadt als Zentrum der Heilsgeschichte

Weise und Schriftgelehrte in der Stadt Davids sagen, Gotte habe, noch ehe er die Schöpfung bewirkte, die Absicht entwickelt, einen Tempel in Jerusalem zu errichten, als Ort des Bundes zwischen Gott und Mensch. Die Absicht zur Errichtung des Tempels sei – zusammen mit dem Wortlaut der heiligen Schriften – als verborgenes Geheimnis schon in den Ursprüngen des kosmischen Schöpfungsplans bewahrt gewesen. Die Verwirklichung des Plans sei in historischen Vorgängen zu erkennen.
Die Idee eines Heiligtums habe schon Adam geleitet, auch wenn sie ihm nicht bewußt war. Die Idee habe in Noah den Willen gefestigt, das Leben nach der Flut fortbestehen zu lassen. Abraham sei es gewesen, der den Platz für den Tempel auf dem Hügel Morija ausgesucht habe. Gott sei, so sagen Weise und Schriftgelehrte, nur deshalb so gnädig zum jüdischen Volk gewesen, seine Flucht aus der Knechtschaft des Pharao zu ermöglichen, damit es den Tempel von Jerusalem erbaue. König David habe den Platz auf dem Hügel Morija gekauft – und Salomo habe, gemäß dem Schöpfungsplan Gottes, dort den ersten Tempel errichtet. Der Tempel Salomos war Wahrzeichen für das jüdische Volk.
Weise und Schriftgelehrte sagen, Salomo habe gewußt, daß der Tempel zerstört werde. Im Talmud, im Buch der Lehre des jüdischen Glaubens, wird mitgeteilt, Salomo habe unter dem Tempel Höhlen und Gänge graben lassen, in denen – bei Gefahr – die Bundeslade mit dem »Gesetz der Väter« und die heiligen Geräte, die beim Opferdienst gebraucht werden, versteckt werden konnten. 350 Jahre nachdem die Verstecke geschaffen worden sind, habe König Josiah (640–609 v. Chr.) auf Befehl Gottes alles, was im Tempel wertvoll war, in die unterirdischen Höhlen verbracht – 40 Jahre vor der Zerstörung des ersten Tempels durch Nebukadnezar. Dort seien Bundeslade, Gesetzestafeln und heilige Geräte bis heute verborgen. Sie warten darauf, im dritten Tempel gebraucht zu werden.
Weise und Schriftgelehrte sagen, der zweite Tempel, der Tem-

pel des Herodes, sei nur Fassade gewesen, denn alles, was heilig war, habe ihm gefehlt, sei im Dunkel der Gewölbe versteckt geblieben. Auch dieser Tempel wurde durch Feuer zerstört. Die Weisen und Schriftgelehrten weisen darauf hin, daß die Absicht Gottes, in Jerusalem einen Tempel entstehen zu lassen, noch immer wirksam sei. Sie berufen sich auf den Gelehrten Rabbi Moses Maimonides, der im »Buch der Gebote« um das Jahr 1180 daran erinnerte, daß Gott den Bau des dritten Tempels befohlen habe, der dann für alle Zeiten bestehen bleibe. Den Platz dafür, so meinte Rabbi Moses Maimonides – und sein Wort gilt für die Gläubigen bis heute – habe Gott durch seinen Diener David selbst ausgewählt: »Es gibt keinen anderen Platz für den dritten Tempel auf der Erde. Er wird entstehen in Jerusalem, auf dem Hügel Morija, an der Stelle über die gesagt ist: David legte fest, hier werde das Haus entstehen, das Wohnsitz des Gottes ist für immer!«
Weise und Schriftgelehrte sagen, daß seit der Zerstörung des ersten Tempels kein Tag vergangen sei, an dem nicht ein Unglück geschehen sei in der Welt. Mit dem Bau des dritten Tempels, der zum Haus des Gebets für alle Nationen bestimmt sei, werde die Zeit des Heils anbrechen. Der künftige Tempel werde das globale Zentrum der geistigen Werte der Menschheit sein. David aber werde der König sein. David als einstiger und künftiger Herrscher. Das Erbe, das er hinterlassen hat, ist die Vision des Tempels – und ist die Stadt Jerusalem, die er vor 3000 Jahren hat erobern lassen, damit, nach Meinung der Weisen und Schriftgelehrten, der Bauplatz für den Tempel gesichert war.
Zum Nutzen aller Menschen sei dies geschehen – nur habe die Welt diese Absicht nicht begriffen. Die Weisen und Schriftgelehrten verweisen auf den Talmudtext: »Hätten die Völker begriffen, wie sehr sie den Tempel brauchen, sie hätten einen Ring um ihn gebildet und ihn verteidigt.«

Die Gihonquelle und die Geschichte der Eroberung Jerusalems

Wer den Platz nicht kennt, der beachtet ihn nicht. Er ist zu unscheinbar für das Programm der Touristen, denen Jerusalem Prächtigeres zu bieten hat. Unmittelbar neben der staubigen Straße im Kidrontal führen Stufen zu einer Öffnung im Fels. Ein rostiges Gitter verschließt den Eingang zur Höhle. Zu sehen sind hinter den Gitterstäben drei weitere Steinstufen, die über der Wasserfläche eines kleinen Teichs enden. Zu erkennen ist die Gihonquelle. Sie wird heute nicht mehr gebraucht. Ihr Wasser ist nutzlos. Doch für den, der Jerusalem liebt, ist die Gihonquelle nahezu der wichtigste Ort dieser Stadt.

Hier begann die faszinierende Geschichte der Stadt Jerusalem – die Quelle ist der Ausgangspunkt der Legenden, die der menschlichen Phantasie so sehr gefallen. Das Ereignis, das vor 3000 Jahren stattfand, und dessen weltgeschichtliche Folgen die Menschen bis heute bewegen, ist an dieser Quelle ausgedacht und ausgeführt worden.

Allein die Bibel gibt Zeugnis von diesem Ereignis, das die Siedlung bei der Gihonquelle in eine jüdische Stadt verwandelt. Zweimal wird die erfolgreiche Durchführung der Eroberung Jerusalems gemeldet. Unter Zweites Buch Samuel (5, 6-8) ist zu lesen, die Aktion sei durch eine List gelungen: König David und die Männer seiner Leibgarde hätten gewußt, daß sich innerhalb der Stadtmauer die Öffnung eines Schachts befand, der hinaufführte zum Wohngebiet. Dieser Schacht war von der Gihonquelle aus erreichbar – sie aber lag außerhalb der Stadtbefestigung. Quelle und Schacht boten dem Wissenden also Zugang zur Stadt. Der eigentliche Zweck des Schachts aber war, den Bewohnern einen wenn auch beschwerlichen aber geschützten Weg zum Wasser der Gihonquelle zu bieten.

Der Text bei Zweites Buch Samuel gibt Auskunft darüber, daß sich die Einwohner hinter ihren Mauern überaus sicher fühlten. Sie waren offenbar der Meinung, »die Blinden und Lahmen« würden zur Verteidigung ausreichen. Die Gefahr, die durch David und dessen Leibwache drohte, wurde in der Stadt nicht ernstgenommen.

Im Ersten Buch Chronik (11,5) findet sich die ausdrückliche Bestätigung dieser überheblichen Haltung: »Die Männer von Jebus sprachen zu David: ›In unsere Stadt kommst du nicht herein!‹ Doch David eroberte die Stadt.«
Diese Schilderung läßt den Sachverhalt als einfach erscheinen: Die Männer für die Verteidigung der Stadt Jebus – so hieß Jerusalem zum Zeitpunkt der Eroberung durch König David – waren hochmütig und leichtfertig zugleich. Sie hatten ihre Verteidigungsanlagen nicht auf Schwachstellen überprüft. Niemand sah einen Anlaß dazu, denn schließlich hatten die Bewohner – sie waren dem Volk der Jebusiter zuzurechnen – bereits seit 200 Jahren dem Druck der jüdischen Stämme standgehalten. Die Überheblichkeit führte zum Fall: Die Verteidiger wurden Opfer der listigen Angreifer, die von der Gihonquelle her in den Schacht und damit in das Kanalsystem der Wasserversorgung eindringen konnten. König Davids Männer überrumpelten ihre Gegner auf der Mauer hinterrücks.
Diese Geschichte liest sich spannend im biblischen Text – doch entspricht sie auch der Wahrheit?
Die archäologischen Befunde schienen der Bibel recht zu geben. Während seiner Ausgrabungen, die er von 1867 bis 1870 durchführte, stieß der britischen Ingenieur Charles Warren auf einen Schacht, der von der Gihonquelle aus durch den Fels nach oben führte, genau dorthin, wo sich zur Zeit Davids die Stadt befand. Seine Entdeckung wird seither »Warrens Schacht« genannt.
Die Überzeugung, Warrens Schacht sei einst von Davids Feldherrn Joab benützt worden, um in die Stadt eindringen zu können, ist allerdings von jüngeren Forschern ins Wanken gebracht worden. Dan Bahat weist in den Erläuterungen darauf hin, daß Warrens Schacht erst lange nach der Eroberung durch die jüdischen Krieger gegraben worden sei – vielleicht sogar erst zur Zeit des Königs Salomo. Der schönen Geschichte ist also die Basis entzogen.
Da dem Feldherrn Joab der Schacht also nicht zur Verfügung gestanden hatte, sahen sich die Bibelexperten veranlaßt, den Sinn der überlieferten Texte neu zu überdenken. Zum Streitpunkt entwickelte sich die Interpretation des alten hebräischen

Wortes »tsinnor«. Der Orientalist und Archäologe William Foxwell Albright, der 1971 gestorben ist, hatte schon in seinem Werk darauf hingewiesen, daß die Auslegung dieses Wortes eines der schwierigsten Probleme darstelle im Bemühen um Verständnis der alttestamentarischen Texte. Zweifel entstanden, ob »tsinnor« gleichbedeutend sei mit dem Begriff »Schacht«. Diese Interpretation hat seither als selbstverständlich gegolten. Festgestellt wird, daß auch die Möglichkeit besteht, »tsinnor« mit »Pauke« zu übersetzen. Trifft diese Deutung zu, dann war wohl auch Jerusalem, genau wie einst Jericho, durch den Lärm eines Musikinstruments sturmreif gemacht worden. Zum bekannten biblischen Wortlaut des Eroberungsberichts paßt diese Deutung nicht. Überraschend wäre allerdings die Übereinstimmung zwischen dem Bericht der Eroberung von Jerusalem durch König David und der Schilderung der Einnahme von Jericho mit Hilfe der Trompeten des Josuas. Die Glaubwürdigkeit beider Berichte würde darunter leiden.

Einleuchtend ist eine andere Version der Deutung des biblischen Textes. Ihre Grundlage ist die Annahme, es sei dem Feldherrn Joab gelungen, die Stadt durch Erstürmung und Besetzung des Mauerabschnitts an der Gihonquelle und durch die damit mögliche Störung der Wasserzufuhr zur Übergabe zu zwingen.

Die Stadt, die König David vor 3000 Jahren durch Joab erobern ließ, war klein an Ausmaßen. Die Archäologen sind sich darin einig, daß sie 350 Meter lang und höchstens 150 Meter breit war. Sie lag am Abhang eines Hügels, der recht steil ist. Wer über den Hügel wandert, spürt rasch, wie beschwerlich der Weg ist. Er ist dazuhin der prallen Sonne ausgesetzt. Pfade führen vorbei an Schutthalden, Mauerresten, Geröll und einfachen Häusern.

Der Hügel war keineswegs die höchste Erhebung ringsum. Die Stadt ragte nicht stolz aus der Landschaft empor. Sie machte wohl eher den Eindruck, sie ducke sich und wolle nicht auffallen. Die Gründer der Stadt hatten bei der Wahl dieses Hügels bewußt auf einen strategischen Vorteil verzichtet. Sie hatten den leichten Zugang zu fließendem, frischem Wasser vorgezogen. Das Bergland ringsum ist trocken – die Stadt auf dem niederen Hügel aber war immer mit Wasser gesegnet. Auch während der heißen Jahreszeit versiegt die Gihonquelle nicht. Ständig fließendes Wasser war lebenswichtig für Stadtbewohner, die noch nicht die Kunst des Zisternenbaus entwickelt hatten. Dichte Wasserbecken zu bauen verstanden die Jebusiter nicht.

Die Gihonquelle weist eine Besonderheit auf: Ihr Wasser entspringt in Schüben. Sie dauern jeweils ungefähr eine halbe Stunde und erfolgen in unregelmäßigem Abstand. Die Frist zwischen den Wasserschüben währt zwischen fünf und zehn Stunden. Erklärt wird diese Erscheinung durch die Existenz unterirdischer Kavernen, die wie Syphons wirken. Haben sich die Syphons gefüllt, sprudelt Wasser mit Wucht in die Quellhöhle. Doch sie trocknet auch zwischen den Schüben nicht aus – während der Zwischenzeit dringt ein Rinnsal aus dem Boden. Den erneuten Ausbruch künden dann dumpfe und gurgelnde Geräusche aus der Tiefe an, die auf harmlose Gemüter bedrohlich wirken können. Die Bezeichnung »Gihon« ist verwandt mit einem hebräischen Wort, das »schütten« oder »sprudeln« bedeutet.

Das Volk, dem Davids Leibgarde durch die Eroberung der Stadt Jebus eine entscheidende Niederlage beigebracht hatte, war nicht der Erbauer der Siedlung an der wasserreichen Quelle. Der Beginn der Geschichte dieser Stadt liegt weit zurück. Doch dieses Volk der Jebusiter besaß seit langem Wohnrecht auf diesem Hügel. Es hatte den ummauerten Abhang seit zweihundert Jahren beherrscht. Unbekannt ist, woher der Stamm ins Land zwischen Mittelmeer und Jordangraben eingewandert war. Die Ansiedelung der Jebusiter muß zu einem Zeitpunkt geschehen sein, als die jüdischen Großfamilien, die sich nach und nach aus Ägypten kommend, am Westufer des Jordan festgesetzt und mit der Landnahme begonnen hatten. Die Jebusiter zogen zunächst Nutzen aus den Erfolgen der jüdischen Stämme. Die Jebusiter konnten die Stadt an der Gihonquelle nur einnehmen, weil der jüdische Feldherr Josua eine entscheidende Vorarbeit geleistet hatte.

Die Herrscher, die bis dahin die Stadt kontrolliert hatten, waren vom Feldherrn der jüdischen Stämme durch überlegene Taktik derart vernichtend geschlagen worden, daß sie nicht mehr die Kraft besaßen, den befestigten Ort zu verteidigen. Das Buch Josua (10, 1-27) berichtet vom Versuch des Königs von Jerusa-

lem – dessen Stadt vielleicht Jerush-alayim geheißen hat – durch eine Koalition mit den Mächtigen der Städte Hebron, Lachisch, Eglon und Jarmut den bislang siegreichen Vormarsch der jüdischen Bewaffneten aufzuhalten. Doch diese Aktion der Verzweiflung scheiterte. Bei der Stadt Gibeon, nördlich von Jerusalem, fand der entscheidende Kampf statt. Das Heer der fünf Koalitionsstädte besaß keine energische Führung und war nicht entschlossen genug, die Kampfkraft von Josuas Männern niederzuringen. Der siegreiche Feldherr, so erzählt das Buch Josua (24-25) habe die Könige gefangen und gedemütigt. Er habe seinen Kriegsleuten diesen Befehl erteilt: »Bringt die Könige von Jerusalem, von Hebron, von Jarmut, von Lachisch und Eglon zu mir. Tretet heran und setzt den Fuß auf den Nacken dieser Könige.« Als dies geschehen war, schlug Josua die fünf Könige tot und »ließ sie an fünf Bäumen aufhängen, an denen sie hängenblieben bis zum Abend«.
Anzunehmen ist, daß die Siedlung an der Gihonquelle, die auf Pferden vom Kampfplatz bei der Stadt Gibeon innerhalb einer Stunde zu erreichen war, damals zwar geplündert, doch nicht von jüdischen Familien in Besitz genommen wurde. Sie erschien wohl den Sippen, die auf Landsuche waren, als zu unbedeutend. Geographisch und politisch wichtig wurde ihnen die Stadt erst später. Die Stämme überließen den Ort zunächst anderen. Das Volk der Jebusiter siedelte sich an. Die Siedlung an der Gihonquelle trug fortan den Namen Jebus.

Jebus konnte seine Unabhängigkeit bewahren, obgleich es völlig von jüdischem Siedlungsgebiet umgeben war. Im Text des Buches Josua (15,63) ist das Eingeständnis zu finden, Jebus sei ein Problemfall für die jüdischen Strategen gewesen: »Es gelang nicht, die Jebusiter aus ihrer Stadt zu vertreiben. So geschah es, daß die Jebusiter mit dem Volke Juda zusammenlebten.«

Im Buch Richter (1,8) wird allerdings erzählt, das Volk Juda, das sein Gebiet ausdehnen wollte, habe zu einem weit früheren Zeitpunkt – unmittelbar nach Josuas Tod – Jebus schon einmal erobert und damals sogar in Brand gesetzt. Das Interesse der Judäer an der Stätte der Brandschatzung und Verwüstung aber war offenbar gering, »denn sie zogen gleich weiter« zum

Kampf gegen die Kanaaniter im Gebirge. Radikal konnte die Zerstörung auch nicht gewesen sein, denn im selben Buch Richter (1,21) wird von einer lebenskräftigen Siedlung berichtet, die ihre Selbständigkeit bewahren konnte. Zu erfahren ist, daß die Stadt an der Gihonquelle trotz allem Druck der jüdischen Sippen von den Jebusitern hartnäckig verteidigt wurde: »Sie konnten auch von den Nachkommen Benjamins nicht vertrieben werden. Die Jebusiter blieben in Jebus wohnen.«

So war die Stadt über Generationen hin eine Insel im Gebiet des Stammes Benjamin – zum Ärger der jüdischen Sippen, die Jebus als Dorn im Fleisch betrachteten. Unabhängig war auch die Siedlung Gibeon, die kaum zehn Kilometer nordwestlich von Jebus lag. Wie ein Wurmfortsatz ragte dort das Philistergebiet von der Küstenebene bis Gibeon 15 Kilometer weit in das Land von Ephraim und Juda hinein. Sicher konnten sich die Bewohner von Jebus lange Zeit auf die Unterstützung durch die Philister verlassen, deren Waffen denen der jüdischen Stämme überlegen waren.

Daß die Jebusiter im Bewußtsein der israelischen Sippen als gefährlich galten, macht das 19. Kapitel des Buches Richter deutlich: Die Juden gingen den Jebusitern aus dem Weg – mit diesen Fremden wollte man nichts zu schaffen haben. Das geschilderte Ereignis ist dem 12. Jahrhundert v. Chr. zuzuordnen: »Es geschah in jenen Tagen, als es keine Könige in Israel gab und jeder tat, wozu er Lust hatte.« Ein Mann aus dem Stamme Levi hatte sich ein Mädchen aus der Sippe Juda zur Nebenfrau genommen. Sie hielt es allerdings bei ihm nicht lange aus, sondern begab sich zurück zu ihrem Vater nach Bethlehem. Der Mann aus dem Stamme Levi aber wollte auf die Nebenfrau nicht verzichten; er ging nach Bethlehem und es gelang ihm tatsächlich – mit einiger Verzögerung allerdings – die Frau zu überreden, mit ihm in sein Dorf zurückzukehren. Auf dem Heimweg kam das Paar, von einem Knecht begleitet, in die Nähe der Stadt Jebus. Der Knecht wies darauf hin, bei den Jebusitern sei bequemes und preiswertes Nachtlager zu finden. Er schlug vor, in Jebus einzukehren. Der Mann aus dem Stamm Levi aber weigerte sich, trotz des Anbruchs der Dunkelheit, die Stadt Jebus zu betreten, »weil sie Fremden und nicht den Söhnen Israels gehört.« Diese Haltung rächte sich bitter.

Der Mann, die Nebenfrau und der Knecht wanderten weiter bis

zur Siedlung Gibea, auf halbem Wege zwischen Jebus und Gibeon – Gibea und Gibeon waren zu diesem Zeitpunkt bereits nicht mehr unabhängig, sondern gehörten dem Stamm Benjamin.

Die männlichen Benjaminiten von Gibea aber waren von eigentümlich brutaler Art: Eine Horde versammelte sich vor dem Haus, in dem der Levite untergekommen war, und verlangte, der Fremde möge herauskommen, da man ihn vergewaltigen wolle. Er weigerte sich und schickte seine Nebenfrau nach draußen. Ihr wurde an seiner Statt solange Gewalt angetan, bis sie tot war.

Der Mann verlangte Rache. Berichtet wird, er habe die Tote in zwölf Teile zerstückelt, und an jeden der jüdischen Stämme einen Teil geschickt mit der Aufforderung, gegen das Volk Benjamin Krieg zu führen, und in seiner Gesamtheit für die Untat von Gibea zu bestrafen. Das geschah – »dabei fielen von Benjamin 18000 Mann, alles tüchtige Krieger.« (Richter 20,44)

Von derartiger Zerfleischung der jüdischen Sippen zogen die Philister Gewinn, die in der Küstenebene zwischen Gaza und Ashdod ihr in sich geschlossenes Staatsgebilde bewahren und festigen konnten. Die Schmiede des Philisterlandes zeichneten sich durch die Fähigkeit aus, Eisen zu Waffen und Pflugscharen zu verarbeiten – die Handwerker der jüdischen Stämme waren ihnen darin nicht gewachsen. Das Erste Buch Samuel (13,19-20) bezeugt: »In keinem Dorf und in keiner Stadt Israels gab es damals einen Schmied. Die Philister gaben ihre Kenntnisse nicht weiter, denn sie sagten sich, die Hebräer könnten sonst selbst Schwerter und Lanzen fertigen. Jeder aus dem Lande Israel, der seine Pflugschar, Axt oder Sichel schärfen wollte, mußte sich dazu hinunter zu den Philistern begeben.« Das Resultat war, daß die Hebräer keine wirkungsvollen Waffen besaßen.

Kluge Köpfe unter den Verantwortlichen in Juda, Benjamin und Ephraim erkannten, daß die Philister – bei Fortdauer des Streits unter den jüdischen Sippen – die Überlegenen und schließlich sogar die Sieger in der Auseinandersetzung sein könnten. Unabdingbare Voraussetzung für den Aufbau von Streitkräften, die wirklich Widerstand zu leisten vermochten, war ein Zusammenschluß der Sippen unter einer starken Hand. Die Meinung verbreitete sich, dem jüdischen Volk könne nur ein absolut herrschender König helfen: »Ein König soll über uns herrschen! Wir wollen sein wie andere Völker auch. Ein König soll richten; er soll uns anführen im Krieg.« (Erstes Buch Samuel 8,19-20) Die Meinung herrschte vor, die »Regentschaft der Richter« sei nicht mehr der Zeit entsprechend.

Als der Druck der Philister sich auf das Hügelland auszudehnen begann, als das Küstenvolk Statthalter in jüdischen Städten einzusetzen begann, da war die Entwicklung zur Monarchie nicht mehr aufzuhalten. Das Volk erhielt seinen König: Saul wurde zum Herrscher gesalbt – ein Sohn wohlhabender Eltern, die in Gibea lebten, also nahe der Jebusiterhauptstadt Jebus.
Saul machte Gibea zum Mittelpunkt seiner Herrschaft. Von Gibea aus organisierte er den erfolgreichen Kampf gegen die Philister. Um die Stadt Jebus kümmerte er sich nicht.
Trotz aller Erfolge des Königs nahm in den Stämmen der Einfluß der Kräfte zu, die Sauls Ablösung erreichen wollten. Abneigung gegen ihn breitete sich aus. Der Vorwurf war zu hören, er folge nicht den Anweisungen Gottes. Noch zu Sauls Lebzeiten wurde David vom Propheten Samuel, der schließlich die Opposition gegen Saul anführte, zum König gesalbt. Samuel hatte damit die Zukunft der Thronfolge gesichert, doch Saul wehrte sich gegen seine Entmachtung. Aus Angst vor Sauls Attentatsversuchen mußte David, der ein junger Mann war aus einfachen Verhältnissen, im Verborgenen leben oder sogar bei Fürsten, die den jüdischen Stämmen feindlich gesinnt waren, Schutz suchen. In dieser Zeit wurde David bekannt als unternehmungslustiger Anführer bei Beutezügen und Überfällen. Abenteurer, Rechtlose und Entwurzelte schlossen sich ihm an. So entstand die Truppe, die ihm später Jebus eroberte. Ihr gehörten auch nichtjüdische »Gastsoldaten« an – wie Uria der Hethiter, in dessen Frau Bathseba sich David später verliebte.

Im Jahr 1006 v. Chr. zog Saul mit dem regulären jüdischen Kampfverband von seiner Hauptstadt Gibea bei Jebus aus nach Norden in die Ebene von Jesreel um die Philister zu vertreiben, die sich dort auf den Vormarsch ins Ephraimgebirge vorbereiteten. Sauls Feldzug scheiterte. Der König erlitt, zusammen mit dreien seiner Söhne, den Tod.

Ungünstig war der Zeitpunkt von Sauls Tod für David, den jungen Mann, der Ehrgeiz besaß, das gesamte Volk der Juden zu führen. Wäre Samuel noch am Leben gewesen, hätte David sofort Nachfolger auf dem Thron der jüdischen Sippen werden können. Doch Samuel, der Prophet, der David für die höchste Würde ausgewählt hatte, war tot. Da war niemand von Ansehen, der für die Bewahrung der Gesamtheit Israels eintrat, und da war vor allem niemand, der sich bereit erklärte, David zum König zu proklamieren. David mußte sich mit der Herrschaft über das Volk Juda begnügen. König der nördlichen Stämme aber wurde Eschbaal, ein Sohn Sauls, der die Schlacht bei der Ebene von Jesreel überlebt hatte. Das jüdische Reich war geteilt. Gefahr bestand, daß die früheren Zwistigkeiten wieder aufbrachen, daß sich die jüdischen Sippen erneut zerfleischten. Als Folge des Bruderzwists war dann nicht auszuschließen, daß die Philister einen jüdischen Stamm nach dem anderen unterwarfen.
In Wahrheit war dieser Prozeß einer »Kolonialisierung« durch das technisch überlegene Volk schon weit fortgeschritten – auch wenn die Bibeltexte diesen Sachverhalt eher verschleiern. Beide Teile des jüdischen Gebiets waren bereits dem Einfluß des fremden Volkes ausgesetzt. Eschbaal, der – als »König von Israel« – zuständig war für die nördlichen Sippen, die hauptsächlich unter der Niederlage von Jesreel, bei der Saul sein Leben verlor, zu leiden hatten, mußte sich dem Willen der Herren des Küstenlandes fügen. Er durfte keine Entscheidung treffen, die Philisterinteressen berührte. Verboten waren ihm Festungsbauten in den Grenzgebieten und Allianzen, die gegen Gaza, Ashdod oder Ashkalon gerichtet waren.

Aber auch David galt als ein König, »der das Vertrauen der Philister besaß« – diese Formulierung besagt, von David wurde erwartet, daß er nichts unternahm, was den Philistern Schaden bringen konnte. Es wurde eben von ihm erwartet, daß er dieses Vertrauen nicht enttäuschte.
Die Mächtigen der Philister konnten zufrieden sein mit der Situation: Die Spaltung des jüdischen Königreiches gab ihnen Sicherheit. Sie mußten darauf bedacht sein, daß sich David und Eschbaal auch weiterhin bekämpften.
30 Jahre alt war der König von Juda – drei Jahre älter war der

König von Israel. Aus dem Konflikt zwischen dem Haus Saul und dem Haus David entwickelte sich persönliche Feindschaft zwischen Eschbaal und David, der kein Zwist um ideologische Auffassungen zu Grunde lag. Da herrschte kein Streit zwischen Anhängern unterschiedlicher Religionen. Der Name Eschbaal könnte zum falschen Schluß veranlassen, der König von Israel sei dem Baalkult zugewandt gewesen. Doch auch er wich nicht vom Glauben ab, den Mose geprägt hatte. Der Namensbestandteil »Baal« meint in diesem Fall »Herr«. Die eindeutige Fixierung des Baalbegriffs auf die »heidnische Glaubenswelt« und Zuweisung des Namens »Baal« zum Feind des jüdischen Glaubens geschah erst in späterer Zeit.
War das Kräfteverhältnis zwischen Nord und Süd zunächst ausgeglichen, so ergaben sich im Verlauf der Zeit Verschiebungen zu Gunsten von David. Eschbaal war farblos im Vergleich zum König von Juda. Ganz von selbst hätten die Sippen des Nordens während einer absehbaren Zeit der starken Persönlichkeit des Südens ihr Vertrauen geschenkt und ihm gebeten, über sie zu herrschen. Da aber trat ein Ereignis ein, das Davids Chancen, Herr über die Gesamtheit von Israel zu werden, gewaltig reduzierte. Zwei Truppenkommandeure aus der Sippe Benjamin schlichen sich in das Haus des Eschbaal, als der auf seinem Bett schlief: Sie töteten ihn und schlugen ihm das Haupt ab. Diese Trophäe brachten sie zu David.
Die Situation war schwierig für den König von Juda. Wenn auch nur die Spur eines Verdachts auf ihn fiel, er habe die Tötung des Konkurrenten angeordnet, erlosch jede Sympathie für ihn im Bewußtsein der Männer der Nordstämme. Auch wenn sie Eschbaal nicht verehrt hatten, so war er doch ihr König gewesen. Seine Ermordung war ein Verbrechen. Steckte David dahinter, war er zu verurteilen. Es kam nun darauf an, wie er sich gegenüber den zwei Truppenkommandeuren verhielt, die ihm das Haupt des Eschbaal überbracht hatten. David erwies sich als Meister der Überzeugungskunst: Er sagte, er sei tief betroffen von diesem Mord an einem »rechtschaffenen Mann« – und er befahl, die zwei Kommandeure aus dem Stamm Benjamin zu töten. David hatte den Mord gerächt – ohne ein Wort zu sagen, daß er Anspruch erhebe auf die Herrschaft im Nordstaat. Und doch war er als Rächer aufgetreten, gerade im Interesse auch des Nordstaates. Ihn traf kein Vorwurf, er habe

eigensüchtig gehandelt. David stieg in der Achtung aller jüdischen Sippen.
Die politisch denkenden Köpfe der Großfamilien Benjamin und Ephraim stellten rasch fest, daß unter ihren Männern keiner zu finden war, der tatkräftig und mutig genug war, um einer zukünftigen Bedrohung durch die Philister standzuhalten. Niemand besaß das nötige Profil. Doch die Ratlosigkeit dauerte nicht lange – es blieb nur der eine Ausweg, David mit der Herrschaft zu betrauen.

Von Bedeutung bei dieser Entscheidung war sicher auch, daß der König von Juda über seine eigenen Kämpfer verfügen konnte, die, zwar gering an Zahl, entschlossene Krieger waren. Mancher von ihnen war berühmt als treffsicherer Bogenschütze. David besaß zum politischen auch noch militärisches Gewicht. Eindrucksvoll muß das Auftreten dieser Leibgarde gewesen sein, als die Ältesten der Stämme Israels in Hebron eintrafen, um ihre Unterwerfung anzubieten. Sie geschah durch den einen Satz: »Siehe, wir sind dein Fleisch und Blut!«
Die neue politische Lage verlangte nach einer neuen Hauptstadt. Hebron, im Gebiet des Stammes Juda gelegen, durfte nicht länger Sitz der Regierung bleiben. Ganz unausweichlich wäre er von judäischen Honoratioren beeinflußt worden. Die Ältesten der Nordsippen hätten David schon bald den Vorwurf gemacht, er würde die judäischen Belange zu sehr berücksichtigen. Ein Umzug nach Gibea ins Gebiet von Benjamin – von dort aus hatte Saul geherrscht – kam nicht in Betracht. Nach kurzer Zeit hätten sich die Judäer beschwert, der Stamm Benjamin bestimme nun die Politik.

Unbekannt ist, wer den genialen Einfall hatte, eine Stadt zur Residenz zu wählen, die weder zu Juda noch zu den Nordstämmen gehörte. Diese Idee führte aus allen Schwierigkeiten heraus. Unmittelbar auf der Grenzlinie zwischen Benjamin und Juda befand sich die Stadt Jebus, die Eigentum der Jebusiter war, und damit nicht der Kontrolle eines jüdischen Stammes unterstand. Jebus war Niemandsland. Als die Stadt erobert war, gehörte sie David ganz allein. Die »Blinden und die Lahmen« hatten nicht ausgereicht zur Verteidigung von Jebus.
Der im Zweiten Buch Samuel (5,6) zitierte spöttische Bemer-

kung der Stadtbewohner gegenüber David – »Du kommst nicht herein, denn die Blinden und Lahmen werden dich daran hindern« – darf wohl nicht so wörtlich verstanden werden. Gemeint sind wahrscheinlich nicht behinderte menschliche Wesen, sondern Idole, Götzenbilder, die auf die Stadtmauer gestellt wurden, um gegenüber den Angreifern die Verachtung der Verteidiger auszudrücken. Gelang es den Angreifenden, die Idole von den Mauern herunterzuschlagen, dokumentierten sie damit ihren Sieg. Davids Befehl zur Eroberung schloß die ausdrückliche Anweisung ein, die Blinden und die Lahmen wegzuschaffen. (Zweites Buch Samuel 5,8)

Eigentümlich ist die ergänzende Bemerkung, David hasse die Blinden und die Lahmen. Sicher ist wohl die Annahme, daß der König nicht die wirklichen Blinden und nicht die wirklich Lahmen gehaßt hat, sondern die Symbole eines ihm fremden Glaubens.

Über die Glaubenswelt der Menschen, deren Stadt König David hat erobern lassen, gibt es nur Vermutungen. Wer nach originalen Textquellen sucht, der wird kaum fündig und ist angewiesen auf Genesis (14,18-20). Dort wird von einem König über die Stadt Salem berichtet – sein Name war Melchisedek – und von dessen Begegnung mit Abraham. Dieser Melchisedek war nicht allein König, sondern auch Priester eines höchsten Gottes, von dem gesagt wird, er habe Himmel und Erde geschaffen. Ihm wird auch die Fähigkeit zugeschrieben, alles Geschehen auf der Erde zu lenken. Auch Sieg oder Untergang im Kampf liegt in seiner Hand.

Wissenschaftliche Erforscher der Bibeltexte lesen aus Psalm 85, 12f. ab, daß in jebusitischer Vorstellung der allmächtige Gott begleitet werde von zwei weiteren Gottheiten, die unterstützende Funktion ausüben (zitiert nach: Eckart, »Jerusalem«: »Er verleiht seinen Segen und unsere Erde gibt die Frucht. Saedaeq geht vor ihm her und Salem folgt auf der Wegspur seiner Schritte.«) Sie haben geholfen, die Welt aus dem Urmeer herauszuheben. Diese Glaubenstheorie hat ihre Wurzel in Psalmtexten, die so interpretiert werden können, daß sich aus dem Urmeer zuerst der Gottesberg herausgelöst hat. Die Jebusiter haben wohl den Ort dieses Gottesbergs gekannt: Er befand sich in ihrer Stadt.

Diese Erkenntnis schließt das Wissen ein, daß die Bewohner der

Stadt bereits in der Zeit vor der Eroberung durch die Juden überzeugt waren, der allmächtige Gott habe den Hügel, auf dem ihre Siedlung stand, vor allen anderen Landschaften geschaffen – als seinen Berg, auf dem er residieren wollte. Von den Jebusitern stammte die Vorstellung, ihre Siedlung sei Zentrum der Welt. Die jüdischen Eroberer übernahmen diese Gedanken bereitwillig. Sie gehörten zum von Gott auserwählten Volk. Ihr Lebensbereich mußte die von Gott auserwählte Stadt sein. Jebus und das Volk des Königs David gehörten zusammen.

Dieser Standpunkt war leicht durch die Überlieferung zu untermauern, jener König Melchisedek von Salem habe einst gegenüber Abraham seine Unterwerfung dadurch dokumentiert, daß er Brot und Wein aus seiner Stadt herausgebracht habe, um beides Abraham zu überreichen.

Dem Bibeltext ist zu entnehmen, daß die Stadt an der Gihonquelle damals »Salem« geheißen habe – dies muß vor der Übernahme durch die Jebusiter gewesen sein, die dann wohl »Salem« in Jebus umgetauft haben. Ein wirklich historisch fundiertes Wissen von der frühen Bezeichnung der Stadt existiert nicht. Das Dunkel lichtet sich erst mit der Eroberung durch David. Diese Feststellung aber sei erlaubt: In Jebus bestand bereits die Glaubenstradition, daß diese Stadt vom allmächtigen Gott mehr als jede andere geachtet und geliebt werde.

»Er baute eine Mauer vom Millo an« – Jebus wird Davids Stadt

Sparsam mit Worten ist die Bibel in ihrer Schilderung der Aktivitäten des neuen Herrn der Siedlung an der Gihonquelle. Die erste administrative Maßnahme war die Namensänderung. Die Bezeichnung »Jebus« verschwand und wurde ersetzt durch »Jerusalem«. Diese Bezeichnung war wohl – in Abwandlungen – schon in vorjebusitischer Zeit gebräuchlich gewesen.

Weder im Bericht des Zweiten Buches Samuel (5,6 ff.) noch des Ersten Buches Chronik (11,4 ff.) ist ein Wort darüber zu finden, daß König David die bisherigen Bewohner getötet oder auch nur vertrieben habe. Beschreibungen der Eroberung anderer Städte verheimlichen nicht, daß die Unterlegenen nicht geschont wurden. Da der Eroberung eine Belagerung vorausgegangen war – während der die Belagerten über David gespottet hatten –, wäre zumindest eine Plünderung nach Kriegsbrauch Sitte gewesen. Doch offenbar unterblieb sie. König David wollte wohl seine Hauptstadt in Besitz nehmen, ohne Blutvergießen und Leid derer, die zuvor die Stadt besessen hatten.

Beide biblischen Berichte nennen nur einen Menschen des jüdischen Volkes, der nun in Jerusalem einzog: »David ließ sich in der Stadt nieder und nannte sie Davidsstadt« (Zweites Buch Samuel 5,9) – »David nahm Wohnung in der Stadt. Daher hieß sie nun Stadt Davids« (Chronik 11,7). Es ist nicht anzunehmen, daß er allein von Jebus Besitz nahm. Es ist jedoch auch unwahrscheinlich, daß ihm zunächst viele Menschen aus dem Stamm Juda oder aus anderen Sippen in die Stadt an der Gihonquelle gefolgt sind. Jede Familie hatte ihren Siedlungsbereich und ihren Besitz. Ihn gab man ungern auf, um eine neue Heimat zu beziehen. Die Jebusiter blieben also zunächst noch die bedeutendste Bevölkerungsgruppe in Jerusalem. Staatlich geförderte Zuwanderungsmaßnahmen sind erst aus späterer Zeit bekannt. Wenig veränderte der König der jüdischen Völker an seiner Hauptstadt. Die Bautätigkeit war auf wenige Projekte beschränkt. Priorität besaß die Befestigung des Platzes. Das Zweite Buch Samuel berichtet darüber: »David baute eine Mauer vom Millo an nach innen zu.«

Das Wort »das Millo« ist den Bibelexperten bis in unsere Zeit ein Rätsel geblieben.Es kann mit »Auffüllung« übersetzt werden. Diese Bedeutung ist wahrscheinlich wörtlich zu nehmen. Trotzdem gab es, so lange archäologische Anhaltspunkte fehlten, die unterschiedlichsten Deutungen, sie reichen von »Festungsanlage« bis zu »aufgeschüttetem Graben«. Die Archäologin Kathleen M. Kenyon hat sich eingehend mit dem »Millo« befaßt. Sie nahm die wörtliche Bedeutung ernst. Das Ergebnis ihrer Arbeit vor Ort gab ihr recht: In der Tat fand Kathleen M. Kenyon während ihrer Ausgrabungstätigkeit in den 60er Jahren Reste der jebusitischen Stadtmauer und eines umfangreichen Terrassensystems am Ostabhang der einstigen Davidstadt. Mauern wurden freigelegt aus grob bearbeiteten Steinen, die viereckige Kammern bilden. Diese Abteile sind mit Steinen unterschiedlicher Größe und Beschaffenheit aufgefüllt worden.

Auf diese Weise entstanden am sonst recht steilen Hang ebene Flächen, die bebaut werden konnten. Die jebusitischen Bewohner hatten sich stabilen Baugrund geschaffen, auf dem Häuser aus Lehm oder auch aus Stein errichtet werden konnten.
Die Fotodokumentation, die Frau Kenyon vorlegt, beweist, daß die Struktur des jebusitischen Walls durch spätere Aufschüttungen und durch zusätzliche Mauern ausgebessert wurden. Zu erkennen sind Schäden an den ursprünglichen Mauern, die durch Witterungseinflüsse oder durch Einwirkung von Belagerungswaffen entstanden sein können.
Die Baumeister Davids sind nicht die Erfinder des »Millo«, des Terrassensystems am Westhang des Kidrontals. Sie haben übernommen, bewahrt und ausgebessert, was sie vorfanden. Es ist nicht anzunehmen, daß die Zahl der Terrassenkammern – 55 sind bisher freigelegt worden – während der Herrschaftszeit des Königs David vergrößert worden ist. Die Fläche der Stadt blieb auf das Maß der Jebusiterstadt beschränkt – und doch veränderte sich nach und nach das Gesicht der Siedlung. Die bisherige, wohl bescheidene Befestigungsanlage im Nordosten des bebauten Grunds – die Wohngebäude des Jebusiterkönigs – wurden abgerissen. Unebenheiten im Boden wurden durch weitere »Auffüllungen« ausgeglichen.
An dieser Stelle ließ sich David einen Palast bauen. Die Fachleute dazu gab es im eigenen Volk nicht; sie mußten in der Fremde angeworben werden. König Hiram von Tyrus im heutigen Libanon schickte schließlich die dringend benötigten Spezialisten – Baumeister, Zimmerleute und Steinmetzen – und er gab ihnen auch gleich das Baumaterial mit: Zedernholz aus dem Libanongebirge (Zweites Buch Samuel 5,11).
Die Archäologin Kathleen M. Kenyon ist der Meinung, dieser Palast, den sich David habe bauen lassen, sei ein eher unauffälliges Gebäude gewesen. Sie ist die beste Kennerin der steinernen Zeugnisse am Hügel bei der Gihonquelle. Sie meint, innerhalb der Mauern und auf dem »Millo« habe es nirgends Platz gegeben für ein einigermaßen repräsentatives Bauwerk. Die Spezialistin hat sicher recht, denn schon der nächste König, Salomo ist sein Name, hält den Palast, den ihm sein Vater hinterlassen hat, für völlig unzureichend.
David legt keinen Wert auf Repräsentation. Seine Aufgabe sieht er nicht darin, eine glanzvolle Hauptstadt zu bauen – seine Ab-

sicht ist, dem Königreich Israel ein festes Fundament zu geben und seine Zukunft abzusichern. Die Zeit für Prunk und Pracht war noch nicht gekommen. Der geringe Reichtum, der im Lande vorhanden war, mußte für Festungsbau und Fertigung der Waffen verwendet werden. Der jüdische Staat war noch immer gefährdet.
Festzustellen ist, daß die politisch und wirtschaftlich beherrschende Macht im Raum zwischen Mittelmeer und Jordangraben noch immer der Philisterstaat war. Die Mächtigen in Gaza, Ashkalon und Ashdod waren nicht gewillt, ihren Anspruch auf Vorherrschaft abzugeben. Zu ihrer Überraschung aber mußten sie feststellen, daß David, der bisher ihr verläßlichster Vasall gewesen war, seit seiner Salbung zum König die Anweisungen aus dem Küstenland mißachtete. Seit David Wohnung bezogen hatte in Jerusalem, waren die Kontakte völlig abgerissen. Der König verfolgte eigene Politik ohne Abstimmung mit den Philistern. Die Philisterherren erkannten mit der Zeit Davids Zielsetzung, alle Enklaven fremder Macht im Gebiet der jüdischen Stämme zu erobern. Die Einnahme von Jebus sollte nur der Anfang der Abrundung des Herrschaftsbereiches sein. Diese Entwicklung wollten die Verantwortlichen in Gaza, Ashdod und Ashkalon verhindern. Solange ihre kriegstechnische Überlegenheit noch bestand, wollten sie David eine entscheidende Niederlage beibringen.
In zwei Marschsäulen zogen die Bewaffneten der Philister von der Mittelmeerküste herauf ins Bergland von Jerusalem. Dem Zweiten Buch Samuel (23,13-14) ist zu entnehmen, daß Davids Feinde erfolgreich bis Bethlehem vorstoßen konnten – sie unterhielten über längere Zeit einen »Wachtposten« dort.
Berichtet wird im Zweiten Buch Samuel (23,15 ff.), David habe plötzlich Lust bekommen auf Trinkwasser aus dem Brunnen von Bethlehem. Da seien drei seiner Offiziere zur »Zisterne am Tor von Bethlehem« geschlichen, um für David Wasser zu schöpfen. Es war wohl eher so, daß der König die Offiziere losgeschickt hatte, damit sie die Stärke der Philistertruppe in Bethlehem erkundeten. Daß sie tatsächlich mit Wasser zurückkehrten, war für ihn ein Zeichen, daß die Philister in der Stadt nicht stark waren.

Die entscheidenden Schlachten fanden im Rephaitatal südlich

von Jerusalem statt. Davids Truppen siegten und verfolgten die Feinde bis in die Küstenebene hinunter. Diese Kämpfe brachen den politischen Einfluß der Philister – militärisch blieben sie allerdings auch weiterhin gefährlich.

Nach der Schwächung der Bedrohung von außen, dachte der König an die Festigung des inneren Zusammenhalts der Sippen. Zunächst hatte er einen Konflikt innerhalb der Priesterkaste zu lösen: Zwei Hohepriester stritten sich um dieses erhabene Amt. Der eine, Ebjatar, war der Favorit Davids. Doch da war noch der Hohepriester Zadok aus dem Norden, den einst Saul ernannt hatte. Um Streit mit den Nordstämmen zu vermeiden, war er von David im Amt belassen worden. Von Klugheit geleitet handelte David auch bei der Lösung des Konflikts: Er überredete seinen Favoriten, sich dem Hohenpriester Zadok unterzuordnen. So wurde Zadok der Oberste der Geistlichen aller jüdischen Stämme – seine Familie behielt dieses Amt bis zum Jahr 175 v. Chr.

Es war dem König bewußt, daß die Einheit seines Volkes nur durch die Klammer des Glaubens zu garantieren ist. Jerusalem mußte auch zum Mittelpunkt der Anbetung Gottes werden. Da durfte an keinem anderen Ort ein Heiligtum entstehen.

David baut den Tempel nicht–
Die Bundeslade erreicht Jerusalem

Die Idee, in seiner Hauptstadt ein sichtbares Zeichen der Verbundenheit mit Gott zu schaffen, bewegte David. Doch seine Priester waren dagegen – mit dem Argument, er sei ein Mann des Krieges, der Blut vergossen habe. Ein späterer König, aus Davids Geschlecht, werde Gott eine Wohnstatt bauen, werde dem Allmächtigen ein Haus anbieten, das ihn für immer an Jerusalem binde. Die Priester beriefen sich bei dieser Aussage auf Gott, der ihnen mitgeteilt habe, von David erwarte er nicht den Bau eines Tempels.

Der König mußte sich an dieses Verbot halten, doch auf die Schaffung eines religiösen Mittelpunkts in seiner Residenz wollte er nicht verzichten. Da kam der Gedanke auf, sich um ein bereits bestehendes Heiligtum zu kümmern, das

seit zwei Generationen unbeachtet geblieben war: die Bundeslade.
Berichtet wird im dritten Kapitel des Buches Josua, Priester aus dem Stamm Levi hätten ein bewegliches Heiligtum, die Bundeslade, bei der Überquerung des Jordan zu Beginn der »Landnahme« vor sich hergetragen. Damals habe die Lade in kritischer Situation ein Wunder bewirkt: »Als die Priester, die Träger der Lade waren, an den Jordan traten und ihre Füße in das Wasser eintauchten, da wurde es gestaut wie von einem Damm.« Die Priester gelangten trockenen Fußes durch das Flußbett – »und bald zog das ganze Volk Israel auf dem Trockenen durch den Jordan.«
Diese Bundeslade war nicht mehr neu. Sie hatte die Sippen der Juden schon auf dem Weg aus der Wüste begleitet. Mose hatte von Gott die Anweisung erhalten, den Kasten nach einem festgelegten Bauplan zu fertigen. Er ist in Exodus (25,10-20) überliefert:
»Laßt eine Lade zimmern aus Akazienholz, zweieinhalb Ellen lang, eineinhalb Ellen breit und ebenfalls eineinhalb Ellen hoch. Überziehe sie mit reinem Gold, von innen und von außen und bringe eine Leiste aus Gold ringsum an. Gieße vier goldene Ringe und befestige sie an den Ecken. Ferner sollst du Stangen aus Akazienholz anfertigen und ebenfalls mit Gold überziehen. Die Stangen müssen in den Ringen der Lade bleiben. Man soll sie nicht aus ihnen herausziehen. In die Bundeslade sollst du das Gesetz legen, das ich dir geben werde. Dann forme eine Deckplatte, die auch aus purem Gold bestehen soll. Zweieinhalb Ellen sei die Länge und eineinhalb Ellen die Breite. Danach gieße zwei Kerubim aus Gold. Sie finden ihren Platz an den beiden Enden der Deckplatte. Die Kerubim sollen die Flügel nach oben ausgebreitet haben, so daß sie die ganze Platte überdecken. Ihre Gesichter sind einander zugewandt.«
Der Kasten aus Akazienholz galt als Zeichen des Bundes zwischen dem jüdischen Volk und Gott. Er war zugleich das Wahrzeichen der wandernden Sippen. Er gab ihnen Kraft. Der Tragaltar war das Symbol, daß Gott dem Volk beistand, solange es an ihn glaubte. Der Bund mit Gott war allerdings nur wirksam, wenn die jüdischen Menschen sichtbar durch Opfer ihre Treue zu Gott bekundeten. Unterließen sie diese Bekundung, brach

der Zorn Gottes spürbar aus. Das Volk hatte häufig Gelegenheit, diesen Zorn zu erleben.
Wunderkräfte wurden dem hölzernen Kasten zugeschrieben. Manchmal sei er von Feuerwolken umgeben gewesen. Es geschah auch, daß jemand tot umfiel, wenn er die Bundeslade unbefugt berührte (Zweites Buch Samuel 6,6-7): »Da griff Ussa nach der Lade Gottes und faßte sie an, weil sie umzustürzen drohte. Da entbrannte der Zorn des Herrn gegen Ussa. Gott schlug ihn wegen der fehlenden Ehrfurcht. Ussa starb bei der Lade Gottes.« Derartige Ereignisse haben den Historiker Rudolph Wahl auf den Gedanken gebracht, der Inhalt der Lade, die »Gesetze«, seien im Bibeltext nicht so ganz eindeutig definiert. Es könne sich um magisches Werkzeug handeln, das Mose aus Ägypten mitgebracht habe. Die Magier am Nil verfügten über Gerätschaften, die Funken und Rauch erzeugen konnten und die wohl auch elektrische Schläge auszuteilen vermochten.
Zur Zeit als David Jerusalem in seine Residenz verwandelte, war die Erinnerung an die geheimnisvolle Bundeslade verblaßt. Bekannt war, daß sie lange in Schilo abgestellt war, in einem verlassenen Heiligtum des kanaanitischen Glaubens. Mit dem Abschluß der »Landnahme« war sie nicht mehr gebraucht worden. Die Jahre der Wanderschaft des jüdischen Volkes waren zu Ende – da war kein Tragaltar mehr gebraucht worden. Die Erinnerung an die Lade war wohl auch deshalb verblaßt, weil ihre Kraft und Macht erloschen war. Ruhmlos war ihre Geschichte fortan gewesen. Ihre Irrfahrt ist dokumentiert.
Um das Jahr 1050 v. Chr. als der Prophet Samuel die gewichtige Persönlichkeit der jüdischen Sippen war, galten die Philister noch als ein die Existenz der jüdischen Sippen bedrohender Gegner. Die Bewaffneten der jüdischen Sippen erlitten eine Niederlage nach der anderen. Kein anderer Ausweg blieb mehr, als die einst so wundertätige Bundeslade aus Schilo zu holen und ins Lager der Krieger bei Aphek zu bringen. Der Jubel war gewaltig, als der Kasten dort ankam – doch er bewahrte nicht vor der nächsten Niederlage. Das Erste Buch Samuel berichtet: »Ein jeder floh in sein Dorf, in sein Zelt. Die Niederlage war gewaltig« (4,10). Um das Wahrzeichen des Bundes mit Gott und das Symbol der Einmaligkeit des Volkes im Verhältnis zum Allmächtigen, kümmerte sich niemand mehr. Da war keiner, der

sich für den Schutz der Bundeslade einsetzte. Der Kasten blieb verlassen auf dem Kampfplatz stehen. Die siegreichen Philister schleppten schließlich die Bundeslade mit sich fort. Es ist anzunehmen, daß sie wußten, was sie erobert hatten.

In der Küstenstadt Ashdod wurde das eroberte Heiligtum der Juden in den Tempel des Gottes Dagon gestellt. Dort ereignete sich während der folgenden Tage Eigentümliches: Die Statue des Gottes Dagon fiel um und lag am Morgen vor der »Lade des Herrn«. An mehreren Nächten hintereinander geschah dies so daß sich die Priester des Dagon schließlich weigerten, das Heiligtum des Gottes zu betreten. Die Bewohner von Ashdod wurden von seltsamen, bislang unbekannten Krankheiten befallen, die nicht zu heilen waren. Eitrige Beulen überzogen Arme und Beine. Geschwüre heilten nicht. Von Verheerungen des Gebiets der Stadt Ashdod durch Trockenheit wird berichtet. Die Bewohner waren bald schon überzeugt, an ihrem Unheil könne nur der Kasten schuld sein, den sie ihrem Gegner abgenommen hatten. »Die Lade darf nicht bei uns bleiben. Schwer drückt die Hand des Gottes der Juden auf uns und Dagon.« Schließlich war die Mehrheit der Bewohner von Ashdod überzeugt, der Kasten müsse aus der Stadt verschwinden. So wurde die Bundeslade nach Gat gebracht. Dieser Ort, nur wenige Kilometer ostwärts von Ashdod, war ebenfalls eine der fünf Philisterstädte.

Die Bewohner von Ashdod hatten das Problem den Nachbarn zugeschoben. Kaum war der hölzerne Kasten in Gat angekommen, brachen dort die Krankheiten aus: Die Menschen klagten über Beulen, Geschwüre und siechende Haut. Da wollten auch die Bewohner von Gat die Lade nicht bei sich dulden: Sie transportierten den Kasten ein kleines Stück Wegs nach Norden – zur Stadt Ekron. Die Menschen dieser Stadt aber hatten bereits vom Unglück gehört, das die Nachbarstädte geschlagen hatte. »Bestürzung und Angst vor dem Tode herrschten in der Stadt.« Der Bundeslade wurde die Aufnahme verweigert. Sie blieb irgendwo stehen – und dennoch starben Menschen in Ekron.
Die Fürsten der Philisterstädte beschlossen nach sieben Monaten, den jüdischen Sippen ihr Heiligtum zurückzugeben – die

Lade war ihnen unheimlich geworden. Auf ihren Befehl hin wurde die Bundeslade auf einen Wagen gestellt, der von Kühen gezogen wurde. Dieses Fuhrwerk bewegte sich langsam aus der Küstenebene ins Bergland hinauf und gelangte zur jüdischen Siedlung Bet-Schemesch. Auf einem Acker hielten die Kühe an.
Berichtet wird, die Frauen und Männer von Bet-Schemesch hätten die hölzerne Kiste neugierig betrachtet. Dann aber wären einige der Männer so beherzt gewesen, daß sie den Deckel abgenommen hätten, »um in die Lade des Herrn hineinzuschauen« (Erstes Buch Samuel 6,19). Der Bibeltext teilt mit, wer in die Lade hineingeschaut habe, sei »von Gott geschlagen« worden – insgesamt seien 70 Männer gestorben.
Dieser Text verleitet zur Annahme, die Bundeslade habe tatsächlich nicht allein Gesetzestafeln bewahrt, sondern magische Werkzeuge, die tödliche Schläge versetzen konnten. Der Bibelbericht enthält keine Angaben, was die Männer von Bet-Schemesch nach Abheben des Deckels wirklich gesehen hatten. Den Bewohnern der kleinen Stadt war die Freude an der Bundeslade vergangen. Ihre Verantwortlichen baten die Ältesten von Kirjat-Jearim in der Nähe von Gibeon, sie von der unheimlichen Belastung zu befreien. Wenig später stand dann der hölzerne Kasten in einer Scheuer auf einem Hügel bei Kirjat-Jearim. Ein Mann namens Eleasar wurde beauftragt, dafür zu sorgen, daß die Lade wohlverwahrt war. Dort blieb sie unbeachtet stehen, über 50 Jahre lang. Niemand kam um sie zu verehren. Die Bundeslade – fünf Generationen zuvor als transportables Zeichen des Bundes mit Gott angebetet, verstaubte in einer Scheuer.
David entriß die Bundeslade der Vergessenheit. Er benötigte ein attraktives Heiligtum in seiner Stadt Jerusalem. Die beste Lösung für ihn wäre der Bau des Tempels gewesen – die Bundeslade in seine Stadt zu holen, war als Idee jedoch nahezu ebenso wertvoll. Davids Freude über seinen Einfall war derart groß, daß er das Vorhaben leichtfertig anfing. Er zog selbst mit seinen Bewaffneten nach Kirjat-Jearim. Wieder wurde der Kasten auf einen Wagen gestellt. Dabei hatte der König übersehen, daß die Lade nur von Priestern berührt werden durfte. Auf dem Weg nach Jerusalem geschah es, daß ein Mann die Lade berührte, da sie in Gefahr war umzustürzen. Er war auf der Stelle tot.

Es verbreitete sich ein gewaltiger Schrecken unter den Umstehenden und schließlich im ganzen Land. Der Respekt vor der Bundeslade war wieder hergestellt, und doch wurde der hölzerne Kasten noch nicht wieder zum Heiligtum.
Kritische Betrachtung des Textes legt den Schluß nahe, daß die magischen Elemente der Bundeslade noch immer funktionierten. David zog die Konsequenz, den Kasten so lange nicht nach Jerusalem zu holen, bis die nötigen Vorbereitungen getroffen waren. Außerhalb der Stadt wurde die Bundeslade abgestellt. Erstaunlicherweise im Hause eines Mannes aus Gat – ein Philister nahm sich des jüdischen Heiligtums an.
Der König mußte Zeit gewinnen, um die Priesterschaft zu überzeugen, daß die Bundeslade künftig gemäß den Geboten behandelt werde, die Mose hinterlassen habe. »Beim ersten Versuch der Überführung ist ein Unheil geschehen, weil wir Gott mißachtet haben!«
Das Erste Buch Chronik berichtet im 15. Kapitel von den Bemühungen des Königs, alle auf religiösem Gebiet maßgebenden Persönlichkeiten für seine Absicht zu gewinnen, die Bundeslade als den Wohnsitz Gottes in seine Hauptstadt zu holen. Daß dieser Schritt eine Stärkung der Zentralmacht bedeutete, war den Verantwortlichen der jüdischen Sippen bewußt. Wenn David seinen Willen durchsetzte, gab es künftig keine andere Stadt mehr von überragender Bedeutung auf jüdischem Boden.
Alle, die zur Entscheidung über den Standort der Lade aufgerufen waren, wußten, daß damit auch wirtschaftliche Verhältnisse der Zukunft geregelt wurden. Um den Ort des Heiligtums herum würde sich künftig ein Markt entwickeln. Wer zu den offiziellen Festen »hinaufging nach Jerusalem«, der war auch bedacht, zu kaufen und zu verkaufen. Handwerksbetriebe aller Art würden Arbeit finden. Nicht zu unterschätzen war auch der Reichtum, der durch die Opfergaben in die Stadt fließen würde. David sah voraus, daß andere Städte seines Reiches mit Neid auf seine Hauptstadt blicken werden.
David mußte durch beharrliche Verhandlungen Eifersüchteleien zwischen Stämmen, Städten und Personen schlichten. Aus seinen Fehlern hatte der Herrscher gelernt: Nichts überließ er diesmal dem Zufall.
Der Chronist legte Wert auf die Nennung der Namen aller Ge-

sprächspartner Davids. Umfangreich ist die Liste. Angestrebt war der Aufbau einer beständigen Struktur in der Hierarchie der Priester – und der vielen anderen Personen die Funktionen im Bereich des Heiligtums ausüben durften. Bisher schon war der Ablauf der Opferungen, Anrufungen und Gebete weitgehend auserwählten Männern aus dem Stamme Levi anvertraut gewesen. Die Leviten blieben auch weiterhin zuständig für die religiösen Handlungen, doch sie hatten strenger als zuvor Regeln einzuhalten.

Den Anstoß zur Reform des Dienstes an Gott hatte König David gegeben, und der Verlauf der Verhandlungen machte deutlich, daß die Neuerungen seinen Absichten zu folgen hatten. Wer ein Amt im Bereich des Heiligtums auszuüben hatte, der war künftig vom Staatsoberhaupt abhängig. Allein der König hatte fortan über die Verteilung der Posten, Pfründen und Ehren zu bestimmen.
König David war oberste Aufsichtsinstanz über die Priesterschaft. Eng mit diesem Stand verbunden waren die weisungsgebundenen Träger von Staatsämtern. Eine Trennung von Tempel und Staat war nicht vorgesehen. Die Priester erfüllten unter David auch staatliche Hoheitsfunktionen. Die Refom des Gottesdienstes hatte also auch Konsequenzen für die Verwaltung des Staatswesens.
Endlich, nach drei Monaten Dauer, waren die Verhandlungen erfolgreich abgeschlossen: Die Bundeslade konnte nach Jerusalem geholt werden. Die Anordnung dazu gaben nicht die obersten der Priester, sondern David. Es war sein Fest, und er wollte, daß das gesamte Volk daran teilnehme. Die beiden Beschreibungen, die in der Bibel erhalten sind, stimmen darin überein, daß der Aufwand gewaltig war. Trompeten und Zimbeln, Harfen, Zithern und Pauken ertönten. Sänger trugen Psalmen vor. Getanzt wurde auch – ganz besonders von David selbst. Beide Bibelberichte schildern, daß Michal, die Tochter des Saul, des ersten Königs der Stämme, den Tanz des Königs als unwürdig, als obszön bezeichnet hat. Sie mochte ihren Mann ohnehin nicht.

Wie sehr es David gelungen war, während der Verhandlungszeit seine Position zu festigen, ist daraus abzulesen, daß er

selbst die vorgeschriebenen Brand- und Friedensopfer darbrachte. Kein Priester machte ihm diese im Ritual überaus wichtige Funktion streitig. Ein Hoherpriester trat beim Einzug der Bundeslade in Jerusalem nicht in Erscheinung.
Durch Davids Reform der religiösen Hierarchie war er selbst zum Bindeglied zwischen Gott und dem jüdischen Volk geworden – auch wenn dem Herrscher in Jerusalem ein Prophet zur Verfügung stand, der ihm den Willen Gottes verkündete. Ganz selbstverständlich war David durch seine Reformen in seiner Position gestärkt worden. Er war das Werkzeug Gottes und damit unantastbar – solange der Glaube des Volkes intakt blieb.
Der Ausdruck des göttlichen Willens konzentrierte sich auf Jerusalem und dessen Herrscher. Andere Weltgegenden, Völker und Herrscher wurden offenbar von Jahwe nicht beachtet. Der Gott der Bundeslade führte David von Erfolg zu Erfolg.

Jerusalem überflügelt Gaza – Der Konflikt der Gegenwart zeichnet sich ab

Die Verwandtschaft der Namen ist klar und eindeutig: Philister – Palästinenser. Auf arabisch gibt die Bezeichnung »al filistin – der Palästinenser« ebenfalls die enge Beziehung zu erkennen: Die Palästinenser sind späte Nachfahren der Philister – auch wenn heutzutage keine direkte Blutsverwandtschaft mehr zu vermuten ist.

Israelische Veröffentlichungen betonen allerdings, die heutigen Palästinenser seien eher mit den einstigen Jebusitern verwandt. Auch diese Theorie ist vernünftig. Dazuhin stammen viele der palästinensischen Bewohner unserer Zeit von Zuwanderern des 19. und 20. Jahrhunderts ab. Von Anfang an waren Philister und Juden Konkurrenten. Zu Beginn des 12. Jahrhunderts v. Chr. als die jüdischen Stämme vom Jordan her das Land Kanaan in Besitz nahmen, war das Volk der Philister dabei, sich die südliche Küste desselben Landes anzueignen. Kanaan wurde von Osten und von Westen her geschluckt.
Über die Herkunft der Philister gibt es Vermutungen, die wahr-

scheinlich zutreffen. Zu den Völkern, die ursprünglich im heutigen nahöstlichen Bereich zu Hause waren, zählten die Philister nicht. Ihre Rasse wird als indo-arisch bezeichnet. Historisch zählen sie zu den »Seevölkern«, die lange gebraucht haben, um aus der griechischen Region nach Kleinasien und dann über Kreta schließlich die ägyptische Mittelmeerküste zu erreichen. Ramses III. verhinderte zu Beginn jenes 12. Jahrhunderts v. Chr., daß sich die Seevölker im Nildelta festsetzten. Der Pharao rühmte sich auf einer seiner vielen siegverkündenden Stelen, er habe die Masse dieser Fremden gefangengenommen. Auf Reliefs, die von diesem Erfolg berichten, sind Männer zu erkennen, die bartlos sind und von beachtlicher Körpergröße. Sie unterschieden sich demnach von den Ägyptern – und auch von den Bewohnern Kanaans. In diesem Land versuchten sie nach der Niederlage im Nildelta ihr Glück.
Ihre Schiffe – so berichtet die Überlieferung – hätten sich grundlegend von denen unterschieden, die im östlichen Mittelmeer verwendet wurden. Sie seien länglicher, schnittiger und beweglicher gewesen. Sie hätten keine Ruder an Bord gehabt, sondern seien von der Kraft des Windes vorangetrieben worden. Die Vermutung liegt nahe, daß die Vorbilder für diese Schiffe in nördlichen Meeren zu finden waren – dort wurde mehr gesegelt und weniger gerudert.
Von einer anderen Besonderheit dieser »Seevölker« wird berichtet. Über Land bewegten sie sich auf Karren, die von Ochsen gezogen wurden. Von anderen Völkern wurden sie wegen diesem fortschrittlichen Transportmittel bestaunt. Die Geschichte des Transports der Bundeslade vom Philisterland aus hinauf nach Bet-Schemesh beweist, daß die Philister über Generationen an diesem Transportmittel festgehalten hatten – berichtet wird allerdings von Kühen als Zugtieren. Als David dann die Lade in Kirjat-Jearim abholen lassen wollte, schickte er Ochsen. Abzulesen ist aus der Erzählung, daß Karren und Ochsen noch immer so bemerkenswert waren, daß sie in der Erinnerung des jüdischen Volkes haften blieben.
Die wichtigste Unterscheidung zwischen den Kulturen der »Seevölker« und der Menschen in der Südostecke des Mittelmeers war, daß die Fremden die Fähigkeit besaßen, Eisenerze zu schmelzen und Eisen zu bearbeiten. Vermutet wird, daß die Herrn der schnellen und wendigen Schiffe die Kenntnisse der

Eisenherstellung aus der Kultur der Hethiter übernommen hatten, deren Kunstfertigkeit, eiserne Waffen und Werkzeuge herzustellen, bekannt ist. Die Hethiter hatten das Problem gelöst, Flammen von hoher Temperatur zu entfachen – ohne Hitze sind die Erze nicht zu schmelzen. Möglich ist, daß die »Seevölker« schon das Geheimnis der Verbrennung von Öl kannten. Die Hethiter waren darin Meister gewesen. Die Vermutung liegt nahe, die Fremden hätten die herausragenden Fähigkeiten der Hethiter Anatoliens übernommen, um dann der Hochkultur der Hethiter ein Ende zu bereiten.
Die Kunst der Waffenfertigung aus Eisen gab den Philistern die Überlegenheit, die ihnen wiederum das Gefühl völliger Sicherheit verschaffte. Sie brauchten die Ereignisse, die im Bergland geschahen, nicht sonderlich ernst und schon gar nicht gefährlich zu nehmen. Für die Philister war der Vorgang der »Landnahme« nichts anderes als der Einbruch barbarischer Sippen, die in allem unterlegen waren – nur nicht im Glauben. Die jüdischen Stämme besaßen eine einheitliche, alle verbindende Ideologie – auch wenn es Zeiten gab, in denen »das Volk tat, was Gott nicht gefiel«. Die Philister besaßen eine derartig starke Ideologie nicht. Ihr Gott hieß Dagon – der dem griechischen Gott des Meeres entsprach. Als besonders mächtig wird er nicht dargestellt. Die Philister waren deshalb auch auf lange Dauer dem jüdischen Volk unterlegen. Der Glaube der Juden war stark über Generationen – abzusehen aber war, daß sich das Gleichgewicht in der Beherrschung der Kunst der Waffenherstellung ergab.
Dieser Zustand aber war noch lange nicht erreicht. Für die Philister wirkte sich zunächst die Überlegenheit der Waffentechnik aus, um den Einfall der Fremdvölker aus dem Osten aufzuhalten. Als Josua »alt und hochbetagt« war, da hatten die jüdischen Stämme die Gebiete der Philister nicht antasten können. Die »Landnahme« war, nach Plan, erfolgreich gewesen, doch das Buch Josua (13,3) bestätigt, daß die fünf Philisterstädte Gaza, Ashdod, Ashkalon, Gat und Ekron weiterhin souverän waren. Und als Josua schließlich gestorben war, hatte sich die Situation trotz aller Bemühungen nicht verändert. Die Waffentechnik machte Fortschritte – doch der Vorsprung der Philister blieb. Eine Generation nach Josuas Tod besaßen die jüdischen Krieger noch immer keine eisernen Streitwagen. Ihre Gegner aber ver-

fügten über 900 solcher Kriegsgeräte, deren taktisch geschickter Einsatz Überlegenheit auf dem Schlachtfeld sicherte.
Doch noch waren die ernsthaften Gefechte zwischen den beiden Völkern selten. Die Gegner der Philister übten Vorsicht: Sie hielten sich eiserne Schwerter und Streitwagen möglichst fern. Den jüdischen Stämmen war die Überlegenheit der Philister bewußt. Sie vermieden es, die Herren des Küstenlandes zu reizen. Um die Auswirkung der eigenen Schwäche zu mindern, wurde Koexistenz gepflegt. Einen Anhaltspunkt dazu bietet die Geschichte von Samson (Richter 14-19). Der junge Mann aus der Sippe Dan begab sich auf Brautschau. Ohne sich lange im eigenen Volk nach einer Frau umzuschauen, ging er hinab ins Land der Philister, dorthin, wo sich jüdische Männer sonst ihre Äxte und Pflugscharen schleifen ließen. Auf den ersten Blick gefiel ihm ein junges Mädchen. Samsons Vater, dem der Sohn dann nach dem ersten Augenschein die Brautwerbung auftrug, wunderte sich zwar, daß eine Philisterin die Auserwählte sein sollte, doch er war nicht gegen die Heirat – er wagte nur die Frage: »Mußt du unbedingt ein Weib von den unbeschnittenen Philistern holen?«
Die Hochzeitsfeier verlief nicht nach Samsons Wunsch. Ein mißlungener Spaß verdarb das Fest. Samson hatte seinen neuen Verwandten ein Rätsel aufgegeben, das die jungen Philister nicht lösen konnten. Aus Angst, das Rätselspiel blamabel zu verlieren, veranlaßten sie die junge Frau aus ihrer Sippe, die nun dem Samson gehörte, ihnen die Lösung zu verraten. Deren Neigung zu den Philistern war offenbar doch noch größer als die Liebe zum eigenen Mann. Sie verriet des Rätsels Lösung. So gewannen die jungen Philister das Spiel. Samson aber ging nach Ashkalon und erschlug dort aus Wut 30 Männer. Jetzt war der Konflikt zwischen den beiden Völkern entbrannt.
Der Bibeltext spricht davon, daß Samson unbewußt einer »Fügung des Herrn« gefolgt sei, dem der Streit ins Konzept gepaßt habe – »denn ihm mißfiel, daß damals die Philister über Israel herrschten.«

Die Geschichte von Samson und den Philistern besitzt wohl einen historischen Kern, denn sie enthält schon alle Elemente des Streits zwischen den Palästinensern und den jüdischen Sippen: Aus kleinen Anlässen entsteht ein Konflikt, der blutige

Konsequenzen hat. Es entwickelt sich eine Kette von Racheakten. Samsons Schwiegervater nimmt dem Attentäter von Ashkalon die Frau weg – darauf zündet Samson Kornfelder der Philister an: »Er verbrannte Garben und Halme, aber auch Weinberge und Obstbäume« (Richter 14-5). Die Philister hielten es nun für richtig, das Haus von Samsons Schwiegervater anzuzünden. Er verbrannte darin samt seiner Tochter. Samson rächte sich durch einen Überfall auf eine Gruppe von jungen Philistern, die mit dem Brandanschlag zu tun hatten: Er rief: »Ich werde an euch Rache nehmen!« – und schlug auf sie ein. Jetzt mobilisierten die Philister eine größere Kampftruppe, die in den Bereich der Sippe Juda einrückte, um dort nach Samson zu suchen. Es war keineswegs sicher, daß die Bewaffneten daran dachten, aus dem jüdischen Land wieder abzuziehen. Diese Gefahr verlangte politisches Handeln.
Die Verantwortlichen in Juda sahen jetzt nur noch einen Ausweg: Sie lieferten Samson, der nicht irgend jemand, sondern ein »Richter« war, an die Übermächtigen aus. Ihm jedoch gelang es, sich zu befreien. Da er keine eiserne Waffe besaß, schlug er mit einem Eselsknochen um sich und tötete viele der Philister. Deutlicher konnte die waffentechnische Unterlegenheit der jüdischen Sippen nicht gekennzeichnet werden.
Die Mächtigen in Gaza, Ashdod, Ashkalon, Gat und Ekron hielten es nun allerdings für klüger, mit der Fortsetzung der Rache zu warten. Sie kontrollierten das Bergland, und sie hätten verhindern können, daß dort eine von ihnen unabhängige Persönlichkeit das »Richteramt« ausübte, eine hohe Funktion im Verband der jüdischen Stämme – doch sie mischten sich in diesem Fall nicht ein. Sie ließen »Richter« Samson gewähren.
Den richtigen Zeitpunkt für die Rache aber sahen die Philister gekommen, als Samson in Gaza auftauchte, um dort eine bekannte Dirne zu besuchen. Diese Frechheit verblüffte sie, trotzdem hatten die Philisterherren vor, ihn bis zum Morgengrauen nicht zu stören. Er aber stand um Mitternacht auf, hängte die Stadttore von Gaza aus den Angeln und trug sie davon.
Diesen mutwilligen Akt durften wiederum die Philister nicht auf sich sitzen lassen – sie waren dadurch zum Gespött geworden. Sie konnten darauf warten, bis er sich wiederum aus Lust am Weibe in Gefahr begab. Samson liebte es, sich mit Frauen einzulassen, die zum Volk der Philister gehörten, oder wenig-

stens mit ihm verbunden waren. Er verliebte sich in Dalila, die vom Wohlwollen der Philisterelite abhängig war. Dalila entlockte ihm das Geheimnis seiner körperlichen Stärke und bot den Philisterherren die Möglichkeit, Samson zu fangen. Sie stachen ihm die Augen aus. Er aber besaß die Kraft zum letzten Racheakt. Er brachte die Säulen des Gebäudes zum Einsturz, in dem die Führung der Philister ihren Sieg feierte. Niemand überlebte. Die Geschichte von Samson schließt in der Darstellung des biblischen Berichts so: »Er war über Israel zwanzig Jahre lang Richter gewesen.« (Richter 16,31)
Das Wort »Richter« lenkt die Gedanken auf einen falschen Weg. Seine Begabung lag nicht darin, Recht zu sprechen und politische Entscheidungen zu treffen. Samson war auch kein Staatssymbol für die jüdischen Sippen. Er war ein Volksheld, der es wagte, böse Späße mit den Philistern zu treiben, die ihm hohe Popularität bei den Menschen seiner Abstammung einbrachte. Samson war keine Führerpersönlichkeit, der anderen in der Schlacht voranging. Er war Einzelkämpfer. Seine Aktionen führten dazu, daß er der Elite seines eigenen Volkes zu weit ging, daß sie es schließlich für richtig hielten, diesen »Richter« den Philistern auszuliefern.
»Mehr Philister hat er bei seinem eigenen Tod umgebracht, als zuvor in seinem ganzen Leben.« (Richter 16,30)
Mit Samson waren zahlreiche wichtige Persönlichkeiten der Philister gestorben, dennoch blieben die Beziehungen zwischen den jüdischen Sippen und dem Volk in der Küstenebene in der Folgezeit erstaunlich frei von Spannungen. Die Kette von Anschlägen und Racheakten brach ab. Die Philister hatten im Verlauf der Aktionen, die Samson durch seinen Mord an 30 Männern in Ashkalon ausgelöst hatte, ihre Überlegenheit bewiesen – und sie wußten, wie ihre Vorteile auf Dauer zu bewahren waren: Sie sorgten dafür, daß die jüdischen Stämme in ihrer handwerklichen Fertigkeit unterlegen, und – für die Betroffenen schmerzhaft spürbar – rückständig und altmodisch blieben. Die Fürsten der Philister sicherten jetzt nicht durch Kriege, sondern durch Verwaltungsvorschriften, die im jüdischen Gebiet Gültigkeit hatten, das Monopol im Bereich der Eisenherstellung und der Eisenverarbeitung für ihr Land ab. Sie waren in der Lage, die Beachtung der Vorschriften durch ihre Garnisonen im Bergland kontrollieren zu können. Die Miß-

achtung der von der Philisterbehörde erlassenen Verbote war unmöglich.
Die einschneidendste Maßnahme der überlegenen Macht war, den jüdischen Stämmen zu verbieten, Eisenschmelzereien, Eisengießereien und Schmiedewerkstätten zu unterhalten. Die jüdischen Stämme blieben auch weiterhin auf die Bearbeitung von Bronze angewiesen. Ihr technischer Stand war um eine Generation zurück gegenüber den Kenntnissen der Philister. Das Küstenvolk verweigerte den Juden nicht nur das Wissen um moderne Waffentechnologie, verboten war den Stämmen auch die Herstellung von Werkzeugen – und sogar von eisernen Stacheln, die gebraucht wurden, um Zugtiere anzutreiben. Allein König Saul und sein ältester Sohn Jonathan hatten sich offenbar Schwerter beschaffen können – allerdings mußten diese Waffen stumpf gewesen sein, denn auch Eisenschleifereien gab es auf Befehl der philistinischen Kontrollmacht nicht. Die Juden wurden an jeder Form der Aufrüstung gehindert.

Die Statthalter der Philisterfürsten ließen im Laufe der Zeit zu, daß Bauern und Handwerker Geräte aus Eisen verwenden durften – allerdings nicht aus eigener Produktion. Gestattet war der Besitz von Hämmern, Sicheln, Beilen, Spaten und Äxten. Sie mußten im Philisterland gekauft werden. Waren Werkzeuge zu schärfen, durfte dies nicht in den Städten und Dörfern der Sippen Juda, Benjamin oder Ephraim geschehen. Die Bauern mußten sich mit ihren Spaten, Sicheln und Äxten hinunterbegeben ins Küstenland. Für Reparaturen und Pflege der Werkzeuge waren allein die Monopolbetriebe der Philister zuständig und eingerichtet. Diese Anordnung sicherte nicht nur die Fortdauer der technischen Überlegenheit, sie garantierte den Werkstätten in Gaza, Ashdod, Ashkalon, Gat und Ekron beachtliche Einnahmen. Für die jüdischen Bauern und Handwerker aber war der Gang in die Philisterstädte eine Demütigung.
Die Überlegenheit der Philister in Ausrüstung und Bewaffnung schildert eindrucksvoll die Geschichte von Goliath (Erstes Buch Samuel 17,4-7): »Der Anführer des Philisterheeres trat vor seine Bewaffneten. Er hieß Goliath und stammte aus der Stadt Gat im Philisterland. Seine Größe maß sechs Ellen und eine Handspanne. Auf dem Kopf trug er einen Helm aus Eisen. Sein Kör-

per war durch einen Schuppenpanzer geschützt, dessen Gewicht beträchtlich war. Die Beine waren von ehernen Schienen umschlossen. Über die Schultern hatte er einen Wurfspieß gelegt, der völlig aus Eisen bestand. Ein Schildträger ging vor ihm her.«
Zu spüren ist an dieser Beschreibung, daß die Kämpfer der jüdischen Stämme mit Neid auf die Ausrüstung des Goliath aus Gat geblickt hatten. Eindrucksvoll war nicht so sehr seine Körpergröße, sondern die eherne Rüstung und die Waffen, die ganz aus Eisen gefertig waren. In der Terminologie heutiger Bestimmung geschichtlicher Zeiten stand vor den jüdischen Männern, die noch der Bronzezeit zuzurechnen waren, ein Vertreter der modernen Eisenzeit.
Verständlich ist, daß die israelischen Kämpfer voll Schrecken diese imposante Erscheinung vor sich sahen. Sie mußten die Worte dieses Riesen Goliath als Hohn empfinden. Er sprach von einem Zweikampf – wenn einer von den Gegnern es wagen wollte, mit ihm die Kräfte zu messen. Im Gefühl, auf jeden Fall der Sieger zu sein, macht der Philister ein Angebot: Verlöre er den Zweikampf, würde sich sein Volk insgesamt den jüdischen Stämmen unterwerfen – gewänne er jedoch, dann seien eben die Beschnittenen künftig die Knechte der Philister. Der Anführer des Philisterheeres, der zu keinem Augenblick den eigenen Sieg in Zweifel zog, war entschlossen, das Machtverhältnis zwischen Philistern und Juden ein für allemal zu Gunsten seines Volkes festzulegen.
Der Zufall oder – nach Ansicht der Bibelautoren – der Wille Gottes entschied darüber, wer Goliaths Gegner sein sollte. Der junge David, ein unbekannter Knabe, rötlichbraun und von schönem Aussehen (Erstes Buch Samuel 17,42), war ohne rechten Grund aus den Bergen heruntergestiegen; im Heerlager der Stämme führte er frechkühne Reden und verlangte schließlich, daß man ihn kämpfen lasse. Da die anderen fürchteten, vom Riesen Goliath erschlagen zu werden, stimmten sie zu, daß er sich diesem Angst erregenden gepanzerten Ungeheuer stelle.
Daß das Verbot des Besitzes von Waffen und Rüstungen aus Eisen von den Philistern doch nicht so unbedingt hatte durchgesetzt werden können, ist dem Fortgang der Geschichte zu entnehmen. Saul besaß, offenbar als besonders gehüteten Schatz, eine Rüstung – und sein eigenes Schwert. Saul zog Da-

vid die Rüstung an und übergab ihm sein Schwert. David aber fühlte sich unwohl in dem eisernen Panzer. Er legte ihn einfach wieder ab.
Der junge Mann besaß eine Schleuder aus Holz – damit war er vertraut. Sie war nicht vom Waffenmonopol der Philister betroffen.

David wählte sich Steine zu Geschossen. Gleich mit dem ersten Stein, den er gegen Goliaths Kopf schleuderte, traf der junge Mann seinen Feind an der Stirn. Der Stein drang in das Gehirn ein. Goliath starb auf der Stelle. Da nahm David das Schwert des Philisters und schlug ihm damit den Kopf ab. Es ist anzunehmen, daß er die wertvolle Waffe behielt.
Groß war das allgemeine Erstaunen über den Erfolg des nahezu unbewaffneten jungen Mannes. Völlig verwirrt aber waren die Kämpfer des Philisterheeres. Sie zogen sich in Richtung Gat zurück. Niemand sprach mehr von Goliaths Angebot, sein Volk werde, wenn er den Kampf verliere, sich den jüdischen Stämmen unterwerfen. Es wäre unrealistisch gewesen, wenn König Saul die Erfüllung dieser Zusage des Riesen verlangt hätte. Entscheidend für die Zukunft war, daß die jungen israelischen Kämpfer die Niederlage des als unbesiegbar geltenden Philisters erlebt hatten. Der Respekt vor dem technisch überlegenen Küstenvolk begann zu zerbrechen.
Die Geschehnisse nahmen danach eine eigenartige Wendung: Saul fürchtete die Popularität des jungen Siegers, über den bald schon Legenden erzählt wurden. Es muß Saul mißfallen haben, daß ihm zwar in allen Städten der Stämme die Frauen singend und tanzend zum Empfang entgegenkamen, doch dabei derartige Texte sangen: »Saul hat zwar tausend erschlagen – David aber zehntausend«. (Erstes Buch Samuel 18,7) Die Spannung zwischen den beiden wurde unerträglich. Schließlich fühlte sich David veranlaßt, Sauls Nähe zu meiden und bei den Philistern Zuflucht zu suchen. David, der Goliath aus Gat getötet hatte, sucht gerade in dieser Stadt Gat sicheres Asyl. Er wurde zunächst abgewiesen, doch als er schließlich mit einer Leibgarde von 600 Mann wieder in Gat erschien, nahmen ihn die Herren der Philister auf. Der Meinungsumschwung war durch Davids Zusicherung ausgelöst worden, er wolle als Vasall in die Dienste der Philister treten. König Achisch von

Gat vertraute ihm. David wurde sogar Statthalter der Philisterfürsten an der Grenze zum Gebiet des Stammes Simeon im Negev.
Daß er in Gat freundlich von den Philistern aufgenommen worden war, hat Davids Politik später nicht beeinflußt. Von Gefühlen der Dankbarkeit ließ er sich nicht leiten, und Vasallentreue hielt er nicht für angebracht als ihm Verantwortung für das jüdische Volk übertragen worden war.
Um das Jahr 1000 v. Chr. war die Politik Davids und der Philister eindeutig auf Konfrontation ausgerichtet. Sobald der junge König seine Residenz nach Jebus/Jerusalem verlegt hatte, verbarg er nicht länger, daß er persönlich sich der philistinischen Vormundschaft entziehen wollte. Die Philisterkönige aber erkannten, daß sie nur zu diesem Zeitpunkt noch eine Chance besaßen, ihre Vormachtstellung im Land zwischen Mittelmeer und Jordangraben zu bewahren. Sie glaubten stark genug zu sein, um ihrem einstigen Vasallen Respekt beizubringen.
Doch im bergigen Land südwestlich von Jerusalem zeigte es sich, daß David viel gelernt hatte im Dienst der Philister. Als Statthalter der Fürsten von Gaza, Ashdod, Ashkalon, Gat und Ekron war es seine Aufgabe gewesen, Angriffe fremder Stämme abzuwehren. So mißlang der Sturm des Philisterheeres gegen Jerusalem schon im Ansatz: »David schlug die Philister von Gibeon bis gegen Geser.« (Zweites Buch Samuel 5,25) Künftig waren es die Philisterkönige, die Respekt hatten vor ihrem Gegner. Das Küstenvolk büßte rasch seinen technologischen Vorsprung ein. Es verlor seine Monopolstellung in der Fertigung von Waffen und Gerätschaften. Bald gab es in den Städten und Dörfern der jüdischen Stämme tüchtige Schmiede. Die Eisenzeit begann nun auch für das jüdische Volk. In ihren Schlachten schwangen sie nun eiserne Schwerter und nicht Waffen aus Bronze oder gar Tierknochen.
Daß Davids Männer siegreich waren, verdankten sie ihrer überlegenen Ideologie. Der Glaube an Jahwe einigte sie und gab ihnen Mut und Kraft. Daß die Bundeslade eine Heimat in Jerusalem gefunden hatte, erwies sich als politischer Faktor ersten Ranges. Die Bundeslade war der Wohnsitz Gottes – und dieser Wohnsitz befand sich in der Stadt Davids. Jerusalem war damit zur wichtigsten Stadt des gesamten Erdkreises geworden – we-

nigstens in der Vorstellung derer, die an Jahwe glaubten. Der Hügel, auf dem sich die immer noch kleine Stadt befand, galt bald schon als der »Berg Gottes«. Durch diese Auffassung von der Wichtigkeit Jerusalems waren alle anderen Städte ringsum zur Bedeutungslosigkeit verurteilt. Jerusalem erhielt Glanz – die Philisterstadt Gaza aber lag fortan im Schatten. Sein König und die Oberhäupter der vier anderen Philisterstädte mußten Tribut zahlen, um im Amt bleiben zu können. Sie wurden zu Vasallen Davids. Er respektierte die Grenzen des Küstenvolks und er unternahm nichts dagegen, daß die Philister die Handelsstraße beherrschten, die parallel zum Meeresufer verlief. David und seine Nachfolger annektierten das Philisterland nicht.

Davids Machtbereich aber wuchs weit nach Norden in heute syrisches Gebiet. Er unterwarf Stämme und Völker. Seine Truppenführer schickten Beute aus den unterworfenen Regionen. Tributpflichtig wurden Fürsten bis ins Gebiet des Euphrat. Riesig war die Ausdehnung des Reiches, das von Jerusalem aus regiert wurde. Es wurde zusammengehalten durch die Ausstrahlung des Helden David, der in seiner Stadt thronte. Es ließ sich allerdings kaum verbergen, daß er nicht ewig jung blieb.

Die Quelle En Rogel –
David soll entmachtet werden

Von der Gihonquelle aus ist die Wasserstelle En Rogel leicht zu erreichen. Nicht einmal einen Kilometer beträgt die Entfernung. Dort, wo sich das Kidrontal und das Hinnomtal vereinigen befindet sich die zweite Quelle, die in der Geschichte von Jerusalem Ort bedeutender Ereignisse war. Legenden ranken sich um die Quelle En Rogel.

Die Moslems im Kidrontal sind der Überzeugung, Hiob sei an diesem Brunnen gesessen – auf einem Misthaufen – als er über sein Unglück nachgedacht habe. Er sei dann eingetaucht in das Quellwasser um seine Hautkrankheit zu lindern. Das Wasser aber habe sein Leiden völlig geheilt. Andere Bewohner des Kidrontals glauben daran, diese Quelle habe es vor der Zeit Hiobs gar nicht gegeben: Der durch Gottes Wille mit

Unglück Geschlagene sei an einem heißen Tag das Kidrontal heruntergewandert. Unerträglich sei sein Durst gewesen. Da habe sich Gott dieses Unglücklichen erbarmt. Gott habe Hiob befohlen, heftig mit dem Fuß aufzustampfen. Da sei das Wunder geschehen, daß eine Fontäne aus dem Boden sprang. Hiob konnte seinen Durst löschen. Fortan und für alle Zeit habe Gott die Quelle dem Hiob und nach ihm allen Menschen geschenkt.

Ernster zu nehmen als die Hiobslegenden sind biblische Berichte von Ereignissen, die stattgefunden haben, als König Davids Leben sich dem Ende zuneigte. Seine Aufgaben waren erfüllt: Das Reich war gefestigt; äußere Feinde waren abgewehrt. Doch nun war jede Entwicklung abgestorben. David besaß keine Perspektive für die Zukunft. Er zog sich in seinen Palast zurück, der wahrhaftig eng und bescheiden war. David gab keine Anweisungen mehr.
Besonders die Menschen in Jerusalem waren bedrückt. Insgeheim warfen sie David vor, er sei nun 70 Jahre alt geworden, doch ihre Stadt sei noch immer so ärmlich wie zur Zeit der Jebusiterherrschaft; sie sei weder vergrößert noch verschönert worden. Vor allem werde es endlich Zeit, daß die Bundeslade in einem richtigen Tempel einen würdigen Platz erhalte; es sei eine Schande, daß sie, zwar in Jerusalem, aber noch immer in einer Hütte stehe. Schließlich handle es sich um den Wohnsitz Gottes. Die Meinung war weit verbreitet, daß man ja Verständnis habe für des Königs Abneigung gegen den Gedanken, er müsse den Tempel bauen lassen, doch erwarte man von seinem Nachfolger eine rasche Verwirklichung des Tempelprojekts. Wer so dachte, der war auch der Ansicht, der Nachfolger möge bald an die Macht kommen – jedes Jahr, das David noch lebe, sei ein verlorenes Jahr. Gebete wurden zum Himmel geschickt mit der Bitte, Jahwe möge dem König die ewige Ruhe gönnen. Jerusalem wollte befreit werden von der Person Davids, damit endlich wieder ein frischer Wind wehe in der Stadt.

Solche Überlegungen hatten auch Adonia, einen der Söhne Davids bewegt. Er war der Ansicht, die Zeit sei überreif für den Machtwechsel – und er allein sei dazu berufen, den Umschwung durchzuführen. Adonia wollte König werden.

Den Ort, an dem Adonia die Übernahme der Macht verkünden wollte, hatte er bereits ausgesucht: die Quelle En Rogel.
Dorthin lud er auf einen bestimmten Tag alle Honoratioren von Juda ein und alle Mitglieder der königlichen Familie. Er bereitete das Fest vor und schlachtete »Schafe, Rinder und Mastkälber« (Drittes Buch Könige 1,9). Die Einladung fand Gehör: Adonias Brüder kamen, die alle königliche Prinzen waren, und Davids gesamter Hofstaat erschien bei der Rogelquelle. Unter den Gästen befanden sich zwei besonders wichtige Persönlichkeiten: Der hohe Offizier Joab, der für David einst Jerusalem erobert hatte, und der Priester Ebjatar, der führende Kopf der Geistlichkeit in der Hauptstadt. Beide Herren waren allerdings so alt wie David. Auch sie warteten auf den Tod.
Nicht zur Zeremonie an der Rogelquelle eingeladen war der Prophet Natan, der wichtigste Berater des Königs David. Natan – mehr ein Politiker als ein Mann des Glaubens – war zuständig für die Entwicklung einer Politik der Zukunftssicherung für das noch junge jüdische Reich. Mit gutem Grund hatte ihn Adonia während der Vorbereitungen zum Fest an der Quelle gemieden – Adonia mußte annehmen, daß Natan seine Pläne durchkreuzen würde. Deshalb hatte der ehrgeizige Prinz den Propheten nie für seine Absichten zu gewinnen versucht. Vielleicht wollte Adonia den Berater seines Vaters mit seinem Vorhaben der Machtübernahme überrumpeln. Auf jeden Fall unterschätzte der junge Mann den Propheten.
Das Gelage an der Rogelquelle war mit Jubel und Hochrufen verbunden, mit lautstarken Huldigungen für Adonia, der allen Versammelten eine glückliche Zukunft versprach. Glanzzeiten sollten anbrechen – für alle Bewohner des Königreichs ohne Unterschied des Standes.
Daß an der Quelle En Rogel Außerordentliches geschah, verbreitete sich in den Gassen den Hügel hinauf. Daß jeder willkommen sei, erstaunte viele. Neugierige gingen vorsichtig hinunter ins Tal. Sie wurden nicht verjagt.
Da strömten auch die Armen aus den unteren Stadtvierteln von Jerusalem herbei. Sie aßen und tranken mit den Höflingen und waren bald der Meinung, die ewigwährende Epoche der Verbrüderung zwischen Arm und Reich sei angebrochen. Sie priesen den künftigen König Adonia dafür.
Das Geschrei, das sie machten, wurde in der oberen Stadt, in

den Wohnvierteln der wahrhaft Mächtigen vernommen. So erfuhr Natan von der Verschwörung an der Wasserstelle En Rogel – und er handelte sofort. Er eilte zu Bathseba, der Lieblingsfrau des Königs David. Die war die Mutter Salomos. Natan rüttelte sie mit diesen Worten auf: »Ist es noch nicht an dein Ohr gedrungen, daß Adonia, der Sohn einer anderen Frau, König geworden ist, ohne daß David, unser Herr, etwas davon erfährt?« Natan wußte, wie er den Zorn dieser Frau erregen konnte. Sie hatte sich mit Geschick eine beherrschende Position am Hof errungen, die wollte sich Bathseba nicht rauben lassen. Einst war sie die hübsche Frau des unbedeutenden Offiziers Uria gewesen, der kein Jude, sondern ein unbeschnittener Hethiter war. Für dessen raschen Tod an der Front ostwärts des Jordan hatte David gesorgt, nachdem er die Schönheit dieser Frau entdeckt hatte. Er hatte sie zum erstenmal erblickt, als sie in aller Offenheit auf dem Dach ihres Hauses in den Badezuber stieg. Solange Uria noch am Leben war, teilte sie Davids Lager als dessen Geliebte. Nach dem Heldentod des Hethiters wurde sie eine von Davids Frauen – und bald darauf Mutter des Salomo. Bathseba hatte es verstanden, die Sinne des Königs David gefangenzuhalten. David fand sie reizvoller als jede andere seiner Frauen. Vor allem hatte sie es verstanden, David zum Versprechen zu veranlassen, kein anderer als ihr gemeinsamer Sohn Salomo werde sein Nachfolger.
Der Prophet Natan war mit dieser Entwicklung einverstanden gewesen – sie hatte immer seiner Politik der Zukunftssicherung für den Staat entsprochen. Der Prophet und Politiker hielt Salomo für den besten der Kandidaten im Gerangel um Davids Nachfolge, und er blieb auch jetzt, als Adonia seine Ansprüche angemeldet hatte, bei der abgesprochenen Zukunftsplanung. Er überzeugte Bathseba, es sei klug, ihren Mann, den König, von der Verschwörung des Adonia zu unterrichten, und ihn an sein Versprechen zu erinnern.
Dafür war nun allerdings der Zeitpunkt äußerst ungünstig: Der alternde und kränkliche König hatte das blutjunge und wunderschöne Mädchen Abishaq aus Sunem bei sich auf dem Lager. Seine Höflinge hatten ihm diese Abishaq besorgt, damit sie ihm das Herz und die Glieder wärme. Diesen Auftrag erfüllte sie eben mit Hingabe.

Bathseba aber nahm auf diese heikle Situation keine Rücksicht. Sie bestürmte ihren Mann, er möge sein Versprechen einhalten. David, der sich lieber mit Abishaq beschäftigen, als mit Bathseba diskutieren wollte, war zunächst durchaus nicht bereit, seiner Frau eine deutliche und zustimmende Antwort zu geben. Da betrat der Prophet die Schlafkammer des Königs, und auch er kümmerte sich nicht um Davids Bettgenossin. Seine Frage, ob der Herrscher David wirklich noch der Herr in seinem Reiche sei, schreckte den König aus seiner Lethargie. Die Kühnheit des Adonia ärgerte ihn. Noch immer war es sein alleiniges Recht, den Nachfolger zu bestimmen. Er ordnete an, Salomo sei auf das königliche Maultier zu setzen, damit er hinunterreite zur Quelle Gihon. An ihrem Wasser solle Salomo zum König gesalbt werden.
Die Anweisung wurde befolgt. Salomo wusch sich mit dem Wasser der Gihonquelle und wurde mit dem Öl, das bei der Bundeslade aufbewahrt wurde, gesalbt. Posaunenstöße beendeten die Feier. Nun wurde auch an der Gihonquelle gejubelt, Hunderte versammelten sich im oberen Kidrontal. Sie riefen »Es lebe der König Salomo!«

Von der Gihonquelle her drang das laute Geschrei bis zur Rogelquelle. Der Feldherr Joab soll die Frage gestellt haben: »Was bedeutet der Lärm der offenbar außer Kontrolle geratenen Stadt?« (Drittes Buch Könige 1,41) Vom Getrampel der Massen, so wird berichtet, habe die Erde im Kidrontal gebebt.
Die Situation war dramatisch: In Sichtweite von einander, an zwei verschiedenen Quellen, an zwei verschiedenen Heiligtümern im Tal am östlichen Abhang von Jerusalem spielten sich unterschiedliche Huldigungszeremonien ab. Zwei Männer wollten König werden. Die Zukunft des jüdischen Reiches hing davon ab, welcher von den beiden sich durchsetzen konnte. Der Ausgang war auch nach der Salbung Salomos noch keineswegs entschieden. An der Quelle En Rogel stand dem Prinzen Adonia mit dem legendären Feldherrn Joab die militärische Spitze des Reiches bei. Hatte er Joab auf seiner Seite – so kalkulierte Adonia –, dann folgten ihm auch die anderen maßgeblichen Offiziere der Garnison und der Leibgarde.
Nicht unwichtig war auch, daß der Priester Ebjatar seine Verschwörung unterstützte. Ebjatar war ein treuer Kampfgefährte

Davids gewesen: Er war der Begleiter während der Flucht vor Saul und während des Aufenthalts bei den Philistern in Ziklaq. Seine Anwesenheit an der Rogelquelle konnte als Beweis dafür ausgelegt werden, daß die Priesterschaft, abgesichert durch König David, mit der Nachfolge des Adonia als König einverstanden war.

Doch Ebjatar und Joab erwiesen sich in der kritischen Stunde als völlig nutzlos. Der Sohn des Ebjatar kam von der Gihonquelle herüber und berichtete von der Salbung Salomos. Da herrschte betretenes Schweigen an der Rogelquelle. Joab, der einst Jerusalem erobert hatte, verspielte jetzt die Gewalt über die Stadt. »Das Geschmetter der Trompeten und Posaunen«, das von der anderen Wasserstelle herüberdröhnte, nahm ihm jede Entscheidungskraft. Weder Joab noch der Priester Ebjatar unternahmen etwas dagegen, daß die geladenen Gäste und die Masse der Armen den Prinzen Adonia kopflos verließen: »Ein jeder ging seines Weges fort.« (Drittes Buch Könige 1,49) Wie ein Spuk verflog die Jubelfeier an der Rogelquelle.

Der Zug derer, die Salomos Salbung feierten, aber machte den Bewohnern von Jerusalem deutlich, wer künftig Herr über die Stadt war. Von der Gihonquelle an ritt Salomo auf dem königlichen Maultier den steilen Weg hinauf zur Stadtmauer und zum Osttor. Hunderte begleiteten ihn, gingen voraus, zu seiner Seite und hinterdrein. Gewaltig war der Krach von Trompeten und von Jubelschreien.

Die Huldigung setzte sich in den Straßen fort. Nun schlossen sich auch diejenigen Salomo an, die sich bisher für Adonia begeistert hatten. Der aber fürchtete um sein Leben.

David und Salomo erwiesen sich jedoch als außerordentlich gnädig: Adonia wurde zu Hausarrest im königlichen Palast verurteilt. Der hohe Offizier Joab blieb unbestraft. David wußte, daß Joab einen Grund gehabt hatte, um sich von ihm abzuwenden, und er hatte Verständnis für Joabs jetzige Haltung. Dem Truppenkommandeur war vor Jahren befohlen worden, im gesamten Reich eine Volkszählung durchzuführen. Joab hatte seinen Herrn gewarnt, der Gott Israels habe ausdrücklich verboten, daß das Volk gezählt werde – doch König David hatte Gehorsam erzwungen. Der Grund für des Königs Hartnäckigkeit war, daß er umfassende Steuerlisten erstellen lassen wollte; die Grundlage dafür sollte die Volkszählung liefern.

Joab und seine Offiziere hatten gegen den Willen Gottes handeln müssen. Im Verlauf dieser Volkszählung war die Pest ausgebrochen, die 70000 Menschen tötete. Allein Jerusalem war verschont worden.
Dem Zweiten Buch Samuel (24,16) ist zu entnehmen, daß die jüdischen Bewohner von Jerusalem überzeugt waren, Gott habe ihre Stadt gerettet wegen seiner besonderen Beziehung zu ihr: »Der Herr hatte einen Engel nach Jerusalem gesandt, um die Stadt wegen der Volkszählung zu verderben. Der Herr aber wollte dann doch dieses Unheil von Jerusalem abwenden. Er rief den Engel rechtzeitig zurück. Der befand sich gerade bei der Scheune des Jebusiters Orna.«
Diese Geschichte berichtet so ganz nebenbei, daß in Jerusalem die einstigen Besitzer der Siedlung, die Jebusiter, unbehelligt und offenbar auch wohlhabend leben durften. Der Jebusiter wäre nicht namentlich genannt worden, wäre er nicht bekannt und angesehen gewesen.
Joab war von der Zeit an, als 70000 Menschen gestorben waren, seinem König im Geiste nicht mehr treu gewesen. Sein Herr hatte eine Entscheidung getroffen, die dann Ursache geworden war für eine Katastrophe: Der Verlust von einer derartig großen Zahl von Menschen war nicht so leicht hinzunehmen. Die im Bibeltext genannte Zahl mag weit übertrieben sein, doch sie zeigt auf jeden Fall an, daß der Verlust an Menschenleben gewaltig war. Der Feldherr Joab gab David die volle Schuld. So hatte ihn Adonia leicht für seine Pläne der Machtübernahme gewinnen können.

Salomo hatte nicht die Absicht, so gefährliche Gegner wie Adonia und Joab am Leben zu lassen – er wartete nur den Tod seines Vaters David ab. Adonia gab Salomo den Vorwand für das Todesurteil, als dieser ältere Bruder um das Mädchen Abishaq aus Sunem, das David während der letzten Lebenswochen Wärme gespendet hatte, bat. Salomo spielte den Empörten: »Heute noch ist Adonia ein Mann des Todes!« Nachdem dieses Urteil vollzogen war, fühlte sich Joab, der Eroberer von Jerusalem, nicht mehr sicher: Er floh zum Altar bei der Bundeslade. Dort wurde er erstochen.
Ebjatar – der Priester, der bei der Zeremonie an der Rogelquelle dabei war – erschien Salomo als weniger gefährlich: Ihm

wurde das Leben geschenkt, weil er zu den Trägern der Bundeslade gehört hatte, und weil er für David in schwierigen Zeiten eine Stütze gewesen war. Ebjatar wurde aus Jerusalem verbannt. Die Bibeltexte erwähnen ihn nicht mehr.

Der heilige Fels –
Wohl die einzige Erinnerung an Salomos Tempel

Vom Vater hatte Salomo die Verpflichtung übernommen, dem Gott des jüdischen Volkes eine feste Wohnstätte zu bauen. Die Bundeslade stand noch immer im einfachen Gebäude, das David für sie hatte errichten lassen. Dieses Gebäude war schmucklos und unauffällig – es entsprach weder der Würde dieses Gottes Jahwe noch der ständig wachsenden Bedeutung von Jerusalem. Die Gläubigen hielten diesen Zustand für unwürdig. Hinweise sind in den Bibeltexten zu finden, daß dem jungen und klugen König Salomo die Verpflichtung, einen Tempel errichten zu müssen, unbequem war. Sein Vater David hatte nie einen Zweifel daran geäußert, daß Gott tatsächlich in der Bundeslade wohnte – was Mose verkündet hatte, war ihm höchste Wahrheit gewesen. Salomos Weltbild aber unterschied sich von dem seines Vaters. Salomo, dessen Weisheit gerühmt wurde, konnte sich schwer vorstellen, daß der Allmächtige sich in einem Holzkasten aufhielt.
Vier Jahre nachdem Salomo König geworden war, sah er sich veranlaßt, das Projekt des Tempelbaus ernsthaft anzupacken. Die Volksmeinung war wohl, daß das Heiligtum die Größe Gottes zum Ausdruck bringen müsse. Dem Wunsch der Mehrheit – und der Priester, die einen würdigen Arbeitsplatz haben wollten, konnte sich Salomo nicht länger entziehen.
Er erinnerte sich daran, daß sein Vater einst Hilfe für seine Bauvorhaben vom König Hiram aus Tyrus erhalten hatte. An ihn wandte sich auch Salomo. Die Überlieferung des Wortlauts seines Briefes ist im Zweiten Buch Chronik (2) zu finden. Sie läßt die Skepsis erkennen, die Salomo empfindet, wenn er daran denkt, Gott eine Wohnstätte errichten zu sollen: »Ich frage, wer hat wirklich die Kraft dem Allmächtigen ein Wohnhaus zu bauen? Denn alle Himmel zusammengenommen können ihn

nicht umfassen. Wer bin ich denn, daß ich Gott ein Haus baue?«
Da Salomo die Verpflichtung nicht abschütteln kann, wendet er sich in seinem Schreiben an Hiram der Praxis des Tempelbaus zu:
»Schicke mir einen Fachmann, der es versteht, Arbeiten in Gold und Silber auszuführen, in Erz und Eisen. Er muß auch Kenntnisse besitzen in der Verarbeitung von rotem und violettem Purpur. Er soll sich auch auf Gravierungen verstehen. Er hat sich auch darum zu bemühen, die Handwerker und Künstler, die bereits in Jerusalem arbeiten, gründlich auszubilden. An Materialien bestelle ich bei Dir Stämme von Zedern, Zypressen und Wacholderbäumen aus dem Libanon. Ich weiß, daß Deine Knechte im Fällen des besten Holzes von niemand übertroffen werden. Ich schicke Leute zu Dir, die Deinen Knechten helfen werden. Du mußt mir Holz in großer Menge zur Verfügung stellen, denn das Haus, das ich zu bauen habe, soll groß und eindrucksvoll sein.«
Wenn Salomo schon einen Tempel baute, sollte dieser außergewöhnlich sein: »Das Heiligtum, das ich bauen will, soll riesig sein, denn unser Gott ist größer als alle anderen Götter!« Zum Schluß des Schreibens versprach Salomo dem König Hiram von Tyrus, daß er für die Verköstigung der Arbeiter aufkommen werde.

Im selben zweiten Kapitel des Zweiten Buches Chronik wird die Antwort des mächtigen Herrschers zitiert, der über die Reichtümer des Libanongebirges verfügen konnte:
»Gepriesen sei der Gott Deines Volkes, der den Himmel und die Erde geschaffen hat. Dieser Gott besitzt in König Salomo einen weisen Sohn, der weiß, wie das Haus Gottes beschaffen sein soll. Ich begreife, daß neben dem Haus Gottes ein Königspalast entstehen soll. Ich werde Dir, gemäß Deinem Wunsch, einen Meister von bedeutenden Fähigkeiten schicken. Er ist der Sohn einer Frau aus der Sippe Dan. Sein Vater war ein Bürger meiner Stadt Tyrus. Dieser Meister entspricht den Anforderungen, die Du gestellt hast. Auf dem Libanongebirge werden wir so viele Bäume fällen lassen, wie für Dein Bauvorhaben nötig sind. Wir werden Dir die Stämme in Flößen über das Meer zuführen. Du wirst sie dann nach Jerusalem schaffen.«

Noch immer besaßen die Handwerker dieser Stadt nur technische Kenntnisse und Fertigkeiten der späten Bronzezeit und der frühen Eisenzeit. Für den Bau großer Häuser fehlten ihnen die Erfahrungen. Den Stämmen war es bisher nicht gelungen, Fähigkeiten in der Baukunst zu erwerben. Für sein Großprojekt war der König des Volkes Israel vom guten Willen des Nachbarn Hiram abhängig, dessen Handwerker und Architekten Erfahrungen hatten sammeln können. Allerdings ist festzuhalten, daß der Baumeister, den Hiram schickte, zur kleinen Sippe Dan gehörte, die – nach Josuas Landverteilung – zwischen den Stämmen Ephraim und Juda angesiedelt worden war. Der Baumeister war von einer jüdischen Mutter geboren worden und war folglich Jude – auch wenn der Vater Bürger der Stadt Tyrus war.
Den Platz für den Tempel legte Salomo selbst fest: Er wählte den Hügel aus, auf dem die Scheuer des Jebusiters Orna stand – dort hatte Gott gerade noch den Engel aufhalten können, der den Auftrag hatte, Gottes Rachedurst nach dem Frevel der Volkszählung zu stillen. Die Scheuer des Jebusiters Orna befand sich im Norden der Residenz, die David hinterlassen hatte.
David hatte den Grund und Boden noch selbst dem Orna abgekauft. Das Ende des Zweiten Buchs Samuel (24,18 ff.) erzählt den Vorgang so: »David wollte den Auftrag Gottes erfüllen: ›Gehe hinauf zur Scheuer des Jebusiters Orna und errichte dort einen Altar für den Herrn‹ Wie ihm befohlen war, ging er hinauf. Orna befand sich eben dort und sah den König auf sich zukommen. Orna ging ihm mit seinen Knechten entgegen. Er verneigte sich tief vor dem König. Orna fragte: ›Was führt den Herrn und König zu seinem Knecht?‹ David antwortete: ›Deine Scheuer will ich kaufen, um dem Herrn auf diesem Platz einen Altar zu errichten.‹ Orna aber wollte nicht, daß der König dafür bezahle. Er wollte ihm das Grundstück schenken, samt allem was David zum Opfern brauche. David aber sprach: ›Dies geht nicht! Zum rechtmäßigen Preis will ich das Grundstück erwerben.‹ Und David kaufte die Scheuer und errichtete an ihrem Platz dem Herrn einen Altar.«
Mit diesem Grundstückserwerb auf dem Hügel Morija war bereits die Entscheidung gefallen für den Standort des künftigen Tempels, den nicht David, sondern Salomo bauen sollte. Auf jenem Hügel mußte allerdings erst ein ebenes Fundament geschaffen werden. Für die Errichtung eines Gebäu-

des von 52 Meter Länge, 26 Meter Breite und ungefähr 15 Meter Höhe. Diese Ausmaße mögen für die damalige Zeit gewaltig gewesen sein – allerdings nur für den israelisch-kanaanitischen Bereich. Ägyptische und babylonische Tempel waren größer.

Neuartig war der Plan der Anlage keineswegs: Für Jahwe wurde kein revolutionäres Tempelkonzept entwickelt. Die Baumeister, die Hiram geschickt hatte, errichteten den Tempel des Salomo nach dem ihnen bekannten Schema, das sich – nach ihrer Meinung – bewährt hatte. Sie teilten den umbauten Raum auf in eine Vorhalle, eine Haupthalle und das Allerheiligste, das vollständig im Dunkel lag. Berichtet wird, König Salomo habe diese Dunkelheit verwundert und spöttisch kommentiert: »Die Herrlichkeit des Herrn erfüllt das Haus – doch im Dunkeln wolle er wohnen, sagte der Herr.« (Drittes Buch Könige 8,11-12)

Auch in der Haupthalle herrschte keine strahlende Helligkeit. Nur durch vergitterte Fenster, die nahezu unter der Decke angebracht waren, konnte Licht eindringen.

Von den Bauarbeiten verkündete das Drittes Buch Könige (6,7): »Steine wurden aufeinander geschichtet, die schon behauen zum Bauplatz gebracht wurden. Da waren auf dem Hügel Morija keine Geräusche von Hämmern oder Meißeln zu hören, noch von anderen Werkzeugen, die aus Eisen gefertigt sind.« Hinzugefügt werden muß, daß zu Salomos Zeit im jüdischen Reich die Epoche der Bronzewerkzeuge völlig überwunden war.

Sieben Jahre lang sollen die Bauarbeiten gedauert haben. Vor allem der Innenausbau muß viel Zeit verschlungen haben, denn die Ausstattung – so berichtet die Bibelüberlieferung – sei prachtvoll gewesen. Die Baumeister hätten nicht am Zedernholz gespart. Für die Stämme aus dem Libanon hätte Salomos Staatskasse nahezu ein Dutzend Tonnen Gold nach Tyrus schicken müssen. Zedernholz war das teuerste Baumaterial. Mit dem ebenso teuren Zypressenholz waren Böden, Wände und Decken getäfelt – da war nirgends Stein zu sehen.

Die gewöhnlichen Gläubigen – gleichgültig ob arm oder reich, ob hochgestellt oder niedrigen Standes – durften den Prunk der Innenräume nie sehen. Ihnen war nur gestattet, den Vorhof zu betreten. Den Priestern, die zum Stamme Levi gehörten, war die Haupthalle vorbehalten. Hier brachten sie die Opfer dar. Das Allerheiligste aber öffnete sich allein dem Hohenpriester. Nur er war davor gefeit, in der dunklen Kammer beim Berühren der Bundeslade »von Gott geschlagen« zu werden. Offenbar war der geheimnisvolle Zauber des hölzernen Kastens noch immer wirksam. Als die Bundeslade ins Allerheiligste getragen wurde, sollen gewaltige Rauchwolken die Kammer und schließlich das ganze Haus erfüllt haben: »Wegen diesen Wolken konnten die Priester nicht arbeiten.« (Drittes Buch Könige 8,11)

Kathleen M. Kenyon schreibt in ihrem Buch auf Seite 110: »Wenn man auf die archäologischen Befunde angewiesen wäre, könnte man überhaupt keinen Eindruck gewinnen, wie Salomos Bauten ausgesehen haben. Nur über die Lage des Tempels gibt es keinerlei Zweifel.«

Doch auch dieser Punkt ist nicht unbedingt geklärt. Sicher ist allein, daß der Tempel auf dem Hügel Morija stand. Doch der genaue Standort ist umstritten. Ausgangspunkt der Diskussion ist die Frage, ob die imposante Felsplatte, die heute von der Kuppel des Felsendoms überwölbt wird, zum Tempel des Salomo gehörte, oder nicht.

Von grauer Farbe ist die breit hingelagerte Felsplatte. Ihrer unebenen Oberfläche ist anzusehen, daß sie der Schauplatz religiöser Rituale gewesen war: Rinnen und Furchen nähren den Gedanken, daß sie einst in den Stein geschlagen worden sind, um den Abfluß des Bluts der Opfertiere zu erleichtern. Die Bibel stützt diese Gedanken durch den Text des 22sten Kapitels Genesis ab: Abraham erhält den Befehl Gottes, sich zum Hügel Morija zu begeben, um dort seinen Sohn Isaak zu opfern. Dieses Opfer ist dann allerdings unterblieben. Von jenem Zeitpunkt an opferte das jüdische Volk keine Menschen mehr.

Der Hügel Morija war der Platz, auf dem heute der Felsendom steht. Daß sich dort eine Felsplatte befunden habe, berichtet die Bibelüberlieferung allerdings nicht. Der Stein, der den Eindruck erweckt, er sei immer als Opferplatz benutzt und als Heiligtum betrachtet worden, wird nirgends in den überlieferten Texten erwähnt. Daß der Fels während der ganzen Frühgeschichte Jerusalems, also vor der Zeit des Königs Salomo, auf dem Hügel Morija offen lag und zu sehen war, gilt als selbstverständlich. Seine Beschaffenheit gibt ihm den Charakter des Außergewöhnlichen. Nirgends sonst zwischen Mittelmeerküste und Jordangraben existiert ein vergleichbarer Stein. Wer ihn sieht, kann heute noch auf den Gedanken kommen, er sei von Wesen, die nicht Menschen waren, an den Platz auf dem Hügel Morija gelegt worden. Daß er den Bewohnern des Landes ringsum nützlich war, beweisen die Spuren, die Werkzeuge hinterlassen haben. Der Fels wurde bearbeitet und für bestimmte Zwecke hergerichtet – wann dies geschehen ist, weiß niemand. Die Frage ist, ob König Salomo, der den Tempel auf jenem Hügel errichten ließ, den Stein in sein Bauprojekt einbezogen hat. Fachleute der historischen Wissenschaft, die sich mit dieser Frage beschäftigt haben, konnten keine eindeutige Erkenntnis vorlegen.

Da wird der Standpunkt vertreten, die Felsplatte sei Bestandteil des Allerheiligsten gewesen. Sie werde deshalb nirgends erwähnt, weil sie hinter dichten Vorhängen im Dunkel verborgen und nur dem Hohenpriester zugänglich gewesen sei. Einige Spezialisten aber meinen, sie sei als Opferplatz im Hof des Tempels verwendet worden.

Undenkbar ist, daß Salomo auf den imposanten Felsen als wirkungsvolles Element der Steigerung der Heiligkeit seines Tempels verzichtet hat. Eigenartig aber ist, daß der Bibeltext, der sonst innerhalb der Beschreibung des Tempels kein Detail ausläßt, den Stein mit keinem Wort erwähnt. Seltsam ist dieses Schweigen, zieht man die Tradition der Legenden in Betracht, die mit dem Stein auf dem Hügel Morija verbunden ist: Erzählt wird, der Fels markiere den Mittelpunkt der Erde, und er sei beim Beginn des Schöpfungsaktes von Gott als erstes erschaffen worden. Zu bemerken ist, daß die Legendentradition erst in islamischer Zeit voll aufblühen wird. Gleich zu ihrem Beginn wird dem Fels die Ehre zuteil, daß über ihm der »Felsendom« gewölbt wird, der dann zum zweitwichtigsten Heiligtum der Moslems wird.

Der Tempel ist nicht das einzige wichtige Bauwerk, für das Salomo auf dem Hügel Morija verantwortlich war. Unmittelbar daneben hat er sich einen Palast bauen lassen. Daran ist doppelt so lange gearbeitet worden, wie am Tempel und das mit gutem Grund: Die Ausmaße des Palastes an Länge und Breite waren dreimal größer als die des Tempels. Die Arbeits- und Wohnstätte des Königs überragte den Wohnsitz Gottes bei weitem. Der

Palast hat, im wahrsten Sinne des Wortes, das Heiligtum in den Schatten gestellt.
Salomo war gezwungen, ein prächtiges und repräsentatives Gebäude in seiner Hauptstadt zu bauen, war es ihm doch gelungen, die Tochter des Pharao als seine bevorzugte Ehefrau vom Nil nach Jerusalem zu holen. In das kleine und bescheidene Haus des David konnte er die Tochter des mächtigsten Mannes der damaligen Welt nicht führen.
Aus Anlaß dieser Hochzeit erhielt Salomo ein seltsames Geschenk seines Schwiegervaters: Der Pharao war eigens von Ägypten mit einer gewaltigen Streitmacht hergezogen und hatte die Stadt Geser erobert und verbrannt, die noch den Kanaanitern gehört hatte. Alle Bewohner waren bei der Einnahme getötet worden. Diese menschenleere Ruinenstadt ging nun in den Besitz des Königs Salomo über. Der war gezwungen, Geser wieder aufzubauen.
Dieses ungeplante Wiederaufbauprojekt belastete die Staatskasse. Der sagenhafte Reichtum des Königs war wohl nur eine Legende. Um Schulden zu tilgen mußte der König zwanzig Städte in Galiläa an Hiram, den Herrn von Tyrus abtreten. Der neue Besitzer, so wird berichtet, sei allerdings mit diesen Städten höchst unzufrieden gewesen.
Um den Kostendruck zu senken, der durch die teuren Bauprojekte entstanden war, führte Salomo die Sklavenarbeit ein, und es ist anzunehmen, daß er darin dem Beispiel ägyptischer Herrscher folgte. Dem Aufruf zur Fronarbeit mußten alle Bewohner des Reiches folgen, die nicht beschnitten, also nicht jüdisch waren. Das Dritte Buch Könige (9,20) nennt im einzelnen: »Amoriter, Hethiter, Perissiter, Hiwwiter und Jebusiter«. Sippen, die Davids Kriege überlebt hatten, wurden von Salomo zur Fronarbeit gezwungen. »Von seinem eigenen Volk aber machte der König niemand zu Sklaven.« Steuern aber erhob er von allen. Salomo teilte das Reich in zwölf Provinzen ein. Jede Provinz hatte einen Monat des Jahres lang für die Hauptstadt zu sorgen. Die Männer aus Jerusalem waren seine Kriegsleute und seine Beamten, seine Kämpfer und Streitwagenführer. »Aus dem eigenen Volk waren auch die Aufseher ausgewählt, insgesamt 550, die Gewalt hatten über diejenigen, die arbeiten mußten.« (Drittes Buch Könige 9,21-23)
Die Aufseher hatten einen Vorgesetzten, den Obersten der

Fronaufseher. Sein Name war Jerobeam. Er war dem König dafür verantwortlich, daß die Bauarbeiten in Jerusalem auf die billigste Art und Weise durchgeführt wurden. Salomo zeigte ihm durch Lob und Belohnung, daß er mit seiner Tätigkeit überaus zufrieden war. Für dieses Lob war Jerobeam allerdings wenig dankbar. Er ließ sich vom Propheten Achia dazu verleiten, selbst nach der Macht zu greifen. Achia gaukelte Jerobeam vor, er sei selbst fähig, König zu werden. Achia versprach ihm, daß ihm zehn Stämme untertan sein sollten. Sie seien künftig Jerobeams Eigentum. Nur der Stamm Juda solle künftig noch Salomo gehören. Fürst von Juda – so dürfe sich der bisherige König des jüdischen Volkes fortan nur noch nennen. Dies, so meinte der Prophet, habe Gott beschlossen, um Salomo dafür zu bestrafen, daß er den Bau von Heiligtümern fremder Gottheiten in Jerusalem gestattet habe.
Der Fronaufseher Jerobeam ging auf den verschwörerischen Vorschlag des Propheten Achia zunächst ein, spürte dann aber, daß jener Prophet nur im eigenen Interesse handelte: Er wollte über Jerobeam stehen. Da verließ den Fronaufseher die Lust zum Putsch – er fürchtet aber fortan für sein Leben. Jerobeam ließ Staatsamt und Haus im Stich und floh nach Ägypten. Von dort wird Seltsames berichtet: Salomos Schwiegervater bot Jerobeam Asyl an und beschützte ihn über Jahre hin.
Bedeutungsvoll ist diese Geschichte deshalb, weil sie aufzeigt, wie sich Verstand und Seele der Bewohner von Jerusalem im Verhältnis zu ihrem Herrscher veränderten. Wiederum war die Zeit für einen Machtwechsel. Im Dritten Buch Könige (11,4) ist diese Beschreibung von Salomons Situation zu finden: »Sein Herz gehörte nicht mehr vollkommen seinem Herrn und Gott, wie das Herz Davids noch Gott gehört hatte.« Angefangen hat dieser Wandel damit, daß Salomo Freude an Frauen empfand, die nicht aus jüdischen Familien stammten. Er mißachtete das Gebot: »Du sollst nicht zu ihnen gehen – und sie sollen nicht zu dir kommen!« Den jungen unter den Frauen, die ihn Lust empfinden ließen, erfüllte er Wünsche. Wollte die Tochter des Pharao zu ihren heimischen Göttern beten, verschaffte ihr der König Gelegenheit dazu. Sehnte sich eine Ammoniterin nach der Gnade des Gottes Milkom, so ließ ihr Salomo einen Altar aufrichten. Der Gott des Bundes mit dem jüdischen Volk erhielt Konkurrenz in Jerusalem.

Die Wünsche der Frauen waren erst bescheiden, doch dann verlangte die Tochter eines Fürsten aus Moab, der König möge ihr einen Tempel des Kamosch bauen lassen, da sie ohne den Schutz dieses Gottes nicht mehr zu leben vermöge. Den Platz dazu hatte sie bereits ausgewählt: den Berg östlich von Jerusalem. Gemeint konnte nur der Berg sein, der später Ölberg hieß. Dort erhielt Kamosch, der Gott der Moabiter, tatsächlich ein Heiligtum – an einem Ort, der die Stadt Salomos und damit den Tempel der Bundeslade überragte. Weithin sichtbar war der Rauch der Opferfeuer für Kamosch. Zur gleichen Zeit entbrannte Salomo für eine Frau aus der Hafenstadt Saida. Auch sie verlangte einen Ort, an dem sie sich vor ihrer Göttin verneigen konnte – der Name dieser Anbetungswürdigen war Astarte. Eine Ammoniterin erflehte sich die Gunst, ihrem Beschützer Moloch Rauchopfer darbringen zu dürfen. Auch dies geschah fortan »auf dem Berg östlich von Jerusalem«. Ein Halbkreis der Opferplätze für fremde Götter entstand zwischen Jerusalem und dem Jordangraben.
Den Bewohnern der Stadt entging nicht, daß ihr König »vom Weg des Herrn abwich«. Das Dritte Buch Könige (11,6) drückt diesen Sachverhalt vorsichtig aus: »Salomo gehorchte nicht immer dem Herrn.« Wandte sich Salomo von Gott ab, dessen Wohnstätte die Bundeslade war, so nahmen sich die Bewohner bald dieselben Freiheiten. Viele fanden es reizvoll, an fremdartigen Gottesdiensten teilzunehmen. Sie pilgerten hinaus auf die Hügel im Osten. Im Tempel war ihnen das Allerheiligste versperrt – der Zugang zu den Heiligtümern der Astarte, des Kamosch und des Moloch war einfacher.
Die Tempelpriester mußten feststellen, daß sich zu den offiziellen Opferzeiten immer weniger Gläubige am Heiligtum einfanden. Da der König sich nicht mehr sehen ließ, weil er »Astarte, der Gottheit der Leute aus Sidon und Milkom, dem Scheusal der Ammoniter nachlief« (Drittes Buch Könige 11,5) glaubten auch die Untertanen, dem »Gott der Väter« nicht mehr verpflichtet zu sein. So geschah es, daß mit der freien Wahl der Götter, die Religion zu einer privaten Angelegenheit des einzelnen wurde. Verbunden mit dieser Entwicklung war die Lockerung der Sabbatgebote. Wer Astarte oder Milkom anbetete, der war nicht an Pflichten und Verbote gebunden. Die fremden Götter gaben dem einzelnen Freiheit zur Selbstän-

digkeit. Den Tempelpriestern mußte diese Entwicklung mißfallen.
Die starke Klammer, die bisher die Stämme zusammengehalten hatte – das Bündnis mit Gott – begann sich zu lockern. Damit wurde die ideologische Einbindung der Menschen des jüdischen Staates geschwächt. Vorauszusehen war, daß das Reich den Tod des Königs Salomo kaum überstehen würde. Berichtet wird von Warnungen vor dieser Entwicklung. Gott selbst soll auf die Folgen der Hinwendung zu anderen Göttern hingewiesen haben. Salomo war der Empfänger der Warnsignale: Der König war das legitime Bindeglied zwischen Gott und dem Volk. Salomo soll diese Worte vernommen haben: »Da es so um dich steht, und du die Gesetze nicht beachtest, die ich erlassen habe, sollst du das Königreich verlieren. Doch wird dies nicht geschehen, solange du noch lebst. Erst deinem Sohn werde ich das Königreich wegnehmen.« (Drittes Buch Könige 11,11-12)
Der Text will deutlich machen, daß Salomo von der drohenden Reichsteilung vorahnend gewußt haben mag.

»Ich beschwöre Euch, Ihr Töchter Jerusalems« – Die Könige als Dichter

Die Überschrift der Dichtung lautet »Lied der Lieder von Salomo« – gemeint ist der hymnische und zugleich erotische Text, der im Alten Testament als »Hoheslied« bezeichnet wird. Daß der überlieferte Text tatsächlich König Salomo zugeschrieben werden kann, ist unwahrscheinlich. Er ist vielleicht 15 Generationen nach Salomos Tod zusammengestellt worden – sicher unter Verwendung poetischer Elemente aus früherer Zeit. Die übernommenen alten Bestandteile mögen auf Salomo zurückzuführen sein, mögen seinen Ruhm besungen haben.
Der König ist der Held des »Liedes der Lieder«. Im Triumphzug steigt er von der Steppe herauf zur Stadt, die ihm gehört. Jerusalem ist sein Ziel. Fackeln beleuchten seinen Weg. Blitze zucken am Himmel. Rauchsäulen und der Duft der Dämpfe von Myrrhe und Weihrauch umgeben ihn. Einen Thron trägt man vor ihm her, gefertigt aus Hölzern des Libanon, mit einer vergoldeten Lehne. Das Sitzpolster ist mit Purpurstoff umklei-

det. 60 Helden aus Israel geben diesem Thron das Geleit, mit Schwertern bewaffnet und erfahren im Kampf. Die Helden Israels sind ihm ergeben. Sie schwingen nicht ihre Waffen. Sie stimmen Lieder an, um den König zu feiern, der sich bereitet hat, eine Bresche in eine Festung zu schlagen.
Doch nicht von Belagerung und Krieg kündet dieses Epos, nicht von ruhmreichen Eroberungen, sondern von erwartungsvoller Liebe – von der Geliebten, die bestürmt und eingenommen werden will. Aufgerufen sind die Töchter Jerusalems, den König zu feiern. Die Braut, die Salomo zugedacht ist, hat allerdings eine andere Hautfarbe als die Mädchen aus den jüdischen Stämmen: Dunkel ist ihr Körper gefärbt, doch schön. Sie ist eine Fremde. Nicht ohne Grund vergleicht sie der Bräutigam mit den »Stuten an Pharaos Prunkwagen«. Ihr Mund wird verglichen mit purpurfarbenem Stoff aus den Bergen Phöniziens. Aus der Ferne hergeholt sind die Vergleiche der Reize: Myrrhe, Aloe und Weihrauch werden bemüht. Nur ihre Brüste sind wie »kleine Schafe, die unter Lilien weiden«.
Die Braut aber preist die Härte der Schenkel des Bräutigams, die an Marmorsäulen erinnern. Sein gesamter Anblick sei allein mit der Faszination des Libanongebirges zu vergleichen: »Seine Gestalt reckt sich wie die Berge des Libanon, die zum Himmel ragen, schneebedeckt. Eine Elfenbeinplatte ist sein Leib, von Saphiren bedeckt. Seine Hände sind wie goldene Barren, besetzt mit den edelsten der Steine.«
Die Liebeshymne feiert nicht nur die Sehnsucht, sondern auch die Erfüllung: »Am Morgen wollen wir in den Weinbergen erleben, wie der Weinstock treibt, wie die Blüte aufspringt. Dort will ich meine Liebe dir schenken.«
Das Haus, das der König der Geliebten zum Aufenthalt zuweist, ist aus den Hölzern der Bäume des Libanon gebaut – so wie der Flügel des Palasts, in dem die Tochter des Pharao wohnt: »Zedernstämme sind die Balken unseres Hauses, die Sparren sind aus Zypressen.«

Glaubhaft ist, daß Elemente dieses »Liedes der Lieder« aus Salomos Zeit stammen. Es war nicht die Epoche der Heldengesänge, sondern der Liebesgedichte, der Lustlieder. Jerusalem erlebte Jahre des Friedens. Die Menschen hatten Gelegenheit, Freude zu empfinden: »Ich beschwör' euch, ihr Töchter Jerusa-

lems, stört nicht die Liebe, ehe sie von selbst satt ist.« (Hoheslied 8,4).
Gepriesen wird die Freiheit des erotischen Erlebens. Keine Rücksicht wird genommen auf die Strenge göttlicher Gebote, die das Zusammenleben von Mann und Frau regeln. Vergessen ist das Gesetz, das verbietet, sich fremden Frauen zu nähern. Die Freiheit, die der einzelne empfand während der Regierungsjahre des Königs Salomo wird in diesen Versen spürbar.
Strenger sind die Dichtungen, die im Alten Testament mit dem Hinweis versehen sind »Psalm Davids«. Auch sie sind in späterer Zeit redigiert, gesammelt und zum Teil auch verfaßt worden. Bei allem Zweifel an der Echtheit aller Texte kann wohl als gesichert angenommen werden, daß der Vorgänger des Salomo ein begnadeter Dichter und Sänger war.
Viele der ihm zugeschriebenen Psalmen feiern Siege, so zum Beispiel der 18. Psalm, der den Vorspruch enthält: »Von David, der dem Herrn diente, der dem Herrn dieses Lied sang, als ihn der Herr aus der Hand der Feinde errettet hatte.« Seinen Triumph mit Gottes Hilfe besingt David: »Du hast mir meine Feinde in die Flucht geschlagen. Meine Gegner konnte ich vernichten. Sie schrien um Hilfe, doch da stand kein Retter für sie bereit. Ich zerrieb sie wie Staub und zertrat sie wie Dreck. Die Söhne der Fremde beugten sich.«
Der 68. Psalm – »von David ein Psalm, ein Lied« – erwähnt Jerusalem als Stadt des allmächtigen Gottes, dem alle Fürsten zu huldigen haben, dem sie zu Tributzahlungen verpflichtet sind. Die dichtenden Könige David und Salomo haben nur selten ihre eigene Hauptstadt besungen.

Die Stadt braucht mehr Wasser – Der Kanal von der Gihonquelle zum Teich Siloa

Während der Regierungszeit des Salomo blühte die Stadt auf. In wenigen Jahren wuchsen Bevölkerungszahl und die Anzahl der Häuser von Jerusalem auf das Dreifache – doch dabei hat sich die Gestalt der Siedlung kaum verändert. Noch immer gleicht sie der alten Jebusiterstadt. Doch innerhalb der Mauer gab es Erweiterungen. Überbaut wurden die Auffüllterrassen

des »Millo«. Nach Norden dehnte sich das ummauerte Gebiet nun aus, bis zur Kuppe des Hügels Morija, auf der sich Tempel und Palast erhoben. Von Süden nach Norden ist die Stadt jetzt rund 1000 Meter lang. Schmal ist sie noch immer: An der dünnsten Stelle bei den Auffüllterrassen war Jerusalem damals kaum 100 Meter breit.
Verändert hat sich auch die Bevölkerungsstruktur nur wenig. Die Nachfahren der Jebusiter leben noch immer in den angestammten Häusern ihrer Familien. Der Zuzug jüdischer Familien geschah nur zögernd. Jerusalem blieb die Stadt des Königs. Die Verwandlung in eine Stadt der Händler ließ noch auf sich warten. Der Hof und die Staatsverwaltung prägten den Charakter von Jerusalem.
Beherrschend geworden ist das Regierungsviertel um Palast und Tempel. Wohngebäude sind entstanden für hohe, mittlere und niedere Hofbeamte, für Offizier der Garnison, für das Wachpersonal des Palastes. Im Regierungsviertel wohnte auch, wer in und am Tempel beschäftigt war: Da wurden nicht nur Priester benötigt, sondern auch Verwaltungspersonal, Sänger und Instrumentenspieler und Männer, die für Sauberkeit des Heiligtums sorgten. Jerusalem bot Arbeit für Tausende – der Wohnraum war sicher beschränkt.

Die allmähliche Zunahme der Zahl der Bewohner von Jerusalem hatte zur Folge, daß die bisherige Art der Wasserversorgung nicht mehr ausreichte. Seit der Zeit der Jebusiter holten sich die Diener der Mächtigen und die Frauen der Familien das benötigte Wasser direkt aus der Gihonquelle. Sie wanderten hinunter zur Wasserstelle und kehrten durch das Tor, dessen Fundamente sich dort heute noch nachweisen lassen, hinter die Stadtmauer zurück. Steil waren dann die Wege für die Wasserträger. Die Versorgungsschächte im Fels innerhalb der Stadtbefestigung wurden während der Regierungsjahre des Königs Salomo nicht gebraucht – zu keiner Zeit war der Gang zur Gihonquelle durch kriegerische Ereignisse gefährdet. Die Wasserträger brauchten nicht besorgt zu sein, durch geschleuderte Steine getroffen zu werden.
Das Problem der Gihonquelle war, daß ihr Wasser nur in Schüben sprudelte; während der Intervalle zwischen den Ausbrüchen floß zwar auch Wasser, doch die Menge reichte nicht

aus um Krüge und Schläuche für Tausende von Bewohnern zu füllen. Ein Auffangbecken mußte geschaffen werden, ein Reservoir, dem beständig Wasser entnommen werden konnte. Gelegenheit dafür gab es nur am südlichen Ende der Altstadt. Dort entstand der Teich Siloa.

Die Wasserstelle, die heute als Teich Siloa bezeichnet wird, wirkt zwar alt, ist jedoch erst in weit späterer Zeit angelegt worden. Die Stelle des ursprünglichen Teichs ist zu erkennen: Wer vom jetzigen Teich in Richtung der Straße im Kidrontal geht, sieht in einer Mulde einen üppigen Garten. Das Areal trägt heute die Bezeichnung »Garten des Königs«. Das Auffangbecken, das sich hier befand, ist zur Amtszeit des Königs Salomo angelegt worden.

Damals wurde auch die oberirdische Verbindung geschaffen zwischen der Gihonquelle und dem Reservoir. Relikte des Kanals sind heute noch beim »Garten des Königs« zu erkennen: Ein schmaler Wasserlauf, der in den Fels geschlagen ist, sein letzter Abschnitt war offensichtlich einst überdeckt. Warum die Decke abgeschlagen wurde, kann niemand schlüssig erklären. Insgesamt verlief der 500 Meter lange Kanal außerhalb der Stadtmauer – sein Verlauf zeigt an, daß er zu einer Zeit entstand, da niemand fürchtete, der Wasserstrom könnte von Feinden unterbrochen werden.

Archäologische Befunde weisen darauf hin, daß der Kanal auch zur Bewässerung von Plantagen im Kidrontal gedient hat. Untersuchungen der letzten Spuren dieses Kanals haben ergeben, daß seitliche Abflüsse vorhanden waren, die geöffnet oder geschlossen werden konnten. Die Abflüsse machten die Bewässerung größerer Felder möglich. Die Entdeckung der Seitenkanäle bestätigen die Überlieferung, Salomo habe dafür gesorgt, daß bei Jerusalem Gärten angelegt worden seien, in denen die Vegetation üppig gewesen sei. Die »Gärten Salomos« hat es in Wirklichkeit gegeben.
Die Einbeziehung des Teiches Siloa in das Wassersystem machte konstante Versorgung möglich, erleichterte aber die Arbeit der Wasserträger kaum. Der Transport des Wassers vom Teich hinauf in die Stadt muß mühsam gewesen sein. Wer Wasser bis

in das vornehme Viertel unterhalb des Tempels zu bringen hatte, der mußte eine Strecke von 400 Metern zurücklegen – auf wahrhaft steilen Wegen und über Stufen. Auf Dauer war den Wasserträgern und den Maultieren dieser beschwerliche Pfad unter sengender Sonne nicht zuzumuten. Abhilfe brachte ein zweiter Kanal, der den Hügel Morija mit Palast und Tempel und den neueren Stadtteil auf den Terrassen des »Millo« versorgte. Diese Wasserleitung wurde aus einem Teich gespeist, der im Norden von Palast und Tempel lag. Der Kanal verlief am Osthang des Morijahügels. Auch diese Wasserleitung befand sich außerhalb der Stadtbefestigung. Die Anlage war also in einer Epoche des Friedens konzipiert und gebaut worden, in der keine Angst herrschte vor Feinden, die im Verlauf einer Belagerung den Zufluß des Wassers in die Stadt unterbinden wollten.

Während der letzten Lebensjahre des Königs Salomo war Jerusalem dafür gerüstet, Zentrale eines bedeutenden Staates zu sein. Das jüdische Reich war für damalige Verhältnisse eine Großmacht, deren Fortbestand vom Funktionieren des Staatsapparats abhing. Die Administration war ausreichend mit Gebäuden und Personal ausgestattet. Räumlichkeiten für Zwecke der Repräsentation waren vorhanden. Den für die Staatsausgaben und für den Glanz der Hauptstadt nötigen Reichtum erwirtschaftete der Handel, der allerdings in der Hauptstadt selbst nie der beherrschende Wirtschaftsfaktor war. Im gesellschaftlichen Leben Jerusalems waren die Kaufleute kein wichtiger Faktor. Den Reichtum, der sich in der Hauptstadt zu konzentrieren begann, erarbeiteten zum Teil die Kupferminen am Roten Meer, aber vor allem die Handelsstädte am Mittelmeer. Besonders Gaza im Philisterland, das zwar eine gewisse Autonomie besaß, aber eben doch jüdisch kontrolliert war, trug mehr zu den Einkünften der königlichen Verwaltung bei, als die Händler von Jerusalem. Gaza war eine bedeutende Station der Weihrauchstraße, auf der die Karawanen Duftstoffe, Edelsteine und Gold beförderten. Gaza war auch der Verknüpfungspunkt mit den Handelswegen aus Ägypten, dessen wichtigster Exportartikel in jener Zeit der Streitwagen war. Die Handelshäuser in Gaza versorgten alle Könige der Region mit diesem Kriegsgerät.
Die Abhängigkeit der Reichszentrale Jerusalem beschreibt das

Zweite Buch Chronik (9,14): »Alle Fürsten und Statthalter brachten für Salomo Silber und Gold.«
Jerusalems Nachteil war seine geographische Lage. Salomos Hauptstadt wurde von den Handelsrouten gemieden. Die Karawanenführer hüteten sich, die Kamele – die damals gerade die Maultiere zu ersetzen begannen – die steilen Bergpfade hinaufzutreiben. Eine Ausnahme bildete die Karawane der Königin von Saba. Von Neugier getrieben wollte die Herrin des fernen Landes Salomo kennenlernen – doch nicht sein Reichtum war die Attraktion für sie, sondern seine Weisheit: »Sie kam nach Jerusalem, um ihn durch Rätselfragen auf die Probe zu stellen.« (Zweites Buch Chronik 9,1)
Im Zweiten Buch Chronik ist auch beschrieben, daß die Königin von Saba durchaus wahrnahm, daß der entscheidende Faktor für das Wohlergehen dieser Stadt die Bindung an Gott war: »Der Herr, dein Gott, der an dir Gefallen fand und dich auf seinen Thron setzte als König des Herrn, liebt dich.« Die Königin war fasziniert, »wie Salomo zum Haus des Herrn hinaufzugehen pflegte. Da blieb ihr vor Staunen der Atem aus.« Sie sah, daß der Tempel der wesentliche Anziehungspunkt seiner Residenz war – auch wenn die Kraft des Glaubens bereits abklang und fremde Götter Einfluß gewannen.
Die Königin von Saba, deren Name Bilqis war, muß auch erkannt haben, daß die Einnahmen aus dem Tempel des Gottes Jahwe fehlende Einkünfte aus dem Handelsbereich durchaus wettmachen konnten. Die Spenden und Opfer der Gläubigen brachten Reichtum in die Stadt von dem wiederum die Staatsverwaltung profitierte. Unter diesem Gesichtspunkt ist auch die Bedeutung der Altäre und Opferstätten für die fremden Götter rings um Jerusalem zu sehen. Wer die fremden Götter anbetete und für sie Opfer darbrachte, der trug nichts zum Reichtum des offiziellen Tempels bei – der finanzierte ein fremdes Heiligtum und damit eine fremde Glaubensgemeinde. Bilqis, die Königin von Saba, hat sich nicht ausbedungen, daß ihrem Mondgott ein Altar errichtet werde.
Wer den Text des Zweiten Buches Chronik ernst nimmt, der erfährt, daß der Besuch der Königin von Saba das letzte wichtige Ereignis in Jerusalem zu Lebzeiten des Königs Salomo war.
Der dritte König der Juden hatte von 965 bis 925 v. Chr. regiert. Diese Jahresangaben sind nur als Richtzahlen anzusehen – eine

genaue Fixierung ist nicht möglich. Mehr als Davids Name ist der des Salomo mit Jerusalem verbunden. Er hat der Stadt Glanz gegeben. Die Faszination von Jerusalem läßt sich nicht trennen vom Gefühl der Bewunderung, das der Name Salomo auslöst.
1000 Jahre mußte Jerusalem warten, bis es wieder aufstieg zu Macht und Glanz. Mit Salomos Tod war die Zeit des Friedens zu Ende. Karge Worte beschreiben die Trauerfeier, die abgehalten wird, nachdem er »zu seinen Vätern entschlafen war« – »Man begrub ihn in der Stadt Davids, seines Vaters.«

Israel wird zum Feind von Juda – Jerusalems Mauern aber zerfallen

Rehabeam, der Sohn des Salomo, wird Nachfolger des klugen Herrschers. Dessen Weisheit hat er nicht geerbt: Rehabeam begreift die Gefahr der Spaltung des Reiches nicht. Er hat diese Bedrohung vom Vater geerbt – sie war durch Salomos Politik entstanden. Rehabeams Berater, die bei Salomo Politik gelernt hatten, wissen um die Absicht der nördlichen Stämme, sich aus dem Reichsverband zu lösen, sobald sich eine Chance dafür bietet. Diese Chance war bei Salomos Tod gekommen. Die Berater kennen das Mittel, um die Staatsteilung zu verhindern: Dieses Mittel heißt »Änderung der Steuerpolitik«. Die Berater begreifen, daß Jerusalem nur dann Hauptstadt eines Großreiches bleiben konnte, wenn der Abfall des Landesteiles im Norden des südlichen Juda vermieden wird. Voraussetzung dafür ist eine Minderung der steuerlichen Belastung ihrer Bewohner. Die Sippen der nördlichen Staatshälfte hatten unter Salomo die höchsten Abgaben zu entrichten. Von ihnen war die Leistung von Fronarbeit verlangt worden, wenn auch in geringerem Maße als von den unterjochten Völkern. Die Bewohner von Juda waren immer begünstigt gewesen. Diese Zumessung unterschiedlicher Lasten hatte frühzeitig zu Spannungen im Reich geführt, die weder David noch Salomo hatten entschärfen können. Erstaunlich war allein, daß sich die Nordfamilien die ungerechte harte Behandlung hatten gefallen lassen. Die Berater verlangen eine Revision der Steuersätze und des Frondiensts.

Rehabeam kümmert sich nicht um die beschwörenden Worte der politischen Ratgeber, die er von Salomo übernommen hatte, und die etwa 60 Jahre alt waren. Er wendet sich an Männer, »die mit ihm zusammen aufgewachsen sind«, sie sind weniger als 40 Jahre alt. Sie sind der Meinung, es gebe keinen Grund, das Maß der Belastung für die Stämme des Nordens zu reduzieren. Die jungen Ratgeber – sie gehören alle dem Stamm Juda an – sprechen sich sogar dafür aus, von den Menschen nördlich der Linie Ajalon – Gibeon – Jerusalem noch mehr an Leistung und Abgaben zu fordern.

Nicht in der Hauptstadt Jerusalem finden die Verhandlungen des Jahres 928 v. Chr. um den Fortbestand des Reiches statt, sondern in Sichem, bei der heutigen Stadt Nablus, 40 Kilometer nördlich von Jerusalem und 20 Kilometer nördlich der trennenden Linie zwischen den Stämmen von Nord und Süd. Rehabeam befindet sich also auf dem Gebiet, das von Menschen bewohnt wird, die dem Volk Juda nicht freundlich gesinnt sind. Die Vorherrschaft der Mächtigen aus Juda ist ihnen verhaßt: Sie suchen Anlaß, sich vom »Joch des Hauses David« zu befreien.
Sichem war als Verhandlungsort eigentlich gut gewählt: Wichtige Ereignisse der Geschichte des Volkes der Juden hatten hier stattgefunden. Abraham war einst hier gewesen, »er durchzog das Land Kanaan bis zur Siedlung Sichem, bis zur Eiche der Orakel.« Das Buch Genesis (35,4) berichtet, Jakob habe in Sichem die Trennung von den alten Göttern vollzogen: »Jakob verscharrte die Abbilder der Götter unter der Eiche von Sichem.« In Sichem hatte Josua, der Nachfolger des Mose und der Betreiber früher jüdischer Siedlungspolitik, die Stämme vor seinem Tod versammelt, um dort den Bund mit Gott zu bekräftigen. Doch die Symbolkraft des Ortes Sichem wirkt sich für Rehabeams Absichten nicht günstig aus. Die Erinnerung an Josua fruchtet nicht. Die Zeit des Josua lag lange zurück.
Da erscheint auf einmal Salomos früherer Fronaufseher Jerobeam in Sichem. Er hatte sich Jahre zuvor – als Salomo noch lebte – mit dem eigentlich unbedeutenden Propheten Achia aus Silo darüber unterhalten, daß ein Machtwechsel stattfinden müsse im jüdischen Reich, und er hatte von Achia erfahren, Gott habe gerade ihn, den hohen Beamten des Königs Salomo

dazu ausersehen, Herrscher zu sein. Achia hatte ihm damals eingeredet, es sei Gottes Wille, daß dem bisherigen Gesamtherrscher Salomo künftig nur die Regentschaft über Juda bleibe. Unmittelbar nach diesem verschwörerischen Gespräch war damals Jerobeam zum Pharao nach Ägypten geflohen. Nun aber, an den entscheidenden Tagen von Sichem, war Jerobeam zur Stelle.

Er wartete darauf, daß der Sohn des Salomo einen Fehler machte. Dies geschah, als Rehabeam sagte: »Mein Vater hat dem Volk ein schweres Joch auferlegt. Ich aber mache es noch schwerer!« Die Männer der Nordstämme empörten sich sofort. Jeder Respekt vor dem Enkel des Königs David verflog. Sprechchöre verfluchten das Haus David. Sie verlangten Trennung vom Volk Juda. Kein Mann aus dem Norden wollte mehr von Jerusalem aus regiert werden. Die Stammesältesten fordern »Rückkehr zu den eigenen Zelten«. Die Spaltung des Reiches, die Salomo gefürchtet hatte, war vollzogen.

Rehabeam, der sich ohne ausreichenden militärischen Schutz in Sichem aufhielt, gab seinem Fronaufseher Adoram den Befehl, die Männer aus dem Norden zur Unterwerfung zu zwingen, doch dessen Autorität ist zu gering: »Die Männer aus Israel warfen mit Steinen auf ihn bis er zu Tode getroffen wurde. Dem König Rehabeam gelang gerade noch die Flucht auf seinem Streitwagen. Er entkam nach Jerusalem.« (Zweites Buch Chronik 10,18)
Die Situation der Stadt hatte sich verändert, seit Rehabeam sie verlassen hatte: Die Hauptstadt des Großreiches war zur Residenz eines Kleinfürsten geworden. Sein Fürstentum hieß Juda und reichte von der Wüste Negev bis zur Linie Ajalon – Gibeon – Jerusalem. Im Norden herrschte Jerobeam: Er besaß das größere Land und verfügte über mehr Menschen. Jerobeams Gebiet stieß an das Meer. Ihm gehörten Seehäfen. Damit besaß das Nordland einen Vorteil: Es konnte leichter über See Handel treiben. Von Jerusalem aus war jetzt das Mittelmeer nicht mehr zu erreichen. Die Philister, die sich zur Regierungszeit des Salomo ruhig verhalten hatten, schlossen ihre Grenze zu Juda und begannen aufzurüsten. Die Teilung des jüdischen Reiches wurde in Gaza und Ashkalon als Glücksfall erkannt, der die politi-

sche Position des Philisterlandes stärkte. Die Fürsten der Philister konnten daran denken, ihrem Land wieder die Unabhängigkeit zu erkämpfen. Rehabeam war gezwungen, seine Hauptstadt durch einen weitgespannten Festungsgürtel abzuschirmen. Dabei ist festzustellen, daß die Verteidigungslinie vor allem gegen das Philisterland ausgerichtet ist. Gegen den neuen feindlichen Staat Israel aber blieb die Flanke offen. Daraus ist zu schließen, daß der Sohn Salomos hoffte, durch friedliche Mittel eine Vereinigung der beiden Reichsteile herbeiführen zu können. Rehabeam unterließ es auch, Jerusalem auf eine Verteidigung vorzubereiten. Das Zweite Buch Chronik berichtet zwar davon, daß der zornentbrannt auf seinem Streitwagen nach Jerusalem zurückgekehrte entmachtete Herrscher 180 000 Kämpfer mobilisiert und in seine Residenz beordert habe. Der Prophet Schemaja aber habe sie wieder nach Hause geschickt: »So blieb Rehabeam in Jerusalem.« (Zweites Buch Chronik 11,5) Doch lange währte der Frieden nicht.
Daß die Befestigungen zum Philisterland nutzlos und die Vernachlässigung der Befestigungen von Jerusalem sträflich waren, zeigt sich schon im fünften Jahr der Regierungszeit des Rehabeam.

Die bittere Folge der Reichsteilung – Die erste Ausraubung des Tempels

Der einstige Fronaufseher Jerobeam, dem die Verantwortlichen des Nordstaates die Macht übertragen haben, wußte, daß seine Herrschaft einen gewaltigen Nachteil hat: Das Heiligtum des Gottes, der seinen Bund geschlossen hatte mit dem jüdischen Volk, befand sich nicht auf seinem Gebiet, sondern im Tempel von Jerusalem. Dort stand die Bundeslade, die als Wohnstätte Gottes bezeichnet wurde. Seine Untertanen, dessen war sich Jerobeam bewußt, waren vom Bündnis mit Gott überzeugt. Er wollte verhindern, daß sie die Erinnerung an Jerusalem mit gleicher Intensität im Herzen trugen.

Jerobeam mußte eine Attraktion schaffen, die der des Tempels von Jerusalem gleichwertig war. Eine zweite Bundeslade konnte es nicht geben. Doch Jerobeam, auf der Suche nach einem attraktiven Sinnbild der Unabhängigkeit des Nordens, das dennoch die Verbundenheit mit dem Gott der Väter deutlich machte, hatte einen Einfall: Als Ersatz bot sich die Gestalt des Kalbs aus Gold an, das schon in vorjüdischer Zeit als Symbol Gottes angebetet worden war. Jerobeams Absicht war nicht, seinen Untertanen eine neue Gottheit zu präsentieren. Er erklärte ausdrücklich seinem Volk: »Dies ist der Gott, der dich aus Ägypten weggeführt hat.« Abwertend für den bisherigen Tempel meint er: »Das Volk ist schon zu lange nach Jerusalem hinaufgezogen!« (Drittes Buch Könige 12,28)

Seine Überlegung, wo das Heiligtum aufzustellen sei, bezog historische Tradition ein. Seine Residenzstadt kam nicht in Frage. Sie war zu sehr mit den Leviten verbunden, den Nachkommen von Levi, des dritten Sohns des Jakob – ihnen waren die Ämter an der Bundeslade vorbehalten, dafür hatten sie auf eigenes Siedlungsland verzichten müssen. Nur gewisse Städte waren ihnen offengestanden und hatten ihnen als Lebensraum dienen müssen. Die Absicht war gewesen, die Leviten freizustellen von administrativen Aufgaben in bestimmten Verwaltungsgebieten. Sie sollten sich ganz ihrer Funktion im Tempel und an der Bundeslade widmen können. Sichem, die Hauptstadt des Nordens, hatte zu den Levitenstädten gezählt.
Jerobeam, der jegliche Beziehung zwischen seinem Land und der Bundeslade abbrechen wollte, wies die Leviten aus Israel aus – auch aus Sichem. Die Levitenstädte des Nordens wurden dem Staat Israel zugeschlagen. Die ausgewiesenen Leviten fanden Zuflucht in Jerusalem (Zweites Buch Chronik 11,13-14).
Jerobeam dachte daran, den Gläubigen die Wege zu Gott zu erleichtern. Er wollte ihnen zwei Heiligtümer bieten. Für eines davon wählte er die Stadt Dan aus. Sie lag im Norden, nahe der Grenze des damaligen Israel, am Fuß des Berges Hermon, unweit des Jordanursprungs. Seit der Zeit der Richter befand sich in Dan ein Heiligtum des Gottes des jüdischen Volkes, das allerdings nur regionale Bedeutung besaß. An seine Stelle trat nun das Symbol des goldenen Kalbs – das Zeichen der Staatsreligion. Das goldene Kalb von Dan wurde zum Mittelpunkt eines Kults. Für den Dienst an diesem Gott durften auch in Dan nicht die Leviten zuständig sein, sondern eine besonders aus-

gewählte Priesterschaft, die dem Herrscher des Nordstaates verpflichtet war.
Jerobeam kam durch die Wahl dieser Stadt den Menschen im Norden entgegen. Für sie war der Weg nach Jerusalem immer besonders beschwerlich gewesen – sie hatten deshalb auch immer isoliert vom Zentrum des Staates gelebt. Sie erhielten nun ihre eigene Anbetungsstätte: »Das zweite goldene Kalb ließ er nach Dan bringen. Das Volk zog vor dem Kalb her und jubelte.« (Drittes Buch Könige 12,30)
Die zweite Stadt, die Jerobeam auswählte, war Bet-El, das nur 20 Kilometer nördlich von Jerusalem lag, direkt an der Trennungslinie der beiden jüdischen Staaten lag. Bet-El ist heute abseits der Straße von Ramallah nach Nablus zu finden.
Bet-El war den jüdischen Gläubigen heilig seit alters her. Die Überlieferung berichtet, dort habe Jakob im Traum die Himmelsleiter gesehen, auf der Engel auf und nieder gestiegen seien. In Jakobs Traumvision stand Jahwe an der Spitze der Himmelsleiter und sprach: »Das Land, auf dem du schläfst, will ich dir und deinen Nachkommen schenken.« Jakob soll damals der Siedlung den Namen Bet-El gegeben haben: »Haus Gottes«.
Bet-El lag in jener Zeit direkt an der Straße von Norden nach Süden. Wer von Norden her »hinaufwandern« wollte nach Jerusalem, kam an Bet-El vorbei. Wenn ihm hier bereits ein Heiligtum Jahwes geboten wurde, ersparte sich der Gläubige den weiten Weg. Da Bet-El schon den Vorvätern heilig gewesen war, konnte die Anbetung dort kein Vergehen gegen Gott sein. Wo Abraham einst einen Altar gebaut hatte, war der Boden geweiht. So geschah es, daß das goldene Kalb von Bet-El zur Attraktion wurde, das sogar Bewohner von Jerusalem anzog. Von Bet-El aus waren die Gläubigen aus dem Norden immer gemeinsam zu den Feierlichkeiten zum Tempel hinaufgewandert. Nun standen Priester beim Kalb aus Gold in Bet-El bereit, um alle Rituale zu vollziehen, die der Gläubige bisher nur in Jerusalem erleben durfte.
Betont werden muß: Jerobeam baute zwar ein Konkurrenzheiligtum auf zu Jerusalem, doch er wollte keine Loslösung vom angestammten Gott. Seinem Sohn gibt er den Namen »Abiyah«, der sich mit »mein Vater ist Jahwe« übersetzen läßt. Ganz offensichtlich sah er in den beiden goldenen Kälbern keine Götzenbilder und keine Rückkehr zur Vielgötterei. Ausgrabungen

im Gebiet des früheren Landes Kanaan geben Einblick in die Überzeugung des Jerobeam: Häufig wurden Darstellungen der Kälber gefunden, auf denen eine Gottheit aufrecht stand. In der Vorstellung der damaligen Menschen war das Kalb aus Gold der Thron Gottes. Befand sich im Tempel von Jerusalem die Bundeslade als Wohnsitz Gottes, so konnte Jerobeams Stadt Bet-El den Thron Gottes vorweisen. Eine Mißachtung der »Gesetze der Väter« sah Jerobeam darin nicht.

Kaum zu übersehen ist allerdings auch, daß die Gestalt des Bullen in der kanaanitischen Tradition das Symbol war für Gott Baal, der seit Moses Zeit als Götze galt. Die Gefahr der Mißdeutung bestand unbedingt.

Die Bibeltexte berichten, Gott habe Strafen über Israel und über Juda gebracht, weil beide sich nicht an sein Gebot gehalten hätten. Daß fremde Herrscher das Land mit Krieg überzogen, war eine der Strafen. Um das Jahr 925 v. Chr. – die Könige Rehabeam und Jerobeam befanden sich jeweils seit fünf Jahren im Amt – brach der Pharao Shishaq in das Land zwischen Mittelmeer und Jordangraben sein.

Seine Streitwagen und Reiter durchzogen erst das Philisterland und überwanden dann in zwei getrennten Kolonnen die Bergpfade von Geser und Ajalon. Bei Gibeon vereinigten sich die beiden Stoßkeile zum Angriff auf Jerusalem. Hatten schon die Befestigungen zwischen Juda und dem Küstenland der Philister dem Ansturm nicht standhalten können, so waren die Mauern und Türme der Stadt über der Gihonquelle nicht geeignet, einem entschlossenen Angreifer zu widerstehen.

Die Truppen des Pharao nahmen Jerusalem ein und benahmen sich offenbar dort als gnadenlose Eroberer. Dies ist dem Zweiten Buch Chronik (12,8) zu entnehmen. Dort wird berichtet, Gott habe den Bewohnern der Stadt den Unterschied zeigen wollen zwischen seiner milden Herrschaft und dem barbarischen Benehmen der Eroberer. Der Tempel und der Palast – und sicher auch das Viertel der Vornehmen auf der Terrassenaufschüttung des »Millo« – werden geplündert. Angezündet wurde die Stadt offenbar nicht. Keine Textquelle gibt darüber Auskunft, ob die reiche Innenausstattung von Palast und Tempel, und ob der wertvolle und zugleich mit magischen Kräften ausgestattete Schmuck der Bundeslade die Plünderung überstanden hat. Das Zweite Buch Chronik (12,9) bringt

den Raub auf die einfache Formel: »Alles nahmen die Ägypter mit.«
Der Niedergang der Stadt an der Gihonquelle hielt an. Jerusalem war keine Stadt mehr, in der Handel und Handwerk blühten. Die Wirtschaftsmacht, die Salomo geschaffen hatte, war schon bei der Teilung des Reiches zerbrochen. Die Händler von Jerusalem hatten, nach diesem Krieg und nach der Grenzschließung durch die Philister, keine Beziehungen mehr zu Ägypten, zu Märkten anderer afrikanischer Staaten und zu den Handelsstädten des Mittelmeerraums. Auch auf dem Gebiet des technischen Fortschritts geriet Jerusalem ins Hintertreffen. Die Verbindung zu Salomos Erzbergwerken und Kupferminen südlich des Toten Meeres waren unterbrochen. Die andauernde Auseinandersetzung zwischen Israel und Juda aber lähmte jede auf Veränderung ausgerichtete Initiative.
Jerusalem war jetzt nicht nur zur unbedeutenden Residenz eines Kleinfürstentums geworden – die Stadt hatte auch noch eine bittere Demütigung erfahren. Das Haus des Herrn war entheiligt worden.

Die Frage stellt sich in diesem Zusammenhang, ob der Nordstaat Israel nicht auch von der Plünderung betroffen war. »Der Bibel Atlas« erwähnt eine ägyptische Inschrift aus der Zeit des Pharao Shishaq am Amuntempel von Karnak, die eine Liste von Städten bewahrt, die der Herrscher Ägyptens erobert hatte. Erwähnt werden Sichem, die Hauptstadt des Jerobeam, und Bet-El, der Ort des neuen Heiligtums nördlich der Grenze zwischen den beiden jüdischen Staaten. Doch es ist möglich, daß diese Liste nicht die historische Wahrheit wiedergibt – sie ist vielleicht zu Propagandazwecken angefertigt worden. Die Wahrscheinlichkeit ist groß, daß Jerobeam, der König des Nordstaates, den Pharao aufgefordert hatte, Jerusalem zu überfallen, um das Ansehen dieser »Gottesstadt« zu vernichten. War er der stille Verbündete des Ägypters, brauchte er für seine Städte und Heiligtümer nichts zu befürchten.
Dies ist jedoch nicht die einzige mögliche Deutung. Wer den Text der Inschrift von Karnak für wahr hält, der kommt zu einer anderen Erkenntnis: Der Angriff galt nicht Juda allein, sondern auch – und vielleicht sogar vor allem – dem Nordstaat Israel, der eben von jenem Jerobeam regiert wurde, der fünf Jahre zu-

vor Shishaqs Schützling im Exil in Ägypten gewesen war. Möglich ist, daß sich Jerobeam als wenig dankbar erwiesen hatte – daß er die Handelswege durch das Gebiet des Landes Israel für Karawanen aus Ägypten gesperrt hatte. Die Straße, die an der Ostküste des Mittelmeers entlang führt, war wohl unterbrochen. In diesem Fall war Israel das wesentliche Angriffsziel des Pharao. Vielleicht nahm Shishaq auf dem Weg nach Norden einfach die Gelegenheit wahr, auch dem Staat Juda einen Schlag zu versetzen.

Das Schriftdokument am Amuntempel von Karnak und Ergebnisse der archäologischen Forschung ergänzen sich tatsächlich und stützen so die Theorie vom Angriffskrieg der Ägypter gegen Israel. Der Marschweg der Truppen läßt sich so rekonstruieren: In der Philisterstadt Gaza entschloß sich Shishaq seine Streitkräfte aufzuteilen. Ein Drittel der Reiterverbände und der Streitwageneinheiten durchzog den Negev, wandte sich zur Südspitze des Toten Meers und folgte dann dem Jordangraben bis Ezjon-Geber. Dieser letzte Zugang des judäischen Handels zum Meer wurde völlig zerstört – Spuren der Verwüstung in jener Zeit haben Archäologen gefunden.

Die Hauptmacht der Ägypter aber benützte die »Steige von Bet-Horon« – der Weg ist heute noch zu erkennen. Die »Steige von Bet-Horon« wird häufig noch bei kriegerischen Ereignissen wichtig sein. Die Ägypter gelangten hinauf nach Gibeon, das zehn Kilometer nordwestlich von Jerusalem lag. Die Hauptstadt mied der Pharao: Er ließ sich die Schätze von Tempel und Palast durch Rehabeam in Gibeon übergeben. Salomos Reichtum befand sich also nun in der Hand des ägyptischen Herrschers. Der versprach dafür, Jerusalem nicht zu plündern. Diese Version entspricht nicht dem Bibeltext, sondern archäologischen Erkenntnissen. Der Tempel war nur ausgeplündert, nicht aber entheiligt. Rehabeam hatte guten Grund, sich mit Shishaq zu einigen: Seine Grenzfestungen waren nur noch Trümmerfelder. Um Jerusalem zu retten, gab Rehabeam dem Pharao auch seine Familienmitglieder als Geiseln mit. Die Reiter und Streitwagen zogen dann nach Norden weiter. Ob es dem Pharao tatsächlich gelang, die Freiheit der Benutzung der Handelswege zu erkämpfen, bleibt ein Geheimnis. Während der folgenden Jahrzehnte führten beide jüdische Staaten Grenzkriege mit wechselndem Erfolg. Um das Jahr 911

v. Chr. – König von Juda war Abiam, der Sohn des Rehabeam – stießen jüdische Verbände von Jerusalem aus nach Norden vor. Sie eroberten »die Hügel von Bet-El« (Zweites Buch Chronik 13,19). Das Ziel des Feldzugs war eindeutig die Beseitigung des Konkurrenzheiligtums. Im Zweiten Buch Chronik ist die Propagandarede überliefert, die Abiam im Angesicht des israelischen Königs Jerobeam, der noch immer an der Macht war, gehalten haben soll:
»Bildet euch nicht ein, ihr könntet dem Haus David standhalten, nur weil ihr ein großer Haufen seid und weil ihr die Kälber aus Gold habt, die Jerobeam zu Göttern erklärt hat. Ihr habt die rechtmäßigen Priester des Herrn, die Leviten, verjagt und ihr habt Priester ernannt wie die Leute, die Götzen anbeten. Jeder, der ein Opfertier stiftet, kann bei euch Priester werden – Priester der Scheingötter!«
Die Kämpfer von Juda siegten. König Abiam verschob die Demarkationslinie zwischen den beiden jüdischen Staaten nach Norden: Sie verlief nun 25 Kilometer nördlich von Jerusalem. Der Feldzug hatte zwei Ergebnisse gebracht: Jerusalem besaß nun wieder ein größeres Umfeld – und das Kalbheiligtum von Bet-El war vernichtet.

Götterbilder werden im Kidrontal verbrannt – Aufwertung des Tempels von Jerusalem

Als Abiam verstorben war, begrub man ihn in der Stadt Davids, genauso wie alle Könige Judas vor ihm. Abiam war der vierte Herrscher, dessen Grab sich nun innerhalb der eng gezogenen Mauern von Jerusalem befand.
Da Abiams Sohn Asa beim Tod des Vaters noch minderjährig war, übernahm dessen Mutter Maacha die Regentschaft. Die überlieferten Bibeltexte lassen wohl auch die Deutung zu, Maacha sei die Großmutter des Abiam gewesen. Während der Zeit ihrer Regentschaft erlaubte diese Frau den Gläubigen fremder Religionen in und um Jerusalem ihren Göttern Heiligtümer zu errichten.
Die Götterbilder, die einst Salomo hatte aufstellen lassen, waren verlassen oder zerfallen Salomos Tod lag fast 20 Jahre zurück.

Die Frauen, die Salomo bezaubert und zur Erlaubnis der Erstellung von fremden Götterbildern bewegt hatten, waren inzwischen alt oder schon gestorben. Andere Götternamen hatten inzwischen an Faszination gewonnen, waren aus der Vergessenheit emporgestiegen. Dazu gehörte die Göttin Aschera, die vor langer Zeit schon im Lande Kanaan angebetet worden war.
Einige, die den Glauben an Aschera hatten wiederbeleben wollen, waren derart überzeugend gewesen in ihren Argumenten, daß die Regentin Maacha ihnen die Erlaubnis erteilt hatte, ein Standbild der kanaanitischen Fruchtbarkeitsgöttin aufzustellen. Die Aschera-Anbetung war in Jerusalem offiziell gestattet worden.

Als Asa schließlich um das Jahr 915 v. Chr. selbst die Macht in Jerusalem übernehmen konnte – noch immer herrschte in Israel König Jerobeam – war er entschlossen, den Bräuchen, die nicht der Tradition des jüdischen Volkes entsprachen, ein Ende zu bereiten. Aus eigenem Antrieb war er nicht auf diesen Gedanken gekommen: Der Prophet Asarja, der sonst nirgends hervorgehoben wird, hatte Asa gedrängt, zum Bund mit Gott zurückzukehren. König Asa ließ das Standbild der Aschera, die wohl der Astarte gleichzusetzen ist, umschlagen und – zusammen mit anderen Götterstandbildern – im Kidrontal bei der Gihonquelle verbrennen.
Daß das Kidrontal als Ort der Verbrennung der Standbilder gewählt wurde, war wohl Absicht des Königs Asa. Es hatte einst Bedeutung gehabt zur Zeit des Königs David. Dem Dritten Buch Könige (15,11) ist die Andeutung zu entnehmen, daß König Asa dem Gedanken an seinen »Ahnherrn« große Bedeutung zumaß. Er wollte die Zustände wiederherstellen, die zu Davids Zeit geherrscht hatten. Möglich ist, daß es Asa war, der den Zugang zur Gihonquelle erleichtert hat. Seine Veränderung in jener Zeit ist von Archäologen nachgewiesen worden.
Nach der Beseitigung der Götzensymbole gab es nun in der Stadt nur noch die Anbetung des Gottes, der den Bund mit dem Volk geschlossen hatte. Diese Reform des Glaubenslebens hatte jedoch nicht nur religiöse Aspekte, sondern auch politische – ein Konflikt der Stände war entstanden. Die Bauern, Handwerker, die unteren und mittleren Beamten der Verwaltung waren dem alten Glauben treu geblieben. Ihre Verbündeten waren

die zahlreichen Familien, die nach Jerusalem gewandert waren, weil sie im Nordstaat Israel nicht die Statuten des goldenen Kalbs in Bet-El und Dan anbeten wollten. Auch die Leviten aus Israel waren als glaubensstarke Flüchtlinge in Jerusalem aufgenommen worden. Alle diese, der Tradition verhafteten Menschen hatten einen Block derer gebildet, die nicht dulden wollten, daß sich in der »Stadt Gottes« der Glauben an Aschera ausbreitete. Sie hatten erkennen müssen, daß es die jungen Männer der reichen Familien, der Mächtigen waren, denen der Umgang mit den Fruchtbarkeitsgöttinnen besser gefiel, als die Anbetung eines Gottes, der Beachtung strenger Regeln in der Sexualität forderte, und der aus Prinzip, unsichtbar blieb – während die Statuen der Fruchtbarkeitsgöttinnen freizügig ihre Reize zeigten.

Maacha, die Mutter des Königs, hatte als die prominenteste Person der aufgelockerten Glaubensbewegung gegolten. Sie wurde nun von Asa völlig entmachtet. Damit waren jedoch die Schwierigkeiten keineswegs beseitigt: Wer für die Achtung fremder Götter eingetreten war, der war auch für außenpolitische Öffnung gewesen.
Die beiden jüdischen Staaten waren nicht die einzigen Machtgebilde in Vorderasien. Das Königreich Aram mit der Hauptstadt Damaskus gewann an Bedeutung. König Asa von Juda streckte seine Fühler zum Herrscher über Aram aus, und er schloß sogar ein Bündnis mit ihm – gegen den anderen jüdischen Staat, gegen Israel. Für dieses Bündnis mußte er teuer bezahlen: Er schickte den Schatz aus Silber und Gold nach Damaskus, den er selbst während der wenigen Jahre seit der Ausraubung durch die Ägypter im Tempel angesammelt hatte: »Asa nahm alles Gold und Silber, das noch im Tempel zu finden war, dazu alle Schätze des Palastes und schickte Gold, Silber und Schätze als Geschenk nach Damaskus.« (Drittes Buch Könige 15,18)

Damit aber erregte Asa den Zorn der Traditionalisten. Gegen das bezahlte Bündnis mit Aram bildete sich Opposition. Dem König wurde vorgeworfen, es wäre besser, er würde sich auf Gott stützen, als auf fremde Mächte, denen der Tempelschatz zu übereignen war. Daß Asa dank dieses Bündnisses mit Aram

über Israel siegte, brachte ihm wenig Ansehen in der eigenen Stadt ein.
Der Bibeltext informiert, daß Asa Wert darauf gelegt habe, die Befestigungen des Landes zu verstärken. Den Beweis dafür lieferten die Ausgrabungen am Ort der früheren Siedlung Mizpa nördlich von Jerusalem. Dort sind gewaltige Mauern freigelegt worden, die nahezu fünf Meter hoch sind. Mizpa lag damals an der Grenze zum Nordstaat.
Über den Tod dieses Königs Asa, der für seine Glaubensreform wenig Dank erntete, berichtet das Zweite Buch Chronik (16,12): »Im 39. Jahr seiner Herrschaft begann Asa an einer Krankheit zu leiden, die ihm vom Kopf bis zu den Füßen Schmerzen bereitete. Linderung suchte er nicht bei Jahwe, sondern bei den Ärzten.« Diese Bemerkung ist als Vorwurf gemeint.
Während dieser Krankheit mußte sich Asa gegen die Opposition wehren, die ihm politische Vorschriften machen wollte. Den Sprecher der Volksteile, die gegen das Bündnis zwischen Damaskus und Jerusalem waren, ließ er verhaften und in den Kerker werfen. »Auch mißhandelte Asa damals viele aus dem Volke.« (Zweites Buch Chronik 16,10)
41 Jahre lang hatte Asa regiert, als er starb. »Man begrub ihn in seiner Grabstätte, die er sich in der Davidstadt aus den Felsen hatte schlagen lassen.«
Mit Josaphat (874–849 v. Chr.) wurde ein Mann König über Juda und Jerusalem, der den Wünschen der Traditionalisten ohne Einschränkungen entsprach – wenigstens einige Jahre lang. Josaphat sorgte dafür, daß die »Gesetze der Väter« wieder Gültigkeit erhielten und respektiert wurden im Lande Juda. »Er war 35 Jahre alt, als er König wurde und war 25 Jahre der Herrscher in Jerusalem.« (Drittes Buch Könige 22, 42-43) Der König wählte Männer aus, die Bescheid wußten auf dem Gebiet der überlieferten Gebote und Verbote. In Jerusalem und in allen Städten ringsum lehrten sie die Ordnung Gottes. Sie zogen dabei von Haus zu Haus und von Hütte zu Hütte. Sie unterrichteten die Familien mit großer Sorgfalt und achteten dabei besonders darauf, daß die Gesetzestexte einheitlich formuliert waren und auch einheitlich ausgelegt wurden. Diese Basisarbeit legte das Fundament für die einheitliche Rechtsprechung in Juda: Gleichartige Fälle sollten auf der Grundlage der Gesetze Gottes gleichartig beurteilt werden.

In Jerusalem wurde schließlich zum erstenmal ein Gerichtshof eingesetzt, der in Angelegenheiten des Strafrechts und des zivilen Rechts – die beide im Gesetz Gottes untrennbar vereint waren – Entscheidungen zu fällen hatte. Mitglieder des Gerichtshofes von Jerusalem waren Priester, Angehörige des auf religiöse Aufgaben spezialisierten Stammes Levi und die Ältesten der wichtigsten Familien des Landes Juda – die Zusammensetzung beschränkte sich also nicht auf Männer aus dem geistlichen Stand.

Überliefert sind Josaphats Worte bei der Einsetzung des Gerichtshofes:
»In erster Linie leite euch Furcht vor dem Herrn. Ihr sollt künftig entscheiden in allen Fällen, die euch vorgelegt werden. Gleichgültig ob der Fall die Blutschuld betrifft, oder die Übertretung eines Gebots, oder die Nichtbeachtung eines Gesetzes. In allen Fällen werdet ihr die Betroffenen auf den richtigen Weg lenken, so daß sie nicht schuldig werden vor Gott. Vermeidet, daß sein Zorngericht über euch und die Bewohner des Landes hereinbreche.« (Zweites Buch Chronik 19,9-10)
Trotz der engen Kooperation zwischen König Josaphat und den Herren des Tempels geschah es, daß sein Ansehen bei den Priestern mit der Zeit an Glanz verlor: Er machte den Fehler, sich mit dem Herrscher des Nordstaates zu »verschwägern« – und er ging ein Bündnis mit ihm ein gegen Damaskus. Der Prophet Jehu – keiner der bedeutenden Seher des jüdischen Volkes – klagte Josaphat an, er mache gemeinsame Sache mit denen, »die den Herrn hassen«. Jehu meinte, der König habe eigentlich Gottes Zornausbruch verdient, doch werde ihm zugute gehalten, daß er die Altäre der fremden Götter beseitigt habe. Diese Aussage veranlaßte Josaphat, auch weiterhin gemeinsame politische Aktionen mit dem Herrn über Israel durchzuführen.
Nur ein Nebensatz der biblischen Überlieferung deutet an, daß König Josaphat den Ehrgeiz besaß, Ziele anzupeilen, die außerhalb des engen Bereichs von Juda und Israel lagen. Er ließ Schiffe bauen von seetüchtiger Struktur, die sich am Vorbild der phönizischen Ruderschiffe orientierten. Juda sollte wieder teilnehmen am Seehandel. Da die Häfen auf dem Gebiet der Philister den Händlern von Juda noch immer verschlossen waren,

wollte Josaphat die Möglichkeit erkunden, ob die Route des Roten Meeres die erwünschte Öffnung nach draußen bringen könne. Die Absicht war, in das legendäre Land Ophir zu fahren, von dem schon König Salomo geträumt hatte, und von dem niemand wußte, wo es sich wirklich befand. Es wurde in Afrika gesucht. Bekannt war nur, daß dort riesige Goldschätze auf Entdeckung warteten. Doch die Reise der kleinen judäischen Flotte endete schon bald nach ihrem Beginn beim Hafen Ezjon-Geber im Roten Meer: Der Sturm zertrümmerte die Schiffe.
Josaphat entschlief im Jahre 849 v. Chr. »zu seinen Vätern« – und auch er wurde »bei seinen Vorfahren in der Stadt Davids« beigesetzt.
Wie eng die Beziehung zwischen Juda und dem Nordstaat auch weiterhin war, zeigte sich an Joram, der die Macht seines Vaters Josaphat erbte: Seine Frau war eine Tochter aus dem Hause Achab, das in Israel die Könige stellte. Persönlichkeiten, die mit dem Tempel eng verbunden waren, polemisierten gegen diese »Verschwägerung«, die zur Folge hatte, daß die Mächtigen in Jerusalem die Konkurrenzheiligtümer in Israel stillschweigend anerkannten. Der König von Jerusalem sprach kein verurteilendes Wort gegen die Standbilder des goldenen Kalbs.
Zu denen, die den König verurteilten, gehörte auch der Prophet Elias, der einer der bedeutendsten Verkünder des absoluten Glaubens an Jahwe war. Er war ein radikaler Kämpfer gegen jede Abweichung vom »Gesetz der Väter«. Das Zweite Buch Chronik (21,12-15) berichtet, Elias habe dieses Schreiben an den König Joram gerichtet: »Es spricht der Herr, der Gott Deines Urvaters David, weil Du Dein Volk zu Untreue verführt hast mit den Herrschern von Israel, wirst Du in langes Siechtum verfallen.« Für den Propheten Elias war es ein Verbrechen, normale Beziehungen zu Israel zu unterhalten.
Selbst wenn sich Joram hätte lösen wollen vom Haus Achab – so wurde die Herrscherfamilie des Nordens zu dieser Zeit genannt – wäre dieser Schritt ihm nicht möglich gewesen, da sich sein Land in einer Periode der Schwäche befand: Juda hatte seine Besitzungen Moab und Edom verloren, die ostwärts des Jordangrabens lagen. Für Jerusalem waren die wirtschaftlichen Auswirkungen spürbar. Juda benötigte einen starken Partner, und da bot sich nur Israel an.
Die wirtschaftliche, politische und militärische Schwäche blieb

den Nachbarvölkern nicht verborgen. Besonders die Philister, die seit mehr als hundert Jahren dem Hause Davids tributpflichtig waren, sahen eine Möglichkeit, wieder unabhängig zu werden. Sie verbündeten sich mit Stämmen, die von der Arabischen Halbinsel her in die fruchtbaren Gebiete der östlichen Mittelmeerküste drängten. Als sich König Joram samt seinen Truppen zum Kampf in Edom befand, im Land südostwärts des Toten Meeres, brach das Unheil über Jerusalem herein. Die Stadt wurde zum Zweifrontenkrieg gezwungen. Das judäische Heer kämpfte im Osten, doch der Angriff erfolgte von Westen. Mit Wucht wurde er vorgetragen: Da fielen hunderte von Streitwagen, die sich die Philister wieder angeschafft hatten, über das judäische Bergland her. Die Befestigungen und die Garnison von Jerusalem waren dem Ansturm nicht gewachsen. Kein Widerstand hinderte die Angreifer davor »alles Hab und Gut wegzuführen aus dem Palast des Königs« (Zweites Buch Chronik 21,17). Die Frauen und Kinder der königlichen Familie wurden entführt – nur ein Sohn überlebte.

Dieser Angriff, im Alten Testament mit wenigen Sätzen behandelt, schildert die Situation des Staates Juda und seines Zentrums Jerusalem. Der Südstaat war isoliert: Das Tote Meer bildete eine Grenze, die nicht zu verrücken war; die Wüste im Süden verhinderte jede Ausdehnung; die Beziehung zu Israel im Norden war nicht freundschaftlich; die Philister im Westen warteten auf günstige Gelegenheit, um Juda zu schwächen. Das eingeengte Land war zwar eher dem »Gesetz der Väter« verbunden als Israel, aber es war ärmer und weniger leistungsfähig.

Der Nordstaat Israel war offen für politische und kulturelle Entwicklungen der benachbarten Staaten. Israel blieb weiterhin angeschlossen an die Handelsstraßen und damit an die Fortschritte des Handwerks in Phönizien. Diese Öffnung nach Nordosten, nach Phönizien, bewirkte allerdings auch, daß von dort religiöse Ideologien nach Israel eindrangen, die den »Glauben der Väter« als konservativ und veraltet erscheinen ließen. Insgesamt war die Gesellschaft des Nordstaates leistungsfähiger und weniger bedroht. Die Philister wandten sich nicht gegen Israel, sondern gegen Juda. König Joram mußte erleben, daß die Philister seine Kinder und Frauen raubten – weil Jahwe es wollte.

Von jenem Tag an, so wird berichtet, sei der Darm des Königs unheilbar erkrankt. Der Prophet Elias habe ihm vorausgesagt, er werde sein Leben unter gräßlichen Schmerzen beschließen. Dies sei die Strafe Gottes für die Allianz des Hauses Davids mit dem Königshaus von Israel, das, nach Meinung des Elias, Götzen anbete.

Als Joram tot war, verweigerten die Tempelbeamten dem Toten die Rituale, die für Könige üblich waren. Niemand zündete ihm ein Totenfeuer an. »Man begrub ihn in der Stadt Davids, jedoch nicht in den Gräbern der Könige.« (Zweites Buch Chronik 21,20)

Während der kommenden Jahre schwelte in Jerusalem der Konflikt zwischen den Gläubigen, die der jüdischen Tradition verhaftet waren und den Anhängern der kanaanitischen und phönizischen Kulte. Gute Beziehungen zu Israel bedeutete für Juda, daß die Glaubensfreiheit, die für Israel galt, auch im Südstaat gepflegt wurde. Diese Toleranz hatte zur Folge, daß die konservativen Schichten Widerstand leisteten. So änderte sich die Haltung gegenüber den fremden Kulten ständig. Die Baalstempel auf den Höhen um die Stadt wurden abgebrochen und bald darauf wieder errichtet. Oft genug wurde der Streit blutig ausgetragen.

Daß von außen her den beiden jüdischen Staaten Gefahr drohte, wurde in Samaria, der Hauptstadt Israels, und in Jerusalem zwar wahrgenommen, doch die Verantwortlichen waren sich der Schwäche ihrer Position gegenüber der Entwicklung bewußt, die nicht zu beeinflussen war: Das aramäische Reich, mit dem Zentrum Damaskus, wurde stark und bedrohlich – und etwas weiter entfernt zeigte das Reich der Assyrer Expansionsgelüste. Der Name Salmanasser löste Schrecken aus in Jerusalem.

Beunruhigend waren die Meldungen, die in Jerusalem und in Samaria eintrafen: Von Jahr zu Jahr waren Wagemut und Ehrgeiz dieses Herrschers der Assyrer gewachsen. Seinem Gott Ashur wollte er ein Weltreich schenken. Salmanasser war auf dem Vormarsch – dies stand fest. Der wirkliche Ablauf der Geschehnisse aber bleibt undeutlich. Die Hauptquelle der Erkenntnis ist im Britischen Museum in London zu finden.

Der schwarze Obelisk und das Sechseckprisma – Dokumente der Bedrohung

Nahezu zwei Meter hoch ist der viereckige Obelisk, dessen Spitze eine Art Stufenpyramide ziert. Der Block ist bei den Ausgrabungen in Kalach am Tigris, 40 Kilometer südöstlich von Mossul, gefunden worden – in den Überresten des Palastes des dritten assyrischen Herrschers, der den Namen Salmanasser trug. In fünf Reihen übereinander sind in Reliefs die Siege dargestellt, die Salmanasser in 31 Regierungsjahren errungen hat. Keilschriftzeichen umrahmen die Szenen des glanzvollen Triumphs – sie erklären die Situation.

Da ist zum Beispiel der König Jehu von Israel dargestellt (842 – 815 v. Chr.), der sich als winziger Zwerg, kniend auf allen vieren, der übermächtigen Gestalt des Salmanasser unterwirft. Demütiger kann keine Haltung sein, als die des Jehu. Zu sehen sind auch die Höflinge des Königs aus Israel, die den Tribut zu schleppen haben, der dem triumphierenden Assyrer zu übergeben ist: Gold und Silber, edle Gefäße und Tiere.
Die Vorgeschichte beginnt einige Jahre zuvor. Eine Inschrift berichtet: »Zwölf Könige wollten mir Widerstand leisten. Sie forderten mich heraus. 14000 ihrer Männer erschlug ich mit dem Schwert. Im Orontes lagen ihre Leichen und ich schritt darüber. Erst danach wurde eine Brücke geschlagen über den Fluß.« (zitiert nach: »Der Bibel Atlas«)
Das geschilderte Ereignis wird dem Jahr 853 v. Chr. zugeordnet. Von Kalach am Tigris aus war ein assyrisches Heer in Richtung Westen aufgebrochen. Es überschritt den Euphrat und näherte sich dem Mittelmeer. Dessen Küste sollte der Herrschaft des Gottes Ashur unterworfen werden. Am Fluß Orontes, unweit der heutigen Stadt Hama, wandten sich die assyrischen Reiter nach Süden. Sie folgten dem Flußlauf über 30 Kilometer und stießen dann auf ein Koalitionsheer, das mehrere Könige der Region zusammengestellt hatten. Sicher ist, daß Israel zu dieser Koalition gehörte, nicht jedoch Juda. Das Hauptkontingent der Gegner des Salmanasser kam aus Damaskus, der Hauptstadt des aramäischen Königreichs.
Die Schlacht, auf die sich der triumphale Siegesbericht des Assyrers bezieht, wird in den Bibeltexten nicht erwähnt. Wahr-

scheinlich endete der Kampf von Qergar eher unentschieden, denn von einem weiteren Vormarsch der Assyrer wird auf dem schwarzen Obelisken nichts berichtet.
Erst nach vier Jahren lebte die Gefahr aus dem Nordosten wieder auf. Assyrische Vorstöße fanden in den Jahren 849, 848 und 845 v. Chr. statt. Die Tributszene, die auf dem schwarzen Obelisken im Britischen Museum zu sehen ist, fand erst nach der assyrischen Invasion von 841 v. Chr. statt, denn diesmal erreichte Salmanasser III. überzeugende Erfolge.
Im Gebiet des Hermon brach das assyrische Heer in die Ebene von Damaskus ein. Die Stadt konnte sich jedoch wehren, alle anderen Siedlungen der Region aber wurden zerstört. Am Berg Karmel, nördlich von Samaria, ließ Salmanasser III. eine Statue aufstellen, mit der Beschreibung seiner Triumphe. Erwähnt wird im Text, König Jehu von Israel habe ihm Tribut zu entrichten – vom König von Juda ist nicht die Rede. Er blieb verschont.
Vom Berg Karmel aus wandte sich Salmanasser nach Norden. Seine Reiter machten Rast in den Städten Tyrus und Saida. Um ihre Häuser zu retten, mußten die Bewohner dem Triumphator reiche Geschenke überreichen.
Nördlich des heutigen Beirut überquerten die Assyrer den Nahr al-Kalb, den Hundsfluß, der allerdings schon damals kein bemerkenswertes Gewässer war. Von Bedeutung ist die Stelle seiner Mündung deshalb, weil dort das Libanongebirge unmittelbar bis zur Meeresküste reicht – nirgends sonst ist dies der Fall. Der Gebirgsvorsprung trägt den Namen Ras al-Kalb. Ein Tunnel macht heute die Felsnase leicht passierbar, doch in früherer Zeit bildete sie für jede Heereskolonne ein Problem – sie war ein Riegel, dessen Überwindung Zeit und Energie kostete. Viele Feldherren, die das Hindernis überwunden hatten, ließen dort in die Felsen Inschriften schlagen. Dieser Brauch wurde bis in unser Jahrhundert hinein gepflegt. Salmanasser III. gehörte zu den ersten, die am Ras al-Kalb dokumentieren ließen, daß für sie nichts Unüberwindliches existierte.
Salmanasser zog wieder an den Tigris zurück. Seine Truppen wurden an anderen Orten gebraucht. Einer der Söhne des Salmanasser hatte die Abwesenheit des Vaters genutzt, um den Aufstand zu wagen. Dazuhin hatten sich unterworfene Völker am oberen Tigris empört.

Die Bewohner von Israel und Juda hätten aufatmen können, doch kaum war diese Gefahr aus dem Nordosten vorüber, sahen sich die Herren von Damaskus veranlaßt, ihre jüdischen Nachbarn anzugreifen. Auf der Ostseite des Jordangrabens zog das Heer von Damaskus unter Führung des Königs Hesael auf der »Straße der Könige« durch die Länder Ammon und Moab. Es verwüstete die Siedlungen der Stämme Gad, Ruben und Manasse. Die Reiterei stieß durch bis zur Schlucht Arnon. Danach verlagerte Hesael, der Herrscher von Damaskus, den Feldzug nach Westen. Er verbrannte, wenigstens teilweise, die Festung Hazor nördlich des Sees Genezareth und zog dann, diesmal auf der Küstenstraße, bis zur Stadt Gat an der Grenze zwischen dem Philisterland und Juda. Jetzt trennte nur noch die »Steige von Bet-Horon« das Heer der Damaszener von Jerusalem. Die Stadt, die unbehelligt geblieben war vom assyrischen Überfall, geriet jetzt in Not. Plünderung und Zerstörung drohte. Es war die Regierungszeit des Königs Joas (836–797 v. Chr.). Joas besann sich in seiner Verzweiflung auf das Bündnis mit dem »Gott der Väter«. Ihm fiel ein, daß dieser Gott im Tempel wohnte. Der Gedanke an Gottes Wohnsitz war lange vergessen worden. Berichtet wird sehr ausführlich im Vierten Buch Könige (12,5-17), daß der Tempel damals in überaus schlechtem Zustand gewesen sei. Dieser Text gehört zu den wenigen Bibelstellen, in denen die Beziehung der Menschen von Jerusalem zum Tempel lebhaft geschildert wird:
»König Joas ordnete an: ›Alles Gold, das dem Tempel gespendet wird, das die Gläubigen an Abgaben zu entrichten haben und auch das Gold, das als Stiftung dem Tempel übertragen wird, soll künftig für die Ausbesserung der Schäden verwendet werden. Wann immer ein Riß in der Mauer zu sehen ist, müssen sofort die geeigneten Baumaßnahmen ergriffen werden.‹ Doch die Priester befolgten die Anordnung nicht: Die Risse blieben. Der König rief nun den Priester Jojada zu sich, zusammen mit den übrigen Priestern. König Joas warf ihnen vor: ›Warum wurden die Schäden am Tempel nicht ausgebessert? Von nun an müssen alle Einnahmen für die Beseitigung der Risse ausgegeben werden!‹ Da besorgte sich der Priester Jojada einen hölzernen Kasten und bohrte in seinen Deckel ein Loch. Diesen Kasten stellte er rechts neben dem Eingang im Tempel auf. Alles Gold, das die Gläubigen mitbrachten, wurde in den Kasten gelegt. Als

sich einiges angesammelt hatte, kam ein Beamter des Königs, der wog das Gold ab und zahlte es an die Werkmeister aus, die es an die Zimmerleute, die Steinmetzen und Maurer auszahlten, die am Tempel zu arbeiten begannen. Das Gold wurde auch ausgegeben zum Ankauf von Holz und zum Transport von Steinen. In dieser Zeit unterblieb die Beschaffung von goldenen oder silbernen Geräten für den Tempel.«

Die energische Hartnäckigkeit des Königs war notwendig geworden, weil er festgestellt hatte, daß in jener Zeit sogar die Priester pflichtvergessen und korrupt geworden waren. Sie hatten zugelassen, daß das Gold, das für den Erhalt des Tempels bestimmt gewesen war, für den Unterhalt und die Vergrößerung der Baalheiligtümer ausgegeben wurde. Die Priester hatten nicht auf die pünktliche Ablieferung der Abgaben geachtet – so war es möglich gewesen, Gold für die Priester des Baal abzuzweigen. Wieder hatten die traditionellen Kulte des Landes Kanaan Faszination auf die Sinne und Gemüter der Reichen und politisch führenden Familien der Stadt ausgeübt. Für sie besaß der Tempel keine Bedeutung mehr – so konnte es geschehen, daß er vom Zerfall bedroht war. Da von den reichen und mächtigen Familien kein Bauzuschuß zu erwarten war, wandte sich König Joas an die einfachen Gläubigen: Er rief sie auf, Gold zu spenden und in den hölzernen Kasten am Tempeleingang zu legen.

Der Tempelschatz wurde in jener Zeit nicht vergrößert – so berichtet das Zweite Buch Chronik (12,14). Neu angeschaffte Wertgegenstände wären auch nicht lange in der Schatzkammer des Tempels geblieben, denn wieder einmal drohte eine Plünderung der Stadt.

Damals, um das Jahr 815 v. Chr., waren die Mächtigen des assyrischen Reiches noch immer mit der Stabilisierung ihrer Kernlande beschäftigt. Ihnen fehlte die Kraft zur Expansion nach Westen. Der König von Damaskus nutzte die Gelegenheit zum Überfall auf die zwei benachbarten jüdischen Staaten und auf das Philisterland. Von der Philisterstadt Gat aus – deren Bewohner getötet und deren Häuser zerstört wurden – drohte der Aramäer Hesael, er werde auch Jerusalem auslöschen, wenn ihm nicht alles, was im Tempel und im Palast wertvoll sei, ausgeliefert werde. Joas, der König von Juda, beeilte sich, die Schatzkammern des Heiligtums und seiner Residenz zu leeren.

»Er sandte alles an den Aramäerkönig« (Viertes Buch Könige 12,19).
Noch 18 Jahre dauerte danach sein Leben. »Er tat, was dem Herrn wohlgefiel« – doch wuchs mit der Zeit die Zahl seiner Feinde. Die Höflinge, die aus wohlhabenden und einflußreichen Familien stammten, waren mit des Königs Bevorzugung der Persönlichkeiten, die den Tempel als Fundament des Staates sichern wollten, immer unzufriedener. Sie zettelten eine Verschwörung an, der König Joas schließlich zum Opfer fiel. Das Vierte Buch Könige (12,21) gibt den Ort an, wo er erschlagen wurde: »Im Haus am Millo«, bei den Auffüllterrassen am Westhang des Kidrontals.

Auch dieser König von Juda fand seine letzte Ruhestätte innerhalb der Mauern der Davidstadt. Der Friedhof der Könige in der engen Stadt wuchs nun schon seit eineinhalb Jahrhunderten.
Als Joas tot war, flammten auf den Hügeln rings um Jerusalem die Opferfeuer für die kanaanitischen Götter heller auf. Die Anhänger des Glaubens an Gott Baal, die volle Freiheit genossen in Israel, nahmen an Zahl und Einfluß zu. Der Nachfolger des Joas, sein Name war Amazja (801–773 v. Chr.), begann seine Herrschaft mit einem Akt der Rache: Er ließ die Höflinge töten, die Joas im »Haus am Millo« umgebracht hatten. Dann fühlte er sich veranlaßt, das Problem der permanenten Zwistigkeiten und Staatskrisen an der Wurzel zu packen: Amazja schlug dem König von Israel, Joasch, vor, sich im Zweikampf zu messen. Auf dieses Angebot entgegnete Joasch: »Ein Dornbusch auf dem Libanongebirge wollte eine Zeder heiraten. Doch die Tiere des Libanon zertraten den Dornbusch mit ihren Hufen. Du bist überheblich geworden. Du hast Ruhm erworben. Genieße ihn nun. Vergiß deinen Vorschlag und begib dich nach Hause, sonst gehst du zu Grunde – samt Juda!«
Amazja aber folgte dem Ratschlag nicht. Er wollte Israel in die Knie zwingen – doch dieser Kriegszug schlug fehl. Amazja wurde gefangengenommen. Darauf zog das Heer des Nordstaates nach Jerusalem. Samaria war sein Ausgangspunkt. Es folgte der Küstenstraße bis Bet-Schemesch, unterhalb der »Steige von Bet-Horon«. Das Ergebnis der dortigen Schlacht: »Juda wurde von Israel geschlagen, so daß die Männer aus Juda alle

in ihre Zelte flohen!« (Viertes Buch Könige 14,12) Der König von Juda wurde als Gefangener mitgeführt.
Unverteidigt fiel die Stadt dem Gegner in die Hand. Wehrlos mußte sich Jerusalem gefallen lassen, was dem Sieger aus Israel einfiel. Das Vierte Buch Könige (14,13) berichtet, beachtliche Teile der Stadtmauer seien damals eingerissen worden: »Vom Ephraimtor bis zum Ecktor« auf einer Länge von rund 200 Metern. Angenommen wird, daß sich das Ephraimtor im Norden befunden habe, in unmittelbarer Nachbarschaft zum Tempel.
Eine Generation zuvor waren alle Schätze von Palast und Tempel dem Gegner übereignet worden. Inzwischen hatten sich die Schatzkammern offenbar wieder gefüllt – zur reichen Beute für die Eroberer. Die abziehenden israelischen Truppen nahmen auch noch Geiseln mit. König Amazja aber ließen sie frei. Das Land Juda behalten wollten die Herrn von Samaria nicht. Ihre Absicht war zu zeigen, daß der Südstaat ihnen ausgeliefert war. König Amazja besaß nicht die Kraft, seine Hauptstadt wieder instand zu setzen. Dem Südstaat fehlten die Mittel – und der Herrscher hatte keine Idee, wie sich das bedrängte Land von der Not befreien könnte. Von der Schmach, in Gefangenschaft des Königs von Israel gewesen zu sein – und gleichzeitig zuzulassen, daß der Feind Geiseln mitnahm – erholte sich der Ruf des Monarchen nicht mehr. Sein Ansehen bei den Höflingen, bei der Priesterschaft und bei den schlichten Bewohnern der Viertel am unteren Hang des Hügels Morija schwand. Aus Angst vor einer Verschwörung flüchtete Amazja nach Lachisch. Dort erreichte ihn der Dolch eines Mörders. Sein Grab wurde »in der Davidstadt Jerusalem bei seinen Ahnen« bereitet.
Nachfolger wurde sein Sohn Ussia, der erst 16 Jahre alt war. Im Jahr 773 v. Chr. fiel ihm die Macht zu – er sollte sie 52 Jahre lang behalten. Die ersten Jahrzehnte waren eine Epoche der Blüte für Jerusalem. Archäologische Funde beweisen, daß sich rings im Land Judäa Wohlstand entwickelte. Die Häuser waren großzügiger gebaut als je zuvor; sie waren auch reicher geschmückt. Die Haushaltsgegenstände trugen Verzierungen. Die Tongefäße waren von edler Form. Daß sich die Landwirtschaft entwickelte, ist an den mächtigen Zisternen zu erkennen, die mehr Wasser faßten als die bisherigen.
Gestört wurde die Zeit des Friedens nur durch ein Erdbeben

um das Jahr 760 v. Chr. Es wurde als Zeichen baldigen Unglücks gewertet. Warnende Stimmen wurden laut.
Um jenes Jahr 760 v. Chr. lebte im Lande Juda ein Viehzüchter und Maulbeerfeigenpflanzer, der als Prophet den Leuten sagte, was sie nicht hören wollten. Amos war sein Name. Er sprach: »Von Jerusalem her läßt Gott seine Stimme erschallen. Da trocknet das Land aus, die Wiesen und Felder der Hirten sterben ab.« Amos verkündete Unglück: »Und es wird geschehen: Wenn zehn Mann übrigbleiben im gleichen Haus, so sollen auch sie sterben. Nur wenige werden überleben und auch nur um die Gebeine der Toten aus dem Haus zu tragen und sie zu bestatten. Der Herr befiehlt und das Haus fällt in Trümmer.« Der Prophet Amos schilderte den Zorn Gottes über die Zustände in Jerusalem. Die Stadt wurde von Gott vernichtet, weil zu viele fremde Händler in ihren Mauern lebten. Die Ausländer beherrschten den Markt und nahmen damit Einfluß auf die Lebensgewohnheiten. Gott sei wütend, weil das »Gesetz der Väter« nicht mehr beachtet werde.
Um jene Zeit war Tiglat-Pileser König von Assyrien. Er besann sich auf die Weltmachtpläne, die Salmanasser III. um das Jahr 840 v. Chr. entwickelt hatte. Die Herren von Kalach am Tigris waren während der dazwischen liegenden Jahrzehnte damit zufrieden gewesen, von den Staaten westlich des Euphrat Tribut zu fordern. Tiglat-Pileser aber war entschlossen, weit nach Westen vorzustoßen und die Macht Assyriens endlich tatsächlich auf die westliche Mittelmeerküste auszudehnen.
Von der kommenden Gefahr muß König Ussia von Juda etwas geahnt haben, denn von ihm berichtet das Zweite Buch Chronik (26,9) er habe Türme gebaut auf die Tore Jerusalems – das bedeutet, daß er die Stadtbefestigungen verstärkt hat. Die Mauern wurden mit Aufbauten aus Holz versehen, die den Bogenschützen Platz boten, ihre Pfeile abzuschießen. Ussia sorgte dafür, daß die Kämpfer Schilde, Lanzen, Pfeile und Bogen in großer Zahl erhielten. Er ließ vor allem »neuartige Wurfmaschinen« bauen (Zweites Buch Chronik 26,15).

Ussia erlebte als alter und kranker Herrscher, der die Verwaltung Judas schon an seinen Sohn Jonathan abgetreten hatte, den Beginn des Ansturms, den der Prophet Amos vorausgeahnt hatte. Aus Inschriften, die Tiglat-Pilesers Erfolge preisen, ist zu

entnehmen, daß der assyrische Angreifer im Jahr 738 v. Chr. in der heute syrischen Euphratgegend eine starke Koalitonsarmee gegen sich hatte, die der Greis Ussia anführte. Trotz heftigen Widerstands der jüdischen Streitwagenkräfte drangen die Assyrer im selben Jahr, 738 v. Chr., bis Damaskus vor. Das Ziel des Tiglat-Pileser war nicht, Beute einzusammeln, er gliederte die eroberten Gebiete seinem Staat ein.
Unter der Wucht des assyrischen Angriffs zerbrach die Koalition des Ussia. Der König starb 735 v. Chr. Er wurde nicht in der »Stadt Davids« begraben, sondern auf freiem Feld – »denn er war aussätzig«.
Nur zwei Jahre regierte Ussias Sohn Jonathan. Von ihm wird gesagt, daß er dem Tempel ein neues Tor angebaut habe und daß er die Arbeit seines Vaters an der Stadtmauer fortgesetzt habe. »Man begrub ihn der Davidstadt.«
Sein Sohn Achas war fortan der Verantwortliche in Jerusalem.
Achas wurde von den Königen von Israel und von Aram (Damaskus) bedrängt, einer erneuten Koalition gegen Assyrien beizutreten. Er wollte sich nicht hineinziehen lassen in den Konflikt der beiden Nachbarherrscher mit Tiglat-Pileser. Doch seine Weigerung machte sie wütend. Sie ritten nach Jerusalem und belagerten den Palast des Achas. Er sollte zur Abdankung gezwungen werden. Die Könige von Israel und Aram hatten bereits ihren eigenen Kandidaten ausgewählt: Den Großgrundbesitzer Ben Tabel, dessen Güter im Ostjordanland lagen. Das Vorhaben, Ben Tabel in Jerusalem einzusetzen, gelang nicht.
Achas suchte einen starken Verbündeten – und machte damit einen politischen Fehler, der nicht zu korrigieren war. Das Schicksal nahm seinen Lauf. Achas wandte sich an Tiglat-Pileser. Achas war zuvor auf den Gang der Ereignisse vorbereitet worden – durch einen Propheten, der Jesaja genannt wurde. »Verzage nicht vor der Gefahr aus Israel und Aram. Verglimmen werden sie wie rauchende Stummel« (Jesaja 7,4). Reiche Geschenke sollten den Assyrer freundlich stimmen für die Bitte um Hilfe gegen Aram und Israel. Zum Zeichen seiner Ergebenheit ließ Achas zu, daß in der Stadt Jerusalem Kulte aus Aram und Assyrien gepflegt wurden. Achas selbst »opferte auf den Hügeln und entzündete Rauchhölzer« (Viertes Buch Könige 16,4). »Er ließ sogar seinen Sohn durchs Feuer

gehen und huldigte damit den scheußlichen Sitten fremder Völker.«
Im Jahr 733 v. Chr. belagerte Tiglat-Pileser Damaskus und verwandelte bald das Königreich Aram in eine assyrische Provinz. Achas war gezwungen, die Vorherrschaft Assyriens anzuerkennen.

Das Vierte Buch Könige (16,10) berichtet, Achas sei in Damaskus von Tiglat-Pileser empfangen worden. Offenbar war er bei diesem Anlaß vom Assyrer unter Druck gesetzt worden, in Jerusalem selbst die religiösen Rituale der Assyrer einzuführen: »Während der Begegnung mit Tiglat-Pileser in Damaskus wurde dem König Achas ein Altar gezeigt wie er im Reich der Assyrer üblich war. Achas schickte unverzüglich eine Zeichnung dieses Altars an den Priester Uria in Jerusalem. Uria ließ sofort und ohne Widerrede den Altar errichten – genau nach dem Vorbild der Zeichnung. Der Altar war fertig, noch ehe der König aus Damaskus zurückgekehrt war. Gleich nach der Ankunft besichtigte Achas den Altar und trat vor ihn hin. Er ließ das Brandopfer entzünden und in Rauch aufgehen, und er goß das Blut eines Opfertieres über dem neuen Altar aus. Den Altar, der dem Herrn geweiht war, ließ er auf die Seite schieben. Dann gab König Achas dem Priester Uria den Befehl, künftig alle Opferungen am neuen Altar durchzuführen. Achas fügte hinzu: ›Was mit dem alten Altar geschehen soll, muß ich mir erst noch überlegen.‹«
»Der Priester Uria tat alles, was der König Achas angeordnet hatte.« (Viertes Buch Könige 16,16) Daraus ist zu entnehmen, daß die Häupter der Priesterschaft den König in seiner Strategie des Überlebens des Staates Juda unterstützten. Es ist nicht anzunehmen, daß der Priester Uria aus Überzeugung das assyrische Altarmodell für den Opferdienst übernahm. Ihm war bewußt, welche Konsequenzen eine Weigerung, den Wünschen Tiglat-Pileser zu folgen, für Jerusalem gehabt hätte.
Die biblische Textquelle schildert, daß der König von Juda aus dem Tempel entfernen ließ, was an den Bund des jüdischen Volkes mit Gott erinnerte. Selbst das »eherne Meer«, das riesige Wasserbecken, das einst Salomo eigens hatte gießen lassen, wurde auf den Vorplatz versetzt. Zugemauert wurde der »Sab-

batgang«, der bisher an jenem speziellen Tag zu benutzen war. Wahrscheinlich ordnete König Achas weitere Umbaumaßnahmen an: Der Tempel wurde wohl assyrischen Heiligtümern in seinem Äußeren angepaßt. Der Bibeltext bringt den Grund dafür auf die knappe Formel: »Er tat dies wegen dem Assyrer-König.« (Viertes Buch Könige 16,18)
Tiglat-Pileser starb im Jahre 727 v. Chr. Achas konnte aufatmen – er hatte eine gefährliche Zeit durch Anpassung überstanden. Der Prophet Jesaja hatte ihm den Weg gewiesen: Er war Achas entgegengegangen, an das Ende der Wasserleitung am oberen Teich, am Weg beim Acker des Förbus und hatte ihm dort Mut zugesprochen. König Achas hatte damals die Wasserleitung im Norden inspiziert und dabei festgestellt, daß sie kein Schwachpunkt in der Verteidigungsanlage war. Sicher ist, daß sich seine Politik bewährt hatte: Er war zwar Vasall der Assyrer geworden, doch brauchten Juda und Jerusalem keine assyrischen Besatzungsgarnisonen zu erdulden. Die Städte des Nordstaates aber hatten die harte Hand des Assyrers zu spüren bekommen. Teile der Bevölkerung waren deportiert und in weit abgelegenen Gegenden des Reiches angesiedelt worden. Tiglat-Pileser hatte das Ziel verfolgt, die Menschen seines gewaltigen Landes untereinander zu vermischen. So sollten Juden und Philister untergehen im assyrischen Volk. Die erste Voraussetzung dafür, die Anpassung der Religion, der Ideologie war auch in Juda bereits vollzogen. Von einem Protest der Gläubigen wird nichts berichtet. Die Angst vor den Assyrern – genährt aus den Erfahrungen der Bewohner des Nordstaates – war der Grund des Schweigens.
Ein Jahr nach Tiglat-Pileser starb auch Achas, der König von Juda. »Er wurde bei seinen Vorvätern in der Stadt Davids bestattet.«
Während dieses Jahres hatten die Verantwortlichen im Nordstaat Israel Hoffnung geschöpft, die assyrischen Garnisonen aus ihren Städten vertreiben zu können. Die Herrscher am Nil waren auf die Idee gekommen, der Zeitpunkt des Machtwechsels in Assyrien müsse von allen unterworfenen Völkern zum Befreiungsschlag ausgenützt werden. Agenten des Pharao warben in Israel für diese Politik der Hinwendung zu Ägypten. Doch der neue Herr am Tigris handelte entschlossen. Er schickte seine Reiterei und seine Bogenschützen gegen Israels Haupt-

stadt Samaria. Nach einer Belagerung von drei Jahren fiel die Stadt. Wieder wurden Bewohner in andere Gegenden des assyrischen Großreichs umgesiedelt. Juda aber blieb auch unter dem Nachfolger des Königs Achas – sein Name war Hiskia – allen Komplotten gegen die Assyrer fern. Sie hatten keinen Grund, Hiskia – der seine Vasallenpflichten erfüllte – anzugreifen. Ein »Dokument der Bedrohung« berichtet allerdings von einem erfolgreichen Feldzug der Assyrer gegen Juda. Es ist im Museum von Baghdad zu sehen: Ein sechseckiger Zylinder aus gebranntem Ton, der etwa einen halben Meter hoch ist und der bedeckt ist von unzähligen Keilschriftzeichen. Keilschriftspezialisten lesen daraus diese Worte:
»Ich bin Sanherib, der große König, der mächtige König, der König der ganzen Welt, der König von Ashur, der König der vier Enden der Welt, der weise Hirte; der Liebling der erhabenen Götter, der Verteidiger des Rechts und der Gerechtigkeit, der Vollbringer guter Werke, der vollkommene Held, der erste unter den Fürsten, der Unterdrücker von Rebellion, der die Schlechten mit Blitzen erschlägt.«
Nach dieser Einleitung beschreiben die Keilschriftzeichen den Feldzug des Assyrers Sanherib im Jahre 702 v. Chr.:
»Hiskia von Juda wollte sich nicht unter mein Joch beugen. 46 seiner stark befestigten Städte und Dörfer habe ich belagert mit Erdwällen und Belagerungsmaschinen. Meine Sturmtruppen brachen Breschen in die Wälle mit Hilfe des Rammbocks. Aus dem Lande des Hiskia von Juda nahm ich mit mir 200 215 Menschen, Junge und Alte, Männer und Frauen. Weiterhin trieb ich fort in großer Masse Pferde, Maultiere, Esel, Kamele, Schafe und Vieh. Den König Hiskia aber setzte ich gefangen in Jerusalem, in seiner Stadt. Dort saß er fest wie ein Vogel im Käfig. Jerusalem umgab ich mit Erdwällen, die jeden Krieger einschüchterten, der die Kühnheit hatte, aus den Stadttoren hervorzubrechen. Hiskia war derart in Schrecken versetzt durch meine Kraft und Macht, daß er seine tapfersten Männer zu mir nach Ninive schickte mit Mengen von Gold und Silber, mit wertvollen Steinen, mit elfenbeinbesetzten Möbeln, mit Elefantenhäuten, Stoßzähnen von Elefanten. Hiskia schickte mir auch seine Töchter, seine Bettgenossinnen, dazu Sänger und Sängerinnen. So zeigte mir Hiskia seine Unterwerfung, was er mir schickte war sein Tribut.«

Die Tributzahlungen nützten nichts. Auch als Hiskia die goldenen Türen des Tempels und sogar die Türpfosten dem Feind übergab, war der noch nicht zufrieden. Sanherib rückte gegen Jerusalem vor. Er benützte zunächst die Straße am Meer. Zu Sanheribs Überraschung fuhr ihm plötzlich ein ägyptisches Streitwagenheer entgegen. Nördlich von Ashdod trafen die Gegner aufeinander. Berichtet wird, die Streitwagen seien von Reitern aus Nubien flankiert worden. Sanheribs Kämpfer überwanden die Überraschung schnell. Sie siegten über die Ägypter. Als weiteren Marschweg wählten die Offiziere Sanheribs die »Steige von Bet-Horon« und schlugen dann einen Bogen über Bet-El. Von Norden her erreichten die Assyrer Jerusalem. Die Schätze der Stadt besaßen sie bereits. Jetzt wollten sie Jerusalem selbst. Die Belagerung begann.
Bekannt ist durch das Vierte Buch Könige, wo das Hauptquartier der assyrischen Streitmacht vor Jerusalem war: »bei der Wasserleitung des oberen Teiches«. Gemeint ist der Kanal, der an der Ostseite der Stadtmauer nach Süden führte, und der dem Teich nördlich des Tempelbezirks entsprang. Diese Wasserleitung konnte zerstört werden durch die Belagerer – nicht aber der verborgene Aquadukt, der tief im Fels verlief.

Der Wassertunnel des Hiskia – Ein technisches Wunder der Zeit rettete Jerusalem

Darauf, daß eine ungewöhnliche Wasserleitung aus der Zeit des Königs Hiskia existieren mußte, gibt die Bibel Hinweise. Im Zweiten Buch Chronik (32,30) ist zu lesen: »Es war Hiskia, der den Abfluß der Gihonquelle veränderte und der das Wasser in Richtung Westen in die Stadt Davids leitete.« Das Vierte Buch Könige (20,20) dokumentiert den selben Sachverhalt: »Er hat den Teich und die Wasserleitung angelegt, die das Wasser in die Stadt Davids leitete.«
Diese Hinweise genügten, um Archäologen schon in der Frühzeit dieser Wissenschaft neugierig zu machen. Es war der amerikanische Orientalist Edward Robinson, der im Jahre 1838 die Wasserleitung des Hiskia fand. Mit einem Freund suchte er zunächst vom Teich Siloa aus das Geheimnis zu ergründen. Sie

stiegen dort in ein Loch im Fels und fanden einen Gang. Nach etwa 200 Metern waren sie sicher, die in der Bibel erwähnte Wasserleitung des Hiskia gefunden zu haben, doch sie mußten derart gebückt gehen, daß sie sich bis zum Hals im fließenden Wasser befanden. Ihre Kleidung war ungeeignet für die Fortbewegung unter Wasser – sie kehrten zum Teich Siloa zurück in der Absicht, am folgenden Tag den Einstieg vom anderen Ende des Tunnels her zu versuchen.
Wenn ihre Annahme richtig war, daß diese Röhre im Fels die Wasserleitung des Hiskia war, dann mußte ihr Anfang bei der Gihonquelle zu finden sein. Edward Robinson und sein Freund fanden dort tatsächlich ebenfalls ein Loch im Fels und einen Gang. Diesmal hatten die beiden nur eine Art Unterhose an, waren also nicht mit Kleidung belastet, die das Wasser in sich einsog. Auf Händen und Knien bewegten sie sich vorwärts – zeitweise lagen sie im Wasser. Ihre Sorge war, daß die Fackeln erloschen. Sie hatten bei ihrem ersten Versuch an der Stelle der Umkehr, durch den Ruß der Fackeln, eine Markierung an der Felsdecke angebracht. Als sie glaubten, ungefähr 300 Meter zurückgelegt zu haben, entdeckten sie ihre Rußmarkierung vom Vortag. Der Orientalist Robinson wußte nun, daß er die Bibelberichte bestätigen konnte.
Der Sinn des Tunnels war leicht zu erkennen. Bisher verlief die Wasserleitung seit der Zeit des Königs Salomo – also seit nahezu 250 Jahren – außerhalb der östlichen Stadtmauer. In Friedensjahren war dagegen nichts einzuwenden, bei drohender Gefahr aber mußten die Verantwortlichen darauf bedacht sein, daß das Wasser geschützt vor feindlichen Angriffen und Eingriffen in den Bereich der Stadt gelangen konnte.
Während der vergangenen Jahrzehnte hatte sich das Bild der Stadt Jerusalem verändert. Sie hatte an Umfang zugenommen. Ihre Ausdehnung war nach Westen hin erfolgt. Neue Stadtviertel waren entstanden: eines auf dem westlichen Hügel und eines in der Senke zwischen jenem Hügel und der Stadt Davids. Anzunehmen ist, daß die Stadterweiterung nötig geworden war durch den Zuzug von Familien aus dem Nordstaat Israel, die den Tempel dem Heiligtum der Kälber aus Gold vorgezogen hatten.
Vor allem aber war durch ein bestimmtes Ereignis die Ein-

wohnerzahl in die Höhe getrieben worden: Sanheribs Einfall in Israel hatte dort Panik und eine Fluchtwelle ausgelöst. Wer sich vor den Assyrern in Sicherheit bringen, wer nicht die Deportation riskieren wollte, der machte sich eilig auf den Weg nach Jerusalem Auf dem Hügel im Westen der Stadt entstanden zunächst zwei Flüchtlingslager mit primitiven Unterkünften, aus denen sich dann Wohnviertel mit festen Häusern entwickelten. Der vorausdenkende Hiskia sorgte dafür, daß die neuen Stadtgebiete durch Festungsmauern geschützt wurden. Die Ausdehnung der Stadt hatte dann auch zur Folge, daß sich der Teich Siloa innerhalb der Stadtmauer befand. Die Befestigung der Davidstadt war bis dahin nördlich des Teiches verlaufen. Wer in der Vergangenheit Wasser holen wollte, der hatte das geschützte Gebiet verlassen müssen. Da Frieden geherrscht hatte, war dies ohne Angst vor Überfällen möglich gewesen.

Nach der Entdeckung des Wassertunnels rätselten die Archäologen, wie es vor zweieinhalb Jahrtausenden möglich war mit den damals einfachen technischen Mitteln einen derartigen Gang durch den harten Fels zu schlagen – und dazuhin noch einen Gang, der in eigentümlichen Schlangenlinien verlief. Das Geheimnis wurde erst gegen Ende des letzten Jahrhunderts gelöst.

Im Jahr 1880 drang ein Junge in den geheimnisvollen Gang beim Teich Siloa ein. Noch im Bereich des Eingangs entdeckte er eine Schrift an der Wand. Er behielt das Wissen um die Schrift nicht zurück: Ein griechischer Antiquitätenhändler erfuhr davon. Er ließ die Schrifttafel von der Wand lösen; dabei zerbrach ihr linker Teil. Der Antiquitätenhändler durfte das als wertvoll erkannte Stück nicht behalten. Der osmanische Gouverneur – damals wurde Jerusalem von den Türken verwaltet – ließ die Tafel beschlagnahmen. Sie wurde ins Museum nach Istanbul gebracht. Eine Kopie ist allerdings im Israel-Museum in Jerusalem zu sehen.

Kenner früher jüdischer Schriftzeichen sind der Meinung, die Buchstaben seien überaus elegant geschrieben. Sie ergeben diesen Text:

»So geschah der Durchstich. Als zwischen den Arbeitern auf der einen und der anderen Seite nur noch eine dünne Felswand

war, da arbeiteten sie mit ihren Pickeln aufeinander zu. Auf einmal war eine Stimme zu hören – von der anderen Seite. Da war ein Spalt entstanden. Nun schlugen die Arbeiter auf beiden Seiten heftiger zu. Und bald floß das Wasser aus der Quelle. Weit unten im Fels waren die Arbeiter tätig.«
Dem Text ist zu entnehmen, daß von zwei Seiten her gleichzeitig gearbeitet wurde. Die Arbeiter, die an der Gihonquelle eingesetzt waren, hatten zunächst den Gang erweitert, der schon seit der Zeit der Jebusiter für die Wasserversorgung genützt worden war. In diesem Tunnelabschnitt ist zu erkennen, daß der Fels an der Decke und am oberen Teil der Wände mit anderen Werkzeugen bearbeitet worden ist als der untere Teil. Die obere Partie war ganz offensichtlich zur Jebusiterzeit ausgehauen worden – mit gröberen Werkzeugen. Die Technik der Tunnelbauer hatte Fortschritte gemacht während der verflossenen 300 Jahre.
Die Arbeitergruppe, die den Fels von der Gihonquelle her aufzubrechen hatte, stieß auf Schwierigkeiten: Das Gestein war hart. Damit hatten schon die Arbeiter der Jebusiter Erfahrungen gemacht. Sie waren an einer Stelle daran gescheitert – sie hatten aufgehört und anderwärts erneut angefangen. Die Stollen, in denen die Arbeit abgebrochen wurde, sind heute noch deutlich zu erkennen. Zu sehen ist auch an den Hau- und Schürfspuren, wo die Arbeiter besondere Mühe anzuwenden hatten. Die Gruppe, die den Teich Siloa als Ausgangspunkt nahm, hatte Glück: Sie kam rasch voran. Aus dem Verlauf des Gangs ist abzulesen, wo und wie das Treffen der beiden Mannschaften im Berg stattfand. Bis dahin zeigen die Arbeitsspuren an, daß die Arbeiter aufeinander zu den Fels gebrochen haben. Dort, wo das Treffen stattfand, sind diese Spuren nicht mehr eindeutig ausgerichtet.
Über weitere Besonderheiten ist zu berichten: Beide Seiten arbeiteten sich nicht in gerader Linie durch den Fels. Von der Gihonquelle aus verläuft der Gang in weit geschwungenem Linksbogen. Die Gruppe, die am Teich begann, schlug den Bogen nach rechts um dann wieder nach links zu biegen. Es bleibt ein Geheimnis, wie sich die Männer im Berg haben orientieren können. Eine Theorie besagt, sie seien einer Wasserader gefolgt, die ohnehin schon Wasser aus der Gihonquelle durch den Berg nach Süden fließen ließ. Diese Wasserader hätte sich keinen ge-

raden Weg, sondern je nach Beschaffenheit des Gesteins eine dünne Röhre in Schlangenlinien ausgehöhlt. Diese Theorie ist weder entkräftet noch bewiesen.
Sicher war nicht nur die Einhaltung einer Richtung ein Problem, sondern auch die Beachtung des Höhenniveaus. Wollten sich die beiden Arbeitsgruppen tatsächlich mitten im Hügel treffen, konnte dies nur auf gleicher Höhe geschehen.
Als vom Teich her ungefähr 300 Meter gegraben waren, und von der Quelle her einige Meter weniger, da stießen die beiden Tunnelvortriebe aufeinander zu. Auf einmal aber macht der Gang, der an der Gihonquelle beginnt, einen Knick. Ganz offensichtlich hatte der Vorarbeiter dieser Stelle die Richtung falsch bestimmt. Er stellte fest: Die beiden Gänge wurden aneinander vorbeigetrieben.
Es hat den Anschein, als ob beide Gruppen gleichzeitig den Irrtum bemerkt hätten, denn plötzlich enden bei beiden Ansätzen die ruhigen Bögen und die geraden Linien. Die Arbeiter des Teichtunnels geben ein Stück ihres Ganges auf, um fast im rechten Winkel dazu die Pickel wieder anzusetzen. Auch die Männer im Quellentunnel ändern die Richtung ihres Vorstoßes. Sichtbar ist heute noch, wie die Arbeiter auf einer Strecke von 30 Metern mehrfach die Richtung ihrer Tunnels wechselten. Diese Phase des Tunnelbaus muß sehr viel Kraft und Zeit gekostet haben.

Da sie keinerlei technische Möglichkeiten der Ortung ihrer Position im Berg besaßen, ist anzunehmen, daß die Arbeiter ihr Gehör zur Peilung benutzten. Einen Hinweis darauf gibt der Text der Inschrift: »Auf einmal war eine Stimme zu hören – von der anderen Seite.« Zunächst waren wohl die Schläge der Pickel zu hören gewesen. Die Vorarbeiter hatten feststellen können, ob sie an Intensität stärker wurden und aus welcher Richtung sie kamen. Die Pickelschläge waren es wohl, die darauf aufmerksam machten, daß die beiden Vortriebe aneinander vorbeizulaufen drohten. Die Inschrift beweist, daß die Freude der Arbeiter groß war, als ihre Tunnels tatsächlich aufeinandertrafen. Aus der unterschiedlichen Höhe des Ganges ist abzulesen, daß zeitweise doch auch Probleme des Höhenniveaus bestanden. Sie wurden durch Absenkung des Bodens reguliert. An diesen Stellen ist es möglich, den Hiskiatunnel aufrecht zu durch-

waten. In einer Entfernung von 200 Metern von der Gihonquelle beträgt die Höhe nur 70 Zentimeter. Sie genügte für den ursprünglichen Zweck. Der Gang war ja nicht dazu bestimmt, als Weg für Menschen zu dienen, sondern als Wasserleitung.
Der Tunnel, den Hiskia als Vorsichtsmaßnahme für den Fall der Belagerung hat in den Fels hauen lassen, hat insgesamt eine Länge von 513 Metern. Die Breite ist unterschiedlich: Die schmälste Breite beträgt 90 Zentimeter, die größte 3,3 Meter. Die Höhe variiert zwischen 1,45 und 5 Metern.
Als Sanheribs Reiter und Streitwagen von Jerusalem aus zu bemerken waren, da wurden die Kanäle außerhalb der östlichen Stadtmauer geschlossen. »Man sagte nämlich: Warum sollen die assyrischen Könige bei ihrem Vormarsch von uns reich mit Wasser versorgt werden?« (Zweites Buch Chronik 32,4)
Die Sicherung der Wasserversorgung war nur ein Teilaspekt der Verteidigungsvorbereitungen. Hiskia ließ auch die Mauern und Türme ausbessern. Wieder wird in den Bibeltexten der »Millo« genannt (Zweites Buch Chronik 32,5), also die Terrassenaufschüttung: Dieses Viertel der alten Davidstadt war besonders reparaturbedürftig gewesen.
Alle Anstrengungen des Königs verhinderten nicht, daß Männer aus der nächsten Umgebung Hiskias beim Anblick des starken assyrischen Heeres nicht mehr an Rettung glaubten. Sie hielten Jerusalem für verloren. Einige bedrängten Hiskia, er möge aufhören jüdisch mit ihnen zu reden – es sei zeitgemäßer, die Sprache des Feindes zu gebrauchen.
Hiskia wußte, daß auch die beste Wasserversorgung und der größte Vorrat an Wurfspießen und Pfeilen die Verteidigung nicht erfolgreich macht, wenn die Kampfmoral fehlt. Der König festigte deshalb das ideologische Fundament der Bevölkerung von Jerusalem: Er rief die Männer im Tempel zusammen, um ihren Glauben beim Opfer zu stärken. Sie hatten den »Gott der Väter« anzuflehen. In der Stadt wurden »alle Opferplätze für die fremden Götter zerstört«.
Hiskia hoffte, durch die Maßnahmen zur Stärkung des »Glaubens der Väter« auch die Verantwortlichen der Nordstämme zur Abwehr der assyrischen Gefahr gewinnen zu können, doch diese Sippen waren bereits zu sehr durch den Gegner geschwächt. Aus Galiläa und Samaria erhielt Hiskia keine Verstärkung.

Da war ein Mann, der dem König Ruhe und Zuversicht gab: der Prophet Jesaja. Von ihm wird berichtet, daß er zu Hiskia diese Worte gesprochen habe:
»In diese Stadt kommt der König der Assyrer nicht. In diese Stadt hinein vermag er keinen Pfeil zu schießen. Er rennt nicht gegen diese Stadt mit dem Schwert. Er wird diese Stadt nicht aushungern. Auf demselben Weg, auf dem er nach Jerusalem gekommen ist, wird er wieder abziehen.« (Viertes Buch Könige 19,32-33)
Es gab jedoch auch andere Stimmen. Micha, ebenfalls ein Prophet, war der Meinung, von Jerusalem werde kein Stein auf dem anderen bleiben. Doch Jesaja beschwor die Vision, Gott schwebe wie ein Vogel über der Stadt, um sie zu beschützen. Er werde nicht zulassen, daß Jerusalem, seine Stadt, in die Hand der Assyrer falle.
Berichtet wird, es habe nicht lange gedauert, da sei diese Prophezeiung in Erfüllung gegangen. Viele Tausende der Kämpfer des Sanherib seien vor den Wällen von Jerusalem in einer einzigen Nacht gestorben – »erschlagen vom Engel des Herrn«. Unbekannt ist, an welcher rätselhaften Krankheit sie zugrunde gegangen sind.

Herodot, der griechische Geschichtsschreiber, der im 5. Jahrhundert v. Chr. gelebt hatte – als das Gedächtnis an die Ereignisse der Zeit um 700 v. Chr. noch lebendig war – berichtet, Mäuse in riesiger Menge seien über das assyrische Heer hergefallen. In der Literatur wird erwähnt, daß Mäuse in der Antike das Symbol für die Pest gewesen seien. Es sei wohl diese Krankheit gewesen, die Sanheribs Kämpfer zur Flucht veranlaßt habe. Wahrscheinlicher ist, daß Sanherib die Belagerung einfach abgebrochen hat, solange sein Heer noch keine Verluste erlitten hatte – schließlich war die Beute riesig, die er von Hiskia ausgehändigt bekommen hatte. Sanherib selbst hat diese Liste erstellt:
»30 Talente Gold (ungefähr 1200 Kilogramm), 800 Talente Silber (ungefähr 32 000 Kilogramm), elfenbeinverzierte Ruhebetten, Elefantenhäute, Buchsbaumholz, seine Tochter, seine Hofdamen, Sänger und Sängerinnen«.
Mehr war aus Jerusalem nicht zu erpressen. Auch die Soldaten begriffen dies wohl: Wer seinen Teil der Beute erhalten hatte, der ritt wie vom Propheten Jesaja vorausgesagt – auf dem sel-

ben Weg zurück, über den er Jerusalem erreicht hatte. Der Befehl zum Rückzug kam aus dem Hauptquartier des Königs der Assyrer, das sich im Nordstaat Israel befand.

Den Herrscher Assyriens hat wohl doch auch die kluge Vorsorge des Königs Hiskia verblüfft. Sanherib muß eingesehen haben, daß die Belagerung nicht rasch zum Erfolg führen konnte. Er hatte offenbar von der unterirdischen Wasserleitung des Hiskia nichts gewußt. Sie muß eine böse Überraschung für ihn gewesen sein. Als Beweis für diese Unwissenheit kann der Text des Zweiten Buches Chronik (32,10-11) gelten:

»Sanherib, der König der Assyrer sagt zu euch, den Bewohnern von Jerusalem: ›Bedenkt doch, auf was ihr euch stützen könnt bei eurem Vertrauen in Hiskia. Ihr bleibt in Ruhe in Jerusalem und ihr wißt doch, daß ihr belogen werdet! Hiskia täuscht euch durch Lügen! Er verschweigt euch, daß ihr in der belagerten Stadt an Hunger sterben werdet – und vor allem an Durst!‹« Er glaubte also, er habe die Wasserversorgung abgeschnitten.

Sanherib muß bald danach begriffen haben, daß er sich getäuscht hatte: Der Durst plagte die Menschen in der belagerten Stadt zu keinem Zeitpunkt. Hiskias unterirdische Wasserleitung hat die Versorgung garantiert – sie hat Jerusalem gerettet.

Wissenschaftler haben errechnet, daß die Zeit für die Grabung des Tunnels nicht länger als acht Monate gedauert hat. Hiskia war rechtzeitig vor der assyrischen Invasion gewarnt worden, um beim Eintreffen des feindlichen Heeres vorbereitet zu sein.

Umgeht der Tunnel einen heiligen Bezirk? – Das Geheimnis der Königsgräber

Als Hiskia im Jahre 693 v. Chr. starb – andere Quellen sprechen vom Jahr 687 –, wurde er in der Davidstadt beerdigt, »wie seine Väter«: »Man begrub ihn an bevorzugter Stelle in der Grabstätte der Söhne Davids.« (Zweites Buch Chronik 32,33) Die Frage stellt sich, wo diese »Grabstätte der Söhne Davids« zu finden ist. Zahlreich sind die königlichen Toten, die Platz gefunden haben innerhalb der Stadtmauer. David und Salomo waren die ersten, die durch ein »Königsgrab« ausgezeichnet worden waren. Auf die beiden folgten Rehabeam (916 v. Chr.), Abiam (914 v. Chr.), Asa (874 v. Chr.), Josaphat (849 v. Chr.). Joram (842 v. Chr.) ist eine Ausnahme: »Man begrub ihn in der Davidstadt, aber nicht in den königlichen Gräbern.« (Zweites Buch Chronik 21,19) Achasja, der beim Aufstand des Jehu ums Leben kam, wurde wieder in der Davidstadt beerdigt. Die Reihe setzt sich fort: Joas von Juda (836–797 v. Chr.), der von seinen Ministern getötet wurde, fand seine Ruhestätte »bei den Vätern in der Davidstadt«. Ebenso Amazja im Jahre 779 v. Chr., Ussia (738 v. Chr.), Achas (721 v. Chr.) und Hiskia, der den Wassertunnel hat graben lassen. Wo befanden sich die Grabstätten dieser zehn Könige nach David und Salomo?

Vom Teich Siloa aus steigen Stufen zur einstigen Davidstadt hinauf – sie werden allgemein »die Treppe Davids« genannt. Auf der rechten Seite sind die Spuren eines sehr alten Wasserreservoirs zu erkennen. Weiter oben fallen zwei Öffnungen von großen Höhleneingängen, von Tunnels auf, die in den Fels hineingetrieben worden sind. Umgeben sind diese Tunnels von Terrassen mit nahezu ebener Oberfläche. Nach Ansicht von Archäologiespezialisten sind diese Terrassen entstanden, als die Römer Steine brachen für die Bauten ihrer eigenen Stadt, die sie um das Jahr 130 n. Chr. an Stelle von Jerusalem errichteten. Wichtig für die Suche nach den Königsgräbern sind die beiden Tunnelansätze.

Während der Jahre 1913 und 1923 hat sich der französische Archäologe Raymond Weill bemüht, vor allem die Gräber von David und Salomo zu finden. Er ging davon aus, daß sie noch unversehrt im Fels der unteren Hälfte der einstigen Davidstadt zu finden sein müßten – und er stellte sich vor, daß sie angefüllt seien mit Schätzen, die durchaus vergleichbar sein würden mit den Beigaben der bedeutendsten Pharaonengräber am Nil. Die Vorstellung war verführerisch, es würden am Hang über dem Kidrontal Grabbeigaben nach Art der Funde in der Totenkammer des Tut-Ench-Amun entdeckt werden. Hochgespannt waren die Erwartungen, da anzunehmen war, daß die beiden legendären Herrscher des jüdischen Volkes mit besonders prunkvollen Beigaben zu Grabe getragen worden sind. Da Salomos Reichtum in den Bibeltexten gepriesen wurde, war die Hoffnung berechtigt, auch seine letzte Ruhestätte müsse unvorstellbar reich ausgestattet worden sein.

Ein genialer Einfall leitete den französischen Archäologen. Raymond Weill hatte sich sehr genau den Verlauf des Hiskiatunnels angeschaut; vor allem faszinierte ihn die Strecke des großen Bogens, der beim Teich von Siloa begann. Er glaubte nicht, daß die Kurve nach rechts durch Suche der Arbeiter nach weicherem Fels entstanden ist. Weill war der Ansicht, eine derartige Suche müsse an den Arbeitsspuren zu erkennen sein: Die Suche hätte bedeutet, daß abrupte Richtungswechsel vorgenommen, daß Tunnelvortriebe abgebrochen wurden. Das Bild des Tunnelverlaufs, so dachte er sich, würde dann genau so aussehen, wie an der Stelle, der konfus wirkenden Neuansätze, die notwendig geworden waren, als die Arbeiter gemerkt hatten, daß die beiden Vortriebe wohl nicht aufeinandertreffen würden. Raymond Weill glaubte nicht an Zufall und nicht an Verwirrung der Arbeiter. Er war überzeugt, kluge Planung habe die Tunnelschürfer geleitet. Sah er sich den tatsächlichen Verlauf an, so konnte er nur eine genau durchdachte Führung des Bogens feststellen. Er mußte mit Absicht so weit nach rechts vorgetrieben worden sein.

Raymond Weill fragte sich bei diesem Stand der Überlegung, was wohl der wirkliche Grund war, warum die Tunnelarbeiter nicht den direkten Weg durch den Berg gewählt hatten. Er sagte sich, daß es für sie doch wohl leichter gewesen wäre, zwei gerade geführte Tunnelabschnitte miteinander zu verbinden – nichts konnte schwieriger sein, als zwei Schlangenlinien aufeinander zuzuführen. Diese Schwierigkeit war von den Ausführenden also mit vollem Bewußtsein in Kauf genommen worden. Weill nahm sich vor, das Geheimnis zu lüften.

Er stellte sich die Situation der Männer im Fels vor. Eines ihrer Probleme bestand darin, bei bogenförmigem Vortrieb genügend Licht in den Schacht zu bringen. Beim Vortrieb in gerader Linie bleibt noch lange das Tageslicht im Rücken der Arbeiter. Erst bei einer Abweichung von der geraden Linie verschwindet dieses Licht, das vom Eingang her leuchtet.

Weill wurde besessen in seiner Grübelei. Er war schließlich überzeugt, nur ein wirklich gewichtiger Grund habe den Arbeitsplan der Männer im Fels geleitet.

Raymond Weills Gedanken wurden durch die Idee des französischen Gelehrten Clermont-Ganneau beeinflußt, der durch seine Studien zur Überzeugung gekommen war, der große Bogen

im Verlauf des Siloateichs sei eingeschlagen worden, um zu vermeiden, daß der Wasserkanal einen heiligen Bereich berühre – es könne sich dabei nur um die Lage der königlichen Gräber handeln.
Eine Textstelle aus dem Buch Nehemia (3,16) gab einen Anhaltspunkt für die Lage des Davidsgrabs, der die Annahme von Clermont-Ganneau abstützte. Dieser Text lautet: »Nehemia arbeitete an der Stadtmauer von den Gräbern Davids an bis zum künstlichen Teich.« Gemeint war die Reparatur des Mauerabschnitts im südöstlichsten Teil der Stadt Davids. Es erschien vernünftig, den Einfall, die Königsgräber müßten sich in der Nähe der südlichen Schleife des Hiskiatunnels befinden, zu überprüfen.

Gefunden wurden von Raymond Weill genau an der vorgesehenen Stelle die beiden Tunnelansätze, die wohl einst als Grabkammern benützt worden waren. Die Tunnels – wie sie sich heute darstellen – werden auf drei Seiten vom Wasserschacht umgeben.
Der Jubel über die Entdeckung der Vortriebe in den Fels an der genannten Stelle wurde allerdings bald gedämpft. Verblüffung löste die Feststellung aus, daß auch die Führung des Kanals in gerader Linie den Bereich der Gräber nicht berührt hätte. Das Wasser wäre weitab von den Grabstätten geflossen.
Raymond Weill hat schließlich selbst den Gedanken aufgegeben, Hiskia habe befohlen, die Tunnelarbeiter hätten Rücksicht auf die Ruhestätten der beiden königlichen Toten zu nehmen. Der französische Archäologe konnte sich damit trösten, daß er wahrscheinlich doch die Gräber von David und Salomo gefunden habe. Die größere der beiden Höhlen – Länge 16 Meter – hat an ihrem Ende eine Vertiefung, die groß genug ist, um einem königlichen Sarkophag Platz zu bieten. Wird in Betracht gezogen, daß die Davidstadt kleine Ausmaße besaß, so war diese Grabkammer in großem Format angelegt. Sie war des Königs Salomo einst würdig gewesen – keine andere Persönlichkeit hätte am schmalen Hügel über dem Kidrontal derart viel Platz für seinen toten Leib erwarten dürfen. Enttäuschend war allein, daß keine Schätze gefunden wurden und nicht die geringste Spur einstiger Pracht.

»Altäre für das Himmelsheer« – Im Tempel wohnen viele Götter

König Hiskia starb im Bewußtsein, daß Jerusalem nur eine Frist für sein Weiterleben erhalten hatte. Der Prophet Jesaja hatte ihm vorausgesagt, was mit der Stadt in der Zukunft geschehen werde:
»Glaube mir, der Tag wird kommen, an dem man alles, was in deinem Palast zu finden ist und was deine Väter zusammengetragen haben, nach Babylon schleppen wird. Nichts wird hier bleiben!« Diese Voraussage vererbte Hiskia an die nächste Generation weiter. Die Frage war, wann die Katastrophe über Juda hereinbrechen würde.

Politische Gründe zwangen Hiskias Nachfolger Manasse (693–639) zu drastischen Veränderungen der Gottesdienstordnung im Tempel. Manasse stand unter Druck: Das assyrische Reich war nie so stark gewesen, wie während der ersten Jahrzehnte seiner Regierungszeit. Der König von Juda mußte froh sein, wenn es ihm gelang, seinen Kleinstaat im Bergland zwischen Mittelmeer und Jordangraben vor der Zerstörung zu bewahren – und sein eigenes Leben zu retten. Zugeständnisse wurden ihm abverlangt. Der Oberherr, der seine Residenz am Tigris besaß, konnte fordern, daß die Bewohner der ihm verpflichteten Staaten nicht nur ihn verehrten, sondern auch seine Götter. Der Vasallenkönig Manasse hatte Vorbild zu sein für sein Volk: Er mußte als erster den traditionellen Glauben aufgeben.

Die Bibeltexte unterstellen, er habe freiwillig und böswillig den Bund mit Jahwe gefährdet. Die Autoren des Zweiten Buches Chronik (33) gehen auf Manasses Zwangssituation nicht ein. Ihr Urteil ist durch wenige Worte gefällt: »Er regierte 25 Jahre lang in Jerusalem, und er tat in dieser Zeit, was dem Herrn mißfiel.« Kapitel 33,3 ff. schildert präzise, wie er den assyrischen Herren die Unterwerfung anzeigte:
»Er ließ auf den Höhen rings um Jerusalem wieder die Opferplätze einrichten, die sein Vater Hiskia hatte zerstören lassen. Er verlangte, daß Altäre für die Baalsgötter aufgestellt wurden. Das gesamte Himmelsheer wurde von ihm verehrt. Er diente gar allen Göttern. Im Haus des Herrn wurden nach seiner An-

ordnung Altäre aufgestellt – im Tempel, wo doch der Herr gesagt hatte: ›Mein Name bleibe darin für immer.‹
Für das gesamte Himmelsheer gab es in Jerusalem Altäre, im Vorhof des Tempels waren mehrere aufgestellt. Im Hinnomtal bei der Stadt ließ Manasse seine Söhne durchs Feuer gehen. Sie verbrannten ihre nackten Fußsohlen dabei nicht. Die Magier Babylons waren mit den Tricks vertraut, die bewirkten, daß scheinbar Übernatürliches geschehen konnte. Zauberei und Wahrsagerei waren in Jerusalem nun erlaubt. Schließlich wurde auf Manasses Befehl hin ein Götzenbild der Aschera geschnitzt, das er im Tempel ganz nahe dem Allerheiligsten aufstellen ließ.«
Die Lektüre läßt den Eindruck entstehen, Manasse habe in seiner Bereitschaft, sich den Herren Assyriens gefällig zu erweisen, gewaltig übertrieben. Sein Pflichteifer war zu groß, um als echt gelten zu können. Die klugen Assyrer hätten eigentlich Verdacht schöpfen müssen. Sobald er glaubte, der assyrischen Herrschaft entkommen zu können, wurde seine Geschäftigkeit geringer: Er war weit weniger eifrig in seinen Unterwerfungsgesten. Doch er hatte sich getäuscht: Die Assyrer waren noch mächtig genug, ihm die Freiheit zu beschneiden. Er wurde in Jerusalem verhaftet. Ketten wurden ihm angelegt. Manasse wurde an den Tigris verschleppt (Zweites Buch Chronik 33,11). Die Beweise gegen ihn waren offenbar nicht stichhaltig, denn er befand sich schon bald darauf wieder in seinem Palast in Jerusalem. Dort blieb er unbehelligt. In jenen Jahren ließ die Kraft der assyrischen Staatsgewalt tatsächlich nach. Am Ende seiner Regierungszeit von 55 Jahren konnte es Manasse wagen, das falsche Spiel mit den Göttern Assyriens ganz aufzugeben. Das geschnitzte Götzenbild der Aschera wurde aus dem Tempel entfernt; die Altäre der fremden Götter verschwanden: »Manasse warf sie vor die Stadt hinaus.«
Wer den Text des Zweiten Buches Chronik ernst nimmt, der stellt fest, daß die Bewohner von Jerusalem wohl dem religiösen Reformeifer ihres Königs nicht so recht gefolgt sind: »Er stellte im Tempel den Altar des Herrn wieder her und opferte darauf. Er gab auch seinem Volk den Befehl, dem Gott der Väter zu dienen.« Das Volk aber opferte weiterhin auf den Höhen – angeblich dem Gott der Väter – doch in den Tempel kamen die Menschen nicht.
Als dieser König von Juda gestorben war, wurde sein Leichnam

nicht hinuntergetragen zu den Gräbern der Väter am Teich Siloa – »man begrub ihn im Garten seines Palastes.«
Auch Manasses Sohn Amon (639–638 v. Chr.) bekam seine letzte Ruhestätte nicht in den Felsengräbern der unteren Stadt – auch er wurde im Garten bestattet. Er war im Palast nach nur einem Jahr Regierungszeit ermordet worden, von Männern, die nicht zulassen wollten, daß Amon den Göttern wieder Anerkennung zumaß, deren Bildnisse sein Vater hinunter ins Kidrontal geworfen hatte. Während der wenigen Monate der Machtausübung hatte Amon Jahwe verraten.

Zwei Strömungen herrschten in Jerusalem – dies wird aus der Lebensbeschreibung des Amon im Vierten Buch Könige (21, 24) deutlich: »Die Bewohner von Jerusalem erschlugen alle, die sich gegen den König Amon verschworen hatten.« Wird dieser Text wörtlich verstanden, dann herrschte bei der Mehrheit der Menschen in der Hauptstadt Empörung über die Bluttat, die von Anhängern des Bundes mit Jahwe ausgeführt worden war. Die Masse war also gegen den traditionellen Gottesdienst im Tempel eingestellt. Die »Altäre für das Himmelsheer« waren populär geworden.
Als Manasse etwa ein Jahrzehnt zuvor zum Glauben der Vorväter zurückgekehrt war, da hatte er gespürt, daß Jerusalem Unheil drohte. Die Erinnerung war wach an die Prophezeiung des Jesaja. Manasse hatte Werkmeister und Arbeiter angewiesen, die Befestigungen zu verstärken. Auf der Ostseite der Stadt war um das Jahr 641 v. Chr. eine völlig neue Stadtmauer entstanden. Ihr Ausgangspunkt war die Gihonquelle. Sie war fortan noch besser geschützt. Diese neue Mauer umfaßte auch den Bereich von Palast und Tempel – »er machte das Mauerwerk sehr hoch.« (Zweites Buch Chronik, 33,14)
Amon, der die Götter faszinierender fand, als den einen Gott des jüdischen Volkes, hatte wenig Zeit gehabt, irgend etwas in Jerusalem bewegen zu können – während des einen Jahres seiner Regierung verfügte er auch nicht über die Geldmittel, um für den Erhalt der Befestigungen der Stadt zu sorgen. Auf ihn folgte sein Bruder Josia, (638–609), der allerdings erst acht Jahre alt war. Hatte sich Manasse noch um die Befestigungen gekümmert, so sah Josia – als er erwachsen geworden war – seine Aufgabe darin, den Tempel wieder in einen besseren

Zustand zu bringen. Um dieses Bauwerk hatte sich zuletzt König Joas gekümmert, der mehr als 150 Jahre zuvor gelebt hatte.
Josia stellte Gold aus den Einnahmen des Tempels für Reparaturarbeiten zur Verfügung. Josia befahl, daß der Schmutz aus dem Heiligtum entfernt werde. Es zeigte sich, daß die Mauern und die Dächer gelitten hatten unter der langen Vernachlässigung. Es wurde Holz gekauft. Zimmerleute und Steinmetze fanden Arbeit. Eine gründliche Erneuerung der Bausubstanz wurde durchgeführt.

Während dieser Arbeiten geschah Seltsames (Viertes Buch Könige 22,8-11):
»Der Hohepriester Hilkia sprach zum Staatsschreiber Schaphan: ›Ich habe die Gesetzesrolle gefunden – und zwar im Tempel des Herrn.‹ Der Staatsschreiber Schaphan ging zum König Josia und sprach: ›Der Hohepriester Hilkia hat mir eine Rolle übergeben, sie ist für dich bestimmt.‹ Und Schaphan las dem König vor, was auf der Rolle geschrieben stand. Als der König vernommen hatte, was vor Generationen geschrieben worden war, zerriß er seine Kleider.«

Was war während der Reparaturarbeiten im Tempel gefunden worden? Was hat die Seele des Königs Josia derart erschüttert? Die Antwort besteht aus Vermutungen.
Drei Jahrhunderte waren vergangen, seit Salomo der Bundeslade im Tempel von Jerusalem eine Heimstätte geschaffen hatte. Von dieser Bundeslade, die einst wundersame und bemerkenswerte Effekte bewirkt hatte –, die zum Tod dessen führten, der sie zu berühren gewagt hatte, wußten die biblischen Texte nie mehr etwas Bemerkenswertes zu berichten. Den Autoren der Texte war der hölzerne Kasten offenbar nicht mehr wichtig gewesen. Die Frage ist, hatten sie die Lade nur zu erwähnen vergessen?
Während der drei Jahrhunderte war der Tempel oft in Gefahr gewesen, von Angreifern zerstört zu werden, doch er war immer davor bewahrt worden: Feinde waren bedrohlich nahe gewesen, sie hätten den Tempel verbrennen können, aber es war ihnen nie gelungen. Geplündert worden war der Tempelschatz – jedoch von der eigenen Staatsautorität: Durch jüdische Köni-

ge, die Tribut an überlegene Herrscher abzuführen hatten. Der einst viel gepriesene Goldzierat und die goldenen Kerubim der Bundeslade waren wohl längst Kuriositäten in Schatzkammern fremder Könige. Für die Schrifttafeln, auf denen die Gesetze Jahwes geschrieben standen, hatten sich die von Erfolg und Sieg verwöhnten Mächtigen Ägyptens und des Zweistromlandes nicht interessiert. Selbst als die Götter Assyriens angebetet wurden, waren die Tafeln im Kasten aus Holz nicht angetastet worden. Wahrscheinlich sind sie, wie die Lade selbst, in Vergessenheit geraten. Möglich ist, daß sie vom Hohenpriester Hilkia jetzt – im Verlauf der Reparaturarbeiten am Tempel – wieder aufgefunden worden waren.
Allerdings berichtet der Text im Vierten Buch Könige von einer »Gesetzesrolle«. Bei wörtlicher Deutung des Berichts muß angenommen werden, es habe sich um eine Abschrift der Gesetze des Bundes mit Jahwe gehandelt.
Der Fund war auf jeden Fall für König Josia derart überraschend und erschütternd, daß er weinte. Durch die Lektüre der Worte, die geschrieben standen, war ihm die Erkenntnis gekommen, daß er jetzt zum erstenmal den wahren Willen Gottes vernommen habe. Dieser Gott hatte vor langer Zeit einen Bund mit dem jüdischen Volk geschlossen, der für alle Zeiten Gültigkeit haben sollte. Niemand aber hatte diesen Bund während der vergangenen Jahre ernstgenommen. Man hatte, nebst der Lade, auch Gott vernachlässigt. Josia begriff, daß der Bund mit Jahwe eine einmalige und heilige Angelegenheit ist – einzigartig in der Welt. Das Volk aber – und er selbst auch – hatten, wieder einmal, sein wollen wie andere Völker. Jahwe war an Bedeutung anderen Göttern gleichgestellt worden. Jetzt aber waren dem König die Augen geöffnet worden. Er war entsetzt über die möglichen Folgen dieser Mißachtung Jahwes. König Josia entschloß sich, den Bund mit Gott zu erneuern.
Josia mußte alle Konsequenzen dieses Schrittes bedenken. Er wollte vor allem ganz sicher sein, daß er nun wirklich mit seinem Volk den Gott wohlgefälligen Weg beschritt. Josia gab dem Hohenpriester Hilkia, dem Staatsschreiber Schaphan und seinem Berater Asaja diesen Befehl:
»Geht in die Stadt und befragt Gott in meinem Namen wegen der Gesetzesrolle, die jetzt aufgefunden wurde. Ich muß die Wahrheit wissen, denn groß ist Gottes Zorn über diejenigen,

die sein Wort nicht befolgt haben.« (Zweites Buch Chronik 34,21)

Die drei Abgesandten wußten, an wen sie sich zu wenden hatten. Sie begaben sich zur Prophetin Hulda – über die der Bibeltext berichtet, sie sei die Frau des »Verwalters der königlichen Kleiderkammer«. Hulda gehörte also zum königlichen Haushalt. Von ihr wird auch mitgeteilt, sie habe in der »Neustadt« gewohnt, also in den westlichen Vierteln von Jerusalem, die erst wenige Jahre zuvor entstanden waren. In der Neustadt wohnten vor allem Familien, die aus dem Nordstaat Israel geflohen waren. Hier lebten die Angehörigen des Stammes Levi. Hulda war bereit Auskunft zu geben über den Willen Gottes – sie sagte voraus, Jahwes Zorn über die Mißachtung der Gesetze, die erst jetzt wiederentdeckt worden seien, könne durch nichts besänftigt werden. Daß die Schriftrolle – und ihr Inhalt – vergessen worden sei, werde von Jahwe mit dem Untergang der Stadt Jerusalem bestraft werden: »Es spricht der Herr: ›Mein Zorn ist entbrannt gegen diesen Ort! Er kommt nicht zum Erlöschen!‹

Gott aber, so sagte die Prophetin Hulda aus, sei dem König Josia gnädig, weil er betroffen und erschüttert gewesen sei, als er den Inhalt der Schrift kennengelernt und begriffen habe. Aus Gnade für König Josia werde das Unheil Jerusalem erst treffen, wenn dieser Herrscher tot sei. Jahwe habe gesagt: »Seine Augen sollen all das Unheil nicht sehen müssen, das ich über diese Stadt schicke!«

Diese Verkündigung gab dem Josia die Sicherheit, den wahren Willen Gottes zu befolgen, wenn er den Gesetzen der Schriftrolle Gültigkeit verschaffte. Vor den Augen des Volkes, das er in seiner Hauptstadt zusammenrief, versprach der König, er und alle, die anwesend seien, würden nie mehr die als richtig erkannten Gesetze brechen.
Das 23. Kapitel des Vierten Buches Könige berichtet ausführlich über das ganze Ausmaß der Zustände im Heiligtum, denen Josia ein Ende bereitete:
»Der König befahl dem Hohenpriester Hilkia, den anderen Priestern und den Tempelwachen, aus dem Haus des Herrn

alles hinauszuwerfen, was dort für Baal, für Aschera und für das ganze Himmelsheer bereitstand. Außerhalb der Stadt, im Kidrontal, wurden die Götzenbilder vernichtet. Der König setzte die Götzenpriester ab, die von den Königen zuvor angestellt worden waren, und die auf den Hügeln und in den Städten Judas Opfer dargebracht hatten. Es wurden alle abgesetzt, die dem Baal, der Aschera, der Sonne, dem Mond, den Tierkreisbildern geopfert hatten. Josia ließ die Aschera aus dem Haus des Herrn und aus Jerusalem hinausbringen und im Kidrontal verbrennen. Dann wurden die Kammern der Huren abgerissen, die dem Tempel angefügt worden waren. Dort hatten die Dirnen Schleier für Aschera gewoben.« (Viertes Buch Könige 23,4-7)

Josias Entscheidung für Gott war begünstigt durch die politische Entwicklung im Raum zwischen Nil und Euphrat. Während der Regierungszeit von nahezu 30 Jahren verschoben sich die Machtverhältnisse. Zu Beginn seiner Herrschaft waren die Assyrer noch stark gewesen. Ihnen war damals sogar noch Oberägypten untertan. Doch ab 627 v. Chr. zeichnete sich der unaufhaltsame Untergang des assyrischen Reiches ab. Es wurde zugleich von zwei aufstrebenden Mächten bedroht: Von Medien und von Babylonien. Die Schwäche der assyrischen Herrscher wußte der König von Jerusalem auszunutzen.

Josia war gerade 20 Jahre alt geworden, da wurde sein Staat ganz von selbst unabhängig: Die Assyrer kümmerten sich nicht darum. Folge war, daß kein Tribut mehr zu zahlen war, daß Geld zur Verfügung stand um Handel und Gewerbe zu fördern. Das jüdische Südreich blühte auf wie schon seit 100 Jahren nicht mehr. Josia war willens auch die Entwicklung des Nordstaates voranzutreiben, der von der assyrischen Expansionspolitik stärker betroffen gewesen war als Juda.

Im Zweiten Buch Chronik (34,6-7) wird erwähnt, die Reformen des Glaubens, die Josia erzwang, hätten sich keineswegs auf Jerusalem beschränkt – sie seien auch auf dem Gebiet des Nordstaates wirksam gewesen, so zum Beispiel in der Region um Samaria und um den See Genezareth. Präzise gesagt: Josia annektierte die jüdischen Gebiete im Norden. Durch glückliche Fügung und durch Geschick stellte Josia das jüdische Großreich wieder her.

Josia hat seinen Willen auch dem Land ostwärts des Jordan aufgezwungen. Tempelreste, die mit der Zeit des Königs Josia in Verbindung gebracht werden können, wurden von Archäologen weit im Süden bei Beersheba gefunden. Daraus ist abzuleiten, daß Josia über ein Gebiet herrschte, das im Norden bis zur heute libanesischen Stadt Saida und im Süden bis zur Negevwüste reichte. Josia hatte auch den Lebensraum der Philister eingeengt. Sie verfügten jetzt noch über die drei Städte Gaza, Ashkalon und Ashdod.

Als diese Erweiterung Judas abgeschlossen war, da wurden Josia und sein Land in kriegerische Ereignisse hineingezogen, die durch die Schwächung Assyriens ausgelöst worden waren. Die Babylonier hatten Assyrien erfolgreich angegriffen. Das ehrgeizige Volk hatte es unter seinem Anführer Nebupolassar nicht länger ertragen können, daß seine Stadt Babylon von Fremden beherrscht wurde. Mit der Befreiung der Stadt im unteren Euphratgebiet war der Untergang des assyrischen Großreichs vorauszusehen.
Diese Entwicklung löste einen überraschenden Frontwechsel aus. Ägypten war bis dahin der erbitterte Gegner Assyriens gewesen – das Land am Nil hatte schließlich vor nicht langer Zeit eine assyrische Besatzungsmacht zu ertragen gehabt. Jetzt aber hatte sich Ägypten wieder erholt, und sein Pharao – der Name war Necho – wollte sich beteiligen an der Auseinandersetzung der Großmächte. Necho war der Meinung daraus Gewinn schlagen zu können. Er hielt es jetzt für klug, auf der Seite des bisherigen Feindes in den Konflikt einzugreifen. Necho war von der Sorge angetrieben, Babylon werde bald ein noch gefährlicherer Feind werden als Assyrien. Er traute Nebupolassar zu, innerhalb weniger Jahre seine Reitertruppe in Richtung Nil zu führen. Dieser Bedrohung wollte Necho rechtzeitig begegnen.
Der Hintergedanken des Pharao war jedoch, auch für Ägypten erneut die Herrschaft über den jüdischen Staat und über andere Kleinstaaten der Region zu sichern.
Diese Absicht hatte König Josia wohl erkannt, denn er stellte sich mit seinen Kampfverbänden den ägyptischen Streitwagen in den Weg, die dem bedrohten Assyrerkönig Assuruballit zu Hilfe kommen wollten. Der Pharao wunderte sich. Das Zweite Buch Chronik (35,21/24) berichtet, Necho habe Josia diese Bot-

schaft gesandt: »Was habe ich mit dir zu schaffen, König von Juda? Du bist nicht mein Feind! Am Euphrat will ich Krieg führen. Ich bin in Eile!« Doch Josia blieb entschlossen, die Ägypter aufzuhalten. Da gab Necho seinen Bogenschützen Befehl, auf Josia zu schießen. Ihre Pfeile trafen ihn. Dies geschah in der Gegend von Megiddo – etwa 80 Kilometer nördlich von Jerusalem. »Seine Wache nahm ihn vom Streitwagen herunter, setzte ihn auf einen anderen Wagen und fuhr mit ihm nach Jerusalem. Er starb dort und wurde in der Gruft seiner Väter bestattet.«

Es ist möglich, daß Josia ein Monarch mit weiter Voraussicht war, als er sich gegen Necho entschieden hatte. Offenbar hatte ihn nicht allein die Sorge vor Ägyptens Herrschaftsanspruch und vor der ägyptisch-assyrischen Allianz bewegt, sondern die Absicht, rechtzeitig, vor allen anderen, in ein Bündnis mit Babylon einzutreten, aus der Erkenntnis heraus, daß dessen ehrgeizige Herrscher die Zukunft bestimmen werden. Der Blick auf den späteren Ablauf der Ereignisse zeigt, daß Josia den richtigen politischen Weg hatte wählen wollen. Sein Tod hat die Verwirklichung der Pläne vereitelt. Das Bündnis zwischen Juda und Babylon hätte den Konflikt der nächsten Jahre, in den beide verstrickt wurden, verhindert.

Noch aber blieb der Pharao zuständig für Juda. Nechos Feldzug führte zum Euphrat, er endete dort jedoch bei Karkamisch mit einem Fehlschlag. Den Ägyptern gelang es nicht, den bedrängten Assyrern Entlastung zu bringen. Sie verloren selbst an militärischer Kraft. Die auf Ansehen bedachten Babylonier aber machten fortan Propaganda, sie hätten bei Karkamisch einen Sieg errungen.

Eine Niederlage für Necho hatte die Schlacht wohl nicht gebracht. Der Pharao beherrschte auch weiterhin die Region bis zum Euphrat. Der Fluß bildete nun die Grenze zwischen Ägypten und Babylonien. Juda unterstand dem Willen der Ägypter. Im letzten Viertel des 7. Jahrhunderts v. Chr. lebte in Jerusalem ein Prophet, dessen Person Rätsel aufgibt. Die Bibel nennt ihn Jesaja. Ein Prophet dieses Namens hatte schon König Hiskia beraten. Das war ein Jahrhundert zuvor gewesen. Theologen halten daran fest, es handle sich um denselben Propheten (Entscheid der päpstlichen Bibelkommission vom 29. Juni 1908). Jesaja war ein Mann von hoher Sensibilität für die Bedrohungen seiner Heimat. Persönlich fand er Gefallen an den Offizieren und Beamten, die damals häufig vom Nil nach Jerusalem kamen – sie waren meist großgewachsene Äthiopier mit dunkler Haut. Texte, die überliefert sind und Jesajas Worte bewahren, lassen diese Vorliebe deutlich erkennen: »Vom Nil her kamen Gesandte auf flinken Booten über das Wasser. Hochgereckt sind ihre Leiber. An Sieg sind sie gewohnt, die Männer, deren Land ein gewaltiger Strom durchschneidet.« (Jesaja 18,2) Doch diese persönliche Sympathie beeinflußte nicht seine politische Weitsicht. Er sah voraus, daß die Regierungszeit dieser hochgereckten Herren aus Äthiopien, die Verantwortung trugen am Nil, nicht mehr lange dauern würde. Jesaja warnt die Bewohner von Jerusalem und gibt den Rat, sich nicht mit den ägyptischen Offizieren und Beamten einzulassen: »Zur Schande gerät euch der Schutz des Pharao. Schmach erleidet, wer sich im Schatten Ägyptens wohl fühlt.« Jesaja warnte aus politischer Einsicht vor einer engen Bindung an das Nilland, dessen Einfluß schwinde. Diese Bindung, so denkt Jesaja, werde zur Belastung für Juda im Verhältnis zu Babylon.

Mehrfach ist die Sorge dieses Politikers vor der falschen Allianz in den Bibeltexten überliefert: »Untergehen werden diejenigen, die in Ägypten um ein Schutzbündnis bitten, die darauf hoffen, daß vom Nil her Rosse und Streitwagen stürmen. Sie glauben an Ägypten, weil dieses Land so viele Wagenkämpfer besitzt. Doch sie werden alle vernichtet sein.« Jahwe, so versichert Jesaja den Menschen von Jerusalem, werde helfen, wenn das jüdische Volk ihm vertraue. Populär waren diese Warnungen vor Ägypten nicht, denn die Stellungnahme des Josia gegen den Pharao Necho hatte Juda teuer bezahlen müssen: »Alles Silber und Gold, das im Lande zu finden war, mußte an Ägypten abgeliefert werden. Hohe Steuern wurden erhoben für die Abgaben an den Pharao.« (Viertes Buch Könige 23,35)

Nechos Gewalt schien durch das Ereignis von Karkamisch nicht gebrochen zu sein: Er mischte sich in die Innenpolitik Judas ein. Er setzte einen König ab und einen anderen in sein Amt ein, als seien die Monarchen von Juda Provinzgouverneure Ägyptens.

Im Jahre 605 v. Chr. bewies Babylon, daß seine Bogenschützen und Streitwagenfahrer genügend Kampferfahrung gesammelt hatten, um das gut organisierte Heer der Ägypter aus der Region der Ostküste des Mittelmeers völlig zu vertreiben. Nebukadnezar stieß von Karkamisch aus nach Süden vor. Auf dem Boden des heutigen Libanon nutzte er die Bekaaebene zwischen Libanon und Antilibanon zur raschen Fahrt seiner Streitwagen. Die Städte Byblos und Tyrus mied der babylonische Herrscher. Erst im Philisterland erreichten seine Kampfverbände die Küste. Im Jahre 604 eroberte Nebukadnezar Ashkalon. Um Juda und Jerusalem kümmerte er sich nicht.

Daß die Babylonier nicht in das Bergland heraufstiegen, gab den Verantwortlichen in Jerusalem ein Gefühl der Sicherheit. Sie glaubten schließlich, ihnen sei die Führung einer eigenständigen Politik gestattet. Ein Monarch von der Klugheit des Manasse hätte vielleicht Jerusalem vor Unglück bewahren können. Notwendig war die absolute Unterwerfung, die Nebukadnezar forderte. Die Herren über die Stadt zahlten zwar Tribut an Babylon, doch sie empfingen immer noch die Gesandten aus Ägypten, die mitzuteilen hatten, der Rückzug der ägyptischen Verbände sei nur zeitweilig erfolgt – aus taktischen Gründen. Bald schon werde ein Vorstoß erfolgen. Die hochgewachsenen Offiziere und Beamten versprachen Hilfe und fanden Ohren, die bereit waren, ihnen zu glauben.
König Jojakim (608–597 v. Chr.) – ihn hatte der Pharao an Stelle seines Bruders Joachas zum König bestimmt – wollte seine politische Haltung auch militärisch absichern: Er rüstete seine Streitwagenverbände auf. Um für die Truppen Unterkünfte zu schaffen, ließ er in der Nähe der Hauptstadt eine Anlage erbauen, die an Weite das Gebäude der Residenz in Jerusalem übertraf. Bibeltexte (Jeremia 22, 14-15) erwähnen die Pracht dieses Palastes: »Jojakim ist König geworden, um sich ein gewaltiges Haus zu bauen mit geräumigen Stockwerken, die große Fenster haben und die mit Zedernholz getäfelt sind.« Den Texten ist auch zu entnehmen, daß die Armen von Jerusalem Frondienste leisten mußten bei der Errichtung des Palastes und der Garnisonsgebäude. Der Prunk des königlichen Hofes mißfiel einem Politiker, der Jeremia genannt wurde. Seine Berufsbezeichnung war »Prophet«. Jeremia stammte aus dem Geschlecht des Priesters Ebjatar, den Salomo einst hatte absetzen lassen. Jeremias Stimme war seit dem Jahre 627 v. Chr. zu hören.

Als Jojakim mit Hilfe des Pharaos König geworden war, kritisierte Jeremia dessen Hörigkeit gegenüber Ägypten. Jeremia verlangte Offenheit gegenüber den babylonischen Herrschern. Er hatte zunächst Erfolg.
Drei Jahre lang hatte König Jojakim Tribut an Babylon bezahlt, dann glaubte er, die Zeit sei gekommen, den Vasallenvertrag zu brechen. Kaum war die Nachricht vom Abfall des kleinen Landes Juda nach Babylon gedrungen, da handelte Nebukadnezar entschlossen. Da seine eigenen Streitkräfte noch Zeit zur Mobilisierung brauchten, schickte er die Reiter seiner Vasallenstaaten Aram (Damaskus), Moab und Ammon los. Sie sollten als erste Strafmaßnahme das Umland der judäischen Hauptstadt plündern und verwüsten. König Jojakim starb während der Wochen, in denen sich das Unheil zusammenbraute. Über seinen Bestattungsort ist nur bekannt, daß er nicht »bei seinen Vätern« begraben wurde. Das Buch Jeremia gibt Auskunft (22,19): »Ein Begräbnis bekommt er wie ein toter Esel. Man schleift ihn weg und wirft ihn draußen vor den Toren hinunter ins Kidrontal.«

Noch waren die feindlichen Truppen nicht in Jerusalem eingedrungen, doch das Land ringsum war geschändet. Jojakims Sohn Jojachin hatte die Entscheidung zu treffen wie der babylonischen Gefahr zu begegnen sei. Solange Nebukadnezar nicht selbst seine Zelte beim Belagerungsring um Jerusalem aufgeschlagen hatte, glaubten die Verantwortlichen in der Stadt, Widerstand sei sinnvoll. Doch als der babylonische Herrscher mit prunkvoller Zeremonie tatsächlich sein Lager aufschlug, da begriff Jojachin, daß Nebukadnezar nicht abziehen würde ehe Palast, Tempel und alle Häuser Jerusalems völlig zerstört und seine Bewohner erschlagen waren. Um dieses Unglück abzuwenden, kapitulierte der König.

Das Vierte Buch Könige (24,12-16) beschreibt die Kapitulation und deren Folgen ausführlich:
»Jojachin, der König von Juda, trat vor das Tor hinaus. Seine Mutter, seine Hofbeamten und die militärischen Führer begleiteten ihn. Der König von Babylon erwartete Jojachin und nahm ihn samt Begleitung gefangen. Dann gab der König von Babylon Befehl, im Tempel und im Palast alle wertvollen Gegen-

stände einzusammeln. Im Tempel wurden auch die goldenen Geräte zerschlagen und weggebracht. Der König von Babylon ordnete auch an, daß Gefangene nach Babylon zu bringen seien: Vor allem vornehme und wehrtüchtige Männer, aber auch Schmiede und Schlosser. Zurück bleiben durften Bewohner geringen Standes.«

Dies war noch nicht die endgültige Katastrophe. Nebukadnezar wollte, daß der Kleinstaat Juda erhalten bleibe. An Stelle des gefangenen Jojachin setzte er den dritten Sohn des Josia – er trug fortan den Namen Zedekia – als Oberhaupt der Juden ein. In dieser Zeit machte sich der Prophet Jeremia wieder bemerkbar, der zu Beginn der babylonischen Bedrohung dem königlichen Hof verkündet hatte, die Bindung an Ägypten bringe Unglück und Nebukadnezar sei von Gott gesandt, um Jerusalem für seinen wiederholten Abfall von Gott zu bestrafen. Er besaß die Kühnheit, auszusprechen, daß die kommende, unabwendbare Zerstörung Jerusalems deshalb ein positiv zu wertendes Ereignis sei, weil Gott selbst den Untergang der Stadt gewollt habe. Gottes Wille müsse erfüllt werden, zum Wohle der Welt. Berichtet wird, Jeremia sei von wütenden Bewohnern in einen Brunnen geworfen worden, in dem er nahezu ertrunken sei.

Im 38. Kapitel des Buches Jeremia wird der Vorfall erzählt: »Jeremia sprach: ›Diese Stadt Jerusalem wird mit Gewißheit erobert werden.‹ Da sagten die Beamten zum König: ›Dieser Mann muß endlich umgebracht werden, denn er nimmt den Kriegsleuten in der Stadt jeglichen Mut‹. Da ergriffen sie den Jeremia und warfen ihn in eine Zisterne. Es gab in dieser Zisterne nur Schlamm. Er sank in diesen Schlamm ein.« Ein Mann, der nicht zu den Sippen Judas zählte, hat ihn daraus errettet – ein Höfling aus der Sippe der Kuschiten.

Jeremia ermahnte auch weiterhin ständig den König Zedekia, sich unter allen Umständen dem Herrscher von Babylon zu fügen – die Unterwerfung entspreche dem Willen Gottes. Ungehorsam werde Gott selbst durch Feuer, Schwert, Hunger und Pest bestrafen. Jeremia warnte: »Verschließt euere Ohren vor denen, die euch weismachen wollen, es sei doch nicht nötig, dem König von Babylon zu dienen! Wer diesen Lügner und Träumern folgt, den verstößt Gott aus seiner Heimat, den läßt er zugrunde gehen!« (Jeremia 27,9)

Die Babylonische Gefangenschaft –
Das Ende des Staates Juda

Die prophetischen Warnungen des Jeremia blieben wirkungslos. Im Palast von Jerusalem gingen immer noch die Gesandten vom Nil aus und ein: Sie verharmlosten die Macht des babylonischen Herrschers und versprachen – für den Fall der Rebellion gegen Nebukadnezar – sofortige ägyptische Hilfe. Noch immer fanden sich Höflinge, die solchen Versprechungen glaubten. Ihrem Druck gab Zedekia schließlich nach: Er versprach den ägyptischen Gesandten, er werde, im Bündnis mit Städten an der Ostküste des Mittelmeers und im Ostjordanland, an einem Aufstand gegen Babylon teilnehmen.

Der Plan zur Rebellion wurde nie Wirklichkeit. Ein Dutzend Jahre nach seiner ersten Niederwerfung des judäischen Widerstands brach Nebukadnezar mit seiner Streitmacht wieder in das Land um Jerusalem ein (588 v. Chr.). Die Stadt wurde belagert. Das Vierte Buch Könige (25,1-2) berichtet, die Einschließung habe mehr als ein Jahr gedauert. Die Lebensmittelvorräte seien zu Ende gegangen und die Bewohner hätten allesamt gehungert: »Niemand hatte auch nur ein Stück Brot.«
Um den Bewohnern von Jerusalem jede Hoffnung zu nehmen, verwüstete die Belagerungsarmee das Land rings um die Stadt. Die befestigten Siedlungen Gibea – in Sichtweite von Jerusalem, Arad – an der Grenze zur Negevwüste – und Jericho – im Jordantal – wurden in Brand gesteckt. Von der Stadt aus war in der Nacht der Feuerschein zu sehen.
Vom Untergang des Vorpostens Lachisch, 40 Kilometer südwestlich von Jerusalem – an der Grenze zum Land der Philister – zeugen beschriftete Tonscherben, die bei Ausgrabungen entdeckt wurden. Sie waren Schriftstücke, die – als Meldungen – von einem Außenposten in die Festung Lachisch geschickt worden waren. Sie enthielten aktuelle Berichte von der Situation an der Front. Die Texte berichten vom verzweifelten Abwehrkampf der Nachbarfestung Aseka, 20 Kilometer nördlich von Lachisch. Nächtelang zeigten Feuerzeichen an, daß die Verteidiger ihre Position noch hielten. Dann aber meldete der Beobachter: »Die Zeichen von Aseka sind nicht mehr zu sehen.« Wenige Tage später wurde auch Lachisch eingenommen und zerstört.

Die Bewohner von Jerusalem erfuhren, daß in Juda keine Siedlung mehr verschont geblieben war. Trotzdem starb die Hoffnung in der Stadt nicht. Da waren, trotz des eng gezogenen Belagerungsringes, Nachrichten eingetroffen, von Ägypten her nähere sich eine starke Streitmacht. Die Meldungen entsprachen der Wahrheit. Doch wenige Tage später war zu erfahren, daß die ägyptischen Streitwagenverbände zurückgetrieben worden waren.
König Zedekia, dem damit die letzte Hoffnung zerbrochen war, ließ den Propheten Jeremia kommen und fragte ihn, ob er noch eine Möglichkeit sehe, Jerusalem zu retten. Die Antwort war eindeutig: »Wenn du dich sofort zu den Befehlshabern des Herrschers von Babylon begibst um zu kapitulieren, wird diese Stadt nicht angezündet werden und du bleibst am Leben.« (Jeremia 38,17) König Zedekia aber hatte Angst – erstaunlicherweise nicht vor Nebukadnezar, sondern vor Männern seines eigenen Landes, vor Judäern, die bereits zu den Babyloniern übergelaufen waren. Zedekia fürchtete, von den eigenen Leuten aus Wut über seine Politik mißhandelt und erschlagen zu werden.
Da dem König dieses Eingeständnis der Furcht peinlich war und er fürchtete, seine Höflinge würden davon erfahren, ließ er den Propheten festnehmen. Jeremia blieb bis zum Ende der Belagerung im Gewahrsam der Palastwache.
Zedekia war nahe daran, dem Rat des Propheten zu folgen, denn die Menschen seiner Stadt waren durch den Hunger völlig entkräftet, da geschah ein militärisches Ereignis, das Jerusalems Fall beschleunigte: Die Rammböcke der Babylonier schlugen eine Bresche in die Stadtmauer. Die Verteidiger besaßen nicht mehr die Energie, die Lücke im Mauerwerk zu schließen. Für die Kapitulation war es nun zu spät – Jerusalem durfte keine Gnade mehr von Nebukadnezar erwarten. Nur Plünderung, Tod oder Gefangenschaft standen den Bewohnern bevor. Sie wußten um ihr Schicksal. Da entschloß sich König Zedekia zur Flucht.
Seltsam war, daß ihm das Vorhaben gelang, denn Jerusalem war von hohen Belagerungwällen umgeben. Da gab es eigentlich nirgends einen unbewachten Abschnitt im engen babylonischen Ring um die Stadt. Der König, sein Gefolge und die persönliche Garde benützten offensichtlich das »Tor, das hin-

ausführte zu den königlichen Gärten« – gemeint ist das Tor ganz unten in der Stadt beim Teich Siloa.
Zahlreich mußte der Haufen von Männern gewesen sein, der bei Nacht das Tor passierte – unbemerkt von den Wachen – und der den steilen Weg hinunter zum Jordangraben einschlug. Es ist anzunehmen, daß Zedekia und seine Begleiter zu Pferde flohen, denn sie erreichten noch während der Nacht die Gegend von Jericho – die Stadt liegt nahe der Mündung des Jordan ins Tote Meer. Irgendwo ägyptisch beherrschtes Gebiet zu erreichen, war sicher das Ziel der Fliehenden. Doch dazu hätten sie sich bis zur Halbinsel Sinai durchschlagen müssen.
Der König kam nicht weiter als bis Jericho. Dort geschah es noch in der Nacht, daß die Bewaffneten, die mit Zedekia geflohen waren, ihren Herrn verließen – so wie er die Bewohner von Jerusalem im Stich gelassen hatte. Sie wollten Zuflucht suchen bei Verwandten aus ihren Stämmen in den Bergen von Juda. Allein gelassen, fühlten sich König und Höflinge hilflos. Lange Zeit zur Überlegung, wohin sie sich nun als schutzlose Gruppe wenden sollten, blieb ihnen nicht. Die Flucht war entdeckt und die Verfolgung aufgenommen worden. In Jericho endete Zedekias Versuch, Nebukadnezar zu entkommen.
Der ließ die Strafe sofort vollziehen. Zedekia mußte zusehen, wie seine gefesselten Söhne niedergestochen wurden. Dann wurde er geblendet. Der Blinde mußte zu Fuß in die Gefangenschaft nach Babylon wandern.
Trotz der Bresche in der Stadtmauer war der Sturm auf Jerusalem noch nicht erfolgt. Nebukadnezar wollte selbst anwesend sein, wenn die Stadt fiel. Die Erstürmung war jedoch nicht mehr nötig. Der babylonische Herrscher konnte ungehindert in die Stadt einziehen.

Lange blieb er nicht. Er gab Befehl, daß Tempel, Palast und die Häuser der Wohlhabenden erst geplündert und dann angezündet wurden. Nur die Hütten der Armen ganz unten in der Stadt sollten verschont werden. Es war die Absicht des Eroberers, die Stadt Davids völlig zu vernichten. Als die Feuer die Häuser verzehrten, begannen Nebukadnezars Männer die Steine aus der Stadtmauer zu brechen und sie in die Täler zu werfen. Ausgrabungen beweisen, daß diese Arbeit gründlich ausgeführt wurde.

Als die Feuer erloschen waren, blieb von Jerusalem nur eine öde Stätte. Verschwunden war, was bisher noch von Davids und Salomos Größe gezeugt hatte. Rauchende Trümmer markierten den Platz von Tempel und Palast.
Der Kommandeur der Leibwache des Nebukadnezar – sein Name war Nebusaradan – hatte die Leute auszusuchen, die jetzt nach Babylon in die Verbannung wandern mußten. Er verhaftete und deportierte vor allem die restlichen Handwerker, die, nach der ersten Verbannungswelle, ein Dutzend Jahre zuvor, noch in Jerusalem geblieben waren. Immer mehr Familien mußten sich auf den mühsamen Weg nach Babylon begeben. In Schüben vollzog sich die Deportation. Schließlich entschied Nebusaradan, daß es nur einigen wenigen Bauern gestattet sei, am Rande er einstigen Stadt in einfachen Häusern zu leben. Sie sollten Felder, Gärten und Weinberge bestellen dürfen. Nebukadnezars Befehl an Nebusaradan lautete: In und um Jerusalem sei künftig nur Betätigung in der Landwirtschaft gestattet. »Einigen bisher besitzlosen Familien wurde gestattet, Felder und Weinberge zu bestellen.« Jerusalem war 400 Jahre nach der Glanzzeit, die David durch die Eroberung eingeleitet hatte, eine Stadt ohne jede Zukunftshoffnung geworden.

Nur einem wurde es freigestellt, in der zerstörten Stadt zu bleiben oder, als Gast von Nebukadnezar, nach Babylon zu kommen: Dem Propheten Jeremia blieb die Wahl. Er entschied sich dafür zu bleiben. Der Sachverhalt legt den Verdacht nahe, daß der – von den Eroberern bevorzugt behandelte – Jeremia von Anfang an ein Agent der Babylonier gewesen war. Das Buch Jeremia (40,5) gibt den Hinweis, daß der Politiker Jeremia von den Siegern beschenkt wurde.
Daß die Vorschriften der Herren von Babylon eingehalten werden, dafür hatte ein Statthalter zu sorgen. Nebusaradan wählte für dieses Amt einen Mann aus, der aus einer bekannten und vornehmen Familie Jerusalems stammte. Er hieß Gedalja und war der Enkel des früheren Staatsschreibers Schaphan, der zur Zeit des Königs Josia politischen Einfluß ausgeübt hatte. Warum er nicht, zusammen mit den anderen Edlen und Vornehmen nach Babylon deportiert worden ist, darüber geben die überlieferten Texte keine Auskunft. Gedalja rief alle ehemaligen Beamten, die – wie er selbst – nicht von den babylonischen Hä-

schern erfaßt worden waren auf, sich bei ihm zur Aufnahme ihres Dienstes einzufinden. Sein Amtssitz war allerdings nicht in Jerusalem, sondern in der kleinen Stadt Mizpa. Von dort aus wollte er den Kern einer Vewaltung für die Provinz Juda des babylonischen Reiches schaffen.

Die Grenzfestung Mizpa, die König Asa 300 Jahre zuvor hatte anlegen lassen, gehörte zu den am wenigsten zerstörten Siedlungen des Landes. In Mizpa versuchte Gedalja einen Überblick zu bekommen über den Zustand des Landes. Vor dem Krieg mit Babylon hatte rund eine Viertelmillion Menschen in Juda gelebt – nun war die Bevölkerungszahl auf die Hälfte reduziert. Zur Verringerung hatten Deportation und Todesfälle durch kriegerische Ereignisse beigetragen, aber auch Flucht und Auswanderung. Juda war ein menschenleeres Land geworden.

Das Vierte Buch Könige (25,23-24) berichtet, es seien erstaunlich viele Verwaltungsbeamte der alten Behörden und auch Kommandeure der einstigen judäischen Streitkräfte nach Mizpa gekommen, um wieder in Dienst zu treten. Gedalja verpflichtete sie darauf, den babylonischen Herren in Treue ergeben zu sein. Er warnte sie davor, sich den Ägyptern anzuvertrauen und ihnen ihre Dienste anzubieten. Gedalja sprach im Tonfall des Propheten Jeremia:

»Bleibt hier im Lande! Fügt euch dem König von Babylon. Er wird es euch lohnen! Bleibt in den Ortschaften, in denen ihr jetzt seid. Bebaut die Felder und erntet. Zahlt was die Sieger verlangen!«

Die Beamten und Offiziere ließen sich überzeugen – und Gedalja hatte die Vollmacht, sie in Dienst zu nehmen. So konnte er sich an die Arbeit machen, um in der Provinz Juda das Chaos in Ordnung zu verwandeln. Verboten war ihm allerdings der Gedanke, dem Hügel von Jerusalem wieder Leben zu geben. Er sollte eine Öde bleiben für immer. Sie zu betreten war keinem Judäer gestattet.

Die Aufbauarbeit des Gedalja außerhalb Jerusalems wurde jäh unterbrochen. Er war gerade sieben Monate im Amt, da wurde Mizpa von zwölf Männern überfallen, die zur königlichen Familie gehörten. Sie wollten den »Kollaborateur« Gedalja und seine Gehilfen dafür bestrafen, daß sie den Babyloniern dienten. Die zwölf waren bewaffnet. Sie töteten den babylonischen

Statthalter Gedalja samt den Mitarbeitern, die gerade bei ihm waren. Auch die Babylonier, die in Mizpa Kontrollfunktionen ausübten, wurden umgebracht.
Sobald sich die Nachricht vom Anschlag auf die Regionalverwaltung der Provinz in Juda verbreitete, beluden die Familien ihre Tiere und Wagen mit ihrer beweglichen Habe. Sie fürchteten die Rache der babylonischen Garnisonen im Lande und hofften, rechtzeitig ägyptisch kontrolliertes Gebiet zu erreichen. Das Land Juda leerte sich erneut.
Eine mächtige Stimme wurde damals vernommen, die warnte vor der Auswanderung nach Ägypten. Es war der Prophet Jeremia, der sprach:
»Ihr seid der Meinung, im Land der Ägypter sicher zu sein. Ich sehe ein, daß ihr nichts mehr vom Krieg hören wollt, daß ihr kein Horn mehr hören könnt, das zum Kampf ruft, daß ihr nach Brot hungert. Ihr, der Rest dessen, was vom Volke Davids übriggeblieben ist, vernehmt, was der Herr euch zu sagen hat: ›Wenn ihr durchaus nach Ägypten ziehen wollt, dann geht! Wer sich dort niederläßt, der wird sterben durch Schwert, Hunger und Pest. Keiner entflieht dem Unheil, das ihn dort treffen wird.‹«

Die wenigen wichtigen Männer, die noch im leidenden Land lebten, glaubten Jeremia nicht. Sie beschuldigten Jeremia, er lüge, weil er im Dienste der Babylonier stehe. Es sei Jeremias Absicht, jeden, der sich bisher noch hätte retten können, dem Nebukadnezar als Sklaven auszuliefern. Es sei doch offensichtlich, daß die Politik des Siegers darin bestehe, alle Bewohner Judas zu verschleppen, um über ihre Arbeitskraft verfügen zu können.
Seit dem Tod des Statthalters Gedalja, der den Glauben an Juda aufrechterhalten hatte, war jede Hoffnung auf eine Wiederbelebung des Landes erloschen. Daß Gedalja einem Attentat durch Mitglieder der königlichen Familie zum Opfer gefallen war, verunsicherte vor allem die besonders hartnäckigen nationalbewußten Truppenführer, denen es noch immer gelungen war, sich vor den babylonischen Reiterstreifen zu verbergen. Diese Kommandeure berieten noch einmal untereinander, und sie zogen den Schluß, für sie sei die Situation völlig unhaltbar, da sie Tag und Nacht damit rechnen mußten, entdeckt

und umgebracht zu werden. Sie zogen es vor, ein neues Leben in der Fremde, in Ägypten zu beginnen.
Ihr Plan war durchaus ehrgeizig: Sie wollten auf ägyptisch kontrolliertem Boden die Substanz des judäischen Volkes vor dem Untergang bewahren. Zu diesem Zweck wollten sie so viele jüdische Menschen als nur möglich im Nildelta in Sicherheit bringen. Die Truppenkommandeure wandten nun auch die Methode der Verschleppung an: Diesmal wurden Frauen und Kinder gezwungen, sich in Gruppen zu sammeln und sich den militärischen Führern anzuschließen. Die Kommandeure waren vor allem darauf aus, Mitglieder der angesehenen Familien unter ihre Aufsicht zu bringen. So wurden die Nachkommen des einstigen Staatsschreibers Schaphan auf Pferde gesetzt und ins Nilland eskortiert. Den unbequemen Jeremia nahmen sie unter Gewaltanwendung mit – er wurde gegen seinen Willen und Widerstand verschleppt.

Im Zorn sagte er seinen Entführern den Tod voraus:
»Nebukadnezar wird auch Ägypten schlagen, weil Jahwe ihn dorthin schicken will. Jahwe wird Feuer an die ägyptischen Tempel legen und er wird euch mit den Tempeln verbrennen. Jahwe wird das Land von euch entlausen, so wie der Hirte die Läuse aus seinem Mantel liest, um sie zu zerdrücken. Zerbrechen wird Jahwe die spitzen Säulen der Obelisken.« (Jeremia 43,11-13)

»Die Straßen sind voll Trümmerhaufen« – Jerusalem muß vor dem Vergessen gerettet werden

In den biblischen Texten sind Jeremias Klagen erhalten über die Mächtigen, Edlen aber auch über das Volk: Alle gemeinsam hätten sie Gott verraten durch Anbetung fremder Götter, die sie früher gar nicht gekannt hatten. Jeremia stellte die Frage, warum diesen fremden Göttern über Generationen hin Räucheropfer dargebracht worden sind auf den Höhen rings um Jerusalem, und warum niemand mehr hinaufgestiegen war zum Tempel des Gottes, mit dem das Volk in einem Bund vereinigt gewesen war? Jeremia wies die Schuld der »Bösartigkeit der

Menschen« zu: »Sie kehren nicht ab von ihrer Bosheit« (Jeremia 44,5). Der Prophet verzweifelte darüber, daß sein Volk alle Zeichen des mächtigen Verbündeten im Himmel mißachtet hätte. Selbst die Vernichtung von Jerusalem hätten die Bewohner nicht dazu bekehrt, sich wieder Jahwe zuzuwenden. In Ägypten muß er erleben, daß die Flüchtlinge mit ihren Händen »Machwerke« anfertigen, die Götterbilder sein sollen.

Die überlieferten Texte machen mit überraschender Klarheit deutlich, wie stark der Glaube an die »fremden Götter« die Bindung an Jahwe überlagert hatte. Die Hinwendung zum Gott des Bundes, die Josia rund 40 Jahre zuvor vollzogen hatte, war ohne Langzeitwirkung geblieben. Die Auffindung der Schriftrolle im Tempel hatte nur einen vorübergehenden Schock ausgelöst. Der Tempel war in den dazwischen liegenden Jahren wieder bedeutungslos geworden. Aufschlußreich ist die entschiedene Antwort, die Jeremia erhielt, als er – wieder einmal – darauf hinwies, daß es falsch gewesen sei, nach Ägypten auszuwandern und daß die Anbetung fremder Götter Unglück bringe. Diese Worte mußte sich Jeremia sagen lassen:

»Wir bleiben bei dem, was wir gelobt haben. Wir opfern dem Gestirn, das wir am Himmel sehen. Wir folgen darin dem Beispiel unserer Väter und unserer Könige. Sie hatten Jerusalem dieser Göttin geweiht. Die Straßen und Gassen der Stadt gehörten ihr. Als wir sie anbeteten, da hatten wir Brot in Hülle und Fülle. Es ging uns glänzend und niemand bedrohte uns. Erst als wir aufgehört haben, sie zu verehren, kam das Unglück über uns. Wir leiden Not und Krieg.« (Jeremia 44,17-18).

Da wurden die Vorteile diskutiert der einen und der anderen Gottheit. Jahwe war ganz offensichtlich nicht der Favorit. Die Generation, die den Krieg mit Babylon mitgemacht hatte, sah wenig Veranlassung, den »Gott der Väter« zu preisen. Er war doch offenbar verantwortlich für ihr Unglück. Jeremia aber argumentierte, daß nur der Abfall vom wahren Gott das Elend hervorgerufen habe. Um seine Argumentation aufzuwerten, sagte er voraus, Jahwe werde den Abtrünnigen verzeihen, und werde schließlich Jerusalem eine glanzvolle Zukunft bereiten. Diese Worte habe er von Jahwe gehört:

»Die Häuser von Jerusalem und die Häuser der Könige von Juda wurden eingerissen, um Baumaterial für Belagerungswälle zu gewinnen. Gräben wurden angefüllt mit Leichen, die ich in

meinem Zorn erschlagen ließ, da ich mein Antlitz verbarg wegen der Bosheit dieser Stadt. Doch ich werde gutmachen, was geschehen ist. Ich wende das Schicksal von Jerusalem und von Juda und erbaue sie wieder, wie sie einstmals waren. Jerusalem wird die Stadt sein, an der ich meine Freude habe. Eine Wüste ist sie jetzt, ohne Menschen darin und ohne Tiere. Die Straßen Jerusalems sind jetzt verödet. Doch man wird wieder Jubelrufe hören und den Gesang der Betenden.«
Jeremia will, daß im Herzen der in Bedrängnis im Lande Gebliebenen, vor allem jedoch im Herzen der Vertriebenen der Name »Jerusalem« eingebrannt sei. Er hoffte, daß mit der Sehnsucht nach der Stadt der Wunsch wach bleibt, wieder nach Jerusalem zurückzukehren, die Stadt aufzubauen und den Tempel des Bundes mit Jahwe erneut zu errichten. Er sagte sogar den Untergang Babylons voraus: Aus dem Norden werde ein Volk anrücken, das Babylon »zur Wüste« machen werde.
Der Politiker und Prophet, verschleppt von den eigenen Leuten, war nicht mehr gefragt. Jeremias Worte verhallten im Land am Nil ohne Wirkung. Wem die Flucht aus Juda nach Ägypten gelungen war, der wollte nicht mehr an Jerusalem und an die schlimmen Monate und Jahre dort erinnert werden. Jeremia starb in Ägypten, ohne die Heimat wiedergesehen zu haben.
Die Texte des Alten Testaments bewahren einen Brief, den Jeremia an die Verbannten in Babylon geschickt habe. Der Brief trägt die Überschrift: »Abschrift des Briefes, den Jeremia an die von Nebukadnezar nach Babylon deportierten Gefangenen gesandt hat.«

Auch dieses Schreiben drückt die Sorge aus, die Juden könnten Jerusalem und den Glauben an Jahwe vergessen. Jeremia warnte davor, die Götterbilder in Babylon faszinierend zu finden. »Sagt immer, wenn ihr sie seht: ›Dir allein, Herr, steht Anbetung zu.‹« Die Priester dieser Götter, so schrieb Jeremia, seien moralisch völlig verkommen: Sie zweigten Gold und Silber aus dem Götzentempel ab, um damit die Dirnen im Freudenhaus zu bezahlen.

Ein anderer Brief des Jeremia (Jeremia 29,1 ff.) gab beachtliche Ratschläge für die Lebensweise der Verbannten in Babylon. Deutlich wird, daß er sich ausdrücklich von den Menschen, die am Euphrat leben, die Erneuerung des jüdischen Volkes erhofft. »Erbaut Häuser und wohnt darin. Pflanzt Felder und Gärten an und lebt von diesen Früchten, die euch dort wachsen. Holt euch Frauen in eure Häuser und zeugt Söhne und Töchter mit ihnen. Sorgt dafür, daß euere Söhne Frauen haben und euere Töchter Männer. Sie sollen Kinder bekommen. Ihr sollt euch in Babylon vermehren. Ihr dürft an Zahl nicht weniger werden.«

Jeremia gab den Rat, die Deportierten sollten immer daran denken, daß sie nur dann erträgliche Lebensumstände in der Gefangenschaft finden könnten, wenn es dem Staat, in dem sie sich aufhalten müssten, gutgehe. »Wenn das Land, in dem ihr lebt, aufblüht, werdet auch ihr zu leben haben.«
Mit eindringlichen Worten ermahnte Jeremia »all die Verbannten, die von Jerusalem nach Babylon verpflanzt wurden«, daran zu denken, daß Jahwe versprochen habe, die Vertriebenen nach 70 Jahren wieder zurückzuführen, »an die Stätte, von der er euch nach Babylon verschleppen ließ.« Jeremias Strategie ist, das Volk Juda stark werden zu lassen im Land am Euphrat. Es soll dort sich erneuern und die Kraft gewinnen für den Neuanfang in Jerusalem.
Von großer Wirkung auf die Moral derer, denen die Heimat Jerusalem genommen worden war, mußten auch die Botschaften des Propheten, der Jesaja genannt wurde, gewesen sein. Er entwarf die Vision, Jerusalem werde dereinst der Ort sein, an dem Gott selbst als König regieren werde.
Von diesem rätselhaften Propheten Jesaja zeugt eine umfangreiche Textüberlieferung, deren Inhalt das historische Geschehen mehrerer Generationen umfaßt. Er hatte die Zerstörung des Nordstaates Israel durch die Assyrer vorausgesagt, die dann im Jahre 722 v. Chr. stattgefunden hat, und er hatte auch von den Schrecken gewußt, die Juda und Jerusalem bevorstanden. Dem König Hiskia, der von 715–687 v. Chr. Herrscher von Juda war, hat er vom Bündnis gegen Assyrien abgeraten. Vom Propheten Jesaja sind jedoch auch Texte erhalten, die während der Jahre der Babylonischen Gefangenschaft entstanden sind – sie gelten als die wirkungsvollsten Worte der Prophetengeschichte insgesamt. Die Zeitspanne des prophetischen Wirkens des Jesaja übersteigt um ein Vielfaches die Lebensjahre eines Menschen. Es ist anzunehmen, daß sich

hinter dem Namen Jesaja mehrere prophetische Männer verbergen, deren Aussagen später in einer Schriftensammlung zusammengefügt wurden. Die päpstliche Bibelkommission des Jahres 1908 sah für diese Deutung der Person des Jesaja keinen Anlaß.

Der zweite dieser Propheten (Deuterojesaja) sah seine Aufgabe darin, im Herzen der Verbannten die Erinnerung an Jerusalem lebendig zu halten und die Hoffnung auf Rückkehr zu entfachen:

»Es wird sein am Ende aller Tage: Das Haus des Herrn in Jerusalem wird fest gegründet stehen. Es wird hoch über den Hügel strahlen, als Anziehungspunkt für alle Völker. Sie werden alle kommen und sagen: ›Gemeinsam steigen wir hinauf zum Hügel des Herrn und zu seinem Haus, daß er uns lehre, was wir nicht wissen und daß wir seinen Geboten folgen.‹ Der Gott, der in Jerusalem wohnt, gibt uns seine Weisungen. Von Jerusalem aus wird er schlichten zwischen vielen Völkern, und er wird sie im Frieden vereinen. Aus dem Eisen ihrer Schwerter schmieden sie Pflugscharen und ihre Speerspitzen verwenden sie als Winzermesser. Es wird nie mehr geschehen, daß ein Volk gegen das andere die Waffen erhebt – und nirgends mehr wird man die Kriegskunst lehren.« (Jesaja 2, 2-4)

Diese Vision war keineswegs nur Wortschwall eines Träumers – sie war auf einem Fundament gegründet: Jesaja hatte über den tatsächlichen Verlauf der Ereignisse nachgedacht und darin Zeichen göttlicher Fügung gefunden. Die Voraussetzungen für die Zukunft des jüdischen Volkes und für Jerusalem waren gegeben. Da war die Entscheidung Nebukadnezars zu beachten, das jüdische Volk nicht in seinem riesigen Reich zu zerstreuen, sondern als völkische Einheit an einem Sammelpunkt zu konzentrieren. Daß Nebukadnezar das jüdische Volk nicht untergehen lassen wollte, ist daraus abzulesen, daß der an den Euphrat deportierte Jojachin immer den Titel »König der Juden« behielt. Den Beweis dafür geben Schriften auf Tontäfelchen, die in Babylon gefunden wurden. Als der Besatzungsoffizier Nebusaradan die Anweisung seines Herrn zur Deportation der Bevölkerung ausführte, bestätigte er unbewußt, was der Prophet Jeremia gesagt hatte: Wer sich Babylonien unterwirft, wird leben – wer sich Ägypten anvertraut, geht unter.

Da war noch eine Entscheidung der Eroberer wichtig: Sie hatten den, durch seine Lage an der Gihonquelle noch immer begehrenswerten Trümmerhaufen Jerusalem nicht an neue Herren als Lehen übergeben. Den Tempelberg nutzte keine, aus dem Zentrum des babylonischen Reiches herbeikommandierte Oberschicht als Wohngegend. Der Hügel blieb als Denkmal einstiger Größe und des Untergangs – und als Mahnung für die Zukunft. Die Basis der Kontinuität war gegeben. Wann sie zu wirken beginnen würde, das war eine Frage der Zeit.
Daß die Gedanken an das Mahnmal nicht durch Eindrücke überlagert wurden, denen insbesonders die jüngeren Vertriebenen im reichen Kulturleben des Euphratlandes ausgesetzt waren, dafür sorgten die Lieder, die fern von der Heimat entstanden. Im Psalm 137 sind Bruchstücke eines solchen Liedes bewahrt:
»Unsere Bewacher verlangen, daß wir singen. Sie befehlen: ›Singt ein Lied aus der Heimat!‹ Doch wir können die Lieder unseres Gottes nicht in der Fremde singen. So singen wir: ›Wenn ich dich je vergesse, Jerusalem, soll meine rechte Hand verdorren! Die Zunge klebe mir fest am Gaumen, wenn meine Gedanken von dir, o Jerusalem, abschweifen. Jerusalem sei der Gipfel meiner Freude.‹«

Während der Babylonischen Gefangenschaft veränderten sich die Prophezeiungen des Jesaja in Inhalt und Stimmung. Bis dahin hatten sie Unheil vorausgesagt, die Katastrophe des Jahres 587 v. Chr. angekündigt. Von jetzt an wird Ruhm, Glanz und Größe der Zukunft beschworen. Der Psalm 137 zeigt die Ansätze dazu: Die Geknechteten, zum Singen gezwungen, schwören insgeheim Rache:

»Babylon, der Verwüstung bist du verfallen. Wir werden den feiern, der rächen wird, was wir erlebt haben. Wir werden dem zujubeln, der deine Kinder packt, um sie am Felsen zu zerschmettern.«
Dem zweiten Jesaja (Deuterojesaja) gelangen Phrasen, die betäubend gewirkt haben mußten auf die Sinne der Menschen, deren Sehnsucht nach Jerusalem wachgeblieben war. Er gaukelte eine Zukunft vor, für die es in dieser Form in Wahrheit kei-

ne Hoffnung gab. Was Deuterojesaja sagte, entsprach reinem Wunschdenken:

»Jerusalem, mit hartem Mörtel füge ich deine Steine zusammen. Dein Fundament wird aus Saphir bestehen. Rubine bilden deine Zinnen. An Toren und Mauern blitzen funkelnde Edelsteine. Die Baumeister sind Männer, deren Glaube an Jahwe festgefügt ist. Der Herr gibt ihnen Wohlstand.« (Jesaja 54,11-13)
Um die Stimmung für Jerusalem emotional anzuheizen an den Strömen von Babylon, verfällt der zweite Jesaja auf unverantwortliche Versprechungen und in einen Tonfall verzweifelter Hysterie:

»Es spricht der Herr: ›Deine Tore, o Jerusalem, werden offenstehen bei Tag und bei Nacht, damit Karawanen in ständigem Fluß dir den Reichtum der Völker bringen können. Auch Könige werden durch die Tore hereingeführt werden, als Gefangene – denn jedes Volk und jedes Reich, das dir nicht dient, wird untergehen. Was der Libanon an Wertvollem besitzt, wird dir gehören: die Zedern, Zypressen und Fichten. Ihr Holz wird meine heilige Stätte schmücken, den Ort, den meine Füße berühren. Die Söhne derer, die dich unterdrückt haben, o Jerusalem, nähern sich dir nur gebückt. Wer dich geschmäht hat, der fällt dir jetzt zu Füßen. Diese Namen wirst du tragen: Stadt des Herrn! Hügel des heiligen Volkes! Du wirst strahlen in ewiger Pracht, zur Freude für alle Geschlechter. Es wird dir zufließen, was die Völker besitzen, was Eigentum ihrer Könige war. Von Gewalt wird auf deinem Boden keine Spur sein. Zerstörung und Untergang sind fremde Worte. Vom Heil zeugen deine Mauern, vom Ruhm deine Tore. Du brauchst nicht mehr das Licht der Sonne und nicht mehr den Schein des Mondes, denn Gott ist dein ewiges Licht, dein ewiger Glanz. Die Tage deiner Trauer sind für immer zu Ende. Allein Gerechte werden in dir wohnen. Ihnen gehört Jerusalem auf ewig.«
(Jesaja 60,11-21)

»Was ist das für ein Haus, das ihr bauen wollt?« – Die Wirklichkeit der Heimkehr

Im Jahre 539 v. Chr. – also ungefähr 50 Jahre nach dem Beginn der Verbannung – erfuhren die Juden, die deportiert worden waren, und deren Nachkommen, daß ihnen die Freiheit gegeben wurde durch diesen Wortlaut eines Dekretes:

»Cyrus, der Herr über Persien gibt zu wissen, daß ihm alle Reiche der Erde gehören. Der Himmelsgott hat mir diese Macht verliehen. Er hat mich beauftragt, ihm in Jerusalem, das in Juda liegt, ein Haus zu bauen. Wer sich bekennt, zu seinem Volk zu zählen, dem stehe dieser Gott bei! Er möge hinziehen nach Jerusalem in Juda und erbaue dort das Haus des Herrn, des Gottes, der in Jerusalem wohnt. Jeder, der zur Wanderung nach Jerusalem bereit ist, soll an den Orten, wo er sich jetzt als Fremder aufhält, von den Ortsansässigen Silber und Gold, bewegliche Habe und Vieh erhalten. Wer bereit ist zu spenden für das Haus Gottes in Jerusalem, dem sei die Spende gestattet.«

Ob das Buch Esra (1,2-4) den Wortlaut des Dekrets, das der Perserkönig Cyrus II. im Jahre 539 v. Chr. erlassen hat, getreu bewahrt hat, bleibt zweifelhaft. Die Verbeugung vor dem Gott des Volkes Juda hat Cyrus sicher unterlassen – doch muß auch bemerkt werden, daß er ein überaus toleranter Herrscher war, der niemand zwang, so zu denken wie er selbst dachte. Cyrus II. hat die Praxis seiner Vorgänger als Herrscher über Babylon abgelehnt, Menschen zu deportieren. Er trat für Selbstbestimmungsrecht der Völker ein. Historische Wahrheit ist, daß dieser Monarch dem Zwangsaufenthalt der Juden in Babylon ein Ende gesetzt hat.

Vorausgegangen war eine wesentliche politische Veränderung im Raum zwischen Euphrat und Mittelmeer: Das babylonische Reich war unter dem Ansturm persischer Reiterheere zerbrochen. Im Jahre 539 v. Chr. hatten die Perser Babylon erobert. Ein Jahr später schon kontrollierten sie die Gebiete bis zur Grenze Ägyptens. Ihrem Herrscher Cyrus II. gehörten nun alle Länder, die zuvor von Babylon beansprucht worden waren – also auch Juda.

Cyrus II. verfolgte die Politik, den Kleinreichen, für die er zuständig war, weitgehende religiöse Freiheit zu gestatten. Er verlangte keineswegs die Anbetung der anerkannten Gottheit sei-

nes Staates – Persiens Religion näherte sich dem Glauben an den einen Gott der Welt an –, sondern gestattete Ausübung der regionalen Kulte. Politische Freiheit war mit diesem Zugeständnis nicht verbunden.
Doch ist bemerkenswert für das Maß des Entgegenkommens, daß der Perserkönig nicht einen Mann seines Volkes als Gouverneur nach Jerusalem schickte, sondern eine Person, deren Vorfahren aus Jerusalem stammten und zum Hause David gehört hatten. Sein Name war Scheschbasser. Er wurde respektiert als Sohn des 597 v. Chr. deportierten König Jojachin.
Ihm wurden die Geräte aus Gold und Silber anvertraut, die Nebukadnezar 50 Jahre zuvor im Tempel von Jerusalem hatte beschlagnahmen lassen. Scheschbasser bekam den Auftrag, diese Kultgeräte dem Heiligtum zu übergeben, das an der selben Stelle entstehen solle, an der sich einst der irdische Wohnsitz Gottes befunden habe. (Esra 5,14-15)
Zum Jubelzug wurde die Heimkehr nicht. Die Verbannten saßen nicht in Aufbruchstimmung auf ihrem Gepäck, bereit, sofort loszuwandern. Im zurückliegenden halben Jahrhundert hatten sie Wurzeln geschlagen am Euphrat. Sie hatten gehandelt, wie es der Prophet Jeremia ihnen geschrieben hatte: Sie hatten Frauen genommen, Kinder gezeugt, Häuser gebaut und Felder angepflanzt. Ihre Existenz hatte eine Grundlage gefunden. Die Frage stellte sich jeder Familie: Was hatte sie in Jerusalem zu erwarten? Die Heimkehrer mußten damit rechnen, daß die Felder ihrer Väter längst von Sippen bestellt wurden, die nicht deportiert worden waren, daß ihre Grundstücke inzwischen von anderen mit Häusern bebaut worden sind. Es war den jüdischen Familienvätern am Euphrat bewußt, daß sie anderen Juden gegenübertreten müßten, die sich nicht so leicht würden vertreiben lassen.
Zusammen mit dem Gouverneur Scheschbasser, der sich nun Prinz von Juda nannte, trafen einige hundert Rückwanderer in Jerusalem ein. Sie erlebten nicht die glanzvolle Auferstehung der Stadt, wie sie von den Propheten versprochen worden war. Der zweite Jesaja hatte in ihren Herzen die Illusion erweckt, Gott werde selbst zu ihren Gunsten eingreifen und – zum Zeichen der Vergebung früherer Schuld des Volkes Juda – seine Pracht auf dem Hügel über der Gihonquelle entfalten. In Babylon war ihnen gesagt worden, sie würden in Jeru-

salem nie mehr Gewalt zu fürchten haben, und die Völker ringsum seien vom Wunsch beseelt, den Bewohnern der von Gott bevorzugten Stadt freiwillig ihren Reichtum zu übertragen.

Die Völker ringsum aber hatten in Wahrheit nur den einen Wunsch, die Heimkehrwilligen zu überzeugen, daß für sie in Jerusalem kein Platz zu finden sei. Scheschbasser, der Prinz von Juda, verstand es nicht, den ihm anvertrauten Familien Boden und Hütten zu verschaffen, sie vor den Mitgliedern des eigenen Volkes abzusichern. Den Auftrag, den Tempel wieder zu errichten, konnte der Gouverneur nicht erfüllen. Die Enttäuschung der Heimkehrer ist spürbar im Bericht des Propheten Esra (3,12) über die Grundsteinlegung zum Tempel:
»Viele von denen, die alt genug waren, um sich an den früheren Tempel zu erinnern, weinten laut vor Trauer, als sie sahen, wie der erste Stein zum Fundament des neuen Tempels gelegt wurde. Andere aber freuten sich. Man konnte nicht feststellen, ob die Stimmen der Trauer oder der Freude überwogen.«
Daß der Tempelbau nicht vorangetrieben wurde, ist dem selben Buch Esra (4,2 ff.) zu entnehmen. Der Grund für die Stagnation war, daß sich nicht nur Enttäuschung über das Ausbleiben eines Wunders breitmachte, sondern auch Angst vor der unsicheren Zukunft. Mancher stellte fest, daß es sich nicht gelohnt habe, einen derart langen Weg (1500 Kilometer) zurückzulegen, um sein Leben aufs Spiel zu setzen: Da war ganz offene Feindschaft zwischen den Familien, die in Jerusalem geblieben waren und den Rückkehrern. Da die Babylonier einst, neben den Handwerkern vor allem die Elite der Stadt deportiert hatten, fühlten sich die Ankommenden als Nachfahren der »besseren Leute« von Jerusalem. Sie benahmen sich, als seien sie erhaben über den Daheimgebliebenen.
Da tat sich noch eine andere Kluft auf: Sippen aus dem einstigen Nordstaat beanspruchten Rechte in Jerusalem, die ihnen von den Rückwanderern streitig gemacht wurden. Familien aus Samaria, die irgendwann von den Siegern ins zerstörte Jerusalem umgesiedelt und in Hütten eingewiesen worden waren, hatten sich diese Hütten angeeignet, sie bestellten Äcker und sahen sich als rechtmäßige Bürger von Jerusalem. Sie stell-

ten den Anspruch, daß der Tempel auch ihnen zur Verfügung stehen müsse – waren sie doch auch bereit, am Bau mitzuwirken. Ihre Bitte wurde hochmütig abgewiesen mit der Antwort: »Wir vom Volk Juda werden allein das Werk ausführen, und dem Herrn den Tempel errichten!« Noch immer war die Feindschaft wirksam, die zur Zeit der Königreiche zwischen dem Nordstaat und dem Südstaat geherrscht hatte. Im Norden, in Samaria, hatten die Bewohner ganz offiziell goldene Kälber angebetet. Die Rückkehrer aber waren glaubensstarke Männer, die nicht vergessen konnten, daß einst im Norden, in Israel, der Unglauben geherrscht habe. Sie konnten sich nicht vorstellen, daß das Angebot der Leute aus dem Norden ernstgemeint war – und so lehnten sie jede Hilfe ab.

Dieser Hochmut rächte sich: Die Heimkehrer hatten sich unnötig Feinde geschaffen, die in der Überzahl waren. Was geschah, faßt das Buch Esra (4,4-5) so zusammen:

»Die Leute, die bei der Ankunft der Heimkehrer schon da waren, machten die Ankömmlinge mutlos und schreckte sie vom Bau des Heiligtums ab. Die Feinde der Rückkehrer verstanden es sogar, persische Beamte zu bestechen, damit sie gegen den Tempelbau einschritten.« Sie hatten vor allem Erfolg mit der Denunziation, der Tempel werde ohne Genehmigung des persischen Hofes durchgeführt. Die Arbeiten mußten tatsächlich so lange eingestellt werden, bis die Bestätigung des Herrschers eintraf, er habe keine Einwände gegen die Errichtung eines Heiligtums der Juden in Jerusalem. Er bestätigte sogar, daß der Hof die Kosten übernehmen werde. Im entsprechenden Dokument findet sich die persische Bezeichnung für das jüdische Land: Jehud.

Außenpolitische Probleme belastete die Führung der Juden: Die Feinde von einst machten sich wieder bemerkbar. Stämme im Gebiet ostwärts des Jordan wollten verhindern, daß ein politisch wirksames judäisches Zentrum entsteht, das sie schließlich zu fürchten hätten. Auch die Philister beobachteten argwöhnisch die Entwicklung um das Ruinenfeld an der Gihonquelle. Ihnen hatte die Zerstörung der Stadt einst Genugtuung gebracht.

Das Buch Esra (4,6ff.) berichtet, die Regierenden des Perserreiches hätten einen Brief erhalten, dessen Absender Männer gewesen seien, die den Heimkehrern den Untergang gewünscht hätten. Die einstigen Deportierten – oder vielmehr deren Nachkommen – wurden im Schreiben beschuldigt, sie planten Aufruhr und die Einstellung von allen Tributzahlungen. Die Regierenden des Reichs wurden aufgefordert, in den Archiven nachzusehen: Dort werde die Erinnerung daran aufbewahrt, was die immer unbotmäßige Stadt allen Königen und Provinzen Schaden gebracht hat. Deshalb sei ja Jerusalem mit gutem Grund verwüstet worden. Ein Anzeichen zur Bereitschaft wieder zu rebellieren seien wohl die Bauarbeiten an den Mauern. Wenn die Bewohner von Jerusalem den Willen hätten, in Frieden mit ihren Nachbarn zu leben, hätten sie keine Befestigungen nötig – nur wer für den Krieg rüste, brauche Mauern.

Die Antwort aus dem Zentrum des persischen Reiches gab den Beschwerdeführern recht: »In dieser Stadt herrschte von jeher der Geist der Empörung. Aufruhr wurde in ihr angestiftet. Die Anordnung ergeht nun, daß der Mauerbau einzustellen ist, ebenso die Fortführung der Arbeiten am Tempel.«
Die Weisung, am Tempel nicht mehr weiterzubauen, löste keine Aufregung in der Stadt aus. Die Arbeiten waren ohnehin schon langsamer vorangeschritten. Zweifel, ob es klug sei, dem allmächtigen Herrn der Welt ein Wohnhaus zu bauen waren die Ursache. Die Diskussion über dieses Thema wurde in den Kreisen der Gläubigen geführt. Beweis dafür sind Äußerungen eines Propheten, die ebenfalls im biblischen Gesamtkomplex »Jesaja« zu finden sind: Sie werden dem »dritten Jesaja« zugeschrieben (Tritojesaja). Angenommen wird, daß er zur ersten Gruppe von Heimkehreren zählte, die Jerusalem erreichte. Tritojesaja vermeidet die Entfaltung von phantastischen Visionen von der heilbringenden Zukunft der Stadt Jerusalem. Tritojesaja stellt das gesamte Vorhaben des Tempelbaus in Frage:
»Der Herr spricht: ›Der Himmel ist mein Thron und die Erde dient meinen Füßen als Schemel. Was ist das für ein Haus, das ihr bauen wollt? Wie soll meine Heimstätte gestaltet sein? Es war doch meine Hand, die alles geschaffen hat, und es ist doch alles mein Eigentum.‹« (Jesaja 66, 1-2)
Das Bauverbot für die Heimsätte Jahwes wurde schließlich wieder aufgehoben. Die Mächtigen im Großreich Persien hielten an ihrer Politik fest, den einzelnen Völkerschaften ihre religiösen Eigenschaften zu belassen. Verständlich wäre es gewesen,

wenn die persischen Könige auf stärkere Zentralisierung auch der ideologischen Ausrichtung gepocht hätten, denn das Reich hatte inzwischen eine Ausdehnung erreicht, die es bis dahin nie gegeben hatte: Im Jahre 525 v. Chr. hatte Kambyses, der Sohn von Cyrus II., Ägypten erobert und beherrschte sogar Teile von Äthiopien. Juda und das Philisterland waren Bindeglied zwischen dem Ostteil des persischen Imperiums – das unter Darius I. bis zum Indus ausgedehnt wurde – und den afrikanischen Provinzen.

Der gewaltige Flächenstaat war unterteilt in 128 Satrapien. Jerusalem gehörte zur Satrapie »Jenseits des Euphrat«. Der Kleinstaat wurde durch den Namen »Jehud« gekennzeichnet. Nur noch dieser Name durfte verwendet werden.

Das Land »Jehud« erhielt um das Jahr 515 v. Chr. – mehr als 20 Jahre waren vergangen, seit dem Dekret des Königs Cyrus II. – sein religiöses Zentrum: Der Tempel konnte geweiht werden. Dem sechsten Kapitel des Buches Esra (3) ist zu entnehmen, daß seine Ausmaße denen des salomonischen Tempels entsprachen. Er soll auch am Platz des ersten Tempels errichtet worden sein.

Daß Jahwe wieder seine Heimstätte besaß in Jerusalem, wirkte sich auf die jüdischen Familien in Babylon zunächst kaum als Anreiz zur Heimkehr aus. Die Mehrheit der Nachfahren der Deportierten, deren Familien nun hundert Jahre am Euphrat lebten, sahen noch immer keine Veranlassung, die neue Heimat aufzugeben.

Um das Jahr 460 v. Chr., etwa 80 Jahre waren vergangen seit dem Dekret des Königs Cyrus II., gelang es einem Priester und Schriftgelehrten, Familien um sich zu sammeln, die strikt waren in der Befolgung der Gesetze, die einst Mose erlassen hatte. Diese Familien glaubten an die Gültigkeit des göttlichen Versprechens, dem Volk Gottes sei das Land um Jerusalem zugewiesen. Für die Getreuen dieses Priesters und Schriftgelehrten war die Rückkehr nach Juda nicht die Befriedigung eines sentimentalen Gefühls von Heimweh, sondern die Erfüllung einer religiösen Pflicht gegenüber Jahwe.

Esra war der Name dieses Propheten und Schriftgelehrten. Mit Erlaubnis der Behörden am Euphrat trennten sich er und seine Anhänger von Land und Besitz.

Daß Esra ein ungewöhnlicher Mann war, bewies die Route, die

er einschlug. Bisher waren die Rückwanderer dem Euphrat gefolgt und hatten dann erst in der Nähe des Orontes die Pfade in Richtung Süden gewählt. Esra aber löste sich vom Fluß – er verzichtete damit auf die Sicherheit, ständig Trinkwasser vorzufinden – und wanderte durch die Steppe nach Tadmor. Dort befinden sich heute die Tempelrelikte von Palmyra. Esra besorgte Nahrung in der Oase. Dann schlug er den Weg nach Damaskus ein und überquerte schließlich den Jordan. Nach fünf Monaten Wanderung erreichten er und zahlreiche Familien Jerusalem.
Hatte Esra geglaubt, eine intakte Gemeinde vorzufinden, so mußte er zu seinem Entsetzen erfahren, daß Verbrechen gegen die Gesetze des Mose begangen worden waren: »Der heilige Same hatte sich mit den Heidenvölkern des Landes vermischt.« (Esra 9,2) Ehen zwischen Juden und den »Ungläubigen Jebusitern, Hethitern, Kanaanitern, Edomitern und Ägyptern waren durchaus üblich. Da bisher nur wenige Mitglieder der angesehenen Familien aus Babylon zurückgekehrt waren, blieb gerade den Sippen der Honoratioren nichts anderes übrig, als Partner aus gleichgestellten Clans anderer Völker zu suchen. Esra schildert seine Reaktion auf die Erkenntnis der erneuten Sündhaftigkeit des auserwählten Volkes so: »Ich zerriß Mantel und Hemd. Raufte mir die Haare des Bartes und auf dem Kopf und kauerte tief erschüttert nieder.« (Esra 9,3)
Esra erkannte, daß allein von den Juden im Babylonischen Exil das »Gesetz der Väter« beachtet worden war. Er selbst hatte am Euphrat dafür gesorgt, daß die Vorschriften kodifiziert, in die Form eines Gesetzbuches gebracht worden waren. Das Gesetzeswerk war vorhanden, doch das Volk war gar nicht mehr daran interessiert – der traditionelle Glaube war ihm – unter dem Zwang der Umstände – gleichgültig geworden. Die Gefahr bestand, daß sich die jüdische Gemeinde auflöste und in anderen Volksgruppen aufging. Esra setzte sich die Aufgabe, den Bestand des jüdischen Volkes als einzigartige, von Gott bevorzugte Einheit, zu bewahren. Esra predigte, das Interesse des eigenen Volkes müsse über das anderer Völker gestellt werden: »Suchet nie das Glück anderer zu mehren, und auch nicht ihren Wohlstand! Ihr seid es, die stark werden müssen!« (Esra 9,12)
Der Priester und Schriftgelehrte veranlaßte viele der Familien, die fremden Frauen wieder zu ihren Sippen zurückzuschicken.

Öffentlich rief er dazu auf, die Reinheit des jüdischen Blutes zu bewahren: »Entlaßt alle fremden Frauen und ihre Kinder! Es ist der Wille unseres Herrn, und es ist der Wille aller, die das Gesetz unseres Gottes achten.«
Esra setzte durch, daß die Gebote des Mose Grundgesetz wurden in Jerusalem. Die konsequente Fortsetzung dieser Politik bedeutete, daß Esra auf keinen Fall einen König einsetzen wollte über das sich neu formierende Volk Juda – selbst wenn die persische Kontrollbehörde dies gestattet hätte. Die oberste Autorität in Jerusalem sollte ein Hohepriester sein. Eine Theokratie sollte entstehen.

»Jerusalem liegt noch immer in Ruinen« – Nehemia inspiziert die Trümmer

Der Untertan Nehemia – er war Jude und Nachfahre von Deportierten – arbeitete als Mundschenk des persischen Herrschers Artaxerxes (465–424 v. Chr.) und besaß damit eine hohe und vertrauensvolle Stellung am Hofe. Offenbar mochte ihn sein Herr gern. In der Ichform berichtet der Mundschenk im Buch Nehemia (2,1 ff.) er habe dem König sein Leid geklagt: »Gram drückt mich nieder, da die Stadt, in der meine Väter begraben liegen, noch immer ein Trümmerfeld ist, seit ihre Mauern, Türme und Tore vom Feuer verzehrt wurden. Wenn es dir, o König, recht ist, dann sende deinen Knecht nach Juda in die Stadt, damit ich sie wieder aufbaue.«

Eineinhalb Jahrhunderte waren vergangen seit der Zerstörung, und noch immer litten die Nachfahren der Verbannten unter der Vernichtung ihrer einstigen Heimat. Seit einer Generation schon war der Tempel wieder aufgebaut und seit einem Jahrzehnt war Esra damit beschäftigt, der jüdischen Gemeinde eine religiöse und politische Ordnung zu geben. Doch offenbar war die Trauer der Juden am Euphrat ungebrochen, als ob sich auf dem Hügel über der Gihonquelle während der vergangenen Jahre überhaupt nichts verändert hätte. Die Informationen, die aus Jerusalem an den Euphrat gelangt waren, mußten von einer katastrophalen Lage der jüdischen Gemeinde berichtet haben.

Auch König Artaxerxes muß der Meinung gewesen sein, Jerusalem befinde sich am Punkt Null des Wiederaufbaus. Er genehmigte, daß Nehemia seinen Dienst am Hof aufgab um den Aufbauprozeß voranzutreiben. Er gestattete auch, daß Nehemia Baumaterial erhielt, daß er an Ort und Stelle mit Holzstämmen versorgt werde, die als Torbalken in der Ummauerung des Tempels Verwendung finden sollten. Anderes Holz stellte der König zur Verfügung, für die Bauarbeiten am Tempel selbst und an den Häusern der Stadt. Artaxerxes gestattete auch, daß Nehemia Steine brechen durfte in der Umgebung der Stadt, die als Quader für die Mauer bestimmt waren. Ausgerüstet mit einem königlichen Schutzbrief, der alle diese Maßnahmen abdeckte, traf Nehemia in der Stadt seiner Väter ein.
Was seine Absicht war, hielt Nehemia zunächst geheim (Nehemia 2,16): Den Ältesten der Familien wollte er den königlichen Schutzbrief und die Erlaubnis, Baumaterial aus Beständen der persischen Verwaltung verwenden zu dürfen, erst zeigen, wenn er persönlich überprüft hatte, ob die Informationen, die er am persischen Hof erhalten hatte, mit der Wirklichkeit in Jerusalem übereinstimmten. Er behielt für sich, daß er der Bevollmächtigte des Artaxerxes war und spielte den harmlosen Spätrückkehrer. Er nahm sich vor, den Zustand der Befestigung mit eigenen Augen zu untersuchen. Um von keinem bemerkt zu werden, wählte er dafür die Nacht. Da war niemand sonst in der von Buschwerk überwachsenen Trümmerlandschaft unterwegs.
»Ich stand in der Dunkelheit auf und ritt auf einem Maultier zum Taltor hinaus und schaute mir die Mauern Jerusalems an, die verwüstet dalagen. Ich sah auch die Tore, die das Feuer vernichtet hatte. Ich ritt hinunter zum Quelltor beim Teich des Königs. Hier kam mein Reittier wegen der Trümmer nicht mehr weiter. Ich ritt nun das Tal entlang und prüfte von dort aus den Zustand der Mauerreste. Dann ritt ich zurück zum Taltor.« (Nehemia 2,12-15)

Die Beschreibung macht es möglich, den nächtlichen Ritt des Nehemia nachzuvollziehen. Die Ruinen des Taltors befanden sich im Westen der einstigen Davidstadt. Er folgte den Resten der Westmauer hinunter ins Tal. Beim Teich Siloa war der Pfad am Fuß des Hangs mit Quadern bedeckt, die von der Südmau-

er einst heruntergestürzt worden waren. Nehemia mußte im Kidrontal weiterreiten. Er brach seinen Inspektionsritt bei der Gihonquelle ab. Sicher bemerkte er noch, daß die Terrassen des »Millo«, die aus der Zeit von David und Salomo stammten, ins Kidrontal heruntergebrochen waren.
Jetzt gab sich Nehemia den Ältesten und den Honoratioren zu erkennen. Er schlug vor, sofort mit dem Bau der Stadtmauer zu beginnen – »wenn sie erst aufgeschichtet ist, werden wir nicht mehr verspottet werden.«
Nehemia meint in Wahrheit, die Juden von Jerusalem würden erst dann von anderen Sippen wirklich ernstgenommen werden, wenn sie nicht länger schutzlos den Angriffen feindlicher Nachbarvölker ausgesetzt sein würden. Nehemia machte damit deutlich, daß er der Aufrüstung Vorrang gab. Nicht der Wiederaufbau der Häuser hatte Priorität, sondern die militärische Absicherung. Die Ältesten hatten dagegen keine Einwände.
Das dritte Kapitel des Buches Nehemia beschreibt die Baumethode und die Aufteilung der Arbeiten. Die angesehenen Familien, die Sippen der Priester und die Bewohner der Städte Judas bekamen jeweils einen Abschnitt des Festungsrings zugewiesen. Die Liste dieser Sektoren lassen Schlüsse zu über den Verlauf der Mauer, der nicht immer den Standorten der alten Befestigunsanlage entsprach. Folgte die Mauer der salomonischen Zeit der Sohle des Kidrontals, so wurde die neue Mauer weiter oben am Westhang der alten Stadt aufgeschichtet. Ein Grund dafür war, daß sich inzwischen die Technik der Steinschleudern verbessert hatte – vom Ölberg aus war die Mauer im Talgrund leicht zu überschießen. Schutz bot allein eine Mauer, die höher gelegen war. Ein zweiter Grund war, die Zerstörung des »Millo«, des Terrassensystems am Osthang der einstigen Davidstadt: Da war kein fester Grund mehr für eine starke und schwere Steinmauer zu finden.
Der Mauerbau konnte den Sippen in der Nachbarschaft nicht verborgen bleiben. Insbesondere die Leute von Ashdod, der Philisterstadt, die sich immer bedroht gefühlt hatten vom jüdischen Volk, wollten nicht wahrhaben, daß Jerusalem als wehrhafte Stadt wieder erstehe. Nehemia wurde gewarnt, daß ein Angriff der Philister drohe, und er sorgte vor. Er bewaffnete die Männer auf der Baustelle mit allem, was an Kriegsgerät aufzutreiben war in Juda – viel war da nicht vorhanden im entwaff-

neten Land. Doch allein die Entschlossenheit der Bewohner von Jerusalem schreckte die Philister und die Amoriter ab. Sie versuchten nicht den Mauerbau durch Waffengewalt zu stören. Nach 52 Tagen, so berichtet das Buch Nehemia (6,15), sei der Schutzwall der Stadt vollendet gewesen.

Nehemia klagte, die Zahl der Menschen in Jerusalem sei gering. Klein ist jedoch auch die Stadt selbst geworden. Sie reichte zwar in der Nord-Süd-Ausdehnung noch immer vom Tempelberg bis zum Teich Siloa, doch sie war schmal geworden durch die Zurücknahme der Ostmauer über dem Kidrontal auf den Hang. Zwischen dem Taltor und dem Tor oberhalb der Gihonquelle erreichte Jerusalem eine Breite von nicht einmal 100 Metern. Nur im Bereich des Tempels hatte die Stadt die Grundfläche der früheren Ansiedlung auf dem »Berg des Herrn«. Anzunehmen ist, daß sich um den Wohnsitz Jahwes eine freie Fläche ausbreitete. Der Palast, in dessen Schatten sich früher der Tempel befand, wurde nicht wieder aufgebaut. Juda war keine Monarchie mehr, sondern eine Theokratie – der Hohepriester war die höchste Autorität.
Verschwunden waren die Stadtteile im Westen der Davidstadt, die entstanden waren, als aus dem bedrängten Samaria die Leviten und andere gläubige Familien zum schützenden Tempel geflüchtet waren. Die Entwicklung war um mehr als eineinhalb Jahrhunderte zurückgeworfen. Jerusalem war reduziert auf das kleinste Ausmaß seiner gesamten Geschichte.
Doch gerade die überschaubare Stadt mit einer Bevölkerung, in der jeder jeden kannte, bot die Möglichkeit der geistigen Erneuerung. Sie voranzutreiben sah der Schriftgelehrte Esra als seine, von Gott gewollte Aufgabe an. Grundlage der religiös-kulturellen Reform war die Wiedereinsetzung der Gesetze, die Mose verkündet hatte. Was Esra in Babylon gelungen war – Familien zu überzeugen, daß allein die Beachtung dieser Gesetze Schutz biete vor Gottes Zorn – sollte nun für das ganze Volk erreicht werden.
Esra und Nehemia arbeiteten für das selbe Ziel – für die Sicherung der Zukunft des jüdischen Volkes. Nehemia, der in den Rang eines persischen Statthalters gehoben wurde, sorgte dafür, daß die Menschen in Jerusalem keine Angst haben mußten vor einer Bedrohung von außen. Esra bemühte sich um

ideologische Festigkeit der Bewohner. Unbestimmt ist der zeitliche Ablauf dieser Zusammenarbeit. Die Wissenschaftler sind sich nicht darüber einig, welcher der beiden als erster in Jerusalem eingetroffen war. Die Bibeltexte lassen den Schluß zu, Esra habe bereits als Ideologe in der Stadt gewirkt, als der staatliche Beamte Nehemia seine Arbeit in Jerusalem aufnahm. Die Analyse der Spezialisten ergab allerdings, daß in den Büchern Esra und Nehemia die wahre Chronologie nicht beachtet worden sei. Doch die Texte folgen einer Logik, der sich diese Nacherzählung anschließt. Nach einem Jahr war die Arbeit des Esra abgeschlossen: Er hatte die Priester und das Volk vertraut gemacht mit dem »Gesetz der Väter«. Ihnen standen die Kernstücke der fünf Bücher Mose zur Verfügung aus denen sich dann die Thora entwickeln konnte.

Esra schuf auch eine neue Feiertagsordnung.

Bei der Lektüre der Schriften, die ihm schon in Babylon zur Verfügung gestanden hatten, entdeckte Esra, Mose habe verordnet, daß das jüdische Volk an einem bestimmten Tag des Jahres in schlichten, zeltartigen Hütten zu wohnen habe. Er befahl: »Geht hinaus vor die Stadt auf die Hügel und sammelt Zweige von wilden Olivenbäumen, und ebenso Zweige von Laubbäumen, Myrrhen und Palmen um Hütten daraus zu bauen, wie es geschrieben steht!« (Nehemia 8,15-18)

Und die Bewohner von Jerusalem bauten Hütten, »mancher auf seinem Dach, oder im Hof seines Hauses, oder auf dem freien Platz bei der Gihonquelle und vor dem Tempel. Täglich lasen Priester aus dem Buch der Gottesgesetze vor. Sieben Tage lang dauerte das Laubhüttenfest. Am achten Tag aber ruhten alle aus.«

Esra, der Schriftgelehrte, schuf dem jüdischen Volk die ideologische Grundlage seiner Existenz. Das Gottesgesetz war für alle verbindlich. Es bildete die Klammer, die das Volk zusammenhielt – und die es zugleich von anderen Völkern abtrennte Esra war es, der das Judentum in seiner endgültigen Gestalt begründete. Er schuf die orthodoxe Grundform des Glaubens. Wo immer künftig Juden lebten, wußten sie, was das Besondere ihres Glaubens ausmachte, welche Rituale zu befolgen waren. Esras Lehre ist bis heute wirksam, daß Jerusalem den Mittelpunkt des Glaubens darstellt. Esra hat bewirkt, daß jeder Jude, gleichgültig wo er sein Leben verbringt, sich mit Jerusalem verbunden weiß.

Nehemia aber organisierte die Aufrüstung und die Verteidigungsbereitschaft, er schuf auch die Grundlage für die staatliche Verwaltung. Er setzte eine Steuerordnung ein. Die Einnahmen wurden für Tributzahlungen an Persien verwendet, für die Finanzierung der Tempeldienste, für die weitere Verstärkung der Stadtbefestigungn – und für den Aufbau einer schlagkräftigen Streitmacht.

Dieser Ansatz einer möglicherweise offensiven Militärpolitik konnte den Mächtigen der Nachbarvölker nicht verborgen bleiben. Sie fürchteten, die Schwertträger und Bogenschützen des Nehemia könnten in absehbarer Zeit zu einer ernsthaften Bedrohung werden. Die Nachbarn hatten alle nicht vergessen, daß einst die Politik des Staates Juda auf Expansion ausgerichtet war. Insbesondere die Philister hatten Angst um ihre Unabhängigkeit.

Die Gegner der Aufrüstungsstrategie des Nehemia schlossen sich zusammen. Sie schrieben dem Statthalter Persiens einen Brief, in dem sie ihm vorwarfen, er betreibe die Bewaffnung seines Volkes in der Absicht, sich aus dem persischen Reichsverband zu lösen: »Du planst eine Empörung. Nur deshalb hast Du diese Mauer bauen lassen! Uns ist zu Ohren gekommen, daß Du Dich zum König von Juda ausrufen lassen willst. Bei Dir in Jerusalem halten sich Propheten auf, die Du nur deshalb berufen hast, damit sie Dich zum König proklamieren. Wir werden dafür sorgen, daß Deine Machenschaften dem Herrscher über Persien bekannt werden.« (Nehemia 6, 6-7)

Als Vorbereitung einer Verschwörung wurde von den argwöhnischen Nachbarn auch Nehemias Taktik der systematischen Steigerung des Bevölkerungszuwachses seiner Stadt angesehen. Nehemia scheute nicht davor zurück, Familien aus Städten und Dörfern Judas zu verpflichten, nach Jerusalem umzuziehen. Das Umland war ihm von zweitrangiger Bedeutung. Ihm lag allein die Stärkung Jerusalems am Herzen. Die Stadt sollte zum Zentrum der Region werden – wobei Nehemia auch daran dachte, daß sich die Hauptstadt der Provinz Jehud zum wirtschaftlichen Faktor entwickeln könnte. Der Handel im Bereich der Ostküste des Mittelmeers wurde damals von den Phöniziern beherrscht, die enge Kontakte zu den griechischen Marktstätten unterhielten. In Phönizien hatten sich bereits griechische Händler niedergelassen, die darauf warteten, ihren Ein-

fluß auszudehnen. Nehemia hat sicher die Komplikationen nicht vorausgesehen, die bald aus der Begegnung mit der griechischen Kultur entstanden. Ihm lag allein die wachsende Kraft seiner Stadt im Sinn. Um Jerusalem bedeutend zu machen, fehlten vor allem noch Menschen. Nehemia lockte sie an.
Besonders erfolgreich war seine Werbeaktion, die Männer ansprach, die sich zur Heirat entschlossen hatten: Waren sie bereit, künftig in Jerusalem zu wohnen, wurden sie durch Gold belohnt.
Nicht sicher zu belegen ist, daß Nehemias Feinde erfolgreich waren mit ihrer Denunziation beim persischen König. Sicher ist, daß der Statthalter im 32. Amtsjahr des Königs Artaxerxes nach Babylon gerufen wurde (Nehemia 13,6). Die Überlieferung hält ausdrücklich fest, daß Nehemia seinen Herrn darum bitten mußte, wieder nach Jerusalem zurückkehren zu dürfen. Als er wieder in der Stadt eintraf, fand er Grund zu Wutausbrüchen. Da war es einem Mann, der Tobia hieß – den der Schriftgelehrte Esra mit der verächtlich gemeinten Bezeichnung »der Araber« belegte – gestattet worden, eine Kammer in den Nebengebäuden des Tempels zu beziehen. Tobia war Angehöriger einer reichen und politisch mächtigen Familie im Ostjordanland. Der Priester Eljaschib, ein Verwandter des Tobia, hatte diesem die Unterkunft gewährt. Seltsam war diese Affäre deshalb, weil Tobia, »der Araber«, zu denen gehörte, die Nehemias Wirken zu hintertreiben versuchten. Nehemia handelte entschlossen: »Ich warf den gesamten Hausrat des Tobia aus der Kammer hinaus.«(13,8)

Nehemia war besonders enttäuscht darüber, daß wenige Monate seiner Abwesenheit genügt hatten, um die Verwaltung von Tempel und Staat in Unordnung zu bringen. So war die Kontrolle der Steuerabgaben vernachlässigt worden. Nehemia griff durch: Er verordnete Steuernachzahlungen.
Die zweite Amtszeit des Statthalters Nehemia begann mit seiner Rückkehr aus Babylon im Jahre 422 v. Chr., wie lange diese Amtszeit dauerte und wer auf Nehemia folgte, bleibt im dunkeln.
Eine archäologische Entdeckung wirft ein knappes Schlaglicht auf Entwicklungen in Jerusalem, die durch keine alttestamentarische Textquelle zu belegen sind. Auf der Nilinsel Ele-

phantine bei der heutigen Stadt Aswan wurden Papyrusstreifen entdeckt, die Schreiben an jüdische Söldner enthielten, die dort bei ägyptischen Truppen in Dienst standen. Sie wurden aufgefordert, ihrer Heimatstadt Jerusalem zu helfen. Der Tempel sei bei einer neuerlichen Besetzung der Stadt durch Ägypter beschädigt worden und müsse dringend ausgebessert werden.

Daß ägyptische Verbände offenbar wieder bis Jerusalem hatten durchstoßen können, zeugt von Anzeichen der Schwäche Persiens und vom Wiedererstarken des Nillandes – wenn dies auch nur eine vorübergehende Erscheinung war. In den biblischen Texten wird diese Entwicklung allerdings nicht erwähnt. Zu Beginn des vierten Jahrhunderts hielt der Prophet Joel fest, die Stadt sei von Bauern und Hirten bewohnt. Die Menschen glaubten an Jahwe und lebten in Frieden. Sie seien verschont von Wirren und Unruhe. Kein weiteres dokumentarisches Zeugnis hellt das Dunkel auf, das Jerusalems Geschichte umhüllt in der Zeit zwischen dem Wirken von Esra und Nehemia und dem Einbruch Alexanders des Großen in den Raum der Ostküste des Mittelmeers. Dessen Siegeszug ist aber dokumentiert.

Alexander der Große –
»Er hat Festungen erobert und Könige ermordet«

Die Gefahr war in Persien frühzeitig erkannt worden: Zweimal hatten persische Heere (490 und 480 v. Chr.) versucht, die Bedrohung aus dem Land der Griechen schon im Ansatz auszulöschen – ohne Erfolg. Zum Glück für Persien gerieten die griechischen Stadtstaaten untereinander in Streit: Athen und Sparta waren in den Peloponnesischen Krieg verwickelt. In der Mitte des 4. Jahrhunderts v. Chr. gelang Philipp II. von Makedonien die Kampfkraft jener Region zu vereinigen. Jetzt erst drohte Persien wirklich Gefahr.
Vorbereitet war die Aggression der Griechen durch wirtschaftliche Expansion. Den Boden für Eroberungen hatten jene griechischen Händler bereitet, die sich in den Hafenstädten an der

Ostküste des Mittelmeers niedergelassen hatten. Andeutungen im Buch Nehemia (13,16) lassen den Schluß zu, daß griechische Kaufleute selbst im eben wiedererstehenden Jerusalem Geschäfte abschließen konnten. Diese fremden Unternehmer führten eine Neuerung auf dem Markt der Stadt ein: Sie handelten sogar am Sabbat mit ihren Waren – zu denen auch Fische gehörten, eine verderbliche Ware, die keinen Tag liegenbleiben durfte. Nehemia selbst habe eingegriffen, um diese Entweihung des Sabbattages durch die fremden Kaufleute zu beenden: »Sobald es bei Sabbatbeginn dunkel wurde über Jerusalem gab ich Befehl, die Tore zu schließen. Erst nach dem Sabbat durften sie wieder geöffnet werden. Die Wachmänner an den Toren wurden angewiesen, während des Sabbattages keine Waren nach Jerusalem hereinzulassen.« (Nehemia 13,19) Derartiger Widerstand der traditionell orientierten Kreise, der wohl nicht auf Jerusalem beschränkt blieb, ließ den Handel der Griechen in den östlichen Ländern erlahmen. Eckart Otto erwähnt in seiner wissenschaftlichen Arbeit über die Geschichte Jerusalems, griechische Warenproduktion und griechischer Handel hätten im gesamten Orient während des vierten Jahrhunderts unter einer Rezession zu leiden gehabt. Der Feldzug, den Alexander vom Jahre 334 v. Chr. unternommen habe, sei ausgelöst worden vom Willen, die Handelsmärkte für griechische Waren und griechische Händler zu sichern.
In Makedonien begann der Feldzug, dort, wo Europa und Kleinasien zusammenstoßen. Überraschend schnell gelang es Alexander, die Perser aus dem Gebiet der heutigen Türkei zu vertreiben. Dem Ansturm der griechischen Reiterheere waren die persischen Verteidiger nicht gewachsen. Dazuhin wandte Alexander eine völlig neue Strategie an: Seine Absicht war nicht die Verfolgung des fliehenden Feindes und des geschlagenen persischen Königs. Er ließ sich nicht von den Unterlegenen den Kriegsverlauf diktieren. Er überließ sie ihrem Schicksal und hastete weiter. Alexander verfolgte seine eigenen Ziele, und er packte sie mit jugendlicher Sprunghaftigkeit an. In dieser Unberechenbarkeit steckte ein Geheimnis des Erfolgs. Nach der Schlacht bei Issos im nordöstlichen Winkel der Mittelmeerküste, 333 v. Chr., wandte er sich nach Süden. Er führte seine Reiter parallel zur Küste und gelangte nach Tyrus. Diese Ha-

fenstadt gehörte zu den wichtigsten Konkurrenten der griechischen Handelszentren.
Da Tyrus auf einer Insel lag, waren die Bewohner überzeugt, ihre Stadt sei uneinnehmbar. Zumindest glaubten sie, die Verteidigung hinziehen zu können, bis Hilfe aus dem mit Tyrus verbündeten Karthago eintraf – auch diese wirtschaftlich starke Stadt in Nordafrika war von Phöniziern gegründet worden. Doch die Hoffnung auf Bewahrung der Unabhängigkeit erstarb in Tyrus, als es den Belagerern gelang, einen Damm aufzuschütten, der über 800 Meter vom Festland zur Insel reichte. Im Juli 332 v. Chr. nahm Alexander die stolze Hafenstadt ein. Berichtet wird, fast 10000 der Verteidiger hätten ihr Leben verloren. Wer nicht umkam sei in die Sklaverei verkauft worden.
Sieben Monate lang war der ungeduldige Feldherr vor Tyrus aufgehalten worden. Jetzt setzte er den Marsch in Richtung Süden fort. Unterwegs empfing Alexander Delegationen aus dem jüdischen Gebiet, die Unterwerfung anboten. Die Stadt Samaria soll dem erfolgreichen Griechen ein Truppenkontingent für den Vormarsch in Richtung Ägypten angeboten haben. Die Philisterstädte Ashkalon und Ashdod kapitulierten. Allein Gaza wehrte sich noch gegen den feindlichen Ansturm. Die Verantwortlichen dieses bedeutenden Warenumschlagplatzes wollten ihren Reichtum nicht im Feuer untergehen sehen. Durch Jahrhunderte hatten sie ihre Position am Ende der Weihrauchstraße halten können. Sie wußten, daß die Griechen ihnen nach einem Sieg keine Chance lassen würden, auch weiterhin Handel zu treiben. Die Verteidiger kannten ihren Vorteil. Die damalige Stadt Gaza lag auf einem Hügel, der hoch und steil war. Die Höhe der Belagerungstürme reichte nicht aus, um die Mauern vor Gaza zu erreichen. Alexander, der Meister des Blitzkrieges, verstand es offenbar auch Stellungskriege zu führen: Er befahl, daß eine flach ansteigende Rampe hinauf zur Mauer aufgeschüttet werde – nun konnte es gelingen, eine Bresche in die Befestigungen zu schlagen. Gaza war nicht mehr zu halten. Als die Stadt im September 332 v. Chr. in Alexanders Hände fiel, wurden die männlichen Bewohner umgebracht. Der Sieger belieferte mit den Frauen und Kindern die Sklavenmärkte in seinem Herrschaftsgebiet.
Das Alte Testament zieht im Ersten Buch Makkabäer (1,2) das

Fazit dieses Feldzuges: »Völker hat Alexander mit Krieg überzogen und vernichtet. Er hat Festungen erobert und Könige ermordet.«

Umstritten ist, ob Alexander der Große während dieser Zeit hinauf nach Jerusalem geritten ist. In seinem Geschichtswerk »Jüdische Altertümer« berichtet Josephus Flavius von einem Zusammentreffen mit dem Hohenpriester. Sicher ist, daß Jerusalem von Alexander dem Großen verschont worden ist.
Seine Ziele lagen im Osten. Er durchzog das Zweistromland von Euphrat und Tigris, die persischen Gebirge und Ebenen. Alexander erreichte den Indischen Ozean und im Norden die Stadt Samarkand. In Babylon fand das Leben des Eroberers im Jahre 323 v. Chr. sein Ende.
Um Alexanders Erbe stritten sich Verwandte und Generäle über Jahre hin. Während der Wirren des Erbfolgestreites wurde Jerusalem besetzt (312 v. Chr.) und wiederum mußten Bewohner der Stadt den Weg in die Gefangenschaft antreten – in Richtung Ägypten. Städte und Dörfer im gesamten Land wurden zerstört. In Alexandria, im Nildelta, aber formierte sich eine starke jüdische Gemeinde. Sie wurde bald die größte außerhalb des eigentlichen jüdischen Landes.
Wieder breitete sich Dunkel aus über die Geschehnisse in der Stadt. Keine Chronik ist erhalten geblieben. Angenommen werden darf, daß Jerusalem vom Hohenpriester einigermaßen autonom regiert wurde. Er und die Bewohner hatten nichts zu befürchten, solange sie Tribut an die jeweiligen Oberherren am Nil bezahlten.

Eine archäologische Entdeckung in der ägyptischen Oase Faijum aber reißt dieses Dunkel für einen bestimmten Zeitraum auf. Im Jahre 259 v. Chr. machte sich der Handelsagent Zenon in Alexandrien im Nildelta auf, um an der Ostküste des Mittelmeers die wirtschaftlichen Verhältnisse zu erkunden: Er sollte feststellen, welche Güter dieses Gebiets für die Märkte Ägyptens von Interesse sein könnten.
Zenon kam aus dem afrikanischen Teilstaat des einstigen Alexanderreiches. Der General Ptolemaios hatte sich dieses Gebiet gesichert – dem General Seleukos gehörten Syrien, das Land um Euphrat und Tigris, sowie Persien und Afghanistan. Ge-

trennt waren die Reiche der Ptolemäer und der Seleukiden durch die Region in der die jüdischen Gebiete, und somit auch Jerusalem lagen. Es ist deshalb durchaus möglich, daß der Handelsagent Zenon eben auch die politische Situation in Judäa und Samaria zu erkunden hatte.

Zenon hat den schriftlichen Bericht über seine Reise im Haus seines Altersruhesitzes in der Oase Faijum aufbewahrt. Bei Ausgrabungsarbeiten sind die Dokumente gefunden worden. Sie lassen erkennen, daß der Handelsagent vor allem Beziehungen zu Männern pflegte, die in der Verwaltung des Gebiets zwischen Mittelmeer und Jordangraben tätig waren. Jerusalem war ihm offensichtlich weniger wichtig. Dem Besuch in Jericho maß er mehr Bedeutung zu – in der Nähe der Stadt befanden sich die Asphaltvorkommen des Toten Meeres. Asphalt wurde in jener Zeit vor allem dafür gebraucht, Schiffsrümpfe abzudichten. Asphalt fand jedoch auch in der Medizin Verwendung – und in der Kunst der Konservierung von Mumien.
Der Handelsagent Zenon hatte auch Auftrag, die Art der Bewässerung der Plantagen von Jericho zu erforschen, die damals besonders fortschrittlich gewesen sein soll. Zenon studierte die Verwendung des Jordanwassers, um daraus Schlüsse zu ziehen für die bessere Nutzung des Wassers im Nildelta.
Von Jericho aus begab sich Zenon in das Bergland, das nach Rabba hinaufführte, zur heutigen Stadt Amman. In jenem Bergland befanden sich damals Weingärten. Besonders ergiebig waren die Ergebnisse der Reise des Zenon nicht. Dem Reisebericht ist vor allem zu entnehmen, daß Jerusalem damals noch immer eine unbedeutende Stadt war.

»Man errichtete eine Schule für Ringkämpfer« –
Der griechische Lebensstil wird Mode in Jerusalem

Daß sich die Stadt räumlich zwischen zwei griechischen Herrschaftsgebieten – den Reichen der Seleukiden in Syrien und Mesopotamien und der Ptolemäer am Nil – befand, konnte nicht ohne Auswirkungen auf Sinne und Verstand der Bewohner bleiben. Die größere Freiheit der einzelnen Persönlichkeit, wie sie in der ptolemäischen Stadt Alexandria gepflegt wurde, wirkte ansteckend.

Alexandria unterschied sich schon im äußeren Erscheinungsbild von Jerusalem. Die Stadt im Nildelta war weitläufig und großzügig angelegt. Die Straßen waren breit und für Wagenverkehr geeignet. Die Häuser zeigten, daß die Bewohner wohlhabend waren: Daß sie mehrere Geschosse hatten, war durchaus üblich; reich verziert waren die Hauswände zur Straße hin. Jerusalem aber veränderte sich nur wenig. Die Stadt blieb ein länglicher enger Schlauch an einem Hügelabhang: Mühsam war der Aufstieg vom unteren Teil zum oberen Viertel. Für die Benutzung durch Wagen waren die Straßen nur im nördlichen Teil der Stadt geeignet. Nichts in Jerusalem war auf Bequemlichkeit angelegt; nichts diente der Lebensfreude.
Es konnte nicht ausbleiben, daß sich der Ruhm Alexandrias auch am Hügel bei der Gihonquelle ausbreitete. Da Jerusalem jedoch noch fest in der Hand der Traditionalisten war, die den Tempel als Wohnsitz Jahwes und als Mittelpunkt der Welt sahen, bestand zunächst kaum Hoffnung auf eine Veränderung der Lebensumstände. Die Starrheit der Stadtverwaltung, die vom Hohenpriester geleitet wurde, trieb viele der aufgeschlossenen Bewohner dazu, an Auswanderung zu denken. Sie wählten sich Alexandria als Wohnort.

Bald schon wuchs der Anteil der Menschen jüdischen Glaubens in der Metropole des Nildeltas weiter an. Die Ausgewanderten paßten sich den Gewohnheiten ihrer neuen Heimat an: Die Männer fanden Gefallen daran, Leibesübungen zu betreiben. Daß sie dazu ihre Kleidung ablegten, war ihnen bald selbstverständlich.
Die Briefe, die aus Alexandria in Jerusalem eintrafen, lösten Erstaunen aus. Da erfuhren Brüder von ihren ausgewanderten Brüdern, wie beglückend es sei, sich frei entfalten zu können. Die Familien in Jerusalem waren geprägt von der Aussage ihrer Priester und Schriftgelehrten, Nacktheit und Beschäftigung mit dem Körper sei sündhaft. Die jungen Menschen vor allem empfanden bald den Drang, die Sitten der Verwandten in Alexandria nachzuahmen. Im Ersten Buch Makkabäer (1,11 ff.) ist der Sinneswandel dokumentiert:

»Da gab es Leute in Jerusalem, die sprachen: »Wir wollen uns mit den anderen Völkern, die ringsum leben, gut vertragen. Unser Unglück ist immer dadurch entstanden, daß wir uns abgesondert haben. Dies wurde uns übelgenommen.«
Anpassung war die Parole der Zeit! Die jüngeren Männer in der Stadt waren überzeugt, daß Konflikte und Probleme durch Beharren in der Glaubenstradition entstanden sind. Die Hoffnung wuchs, die Übernahme der Sitten und Gebräuche der beherrschenden Kulturmacht werde dafür sorgen, daß Jerusalem nicht länger Ärgernis für andere Völker sein werde. So langsam entstand unter den Bewohnern eine Mehrheit für den Verzicht auf »alte Zöpfe«: »Der Vorschlag gefiel vielen sehr.« (Erstes Buch Makkabäer 1,12)
Die Stadtverwaltung gestattete schließlich die Einrichtung einer Sportstätte, in der vor allem Ringkämpfe veranstaltet wurden. Da dieser Sport meist ohne Kleidung ausgeführt wurde, war es offenbar manchem Teilnehmer unangenehm, daß er beschnitten war – und daß man ihm dadurch ansah, daß er in der jüdischen Tradition aufgewachsen war. Dem Beschnittenen war es peinlich, sich zu zeigen. Auf diesen Beweis der Zugehörigkeit zum jüdischen Glauben wollten viele verzichten: »Sie stellten sich die Vorhaut wieder her.« (Erstes Buch Makkabäer 1,15)
Bald schon war es für die jungen Leute eine Selbstverständlichkeit, sich wie die Griechen zu benehmen. Deren Kleidung und Lebensart wurden nachgeahmt; griechische Namen wurden üblich. Mancher bemühte sich, die Sprache der Griechen zu erlernen.
Es war die Zeit, da in Alexandria die Bibeltexte ins Griechische übersetzt wurden. Die jüdischen Bewohner, die den Bezug zur eigenen Sprache verloren hatten, wollten dennoch verstehen, was in den heiligen Büchern geschrieben stand. 70 Schriftgelehrte, so sagt die Überlieferung, seien von Jerusalem nach Alexandria gereist, um diese Arbeit zu überwachen. Das Werk wurde deshalb »Septuaginta« genannt. Es wurde auch bald in Jerusalem benützt.

Im Lande ringsum wurden Städte umbenannt: Rabba der Ammoniter wurde zu Piladelphia, Akko zu Ptolemais, Beth-Shean zu Skythopolis.

Ruhig war die Zeit nicht. Es ereignete sich, was viele Generationen zuvor der Prophet Daniel vorausgesagt hatte: »Es wird geschehen, daß viele gegen den König des Südens zu Felde ziehen. Gewalttätig werden sie sein. Der König aus dem Norden wird eine Stadt belagern, die stark befestigt ist. Die Männer des Südens halten nicht stand. Der Norden bemächtigt sich des gesamten Heiligen Landes.« (Daniel 11,14-16) Prophezeit wurde mit diesen Worten, daß die Herren am Nil in Bedrängnis gerieten.
Vorausgegangen war ein letztes Aufbäumen der ptolemäischen Herrschaft. Berichtet wird, im Jahre 219 v. Chr. habe Ptolemäus IV. eine Streitmacht von 70000 Kämpfern zu Fuß, 5000 Berittenen und 70 Elefanten mobilisiert zum Zug in Richtung des jüdischen Landes. Obgleich der Gegner keineswegs schwächer war an Kräften, zog er sich zurück aus dem Land zwischen Mittelmeer und Jordangraben. Der Sieger rückte in Jerusalem ein. Jubel herrschte bei denen, die immer Hoffnung auf die Ptolemäer gesetzt hatten. In der Stadt hatten sich längst zwei Parteien gebildet. Der Steuerpächter Josephus, eingesetzt von den Ptolemäern, vertrat die Position des Südens. Josephus gehörte zur reichen Familie der Tobiaden. Über einen der Angehörigen der Familie Tobia hatte sich 300 Jahre zuvor Nehemia geärgert, weil ihm Wohnrecht eingeräumt worden war in einer Kammer des Tempels. Die Sippe besaß ostwärts des Jordan reiche Güter – der Handelsagent Zenon hatte eine Generation zuvor Kontakt aufgenommen zu dieser Familie.
Die Gegenposition zu den Tobiaden als Freunde der Ptolemäer war ebenfalls prominent besetzt: Der Hohepriester führte diejenigen an, die auf einen Sieg der Herren des Nordens gehofft hatten.

Der Hohepriester und seine Parteigänger erwiesen sich auf Dauer als die Klügeren. Das Aufbäumen der ptolemäischen Herrschaft erlahmte – und auch ihr Steuerpächter Josephus begriff, daß die Seleukiden die Überlegenen sein dürften. Im Jahre 198 v. Chr. erstürmte das Nordheer die Befestigungen von Jerusalem, die von einer ptolemäischen Garnison verteidigt wurden. Die Bewohner, jetzt angeführt vom Hohenpriester, halfen den Kämpfern aus dem Norden. Sicher ist, daß damals der Tempel beschädigt wurde, da gerade dieses Stadt-

gebiet von den Ptolemäern besonders hartnäckig verteidigt wurde.
Für die Stadt lohnte sich der Einsatz auf der Seite der Seleukiden. Jerusalems Einwohner wurden für drei Jahre von allen Steuern befreit. Dem Hohenpriester gestattete der Seleukidenherrscher Antiochos III. die Einrichtung einer autonomen Regierung. Für die Juden insgesamt wurde dieses Zugeständnis als Erfolg bezeichnet. Jerusalem besaß wieder ein legitimes Oberhaupt – den Hohenpriester. Die Unabhängigkeit schien erreicht zu sein.

Ein Aufschwung setzte ein. Das Bauwesen blühte. Viele Gebäude, ganz besonders im Tempelbezirk, waren im Verlauf der Kämpfe beschädigt worden. Die Sieger bezahlten den Wiederaufbau. Gold kam ins Land – Gewerbe und Handel profitierten.
Obgleich die Sippe des Hohenpriesters in ptolemäischer Zeit auch Neigung zum freieren Leben der Griechen bewiesen hatte, besann sich der damalige Amtsinhaber Simon II. auf die Tradition: Er bat die Sieger um die Erlaubnis, Stadt und Land nach traditionellem Gesetz der Juden regieren zu dürfen. Das »Gesetzbuch der Väter« sollte für ganz Juda gültig sein. Die Sieger gaben dem Wunsch nach. Damit hatte Simon II. die Anerkennung der Autonomie für die gesamte jüdische Provinz erreicht.
Ausgrabungen beweisen, daß in jenen Jahren die Stadtmauern nicht nur verstärkt, sondern beachtlich ausgeweitet wurden. Jerusalem zerbrach den Rahmen, der seit Davids Zeiten den Kern der Ansiedlung bestimmt hatte. Während der Jahre vor der Katastrophe des frühen 6. Jahrhunderts v. Chr. – also vor der Zerstörung durch Nebukadnezar – hatte sich Jerusalem bereits auf die westlichen Hügel ausgedehnt. Dieser Zustand wurde zu Beginn des 2. Jahrhunderts v. Chr. wieder hergestellt. Vom Teich Siloa aus verlief die Stadtmauer nun weit nach Westen. Die »oberen Viertel« entstanden; sie nahmen an Fläche das Zehnfache der alten Davidstadt ein.
Der Grund für die Erweiterung ist darin zu suchen, daß sich die Anhänger des freieren, von den Griechen beeinflußten Lebensstils nicht mehr mit kleinen Häusern an engen Gassen begnügen wollten. Gebaut wurde jetzt nach Art der Stadtplanung von Alexandria. Steinhäuser mit zwei Stockwerken säumten nun

weite Plätze. Da gab es ein Haus der Stadtverwaltung und ein »Gymnasium« mit Bädern und Sportgelegenheiten.
Die Verwandlung der Stadt hatte politische und gesellschaftliche Folgen Die konservativ-jüdischen Kreise verloren mehr und mehr an Einfluß. Der traditionsbewußte Hohepriester Onias III. war von dessen Bruder Jason verdrängt worden. Er leistete der Ausbreitung griechischer Lebensart keinen Widerstand – im Gegenteil. Als Oberhaupt der Stadt beantragte er beim Seleukidenherrscher Antiochos IV. die Vollmacht, die Stadt umzubenennen in »Antiocheia in Jerusalem«. Die Namensänderung wurde huldvoll gestattet. Der Hohepriester Jason verwandelte Jerusalem in eine »Polis«, in eine selbstbewußte und selbstverwaltete Stadt. Der »Gott der Väter« aber war nicht mehr gefragt. Den Tempel besuchte kaum noch jemand.

Die Zugeständnisse, die der Hohepriester Simon II. im Jahre 198 v. Chr. den siegreichen Seleukidenherren abgerungen hatte, wurden nun, 23 Jahre später, durch freiwilligen Verzicht aufgegeben. Die Zeit war darüber hinweggegangen, daß der Inhalt der Heiligen Bücher, die Esra geordnet hatte, das Leben der Menschen in der Stadt bestimmte. Der Hohepriester selbst wollte nicht länger, daß sich die Regierenden am traditionellen jüdischen Recht orientierten. Verbunden mit dieser Neuordnung der legalen Basis für die gesamte jüdische Provinz war die Aufgabe des Anspruchs auf Autonomie. In der Zeit der Anpassung war sie sinnlos geworden. Judäa war künftig keine souveräne staatliche Einheit mehr. Der Tempel hatte seine politische Funktion als Mittelpunkt einer auf Gott ausgerichteten Staatsordnung verloren.
Die Konsequenz war, daß in der Polis »Antiocheia in Jerusalem« nicht mehr die Gebote des Mose das Zusammenleben der Bewohner prägte, sondern der Konsens der Oberschicht, die ihren Willen in gemeinsamen Beratungen festlegte. Ein Ansatz der Demokratisierung entstand – auch wenn er nur die wohlhabenden und angesehenen Bürger betraf. Die Mächtigen in Jerusalem waren jetzt die Grundbesitzer, Handelsherren und die aufstrebenden Handwerker – denen die jetzt griechisch orientierte Priesterschicht zur Seite stand, die keinen Wert mehr legte auf Opferrituale.

Im Zweiten Buch Makkabäer (4,12-14) ist die Empörung der Getreuen des Gottes der Juden zu spüren:
»Unmittelbar bei seinem Amtssitz richtete der Hohepriester Jason die Sportstätte ein. Wer dort hinging, der mußte eine griechische Kopfbedeckung tragen. Die Vorliebe für das Griechentum überstieg jegliches Maß. So geschah es auch, daß sich die Priester nicht mehr um den Altar kümmerten. Sie opferten nicht mehr und sie verachteten den Tempel. Auch die Priester ließen sich gern in der Sportstätte sehen, wenn dort das Scheibenwerfen angekündigt war.«
Im Abstand von jeweils fünf Jahren wurden in Tyrus sportliche Spiele veranstaltet, zu denen auch eine Mannschaft aus Jerusalem geschickt wurde – und eine große Zahl von Zuschauern.
Dem Seleukidenherrscher lag daran, in seinem Staat eine einheitliche Ideologie durchzusetzen, um dem politischen Gebilde Stabilität zu geben. Ihm war bewußt, daß der Konflikt mit Rom nicht mehr zu vermeiden war.
Die aufsteigende Macht hatte die Kontrolle über das westliche Mittelmeer errungen und war dabei, sich den Osten zu unterwerfen. Die ersten Schlachten hatten die Seleukiden bereits gegen die Römer verloren. Antiochos III. war schon verpflichtet gewesen, große Teile seines Staatsschatzes an die Sieger abzuliefern. Von dieser wirtschaftlichen Schwächung konnte sich das Reich, das sich von der Ägäis bis weit nach Persien hinein ausdehnte, nicht mehr erholen. Die Größe täuschte – der Seleukidenstaat war nur noch mit Mühe zusammenzuhalten.
Daß von der finanziellen Schwäche der Seleukidenherren auch Jerusalem betroffen war, davon zeugt eine Episode, die im Zweiten Buch Makkabäer erzählt wird:
»Ein Mann namens Simon aus dem Stamm Benjamin, der Tempelvorsteher war, geriet in Streit mit dem Hohenpriester, und er beschloß, seinem persönlichen Feind zu schaden.« Simon begab sich zu Apollonius, dem Befehlshaber der Seleukidentruppe im Bereich Jerusalem. Er erzählte dem General, in der Schatzkammer des Tempels von Jerusalem würden unvorstellbare Mengen an Gold und Silber aufbewahrt werden – der Reichtum der Tempelverwaltung sei gewaltig. Simon betonte, daß er, als Tempelvorsteher, Bescheid wisse über den Bestand der Schatzkammer.
General Apollonius wußte, daß es übel um die seleukidischen

Finanzen bestellt war seit Antiochos III. seine Schätze an die Römer hatte abliefern müssen. Er berichtete seinen Vorgesetzten von dem, was er vernommen hatte. Das Resultat war, daß ein hoher Reichsbeamter – er hieß Heliodor – nach Jerusalem reiste, um die Tempelschätze zu inspizieren und zu konfiszieren.

Heliodor suchte den Hohenpriester auf und sagte ihm, daß er den Auftrag habe, alle Bestände an Gold und Silber, die im Tempel lagerten, in die Hauptstadt des Seleukidenstaates zu überführen. Dagegen protestierte der Hohepriester sofort. Er wies darauf hin, daß ein großer Teil des Tempelschatzes dazu bestimmt sei, die Zukunft von Witwen und Waisen in Stadt und Umland abzusichern – ein ebenso großer Teil aber sei Eigentum des Hyrkanus, der als Sohn des Tobia, ein hochangesehener Mann sei. Der Hohepriester argumentierte, sowohl die Witwen und Waisen, als auch Hyrkanus dürften nicht durch Beschlagnahme ihres Eigentums geschädigt werden.

Heliodor aber ließ sich auf diese Argumentation nicht ein. Er setzte einen Tag fest, an dem die Schätze des Tempels von der Seleukidenverwaltung übernommen werden würden.

Rasch sprach sich in Jerusalem die Nachricht von der Beschlagnahme der Bestände der Tempelschatzkammer herum. Die Bewohner empörten sich – obgleich ihnen eigentlich Vorgänge, die das Heiligtum betrafen, längst gleichgültig waren. Sie strömten auf den Straßen zusammen und zeigten ihren Zorn. Viele, die schon lange nicht mehr gebetet hatten, schickten jetzt Bittgebete zum Himmel, der Allmächtige möge den Tempel vor Entheiligung und Verunreinigung bewahren. Von einem Tag zum anderen schlug die Stimmung um: Es war, als ob der Tempel nie aus dem Bewußtsein verdrängt worden sei. Das Heiligtum befand sich wieder im Zentrum der Aufmerksamkeit.

Zur festgesetzten Stunde betrat Heliodor die Schatzkammer des Tempels. Allein wollte er zunächst das Gold betrachten. Die Schatzkammer war dunkel, nur das Licht seiner Fackel fiel auf die Schätze. Was dann geschah, beschreibt das Zweite Buch Makkabäer so:

»Es erschien dem Heliodor und seinen Bewaffneten ein furchterregender Reiter. Sein Pferd war mit herrlichem Geschirr geschmückt. Es bedrohte Heliodor mit seinen Vorderhufen. Von

der Rüstung des Reiters ging ein strahlender Glanz aus. Neben Reiter und Pferd standen zwei junge Männer von kräftiger Gestalt. Sie schlugen auf Heliodor ein und versetzten ihm viele Hiebe. Plötzlich fiel Heliodor zu Boden. Man trug ihn hinaus – in hilflosem Zustand.« (3,24-28)
Der Reichsbeamte der Seleukidenherrscher soll Jerusalem als seelisch gebrochener Mann verlassen haben. Das Zweite Makkabäerbuch berichtet, der Tempelschatz sei nicht angerührt worden.
Während der nächsten Monate brachen bürgerkriegsähnliche Zustände aus in Jerusalem. Die Familie Tobia griff vom Ostjordanland aus nach der Macht in der Stadt. Der Hohepriester wurde aus dem Amt verdrängt. Er scharte Bewaffnete um sich und versuchte sein Glück in einem Staatsstreich. Antiochos IV. erfuhr von den Vorfällen und war der Meinung, »Antiocheia in Jerusalem« habe gegen seine Macht gemeutert. Auf dem Rückmarsch von einem Feldzug gegen die Ptolemäer in Ägypten, der nicht erfolgreich verlaufen war, nutzte Antiochos die Gelegenheit, die »Aufständischen« zu bestrafen:

»Mit Wut im Herzen brach er am Nil auf und eroberte Jerusalem mit Waffengewalt. Seine Haltung wurde durch das Ziel bestimmt, dieses jüdische Volk, das sich doch dreißig Jahre lang ruhig verhalten hatte, zu zähmen. Dies konnte nur durch brutale Gewalt geschehen. Seine Kämpfer hatten den Befehl, jeden zu töten, der sich ihnen entgegenstellte. Sie brachten auch manche um, die sich in die Häuser geflüchtet hatten. Männer und Frauen wurden ermordet. Jungfrauen und Säuglinge wurden hingeschlachtet; während der drei Tage des Mordens starben 80 000 Menschen. Genauso viele wurden in die Sklaverei weggeführt. Antiochos war damit noch nicht zufrieden. Er besaß die gottlose Frechheit, den Tempel des Herrn der ganzen Erde zu betreten. Mit eigenen unreinen Händen raffte er die goldenen und silbernen Geräte des Gottesdienstes weg.« (Zweites Buch Makkabäer 5,11–16) Dieses geschah im Jahre 169 v. Chr.

Obgleich der Bibeltext nicht darauf hinweist, ist anzunehmen, daß das Gemetzel nicht in den Stadtteilen stattfand, die schon durch ihr Aussehen anzeigten, daß dort griechisch orientierte Familien lebten. Antiochos IV. wollte sicher nicht seiner Stadt

»Antiocheia in Jerusalem« schaden. Der Überfall galt der unteren Stadt und den Menschen, die sich nicht der griechischen Lebensart anpassen wollten.
Die Gouverneure, die Antiochos IV. über Jerusalem und Juda einsetzte, hatten nur den einen Auftrag, das Volk auszuplündern. Dabei konnten die Beauftragten der Seleukiden durchaus auf Unterstützung durch progriechische Schichten rechnen. Schließlich brach wirklich der Bürgerkrieg aus: Jerusalem schien in Wirren unterzugehen.
Zu Beginn des Jahres 167 v. Chr. erlebten die Bewohner wieder einmal den Aufmarsch fremder Truppen vor ihrer Stadt. Der Seleukidengeneral Apollonius ließ Lager bauen für seine Streitmacht von 22 000 Mann. Er verkündete, er sei gekommen, um der Stadt Frieden zu bringen. Am Sabbat aber, als die traditionell orientierten Bewohner von Jerusalem ruhten, gab General Apollonius den Befehl zum Angriff gegen die Stadtteile, die sich an die Sabbatruhe hielten. Da dort niemand mit einer kriegerischen Aktion gerechnet hatte, waren die Mauern und Türme unbesetzt, blieben die Tore geöffnet. Die Seleukidentruppe drang ein und keiner leistete Widerstand. Bewohner, die neugierig geworden, sich durch den Lärm in ihrer Sabbatruhe stören ließen und aus den Häusern traten, wurden niedergestochen. Das Zweite Buch Makkabäer, das von diesem Überfall berichtet (5,24 ff.), nennt keine Zahl der Opfer, gibt jedoch an, daß sehr viele Menschen umgekommen seien.
Als der alte Teil von Jerusalem fest in seleukidischer Hand war, dekretierte Antiochos IV. das Verbot der jüdischen Religion. Verordnet wurde, daß im Tempel Zeus anzubeten sei. Nicht länger gestattet waren die Beschneidung und die Beachtung der Gebote, die Speisen betrafen. Abgeschafft wurde der Sabbat als Feiertag. Wer sich nicht daran hielt, der mußte mit seiner Hinrichtung rechnen – ebenso, wer sich weigerte, Schweinefleisch zu essen.

Diejenigen, die entsetzt waren über die Vorschriften, die Antiochos IV. erlassen hatte, erinnerten sich an die Visionen des Propheten Daniel, der zur Zeit der »Babylonischen Gefangenschaft« als vornehmer Jude am persischen Hof gelebt hatte. Die Prophezeiung des Daniel, 400 Jahre früher verkündet, gab Trost:

»Ein König schickt seine Krieger, sie entweihen den Tempel, sie verbieten das Opfer, sie stellen ihre greulichen Götzenbilder auf. Viele macht er abtrünnig vom rechten Glauben. Er schmeichelt ihnen. Viele aber bleiben im rechten Glauben. Eine Zeitlang aber haben sie zu leiden unter Schwert und Feuer, durch Gefangenschaft und Qual. Manche werden straucheln. Geprüft werden die Rechtgläubigen. Sie werden gereinigt bis zur Endzeit, denn noch ist der Tag ihres Anbruchs nicht bestimmt.« (Daniel 11,31-35)
Wer zu leiden hatte unter der Seleukiden-Aktion des Jahres 167 v. Chr., der fand sich durch diese Worte erleichtert, denn er gehörte zu denen, die geprüft und gereinigt wurden.

*Der Tempel als Bordell –
Die Griechen »modernisieren« Jerusalem*

Das politische Ergebnis dieser Strafaktion des Seleukidenherrschers war, daß die griechisch orientierte Partei unbestritten die Stadt beherrschte. Opfer des Massakers waren vor allem Anhänger des traditionellen Glaubens, die an Jahwe festhalten wollten. Ein Schlaglicht auf den eigentlichen Zweck des Einmarsches wirft eine kurze Textstelle des Zweiten Buches Makkabäer (5,27): Da hatte sich ein Mann in der Stadt aufgehalten, der eine »Gruppe von zehn Männern« anführte, die sich darauf vorbereitete, Guerillakrieg gegen die Griechen und ihre Freunde zu führen: » Es war Judas, auch Makkabäer genannt.« Noch während General Apollonius der griechischen Partei durch Gewalt Respekt verschaffte, entwich die Guerillagruppe des Judas aus Jerusalem. Die Männer verbargen sich in den Bergen.
Dieses Schlaglicht macht deutlich, daß durchaus nicht alle Bewohner der Stadt, und vor allem nicht des Umlandes, bereit waren, sich den Dekreten des fremden Herrschers zu, fügen. Antiochos IV. aber glaubte, seine Strafaktion hätte den gewünschten Erfolg gehabt – er nahm an, die Juden von Jerusalem seien jetzt bereit, den Glauben der Seleukidenherrscher anzunehmen. So meinte Antiochos, er sei seinem Ziel näher gekommen, auch das jüdische Volk einfügen zu können in die ideologische Einheit seines Staates. Sein Grundsatz hieß: Besaß

jeder Mensch des Reiches denselben Glauben, war sein Bewußtsein geprägt vom Gefühl, Untertan des Herrschers der Seleukiden zu sein. Diese Solidarität – so meinte Antiochos – schweiße alle zusammen und mache sie bereit zum kommenden Abwehrkampf gegen die aufsteigende Großmacht Rom. So sollten eben auch die Juden ideologisch gerüstet sein für den Konflikt, der über das Schicksal der Seleukidendynastie entscheiden würde.
Ein Staatsbeauftragter für die Reform der religiösen Ausrichtung traf in Jerusalem ein. Seine Aufgabe war, darauf zu achten, daß in keiner noch so kleinen Kammer Jahwe gehuldigt werde. Er hatte den Verboten absoluten Respekt zu verschaffen. Seine Schnüffler brachen in jedes Haus ein und kontrollierten die Küchen, ob auch Schweinefleisch gekocht wurde. Wer ihnen nicht zu Willen war, galt als Staatsverbrecher.
Die erste praktische Maßnahme des seleukidischen Staatsbeauftragten war die Beschlagnahme des Tempeleigentums. Viele Schätze konnten sich dort während der Jahre, in denen die griechische Lebensart den Bewohnern von Jerusalem immer faszinierender geworden war, nicht angesammelt haben. Die Reichen hatten ihr Gold nicht für den Tempel ausgegeben, und die Armen besaßen nichts, das sie hätten spenden können. Doch der Staatsbeauftragte fand offenbar einige Gegenstände, die es wert waren, beschlagnahmt zu werden. Sobald die wenigen goldenen und silbernen Gerätschaften aus dem Tempel weggetragen waren, überprüfte der Staatsbeauftragte, ob tatsächlich nur noch die Götter Zeus und Dionysos im Tempel verehrt wurden. Aus Rücksicht auf die Gefühle der Juden gab der Beauftragte dem Gott Dionysos noch die Bezeichnung »Sabaios« – ein Zugeständnis: Der Name erinnerte an »Zebaoth«.

Auf dem Altar des Tempels wurden fortan, nach griechischem Brauch, Schweine geopfert. Für die Bewohner, die noch immer an Jahwe glaubten, war dies die schlimmste Beleidigung, die ihnen widerfahren konnte.
Das Zweite Buch Makkabäer (6,4) informiert über die Zustände, die unmittelbar nach dem »Glaubensumsturz« im Tempel herrschten: »Zügellosigkeit brach aus im Heiligtum und Ausschweifung. Es war durchaus üblich, daß man sich dort mit Dir-

nen belustigte. Man konnte sich im Tempel mit Frauen einlassen.« Die freie Lebensart machte es möglich, daß sich der Tempel in eine Art Freudenhaus verwandelte.
Mit Brutalität wurde die Teilnahme der Bewohner an den Zeremonien für Zeus und Dionysos-Sabaios erzwungen. Es herrschte Anwesenheitspflicht. Am Tag des Dionysos hatte jeder mit einem Efeukranz auf dem Kopf zu erscheinen und sich jubelnd in den Festzug einzuordnen. Wer es wagte fernzubleiben, der mußte damit rechnen, umgebracht zu werden.
Festzustellen ist, daß damals im Jahre 167 v. Chr. zum erstenmal in der nachweisbaren Geschichte eine systematische und organisierte Verfolgung glaubensbewußter Juden stattfand.
Das Zweite Buch Makkabäer gibt konkret Fälle konsequenter Tötung aus Glaubensgründen an: Zwei Frauen wurden von der Stadtmauer gestürzt, weil sie es gewagt hatten, ihre Söhne beschneiden zu lassen. Eine Gruppe von Jahwe-Anhängern hatte sich in einer Höhle bei der Stadt getroffen, um Sabbat zu feiern. Die Männer wurden aufgespürt, verhaftet, gefoltert und verbrannt. Um den Sabbattag nicht zu entheiligen, hatten sie bei der Entdeckung keine Flucht versucht und sie hatten sich auch nicht gegen die Verbrennung gewehrt (Zweites Buch Makkabäer 6,10-11).
Die Mächtigen im Seleukidenstaat wollten deutlich machen, daß niemand glauben dürfe, die Welle der radikalen Veränderungen sei nur von kurzer Dauer und werde dann in eine tolerantere Phase einmünden. Der Herrscher stationierte eine Garnison in Jerusalem. Aus fernen Gegenden des Reichs trafen Elitetruppen ein. Für sie wurde eigens eine Kaserne gebaut: die »Akra«. Sicher ist, daß sie in den westlichen neuen Stadtteilen errichtet wurde, denn nur dort gab es genügend Platz für eine derartige Festung.
Wo sich die Akra allerdings genau befand, darüber diskutieren die Archäologen und Historiker. Eckart Otto schreibt in seiner historischen Untersuchung: »Mir ist die zur Zeit wahrscheinlichste Lösung die Lokalisierung der Akra im Bereich der heutigen Aksa-Moschee.«
Eine andere durchaus schlüssige Theorie vertreten Yohanan Aharoni und Michal Avi-Jonah. Sie sind der Meinung, die Akra habe sich genau in der Mitte zwischen dem Tempelberg und

der Oberstadt »Antiocheia in Jerusalem« befunden. Dort sei eine Anhöhe gewesen. Auf diese Lage deutet auch der Name »Akra« hin, er ist mit »die Hochgelegene« zu übersetzen.
Die Festung kontrollierte den Bereich von Stadt und Tempel. Da war kein Aufflackern des Widerstands gegen Zeus und Dionysos-Sabaios möglich. Die Bewohner von Jerusalem mußten sich fügen. Der Guerillaführer Judas, »auch Makkabäer genannt« – es ist das hebräische Wort für Hammer –, wußte, daß der Widerstand in der Stadt keine Chance hatte.
Die gnadenlose Brutalität der Griechen führte nicht zur Beruhigung der Situation, sondern trieb junge Leute, die sich über Unmenschlichkeit und Ungerechtigkeit empörten, zu den Guerillagruppen, die sich im Umland der Stadt bildeten. Die bäuerliche Bevölkerung erwies sich als widerstandsfähiger gegen die Einpflanzung des fremden Kultes – sie war auch weit leidensfähiger. Das Zweite Buch Makkabäer (7,1 ff.) beschreibt sehr detailliert, wie sieben Brüder, die sich weigerten, Schweinefleisch zu essen, in einer großen Pfanne gebraten wurden. Sie starben qualvoll. Ihre letzten Worte waren: »Seiner Knechte wird er sich erbarmen.«
Die Griechen schufen Märtyrer – und halfen damit der Guerillabewegung, die den anschwellenden Zorn der Bauern in den Dörfern zur Rekrutierung der Kämpfer ausnutzen konnte. »Judas, der auch Makkabäer genannt wurde, zog mit seinen Männern auf Nebenwegen von Ortschaft zu Ortschaft. Er sprach mit den Menschen. Viele besannen sich auf ihren Glauben und schlossen sich ihm an. Bald konnte Judas über 6000 Männer verfügen.« (Zweites Buch Makkabäer 8,1)

Judas gab seinen Kämpfern Selbstvertrauen durch seine überzeugende Rednergabe. Einfach war seine Sprache, wenn er seinen Männern sagte, die Griechen besäßen zwar Waffen, doch Gott stehe ihnen nicht bei. Jahwe aber habe den Bund geschlossen mit dem Volk der Juden, um es zu beschützen – wenn es an ihn glaube. So sei der Glaube an Jahwe die wirkungsvollste aller Waffen.
Judas, der Makkabäer, behielt recht: Seine Kämpfer besiegten überlegene Truppenverbände. Sein Ruhm stieg insbesondere nach dem Kampf an der »Steige von Bet-Horon«, die von Jerusalem hinunterführte in Richtung Lydda.

Die ersten Erfolge der Guerillas hatten bewirkt, daß die Freunde der Griechen in Jerusalem unruhig wurden. Angst befiel sie, auch ihre Stadt könne von den Männern des Makkabäers angegriffen werden. Um die Nervösen zu beruhigen, entschloß sich der Kommandeur der Garnison in der Akra, die Aufständischen in den bäuerlichen Gebieten zu vernichten. Er gab Befehl zum Abmarsch eines wichtigen Teils seiner Elitetruppe. Das Ziel war das flache Küstenland. Dort, im Dorf Modein, beim heutigen Flughafen »Ben Gurion«, befand sich das Zentrum des Widerstands.
Die führenden Köpfe der Partei der Griechen atmeten auf. Sie waren überzeugt, in wenigen Tagen schon würden die Berittenen nach Jerusalem zurückkehren – nach einem triumphalen Sieg über Judas den Makkabäer. Doch die Meldungen, die bald schon eintrafen, ließen Verzweiflung ausbrechen in der Stadt. Bei der »Steige von Bet-Horon« war die Elitetruppe von den Guerillas angegriffen und vollständig vernichtet worden. Wer von den Seleukidensoldaten überlebt hatte, war zur Küste geflohen. Nach Jerusalem kam keiner zurück.
Das Ergebnis dieser Schlacht war die Erkenntnis, daß Jerusalem vom Umland isoliert und von den Aufständischen eingeschlossen war. Die Guerillakämpfer des Judas kontrollierten die Zufahrtswege vom Tiefland nach Jerusalem. Ihr Vorteil bestand nicht nur darin, daß sie von starker religiöser Überzeugung motiviert waren, sie wußten auch ausgezeichnet über das Gelände Bescheid. Judas verfügte über Späher und Spione, die ihm Informationen über jede Truppenbewegung des Feindes lieferten.
Die Partei der Seleukidenfreunde begriff ihre schwierige Situation. Ihr Einfluß war allein auf die Stadt konzentriert. Verbündete waren höchstens in den Küstenstädten am Mittelmeer zu finden. Doch zu ihnen bestand keine Verbindung. Wer sich zu den Griechen bekannt hatte, der fühlte sich von der Großmacht im Stich gelassen. Wer die Lebensart der Griechen angenommen hatte, der begann zu bereuen, daß er Jahwe aufgegeben hatte. Im stillen fluchten viele auf Antiochos, den Herrn des Seleukidenreiches.

Ihm kam der Aufstand äußerst ungelegen. Antiochos IV. führte damals, im Jahre 165 v. Chr. eine Armee in Persien – er konnte sich nicht um Judäa und Jerusalem kümmern. Doch er durfte die Griechenfreunde nicht ihrem Schicksal überlassen, wenn er sein eigenes Ansehen im gesamten Reich nicht gefährden wollte. Er mußte einen fähigen Mann für die Aufgaben im Gebiet westlich des Euphrat suchen – und er war überzeugt, ihn im Feldherrn Lysias gefunden zu haben. Lysias wurde mit den notwendigen Mitteln ausgestattet, um eine schlagkräftige Armee aufstellen zu können. Sie wurde in Emmaus zusammengezogen. Dieser Ort lag zwei Tagemärsche westlich von Jerusalem.

»Die Losung lautet: Mit Gottes Hilfe!« –
Der Tempel wird wieder geweiht

Bei Mizpa, nahezu in Sichtweite von Jerusalem, das südlich dieses Ortes lag, verbargen sich Judas der Makkabäer und seine Guerillakämpfer. Sie warteten ab, was der Gegner unternehmen würde. Sie benahmen sich mit Absicht unvorsichtig, denn Judas wollte, daß sie entdeckt würden. Bald darauf waren Reiter aus der Akra unterwegs nach Emmaus, um das dort bereitstehende Seleukidenheer nach Jerusalem zu geleiten.
Die Befehlshaber des Lagers in Emmaus entschieden, daß sich zunächst nur ein Teil der Truppe in Richtung Jerusalem auf den Weg machte. Rund 5000 Fußsoldaten und 1000 Reiter marschierten ab.

Als Judas der Makkabäer erfuhr, daß der Gegner seine Armee geteilt hatte, erkannte er die Chance für den Erfolg. Bei Nacht verließen die Guerillas das Versteck von Mizpa und schlichen nach Emmaus – es mögen ungefähr 3000 Männer gewesen sein. Beim ersten Lichtschein im Osten fielen die jüdischen Kämpfer voll Entschlossenheit über das Lager der Seleukiden her. Die Überraschten fanden sich nicht zu ihrer gewohnten Schlachtordnung. Die meisten waren ohne Waffen. Kopflos rannten sie umher. Den Rufen der Kommandeure folgten sie nicht. Sie wurden zur leichten Beute der Guerillas. Panik entstand. Viele glaubten an Rettung durch Flucht in Richtung Westen. Erst bei der Festung Geser konnten sie sich wieder formieren. Dort

wollten sie Judas und seine Männer erwarten. Der aber handelte klug: Er brach die Verfolgung ab. Seine Männer waren Guerillakämpfer. Sie beherrschten die Regeln der Feldschlacht nicht. Vor der Festung Geser wären sie vernichtet worden.
Inzwischen hatten die 6000 Seleukiden, die unterwegs waren nach Jerusalem, Mizpa erreicht, das Dorf, bei dem Judas und seine Leute ihr Lager gehabt hatten. Der Seleukidenverband hatte den Auftrag gehabt, auf dem Weg nach Jerusalem die Guerillas auszuräuchern. Sie trafen bei Mizpa ein völlig leeres Lager an. Darauf hin kehrten sie in Eile zurück nach Emmaus, um dort das eigene Lager von Flammen verzehrt zu sehen. Ohne Nachricht vom Schicksal der Verbände zu erhalten, die in Emmaus nun offenbar aufgerieben worden waren, ritten die 6000 weiter zur Küste. Die Vernichtung der Aufständischen war mißlungen.
Apollonius, der Seleukidenfeldherr, war während dieser Kämpfe getötet worden. Judas gebrauchte fortan bis an sein Lebensende das Schwert dieses Gegners.
Lysias, der Bevollmächtigte des Antiochos IV. wollte diese Niederlage nicht hinnehmen. Noch im selben Jahr 165 v. Chr. kam er mit starken Reiterverbänden erneut ins Bergland herauf, wurde aber erneut vom taktisch geschickt operierenden Judas geschlagen. Lysias mußte sich wieder zur Küste zurückziehen: Auch diesmal verzichtete der Makkabäer auf die Verfolgung. Er rief seine Männer zusammen und sagte ihnen, daß er entschlossen sei, nach Jerusalem hinaufzuziehen, um die Stadt in Besitz zu nehmen. Vor allem aber gelte es, einen Auftrag Jahwes zu erfüllen: Er verlange, daß der Tempel gereinigt und wieder geweiht werde. »Die Losung lautet: Mit Gottes Hilfe.« Die Guerillakämpfer folgten ihm begeistert. Alle waren überzeugt, Jahwe werde ihnen Zutritt zur Stadt verschaffen.

Tatsächlich gelang es ihnen, in den Tempelbezirk einzudringen. Damit war ihr Ziel erreicht. Große Teile der Stadt und die Festung Akra aber blieben weiterhin im Besitz der Griechenfreunde. Die Teilung der Wohngebiete störte Judas zunächst nicht, denn die Stadt selbst war ihm eher gleichgültig. Er empfand sie als fremdartig. Er stammte aus einer Bauernfamilie, die sich der Stadt der Griechen ferngehalten hatte. Die »Greuel«, die dort begangen wurden, kannten die Familienglieder zwar nur aus Erzählungen derer, die es gewagt hatten, den »Ort der Frevel« zu betreten, doch sie waren überzeugt, die Bewohner seien Jahwes Zorn verfallen. Den Guerillaführer Judas erschütterte, was er im eroberten Tempel erblicken mußte:

»Das Heiligtum war verwüstet, der Altar mit Schmutz überzogen, die Tore verbrannt. Gestrüpp war gewachsen in den Höfen. Wer dies sah, der glaubte, er befinde sich in einem Dickicht auf den Hügeln vor der Stadt.« (Erstes Buch Makkabäer, 4,38)

Der Anblick machte Judas und seine Männer zunächst ratlos: »Sie warfen sich zur Erde nieder, zerrissen ihre Kleider und bestreuten sich mit Asche aus dem Heiligtum.« Dann aber mußte gehandelt werden. Doch da stellten sich Probleme für die Guerillas, die Kämpfer, aber keine Schriftgelehrten waren. Judas der Makkabäer entstammte zwar einer Familie, deren Männer durch Geburtsrecht dem niederen Priesterstand angehörten, doch er fühlte sich nicht berechtigt zu entscheiden, wie – nach dem Gesetz – mit einem entweihten Opferaltar umzugehen sei. Um »vor Jahwe« keinen Fehler zu begehen, ließ er den Altar abtragen und die Steine an abgesonderter Stelle aufbewahren, »bis der Schriftgelehrte zu ihnen stoße, der über die Verwendung der Steine eine Entscheidung treffen könne.« (Erstes Buch Makkabäer 4,46)

Den neuen Opferaltar baute Judas nach seiner Erinnerung. Er ließ ihn aus neu gebrochenen Blöcken errichten.

Mehr als zwei Jahre lang hatte kein Gottesdienst für Jahwe auf dem Tempelberg von Jerusalem stattgefunden. Jetzt aber stand das Heiligtum wieder dem Gott des Bundes als Wohnsitz zur Verfügung. Judas der Makkabäer und seine Männer feierten die Neuweihe des Tempels acht Tage lang mit »Zither, Harfe und Zimbel«.

Seit jenen Tagen gedenkt das jüdische Volk in jedem Jahr des glücklichen Ereignisses, das im frühen Winter des Jahres 164 v. Chr. stattgefunden hat, durch das »Tempelweihfest« (Chanukka).

Von der benachbarten Festung aus waren die Feierlichkeiten zu beobachten. Die Akra war das Bollwerk der Griechenpartei in Jerusalem – das Symbol der freieren Lebensart. Die Seleukidengarnison in der Akra war stark. Judas mußte damit rechnen, daß die Kämpfer seine Guerillas überfielen. Überheblichkeit gegenüber der Griechentruppe durfte nicht den Verstand beherrschen. Judas der Makkabäer verwandelte rasch auch den Tempelbereich in eine Festung. Lücken im Mauerwerk wurden geschlossen. Bald standen zwei steinerne Blöcke einander gegenüber. Beide waren trutzige Wahrzeichen gegensätzlicher Weltauffassungen zwischen denen es keine Versöhnung geben konnte. Keine Seite aber war stark genug, den Gegner zu besiegen. Die Makkabäer wollten an das Kräftegleichgewicht zunächst nicht glauben:

Judas ließ die Akra angreifen, doch seine Guerillakrieger fanden keinen Zugang. Die Verteidiger hielten sich die Angreifer vom Leibe.
Die Bewohner der neuen Viertel im Westen der einstigen Davidstadt waren sich bewußt, daß ihr Schicksal von der Standhaftigkeit der Seleukidengarnison abhing. War die Akra erst gefallen, scheuten wohl die Mächtigen im Seleukidenstaat noch einmal Anstrengungen zu unternehmen, um die Stadt »Antiocheia in Jerusalem« für das Reich zu retten. Daß die Finanznot des Staates durch Tributzahlungen an Rom immer größer wurde, war den Griechenfreunden bekannt. Daß sie sich auf Dauer der falschen Partei verpflichtet hatten, war ihnen bewußt.
Der Überraschungserfolg des Judas bei der Eroberung des jüdischen Heiligtums blieb nicht unbemerkt im seleukidisch beherrschten Land. Die jüdischen Bewohner freuten sich – ihre Gegner aber waren erst verblüfft, reagierten dann aber aus dem Gefühl des Neids heraus: Sie mißhandelten und töteten Juden, die bei ihnen lebten. Derartige Judenverfolgungen geschahen im Bereich der Stämme ostwärts des Jordan, aber auch in Tyrus und Sidon. Judas fühlte sich an seiner Ehre gepackt. Sein Ansehen stand auf dem Spiel – wurden Juden wegen seines Aufstandes umgebracht, dann fiel die Schuld auf ihn. Er mußte zunächst seine wichtigste Aufgabe darin sehen, die bedrohten Juden zu retten. In Kommandoaktionen holten die Guerillas über 100 Familien in die Jerusalemer Tempelfestung. Wieder war im Tempel ein Triumph zu feiern.
Antiochos IV. starb im Jahre 163 v. Chr. in Persien. Sein Nachfolger Antiochos V. war darauf bedacht, dem allgemeinen Pre-

stigeverlust der Seleukiden entgegen zu wirken. Gegen den eigentlichen Grund der Aushöhlung des Ansehens gab es kein Heilmittel: Rom verlangte regelmäßige Tributzahlungen in steigender Höhe. Der Seleukidenherrscher mußte sich Existenzrecht und Handlungsfreiheit in seinen Reichsgebieten durch Ablieferung von Gold und Silber erkaufen. Finanzieller Spielraum blieb für die Staatsführung kaum noch. Antiochos V. hatte seinen Getreuen wenig zu bieten.
Trotz der Notlage in der Finanzkasse gab der Herrscher seinem Feldherrn Lysias den Befehl, erneut ein Heer zusammenzustellen, um der isolierten Stadt »Antiocheia in Jerusalem« zu helfen. Lysias, der aus bitteren Erfahrungen gelernt hatte, hütete sich diesmal mit Streitwagen, Reiterei und Kriegselefanten aus dem Küstenland durch die engen Bergtäler heraufzusteigen. Er umging mit seinem Truppenverband die »Steige von Bet-Horon« und rückte von Süden her gegen Jerusalem vor. Dort verlief der Anstieg gemächlicher.

Noch ein anderer Faktor begünstigte diesen Feldzug des Lysias: Zu diesem Zeitpunkt war die Versorgungslage der jüdischen Guerillas schlecht. Die Bauern in Judäa hatten, ihrer Glaubensvorschrift gemäß, ein Sabbatjahr eingelegt. Die Felder lagen allesamt brach. Da gab es keine Ernte. Die Kämpfer des Judas litten an Hunger und erwarteten geschwächt die unausweichliche militärische Auseinandersetzung. Sie glaubten dennoch an ihren Sieg, hatte ihre Führung doch den Bauern gestattet, dem Gesetz Jahwes entsprechend die Feldarbeit zu unterlassen. Gott mußte ihnen die Befolgung des Gesetzes honorieren. Die Guerillas gingen deshalb dem Kampf nicht aus dem Wege.

Im gehörigen Abstand von Jerusalem wollte Judas der Makkabäer den seleukidischen Vormarsch abfangen. Doch unaufhaltsam rückten die Reiter und die Elefanten vor. Das Gelände war übersichtlich. Da gab es keine Möglichkeit aus Wäldern und Buschwerk zuzuschlagen. Dem Feldherrn Lysias gelang, was er erhofft hatte: Er konnte den Haufen des Judas zur Feldschacht in offenem Gelände stellen. Etwa ein Dutzend Kilometer südlich von Jerusalem stießen die Verbände aufeinander. Diesmal fand Judas keine Taktik, die den Feind verwirrt hätte.

An einen Überraschungserfolg war nicht zu denken – in der Strategie der Feldschlacht waren die Guerillas nicht geübt. Sie kamen den Elefanten nicht bei, denen ihre indischen Antreiber zuvor Wein eingeflößt hatten. Die Elefanten trugen hölzerne Türme auf dem Rücken, in denen Bogenschützen saßen. Diese beweglichen Festungen entschieden den Kampf. Sie waren nicht von ihrem Weg abzubringen. Sie zertrampelten jeden, der sich ihnen in den Weg stellte. Hilflosigkeit wurde spürbar, als ein Bruder des Judas, ein wichtiger Unterführer, von einem Elefanten zerdrückt wurde beim Versuch, dem Tier das Schwert in den Leib zu stoßen. Erste Anzeichen der Feigheit waren auf der Seite der Makkabäer zu erkennen: Einzelne Kämpfer flohen nach Norden. Bald blieb allen kein anderer Ausweg, als die Flucht – an Jerusalem vorbei in die unwegsame Berglandschaft von Grophna.

Die Flucht hatte zur Folge, daß auch die Kämpfer, die zum Belagerungsring um die Akra gehörten, ihre Posten aufgaben und nach Norden entwichen. Jetzt herrschte Jubel in den Griechenvierteln der Stadt. Die Befreiungsarmee traf ein. Man beglückwünschte sich dazu, doch auf der richtigen Seite im Konflikt zu stehen – auf die Seleukiden war eben doch Verlaß gewesen! Die Griechenfreunde waren entschlossen, dem Makkabäerspuk ein Ende zu bereiten.
Doch die sofortige Besetzung des Tempelbereichs gelang nicht: »Lange Zeit belagerten die Seleukiden das Heiligtum. Türme mit Wurfmaschinen wurden aufgestellt und Feuerschleudern. Doch die Anhänger des Judas wehrten sich geschickt. Bald aber waren ihre Vorräte erschöpft. Auch die Besatzung des Heiligtums litt unter den Folgen des Sabbatjahres. Da blieben schließlich nur wenige Kämpfer beim Heiligtum zurück. Der Hunger hatte sie besiegt, und jeder versuchte, in seine Heimat zu entkommen.« (Erstes Buch Makkabäer 6,51-54)
Jetzt erst konnten die Entsatztruppen den Tempelbereich betreten. Lysias ließ die Befestigungsanlagen abreißen. Der Tempel war fortan wieder ungeschützt. Er wurde von den Siegern jedoch nicht entweiht.
Dann aber geschah das Wunder für die Juden, die ihrem Glauben treu bleiben wollten. Der Feldherr der Seleukiden bot Frieden an – und seinen eigenen baldigen Abzug. Der Grund für

den raschen Abmarsch war Mangel an Vorräten. Da die Ernte wegen des Sabbatjahres ausfiel, gelang es auch den Versorgungstrupps des Lysias nicht, Getreide, Gemüse und Fleisch bei den Bauern Judäas zu beschlagnahmen. Auch die Seleukiden litten an Hunger. Dazuhin waren im Hauptquartier des Lysias Nachrichten eingetroffen, seine Stellung am Hofe sei trotz des Sieges von Jerusalem gefährdet. Er mußte seine eigene Position im Staate verteidigen.

Die Notlage zwang den Feldherrn zu einem Zugeständnis. Er kam zu diesem Entschluß: »Ich will den jüdischen Gläubigen zugestehen, daß sie nach den Gesetzen ihrer Väter leben können. Sie sind nur deshalb in Erbitterung geraten, weil wir sie gezwungen hatten, ihre Gesetze aufzugeben.« (Erstes Buch Makkabäer 6,59)

Die hungernden Soldaten und der bedrängte Feldherr Lysias verloren keine Zeit in Jerusalem. Als die Traditionalisten versprachen, sie würden auf keinen Fall mehr den Tempel befestigen, sah Lysias keinen Grund mehr zu bleiben. Er gab den Soldaten, die wußten, daß sie im Küstenland über reiche Ernten verfügen konnten, den Befehl zum Abmarsch. Er selbst ritt auf direktem Weg nach Norden. Lysias hatte begriffen, daß das Seleukidenreich zerfiel und es gleichgültig war, ob ein Volk einen anderen Glauben hatte als der Herrscher. Lysias war von dem einen Gedanken angetrieben: Er wollte Nutzen aus dem Zerfall ziehen.

Über den hochverschuldeten Seleukidenstaat brach Unheil herein. Ein Bruderkrieg entflammte. Antiochos V. wurde getötet. Die Befreiungsbewegung des Judas konnte aus diesen Wirren deshalb keinen Nutzen ziehen, weil viele der bewährten Kämpfer ihren Kommandeur verließen – sie waren der Meinung, daß die geschwächten Seleukidenherrscher weitere Zugeständnisse machen würden. Das Ziel des Aufstands sei erreicht. Da Jahwe auch weiterhin im Tempel verehrt werden dürfe, sei weiterer Kampf unnötig. Ohnehin ging das Sabbatjahr zu Ende. Die Männer wurden wieder auf den Feldern gebraucht. Judas der Makkabäer aber war wütend über diese Entwicklung.

Der Feldherr Lysias war zwar abgezogen, doch noch immer befand sich eine seleukidische Garnison in Jerusalem. Die Akra war weiterhin ihre Bastion. Die Besatzung mußte vom Küsten-

land her versorgt werden, doch der Verbindungsweg über die »Steige von Bet-Horon« wurde von den Guerillakämpfern des Judas beherrscht. Um den Bestand der Garnison zu sichern, war es unbedingt nötig, die Wälder um diese Steige freizukämpfen. Dies versuchte im Jahre 162 v. Chr. der Seleukidengeneral Nikanor auf Bitten des Hohenpriesters, der Position gegen den Aufstand bezog. Nikanor führte seine Truppe behutsam an die Steige heran. Doch als der Weg in engen Serpentinen verlief, zog sich der Verband auseinander. Einer ritt hinter dem anderen. Darauf hatten die Kämpfer des Judas gewartet. Sie standen auf den steil aufragenden Felsen, die die Steige säumten. Sie warfen Steine auf die wehrlose Truppe des Nikanor. Deren Pferde scheuten. Die Reiter, die eine derartige Situation nicht gewohnt waren, brachen aus der Kolonne aus und wurden einzeln im Buschwerk niedergemacht. Der geschlagene und demoralisierte Nikanor erreichte mit Mühe vor seinen Verfolgern die Festung Jerusalem.
Kaum angekommen, begab er sich hinüber zum Tempeltor – schimpfend und fluchend, und schrie die Priester an, die auf den Vorplatz heraustraten, um ihn zu begrüßen: »Ich werde dieses Gebäude anzünden, wenn dieser Judas und alle, die mit ihm sind, mir nicht ausgeliefert werden!« (Erstes Buch Makkabäer 7,35)
Nikanor war entschlossen, die Schmach auszulöschen. Mit einem ausgeruhten Truppenverband ritt er wenige Tage später zum Tor der Akra hinaus und wandte sich erneut der »Steige von Bet-Horon« zu. Er war mit seinen Reitern noch keine zehn Kilometer von Jerusalem entfernt, da stürmten aus den Hügeln von Grophna im Norden die Kämpfer des Judas herunter. Die Überraschung gelang erneut. Von Pfeilen und Wurfspießen getroffen, stürzten die ersten der Seleukidenkämpfer zu Boden. Die anderen begriffen rasch, daß sie umzingelt waren. Der Weg zurück nach Jerusalem war ihnen abgeschnitten – dort stand in Schußweite die Front der Bogenschützen des Makkabäers. Es blieb den Kämpfern des Nikanor nur der Ausweg, nach Westen durchzubrechen. Beim Versuch, der Falle zu entkommen, wurde der Seleukidenfeldherr tödlich getroffen. Führungslos sprengten seine Reiter talabwärts zur Küstenebene. Der Truppenverband und selbst einzelne Gruppen hatten den Zusammenhalt verloren. Allein auf sich gestellt versuchte jeder die

rettende Festung Geser zu erreichen. Viele wurden Opfer von Bauern, die sich ihnen in den Weg stellten.
Zwar erzielte Judas der Makkabäer Erfolge, die dem Ansehen der Seleukidenherren schadeten, doch der Guerillaführer wußte, daß er mit Scharmützeln nach Art der Überfälle an der »Steige von Bet-Horon« zwar Feldherren und Kämpfer töten, aber keinen Krieg gewinnen konnte. Auf sich selbst angewiesen war die Aufstandsbewegung nicht fähig, einen durchschlagenden Erfolg gegen die Griechenfreunde in Jerusalem und ihre Verbündeten zu erzielen. Da kam nur eine Großmacht in Frage, die Hilfe bringen konnte: Rom.

»Den Römern und den Juden möge es gutgehen« – Judas der Makkabäer als Bundesgenosse Roms

Direkte und schnelle Unterstützung durch römische Legionen durfte Judas allerdings nicht erwarten. Fast 1000 Kilometer trennten Jerusalem von den Vorposten Roms in Kleinasien. Doch der Führer der Aufständischenbewegung hatte von den Stärken der Römer erfahren. Im Ersten Buch Makkabäer (8,1 ff.) ist sein Wissen um deren Militärmacht bewahrt:
»Judas hatte vom Ruhm der Römer erfahren. Es war ihm berichtet worden, daß sie gewaltige Heere besaßen und ihren Bundesgenossen treue Partner waren. Unverbrüchlich würden sie zu ihrer Freundschaft und zu ihren Verträgen stehen. Erzählt worden ist dem Judas von ihren ruhmreichen Kriegen und von ihren Heldentaten.«
Der biblische Text führt eine eindrucksvolle Liste der Länder und Könige an, die sich den Römern unterworfen haben. Sie seien die Herren über die Könige von nah und fern, deshalb herrsche Furcht vor ihnen. Wen Rom an die Macht bringen wolle, dem gelinge der Griff nach der Krone. Wen die Römer absetzen wollen, dem ginge die Krone verloren.
Dem Guerillakommandeur Judas erschien bemerkenswert zu sein, daß dieses Volk der Römer über sich selbst keinen König eingesetzt hätte; keiner der Römer hätte sich die Krone aufgesetzt; keiner habe sich einen Purpurmantel umgelegt. Eine Ratsversammlung bestimme über die Geschicke von Staat und Volk.

Judas der Makkabäer entschloß sich in seiner schwierigen Situation, Kontakt mit den Römern aufzunehmen und, wenn möglich, ein Bündnis mit ihnen abzuschließen. Er schickte zwei Männer in die Hauptstadt des Römischen Reiches mit dem Auftrag, die Römer zu veranlassen, »den Juden das Joch abzunehmen«, das die Griechen ihnen auferlegt hätten.
Das Erste Buch Makkabäer bemerkt ausdrücklich, »der Weg nach Rom sei sehr weit« gewesen. Die Reise hatte folglich auch sehr lange gedauert. Dann aber hatten die beiden Delegierten Gelegenheit, vor der Ratsversammlung in Rom eine Rede zu halten, deren Wortlaut in der alttestamentarischen Textquelle festgehalten ist:
»Judas Makkabäus und seine Brüder sowie das ganze Volk der Juden haben uns zu euch geschickt, damit wir ein Bündnis mit euch schließen. Wir möchten eine vertragliche Bindung mit euch eingehen. Tragt das Volk der Juden in die Liste eurer Freunde ein!« (Erstes Buch Makkabäer 8,20)
Diese Rede der Delegierten aus dem Volk der Juden, so berichtet der Bibeltext, sei mit Beifall aufgenommen worden. Die Ratsversammlung habe über das Bündnisverlangen abgestimmt und habe dann den folgenden Text eines Abkommens beschlossen:
»Den Römern und den Juden möge es gutgehen« zu Wasser und zu Land. Kein Feind möge sie bedrohen. Sollte aber dem Römischen Reich oder einem mit Rom Verbündeten Krieg drohen, dann wird das jüdische Volk an diesem Kampf auf Seiten Roms oder des Verbündeten teilnehmen. Diese Verpflichtung gilt für das gesamte Herrschaftsgebiet Roms. Das jüdische Volk verspricht, dem Angreifer weder Getreide, noch Waffen, Geld oder Schiffe zur Verfügung zu stellen. Für den Fall aber, daß jemand das jüdische Land angreift, wird das Römische Reich bereitwillig Waffenhilfe leisten. Rom wird den Feinden des jüdischen Volkes kein Getreide, keine Waffen, kein Geld und keine Schiffe zu Verfügung stellen. Rom wird seinen Verpflichtungen gemäß diesem Vertrag ohne Zögern nachkommen.«
Die Textquelle hält fest, die Regierenden Roms hätten dem Herrscher der Griechen sofort eine diplomatische Note geschickt mit der Drohung, wenn nicht das Joch gelockert werde, das die Juden bedrücke, sei dies ein Kriegsgrund: »Wir werden

ihnen Recht verschaffen durch militärische Aktionen zu Wasser und zu Land.«

Diese Drohung muß tatsächlich den noch Mächtigen der Seleukiden zur Kenntnis gelangt sein. Sie reagierten – doch nicht durch Nachgiebigkeit. Sie wollten ihre Chance nützen, noch ehe die Römer wirklich in der Lage waren, die Drohung wahrzumachen. Rückten die römischen Legionen an, durfte kein Feind im Rücken des angegriffenen Reiches stehen. Sie bemühten sich nun ernsthaft, der judäischen Aufstandsbewegung ein Ende zu bereiten.
Unmittelbar nach dem Tod des Generals Nikanor wurde General Bakchides zum Befehlshaber an der Südfront des Seleukidenstaates ernannt. Er übernahm in Jerusalem die Aufgabe, Judas und seine Guerillas zu jagen und zu vernichten. Berichtet wird, ihm seien dafür 20000 Kämpfer zu Fuß und 2000 Berittene zur Verfügung gestellt worden. Judas aber hatte nicht einmal ein Drittel dieser Streitmacht in den Bergen von Grophna versammeln können.
General Bakchides verließ Jerusalem in Richtung Norden und schlug sein Lager zehn Kilometer südlich der Berge von Grophna auf. Er entfaltete dabei seine gesamte Streitmacht vor den Augen der Aufständischen. Sie reagierten erschreckt. Viele verließen das Lager in den Bergen heimlich. Als Judas erkannte, daß sein Kampfverband zusammenschmolz, da verließ auch ihn die Zuversicht – »er wurde im Herzen sehr bekümmert«.
Der Kampf war nicht mehr zu vermeiden. Judas versuchte die Taktik anzuwenden, die schon mehrmals zum Erfolg geführt hatte: Er wollte den Feind auf die »Steige von Bet-Horon« abdrängen. Beinahe hätte Judas mit seiner Kampfmethode Glück gehabt, da geriet der rechte Flügel seiner Front in Bedrängnis und zerbrach schließlich. Im Durcheinander der Kampfsituationen wurde Judas getötet. Sein Leichnam wurde durch seine Brüder geborgen und im Dorf seiner Väter, in der Küstenebene, in Modein bestattet. Das Erste Buch Makkabäer (9,20-21) berichtet, der Tote sei »von ganz Israel« beweint und betrauert worden. »Der Held ist tot, der Retter Israels.« In Jerusalem aber wird die Zahl der Trauernden gering gewesen sein.
Glaubte General Bakchides, mit der Vernichtung des Lagers der Aufständischen in den Bergen von Grophna sei die jüdische

Unabhängigkeitsbewegung zerschlagen worden, täuschte er sich. Jonathan, der Bruder des Judas, übernahm noch im Jahr 160 v. Chr. das Kommando der Guerillas. Er und seine Männer zogen sich in die Wüste südlich von Jerusalem zurück. Jonathan wartete darauf, daß sich die Verhältnisse im Seleukidenstaat änderten. Die Zeit arbeitete tatsächlich für Jonathan, der sich als überaus geschickter Politiker erwies.
Da forderte ein Mann im Machtbereich der Seleukiden Anerkennung als Thronanwärter. Er behauptete von sich, ein Sohn des Antiochos IV. zu sein. Sein Name war Alexander Balas. Es ist anzunehmen, daß ihn die Römer als ihren Agenten ins politische Spiel einbrachten.
Bakchides, der Befehlshaber der Garnison in Jerusalem, war unsicher geworden durch die politische Entwicklung im Staat. Bakchides mußte sich selbst die Frage stellen, ob er dem richtigen Herrn diente. Nachrichten trafen ein, die von Putschplänen und Truppenrevolten berichteten. Der General hielt es unter diesen Umständen für klug, mit den Rebellen im Umland seiner Garnison eine Übereinkunft zu treffen. Jonathan war ebenfalls nicht mehr an einer Fortsetzung der verlustreichen Kämpfe interessiert. Er machte von sich aus ein Waffenstillstandsangebot – das Bakchides sofort annahm.
Jonathan und seine Anhänger durften sich in der Stadt Machmas niederlassen, die zehn Kilometer nördlich von Jerusalem lag. Für Jonathan bedeutete die Übernahme der Stadt einen gewaltigen Fortschritt: Seine jüdische Aufstandsbewegung hatte damit ein Zentrum. Machmas wurde Jonathans Hauptstadt. Das Erste Buch Makkabäer (9,73) definiert seine Position so: »Er übernahm das Richteramt.« Damit knüpfte Jonathan an die Traditon des jüdischen Volkes der Zeit vor Saul, David und Salomo an. Er hütete sich, König sein zu wollen.
Der Guerillachef war zum politisch Verantwortlichen eines Gemeinwesens geworden. Er bewies innerhalb kurzer Zeit außerordentliches diplomatisches Talent. Er besaß das Gespür für die Nutzung der Zustände im Seleukidenstaat. Da war der Thronprätendent Alexander Balas, der mit wachsendem Erfolg seine Ansprüche vertrat – gegen den amtierenden Herrscher Demetrios. Beide, Alexander Balas und Demetrios, waren darauf angewiesen, gute Beziehungen zu Jonathan zu pflegen. Jeder wollte, daß die Provinz Judäa – als in sich gefestigte Verwal-

tungseinheit – jeweils zu seinem Einflußbereich gehörte. So geschah es, daß Demetrios die Initiative ergriff: Um Alexander Balas zuvorzukommen, gab er Jonathan umfassende Vollmacht zum Aufbau einer unabhängigen staatlichen Organisation in Judäa mit dem Recht eigene Truppenverbände aufzustellen. Dieses Recht bedeutete Übertragung der vollen Souveränität auf Richter Jonathan.

Für die Garnison in der Festung kam diese Entwicklung überraschend. Sie fühlte sich verraten. Dem Kommandanten und seinen Kämpfern teilte Jonathan persönlich mit, daß er vom Seleukidenherrscher autorisiert worden sei, eine Armee zu rekrutieren – »sie verfielen in große Furcht.« (Erstes Buch Makkabäer 10,8) Nach und nach leerte sich die Festung. Die Griechen flüchteten in Richtung Norden. Sie versuchten, ihre Heimat zu erreichen.

Alexander Balas, der Thronprätendent, hörte von der Vollmacht, die Jonathan von Demetrios erhalten hatte. Nun unterbreitete auch er Angebote. Im Ersten Makkabäerbuch (10,18 ff.) ist das Schreiben zitiert, das er nach Jerusalem abgeschickt habe:

»König Alexander grüßt seinen Bruder Jonathan. Von Dir wissen wir, daß Du ein mutiger Mann bist. Wir wollen Dich unseren Freund nennen. Deshalb haben wir Dich heute zum Hohenpriester Deines Volkes ernannt.«

Zum Zeichen seiner Würde erhielt Jonathan ein Purpurgewand zugesandt und einen goldenen Stirnreif. Beide Insignien seines Amtes trug Jonathan zum erstenmal beim Laubhüttenfest des Jahres 152 v. Chr.

Der Staatschef von Judäa verlegte seinen Amtssitz von der Kleinstadt Machmas nach Jerusalem. Er nahm die ganze Stadt in Besitz – nur die Festung betrat er noch nicht. Die Akra blieb für ihn noch souveränes Seleukidengebiet, auch wenn die Mauern von niemand mehr besetzt waren.

Jonathan gab Befehl, die ganze Stadt wieder in einen befestigten Ort zu verwandeln: »Die Bauarbeiter wies er an, die Wälle aus festen Quadersteinen aufzuschichten.« (Erstes Buch Makkabäer 10,11)

Die Ernennung des Jonathan zum Hohenpriester kam nun dem König Demetrios zu Ohren. Er handelte rasch und schenkte dem Gemeinwesen Judäa drei Landstriche, die zur Provinz Samaria

gehört hatten. Sie befanden sich im Nordwesten der judäischen Grenze. So erweiterte sich Jonathans Verwaltungsgebiet.
Seine diplomatischen Kniffe erschöpften sich schließlich und der Hohepriester war gezwungen, Krieg gegen die Seleukiden zu führen, deren Staat allerdings nur noch mühsam zusammengehalten wurde. Den Verantwortlichen im Seleukidenreich konnte die Schaukelpolitik des Hohenpriesters Jonathan nicht gefallen. Sie sammelten Truppen zusammen, die allerdings von minderer Qualität waren und schickten sie gegen Jerusalem. Jonathan aber besaß Kämpfer, die ihm treu ergeben waren. Sie siegten über die Griechen. Ähnliche militärische Aktionen folgten. Nahezu jeder der Feldzüge endete mit einer Gebietserweiterung für Judäa. Ursache der militärischen Konflikte war meist der Argwohn griechischer Generale, die in Sorge waren, Jonathan betreibe eine zu eigenständige Politik. Es blieb Ihnen wohl auch nicht verborgen, daß der Herr über Judäa und Jerusalem die Beziehungen zu Rom verstärkte.
Die Generale handelten schließlich immer selbständiger – unabhängig von den Herrschern, die dem Seleukidenreich noch immer vorstanden. Der Kühnste und Einfallsreichste unter ihnen war General Tryphon. Er dachte sich eine List aus, um Jonathan für seine Eigenwilligkeiten zu bestrafen. An eine Auseinandersetzung in offener Feldschlacht konnte Tryphon nicht denken; seine Truppe war der Armee von Judäa unterlegen. Er mußte Jonathan auf andere Art und Weise in die Hand bekommen. Tryphon hatte den Einfall, Jonathan die Überlassung der Stadt Ptolemais anzubieten, die an der Mittelmeerküste nördlich des Berges Karmel lag. Von diesem Geschenk war Jonathan begeistert, und er vergaß jegliche Vorsicht. Er verließ seine Hauptstadt, um das Geschenk anzunehmen. Als ihn Tryphon aufforderte, er möge doch seine Armee nach Jerusalem zurückschicken, da er, General Tryphon, doch in guter Freundschaft für den Schutz des Oberhaupts der Judäer sorge. Erstaulicherweise ließ sich Jonathan darauf ein. Als die Reiter und Bogenschützen auf dem Rückmarsch waren, entließ er schließlich sogar einen wesentlichen Teil seiner Leibgarde. Das Erste Buch Makkabäer (12,47) berichtet, er sei nur von 1000 Männern begleitet worden, als er in Ptolemais einzog. Ahnungslos war der ursprünglich so geschickte Politiker in eine Falle geraten.
Unter den Einwohnern befanden sich Komplizen des Seleuki-

dengenerals. Sie warteten darauf, bis sich Jonathan hinter den Stadtmauern und in den engen Gassen befand, dann verriegelten sie die Tore und besetzten die Wälle. Sie achteten darauf, daß niemand entwischen konnte. Jetzt brachen Tryphons Kämpfer über Jonathans Begleiter herein. Sie machten keine Gefangenen. Allein Jonathan überlebte.
In Ketten wurde der Richter des jüdischen Volkes im Zug des Seleukidenheeres hinauf nach Jerusalem mitgeführt. Tryphon wählte dabei die Route von Süden her, die leichter zu bewältigen war. Sobald er sich der Stadt näherte, erhielt er Botschaften von Griechenfreunden, die sich in der Akra aufhielten. Die Briefe berichteten über die Not, der die Anhänger der Seleukiden ausgesetzt seien. Tryphon wurde gebeten, so rasch als möglich Lebensmittel zu schicken. Doch die Hilfsaktion für die Männer in den Akra gelang nicht – das Wetter verhinderte den Ritt nach Jerusalem: In der Nacht fiel überaus viel Schnee. Die Schneedecke war so tief, daß den Berg hinauf kein Durchkommen war. General Tryphon wich aus, hinunter in Jordantal. Dort, weil unter dem Meeresspiegel, fiel kein Schnee.
Um Jerusalem und seine Verbündeten dort kümmerte sich Tryphon nicht. Das Seleukidenheer machte such auf den Weg nach Damaskus. Am Nordostzipfel des Sees Genezareth empfand der General den in Ketten mitgeschleppten Jonathan als Belastung. Er wurde in einem Dorf am See Genezareth getötet. Zuvor schon, da die Judäer im Glauben waren, Jonathan sei bereits tot, war dessen Bruder Simon zum Richter, und damit zum Oberhaupt der jüdischen Menschen bestimmt worden. Simon erwies sich als Glücksfall für das jüdische Volk.
Sein Gegner Tryphon wurde jetzt vom Ehrgeiz gepackt; er wollte Herr über alle Seleukidenregionen werden, und er ermordete Antiochos VI.:
Herrscher stand gegen Herrscher im Seleukidenstaat. Sie bekämpften einander – und verloren doch alle. Demetrios II. wurde mächtig und verschwand – vor seinem Ende aber versprach er Simon die Unabhängigkeit des Landes Juda. Das Erste Buch Makkabäer (13,42) teilt mit, daß damals in Jerusalem die amtlichen Dokumente mit dieser stolzen Datumsangabe versehen wurden: »Im ersten Jahr des Hohenpriesters Simon, des Feldherrn und Fürsten von Juda.« Dies geschah im Jahre 142 v. Chr.

Auf Demetrios folgte Antiochos VII. Der hatte noch nicht recht Fuß gefaßt auf dem Boden des Seleukidenreichs, da nahm er Kontakt auf zu Simon. Sein Schreiben enthielt eine frohe Nachricht.

»Jerusalem sei frei« – Unabhängigkeit nach viereinhalb Jahrhunderten

Im 15. Kapitel des ersten Makkabäerbuches ist der Text bewahrt, den Simon von Antiochos VII. erhalten haben soll:
»König Antiochos grüßt Simon den Hohenpriester und Fürsten des jüdischen Volkes. Verbrecher haben derzeit noch das Reich meiner Väter teilweise in Besitz. Ich werde mein Reich wieder erobern. Ich habe zu diesem Zweck ein großes Heer ausgerüstet. Allen denen werde ich entgegentreten, die Verbrechen an meinem Land begangen haben. Dir aber bestätige ich alle Steuernachlässe, die Dir von meinen Vorgängern gewährt worden sind. Ich gestatte Dir, eigene Münzen zu prägen und ihnen Gültigkeit zu geben als Zahlungsmittel für Dein Land. Jerusalem sei frei! Und ebenso das Heiligtum!«
Seit der Verwüstung durch Nebukadnezar im Sommer des Jahres 587 v. Chr. war Jerusalem nie mehr Hauptstadt eines unabhängigen Staates gewesen. Jetzt, nach fast viereinhalb Jahrhunderten, war die Fremdherrschaft abgeschüttelt. Doch die Akra war noch immer die Bastion der Griechenfreunde. Der Stadt war die Freiheit gewährt, doch in der Festung harrten auch weiterhin Gegner des jüdischen Aufstandes aus, die ihre Niederlage nicht eingestehen wollten. Simon blieb nichts anderes übrig, als diese Hartnäckigen auszuhungern. Im Jahre 141 v. Chr. konnten die Tore erbrochen werden.
Eigentlich war jetzt die Stunde des Triumphs für die konservativen Schichten und Persönlichkeiten gekommen – doch sie wurden von der Macht ferngehalten. Die täglichen Erfordernisse der Verwaltung zwangen den Hohenpriester, die Beamten der Griechenzeit im Amt zu lassen. Simon kam nicht zurecht ohne die bisherige Elite, die hellenistisch ausgebildet war. Sie stellte ihm Verwaltungsfachleute und Offiziere. Sie prägten die Hofhaltung – und er selbst unterschied sich in seinem Ge-

habe bald nicht mehr von den seleukidischen Herren. Er ließ Lobeshymnen auf sich singen. Sein Beweis für den Personenkult ist im Ersten Buch Makkabäer enthalten:
»Simon sorgt für das Wohl seines Volkes. Er umgibt sich mit Macht und Glanz. Zu seinem Ruhm vergrößert er das Land. Viele Gefangene hat er zusammengetrieben, Städte hat er erobert. Aus der Festung vertrieb er die Fremden. Man bebaut in Frieden das Land. Die Felder spenden Ernten. Der Baum gibt seine Frucht. Die Älteren sitzen auf den freien Plätzen und reden über ihr Wohlergehen. Die Jungen tragen voll Stolz ihre Waffen. Simon verschafft dem Land Frieden. Niemand wagt es, das Land anzugreifen, denn alle Gegner sind zerschmettert. Dem Heiligtum gab er seinen Glanz zurück.« (14,4-15)
Jerusalem verwandelte sich in jener Zeit. Bislang war noch immer die alte Davidstadt, das Gebiet des Hügels oberhalb der Gihonquelle, Kern der Stadt gewesen – allein schon durch die Zuordnung zum Tempelberg, der alle Häuser überragte. Die schmale bebaute Zunge am Hang und das Areal des Heiligtums hatten eine Einheit gebildet. Nun aber waren die westlichen Viertel beherrschend geworden, die nach dem großzügig ausgelegten Prinzip der griechischen Städte gebaut wurden. Wer als wichtige Persönlichkeit galt in Jerusalem, der wohnte in den neuen Stadtteilen. Die Häuser der einstigen Davidstadt wurden von den ärmeren Schichten bezogen. An Neubauten war dort nicht mehr zu denken, und die alten Gebäude zerfielen. Niemals mehr sollte die Davidstadt Bedeutung erlangen.
Die archäologischen Beweise für die Besiedlung der westlichen Hügel sind spärlich, doch einigermaßen eindeutig: 300 Meter vom Tempelberg in Richtung Westen entfernt, wurden Mauern von Wohngebäuden ausgegraben, die aus behauenen Steinen bestehen. Daß sie in der Zeit des zweiten oder ersten Jahrhunderts v. Chr. entstanden sind, ist an der Auffüllung der durch die Mauern gebildeten Kammern zu erkennen: Diese Auffüllung befindet sich unter Mauerresten aus der Zeit des Königs Herodes. Während seiner Regierungsjahre wurden alte Gebäude auf diese Weise zum Fundament für neue Bauten. Daraus leiten die Wissenschaftler ab, daß die Mauern der unteren Schicht in »vorherodianischer Zeit« geschaffen worden sind.

Die Mauerreste, die von der Ausdehnung der Stadt nach Westen zeugen, machen deutlich, daß die Häuser gleichmäßig und nach Regeln angelegt waren. Zu erkennen ist allerdings auch, daß die Räume weit entfernt von palastähnlichen Ausmaßen waren. Großzügig bemessen waren die Wohnflächen nicht. Der Standard des Gebäudevolumens von Alexandria konnte in Jerusalem offenbar nicht erreicht werden.
Die Gebäudereste sind verbunden mit der Nordwestecke der Stadtmauer, die zur Zeit von Jonathan und Simon (161–135 v. Chr.) errichtet worden ist. Ihr Verlauf steht nach Meinung der Archäologen fest. Sie schloß im Süden beim Teich Siloa an die Ostmauer der Davidstadt an. Sie verlief ungefähr 450 Meter nach Westen. Außerhalb ihrer Südwestecke befand sich schon seit einiger Zeit das Wasserreservoir des Schlangenteichs. Es war angeschlossen an die Wasserleitung, die das neue Wohngebiet versorgte. Die Gihonquelle und der Siloateich waren zu weit abgelegen.
Vom Schlangenteich aus erstreckte sich die Mauer ziemlich gerade nach Norden bis zur heutigen Ausgrabungsstelle des Wohngebiets. Die Mauerecke dort ist gerundet und mit Vorsprüngen versehen. Der Mauerabschnitt in Richtung Osten endete an der Tempelmauer. Dort überspannte eine Brücke das kleine Tal. Sie führte hinauf zum Tempelberg. Die Stadt bildete jetzt insgesamt ein nahezu regelmäßiges Viereck.
Simon, der Herrscher über diese Hauptstadt, blieb Hoherpriester mit weltlichen Befugnissen. Die Seleukidenherren hatten das Amt mit staatlichen Hoheitsaufgaben versehen. Simons Absichten kam diese Ämterkombination entgegen. Er sah sich als Fürst von Juda, und beanspruchte, daß seine Macht in der eigenen Familie vererbbar war. Die Dynastie der »Hasmonäer« entstand. Der Name geht auf einen legendären Urvater der Sippe zurück, der »Hasmon« geheißen hatte.
Simon legte immer starken Wert auf Pracht an seinem Hofe. Den Tempel schien er weitgehend zu vernachlässigen. Die überlieferten Loblieder, die seine Persönlichkeit preisen, erwähnen mit keinem Wort, er sei Jahwe besonders zugetan gewesen. Daß er dem Tempel »seinen Glanz zurückgab«, und daß er neue Gerätschaften für den Gottesdienst stiftete, diente eher seinem eigenen Ruhm. Sicher ist, daß er sich den Wunsch nach einem Palast erfüllte, der seiner Prachtliebe entsprach. Diese

Residenz entstand im oberen Teil der neuen Stadt nahe der Nordmauer und der Brücke, die zum Tempel führte. Über die genaue Lage gibt es nur Vermutungen. Die Archäologen gehen davon aus, daß sich neben diesem Palast das Gymnasium, die Sportstätte, befand.
Simon, der Vielgepriesene starb durch den Dolch eines Mörders (135 v. Chr.). Der eigene Schwiegersohn tötete ihn während eines Festmahls. Der Mörder stand im Dienst des Seleukidenherrschers Antiochos VII., der sich auf diese Weise die Kontrolle über Judäa wieder sichern wollte. Mißlungen war allerdings die Ausrottung des gesamten regierenden Geschlechts. Simons Sohn Johannes Hyrkanos befand sich am Tag des Mordes an Simon in der Festung Geser. Er wurde nun Staatsoberhaupt von Judäa. Antiochos VII. wollte sich nicht geschlagen geben: Er ließ Johannes Hyrkanos verfolgen. Ein Jahr lang wurde Jerusalem belagert – ohne Erfolg. Die Stadt war wieder in der Lage, Belastungen durchzustehen.

Der Seleukide Antiochos VII., der das ehrgeizige Ziel verfolgt hatte, das Reich seiner Väter neu entstehen zu lassen, starb im Jahre 129 v. Chr. Er war gerade damit beschäftigt, ostwärts des Euphrat Krieg zu führen. Er war der letzte König jenes Reiches, der sich in die Belange der Politik in Jerusalem eingemischt hatte. Johannes Hyrkanos brauchte sich nicht mehr um Befehle und Ratschläge der Seleukiden zu kümmern. Ungestört konnte er sein Herrschaftsgebiet ausdehnen. Er handelte dabei überlegt. Sein Feldzug des Jahres 128 v. Chr. führte ihn von Jerusalem aus über den Jordan. Seine Reiter brachen in das Gebiet der Nabatäer ein und stiegen in das Bergland des heutigen Königreichs Jordanien hinauf. Die Stadt Madaba war ihr Ziel. Durch diesen befestigten Ort führte die »Straße der Könige«, eine wichtige Route für Armeen und für Handelskarawanen. Sie verband den Hafen Aila, der heute Eilat heißt , mit der wirtschaftlich bedeutenden Oase Damaskus. Da es Johannes Hyrkanos gelungen war, sich zuvor auch die Aufsicht über die Küstenstraße zu sichern, war er der Herr über zwei Verkehrswege, die wichtige Wirtschafszentren miteinander verbanden. Seine Einkünfte aus Wegzöllen waren künftig beachtlich.
Die Expansionskraft der Judäer wandte sich nun dem Süden zu. Ungefähr 20 Kilometer von Jerusalem entfernt, war die

Grenze zum Land der Idumäer. Hebron war ihre wichtigste Stadt. Die Idumäer hatten Jahrhunderte zuvor über dem Jordan drüben gelebt. Nach Westen waren sie gezogen, als das jüdische Land nach der Katastrophe von 587 v. Chr. menschenleer geworden war. Das Idumäervolk hatte damals die Bauernhütten bezogen, die den Deportierten oder den Flüchtlingen und Auswanderern gehört hatten. Die Gegend, in der sie sich niedergelassen hatten, war fruchtbar. Der Reichtum des Landes reizte Johannes Hyrkanos. Im Jahre 125 v. Chr. eroberten seine Kämpfer Idumäa – die Bewohner wehrten sich kaum. Sie gehorchten auch bereitwillig, als von ihnen verlangt wurde, sich zum jüdischen Glauben zu bekennen. Kein Fall von Widerstand gegen die Bekehrung ist bekannt. Innerhalb weniger Jahre war die vollkommene Einpassung der Idumäer in das jüdische Volk vollzogen – so schien es wenigstens. Die Probleme entstanden erst später.
Johannes Hyrkanos hatte sich das Ziel gesetzt, das jüdische Reich in den Grenzen wiederherzustellen, die David und Salomo abgesteckt hatten – dazu gehörte vor allem die Region des einstigen Nordstaates Israel. Mit der Einnahme von Samaria war ein beachtlicher Teil dieser Aufgabe erfüllt.
Im Jahre 104 v. Chr. starb Johannes Hyrkanos im hohen Alter. Er hatte eigentlich die Macht seiner Frau vererben wollen, doch der Sohn Aristobulos war nicht bereit, diese Zurücksetzung hinzunehmen. Er ließ die Mutter in ein Verließ sperren – dort verhungerte sie.

Der »Frevelpriester« –
Die Essener sahen in Simon den Feind des Heils

Nicht alle Bewohner von Jerusalem und von Judäa waren einverstanden mit der engen Verbindung von politischem und religiösem Amt in der Person des Hohenpriesters, der zugleich »Fürst der Juden« war – und im stillen den Ehrgeiz hatte, ihr König zu werden.
Aus dieser einfachen Annahme hat sich, in Kombination mit überlieferten Schriftdokumenten und archäologischen Befunden eine Theorie entwickelt, die – von Fachleuten und Laien

euphorisch begrüßt – ein offenbar schlüssiges Gedankengebäude um die Geheimnisse der Jahre vor und nach der Zeitenwende bot. Dies sind die Grundzüge der Theorie:

Wer in dieser Politisierung des Hohenpriesteramtes eine Abweichung von den »Gesetzen der Väter« sah, der suchte für sich und für andere eine Möglichkeit, außerhalb des Herrschaftsbereichs von Simon und Johannes Hyrkanos zu leben, die weltliche und religiöse Macht zugleich repräsentieren wollten. Wer in Jerusalem lebte, der war gezwungen, sich unterzuordnen, der konnte sich der Autorität des »Frevelpriesters« nicht entziehen. Gegen Simon und Johannes Hyrkanos zu protestieren konnte kein Ergebnis bringen, denn die Mehrheit der Bevölkerung stand auf ihrer Seite. Die Hohenpriesterfürsten hatten Judäa Unabhängigkeit und Sicherheit vor feindlicher Bedrohung gebracht – es gab in Wahrheit keine Alternative zur Dynastie der Hasmonäer. Wer sich in Opposition befand und wer die Verweltlichung des Hohenpriesteramts unerträglich fand, der konnte nur Jerusalem verlassen, um in einem abgelegenen Landstrich ein Leben zu führen, das unberührt war von den Geschehnissen in der Hauptstadt. Wer sich absonderte, der wußte, daß er an der politischen Entscheidung, die im Bannkreis des Tempels stattfand, nicht mehr beteiligt war, daß er seine Meinung nicht mehr in der Öffentlichkeit zum Ausdruck bringen konnte. Seine Ablehnung des »Frevelpriesters« war dann seine private Angelegenheit, die er mit Gesinnungsgenossen besprechen konnte – in der Stille eines Wüstenklosters. Daß sie, mehr als 2000 Jahre später im Interesse einer Weltöffentlichkeit stehen würden, das gehörte nicht zur Vorstellung derjenigen, die sich absonderten von der Zukunft.

Im Sommer des Jahres 1947 weideten Beduinen des Stammes Ta'amireh Ziegen in einem Tal am Westufer des Toten Meeres. Die Hirten langweilten sich in der Hitze. Einer stieg den steinigen und steilen Abhang hoch, weil er über sich eine Höhle sah. Neugierde trieb ihn an – und der Gedanke, er könne etwas finden, wofür ein Antiquitätenhändler in Bethlehem bereit war, Geld zu bezahlen. Der Hirte fand tatsächlich einen tönernen Krug.

Der Antiquitätenhändler in Bethlehem erkannte, daß es sich um ein überaus altes Stück handelte, und als er entdeckte, daß der Krug eine Schriftrolle enthielt, verkaufte er Krug und

Schriftrolle an einen Mann des Glaubens, dem wohl das alte Dokument wichtig war: an den Erzbischof der syrisch-orthodoxen Gemeinde in Jerusalem. Der wiederum erkannte den Geldwert des Fundes. Als ihm der Fundort anvertraut wurde, ließ er in den Höhlen des Tals am Westufer des Toten Meeres nachforschen und war bald im Besitz weiterer Krüge und Schriftrollen. Der Erzbischof verkaufte sie für 250 000 Dollar an den israelischen Archäologen Yigal Yadin. Die Funde von damals gehören heute zum Heiligsten, was der Staat Israel besitzt und sind Eigentum des jüdischen Volkes. Sie gelten als Beweis der Glaubensintensität in einer Zeit, von der in der historischen Betrachtung angenommen wird, sie habe sich nicht durch Religiosität ausgezeichnet.
Die Schriftrollen vom Toten Meer haben allerdings auch Diskussionen ausgelöst um die Geschichte des frühen Christentums, da die Auswertung der Texte auch den Schluß zuließ, sie seien von Mitgliedern einer frühchristlichen Gemeinde verfaßt worden. Der Streit um die Schriftrollen ist bis heute nicht abgeklungen.
Fest steht, daß die Tonkrüge samt Inhalt einst versteckt wurden, um sie vor der Vernichtung zu bewahren. Sicher ist auch, daß sie Besitz einer Gruppe von Menschen waren, die in einer klosterähnlichen Gebäudeanlage in der Nähe der Fundorte gelebt hatte. Khirbet Qumran nennen die Beduinen den Platz, an dem Reste der Anlage zu besichtigen sind.
Khirbet Qumran befindet sich 20 Kilometer südlich von der Oase Jericho auf einer 60 Meter hohen Felsterrasse. Mauerreste und Fundamente sind zu erkennen, die als Relikte von Hallen, Vorratskammern, Küchen und Bädern identifiziert wurden. Die Zuordnung von Mauerresten und Verwendungszweck ist durch die königlich-jordanische Altertumsverwaltung zu Beginn der zweiten Hälfte unseres Jahrhunderts erfolgt. Beteiligt an den Ausgrabungen war der Dominikanerpater Roland de Vaux von der École Biblique et Archéologique im Ostteil von Jerusalem.
Nach seiner Erkenntnis ist das zentrale Gebäude des Komplexes eine »Schreibstätte« gewesen. Beweis für diese Annahme sind Tintenfässer aus Bronze und Terrakotta, die im Bereich der »Schreibstätte« gefunden wurden. Pater de Vaux hat auch Bruchstücke von tönernen Schreibtischen aufgespürt, in die

Vertiefungen für kleine Tintenbehälter eingelassen waren. Der Wissenschaftler zog daraus den Schluß, die Gebäudeanlage von Khribet Qumran sei von Menschen benutzt worden, die damit beschäftigt waren, heilige Schriften zu kopieren.
Nachdem die archäologische Fundstätte Khirbet Qumran von den Wissenschaftlern jahrelang für Ruinen eines Römerlagers gehalten worden war, entstand nun, nach der Entdeckung der »Schreibstätte«, die Überzeugung, es handle sich um die letzten Reste des Glaubenszentrums einer Sekte, die den Interessierten seit langem Kopfzerbrechen bereitet hatte – sie war vom jüdischen Historiker Flavius Josephus, der nach dem Jahre 70 n. Chr. in Rom sein Wissen niedergeschrieben hat, »die Essener« genannt worden. Plinius der Ältere hat in seiner »Naturkunde« die Essener ebenfalls erwähnt; und er gab sogar den Ort an, wo sich ihr Zentrum befand: Am Westufer des Toten Meeres in der Nähe der Stadt En Gedi. Genau dort liegt Khirbet Qumran. Von der Lebensweise dieser »Essener« berichtet Flavius Josephus:
»Reichtum wird von ihnen verachtet. Sie besitzen alles gemeinsam. Für die Gruppe gilt die Vorschrift, daß jeder, der ihr beitreten will, sein gesamtes Vermögen der Gemeinschaft überschreibt. So findet man bei ihnen weder Reiche noch Arme. Alle verfügen, wie gute Brüder, über das Gesamtvermögen.«
Flavius Josephus teilte mit, die Essener würden sinnliche Freuden meiden und sich in Enthaltsamkeit und Beherrschung üben. Ehen seien jedoch durchaus nicht verboten. Arbeit gehöre zu den täglichen Pflichten, dazu würden die Mitglieder der Gemeinschaft von Vorstehern eingeteilt. Die Arbeitsphase sei dann um die Mittagszeit abgeschlossen. Nach Waschungen und nach dem Anlegen reiner Kleidung würden sie sich zu Mahl und Gebet treffen. Auch der Nachmittag sei der Arbeit gewidmet.
Die Essener, so meinte Flavius Josephus, hätten eine präzise Vorstellung vom Leben nach dem Tode gehabt, die sich vom Glauben anderer Juden unterschied. Sie waren überzeugt, daß zwar der Körper in Verwesung zerfalle, daß die Seele hingegen in alle Ewigkeit fortlebe. Beim Tode entschwinde sie aus ihrem körperlichen Gefängnis. Den Seelen der Guten werde ein Ort des Glücks zugewiesen, den Bösen aber eine Höhle der ewigen Qual. Eine leibliche Auferstehung gehörte nicht zu den Glaubensvorstellungen der Essener.

Die heute gängige Meinung ist, daß sich die Anhänger dieser religiösen Ansichten zur Regierungszeit der Hohenpriesterfürsten Simon und Johannes Hyrkanos aus Jerusalem zurückgezogen und ans Tote Meer hinunter begeben haben um dort – außer Reichweite des jeweiligen »Frevelpriesters« – ihrer Arbeit des Kopierens der Bücher Mose und Jesaja, der Psalmen und Prophetenschriften in friedlicher Lebensweise nachzugehen. Doch da stört bei der Betrachtung der steinernen Überreste von Khirbet Qumran, daß sie durchaus vergleichbar sind mit den Relikten von Masada oder Machaerus – beides aber sind Festungen. Besonders auffällig in Khirbet Qumran sind die gut erhaltenen Fundamente eines Wehrturms und einer starken Mauer.
Norman Golb, Professor für Geschichte und Kultur des Judentums an der Universität Chicago, vertritt in seinem Buch den Standpunkt, Khirbet Qumran sei »angesichts seiner strategischen Lage, seines massiven Wehrturms, seines hochentwickelten Systems der Wasserversorgung« als Militäranlage zu bezeichnen. Norman Golb ist überzeugt, daß die Bewohner von Khirbet Qumran nicht Eigentümer der Schriftrollen waren, die in den nahegelegenen Höhlen gefunden wurden – da die Benutzer der Militäranlage nichts anderes als Bewaffnete unterschiedlicher Herkunft waren. Nach Ansicht des Professors müsse die Diskussion um die Essener neu begonnen werden.
Wahrscheinlich hat Flavius Josephus recht mit seiner Bemerkung: »Die Gemeinschaft der Essener hat keine Stadt für sich, sondern sie lebt verteilt über das Land in jeder Stadt. Dort bilden die Essener Gruppen, die zusammenhalten.« Sie bildeten auch in Jerusalem eine Gruppe. Professor Norman Golb deutet mit aller Vorsicht an, die Schriftrollen seien in Zeiten höchster Gefahr von jener Gruppe aus Jerusalem in die Höhlen am Toten Meer gebracht worden.
Diese Gefahr trat 200 Jahre nach den Ereignissen ein, die aus der Zeit des Hohenpriesters Aristobulos, dem Sohn des Johannes Hyrkanos, zu berichten sind.

Die Festung Baris – Judäa wird wieder Königreich

Als Alleinherrscher kam dem Hohenpriester der Gedanke, für sich die Königswürde zu beanspruchen. Der Historiker Flavius Josephus berichtet darüber in seinem Geschichtswerk »Der jüdische Krieg« (Kapitel 3).
Flavius Josephus gibt auch Einblick in die Veränderung von Geist und Gemüt, die diese Rangerhöhung in Aristobulos bewirkte. Die Erinnerung an Salomo wird wach, der durch Mord diejenigen beseitigen ließ, die vor ihm Anrecht auf den Thron besaßen. Aristobulos ließ töten, wenn er glaubte, ein Verwandter spiele mit dem Gedanken, selbst König werden zu wollen. Verleumder hatten in seinem Hofstaat leichtes Spiel: Sie brachten auch Antigonos, den Lieblingsbruder des Hohenpriesters Aristobulos zu Fall.
Im Norden des Tempelbereichs war damals eine trutzige Burg entstanden, die – so berichtet Flavius Josephus – »Baris« genannt wurde. Finstere Verließe besaß diese Burg. Dort schmachteten die Opfer des königlichen Argwohns, ehe sie getötet wurden. In den Stockwerken darüber wirkten die Intriganten.
Ein Jahr lang nur war Aristobulos Herr der »Baris« (104-103 v. Chr.). So kurz diese Zeit auch war, sie genügte nicht nur, um im Bewußtsein des jüdischen Volkes das Königtum seiner Herrscher wieder fest zu verankern – es gelang ihm auch Galiläa zu erobern. Das Westufer des Sees Genezareth gehörte von nun an zum jüdischen Reich.
Alexander Iannaios, der Bruder des verstorbenen Königs, wurde nun Bewohner der »Baris«. Die Frau des Toten, die schon in der Festung lebte, blieb dort und nahm Alexander Iannaios zum Mann. Während seiner langen Herrschaftszeit wurde Jerusalem zum Mittelpunkt eines Reiches, das sich vom Libanongebirge bis zum Südende des Toten Meeres ausdehnte. Im Südwesten, an der Mittelmeerküste, gehörte auch der heutige Gazastreifen dazu.
Die außenpolitischen Erfolge garantierten nicht immer auch Wahrung der Ruhe im Innern. 27 Jahre lang, von 103 bis 76 v. Chr., war Alexander Iannaios Herr der »Baris« und damit König des jüdischen Volkes. Bei dieser langen Regierungszeit

konnte es nicht ausbleiben, daß Ungerechtigkeiten begangen wurden, daß sich bestimmte Bevölkerungsschichten gegenüber anderen sträflich benachteiligt fühlten. Da waren zunächst religiöse Gruppierungen entstanden, die sich bald schon zu politischen Parteien entwickelten, die gesellschaftlich gegensätzliche Positionen bezogen.
Zu den religiösen Gruppierungen gehörten die Essener, die jedoch politisch unwichtig sind – sie traten nicht auf im Wettbewerb um Macht und Einfluß. Von Bedeutung in Jerusalem waren die Pharisäer und die Sadduzäer. Beide waren elitäre und daher kleine Gemeinschaften, die sich scharf voneinander abgrenzten und überaus aktiv waren. Beiden gelang es im Bedarfsfall in den unterschiedlichen Bevölkerungsschichten der Stadt Anhänger zu mobilisieren, die streitbar sein konnten. Häufig geschah es, daß diese Anhänger in den Straßen von Jerusalem gegeneinander kämpften.
Die Pharisäer waren eher intellektuell ausgerichtet. Diese Gruppierung bestand aus hochgelehrten Kennern der heiligen Bücher. Jedoch nicht aus Priestern. Sie konnten die Schrifttexte auswendig aufsagen und sie wußten Bescheid, wie sie nach der Tradition des Glaubens auszulegen waren. Widerspruch gegen ihre Interpretationen duldeten sie nicht. Abweichungen von ihrer Meinung wurden streng gerügt. Die Pharisäer waren von Unduldsamkeit geprägt.
Es ergab sich ganz von selbst, daß die gelehrten Männer dieser Gemeinschaft geringen Wert auf Reichtum und auf gesellschaftliches Ansehen legten. Ihr Leben war, zumindest in der Frühzeit ihrer Organisation, kaum diesseitig ausgerichtet. Das Ringen um die Erkenntnis der göttlichen Wahrheit war ihr Lebensinhalt. Sie wollten nicht teilhaben am Leben des Hofes und der Reichen in Jerusalem. Die Bezeichnung Pharisäer ist abgeleitet vom hebräischen Wort »peruschim«, das mit »die Abgesonderten« zu übersetzen ist.

Die Pharisäer waren nicht einverstanden gewesen mit der Kombination der Würden von Hohepriester und Fürst in der Person des Johannes Hyrkanos. Er hatte unmittelbar vor seinem Tod Verständnis empfunden für die Forderung nach Gewaltentrennung: Er hatte selbst noch empfohlen, den Hohenpriester von weltlichen Aufgaben zu entbinden. Sein Sohn Ari-

stobulos aber hatte diese Empfehlung mißachtet und die Königswürde beansprucht – die nach Meinung der Pharisäer allein den Männern des »Hauses David« zustand.
Die Sadduzäer aber, die sich ebenfalls als Elite fühlten, protestierten weder gegen die Ämterkombination noch gegen eine Wiederbelebung der Königswürde. Sie waren aufgeschlossen für Wohlstand und für Beteiligung an der Macht. Sie hielten engen Kontakt zum Königshof. Ihre Mitglieder rekrutierten die Sadduzäer aus der Schicht der Besitzer von Geld und Boden. Aber auch viele Priester rechneten sich zu dieser Gruppierung. Wie die Pharisäer hielten die Sadduzäer die Gesetze des Mose für absolut verbindlich – doch im Gegensatz zu den Pharisäern hielten die Sadduzäer allein die schriftliche Überlieferung für echt. Die Herkunft ihres Gruppennamens ist nicht eindeutig festzulegen. Vielleicht hängt er mit dem Namen des Zadok zusammen, der zu Salomos Zeiten oberster der Priester war.
Flavius Josephus gibt in seinem Geschichtswerk »Der jüdische Krieg« Einblick in die Spannungen zwischen den Parteien in Jerusalem, auch wenn er keine Namen nennt (Kapitel 4). Er meint, Gefahr für Streit bestehe in der Stadt immer an Festtagen – »bei solchen Gelegenheiten entstehen sogar Aufstände«. Die Anlässe dazu boten Anweisungen des Königs, Personen zu bevorzugen und andere zurückzuweisen. Ärger brachte auch die Entscheidung des Herrschers, im Verlauf der Jahre einen Bruder nach dem anderen zu töten, weil sie in den Verdacht gerieten, selbst nach der Macht zu streben. Die Entscheidung, wer sterben sollte und wer nicht, löste in der Bevölkerung Diskussionen und Streit aus. Gewalttätigkeit war oft nicht zu vermeiden. Aus Schlägereien entwickelten sich Auseinandersetzungen mit Waffen. Unvorhergesehene Wendungen der Ereignisse geschahen, wenn der König sich bei einem Fest sehen ließ: Auf einmal war er der Feind aller. In solchen Fällen mußte ihn die Leibgarde retten, die nicht aus jüdischen Kämpfern bestand – sie hätten Partei für eine Seite ergriffen. Mit Absicht wurden die Mitglieder der Leibgarde aus den Völkern ringsum rekrutiert. Nur Syrern war der Zugang zum König verboten. Syrischen Leibwächtern hätte Alexander Iannaios nicht trauen dürfen. Sie galten als durchweg judenfeindlich.
Der Streit an Festtagen, so erzählt Flavius Josephus, verlief oft blutig. Bei einem solchen Fest seien einmal 6000 Menschen von

der königlichen Leibwache ermordet worden. Von nun an war die Stimmung in Jerusalem gegen König Alexander Iannaios gerichtet. Zuviel Blut war geflossen. Der Monarch sah ein, daß er die Unzufriedenheit durch Gewalt nicht auslöschen konnte. Er wollte den Dialog mit den Demonstrierenden eröffnen. Von den Zinnen der Baris aus fragte er die versammelte wütende Masse, was geschehen müsse, damit sie endlich ruhig nach Hause gingen. Der Aufschrei der Menge entsetzte den König: »Wir gehen erst, wenn du tot bist!«

Zu jener Zeit erlebte Jerusalem Schreckenszenen der Gewaltherrschaft wie nie zuvor – und wie sie sich in jüdischer Zeit kaum jemals mehr ereignen. Juden exekutierten Juden in großer Zahl. Alexander Iannaios ließ an einem Tag 800 gefangene Männer vor seiner Burg kreuzigen. Die Frauen und Kinder der Opfer, seien gezwungen gewesen, der Exekution zuzuschauen. Aber auch der König hat zugesehen – oben von der Baris aus. Dabei habe er »Dirnen« im Arme gehabt.

Seine Frau, die ihn in die Baris geholt hatte, überlebte ihn. Sie ließ Alexander Iannaios, der im Jahre 76 v. Chr. an den Folgen der Trunksucht gestorben war, hinaustragen, als er tot war. Sie blieb in der Festung zurück. Es war der Wunsch der Bewohner von Jerusalem, daß sie künftig allein regiere. Von ihr war bekannt, daß sie die Gewalttaten ihres Mannes nie gebilligt hatte. Das Volk fand langsam Ruhe.

Die Königin, ihr Name war Salome Alexandra, glaubte zu wissen, warum Unruhe in Jerusalem geherrscht hatte: Sie gab der fehlenden Balance zwischen Sadduzäern und Pharisäern die Schuld. Den Fehler ihres Mannes, die Sadduzäer zu bevorzugen, wollte Salome Alexandra korrigieren. Mitglieder der Pharisäerpartei waren künftig gerngesehene Gäste in der Baris. Sie ergriffen die Gelegenheit, ihren Standpunkt lautstark zu vertreten – und sie fanden Gehör bei der Königin.

Flavius Josephus kritisierte in seinem Buch »Der jüdische Krieg«, sie sei eben doch sehr naiv gewesen (Buch 1,5,2). Innerhalb kurzer Zeit sei es den bisher so zurückhaltenden Pharisäern gelungen, die Staatsverwaltung in die Hand zu bekommen. Sie hätten darüber bestimmt, wer in Freiheit leben dürfe und wer ins Gefängnis zu werfen sei. Flavius Josephus zog das Fazit: »Alexandra war die Herrin, doch die Pharisäer beherrschten sie.«

Auf Wunsch der Pharisäerpartei ließ sie eine Persönlichkeit hinrichten, die ihrem Mann damals geraten hatte, die 800 Gefangenen kreuzigen zu lassen.
Salome Alexandra wagte es deshalb nicht, den Pharisäern zu widersprechen, weil sie argumentierten, ihr Standpunkt entspreche dem Gesetz des Mose und müsse deshalb unbedingt beachtet werden. Alexandra, die gläubig war, ließ sich überzeugen, sie handele nach Gottes Willen, wenn sie sich in ihren Entscheidungen nach den Anweisungen der Pharisäer richtete. Aristobulos II., der jüngere Sohn der Salome Alexandra, machte sich damals bei den Bewohnern von Jerusalem überaus beliebt. Sie setzten ihre Hoffnung auf den jungen Mann, der offenbar die Fähigkeit besaß, dem Land durch seine feste Haltung Stabilität zu geben. Sein älterer Bruder Hyrkanos konnte seine Eifersucht nicht länger bezähmen: Er beklagte sich bei der Mutter. Sie hielt es nun für richtig, die Frau und die Kinder des Aristobulos II. in der Baris gefangenzusetzen, als Geiseln. Die Mutter wollte auf diese Weise verhindern, daß dieser Aristobulos nach der Macht griff. Dabei mochte sie ihren älteren Sohn Hyrkanos nicht. Doch sie fürchtete um den inneren Frieden des Landes. Wollte Aristobulos König werden, unter Umgehung der Rangfolge, dann war Bürgerkrieg nicht zu vermeiden.

Die Geiselnahme war die letzte Amtshandlung der Königin Salome Alexandra – sie hatte sich neun Jahre lang von den religiösen Eiferern beherrschen lassen. Sie starb im Jahre 67 v. Chr. Kaum war die Mutter tot, prallten die bewaffneten Haufen der beiden Thronanwärter bei Jericho im Jordantal aufeinander. Hyrkanos, dessen Männer zu Aristobulos II. desertierten, brach den Kampf ab und floh hinauf in die Hauptstadt, auf schnellstem Weg in die Baris. Dort verfügte er über Geiseln: Die Frau und die Kinder des Aristobulos.
Obgleich Hyrkanos in der Festung sicher war, begriff er, daß seine Situation auf die Dauer nicht zu halten war. Seine Bewaffneten hatten ihn verlassen. Aristobulos verfügte über die schlagkräftigen Garden. Hyrkanos sah sich gezwungen, mit dem jüngeren Bruder zu einem Einverständnis zu gelangen. Er gestand ihm schließlich die Königswürde zu. Für sich selbst verlangte er nur ein Ehrenamt. Er wollte sich mit repräsentati-

ven Aufgaben im Staat und mit königlichen Einnahmen zufrieden geben.

Die Römer werden die neuen Herren – Jerusalem als »Göttergeschenk«

Hyrkanos hatte nicht die Absicht, sich an die Absprache zu halten. Er beklagte sich bei jedem, der dafür Interesse zeigte, er sei um die Königswürde betrogen worden. Ihm, dem ältesten Sohn der Königin Salome Alexandra, gebühre die erste Position im Staate. Er fand ergebene Zuhörer, die glaubten, durch Unterstützung des Hyrkanos eigene Ziele verfolgen zu können. Einer dieser Zuhörer war der Idumäer Antipater, ein reicher Grundbesitzer mit politischen Interessen. Er gehörte zu jenem Volk im Süden von Judäa, das erst unter Johannes Hyrkanos wenige Jahre zuvor ins jüdische Volk und in die jüdische Glaubensgemeinschaft eingegliedert worden war.

Der Idumäer Antipater stellte für den ältesten Sohn der Herrscherfamilie Kontakt her zum Araberfürsten Aretas, der im Osten des Jordangrabens, in Petra, das Nabatäerland regierte, dem er empfahl, dem rechtmäßigen Träger der Königswürde im Staate Judäa zu helfen, sein Recht zu erhalten. Tatsächlich stellte Aretas dem Thronprätendenten seine gesamte Streitmacht von 50000 Kämpfern zu Fuß und dazuhin Reiter in großer Zahl zur Verfügung (Flavius Josephus, 1. Buch 6,2).

Gegen eine derartige Masse an Bewaffneten hatte Aristobulos II. nichts Gleichwertiges aufzubieten. Rettung bot allein die Flucht vom Schlachtfeld nach Jerusalem – noch ehe der Kampf überhaupt begonnen hatte.
Die Ankunft in der Hauptstadt hätte allerdings nur Sicherheit für kurze Zeit bedeutet, wäre nicht ein Ereignis eingetreten, das Aristobulos II. als Wunder empfinden mußte: Der römische General Scaurus kam ihm zu Hilfe.
Die römischen Streitkräfte hatten sich durch Kleinasien durchgekämpft und die Nachfolgestaaten der Seleukiden zerschlagen. Im Jahre 64 v. Chr. war »Antiochia in Syria« in römische

Hand gefallen. Das Land zwischen Mittelmeer und Euphrat stand den Römern offen.
Pompejus, der Feldherr und Politiker, hatte die Direktive ausgegeben, Jerusalem sei ein wichtiges Ziel seines Feldzugs. Er fühlte sich berechtigt zur Einmischung in die Belange des Staates Judäa, bestand doch seit 100 Jahren, seit der Zeit des Judas des Makkabäers, ein Bündnis zwischen Rom und dem jüdischen Volk, das mehrfach erneuert worden war. Pompejus hatte das Gefühl, geradezu verpflichtet zu sein, in Jerusalem Ordnung zu schaffen.

So geschah es, daß der römische General Scaurus – während eines Aufenthalts in Damaskus – von den bürgerkriegsähnlichen Zuständen in Jerusalem vernahm und auf der Stelle beschloß, im Namen seines Herrn Pompejus, an der Spitze seines Truppenverbands dorthin zu reiten. Flavius Josephus bemerkte dazu: »Es zog ihn nach Jerusalem. Diese Stadt besetzen zu können, war für ihn ein Göttergeschenk.« (Erstes Buch 6,2) Jerusalem war ein Traumziel für General Scaurus gewesen.
Der Tempelbereich und die Festung waren zwar umzingelt von der Streitmacht des Araberfürsten Aretas, doch dem römischen General gaben die Verbündeten des Hyrkanos den Weg frei. Kaum war Scaurus bei der Baris angekommen, da wurde er bereits in den Streit der feindlichen Brüder hineingezogen. Beide hatten Männer ihres Vertrauens zu ihm geschickt, die unter vier Augen mit dem Römer reden wollten. Jeder bot Gold an – und offenbar hatte Aristobulos II. am meisten zu bieten. Scaurus ließ Hyrkanos und Aretas mitteilen, es sei für beide das Klügste, die Belagerung der Baris sofort abzubrechen. Wenn sie weiterhin ihre Truppen auf dem Tempelberg in Stellung beließen, würden Hyrkanos und Aretas mit strengen Maßregelungen durch den Feldherrn und Konsul Pompejus selbst zu rechnen haben. Aretas zog daraufhin sofort seine Männer aus Jerusalem ab.
Scaurus, der glaubte, er habe Frieden gestiftet in Jerusalem, ritt befriedigt mit dem eingenommenen Gold nach Damaskus zurück. Einmal in Jerusalem gewesen zu sein, machte ihn glücklich. Aristobulos II. aber nützte nun seinen Vorteil aus: Mit seiner kleinen Anzahl von Kämpfern verfolgte er die über den Jordan abziehenden Araber. Er überfiel sie bei einem Ort an der Jordanmündung, der nicht mehr zu identifizieren ist – sein Na-

me sei Papyron gewesen, und erzielte einen Sieg über die durch das Wort eines Römers eingeschüchterten Gegner. 6000 Araber sollen bei diesem Gefecht ums Leben gekommen ein.
Inzwischen wurde im Lande bekannt, daß der Feldherr Pompejus nun persönlich in Damaskus eingetroffen sei. Hyrkanos und der Idumäer Antipater begaben sich dorthin und flehten den Feldherrn an, er möge doch ein Einsehen haben und die einseitige Haltung seines Generals Scaurus korrigieren. Scaurus habe nicht geprüft, wem die Königswürde in Wahrheit gebühre – nämlich ganz allein dem ältesten Sohn der verblichenen Königin Salome Alexandra.
Aristobulos II. aber gab sich hochmütig. Er ließ sich mit Gefolge und prächtig gekleidet in Damaskus sehen, doch er machte dem Feldherrn und Konsul Roms nicht die gebührende Aufwartung. Darüber ärgerte sich Pompejus – und er gab nun dem Hyrkanos recht. Die römischen Verbände und deren syrische Hilfstruppen erhielten den Befehl, Aristobulos II. anzugreifen. »Pompejus«, schrieb Flavius Josephus, »schickte das Heer, die römischen Legionen und die Hilfstruppen gegen Aristobulos.« (»Jüdische Altertümer« 14, 48)
Aristobulos II. wollte die Situation noch retten: Er übersandte dem mächtigsten Mann des Römischen Reiches einen Weinstock, der aus purem Gold geformt war – er wurde später auf dem Kapitol in Rom als Prunkstück gezeigt. Doch dieses Geschenk veranlaßte Pompejus nicht, seinen Entschluß zu ändern. Aristobulos II. wußte, daß er sich in Jerusalem nicht verteidigen konnte, er ritt deshalb zur ausgezeichnet ausgebauten Festung Alexandreion im Jordantal. Diese Burg beherrschte die Jordansenke bei der Einmündung des Flusses Jabbok. Hier wäre Aristobulos eigentlich sicher gewesen, doch seine Freunde sagten ihm Tag für Tag, daß die Römer doch letztlich über Judäa herrschen würden. Er ging deshalb, entnervt durch die ständigen Vorhaltungen, auf den Vorschlag des Pompejus ein, er möge doch zu Verhandlungen die Burg Alexandreion verlassen.

Während der Gespräche mit Aristobulos II. spürte der römische Feldherr, daß er eine unbequeme Persönlichkeit vor sich hatte, die auch noch unberechenbar war. Er entschloß sich deshalb, den schwächeren Charakter des Hyrkanos in sein Spiel

um die Macht einzubeziehen. Er beschloß, Hyrkanos zum Herrn über Judäa einzusetzen.
Aristobulos II. wurde aufgefordert, seine Truppen aus der Burg Alexandreion abzuziehen. Energisch brachte Pompejus seine Befehle dem Aristobulos II. zu Gehör. Widerwillig wurde die Aufforderung des Römers zur Räumung des sicheren Ortes befolgt. Aristobulos II. ritt wieder nach Jerusalem hinauf – dort wollte er erneut den Widerstand gegen Pompejus organisieren.
In Jericho erhielt der römische Feldherr eine gute Nachricht: Mithridate, der König von Pontos, war tot. Gegen diesen politisch und militärisch geschickt taktierenden Herrscher hatten römische Kampfverbände 24 Jahre lang, von 88 bis 64 v. Chr. Krieg geführt. Er hatte sich hartnäckig verteidigt. Längst war Mithridate zur Legende geworden. Jetzt aber war er, von Pompejus besiegt, endlich gestorben. Beflügelt von dieser Nachricht, trieb der Feldherr seine Truppen an, rasch von Jericho aus hinauf nach Jerusalem zu reiten. Er wollte die Machtverhältnisse in Judäa nach seinem Kopf ordnen.
Aristobulos II. der einsah, daß ihm keine Zeit blieb, um eine wirksame Verteidigung gegen die römischen Legionen zu organisieren, gab den Kampf auf. Er verließ Jerusalem und ritt Pompejus entgegen. Er versprach, künftig allen Befehlen des römischen Feldherrn zu gehorchen und eine Entschädigungssumme zu bezahlen. Allerdings wurde diese Geste der Unterwerfung von den Anhängern des Aristobulos hintertrieben. Seine Parteifreunde weigerten sich, die vereinbarten Gelder zu bezahlen – sie ließen den Abholer des Betrages gar nicht erst in die Stadt. Jerusalems Tore blieben ihm verschlossen.
Pompejus mußte erkennen, daß er sich getäuscht hatte. Diese Stadt Jerusalem hatte ihn genarrt, und er haßte sie deswegen. Im Augenblick seines höchsten Triumphes über Mithridate wagte es dieses unbedeutende Jerusalem, ihn an der Nase herumzuführen. Er wollte Jerusalem auslöschen.

Pompejus im Allerheiligsten – Das Königreich wird zerstückelt

Daß die Einnahme der Stadt keine schlichte militärische Aktion sein würde, begriff der sieggewohnte Römer beim ersten Augenschein. Berichtet wird, er habe sehr genau die Befestigungsanlagen studiert. Die Mauern waren hoch und fest aus Kalksteinquadern aufgeschichtet. Geschickt waren im Westen und Osten die Täler in das Verteidigungssystem einbezogen. Da die Angreifer aus diesen Einschnitten in der Landschaft hochzusteigen hatten bis sie zum Fuß der Mauer vorstoßen konnten, war die Erreichung ihres militärischen Ziels zusätzlich erschwert.

Eckart Otto weist in seiner Beschreibung der Geschichte der Heiligen Stadt nach, daß die Stadtbefestigung während der beiden Jahrhunderte v. Chr. ständig ausgebessert und erweitert worden war. Durch archäologische Befunde können die Berichte des Alten Testaments und des Flavius Josephus über die Stärke der Befestigungsanlagen bestätigt werden. Die Ergebnisse der wissenschaftlichen Forschung an Ort und Stelle lassen erkennen, daß die Darstellung des Verteidigungssystems, die Flavius Josephus im Geschichtswerk »Der jüdische Krieg« wiedergibt, korrekt ist.

»Genau genommen war Jerusalem durch drei Mauern geschützt. Dies gilt nur nicht für die Abschnitte der Stadtbefestigung, die durch Taleinschnitte geprägt waren. An solchen Abschnitten genügte eine einzige Mauer. Im Tempelbereich aber war das Mauersystem gestaffelt. Besonders geschützt war auch der Norden von Jerusalem, in dem sich keine Täler befanden. Auf den Ausbau der Mauer an diesen Stellen hatten schon David und Salomo und deren Nachfolger auf dem Königsthron ihre Aufmerksamkeit konzentriert.«

In der Beschreibung des Festungsverlaufs wird die einst für die Stadt so bedeutende Gihonquelle nicht mehr erwähnt. Flavius Josephus nennt dagegen den Teich Siloa eine Quelle – er war also der Meinung, das Wasser sprudle dort aus dem Boden. Daraus kann geschlossen werden, daß zur Zeit der judäischen Könige, vor der Belagerung von Jerusalem durch Pompejus, die Gihonquelle und der Wassertunnel des Hiskia im Bewußtsein

der Bewohner nicht mehr lebendig waren. Woher das Wasser des Siloateichs wirklich floß, war offenbar unbekannt.
Der Feldherr Pompejus ließ das erste Lager seiner Legionen am südwestlichen Abhang des Hinnomtales aufschlagen. Die Legionäre sahen hinüber auf die Südwestecke der neuen Stadt. Ein zweites Lager entstand ungefähr 300 Meter nordwestlich von der Baris, der Festung an der Nordwestecke des Tempelbereichs.
Den Bewohnern der Stadt, die sich auf die Mauern wagten, bot sich ein Anblick, den sie und ihre Vorfahren nie zuvor erlebt hatten. Da marschierten vor den Lagern disziplinierte Legionäre in Reih und Glied auf. Da wehten Standarten und glänzten goldene Adler. Brustpanzer blinkten im Sonnenlicht. Befehle waren zu hören. Beängstigend war die Zahl der Kämpfer, die dem Befehl des Pompejus unterstanden. Es war kein Wunder, daß führende Männer in der Stadt nachdenklich wurden über den Ausgang dieser Belagerung. Unruhe breitete sich in den Stadtvierteln aus, in denen die Anhänger der freieren Lebensart wohnten. Durch die Haltung von Teilen der Bevölkerung ermutigt, gab Hyrkanos Befehl, das Nordtor der oberen Stadt zu öffnen. Jetzt war die Aufgabe des Feldherrn Pompejus leichter geworden.
Die Situation in der Stadt stellte sich jetzt so dar: Die Weststadt und der Herrscherpalast befanden sich in den Händen der Parteifreunde des Hyrkanos, die für Kooperation mit den Römern eintraten. Die Anhänger des Aristobulos erkannten die Gefahr, die ihnen durch die Kapitulation des Hyrkanos entstanden war: Die Römer befanden sich in der Stadt und zwar dort, wo die Mauern des Tempelbereichs zur Stadt hin am schwächsten waren. Die Männer, die zu Aristobulos hielten, waren abgedrängt auf die Tempelfestung, die ein eigenständiges Festungswerk darstellte. Zugang war allerdings über die Brücke möglich, die vom nördlichen Teil der Weststadt heraufführte.
Die Leute des Aristobulos II. lehnten jede Kapitulation ab. Sie wollten solange Krieg führen, bis die Person von den Römern freigelassen wurde, die sie bewunderten und der sie folgten. Dieser Mann, Aristobulos II., aber befand sich als Gefangener im Lager der Römer und hatte den Tempel vor Augen. Hilflos sah er zu, wie die Legionäre nach Plan den Sturm auf Jerusa-

lem vorbereiteten, wie sie Rampen aus Erde aufschütteten und wie sie Balken herbeischleppten, um Belagerungstürme zu bauen. Aristobulos II. erfuhr, daß Überläufer aus der Barisfestung und aus dem Tempel zu den Römern gekommen waren. Sie hatten von der Angst der Belagerten vor dem Sturm der kommenden Tage erzählt.
Auf einmal aber trafen keine Überläufer mehr ein. Die Ursache wurde rasch entdeckt. Die Fliehenden waren über die Brücke zwischen Tempel und Stadt entkommen. Der Anführer der Aristobulosgetreuen hatte sie zerstören lassen, um die Fluchtmöglichkeit zu unterbinden.
Die Angst der Belagerten steigerte sich noch, als die Legionäre den ersten Rammbock an die Nordmauer des Tempels herangeschoben hatten. Der Donner der Schläge des »Widders« dröhnte über den Tempelberg. Bei Tag und bei Nacht waren die Erschütterungen zu spüren. Was die Menschen in Unruhe versetzte, war nicht die Angst, die Kalkmauern würden rasch brechen, sondern der Krach, der den Schlaf raubte. Sorge bereitete auch der Gedanke, daß drüben in der Weststadt Juden lebten, die dem kommenden Sturmangriff der Römer Erfolg wünschten.
Dem Bericht des Flavius Josephus ist zu entnehmen, daß Pompejus seinen jüdischen Verbündeten nicht traute. Er befahl seinem Obersten Piso »ein Netz von Wachtposten über die Stadt zu legen« (1 Buch 2). Diese Vorsorge erwies sich dann allerdings als unnötig, denn die Anhänger des Hyrkanos waren überaus kooperativ.

Dadurch, daß der Hauptteil der Stadt ihnen gehörte, war die Aufgabe der Römer wirklich leichter geworden: Der Belagerungswall, den sie aufzuschichten und aufzuschaufeln hatten, brauchte nicht mehr um den gesamten Stadtbereich gezogen zu werden, sondern nur noch um das Tempelplateau und die einstige Stadt Davids. Im Verlauf von Wochen entstand ein Wall aus Steinen, Sand und Erde, der vom Tempelbereich durch das Hinnomtal hinunter zum Teich Siloa verlief und der am Osthang des Kidrontals wieder hinaufstieg. Auf dem Wall befanden sich in regelmäßigen Abständen Beobachtungstürme, deren Besatzungen den Ausbruch der Anhänger des Aristobulos zu verhindern hatten.

Der Bau des Belagerungswalls um die einstige Davidstadt konnte von den Verteidigern nicht behindert werden – er befand sich zu weit von der Mauer entfernt–, doch sie versuchten durch Bogenschützen die Arbeiten im Norden des Tempels und der Baris zu stören. Das historische Werk des Flavius Josephus schildert die Schwierigkeiten, die von den römischen Soldaten unmittelbar an der Festung zu überwinden waren: Dort befand sich ein tiefer künstlicher Graben, der jeden Sturmangriff zunichte gemacht hätte. Angaben über diesen Graben sind beim griechischen Geographen Strabo aus dem ersten Jahrhundert v. Chr. zu finden. Er notierte, der Graben sei 18 Meter tief und sehr breit gewesen. Jeder, der in diesen Graben Erde schütten wollte, um ihn einzuebnen, wurde zur Zielscheibe der Bogenschützen, die auf die knappe Entfernung keine Probleme hatten zu treffen. Pompejus fand schnell heraus, daß die jüdischen Kämpfer auf den Zinnen der Baris an jedem siebenten Tag nicht schossen. Sie gehörten fast alle der Partei der Pharisäer an, die angewiesen waren, strikt die Gebote zu achten, die Mose einst erlassen hatte – und dazu zählte die absolute Achtung des Sabbattages. Erlaubt war den Mitgliedern der Pharisäerpartei am Sabbat nur die Abwehr von Angriffen. Das »Gesetz der Väter« verhinderte nicht die Verteidigung, sondern die aktive und operative Kriegsführung. Pompejus gab deshalb den Soldaten, die am Graben zu arbeiten hatten, den Befehl, auf jeden Fall am siebenten Tag nichts gegen die Verteidiger zu unternehmen. Schließlich hielt es der römische Feldherr für klug, überhaupt nur am Sabbattag den Graben aufzufüllen. Diese Anweisung verzögerte zwar die Fertigstellung der ebenen Fläche, die den Angriff ermöglichen sollte, doch wäre ohne die List des Pompejus das gesamte Werk gescheitert.
Flavius Josephus beschreibt den Fortgang der Arbeiten so:
»Sobald der tiefe Graben aufgefüllt war, ließ der Feldherr auf der neu geschaffenen Ebene weitere Belagerungstürme auffahren. Gewaltige Belagerungsmaschinen wurden eigens aus Tyrus herangeschafft. Die Rammböcke wurden gegen die Mauern eingesetzt. Sobald die Verteidiger durch Bogenschützen die Mannschaften an den Rammböcken vertreiben wollten, schossen von den geschützten Türmen aus die Steinschleudern. Trotz allen Bemühungen der Angreifer, hielten Mauern und Türme stand.« (1. Buch 7,3)

Überliefert ist, daß Pompejus den Mut und die Kaltblütigkeit der jüdischen Kämpfer sehr bewundert habe. Drei Monate lang hielten ihn die Verteidiger der Tempelfestung in Jerusalem fest, obgleich er, aus Gründen seiner persönlichen Karriere, längst hätte in Rom sein müssen. Er drängte zur Macht im Staat. Feldherr war er nur, um sein Ziel zu erreichen. Doch die Kleinstadt im jüdischen Bergland hielt ihn auf. Die Verteidiger waren zähe Kämpfer. Wer jetzt noch zur Sache des Aristobulos stand, der ging auf kein Angebot zur ehrenvollen Kapitulation mehr ein. Wer sich in der Festung befand, der wußte aber auch, daß ihm keine Hoffnung blieb auf Hilfe, auf Entsatz – oder Gnade. Jeder hatte die Römer vor Augen und sah, daß sie von Tag zu Tag über mehr furchterregende Kriegsmaschinen verfügten. Für alle in der Baris und in der Tempelfestung konnte es keinen Zweifel geben, daß die Legionäre letztlich siegen würden.
Der Graben war längst aufgeschüttet, da begannen die syrischen Hilfstruppen damit, eine Rampe zu schaufeln – und auch dafür wurden die Sabbattage genutzt. Obgleich der Feind nur wenige Meter und schließlich sogar nur eine Armlänge von den Juden entfernt arbeitete, wehrten diese sich nicht. Pompejus hatte auch diesmal strikten Befehl gegeben, die gläubigen Männer nicht durch Handgreiflichkeiten zu reizen. So ermöglichten die Verteidiger die Vorbereitung des eigenen Untergangs.
Der Stumangriff konnte endlich an einem Oktobertrag des Jahres 63 v. Chr. beginnen. Sein Ausgangspunkt war die aufgeschüttete Rampe. Drei römische Offiziere sprangen als erste mit dem Schwert in der Hand von der Mauer in den Tempelbereich hinein – ihre Abteilungen folgten ihnen. Um das Heiligtum selbst wurde nun gekämpft. Sobald der Zugang frei war, da stürmten auch die Anhänger des Hyrkanos zum Kampfplatz. Flavius Josephus berichtet, sie hätten mehr Verteidiger getötet, als die Römer. Wenn er die Wahrheit berichtet, dann haben Juden gegen Juden mit Brutalität gewütet. Jetzt war die Stunde der blutigen Abrechnung zwischen den Parteien gekommen. Wer zu Hyrkanos gehalten hatte, der gehörte nun zu den Siegern – niemand hinderte ihn daran, zu morden.
Flavius Josephus bemerkt ausdrücklich, daß die Leute des Hyrkanos die Priester getötet hätten, die eben ihrem Gott dienten: »Da blieben viele Priester, ohne sich um den Kampf zu küm-

mern, bei dem, was das Gesetz von ihnen verlangte – auch wenn sie sahen, daß der Feind mit gezücktem Schwert auf sie losstürzte. Am Altar wurden sie niedergestochen, während der Opferungen. Ihre Sorgfalt, Gott recht zu dienen, war ihnen wichtiger, als das eigene Leben. Sie dachten nicht daran, sich zu retten.« (2. Buch 7,5)
Freund und Feind – Anhänger des Hyrkanos und Überlebende der Partei des Aristobulos – erstarrten, als sie sahen, daß der römische Feldherr, von seinen Offizieren und bewaffneten Garden umgeben, in aller Ruhe das eroberte Heiligtum besichtigte: »Er und seine Männer sahen sich alles an, was darinnen war: den Leuchter, den Tisch, die Opfergefäße und Räucherpfannen. Er bewunderte, daß die Geräte aus massivem Gold bestanden.« (7,6) Dieser Anblick war, nach Gottes Gesetz, nur dem Hohenpriester gestattet. Die Anhänger beider Parteien waren erstaunt, daß Gott diesen Frevel nicht auf der Stelle bestrafte.
Erstaunen erregte allerdings auch die Zurückhaltung des römischen Feldherrn: Er rührte den Tempelschatz und die Goldbestände nicht an. Diese Erfahrung hatten die Bewohner von Jerusalem noch nie mit einem Eroberer gemacht. Man empfand Achtung vor Pompejus – vor allem als er noch im Tempel die Anweisung gab, Priester und Tempeldiener hätten dafür zu sorgen, daß bereits am nächsten Tag wieder Jahwe Opfergaben dargebracht werden konnten. Auf der Stelle wurde Hyrkanos vom römischen Oberbefehlshaber zum Hohenpriester ernannt. Pompejus befahl dem »Netz von Wachtposten« in der Stadt, dafür zu sorgen, daß nicht geplündert und daß keine Gebäude beschädigt wurden. Die Bewohner von Jerusalem erhielten allerdings die Auflage, die Mauern ihrer Stadt einzureißen – dieser Befehl wurde nur zögernd befolgt. Der Anweisung, den Belagerungswall der Römer zu beseitigen, wurde dagegen rasch entsprochen.
Vor seiner Abreise wollte Pompejus für alle Zeiten den Unruheherd an der Ostküste des Mittelmeers beseitigen. Dazu dachte er sich eine Neuordnung des Reichsgebietes von Judäa aus. Für den jüdischen Staat war das Ergebnis dieses Nachdenkens schrecklich: Sein Land wurde dezimiert. Die Städte im Philisterstreifen am Meer – dazu gehörten Gaza und Ashdod (Azetot) – wurden von Judäa losgelöst und erhielten wieder Autonomie zugesprochen. Damit hatte Jerusalem den Zugang zum

Meer erneut verloren. Auch der Landstrich um die alte Stadt Sichem wurde unabhängig, ebenso die Jesreelebene. Schmerzhaft war auch der Verlust bedeutender Städte im Gebiet ostwärts des Jordan: Sie wurden zur autonomen »Dekapolis« zusammengefaßt – zum »Bund der zehn Städte«.
Vom Reich, das Alexander Iannaios dem jüdischen Volk während der Jahre 103–76 v. Chr. geschaffen hatte, war wenig übriggeblieben. Dem jüdischen Volk gehörten noch Judäa, der östliche Teil des Idumäerlandes und Galiläa, mit dem Westufer des Sees Genezareth. Galiläa und Judäa waren allerdings durch Samaria und die Jesreelebene voneinander getrennt. Das Kernland Judäa war an der Stelle seiner größten Ausdehnung keine 100 Kilometer lang; die Breite betrug 60 Kilometer.
Nachdem die Neuverteilung der Region beschlossen war, blieb Pompejus nicht länger in Jerusalem. Er mußte nach Rom, wenn es ihm gelingen sollte, seine militärischen Siege in politische Erfolge umzumünzen. Umsonst wollte er dem Imperium die Ostprovinzen nicht erobert haben.
Zum Beweis seines Sieges in Jerusalem nahm er Aristobulos II. und dessen zwei Söhne und zwei Töchter auf die Reise in die Hauptstadt mit. Irgendwo auf der langen Fahrt – vielleicht sogar erst in Rom – gelang dem ältesten Sohn – Alexander war sein Name – die Flucht. Er schlug sich bis zur Heimat durch. Dort versteckte er sich zunächst und nahm dann nach vielen Monaten Kontakt auf zu den Anhängern seines Vaters Aristobulos II. – der jetzt, da er in römischer Gefangenschaft war, in der Heimat als Märtyrer für eine gerechte Sache verehrt wurde. Bald wurde Alexander ermutigt, den Kampf des Vaters fortzusetzen. Viele redeten ihm zu, er dürfe sich nicht geschlagen geben. Berittene und Bogenschützen schlossen sich ihm an. Schließlich verfügte Alexander im Jahre 57 v. Chr. über eine Truppe, die stark genug war, Jerusalem zu besetzen.

Alexander feierte die Befreiung der Stadt und versprach, der jüdische Staat werde wiedererstehen. Die regelmäßigen Tributzahlungen, die dem Feldherrn Pompejus versprochen worden waren, sollten künftig unterbleiben. Zum Zeichen, daß Jerusalem wieder eine unabhängige Stadt war, ordnete er die Wiederherstellung und sogar die Verstärkung der Stadtmauer an.

Zeit, sich in Jerusalem einzunisten, blieb Alexander nicht. Die Römer reagierten rascher als erwartet. Marcus Antonius, später in der römischen Politik von Bedeutung – aber jetzt nur einer der vielen Generäle der Republik –, vereinigte seine Truppen mit denen des Idumäers Antipater und den Anhängern des Hyrkanos. Angesichts der Übermacht versuchte Alexander halbherzig sein Glück in der Schlacht, doch er verlor vor den Toren von Jerusalem. Durch Vermittlung seiner Mutter, der Frau des Aristobulos II., die Ansehen genoß bei den Römern, fand er Gnade.
Bald darauf traf die Nachricht in Jerusalem ein, Aristobulos II. selbst sei den Römern entkommen. Tatsächlich erreichte er Judäa, doch auch ihm ließen die Herren des Landes keine Zeit, sich festzusetzen und Kämpfer zu finden, die nicht allein mutig, sondern auch erfahren waren. Aristobulos II. mußte einsehen, daß er gegen die geschulten Legionen in der offenen Schlacht verloren war. Er ließ sich gefangennehmen und wurde erneut nach Rom geschickt – in das Gefängnis des Senats.
Allerdings konnte sich dieser Senat nicht mehr lange in Rom halten. Pompejus, der sich durch die Heimkehr Ruhm versprochen hatte und Lorbeerkränze zum Dank für die Siege über die Parther und über die Unruhestifter in Judäa, geriet in eine machtpolitische Auseinandersetzung mit einem anderen berühmten Feldherrn, mit Gajus Julius Caesar. Pompejus verlor in diesem Streit. Er floh mit dem Senat aus Rom. Caesar, der Sieger, entschied, Aristobulos dürfe in seine Heimat zurückkehren – er gab ihm sogar zwei Legionen mit. Caesars Plan war, durch Aristobulos II. leicht die Kontrolle über Judäa in die Hand zu bekommen. Doch der durch Caesar eingesetzte König erreichte die Heimat nicht. Er starb auf dem Weg dorthin durch Gift. Dieser Mord war von Pompejus angestiftet worden.

Der Aufstieg des Herodes – Ein Poker um die Macht in Judäa

Der Idumäer Antipater, der bisher schon politische Fäden gezogen hatte, wußte auch während der Wirren des römischen Bürgerkriegs, wie er seinen Einfluß steigern konnte: Im richti-

gen Augenblick setzte er auf Caesar, der für seinen Ägyptenfeldzug Hilfe brauchte. Antipater stellte Caesar 3000 arabische Kämpfer zur Verfügung. Für diese Unterstützung in Not bekam Antipater Handlungsvollmacht für die römische Provinz Judäa. Er durfte seine zwei Söhne Phasaelis und Herodes zu Gouverneuren von Galiläa und Judäa ernennen. Herodes faßte Fuß in der Politik des jüdischen Landes.
Gerade zu dieser Zeit suchte auch ein Sohn des durch Gift ums Leben gekommenen Aristobulos II. – sein Name war Antigonos – Kontakt zu Caesar. Er fand den starken Mann Roms auf syrischem Gebiet. Antigonos klagte im Beisein von Antipater er sei um sein Erbe betrogen worden. Die Schuldigen seien Hyrkanos und Antipater gewesen. Beide hätten dazuhin Caesar nicht deshalb in Ägypten geholfen, weil sie ihn für verehrungswürdig und deshalb auch für unterstützungswürdig gehalten hätten, sondern weil sie von Angst erfüllt gewesen wären, Caesar würde sie dafür bestrafen, daß sie zuvor dem Pompejus zur Seite gestanden hätten. Antipater aber zeigte seinen von Narben bedeckten Oberkörper und behauptete, die Wunden seien ihm zugefügt worden, weil er für Caesar gekämpft habe. Gegen diese Argumentation war der Sohn des Aristobulos machtlos. Wieder war Antipater der Gewinner.
Ihm wurde von Caesar die Genehmigung erteilt, die Mauern von Jerusalem ausbessern und erweitern zu lassen. Der Bevölkerung wurde mitgeteilt, Antipater sei der Wohltäter der Stadt, ihm gebühre künftig besondere Verehrung. Der Mann aus Idumäa legte das Fundament für den Aufstieg seines Sohnes Herodes.
Zunächst aber war nicht Herodes, sondern dessen älterer Bruder Phasaelis für Jerusalem zuständig. Herodes mußte seinen Posten in Galiläa antreten. Er verstand es jedoch, seine Aufgabe im Sinne der galiläischen Bevölkerung zu erfüllen. Er ordnete das Land, das lange vernachlässigt worden war. Gerechte Steuersätze wurden eingeführt. Bewaffnete sorgten für Sicherheit auf den Straßen. Die Leute priesen Herodes bald schon als weisen Herrscher – und sein Ruhm machte bald auch Eindruck auf die Bewohner von Jerusalem. Besonders die jungen Leute wünschten sich, Herodes komme in ihre Stadt um zu regieren. Darüber ärgerte sich Hyrkanos, der formal zum Oberhaupt über das jüdische Volk bestellt war. Ihn störte, daß sich sowohl

Phasaelis als auch Herodes in ihren Amtsgebieten nicht als Statthalter, sondern als Herrscher benahmen. Intrigen sollten den Sturz des Herodes einleiten: Höflinge flüsterten dem Hyrkanos ein, Herodes sei ein Mörder: Er habe einen Mann namens Ezechias samt seiner Sippe hinrichten lassen unter der Anklage, die ganze Familie bestehe aus Verbrechern. Für diese Tat war Herodes in Galiläa besonders gelobt worden, denn es hatte sich bei Ezechias wirklich um einen Verbrecher gehandelt, der Menschen auf den Straßen ausgeraubt und getötet hatte. In Jerusalem aber sollte er deswegen zu Fall gebracht werden. Hyrkanos ließ sich überreden, Herodes vor Gericht zu stellen. Der römische Statthalter über Syrien, Sextus Caesar – er war ein Verwandter des Mächtigen in Rom – sah nicht ein, daß ein glänzender Verbündeter des Reiches, der sich um die Verbrechensbekämpfung verdient gemacht hatte, als Mörder angeklagt werden sollte. Sextus Caesar ließ Hyrkanos mitteilen, er dürfe unter keinen Umständen Herodes vor Gericht bringen lassen, wenn er in der Gnade Roms bleiben wolle. So konnte Herodes, der sich dem Verfahren betont bereitwillig stellte, Jerusalem unbehelligt wieder verlassen. Er war nicht willens, Hyrkanos diese Vorladung zu verzeihen.
Unter seinen Anhängern fanden sich Bewaffnete in großer Zahl, die bereit waren, für Herodes zu kämpfen. Der Haufen zum Kampf entschlossener junger Leute war schon nach Jerusalem unterwegs, da erschrak Antipater über die wahnwitzige Absicht seines jüngeren Sohnes, Hyrkanos durch Waffengewalt stürzen zu wollen. Er ritt Herodes entgegen und beschwichtigte ihn. Hyrkanos blieb am Leben und formal an der Macht.
Schatten des Bürgerkriegs zwischen den Mächtigen Roms fielen auch auf das Gebiet zwischen Euphrat und der Ostküste des Mittelmeers. Die Auswirkungen des oft blutigen Streits forderten den politischen Köpfen im Volke der Juden ein hohes Maß an Flexibilität ab. Herodes, der sich unter dem Patronat des Sextus Caesar wohl gefühlt hatte, mußte sich damit abfinden, daß sein Schutzherr von Anhängern des Pompejus ermordet wurde. Dabei war jener Pompejus, seit dessen Tod durch Mörderhand in Ägypten, schon fast in Vergessenheit geraten. Truppenführer, die treu zu Caesar standen, wollten den Mord rächen. Auch Herodes und Antipater bezogen Position gegen den Mörder, und damit für Gajus Julius Caesar.

Der aber wurde nach dreieinhalb Jahren an der Spitze des Imperiums im Jahre 44 v. Chr. ermordet. Eine Zeitlang blieben die Machtverhältnisse danach unklar. Machthungrige versuchten, ihre Ansprüche von den Rändern des Imperiums her durchzusetzen. Der als »Caesarmörder« verschriene Cassius schlug sich nach Syrien durch um mit den dortigen Legionen seine Position aufzubauen. Dazu benötigte Cassius Geld. Er ließ in allen Städten ungerechtfertigte Kontributionen eintreiben. Auch die Provinzen Galiläa und Judäa waren aufgefordert, beträchtliche Mengen Gold an Cassius abzuliefern. Antipater beschwor seine Söhne, sich dem Römer auf keinen Fall zu widersetzen, da Cassius ohnehin argwöhnisch sei wegen der engen Bindung die zwischen Caesar und ihm, Antipater, bestanden habe. Herodes begriff, daß der »Caesarmörder« auf die Goldkontributionen angewiesen war – und daß sich Cassius bestimmt nach Erfüllung seiner Wünsche als dankbar erweisen würde. Er war aus diesem Grunde der erste aller Statthalter, der bezahlte.

Die Wirren im Römischen Reich wurden verwickelter und unübersichtlicher – auch für den jungen und ehrgeizigen Herodes. Cassius hatte sich mit den Machtansprüchen des Mitverschwörers Brutus auseinanderzusetzen. Auch Marcus Antonius zeigte Interesse an der Herrschaft im Reich. Herodes ließ sich nicht verwirren: Er unterstützte auch weiterhin Cassius, der sich in Syrien befand, um eine Basis zu schaffen für den Sprung nach Rom. Herodes sorgte für Ordnung in Syrien. Dafür versprach ihm Cassius, er werde Herodes, wenn der Konflikt um das höchste Amt im Staat zu seinen Gunsten entschieden sei, zum König von Judäa und Galiläa ernennen.
Dieses Versprechen ärgerte manche, die mißgünstig waren auf das Glück des jungen Mannes. Daß Antipater als der Drahtzieher für den Aufstieg seines jungen Sohnes angesehen wurde, machte ihn zur Zielscheibe der Mißgünstigen. Antipater wurde im Jahre 43 v. Chr. durch Gift während eines Gastmahls ermordet. Der Verdacht, den Mord angeregt und finanziert zu haben, traf auf einen Mann, der bei arabischen Stämmen und bei jüdischen Sippen angesehen war. Seinem politischen Aufstieg war Antipater im Wege gewesen.
Der Vorwurf der Anstiftung zum Mord an Antipater trieb den Mann – er hieß Matichos – in die Enge. Er sah nur den aben-

teuerlichen Ausweg, Aufruhr gegen die Römer zu organisieren. Seine Hoffnung war, bei einer erfolgreichen Revolte selbst König werden zu können. Die Chancen für eine Revolte waren nicht ungünstig, denn Cassius war zu diesem Zeitpunkt damit beschäftigt, gegen Marcus Antonius Krieg zu führen, der sich auch im Osten des Reichs eine Basis aufbauen wollte.
Herodes, der sich ebenfalls benahm, als wüßte er nichts von diesem Komplott, lud Malichos und Hyrkanos zum Abendessen ein. Auf dem Weg zu diesem Gastmahl wurden beide von Bewaffneten überfallen, die Cassius gedungen hatte. Malichos wurde getötet; Hyrkanos, der in Ohnmacht fiel, wurde verschont.
Cassius, der in Rom mächtig sein wollte und nicht an der Ostküste des Mittelmeers, verließ Syrien. Sofort schwand der Einfluß des Römischen Reiches in dieser Region. Die Folge waren Aufstände in Jerusalem. Antigonos, der Sohn von Aristobulos II. wurde erneut aktiv. Herodes änderte seinen politischen Kurs nicht: Er stand in Treue zu Rom.

Der geschickte Taktiker setzte nun für sein Glück auf eine Heirat: Herodes verlobte sich mit Mariamne, einer Tochter des Hyrkanos. Dessen Sippe konnte fortan nicht mehr gegen ihn sein.
Die römischen Wirren fanden immer noch kein Ende: Bei Philippi in Ostmakedonien verlor Cassius im Jahre 42 v. Chr. sein Leben. Marcus Antonius, der Sieger, zog nach Syrien. Herodes, der durch seine Goldkontributionen den Feldzug des Cassius mitfinanziert hatte, sah sich jetzt veranlaßt, an Marcus Antonius Gold abzuliefern. Da er auch diesmal damit rechtzeitig im Hauptquartier des Siegers eintraf, war er künftig auch bei diesem Römer hoch angesehen. Dessen Gunst nützte Herodes jedoch zunächst nur wenig, als er sich, auf Anweisung des Römers, die Herrschaft über Jerusalem aneignen wollte. Wichtige Männer der Stadt waren empört darüber, daß er sich die Amtsübertragung durch Gold erschlichen habe. Mit Mühe gelang es, einen Aufstand der Massen zu verhindern.
Die Machtentfaltung des Marcus Antonius in Syrien war von kurzer Dauer. Kleopatra beschäftigte diesen Feldherrn und Politiker. Im syrischen Bereich entstand ein politisches und militärisches Vakuum. Diese Situation nützten die Mächtigen

vom Volk der Parther aus: Sie nahmen Damaskus ein und stießen nach Galiläa vor. Sie hatten dabei Kontakt zu Antigonos, dem Sohn des Aristobulos II. Er war bereit, mit dem Heer der Parther nach Jerusalem zu ziehen.

Flavius Josephus berichtet (1. Buch 13,2). Antigonos habe Zulauf erhalten von Juden, die beim Berg Karmel lebten. Auch Männer aus dem Küstengebiet von Samaria schlossen sich Antigonos an. Sie alle hatten sich bereit erklärt, in Judäa einzufallen und Jerusalem für den Sohn des Aristobulos II. zu erobern. Die Berittenen und die Kämpfer zu Fuß der Parther und der Juden näherten sich mit beachtlicher Tagesleistung ihrem Ziel. Hyrkanos und Phasaelis, die sich in Jerusalem befanden, konnten durch ihre Bewaffneten die Angreifer zwar noch vor dem Palast in der oberen Stadt aufhalten, doch brach bald darauf Unruhe in den ärmeren Stadtvierteln von Jerusalem aus. Da griff Herodes vom Palast aus mit seinen Männern in den Kampf ein. Er ließ viele der Aufständischen gefangennehmen und in den Tempel einschließen. Doch damit war der Aufstand keineswegs eingedämmt. Dessen Ursache war nicht aus der Welt zu schaffen. Sie bestand darin, daß Herodes nach Meinung der wichtigen Köpfe der Pharisäerpartei überhaupt kein Jude war. Sie hatten sich zusammengeschlossen, um Herodes vom Thron fernzuhalten.
Für die Strenggläubigen war Herodes der Sohn des Idumäers Antipater. Hatten sie schon dem Vater mißtraut, so waren sie auch gegenüber dem Sohn nicht aufgeschlossen. Von Herodes wollten die Pharisäer nicht regiert werden – und auch die Sadduzäer hatten ihre Vorbehalte.
Die Idumäer hatten zwar im Jahre 125 v. Chr. nach der Eroberung ihres Landes durch Johannes Hyrkanos den jüdischen Glauben bereitwillig angenommen, doch war im Verlauf von drei Generationen für diejenigen, die alle Gesetze des Mose streng auslegten, die Gültigkeit der Judaisierung immer zweifelhafter geworden. Die Skepsis der wahrhaft Gläubigen, ob der Sohn des Idumäers wirklich Jude sei, blieb Zeit seines Lebens das Problem für Herodes.

Als hohe Feiertage angebrochen waren, damals im Jahre 40 v. Chr., waren Tausende in die Stadt geströmt, aufgeschreckt durch die Parole, es müsse verhindert werden, daß der Idumäer die Macht ergreife in Jerusalem – Herodes sei außerdem ein enger Freund der römischen Besatzungsmacht. Herodes und sein älterer Bruder Phasaelis befanden sich in verzweifelter Lage. Besonders Phasaelis, der die Tempelmauern zu verteidigen hatte, sah den Kampf als aussichtslos an. Herodes, der für den Palast verantwortlich war, hatte eher Hoffnung auf eine glückliche Wendung. Er lehnte deshalb den Vorschlag des Antigonos ab, beide Parteien – gemeint waren Antigonos und die Söhne des Antipater – sollten einen Schiedsrichter in ihrem Streit entscheiden lassen. Für diese Aufgabe sei Pakoros, der Sohn des Partherkönigs, bestens geeignet. Die Parther waren damals für kurze Zeit die wichtigste Macht der Region.

Zu seinem Unglück nahm Phasaelis den Vorschlag an. Über eine Strecke von 150 Kilometer wurden Phasaelis und Hyrkanos von Bewaffneten nach Norden begleitet. Sie waren im Glauben, ehrenvoll zu Pakoros geleitet zu werden. In Galiläa befand sich die Bevölkerung im Aufruhr. Die beiden, die unterwegs waren zum Partherkönig, fühlten sich bedroht. Die Bewohner der Siedlungen entlang ihrer Straße waren gegen sie. Phasaelis und Hyrkanos begriffen, daß sie in der Falle saßen. Ihre schlimmsten Erwartungen gingen in Erfüllung, als sie von den Parthern in Ketten gelegt wurden. Phasaelis benahm sich allerdings heldenhaft. Da er wegen der Ketten seine Hände nicht mehr gebrauchen konnte, zerschmetterte er seinen Schädel an einem Felsen. Er soll sofort gestorben sein.
Von dieser Entwicklung wußte Herodes in Jerusalem nichts. Er war nicht in die Falle gegangen, weil er nicht an ein gerechtes Schiedsurteil des Partherkönigs geglaubt hatte. An einen militärischen Erfolg konnte auch er nun nicht mehr denken, doch kam für ihn Kapitulation nicht in Frage. Mariamne, die Tochter des Hyrkanos, die er heiraten wollte, warnte ihn davor, sich den Parthern auszuliefern, die »voll Tücke« seien. Mariamne war aber bereit, mit ihrem Bräutigam zu fliehen. Unbemerkt verließen sie die Stadt, die sich noch immer im Tumult befand – und auf der Suche nach dem »Idumäer« und Römerfreund Herodes. Herodes und Mariamne waren keineswegs allein: Mit ihnen flohen die Mütter von Herodes und seiner Braut sowie beider Geschwister. Ihr Fluchtziel war Idumäa. Herodes gab

damit denen in Jerusalem recht, die sagten, er sei mehr Angehöriger des idumäischen Volkes als der Juden.
Es zeigte sich jetzt, daß Herodes die Flucht nicht unvorbereitet begonnen hatte. Alles, was er an Schätzen hatte finden können, im Palast und im Tempel, war bereits nach Idumäa gebracht worden. Er war, auch wenn er nicht mehr nach Jerusalem zurückkehren sollte, ein wohlhabender Mann.
Schreckliches aber geschah dem Gefangenen Hyrkanos: Ihm biß Antigonos ein Ohr ab. Damit stand fest, daß Hyrkanos nie mehr Hoherpriester sein konnte, denn eine der Voraussetzungen für dieses Amt war, daß der Person kein »körperlicher Makel« anhaften durfte.
Herodes hatte indes nur seine Familie in Sicherheit gebracht. Er selbst war auf Umwegen nach Alexandria gelangt. Königin Kleopatra wollte sich als freundliche Gastgeberin erweisen: Sie bat ihn bei ihr zu bleiben und als Feldherr in ihre Dienste zu treten, Herodes aber lehnte alle durchaus ehrenvollen Vorschläge ab. Er wollte sofort nach Rom weiterreisen.
Es war allerdings Winter und damit die ungünstigste Reisezeit. Er geriet in Seenot, wurde gerettet, ließ sich auf seine Kosten ein eigenes, seetüchtiges Schiff bauen und erreichte schließlich das italienische Festland. Seine Absicht war, in Rom den Schutz des Marcus Antonius zu erbitten.
Herodes fand in Rom eine Atmosphäre des Wohlwollens. Die Senatoren ließen sich vor allem vom Argument des Marcus Antonius beeinflussen, der Krieg gegen die Parther ließe sich leichter gewinnen, wenn Herodes erst König des jüdischen Volkes sei. Dann stünde den römischen Truppen ein sicheres Hinterland zur Verfügung. Den Erfolg feierten Marcus Antonius und Herodes durch ein gemeinsames Festmahl. Herodes hatte erreicht, was er wollte.

Doch er wurde nur in Rom als König der Juden gefeiert. In Jerusalem regierte unangefochten Antigonos. Er versuchte, das Umfeld seiner Hauptstadt abzusichern und zu vergrößern. Er drang ins Land der Idumäer ein und wandte sich dann der Bergfestung Masada über dem Toten Meer zu. Dort hielt sich Mariamne auf, die Braut des Herodes, samt zahlreichen Mitgliedern ihrer und seiner Verwandtschaft. Beschützt wurden sie in der Festung durch 800 Bewaffnete.

Im Norden seines Herrschaftsgebiets war für Antigonos die militärische Lage unsicher – dort waren römische Verbände stationiert unter einem neuen Befehlshaber, der Ventidius hieß. Sein Verhalten war für Antigonos – aber auch für Herodes – ein Unsicherheitsfaktor. Ventidius ließ, zum Erstaunen des Antigonos, seine Truppen in Richtung Jerusalem marschieren. Dann aber hatten die Anhänger des Herodes Grund, sich zu wundern: Als die römischen Legionäre in Sichtweite der Stadt waren, gab Ventidius Befehl, ein Lager aufzuschlagen – in die Stadt rückten die Römer nicht ein. Nach wenigen Tagen marschierten sie nach Syrien zurück. Dort habe er Probleme zu bewältigen, die Priorität besäßen, ließ Ventidius verlautbaren. Offenbar war er von Antigonos mit einem Geldgeschenk bedacht worden.

Im Februar des Jahres 39 v. Chr. landete Herodes im Hafen von Ptolemais, nördlich des Berges Karmel mit seinem Schiff. Sofort verkündete er, daß er Söldner suche, die bereit wären für Sold und reiche Beute der gerechten Sache zum Erfolg zu verhelfen. Der Zustrom war groß, vor allem von Männern aus dem Volk der Idumäer, die in Herodes einen der Ihrigen sahen.

Noch im Frühjahr 39 v. Chr. verließ eine imposante Streitmacht die Stadt Ptolemais. Sie bewegte sich erst der Küste entlang nach Süden, umging Jerusalem und zog dann in Richtung des Toten Meeres weiter. Nichts lag dem König des jüdischen Volkes mehr am Herzen, als seine Braut Mariamne zu befreien, die noch immer auf Masada festsaß.

Die dort Eingeschlossenen hätten sich beinahe selbst in Gefahr gebracht – aus Wassermangel. Sie waren zwar noch reichlich versorgt mit Lebensmitteln, doch war ihnen das Wasser fast bis auf den letzten Tropfen ausgegangen. Joseph, der Bruder des Herodes, hatte, als Befehlshaber der 800 Bewaffneten, bereits für eine der kommenden Nächte den Befehl zum Ausbruch über das Tote Meer hinüber zum Land der Nabatäer gegeben, da geschah ein Wunder: Am Beginn eben jener Nacht begann es ausgiebig zu regnen, und bis Mitternacht waren die Zisternen von Masada derart gefüllt, daß die Eingeschlossenen sicher waren, noch lange aushalten zu können.

Die Befreiung der Braut und der Verwandtschaft bereitete den Bewaffneten des Herodes keine Schwierigkeiten. Seine nächste

Absicht war, als Triumphator in Jerusalem einzuziehen. Doch der Kommandeur der römischen Legionen in Syrien benahm sich erneut seltsam.
Sicher ist, daß er aus Rom die Anweisung erhalten hatte, auf der Seite des vom Senat bestätigten Königs Herodes gegen Antigonos, den »unrechtmäßigen Herrscher über das Volk Juda« zu kämpfen. Der römische General Silo war auch zunächst bereit, an einer Belagerung von Jerusalem zu Gunsten des Herodes teilzunehmen, doch mitten in den Vorbereitungen zu dieser militärischen Aktion erklärte General Silo, es sei jetzt an der Zeit, die Legionäre ins vorgesehene Winterquartier nach Syrien zu schicken. Sein Argument war stichhaltig: Das Land ringsum sei von den Leuten des Antigonos bereits derart ausgeplündert worden, daß die Legionäre, die ausgeschickt worden waren, Lebensmittel zu beschlagnahmen, nichts mehr vorgefunden hätten. General Silo meinte, er dürfe seine Soldaten doch nicht während des Winters verhungern lassen – dies könne auch der mächtige Marcus Antonius in Rom nicht von ihm verlangen!
Da ritt Herodes selbst in die Dörfer des Berglandes von Judäa – und er fand derart viel Mehl, Fleisch, Wein und Öl vor, daß die Römer leicht über den Winter zu ernähren waren (1. Buch »Der jüdische Krieg« 15,6). General Silo nahm zwar die Lebensmittel gerne an, doch er bestand darauf, den Legionären Ruhe zu gönnen. Herodes gab nach. An eine Belagerung von Jerusalem war vorerst nicht zu denken. Er konnte wenigstens durchsetzen, daß die römischen Verbände nicht nach Syrien, sondern in nahegelegene und ihm ergebene Orte in Galiläa, Samaria und Idumäa abrückten.
Ein Versuch, die Bewohner der Stadt zur freiwilligen Öffnung der Tore zu bewegen, scheiterte. Herodes hatte entlang der Mauer durch Männer mit starker Stimme verkünden lassen, er sei gekommen, um Jerusalem zu retten. Keiner seiner bisherigen Feinde brauche auch nur im geringsten zu fürchten, er würde zur Rechenschaft gezogen werden. Als diese Rufe in der Stadt zu hören waren, befahl Antigonos seinen Anhängern in den Straßen und auf den Plätzen einen derartigen Lärm zu machen, daß die Appelle des Herodes in der Stadt nicht im Wortlaut vernommen werden konnten. Die Tore blieben geschlossen.

Daß Herodes sich mit erbitterten Gegner auseinanderzusetzen hatte, beweist eine Textstelle im Ersten Buch »Der jüdische Krieg« (16,4). In Felsenhöhlen beim Bergland am See Genezareth hatten sich besonders hartnäckige Feinde des »Idumäers« verschanzt. Es waren Guerillakämpfer, die zur Partei der fanatischen Gläubigen im Lande zählten:
»An Steilhängen befanden sich diese Höhlen. Sie hatten keinen begehbaren Zugang. Das Felsmassiv fiel steil und tief in eine Schlucht hinab. Herodes war lange Zeit ratlos, wie er seinen Feinden in den Höhlen zu Leibe rücken könnte. Schließlich faßte er einen kühnen und gewagten Entschluß. Er ließ seine mutigsten und geschicktesten Kämpfer in hölzernen Kästen an Stricken über die Felswand bis zu den Höhlen hinunter. Diese Kämpfer warfen brennendes Heu, das Rauch erzeugte, in die Höhlen hinein. Sie töteten jeden, der herauskam und sich wehren wollte.
Herodes, der erkannte, daß es tapfere Männer waren, hätte sie gerne für sich gewonnen, doch Zurufe nützten nichts, keiner ergab sich, keiner wollte in die Truppe des Herodes aufgenommen werden. Doch da gab es eine Ausnahme. Ein Vater hatte sieben Söhne, die bereit waren, das Angebot des Herodes anzunehmen. Sie forderten ihren Vater auf, er möge sie aus der Höhle herauslassen. Der Alte tat so, als sei er einverstanden. Einzeln ließ er sie heraustreten – und einzeln streckte er sie mit dem Schwert nieder. Herodes stand in der Nähe, doch er konnte nicht eingreifen. Er sah, was geschah. Gleich zu Beginn des Mordens hatte er dem Vater zugerufen, er solle doch seine Söhne schone. Der Alte aber beschimpfte Herodes wegen dessen Herkunft aus einer Familie, die nicht jüdisch war. Er warf die Leichen in die Schlucht und sprang ihnen nach.«
Auf Siege des Herodes folgten auch Rückschläge. Bei Jericho wurde sein Bruder Josephus, der sich leichtfertig in Gefahr begab, von Antigonos in eine Falle gelockt und getötet. Ihm wurde der Kopf abgeschlagen. Daß ihm Josephus auf dem Weg zur Macht in Judäa nicht mehr helfen konnte, war ein bitterer Verlust für den König ohne Hauptstadt, dem nichts so recht glücken wollte. Ein Aufstand der Anhänger des Antigonos folgte dem anderen. Immer wieder waren im Land Stimmen zu hören, Antigonos stamme aus dem Geschlecht der Hasmonäer, sei ein Nachfahre von Judas dem Makkabäer und damit recht-

mäßiger Herrscher. Monate vergingen, ohne daß ein Ende der Auseinandersetzung um die Macht zu erkennen war.
Die wahre Ursache der Schwäche des von Rom ernannten Königs der Juden war darin zu suchen, daß die für Syrien zuständigen römischen Feldherren kaum Lust hatten, ihn wirkungsvoll zu unterstützen. Sie waren aufgeschlossen für Bestechungen – auch aus der Hand des Antigonos. Es lag nicht im Interesse der Generäle, eindeutig Position zu beziehen. Schaukelpolitik war einträglicher: Sie konnten von zwei Parteien Zahlungen erwarten. Sie brauchten nicht zu fürchten, daß ihnen jemand dreinredete. Die Mächtigen in Rom waren weit entfernt, und ihr Einfluß auf die Kommandeure an Ort und Stelle war begrenzt. Herodes hatte Grund, sich verraten zu fühlen.
Herodes mußte dem Eindruck, seine Erfolge führten unweigerlich zu Niederlagen, durch Propaganda entgegenwirken. Verbreitet wurde die wundersame Geschichte, ein Haus sei gerade in dem Augenblick zusammengestürzt, als Herodes und seine Gäste durch das Tor nach draußen getreten seien. Der Glaube verbreitete sich, Herodes werde durch die besondere Gnade des Gottes Jahwe beschützt und gelenkt. Diese Überzeugung steigerte sich noch, als Herodes durch einen Speer leicht an der Seite verletzt wurde. Wer dabei gewesen war, der bezeugte, Gott selbst habe den Speer vom Herzen des Königs abgelenkt. Ein weiteres göttliches Wunder bestärkte den Eindruck, Herodes sei von Gott zur Herrschaft in Jerusalem berufen. Was geschah, berichtete Flavius Josephus im Ersten Buch »Der jüdische Krieg« (17,7):
»Gegen Abend nach einer Schlacht begab sich Herodes erhitzt in einen Baderaum in Jericho. Nur ein Diener begleitete ihn. Er ging gerade durch die Tür, da stürzte ein Soldat des Antigonos heraus, das blanke Schwert in der Hand. Ihm folgte ein zweiter und ein dritter Kämpfer. Leicht hätten sie den ihnen verhaßten König töten können, doch sie zitterten vor Angst. Sie hatten sich während des Kampfes im Badehaus versteckt gehalten.«

Drei Jahre waren schließlich vergangen, seit Herodes in Rom sich hatte als König der Juden feiern lassen – diese drei Jahre waren angefüllt gewesen mit Reisen, Geplänkel und Schlachten, mit diplomatischen Winkelzügen und Protesten gegen die Interesselosigkeit der römischen Befehlshaber. Es wurde Zeit, daß sich Herodes um die Stadt bemühte, auf die alles ankam – auf Jerusalem. Erst wenn er dort eingezogen war, konnte er sich mit Recht König der Juden nennen.

Antigonos besaß die Stadt noch immer. Bei Ausgrabungen wurde eine Münze gefunden, die Beweis dafür ist, daß er seiner Sache sicher war. Die Schriftzeichen für seinen Namen umgeben eine Darstellung des Tisches der Schaubrote, der vierbeinig ist und der eine schlichte Tischplatte besitzt. Auf der anderen Seite der Bronzescheibe ist der siebenarmige Leuchter zu sehen und die Schriftzeichen für den Hohenpriester. Der Name des Amtsinhabers ist schlecht zu entziffern.

Die Münze ist Zeichen dafür, daß Antigonos, der Herrscher über Jerusalem, wert auf religiöse Symbole legte. Er wollte damit ausdrücken, daß er auf Jahwes Seite und Jahwe damit auch auf seiner Seite war. Antigonos bemühte sich offensichtlich um die religiös orientierten Schichten der Stadt. Er suchte die Sympathie der Pharisäer und der Sadduzäer zu gewinnen.

Die Pharisäer kämpfen um ihr Leben – Fünf Monate lang belagert Herodes Jerusalem

Im Frühjahr 37 v. Chr. fanden sich die römischen Legionen endlich wieder vor Jerusalem ein. Die ernsthafte Belagerung konnte beginnen. Befehlshaber war General Sosius. Er hatte offenbar genau den Belagerungsplan des Römers Pompejus aus dem Jahre 63 v. Chr. studiert. Er übernahm die Strategie, von Norden her in den Tempelbereich einzudringen. Auf diesen Sektor der Verteidigungsanlagen konzentrierte er alle seine Bemühungen. Herodes wußte, daß ein gewaltiger Unterschied bestand zur Situation des Pompejus, der damit rechnen konnte, daß die Sadduzäerpartei, die auf der Seite des Hyrkanos stand, ihm die Tore zur Weststadt öffnete. Auf Herodes wartete kaum jemand in Jerusalem. Die Pharisäerpartei hatte die Stadt in der Hand. Ihre Mitglieder wußten, daß sie keine Gnade von Herodes zu erwarten hatten, da sie ihm deutlich ihre Ablehnung gezeigt hatten.

Über die Stimmung in der Stadt zu Beginn der Belagerung weiß Flavius Josephus im Ersten Buch »Der jüdische Krieg« (18,1) zu berichten:
»Fast jeder in Jerusalem war aufgeregt. Die einen versammelten sich beim Tempel und benahmen sich, als ob sie den Verstand verloren hätten. Sie sprachen dabei Worte aus den heiligen Schriften. Wer mutig war, der stellte sich für militärische Aktionen zur Verfügung. Die Entschlossenen wagten sich hinaus vor die Stadt, um Lebensmittel hereinzuholen. Andere stellten sich auf die Mauer und behinderten durch Pfeilschüsse und Speerwürfe die Leute, die draußen Schanzen aufwarfen. Sie gaben sich auch Mühe, die Aufstellung der Kriegsmaschinen der Römer zu verhindern.«

Flavius Josephus wies auch darauf hin, daß die Verteidiger beachtliche technische Leistungen vollbrachten: Es gelang ihnen aus der Stadt heraus Stollen zu graben, die weit außerhalb des Belagerungsrings endeten. Diese Tunnels waren so breit und hoch, daß Kämpfer mit ihren Waffen rasch hindurchkriechen konnten. So waren überraschende Angriffe im Rücken der Belagerungstruppen möglich. »Die Stollengänge machten es ihnen möglich, mitten unter den Römern Überfälle zu unternehmen.« Derartige Aktionen brachten jedoch keinerlei maßgeblichen militärischen Erfolg – sie waren eher Ausdruck einer verzweifelten Stimmung in der Stadt.
Die Römer hatten selbstverständlich die Kunst der Stadtbelagerung keineswegs verlernt. Auch sie trieben Stollen in die Erde, die den Zweck hatten, die Mauerfundamente zu zerstören. Sie bauten Belagerungsmaschinen auf, die größer waren, als die des Pompejus. Wieder hallte der Schlag der »Widder« bei Tag und Nacht durch die Stadt. Die Römer hatten gelernt, Nervenkrieg zu führen.

Sobald Herodes sicher war, daß die Schlacht um die Stadt nicht mehr verloren gehen konnte, ritt er nach Samaria um Mariamne zu heiraten. Nahezu drei Jahre zuvor hatten sich die beiden die Ehe versprochen. Herodes liebte diese Frau – und doch gab es für diese Hochzeit auch einen politischen Grund: Sie sollte Vorteile für die Zukunft bringen. Mariamne war die Enkelin des Hyrkanos – die Vermählung mit ihr machte ihn verwandt mit dem Adel der bisherigen Ordnung. Der von den Römern ernannte König der Juden wollte das bestehende »Establishment« von Jerusalem für sich gewinnen. Herodes demonstrierte damit, daß er nicht die Absicht habe, die Männer der alten Ordnung zu strafen oder gar zu töten. Mit der fortschreitenden Belagerung war für ihn der Zeitpunkt gekommen, um dem Adel in der Stadt zu zeigen, daß auch er zur oberen Schicht und damit zu ihnen gehöre. Herodes wollte den Weg zur Versöhnung öffnen.

Die Voraussetzung für die Heirat mit Mariamne war für Herodes nicht leicht zu erfüllen gewesen – er hatte schon einmal geheiratet: Eine Frau aus angesehener idumäischer Sippe. Ihr Name war Doris. Sie lebte noch. Sie hatte Herodes einen Sohn geboren. Für eine Trennung von Doris und von diesem Sohn war kein stichhaltiger Grund gegeben – außer, daß Herodes es für äußerst unklug hielt, noch länger mit einer Idumäerin verheiratet zu sein. Seine idumäische Vergangenheit sollte vergessen werden. Da ergab es sich günstig, daß er die noch sehr junge Mariamne liebte und begehrte. Dafür fand er Verständnis. Daß die kritischen Stimmen in den gehobenen Kreisen verstummten, verdankte Herodes der Klugheit dieser Frau und ihrer Abstammung. Von ihr ist überliefert, daß sie es gewohnt war, ihrem Willen Ausdruck zu geben – und sie erwartete, daß er respektiert wurde.

Als Herodes von den Hochzeitsfeierlichkeiten zum Belagerungsring von Jerusalem zurückkehrte, waren die Vorbereitungen zum Sturmangriff nahezu abgeschlossen. Er bewunderte die Perfektion, mit der die Spezialisten des römischen General Sosius Rammböcke, Belagerungstürme, Brandschleudern und Steinwurfgeräte hergestellt hatten. Truppen, Kriegsmaterial und Verpflegung hatten die Belagerungsstreitkräfte im Überfluß. Sorge machte Herodes nur die Stimmung unter seinen römischen Verbündeten. Sie hatten fünf Monate lang in der Hitze des judäischen Berglandes ausgeharrt, hatten unter der sengenden Sonne Erdwälle aufgeschaufelt und Ausbrüche der Verteidiger abgewehrt. Die Entbehrungen, Strapazen und Mühen gaben den Legionären das Recht – so glaubten sie – bei der Eroberung der Stadt plündern, vergewaltigen und töten zu dürfen. Nur wegen dieser völligen Freiheit in der Behandlung der Verlierer nahmen sie teil an Kriegen überhaupt und an die-

sem Feldzug gegen Jerusalem im besonderen. Dem römischen Soldaten war es gleichgültig, wem diese Stadt gehörte – er wollte Beute an sich reißen, seine Lust und seinen Blutrausch stillen.
Herodes aber war sich bewußt, daß Metzelei und Vergewaltigungen eine Versöhnung mit den Parteien der Pharisäer und der Sadduzäer nahezu unmöglich machen würde. Auch wenn es die Römer waren, die sich blutrünstig benahmen, die Schuld fiel immer auf ihn, der aus einem Sieg der Römer am meisten Nutzen zog. Die Pharisäer und die Sadduzäer würden ihm immer vorwerfen, er habe als Idumäer gehandelt und habe Juden hinmetzeln lassen. Der Verlauf der Ereignisse übertraf seine Befürchtungen bei weitem. Dabei hatte er mit Absicht seine eigenen Leute in die erste Linie gestellt. Sie sollten Gewalttätigkeit gegen Unbewaffnete verhindern. Als der Kampf im Gange war, dachten sie nicht mehr an diesen Befehl.

Den Sturmangriff eröffneten die Elitetruppen des Herodes: Ihre Kämpfer rannten die Erdrampen hoch, überkletterten die Stadtmauer und sprangen hinunter auf den Platz um den Tempel. Als der Bereich des Heiligtums bis auf den Tempelbau selbst erobert war, drangen die Männer des Herodes und der römischen Verbündeten in die Weststadt ein. Sie verschonten niemand. Tausendfach wurde gemordet in den engen Gassen. Auch Frauen, Alte und Kinder wurden nicht verschont (Flavius Josephus, Erstes Buch »Der jüdische Krieg« [18,2]). »Zu allen Kampfplätzen schickte der König Leute, die zur Schonung der Bewohner aufriefen, doch niemand hörte auf sie. Die Angreifer hatten Sinne und Verstand verloren.«
Auf dem Tempelberg flauten die Kämpfe ab. Kaum einer der Verteidiger überlebte. Die römischen Legionäre und deren Offiziere, die den Tempel erobert hatten, waren nun neugierig zu erfahren, für welche Art von Gebäude sie ihr Leben eingesetzt hatten. Herodes hatte diese Entwicklung vorausgeahnt: Wachen sollten das Eindringen der Fremden in das Allerheiligste verhindern. Das »Unschaubare« sollte verborgen bleiben. Die Wachen konnten nur mit Waffengewalt die Römer daran hindern, ihre Neugierde zu befriedigen.
Als der König der Juden sah, daß die Stadt, in der er künftig regieren sollte, verwüstet wurde, stellte er den römischen Gene-

ral Sosius zur Rede. Er fragte, ob er denn künftig in einer öden Stadt ohne Menschen sein Leben fristen müsse. Die Antwort des Generals war eindeutig: »Die Soldaten haben belagert, sie dürfen plündern!«

Überliefert ist allerdings, daß auch Herodes selbst Schätze hat zusammenraffen lassen. Alles Wertvolle, was sich im Palast des Antigonos befunden hatte, war durch seine Beauftragten sichergestellt worden. Auf dieses Gold und Silber war nun Herodes allerdings angewiesen, wenn er seine erstaunliche Idee durchsetzen wollte: Er versprach jedem römischen Soldaten, der sich nicht durch Plünderung Beute holte, eine hohe Belohnung. »Herodes hielt sein Versprechen. Jeder römische Soldat bekam ein Geschenk, das sich sehen lassen konnte. Reich bedacht wurden die Offiziere. Wahrhaft königlich aber wurde General Sosius beschenkt.« (Erstes Buch »Der jüdische Krieg« 18,3) Als die Auszahlung der Römer abgeschlossen war, besaß der »König der Juden« nichts mehr – doch das Vertrauen der Untertanen hatte er trotzdem nicht gewonnen.

Etwa 35 Jahre war Herodes alt, als er in Jerusalem Anspruch auf Titel und Amt des Königs erheben durfte. Die meisten seiner Untertanen aber waren der Meinung, er sei das Werkzeug der Römer, die das Land ausbeuten wollten. Zu akzeptieren sei Herodes höchstens als »Zuchtrute Gottes«, die das jüdische Volk wegen seiner Sünden zu ertragen habe – er sei nichts anderes als der Ausführende des göttlichen Strafgerichts.
Herodes hat sich wohl selbst manchmal den Wortlaut aus dem Buch Deuteronomium (17,14-15) in Erinnerung gerufen: »Bist du in das Land eingezogen, das der Herr, dein Gott dir bestimmt hat, dann wirst du sagen: ›Einen König will ich über mich einsetzen, wie alle Völker ringsum einen König haben.‹ Dann ist es dir erlaubt, einen König zu bestimmen, doch nur einen, der dem Herrn, deinem Gott, gefällt. Der König muß aus dem Kreis deiner Brüder gewählt werden. Ein Fremder darf nicht König sein über dich, denn er ist ja nicht dein Bruder.«
Für die Schriftgelehrten waren diese Worte eine Waffe, die sie gegen Herodes einsetzen konnten. Der Text gab ihnen das Recht, den Verzicht des Herodes auf die Königswürde zu ver-

langen. Das Gesetz bestimmte, daß nur Jude sein kann, wer eine jüdische Mutter besitzt – oder wer zum jüdischen Glauben übergetreten ist. Das Problem wäre für Herodes gelöst gewesen, wenn er hätte erklären können, er sei Jude geworden. Dies war nicht möglich, weil er, seit sein politischer Ehrgeiz erwacht war, von sich behauptet hatte, er sei selbstverständlich Jude und müsse nicht erst dazu gemacht werden. Doch sein Problem ließ sich nicht einfach aus der Welt schaffen. Es war nicht zu leugnen, daß seine Mutter aus einer arabischen Sippe stammte: Sie war Nabatäerin.

Die wichtigste Entscheidung, die Herodes zunächst zu treffen hatte, war auch durch die Abstammungsfrage belastet: Er mußte einen Hohenpriester einsetzen – und auch dafür kam nur ein Jude in Frage. Er hätte gerne beide Ämter – das des Königs und das des Hohenpriesters – in Personalunion ausgeübt. Das Beispiel dafür hatte Johannes Hyrkanos gegeben, der beide Positionen in seiner Person vereinigt hatte. Auch Antigonos war König und Hoherpriester zugleich gewesen. Ihm hatte der römischen General Sosius bald nach der Gefangennahme bei der Einnahme von Jerusalem den Kopf abschlagen lassen. Seither war das Amt des Hohenpriesters frei. Daß da noch der Vorgänger des Antigonos, der glücklose Hyrkanos in der Gefangenschaft der Parther lebte, war unbedeutend. Auch nach seiner Freilassung konnte Hyrkanos keinen Anspruch auf sein früheres Amt erheben – dafür hätte sein Körper unversehrt sein müssen. Seit ihm Antigonos ein Ohr abgebissen hatte, konnte Hyrkanos diese Voraussetzung nicht mehr erfüllen.

Das Amt des Hohenpriesters war zu haben, und doch durfte Herodes nicht danach greifen. Seine arabische Abstammung verbot die Amtsübernahme. Da entschied Herodes, ein Gelehrter, aber unbekannter Mann sei künftig Hoherpriester. Sein Name war Ananel. Mit dieser Wahl glaubte der König, sich Probleme vom Leib halten zu können, die durch einen ehrgeizigen politischen Kopf im Schlüsselamt des Staates entstehen könnten. Er hatte einen schwachen Mann gewählt, der wohl nicht an eigenständige Politik dachte: Die einzige Qualifikation des Ananel war, ein Jude zu sein.

Doch durch die Wahl des Ananel waren wichtige Persönlichkeiten des religiösen Lebens überrascht worden. Manche Hoffnung auf das Amt war zerplatzt. Herodes schuf sich gleich bei Beginn seiner Herrschaft Feinde – die eigene Schwiegermutter zählte dazu, die selbst einen Kandidaten für das Amt des geistlichen Würdenträgers präsentieren wollte. Die Schwiegermutter besaß eine einflußreiche Freundin: Kleopatra, die Geliebte des Römers Marcus Antonius.

Kleopatra will Jerusalem für sich – Herodes im Netz der Frauen

Kaum war die Entscheidung zu Gunsten des Ananel gefallen, da handelte die Mutter der Mariamne: Sie schrieb einen Brief an Kleopatra, die sich damals bei Marcus Antonius in Syrien aufhielt. Sie führte Klage, weil ihr Sohn Aristobulos bei der Wahl zum Hohenpriester übergangen worden sei. Nur Aristobulos habe das Recht, das Amt für sich zu fordern. Hoherpriester sei von des Königs Gnaden jemand geworden, der keinerlei Voraussetzung für diese Position im Staat besitze.
Mit den Folgen dieses Briefes und mit der gesamten Affäre um Herodes und Kleopatra hat sich der Historiker Gerhard Prause befaßt. Er warnt davor, dieser Darstellung der Ausgangssituation des Streits im Hause Herodes, die Flavius Josephus in seinem Werk »Jüdische Altertümer« hinterlassen hat, Glauben zu schenken. Flavius Josephus erzählt diese aufregende und zugleich verwirrende Geschichte:
»Kleopatra erhielt den Brief der Alexandra durch Vermittlung eines Harfenspielers, der hoch in ihrer Gunst stand. Alexandra bat Kleopatra, sich bei Antonius einzusetzen, daß ihrem Sohn Aristobulos die Würde des Hohenpriesters übertragen werde. Antonius, dem diese Bitte zugeleitet wurde, wollte sie eigentlich nicht erfüllen. Doch sein Freund Dellius, der zu leben verstand, reiste damals zufällig nach Judäa. Dabei bekam Dellius den jungen Aristobulos zu Gesicht. Er war verblüfft über die Schönheit des jungen Mannes. Ihm gefiel auch Mariamne über alles, was er bisher an weiblicher Schönheit auf dieser Reise gesehen hatte. Er schmeichelte der Alexandra wegen ihrer schönen Kinder und sagte zu ihr, daß er sowohl Mariamne als auch Aristobulos malen lassen wolle. Dellius meinte, er würde dann

diese Bilder dem Antonius zusenden, der dann bestimmt – weil er vor Sehnsucht verginge – alle Wünsche der Alexandra erfüllen werde. Dellius ließ dann den Bildern noch einige Übertreibungen hinzufügen. Er schrieb an seinen Freund Antonius, Mariamne und Aristobulos stammen sicher nicht von menschlichen, sondern ganz sicher von göttlichen Eltern ab. Dellius hatte die Absicht, mit den Abbildungen der schönen Körper die Sinne des Antonius anzustacheln. Antonius reagierte tatsächlich entzückt. Er hütete sich allerdings, Mariamne zu sich kommen zu lassen, da sie doch mit Herodes verheiratet war. Antonius bat bescheiden, man möge ihm Aristobulos schicken. Als Herodes davon erfuhr, wollte er nicht, daß Aristobulos zu diesem Römer reise, da Gefahr bestand, daß dieser schöne junge Mann der Lust des Antonius zum Opfer fallen könnte. Herodes schreib Antonius, Aristobulos dürfe Judäa nicht verlassen. Seine Anwesenheit in Jerusalem sei von politischer Bedeutung. Wenn Aristobulos außer Landes ginge, wären Rebellion und Bürgerkrieg nicht zu vermeiden.«

Gerhard Prause ist der Ansicht, Flavius Josephus habe diese erotisch getönte Geschichte erfunden, weil er Leser für sein Buch gewinnen wollte. Diese Skepsis ist wohl angebracht. Zu bedenken ist jedoch, daß Herodes seinen Schwager Aristobulos dann doch zum Hohenpriester ernannte, als dieser das dafür notwendige Mindestalter erreicht hatte. Dies war in der ersten Hälfte des Jahres 35 v. Chr. der Fall. Herodes hatte also einen Grund gehabt, um zunächst einen Ersatzmann zu benennen. Eigentlich hätte nun Alexandra zufrieden sein können. Doch trat nach dieser Entscheidung der von Herodes erhoffte Familienfrieden nicht ein. Zu viele brisante Spannungen herrschten im Clan, der da zeitweise im Königspalast von Jerusalem unter einem Dach lebte: Alexandra, die Mutter der Mariamne, war herrschsüchtig und mißachtete ihren Schwiegersohn, den sie für einen arabischen Emporkömmling hielt. Mariamne liebte ihren Mann Herodes, aber sie befand sich in den Fängen der Mutter. Wohnrecht im Palast besaß auch die Mutter des Herodes, bei ihr lebte die Tochter Salome und deren Mann, der ein Onkel des Herodes war. Seit kurzer Zeit war auch Hyrkanos in den Palast aufgenommen worden, der Hohepriester, dem ein Ohr fehlte. Hyrkanos war nach der Heimkehr aus der Gefangenschaft der Parther von Herodes überaus herzlich aufge-

nommen worden. Er durfte bei festlichen und zeremoniellen Mahlzeiten immer den ersten Platz einnehmen.
Schwiegermutter Alexandra fühlte sich in diesem Haushalt zurückgesetzt. Sie behauptete, Herodes lasse sie überwachen und bespitzeln. Der König hatte offenbar Grund dazu, denn er erfuhr, daß die Schwiegermutter insgeheim wieder Boten an Kleopatra geschickt hatte, die Nachrichten zurückbrachten. Ihm wurde zugetragen, Kleopatra habe Alexandra den Rat gegeben, zusammen mit ihrem Sohn Aristobulos, aus Jerusalem zu fliehen. In Alexandria werde sie mit Freuden aufgenommen. Dort sei sie sicher vor den Nachstellungen der Agenten des Idumäers. Der Historiker Prause erweckt nun allerdings starke Zweifel am Wahrheitsgehalt dieser Geschichte. Er ist wohl zurecht der Meinung, Alexandra habe zu jenem Zeitpunkt keinen Grund gehabt, aus dem Palast des Herodes zu fliehen – auch wenn der König sie bespitzelte. Ihr Sohn Aristobulos war, ihrem Wunsch gemäß, endlich zum Hohenpriester ernannt worden. Warum er diesen überaus erstrebenswerten Posten schmählich verlassen sollte, dafür gab Flavius Josephus keinen Grund an. Seltsam ist vor allem die Ausschmückung des Fluchtplans durch den Zusatz, Alexandra und Aristobulos hätten die Absicht gehabt, sich in zwei Särgen aus dem Palast tragen zu lassen.
Hätte Aristobulos Judäa verlassen, hätte er sich für alle Zeiten jede Chance auf ein religiöses und politisches Amt verscherzt. Ein Hoherpriester durfte nicht die Grenze des Landes der Juden überschreiten. Die Frage ist tatsächlich, welchen Gewinn dem Hohenpriester Aristobulos die Flucht zu Kleopatra gebracht hätte.

Flavius Josephus (»Jüdische Altertümer« XV) gibt die Erklärung für mögliche Fluchtgedanken des jungen Mannes: Seine Mutter hatte offenbar eine Vorahnung, daß Herodes ihren Sohn umbringen wollte.
»Der König hatte sich vorgenommen, Aristobulos auf jeden Fall töten zu lassen, da er durch seine Schönheit und sein Auftreten beim Volk zu beliebt sei. Diese Tat sollte jedoch jetzt nicht sofort nach dem Fluchtversuch, den seine Mutter ausgeheckt hatte, erfolgen. Herodes wollte seine Schuld vertuschen. Der Verdacht durfte nicht auf ihn fallen. Nun geschah es, daß das

Laubhüttenfest mit großer Feierlichkeit begangen wurde. Der König wollte sich zusammen mit den Untertanen vergnügen. Doch während dieses Festes wurde sein Neid auf Aristobulos geweckt. Der junge Mann, der damals 17 Jahre alt war, wurde, als er zum Altar trat, um die religiösen Zeremonien getreu dem Ritus zu vollziehen, freudig bejubelt. Derartiger Beifall war während des Opfers ungewöhnlich und sogar unwürdig. Zu erkennen war, daß das Volk Aristobulos liebte – was sicher auch mit der einstigen Popularität seines Großvaters Aristobulos zu erklären war. Die Begeisterung, die in und um den Tempel herrschte, störte den König Herodes. Er beschloß, diesen jungen Mann nun doch bald töten zu lassen. Die Gelegenheit dazu bot sich schon unmittelbar nach dem Laubhüttenfest, als Herodes von seiner Schwiegermutter Alexandra zum Essen nach Jericho eingeladen wurde. Herodes gab sich überaus freundlich gegenüber dem jungen Mann. Er zog ihn auf die Seite und gab sich vertraulich. Die beiden kamen schließlich zu den Fischteichen. Es war ein Tag der Hitze, doch bei den Fischteichen war es kühl. Im Wasser schwammen Freunde von Herodes und Aristobulos. Der junge Mann begab sich ebenfalls in das Wasser, um sich mit den Freunden beim Spiel zu vergnügen. Es begann bereits zu dämmern, da tauchten die Freunde den Aristobulos so lange unter das Wasser, bis sie ihn ertränkt hatten. Es hatte dabei den Anschein, als ob sie ein scherzhaftes Spiel trieben, das durch einen unglücklichen Unfall endete. So starb der Hohepriester Aristobulos im blühenden Alter von noch nicht einmal 18 Jahren, nachdem er nur ein Jahr lang dieses hohe Amt bekleitet hatte. Nun wurde erneut Ananel zum Hohenpriester ernannt.«

Damals auf jeden Fall, in Jericho, wurde der Tod des Aristobulos dem Umstand zugeschrieben, daß dem jungen Mann die Kräfte versagt hätten. Niemand bekam Vorwürfe zu hören, er sei schuld – und es war wahrscheinlich wirklich ein unglücklicher Unfall, der dem Hohenpriester das Leben gekostet hat. Die Absicht des Historikers Flavius Josephus war, auf jeden Fall, Herodes als Drahtzieher eines Mordes darzustellen. Dem Sohn eines Idumäers und einer Nabatärin durfte alles zugeschoben werden.
Ob die Schwiegermutter Alexandra vom Mordkomplott des

Herodes wirklich überzeugt war, ist ungewiß. Berichtet wird, sie habe sich erneut an Kleopatra gewandt mit der Bitte, sie möge doch Marcus Antonius, den Geliebten der Kleopatra – der vor allem römischer Oberherr über Syrien war – veranlassen, Herodes zur Rechenschaft zu ziehen. Marcus Antonius solle den Mordfall aufklären, solle Schuld oder Unschuld des Herodes feststellen.

Wenn Alexandra geglaubt hatte, der Römer werde Herodes wegen eines derartigen Vorgangs zur Rechenschaft ziehen, so täuschte sie sich. Marcus Antonius hatte sich vorgenommen, bei internen Angelegenheiten der autonomen Gebiete, die seiner Souveränität unterstanden, den betreffenden Herrschern völlige Freiheit zu lassen. Er fühlte sich nicht als Staatsanwalt und Richter der Kleinmonarchen. Marcus Antonius konnte sich zu jenem Zeitpunkt keinen Ärger in der im übrigen völlig ruhigen Stadt Jerusalem leisten. Er brauchte Frieden in seinem Hinterland. Nur wenige Monate zuvor hatten ihm die Parther – von denen er angenommen hatte, sie seien militärisch und politisch erledigt – eine schwere und verlustreiche Niederlage zugefügt. Sein Ansehen im Römischen Reich verlangte die Auslöschung dieser Schmach. Darauf war seine gesamte Kraft konzentriert. Für eine ausgedehnte Untersuchung des Verhaltens seines königlichen Statthalters in Judäa blieb keine Zeit.

Doch konnte Marcus Antonius eine Bitte der Kleopatra nicht einfach übergehen. Sie hatte Alexandras Klage mit der Bemerkung weitergeleitet, Marcus Antonius möge in Judäa für Ordnung sorgen. Um formal dem Wunsch seiner Geliebten zu entsprechen, lud Marcus Antonius den König im Frühjahr 35 v. Chr. nach Laodicäa ein in die heutige syrische Stadt Lattakia. Wahrscheinlich ist, daß auch Kleopatra anwesend war, als Herodes vor Marcus Antonius erschien, um – als gehorsamer Vasall – der Vorladung Folge zu leisten. Kleopatra mag sich darüber geärgert haben, daß ihr Geliebter den vermeintlichen Mörder Herodes mit allen nur möglichen Gesten der Höflichkeit empfing. Das Thema des Ablebens des Hohenpriesters Aristobulos wurde in den Gesprächen eher oberflächlich behandelt – dies war sicher darauf zurückzuführen, daß Herodes seinem römischen Herren vorsorglich außer den Tributabgaben ein beachtliches Geldgeschenk mitgebracht hatte.

Marcus Antonius muß seinen Gast jedoch darauf hingewiesen haben, daß es nicht so einfach sei, Kleopatras Zorn über die Mißachtung ihrer Freundin Alexandra zu besänftigen. Sie erwarte, daß sich Herodes erkenntlich zeige. Dies könne am leichtesten geschehen, wenn der König von Judäa sofort auf den Hafen Gaza und das Küstenumland zugunsten von Kleopatra verzichte. Herodes mußte nachgeben – und verlor auf diese Weise für Judäa jeden Zugang zum Meer.

Dieser Verzicht fiel dem König schwer. Unter Opfern war einst das Philisterland erobert worden. Es hatte Anstrengungen gekostet, dem jüdischen Staat vor vielen Generationen die Möglichkeit zu schaffen, über das Meer Handelskontakte zu pflegen. Als die Verwalter der Ptolemäerherrscherin die Aufsicht über den Hafen Gaza zu führen begannen, sorgten sie dafür, daß die Waren der herodianischen Händler nicht abgefertigt wurden.

Die Geliebte des Marcus Antonius spürte, daß sie noch mehr erreichen konnte.

Kleopatra hatte bereits Ansprüche auf andere Gebiete erhoben, die Herodes zu seinem Machtbereich zählte. Sie wußte, welche Ländereien wertvoll waren: Das Tote Meer interessierte sie, weil dort Bitumen gewonnen werden konnte, eine Erdölsubstanz, die in Ägypten für die Einbalsamierung Verstorbener dringend gebraucht wurde. Die enge Beziehung zwischen Kleopatra und dem Römer Marcus Antonius wurde zum teuren Problem für Herodes. Er mußte die Einnahmen, die seine Ländereien bei Jericho abwarfen – dort besaß der König Plantagen von Dattelbäumen –, direkt an die ägyptische Herrscherin abführen. Dazu wurde eine neue Rechtslage geschaffen: Herodes trat das Gebiet der Plantagen an Kleopatra ab, pachtete es aber sofort wieder. Damit war ihm weiterhin die Nutzung zugesichert – Kleopatra aber bezog die Pachtsumme.

Diese Lösung hatte der diplomatische Marcus Antonius gefunden, der den König von Judäa nicht völlig seiner besten Ländereien berauben konnte. Herodes legte Wert darauf, wenigstens nach außen Herr über Jericho zu bleiben, denn der Palmenwein von Jericho soll ausgezeichnet gewesen sein. Er trank ihn selbst gern. Das Anbaugelände hat auch ausgedehnte Gärten von Balsamsträuchern umfaßt, aus denen heilsame Sub-

stanzen gewonnen werden konnten, die er selbst benötigte, um Schmerzen zu lindern. Herodes fühlte sich schon als junger Mann krank und siech.
Als Kleopatra ihre neuen Besitzungen am Jordan besichtigte, habe sie, so berichtet Flavius Josephus, in Jericho auch ihren Pächter Herodes getroffen. Sie habe versucht, ihn zu verführen – allerdings nur in der Absicht, ihn hinterher bei Marcus Antonius anzuklagen, er habe sie auf brutale Weise mißbrauchen wollen. Herodes hat offenbar diese Absicht erkannt. Er ließ sich nicht auf die erotischen Annäherungsversuche ein. Flavius Josephus erzählt, der König habe darüber nachgedacht, ob es nicht klug sei, dieses Weib Kleopatra auf der Stelle töten zu lassen. Marcus Antonius konnte ihm doch nur dankbar sein, wenn er von ihr befreit wäre. Es blieb bei diesem Gedankenspiel.
Herodes mußte damals gewußt haben, daß die ägyptische Königin die Absicht hatte, mit Hilfe ihrer Beziehung zu Marcus Antonius, Judäa völlig ihrem Reiche einzugliedern. Ihr ganzes Streben war darauf ausgerichtet, Ägypten wieder in den Grenzen des Ptolemäerreiches von einst auferstehen zu lassen. Sie hatte die Ausdehnung bis zum Euphrat im Sinn. Marcus Antonius war mehrmals energisch von seiner Geliebten aufgefordert worden, er möge die Entscheidung treffen, daß sie über das Land verfügen könne, das einst ihren Vorfahren gehört habe. Antonius hatte sich nicht darauf eingelassen. Er war zurecht der Meinung, daß er gegenüber dem Römischen Reich derartige Gebietsübertragungen nicht verantworten konnte.

So ging die Gefahr, sein Land zu verlieren, an Herodes vorüber. Den Verlust seines Besitzes bei Jericho konnte er ausgleichen. Obgleich er eine hohe Pachtsumme an Kleopatra zu zahlen hatte, erwirtschafteten die Verwalter der königlichen Güter in der Jordansenke Gewinne. Bauern, die durch die Wirren des Bürgerkriegs in der Zeit vor dem Jahre 37 v. Chr. ihr Land bei Jerusalem verloren hatten und entwurzelt worden waren, wurden auf dem fruchtbaren Boden bei Jericho angesiedelt. Das Jordanwasser wurde besser genutzt als bisher. So entstand ein Vorbild für die Entwicklung der Landwirtschaft in anderen Regionen von Judäa. Das verwahrloste Land verwandelte sich langsam wieder in fruchtbare Gegenden, die durch Steuern Gewinne abwarfen. Innerhalb weniger Jahre waren die Händler in

Jerusalem erneut in der Lage, einen Exporthandel aufzubauen. Die Verwalter der Kleopatra in Gaza waren schließlich durch Geld zu bewegen, judäische Waren bevorzugt abzufertigen. Die Händler führten Oliven und Olivenöl aus, Weizen und Wein, Honig und Feigen. Von der Ausweitung der Landwirtschaft zogen die Handwerker Nutzen, die Geräte produzieren und verkaufen konnten. In die Dörfer und Städte zog langsam wieder Wohlstand ein.
Im Jahre 32 v. Chr. war Herodes gezwungen, sich erneut auf eine weltpolitische Veränderung einzustellen – auf einmal war für Jerusalem alles bisher Erreichte in Frage gestellt. Wieder kämpften Römer gegen Römer. Im September jenen Jahres verlor Marcus Antonius seine Flotte im Kampf gegen Octavianus und dessen Admiral Agrippa. Zum Glück für Marcus Antonius waren die Schiffe der Kleopatra, die eigentlich den Sieg ihres Geliebten hätten vollkommen machen sollen, unbeschädigt geblieben, da sie gar nicht mehr zum Einsatz gekommen waren. Marcus Antonius und Kleopatra konnten an den Nil entkommen. Octavianus aber war der Sieger. Ihm gehörte das Imperium. Als Kaiser nannte er sich dann Augustus.

Die Situation war kritisch geworden für den Herrn über Jerusalem, in dessen Stadt immer die enge Beziehung zu Marcus Antonius gepflegt worden war. Herodes mußte damit rechnen, daß er künftig nicht mehr König von Judäa war, daß Octavianus bereits dabei war, sich für den Königspalast in Jerusalem einen neuen Herrn zu suchen. Er mußte persönlich Kontakt zu Octavianus aufnehmen. In dieser Lage hielt es Herodes für klug, eine Person zu beseitigen, die während seines Aufenthalts bei Octavianus Stimmung gegen ihn in der Stadt hätte erzeugen können: Der König ließ Hyrkanos umbringen, den ehemaligen Herrscher und Hohenpriester. Er wählte dazu ein nach außen durchaus legales Verfahren: Der oberste Gerichtshof des jüdischen Volkes hatte Hyrkanos abzuurteilen. Die Anklage lautete auf Landesverrat – Hyrkanos habe sich in staatsgefährdende Beziehungen zum König der Nabatäer eingelassen.

Diesen Grund für die Anklage nannte Flavius Josephus, der dabei ausdrücklich betonte, er stütze sich auf die Memoiren des Herodes. Doch schon Josephus bezweifelte, daß Hyrkanos tatsächlich mit Hilfe des arabischen Nabatäerstammes einen Umsturz in Jerusalem beabsichtigt hatte: »Dies entsprach ganz und gar nicht seinem Charakter. Es ist anzunehmen, daß Herodes sich einen Vorwand ausgedacht hat.« Dazuhin war Hyrkanos inzwischen ein sehr alter Herr geworden, der persönlich keinen Ehrgeiz mehr besaß – und dennoch hielt es Herodes für richtig, den letzten Vertreter des durch ihn selbst abgelösten Regimes der Nachfolger des Judas Makkabäus töten zu lassen. Wobei das größte Problem darin bestand, daß seine Frau Mariamne die Enkelin des Angeklagten und seine Schwiegermutter die Tochter war. Eine Verurteilung des Hyrkanos mußte die ewige Feindschaft beider Frauen zur Folge haben. Es ist erstaunlich, daß Herodes diese Konsequenz zu tragen bereit war. Der oberste Gerichtshof entsprach dem Antrag des Königs: Hyrkanos wurde zum Tode verurteilt und hingerichtet – offenbar durch Erhängung. Wenn diese Angabe stimmt, erlitt der einstige König und Hohepriester einen besonders schimpflichen Tod.

Erst als Hyrkanos nicht mehr lebte, begann Herodes die geplante Reise nach Rhodos. Dorthin war er von Octavianus bestellt worden, um Rechenschaft abzulegen über seine bisherige Einstellung zur Autorität der Römer. Erwartet wurde von ihm vor allem eine Erklärung, warum er derart lange zu Marcus Antonius gehalten habe – obgleich es doch offensichtlich gewesen sei, daß Marcus Antonius als eigennütziger Verräter an der Sache Roms gehandelt habe. Insbesondere nach dem Sieg des Octavianus im September des Jahres 31 v. Chr. war erwartet worden, daß Herodes Position für den Sieger bezog.

Der König von Judäa hätte leicht eine Entschuldigung für sein Verhalten vorbringen können, denn er war zu jenem Zeitpunkt in einen Kampf gegen die Nabatäer verwickelt gewesen. Herodes hätte sagen können, dieser Krieg drüben über dem Jordan habe seine gesamte Aufmerksamkeit erfordert; es sei ihm deshalb nicht möglich gewesen, seinen Verpflichtungen gegenüber dem »wirklichen Beherrscher Roms« nachzukommen.

Die Rede des Herodes, die in den Aufzeichnungen des Flavius Josephus bewahrt worden ist, zeigt, daß Herodes von der Möglichkeit der Ausflucht keinen Gebrauch gemacht hat. Im Gegenteil: Er gab offen zu, selbst zu diesem Zeitpunkt noch seine Bündnisverpflichtung gegenüber Marcus Antonius voll erfüllt zu haben. Nach der Septemberschlacht von 31 v. Chr. seien Getreidelieferungen und Truppenkontingente dem Verlierer übergeben worden, damit sich dieser zum Widerstand gegen Octavianus rüsten konnte. Herodes gab sogar zu, er sei auch in dieser Endphase als Berater des Marcus Antonius tätig gewesen. Eine bessere Verteidigungsrede als diese hätte der Beklagte gar nicht halten können. Mit dem Zusatz, den er diesem Geständnis anfügte, verstand es Herodes geschickt, seine Position gegenüber Octavianus zu verbessern. Er sagte, er habe Marcus Antonius geraten, Kleopatra zu töten, da sie die Ursache allen Übels während der Herrschaft des Marcus Antonius gewesen sei. Nach diesen Worten nickte Octavianus, denn er war immer der Meinung gewesen, Kleopatra reiße Marcus Antonius in den Untergang.

Noch vor Beginn dieser Rede hatte Herodes mit großer, aber demutsvoller Geste den goldenen Reif, das Symbol seiner Königswürde, vom Kopf genommen. Er lag vor ihm, als er zum Schluß seiner Rede sagte:
»Du kannst wütend auf mich sein, Octavianus, weil du meine Treue zu Marcus Antonius als Verbrechen empfindest. Wenn dies zutrifft, dann bekenne ich mich schuldig. Ich will zugeben, daß ich Marcus Antonius sehr ergeben war. Nun aber ist der Name des mächtigsten Mannes heute ein anderer, als vor einiger Zeit. Ich werde dem neuen Herrscher so unerschütterlich dienen, wie dem früheren.«
Daß die Worte geschickt gewählt waren, ist aus der Reaktion des Octavianus abzulesen. Ohne zu zögern bestätigte er Herodes im Amt des Königs über Judäa. Er fügte hinzu, er werde Herodes reich beschenken – »damit du deinen bisherigen Freund Marcus Antonius nicht vermißt!«. Octavianus bereute wenige Wochen später sein Urteil zugunsten des Herodes nicht. Die Flotte, die er zur Entscheidungsschlacht nach Ägypten schickte, wurde an der östlichen Mittelmeerküste in den Häfen, die Herodes unterstanden, zusammengestellt und mit Nahrungsmitteln versorgt. Ebenso erhielten die Fußtruppen bei der Stadt Ptolemais exzellenten Proviant. Entlang ihres Marschweges waren Wasserstellen vorbereitet zur Versorgung von Zehntausenden von Kämpfern.

Am 1. August des Jahres 30 v. Chr. zerbrach die letzte Bastion von Marcus Antonius und Kleopatra. Die Stadt Alexandria kapitulierte vor den Truppen des Octavianus. Das Liebespaar starb durch Selbstmord.

Octavianus gab dem König der Juden die Gebiete zurück, die er hatte an Kleopatra abtreten müssen. Mit der Stadt Gaza erhielt Judäa wieder Zugang zum Mittelmeer – auch brauchte Herodes künftig an niemand mehr Pacht für die Plantagen im Jordantal zu zahlen. Sie wurden wieder sein persönliches Eigentum.

Obgleich Herodes bei dieser Entwicklung der Ereignisse Grund hatte, sich als Triumphator feiern zu lassen – hatte er doch auch Samaria und einige Teile des Ostjordanlandes in seinen Staat eingliedern können – wurde er zu Hause kühl empfangen. Sein Volk jubelte ihm nicht zu. Die Pharisäerpartei und die Gruppierung der Sadduzäer nahmen hin, was Herodes für das Land gewonnen hatte, doch schrieben sie ihm die Erfolge nicht zugute. Herodes erntete Gleichgültigkeit. Er blieb auch weiterhin der Fremde aus Idumäa.

Die schlimmste Enttäuschung erlebte Herodes jedoch in der eigenen Familie. Seine Frau Mariamne war offensichtlich überrascht, daß Octavianus ihn nicht zur Rechenschaft gezogen, sondern ihn sogar noch in seiner Würde erhöht hatte. Sie gab ihm sofort ihre adelige Überlegenheit zu spüren und ließ ihn wissen, er sei nichts anderes, als ein Emporkömmling. Sie behandelte ihn mit Abscheu und lehnte das intime Zusammensein mit Herodes ab.

Die Familie war gespalten in Parteien, die sich haßten. Mariamne und ihre Mutter gaben der Mutter des Herodes und seiner Schwester Salome zu verstehen, daß sie zu Unrecht dem königlichen Haushalt zugerechnet würden, da sie überhaupt nicht von Adel seien. Die Mutter des Königs und die Schwester warteten tief beleidigt auf den Augenblick der Rache. Flavius Josephus berichtet in den »Jüdischen Altertümern« wie Salome diese Rache einfädelte:

»Nach dem Mittagsmahl hatte der König die Angewohnheit, sich auf sein Lager zu legen. Da er Lust verspürte, Mariamne zu lieben, rief er sie zu sich. Sie trat an sein Lager heran, weigerte sich jedoch, mit ihm das Bett zu teilen. Auf seine Ausbrüche der Enttäuschung und der Wut antworte sie mit Beschimpfungen.«

Salome hatte mehrmals derartige Vorgänge beobachtet. Sie sprach mit ihrem Bruder Herodes darüber und deutete ihm an, Mariamne habe einen Liebhaber. Dazuhin wußte sie zu berichten, Mariamne habe, um Herodes zu töten, dem Mundschenk befohlen, Gift in das Getränk des Königs zu träufeln. Mariamne sei wohl des Königs überdrüssig und wolle allein noch mit ihrem Liebhaber leben.

Die Intrige war erfolgreich: Herodes ließ Mariamne verhaften unter dem Verdacht, sie habe Ehebruch begangen und einen Giftmord vorbereitet. Ungewiß ist, welches Gericht den Fall zu behandeln hatte. Anzunehmen ist, daß er die Entscheidung über das Schicksal seiner Frau einem besonderen Gerichtshof zugewiesen hatte, in dem allein seine besten Freunde vertreten waren. Im Bericht des Flavius Josephus über diesen Prozeß ist allein die Anklagerede des Herodes erwähnt, die »in heftigem und ergrimmtem Ton« vorgetragen worden sei. Die Beweisaufnahme und eine Verteidigungsrede gab es nicht – beides war im Verfahren auch gar nicht vorgesehen. Das Ergebnis des Prozesses stand von vornherein fest: Marianme wurde zum Tode verurteilt. Auf welche Weise das Urteil vollstreckt wurde, ist nicht überliefert. Flavius Josephus vermerkt nur, sie sei »ohne auch nur den Ausdruck ihres Gesichts zu wechseln dem Tod entgegengegangen. Sie bewahrte auch noch im Tod den Adel ihrer Familie.« Mit diesen wenigen Worten zeigte Flavius Josephus an, für wen er Sympathie empfand. Auf der Seite des Herodes stand er nicht.

Ohne Flavius Josephus läge jene Epoche im Dunkel – Bemerkungen zu Leben und Werk

Wichtig zum Verständnis der Darstellung aller Geschehnisse in der Zeit zwischen Judas dem Makkabäer und der Tragödie von Masada ist ein Blick auf die Persönlichkeit des Autors der »Jüdischen Altertümer« und des »jüdischen Krieges«: Flavius Josephus. Er ist in Jerusalem geboren worden, entweder im Jah-

re 37 n. Chr. oder im darauffolgenden Jahr. Sein Vater muß Priester gewesen sein, denn Flavius soll schon als Kind Kenntnisse der Gesetzesauslegung besessen haben. Man sei zu ihm gekommen und habe ihn um Rat gefragt, wenn Unsicherheit herrschte, wie sich Familienmitglieder nach dem Gesetz des Mose zu verhalten hatten.
Bei derartigen Aussagen ist allerdings Vorsicht geboten. Wollte jemand in der damaligen Zeit als Gelehrter von Bedeutung gelten, mußte von ihm gesagt werden, schon als Kind habe er Erwachsene durch seine Gelehrsamkeit beeindruckt.
Der junge Mann beschäftigte sich mit den unterschiedlichen Lehrmeinungen, die in Jerusalem vertreten wurden. Dann lebte er für einige Zeit in einer Wüstengegend. Dort habe er sich einem Eremiten anvertraut, einem überaus gelehrten Mann, der in der Abgeschiedenheit für die Vertiefung seiner Kenntnisse gesorgt habe. Danach kehrte Flavius Josephus wieder nach Jerusalem zurück. Er schloß sich der Partei der Pharisäer an, die seine Gelehrsamkeit achtete.
Seine Überzeugung war, daß das Gesetz, das Mose dem jüdischen Volk von Jahwe geschenkt hatte, ein Vertrag war, der als unverbrüchliches Band Jahwe und die Gläubigen zusammenfügte. Grundlage des »Gesetzes der Väter« waren die fünf Bücher Mose. Nach pharisäischer Meinung waren aus ihnen alle Weisungen für das Verhalten des Einzelmenschen und der jüdischen Gemeinschaft insgesamt zu entnehmen. Neben den fünf Büchern Mose wurden noch ungeschriebene Gesetze in Betracht gezogen, die mündlich von Generation zu Generation weitergegeben worden waren.
Der britische Althistoriker Michael Grant legt Wert auf die Feststellung, die Pharisäer seien keinesfalls »trockene Formalisten« gewesen. Im Gegenteil: »Sie verstanden die Religion als Quelle der Freude und wandten sich daher an das religiöse Gefühl des einzelnen im alltäglichen Sinne. Sie betonten die Bedeutung der Sünde, die Kraft der Moral, die Wiederauferstehung des Leibes und hoben den Unterschied von Belohnung und Strafe nach dem Tod hervor. Die gesamte Geschichte war für sie durchdrungen vom Willen Gottes. Ihr Glaube, der um so vieles leidenschaftlicher, lebendiger als der sadduzäische Glaube war, ist der jüdische Glaube, der bis in unsere Tage überlebt hat.«
Im Jahre 64 n. Chr.wurde der 27jährige Priester Josephus nach

Rom geschickt, um dort über die Freilassung von verhafteten Juden, die dem Priesterstand angehörten, zu verhandeln. Sie hatten durch ihre jüdisch-nationalistische Haltung den römischen Aufsichtsbehörden mißfallen. Ob Josephus, der sich damals noch nicht Flavius nannte, in dieser Mission erfolgreich war, ist nicht bekannt.
In Konflikt mit der römischen Staatsautorität geriet der Mann aus Judäa in der Hauptstadt des Reiches offenbar nicht. Josephus soll zu einem engen Kreis von Personen gezählt haben, der von der Kaiserin Poppaea gerne empfangen wurde. Möglich ist, daß er zu diesem Zeitpunkt schon als brillanter Erzähler aufgefallen ist, der zur Unterhaltung einer Gesellschaft beitragen konnte. Der Mann aus dem fernen Judäa war sicher eine Attraktion in Rom.

Das Römische Reich wurde damals von Kaiser Nero beherrscht. Seine Launen bestimmten das Leben und die Politik der Stadt. Welche Meinung Josephus dazu hatte, ist nicht überliefert. Angenommen wird, daß er sich in Rom aufgehalten hat, als die Brandkatastrophe, die Kaiser Nero wohl zu verantworten hatte, weite Teile der Hauptstadt zerstörte.
Die Wurzel für das spätere Verhalten des Josephus ist während seines Aufenthalts in Rom gelegt worden. Obgleich er dem Priesterstand angehörte und der Partei der Pharisäer, verhielt er sich nicht distanziert zu den Römern. Er begann sie zu begreifen, später hat er sie bewundert.
Im Jahr 66 n. Chr. kehrte Josephus wieder nach Jerusalem zurück. Um seinen Lebensabriß zu vervollständigen, sei der Vorgriff auf spätere Ereignisse der Geschichte Jerusalems erlaubt. In jener Zeit der Rückkehr des Josephus steigerte sich der Unwillen über die römischen Herren in der Hauptstadt und im Umland auf ein Ausmaß, das die kommende Katastrophe erahnen ließ. Die Spannung führte zu Anarchie. Die Front gegen Rom war keineswegs geschlossen. Die Parteien zerfielen in Flügeln, die sich auf Leben und Tod bekämpften. Juden töteten Juden.
Der Heimkehrer Josephus erhielt von der Volksversammlung, die sich ohne Regeln und festgefügte Ordnung in besonderen Fällen zur Meinungsbildung traf, und die sich trotz der Bürgerkriegszustände noch immer als funktionierende Autorität

bewährte, den Auftrag, in Galiläa für Ordnung zu sorgen. Die politische Haltung der Sippen in dieser Region war auf Empörung und Aufstand ausgerichtet. Der Gedanke an Konfrontation mit Rom war überaus populär. Josephus selbst, der in der Hauptstadt des Reiches die Kraft der Römer kennengelernt hatte, und der wußte, daß ein Konflikt mit Rom in der Niederlage enden mußte, wollte unbedingt den Streit mit der Großmacht vermeiden. Er wurde als Defätist angefeindet. Josephus, als Romfreund verschrien, versuchte die Vorwürfe durch Aufbau einer bescheidenen jüdisch-nationalen Steitmacht zu entkräften.
Ausreichend Zeit, um sich in Galiläa auf die unvermeidliche Entwicklung vorzubereiten, blieb dem Josephus nicht. Schon im Jahre 67 n. Chr. zerbrach jeder Zusammenhalt einer jüdischen militärischen Ordnung. Daß sich Josephus eine eigene Truppe Bewaffneter geschaffen hatte, erwies sich als nutzlose Anstrengung: Der Verband besaß keinerlei Verteidigungskraft. Josephus floh mit dem Kern seiner Mannschaft zur Festung Jotapata, die etwa 20 Kilometer vom Westufer des Sees Genezareth entfernt lag. In Jotapata wurde Josephus belagert. Als die Festung am 20. Juli des Jahres 67 n. Chr. nicht mehr zu halten war, verbarg sich der Kommandeur in einer Zisterne. Hatte er zunächst die Absicht gehabt, als Jude den Heldentod zu erleiden, so kam ihm jetzt der Gedanke, es sei wohl klüger, sich mit dem Befehlshaber der römischen Belagerungstruppe zu verständigen. Josephus verließ die Zisterne von Jotapata und stellte sich den Feinden.

Er führte nun eine eigenartige Komödie auf, die ihm jedoch tatsächlich das Leben rettete und seinen künftigen Erfolg begründete. Josephus, der gefangene Rebell, verlangte dem Befehlshaber der römischen Interventionstruppe – sein Name war Titus Flavius Vespasianus – vorgeführt zu werden, da er ihm eine wichtige Botschaft zu überbringen habe. Der Trick gelang: Vespasianus wollte erfahren, was der eigenartige Jude zu sagen hatte. Josephus verkündete ihm, er sei vom Schicksal dazu bestimmt, bald schon Herr des gesamten Römischen Imperiums zu sein. Es sei eine Fügung Gottes, daß der nächste Kaiser aus dem Osten komme und – Titus Flavius Vespasianus befinde sich im Osten des Reichs. Diese Voraussage gefiel dem Befehlshaber, hatte er doch selbst schon die Idee gehabt, nach der Macht in Rom zu greifen. Ganz besonders aber schmeichelte ihm die Prophezeiung, die Herrschaft werde er später einmal seinem Sohn vererben, der Titus Flavius hieß. Josephus verstand es, die Eitelkeit des Vespasianus zu wecken, der stolz auf seine Sippe der »Flavier« war, und der ihr die Macht für lange Zeit sichern wollte. Vespasianus schloß Freundschaft mit Josephus.

Im Sommer des Jahres 63 n. Chr. wurde Titus Flavius Vespasianus tatsächlich Kaiser – und der neue Herr des Imperiums erinnerte sich an den eigenartigen Juden und an dessen Prophezeiung. Der Kaiser war damit einverstanden, daß sich jener Josephus den Beinamen Flavius gab. Die Geste bedeutete, daß Flavius Josephus sich als der Flaviersippe zugehörig betrachten durfte.

Dieser Schritt bedeutete die völlige Hinwendung zu Rom und die Abkehr von der eigenen jüdischen Vergangenheit. Von den Glaubensgenossen, die noch davon überzeugt waren, mit Jahwes Hilfe könne auch die römische Bedrohung überwunden werden, wurde die Wende des Flavius Josephus als Verrat empfungen – noch war der Tempel nicht in römischer Hand, noch wurde dort dem Gott der Juden geopfert. Als er den Versuch unternahm, zwischen dem Befehlshaber der römischen Truppen und den Verteidigern der Stadt Jerusalem zu vermitteln, wurde er von den früheren Freunden und von den Verwandten zurückgewiesen. Der Überlebende von Jotapata galt fortan nicht mehr als Jude.

Im Jahre 70 n. Chr. wurde Flavius Josephus Zeuge der Zerstörung seiner Heimatstadt durch die Römer. Er hatte nichts unternehmen können, Jerusalem zu retten. Darunter litt er für den Rest seines Lebens. Kaiser Vespasianus verlieh dem Mann aus Judäa das römische Bürgerrecht. Flavius Josephus durfte sich damit das Recht nehmen, in der Hauptstadt des Imperiums zu leben. Es wurde ihm sogar im Palast des Kaisers eine Wohnung zugewiesen. Damit war die Aufnahme in die Flaviersippe auch nach außen dokumentiert. Er bekam von der Familie eine Rente.

Sicher ist, daß er unter seinem persönlichen Schicksal litt. Er hatte im Jahre 70 n. Chr. eben nicht nur keine Chance gehabt, den Bewohnern von Jerusalem zu helfen, er hatte dann auch er-

fahren müssen, daß die eigene Frau in der Stadt ums Leben gekommen war – samt weiterer Mitglieder der Familie.
Flavius Josephus bemühte sich, das eigene Erleben und das eigene Schicksal in Schriften zu bewältigen. Einzusehen ist, daß er in seinen Werken Verständnis für die Römer zum Ausdruck brachte. Seine Beschreibungen des römischen Einwirkens auf den Gang der Geschichte im Nahen Osten wurden in die offiziellen Bestände der römischen Staatsbibliotheken aufgenommen. Als Flavius Josephus starb, wurde im Forum von Rom eine Ehrensäule aufgestellt. Sein Todesjahr ist nicht bekannt.
Jede Darstellung der Geschichte Jerusalems zwischen der Zeit des Judas Makkabäus und des Königs Herodes beruht auf Deutungen des Textes den Flaivus Josephus hinterlassen hat. Der Text kann jedoch nur gedeutet werden, wenn die Lebensgeschichte einkalkuliert wird. Flavius Josephus kann kein Historiker im modernen Sinn sein. Er war parteiisch im Konflikt und wechselte dabei auch noch die Fronten. Er brauchte Rechtfertigung vor sich selbst. Gerade die Schilderung der Leistung des Königs Herodes ist auf die Bewertung durch Josephus angewiesen – wobei zu berücksichtigen ist, daß er Herodes nicht mochte. Zu bemerken ist allerdings, daß der Schriftsteller erst im Jahre 37 oder 38 n. Chr. geboren worden ist – also eine Generation nach dem Tode des Herodes. Josephus hatte keine persönliche Erinnerung an den König. Doch ihm standen Dokumente zur Verfügung, die längst verlorengegangen sind – zum Beispiel Lebenserinnerungen des Königs der Juden, der selbst kein Jude war. In Rom hat Flavius Josephus die Begebenheiten der Regierungsjahre des Herrschers aufgeschrieben. Die Leistungen dieses Königs der Juden rechtfertigen, daß er »Herodes der Große« genannt wird. Diese Leistungen erbringt Herodes allerdings erst nach der Hinrichtung seiner Frau Mariamne.

Die Klagemauer zeugt bis heute von des Königs Größe – Herodes verändert Jerusalem

Flavius Josephus hat aus den Lebenserinnerungen des Herodes herausgeholt, was ihm ins Konzept seiner Werke paßte. Die Leistungen des Herodes waren ihm nicht so wichtig, wie die Intrigen, deren Fäden der König spann, oder deren Opfer er selbst war.

Der Autor schilderte, daß nach Mariamnes Tod die Zeit der Hinrichtungen keinesweg zu Ende war. Verwandte und Freunde der Familie, die vor Herodes geherrscht hatte, wurden umgebracht. Die Schwiegermutter Alexandra mußte wohl gewußt haben, daß sie – nach der Hinrichtung ihrer Tochter – von Herodes nicht mehr lange am Leben gelassen werden würde. Die Verhaftung und die Verlesung der Anklageschrift konnte Alexandra nicht überrascht haben. Dies geschah im Jahre 29 v. Chr. Im selben Jahr war Mariamne hingerichtet worden.

Alexandra wurde beschuldigt, zwei hohe Offiziere, die in Jerusalem zur Garnison der Festungswerke gehörten, zu einer Verschwörung gegen Herodes aufgestachelt zu haben. Der König fühlte sich nach der Hinrichtung seiner Frau, die er doch über alles geliebt hatte, sehr krank. Er hatte wohl das Bewußtsein, sich an Mariamne schuldig gemacht zu haben, und war deshalb gereizt. In böser und expressiver Stimmung befahl Herodes – ohne Prüfung des Sachverhalts –, Alexandra sei zu töten. Der Befehl wurde ausgeführt.

Ein Jahr später bekam der Idumäer Costobarus, der Mann der Schwester des Herodes, Streit mit seiner Frau. Ihr wurde es gestattet, sich schieden zu lassen – ein Vorgang, der nach jüdischem Recht gar nicht möglich war. Salome, dies war der Name der Schwester des Herrschers, war darauf aus, ihren bisherigen Mann völlig zu vernichten. Sie hinterbrachte ihrem Bruder, Costobarus habe die Absicht, mit Hilfe anderer Idumäer einen Staatsstreich zu organisieren, mit dem Ziel, Idumäa wieder vom jüdischen Staat loszulösen. Während der Untersuchung dieses Vorwurfs wurde bekannt, daß Salomes bisheriger Ehemann Costobarus seit der Einnahme Jerusalems durch Herodes im Jahr 37 v. Chr. zwei junge Männer aus dem engsten Kreis der Anhänger des Antigonos versteckt hielt. Diese Entdeckung löste zu Recht den Zorn des Herodes aus. Auf einen Wink von ihm wurde der bisherige Schwager und die beiden jungen Männer umgebracht. Mit deren Tod waren die letzten Angehörigen des vorherigen Regimes vernichtet. Die Gespenster der Vergangenheit belästigten Herodes künftig nicht mehr. Der König konnte an seinen eigenen Ruhm denken.

Um sein Ansehen in Jerusalem zu steigern, sorgte er dafür, daß die Stadt prächtiger und zugleich geschützter wurde. So entstand an der Nordwestecke des Tempelbereichs eine neue Festung. Zweifelhaft ist, daß sie wirklich »Antonia« hieß – unter dieser Bezeichnung ist sie in allen Geschichtswerken erwähnt. Seit der Niederlage des Marcus Antonius war ein Name der an ihn erinnerte sicher verpönt.
An der Stelle dieser Festung befanden sich einst die starken Mauern der »Baris«. Ob die Baris abgerissen wurde, um der neuen Zitadelle Platz zu machen, ist unbekannt. Wie einst die Baris, so hatte auch das Bollwerk des Herodes den Zweck, den Bezirk des Tempels zu kontrollieren.
Sich selbst ließ Herodes einen imponierenden Palast für sein privates und sein offizielle Leben errichten – 600 Meter westlich der Tempelmauer, in dem Stadtteil, der am höchsten gelegen war. Der genaue Ort mag dort zu suchen sein, wo sich heute die Zitadelle und das Jaffator befinden. Das Höhenniveau liegt über dem der Stadt. Der Vorteil des Platzes war, daß von diesem hohen Punkt aus Rauchsignale verwendet werden konnten, die von den Festungen des Umlandes aus zu bemerken waren. Der neue Palast stand damit in Verbindung zu allen Verteidigungswerken, die im Auftrag des Königs zur Sicherung seiner Macht damals entstanden.

Der Palast war in Wahrheit selbst eine Festung, die aus Mauern, Zinnen und Türmen bestand. Als heute noch erhaltener Bestandteil ist der Turm anzusehen, der fälschlicherweise als »Davidsturm« bezeichnet wird. Das war bisher die Meinung der Archäologen. Doch ihre Arbeit ist noch lange nicht abgeschlossen. Überraschungen sind zu erwarten. So sind sich die Archäologen nach neueren Ausgrabungen eben gar nicht einig in der Beurteilung der einstigen Funktion des Davidsturms. Möglich ist, daß der »Davidsturm« nicht Bestandteil des Palastes, sondern der Stadtbefestigung war.

Für die Pracht des Herodespalastes gibt es nur ein Zeugnis: Die Beschreibung, die Flavius Josephus hinterlassen hat. Er berichtete von ausgedehnten Gartenanlagen, von kunstvollen Steinbögen und von faszinierenden Springbrunnen. Die Ausdehnung des Areals muß beachtlich gewesen sein: Das um-

grenzte Gebiet könnte sich von den drei Türmen der Zitadelle nach Süden über die Hälfte des Osthangs des Hinnomtals erstreckt haben.
Gewaltig, so wird berichtet, seien die Säle des Palastes gewesen, luxuriös die Schlafgemächer der Frauen, mit denen sich Herodes vergnügte. Weit geschwungene luftige Bogengänge hätten die einzelnen Komplexe des Bauwerks miteinander verbunden. Überall im Palast wären Springbrunnen zu sehen und zu hören gewesen.
Die Stadtbaumeister des Herodes mußten sich auch um das Problem der Wasserversorgung kümmern. Neuere archäologische Untersuchungen ergaben, daß zur Zeit des Königs Herodes das Wasser der Gihonquelle wieder wichtig geworden war. Es wurde erneut im Teich Siloa gefaßt und stand den Bewohnern der Unterstadt an der südlichen Stadtmauer zur Verfügung. Der Wassertunnel des Hiskia war also wieder ins Bewußtsein der Menschen von Jerusalem gerückt. Der Teich selbst, der das Wasser aufnahm, wurde während der Herrschaftsjahre des Königs Herodes verändert. Ein Damm staute das Wasser auf – über ihn verlief auch ein Teil der südlichen Mauer. Über die Wasserversorgung des nördlichen Tempelbereichs und der dortigen Wohngebiete gibt eine Entdeckung Auskunft, die von israelischen Archäologen im März 1987 gemacht wurde: Sie fanden einen unterirdischen Kanal, der Wasser bis zur Festung im Nordwesten des Tempelbereichs leitete. Dieser Kanal gilt als beachtliches Zeugnis der Leistung herodianischer Wasserbauspezialisten.
Präzise Festlegungen sind jedoch auch in diesem Fall schwierig. Dieser Wassertunnel konnte auch schon während der Jahre entstanden sein, als die Festung in jener Tempelgegend noch »Baris« hieß und von den Vorgängern des Herodes bewohnt war. Zu erkennen ist am Verlauf des Wassertunnels, daß er verändert und erweitert wurde – abzulesen sind daran einzelne Phasen des Umbaus von Tempel und Tempelterrasse. Israelische Forscher sind der Meinung, mit der Entdeckung dieses Kanals einen Schlüssel für künftige Erkenntnisse von der Entwicklung der Stadt zu besitzen. Weitere Funde derselben Art sind zu erwarten. Die systematische Erforschung des Bodens von Jerusalem steht erst am Anfang.
Während der Phase der Umwandlung der Stadt entstand ein

Amphitheater mit ansteigenden Zuschauerrängen. Die Lage ist bekannt: Der Bau, der wohl zunächst aus Holz und Ziegeln bestand, befand sich 300 Meter von der Südwestecke des Tempelbereichs entfernt. Er lag mitten in den Wohnquartieren der Juden, deren Lebensart sich an römische und griechische Gewohnheiten angepaßt hatte.

Das Programm, das geboten wurde, bestand nicht aus Schauspielen, sondern aus Vorführungen nach Art des modernen Varietés. Vorgeführt wurden wilde Tiere, außerdem Kunststücke von Tier und Mensch. Flavius Josephus erzählt von Ereignissen in diesem Amphitheater, bei denen Menschen wilden Bestien zum Fraß vorgeworfen worden seien. Er schildert damit eher Vorführungen, die er während seines Aufenthaltes in Rom gesehen haben mag. In Jerusalem waren Brutalitäten dieser Art nicht üblich.

Juden mit strenger Glaubensauffassung mieden das Theater schon allein deshalb, weil dort Magier auftraten, deren Kleidung nicht der jüdischen Norm entsprach – wer an Vorführungen beteiligt war, der kleidete sich so, daß er beweglich war. Diese Freizügigkeit störte viele Juden, doch führte es nicht dazu, dagegen zu protestieren. Niemand war gezwungen, sich die Vorführungen anzusehen.

Um dem Regime des Königs Ärger zu ersparen, vermieden es die Baumeister, an öffentlichen Gebäuden, also auch am Theater, Darstellungen menschlicher Gestalten anzubringen. Nichts sollte an Wänden und Decken zu sehen sein, was als Götzenbild interpretiert werden konnte. Das »Gesetz der Väter« prägte durchaus noch das Bewußtsein der Verantwortlichen. Trotz aller Vorsicht und Rücksicht auf die Gefühle strenggläubiger Juden, entstand unvorhergesehener Ärger.

Die Vasallenkönige des Römischen Imperiums – und dazu zählte auch Herodes – waren verpflichtet, an einem zentralen Ort ihrer Hauptstadt Beweise römischer Siege aufzustellen. Diese Beutestücke wurden von der Zentralverwaltung des Reiches zur Verfügung gestellt: Da wurden Feldzeichen angeliefert, Rüstungen und Waffen, die den besiegten Feinden abgenommen worden waren. Auch Jerusalem wurde mit derartigen Trophäen bedacht. Herodes konnte es sich nicht leisten, sie in einer Rumpelkammer abzustellen. Er war verpflichtet, den Bewohnern seiner Stadt Gelegenheit zu geben, die Trophäen zu

betrachten und damit die wunderbare Siegerkraft der Römer zu bestaunen. Herodes entschied, die beste Gelegenheit dafür biete das Theater von Jerusalem.
Auf dem Vorplatz des Theaters wurden hölzerne Pfähle in den Boden getrieben, an denen Rüstungen der besiegten Feinde Roms so aufgehängt waren, daß sie das Holz völlig umkleideten. Kaum war die Aufstellung der Trophäen erfolgt, waren in der Stadt erste Stimmen des Protests zu hören. Wer der Meinung war, Herodes habe am Theater erste Götzenbilder angebracht, der äußerte laut seine Empörung. Erst waren es wenige, die sich das Ärgernis ansahen. Die wenigen holten Freunde und Bekannte herbei. Von Tag zu Tag wurde die Menge größer, die gegen Herodes demonstrierte. Seine Anweisung, die Rüstungen zu zeigen, wurde als Beweis dafür angesehen, daß er eben doch kein Jude, sondern ein Idumäer sei, der nur das eine Ziel verfolge, den Glauben der Juden zu korumpieren. Je mehr der Volkszorn zunahm, desto größer wurde die Gefahr eines Volksaufstands in Jerusalem. Herodes mußte dieser Gefahr entgegentreten. Flavius Josephus schrieb im Werk »Jüdische Altertümer« (XV 8,2), der König habe versucht, die Masse durch Erklärung des Sachverhalts zu beruhigen:
»Er wollte den Empörten zeigen, daß kein Grund bestehe, sich aus religiösen Gründen aufzuregen. Er habe nicht die Absicht, den Glauben der Römer einzuführen. Die Menschen ließen sich jedoch nicht überzeugen. Sie beharrten auf der Meinung, Herodes begehe einen Frevel: Bildsäulen von Menschen zu zeigen, sei nach jüdischem Gesetz verboten. Herodes beorderte nun die führenden Personen der Protestbewegung ins Theater, stellte sie vor die Rüstungen und fragte, was diese Trophäen darstellten. Sie antworteten, es handle sich doch offensichtlich um Bilder von Menschen. Da befahl der König, daß die Rüstungen von den Pfählen zu entfernen seien. Da waren die einfachen Holzpfähle zu sehen. Die Agitatoren des Protests begriffen, daß die ganze Angelegenheit doch wohl eher lächerlich war. Sie gingen aus dem Theater und beruhigten die Masse. Die Empörung flaute ab.«
Doch es blieb ein harter Kern erhalten, der noch immer überzeugt war, der König sei ein Frevler. In den Köpfen von zehn Männern, die sich nicht beruhigen wollten, reifte der Entschluß, Herodes zu töten. Es gab für sie nur einen Ort, an dem

das Attentat ausgeführt werden sollte: das Theater. Dort war der »Frevel« von Herodes begangen worden – dort mußte er dafür bestraft werden.

Bewaffnet warteten die zehn auf die Ankunft des Königs. Dessen Sicherheitskräfte aber waren von der Verschwörung bereits informiert worden. Sie hielten Herodes davon ab, das Theater zu betreten. Die Attentäter konnten festgenommen werden. Während der Vernehmung suchten sie keine Ausflüchte. Sie gaben zu, Herodes zu hassen und ihre Absicht sei gewesen, den Frevler zu töten. Sie hätten dabei nicht an ihren eigenen Nutzen gedacht – es läge ihnen fern, sich der Macht bemächtigen zu wollen. Es ginge ihnen allein um das Wohl des jüdischen Volkes, das von diesem Idumäer befreit werden müsse.
Anzumerken ist, daß der Mann, der die Verschwörung verraten hatte, von einem Haufen von Männern, die am Komplott nicht beteiligt waren, aufgespürt und auf bestialische Weise getötet wurde. Die Einzelteile seines Körpers, so lautet die Überlieferung, seien den Hunden zum Fraß vorgeworfen worden.

Bei seinen Bemühungen, von den Bewohnern Jerusalems als gütiger und anerkannter König akzeptiert zu werden, mußte Herodes Rückschläge hinnehmen. Jedes Ereignis, von dem das Volk bedrückt wurde, galt als Zeichen dafür, daß Gott von den Juden die Beseitigung des Herodes fordere. Die hartnäckigsten der Gläubigen glaubten, von Jahwe unter Druck gesetzt zu werden, den König zu stürzen und umzubringen.
Als im Jahre 25 v. Chr. der Frühjahrsregen ausblieb, murrten weite Kreise des Volkes, der Wassermangel sei von Gott als Strafe dafür auferlegt worden, daß der Idumäer noch immer in Jerusalem regiere. Die Dürre hielt über die Monate hin an, in denen sonst die Früchte wuchsen. Die Menschen in Stadt und Land litten Hunger. Die Not steigerte die Empörung gegen den König. Die Folge der Entbehrungen waren Krankheiten, ausgelöst durch Erschöpfungszustände. Die Menschen wurden schwach, verloren bald ihre letzten Kräfte und starben. Niemand war so in der Lage, gegen Herodes zu demonstrieren. Die Untertanen vegetierten dahin, aber im Innersten blieb der Gedanke, das jüdische Volk werde ausgelöscht, weil es den Frevler noch immer nicht beseitigt habe.

Herodes, dessen Haushalt selbst von der Not betroffen war, handelte. Da die Ausgaben für kurzfristige Hilfsprogramme zur Linderung der schlimmsten Folgen der Katastrophe die Staatskasse bereits geleert hatten, stellte er alle Geräte und Ziergegenstände aus Silber und Gold, die in seinem Palast zu finden waren, zur Verfügung. Er ließ die Edelmetalle einschmelzen damit Münzen geprägt werden konnten. Durch diese Maßnahme wurde Geld geschaffen für den Einkauf von Getreide.
Die Schwierigkeit bestand jedoch darin, daß auch die Länder rings um Judäa von der Trockenheit betroffen waren. Sie konnten – auch gegen gutes Geld – kein Getreide zur Verfügung stellen. Der König aber wußte einen Ausweg: Allein die Kornkammer Ägypten konnte helfen. Herodes wandte sich an die römische Verwaltung des Nillandes und bekam bald darauf positiven Bescheid: Der Ernteüberschuß reichte aus, um den Bedarf des notleidenden Judäa decken zu können. Offenbar traf aus Ägypten so viel Getreide ein, daß auch den Menschen in Syrien geholfen werden konnte.
Flavius Josephus bemerkte, damals sei das Volk auf einmal begeistert gewesen von seinem König. Die Abneigung und der Haß gegen ihn, die durch seine »Mißachtung jüdischer Bräuche« gewachsen seien, habe sich vollständig verflüchtigt. »Seine Hilfe in der Not hat seine früheren Fehler vollständig gutgemacht.«
Für lange Zeit brauchte Herodes nicht mehr zu fürchten, daß Widerstand gegen seine Pläne in der Bevölkerung mobilisiert werden würde. Er durfte daran denken, seine Lieblingsidee zu verwirklichen: den Neubau des Tempels von Jerusalem.

Der Tempel: ungeliebt, aber bewundert – Das Heiligtum als Attraktion

Als die Folgen der Hungersnot überwunden waren, da erkannte Herodes, daß der richtige Zeitpunkt gekommen war, um sein Vorhaben bekanntzumachen. Im Jahre 22 v. Chr. berief er eine Versammlung angesehener Männer nach Jerusalem ein, die er in die Pläne des Tempelbaus einweihte. Die Verblüffung war gewaltig, denn damit hatte niemand gerechnet. Es wurden jedoch auch besorgte Stimmen laut, die der Ansicht waren, Herodes wende eine List an: Er werde den alten Tempel abreißen lassen, ohne einen neuen zu bauen. Er sei doch nur darauf aus, den gläubigen Juden ihr Heiligtum wegzunehmen. Der frühere Argwohn brach wieder aus. Viele fragten sich: War der Idumäer überhaupt berechtigt, für Jahwe ein Heiligtum erbauen zu lassen?

Die Vernünftigen aber sahen ein, daß ein Neubau dringend angebracht war. Das Bauwerk, das in Jerusalem dem Gottesdienst zur Verfügung stand, war 500 Jahre alt. Es war nach der Rückkehr der jüdischen Familien aus der Babylonischen Gefangenschaft entstanden. Das Gebäude war damals eher als Provisorium gedacht gewesen, errichtet in Zeiten der Not und der Unterdrückung. Es hatte nicht nur Jahrhunderte zu überdauern gehabt, sondern auch turbulente Epochen. Der Tempel war im Jahre 168 v. Chr. geplündert, beschädigt und entweiht worden. Man hatte ihn mißbraucht als Stätte der Anbetung fremder Götter. Mehr als 15 Generationen hatten das Heiligtum verehrt; vernachlässigt oder gar verachtet. Anzunehmen ist, daß diese vielen Jahre nicht spurlos am Tempel vorübergegangen sind. Er muß ziemlich baufällig gewesen sein, als Herodes sich entschloß, ihn durch einen Neubau zu ersetzen. Das neue Heiligtum sollte so prächtig werden, wie die Tempel, die er in Rom gesehen hatte. Dort war Herodes zum Liebhaber großangelegter Architektur geworden. Er wollte, daß selbst die Römer staunten über den Gebäudekomplex hoch über Jerusalem.

Baubeginn war im Jahre 20 v. Chr. nach einer überaus gründlichen Vorbereitungszeit. Wie fast 1000 Jahre zuvor bei Salomo wurden die Quader aus einem Steinbruch nördlich des Tempels geholt. Dort hatte zuvor schon die Bearbeitung der Steine stattgefunden. Die Absicht war, im heiligen Bereich möglichst auch zur hektischsten Bauzeit die ehrfürchtige Stille zu bewahren, die Gott Jahwe um seinen Wohnsitz gewöhnt war.

Mit Sorgfalt wurde der bisherige Bau abgebrochen. Es ist zu vermuten, daß seine Steine wiederverwendet wurden. Zu bewahren waren die Opferaltäre. Herodes, dem der Vorwurf gemacht wurde, nicht aus einer jüdischen Familie zu stammen, konnte sich bei Abbruch und Neubau keine Nachlässigkeit lei-

sten. Jeder Fehler hätte seinen Anspruch, König der Juden sein zu wollen, beeinträchtigt.
Herodes wollte, daß alle Juden insgesamt stolz sein sollten auf diese Heimstätte ihres Gottes. Dem Tempel war in Zukunft nicht mehr ein Platz im Schatten des Palastes zugedacht. Für sich allein hatte er ganz oben über der Stadt zu stehen, als deren glänzende Bekrönung. An Finanzmitteln bestand offenbar kein Mangel. Fünf Jahre nachdem Herodes die Staatskasse zur Bewältigung der Hungersnot geleert und aus seinem Palast alle Edelmetalle geopfert hatte, besaß Judäa offenbar genügend Gold und Silber, um Tausende von Arbeitern bezahlen zu können.
Die regulären Einnahmen aus Steuern der Untertanen und aus Zollabgaben hätten zur Finanzierung des Tempelbaus nicht ausgereicht. Daraus konnten gerade die normalen Staatsausgaben bezahlt werden. Als unbestritten gilt, daß Herodes, um jede Kritik an seiner Abstammung zum Schweigen zu bringen, für den Tempelbau gewaltige Summen aus seinen eigenen Geldquellen beigesteuert hat – wobei ihm nicht vorgeworfen werden kann, er habe einfach Staatseigentum auf sich selbst übertragen. Sein Vater Antipater war Großgrundbesitzer in Idumäa gewesen, er hatte schon Gelder in großem Umfang für politische Zwecke ausgeben können. Herodes verfügte über Einkünfte aus seinen Ländereien in Jericho. Von der Mutter, die Nabatäerin war, hatte er Landbesitz drüben über dem Jordan geerbt. Der Historiker Michael Grant stellt fest: »Es ist gut möglich, daß die Hälfte oder sogar zwei Drittel des gesamten judäischen Staatsgebiets seine private Domäne war.« Der Großgrundbesitzer Herodes war also durchaus in der Lage, dem jüdischen Volk einen imposanten Tempel zu schenken.
Die einzige Textquelle, die Auskunft gibt über die personellen Anforderungen, die das gewaltige Bauvorhaben stellte, sind im Werk des Flavius Josephus zu finden. Er schildert, daß 1000 Priester zunächst zu Handwerkern umgeschult wurden: Sie mußten entweder den Beruf des Steinmetzen oder den des Zimmermanns erlernen. Dies wurde als notwendig erachtet, damit garantiert war, daß alle religiösen Vorschriften beachtet wurden. Herodes wollte unter allen Umständen jegliche Möglichkeit zu späterer Beanstandung ausschalten. Die Beschäftigung der 1000 Priester schützte ihn vor Kritik, der Tempel wer-

de nach seinem Geschmack, also nach römischen Vorbildern gebaut.
1000 Wagen, so meint Flavius Josephus, seien eigens noch vor Baubeginn angefertigt worden. Sie wurden benötigt zum Transport der behauenen Steine und für die Bewegung riesiger Erdmassen. Die Erde wurde herbeigeschafft, um die ebene Tempelterrasse zu erweitern und um die Fläche einem einheitlichen Höhenniveau anzupassen. Starke Mauern stützten die Terrassenkonstruktion nach allen Seiten ab. Die Mauern bildeten ein Rechteck, das jedoch nicht ganz regelmäßig war. Die östliche Umgrenzung war etwas kürzer als die westliche.
Jede Beschreibung des Tempelkomplexes, für dessen Errichtung König Herodes verantwortlich war, kann nur Annäherung an die Wahrheit bleiben. Vieldeutig ist die Beschreibung von Flavius Josephus, der – aus einer Priesterfamilie stammend – das Bauwerk persönlich gesehen hat und im Tempel zeitweise ein- und ausging. Den Texten ist nur als sicher zu entnehmen, daß die Gesamtanlage sehr eindrucksvoll gewesen sein muß.

Den Mittelpunkt bildete das Heiligtum, das sich jedoch nicht genau im Zentrum befand: Es lag zwar auf der Mittellinie zwischen Norden und Süden der Tempelterrasse, doch es war nach Westen orientiert. Dreiteilig war sein Aufbau, geteilt in Hof der Priester, Halle und Allerheiligstes. Der Hof der Priester war einsehbar vom Hof der Gläubigen. Sie konnten den Vorgang des Schlachtens der Opfertiere und den eigentlichen Opfervorgang im Hof der Priester beobachten.

Der Hof der Gläubigen war nur für anerkannte Juden zugänglich. Der Vorhof, den alle betreten durften, war abgegrenzt durch eine niedere Mauer und durch Hinweistafeln, die Nichtjuden davor warnten, sich dem heiligen Bezirk zu näheren. Die Inschriften waren in lateinischer und in griechischer Sprache abgefaßt. Eines dieser Schilder wurde im Jahre 1872 bei Grabungsarbeiten im Tempelbereich gefunden. Der Text lautet: »Kein Fremder betrete die Einfriedung des Heiligtums. Wer bei Übertretung der Schranken ergriffen wird, der ist für den Tod, den er erleiden muß, selbst verantwortlich.«
Zugänglich war die Tempelterrasse von Süden her durch zwei Doppeltore. Breite Treppen führten zum Platz hinauf. Die Stu-

fen hatten eine Länge von über 60 Metern. Von der Weststadt her bot eine Brücke Zugang zum Tempelbezirk. Sie war schon in vorherodianischer Zeit vorhanden. Neu aber war die eindrucksvolle Wendeltreppe an der Südwestecke. Sie war durch fünf Absätze unterbrochen. Zur Wendeltreppe gehörte eine Bogenbrücke, die den Weg, der an der Westmauer entlang führte, überwölbte. Die Verankerung der Brücke, das Brückenlager, ist heute noch in der Mauer zu erkennen. Der Mauervorsprung wird »Robinsons Bogen« genannt, nach dem Archäologen Edward Robinson, der im Jahre 1838 die Existenz der Brücke und der Wendeltreppe nachgewiesen hat. Robinsons Berechnungen der Brückenspannweite ergaben, daß sie 13,5 Meter lang gewesen sein muß. Erhalten geblieben sind auch noch die Verzierungen des Brückenlagers. Sie geben eine Andeutung von der Schönheit der Außenanlage des Tempels. Unter »Robinsons Bogen« sind die Fundamente der Treppenkonstruktion zu sehen. Sie konnten neuerdings bei Ausgrabungsarbeiten freigelegt werden. Mauerreste deuten darauf hin, daß sich unter den Brückenbögen Ladengeschäfte befanden.
Aus dem Gewirr der Häuser und Ladengewölbe stiegen Brücke und Wendeltreppe empor in eine lichte, erhabene Welt. Wichtig war, daß jeder, der aus der Stadt zum Tempel wollte, hinaufsteigen mußte. Ein Besuch des Heiligtums war mit Anstrengung verbunden.
Das wichtigste Zeugnis in heutiger Zeit für die Existenz des Herodestempels ist die Westmauer. Noch immer türmen sich die Quader eindrucksvoll auf. »Klagemauer« wird dieses Relikt des Tempels genannt, das im zweiten Jahrzehnt v. Chr. entstanden ist. Die Klagemauer ist für die Mehrheit des jüdischen Volkes heilig – auch wenn sie mit den aufgeschichteten Quadern keine religiösen Gefühle verbinden sollten. Die Klagemauer ist der steinerne und ewige Beweis für viele jüdische Menschen, daß sie Heimatrecht besitzen in Jerusalem.
Außer der Klagemauer ist kaum etwas erhalten geblieben vom Bauwerk, an dem einst neun Jahre lang intensiv gearbeitet worden ist, und dessen endgültige Gestalt wohl erst kurz vor dem Jahre 70 n. Chr. fertiggestellt wurde. Flavius Josephus, der sparsam war in konkreten Angaben über Gestalt und Funktion der Tempelgebäude, hat hymnische Worte gefunden zum Eindruck, den der Gesamtkomplex im Betrachter erweckt hat:

»Die äußere Form des Tempels war derart gestaltet, daß sie Sinne und Seele in Erstaunen versetzen konnte. Die Außenseite war überall mit massiven goldenen Platten belegt. Stieg die Sonne im Osten über dem Heiligtum auf, erstrahlte der Tempel in feurigem Glanz. Der Beschauer konnte, auch wenn er sich dazu zwingen wollte, diesen Glanz nicht aushalten. Er mußte seine Augen abwenden. Den Fremden, die zum erstenmal nach Jerusalem kamen, erschien dieser erhabene Teil der Stadt, als ob er eine schneebedeckte Bergkuppe sei. Dieser Eindruck wurde von Mauern ausgelöst, die nicht mit Goldplatten bedeckt waren – sie strahlten durch die weißen Steine. Goldene Stäbe ragten aus dem Dachfirst hervor. Sie hatten den Zweck, zu verhindern, daß Vogeldreck das Heiligtum beschmutzt. Wegen der Stäbe konnte sich kein Vogel auf dem Dach niederlassen.«
Um die Kontinuität der Opferbräuche zu gewährleisten, war die Leistungskraft der 10 000 Baumeister und Arbeiter, die auf dem einstigen Hügel Morija beschäftigt waren, zeitweise besonders auf das eigentliche Heiligtum konzentriert: In den Ritualen der Anbetung Jahwes durfte keine Unterbrechung eintreten, deshalb mußte das Zentrum rasch errichtet werden. Zwischen dem Beginn der Abtragung und der Weihung des neuen Allerheiligsten vergingen nur 18 Monate. Herodes hatte seine Handwerker veranlaßt, eine gewaltige Leistung zu vollbringen.
Zu erwähnen ist in diesem Zusammenhang, daß einige israelische Gelehrte der Meinung sind, der Tempeldienst sei in Wahrheit nie wirklich unterbrochen worden, da Herodes den mehr als 500 Jahre alten Tempel aus der Zeit der Rückkehr von der Babylonischen Gefangenschaft gar nicht habe abreißen lassen. Nach Ansicht dieser Wissenschaftler sei über dem alten kleinen Gebäude ein neues Bauwerk errichtet worden. Es sei auf einer Erhebung der Terrasse gestanden und sei von Säulen getragen worden. Wenn die These vom Erhalt des alten Tempels stimmt, dann war zur Zeit des Herodes nichts anderes, als ein Erweiterungsbau durchgeführt worden. Diese Analyse schmälert allerdings die Verdienste des Königs um die Neugestaltung des Tempels. Er soll nichts an der Größe des Heiligtums verändert haben und nichts an seinem Grundriß. Er habe jedoch die Fläche der Außenhöfe vergrößert. Die Wissenschaftler, die diese These vertreten, kommen zum Schluß: Da der alte Tempel nie abgetragen worden ist, brauchten die gläubigen Juden auch

nie auf Opferrituale und Gottesdienst zu verzichten. Stutzig muß allerdings die Tatsache machen, daß der Zeitzeuge Flavius Josephus nicht von einem Umbau, sondern von einem Neubau berichtet.

Der Tempelerbauer paßt sich den Römern an – Augustus, der Erlöser

Irgendwann während der Bauzeit jenes prächtigen Heiligtums heiratete Herodes zum drittenmal. Auch die dritte Frau hieß, wie die zweite, Mariamne. Sie war Jüdin und gehörte zu einer Priesterfamilie, die allerdings nicht zu den oberen Schichten zählte. Der König, darauf bedacht, sich nicht unter Stand und Würde zu verheiraten, ernannte noch vor der Heirat den Vater dieser Mariamne zum Hohenpriester. Dazu war allerdings die Absetzung des damaligen Amtsinhabers zwingend notwendig. Herodes nahm in Kauf, daß er mit dieser Maßnahme bestehendes Recht brach, denn ein Hoherpriester durfte nicht vom weltlichen Herrscher seines Amtes enthoben werden. Der König aber sah sich als alleinige Autorität im jüdischen Staat, dem es auch zustand, in die Belange der Geistlichkeit einzugreifen. Anstößig war dabei, daß er aus höchst egoistischen Motiven handelte. Doch kritische Stimmen beachtete er nicht.
Der Monarch war zu diesem Zeitpunkt etwas mehr als 50 Jahre alt. Noch immer fand er Vergnügen an schönen Frauen. Die zweite Mariamne war, so wird berichtet, das schönste weibliche Wesen weit und breit. Mit Mariamne hielt Herodes Hof in Jerusalem. Für sie erweiterte er seinen Palast. Mit ihr feierte er Feste, wie sie die Stadt bisher noch nie gesehen hatte. Herodes ahmte den lebensfreudigen Stil der Römer und Griechen nach. Herodes wollte zwar König der Juden sein, doch er wollte sich zugleich auch nicht von den römischen Herren unterscheiden. Dazu gehörte, daß er Münzen prägen ließ, die griechische Schriftzeichen trugen. Beabsichtigt war die Durchführung einer Schriftreform – die hebräische Schrift sollte in Vergessenheit geraten.
Erleichtert wurde diese Entwicklung durch eine Modetendenz in der römischen Hauptstadt. Die maßgeblichen Familien

orientierten ihren Geschmack an griechischen Vorbildern. Es galt als vornehm, griechisch zu reden, sich zu kleiden, zu benehmen. In dieser Gesellschaft war Herodes kein Außenseiter: Er beherrschte die griechische Sprache. Es wird angenommen, daß er seine Lebenserinnerungen – sie sind verlorengegangen – in Griechisch abgefaßt hat.
Geistige Verwandtschaft fand der König dann bei Kaiser Augustus. Der Römer konnte sich in der griechischen Sprache wohl weniger gewandt ausdrücken als Herodes, doch er schätzte Geist und Kultur der Hellenen über alles. Augustus begriff, daß es die Idee der griechischen Politik gewesen war, die Volksteile des Reiches zu verschmelzen. Die griechischen Herrscher waren allerdings zu schwach gewesen, diese Politik durchzusetzen. Augustus war entschlossen, den Staatsgedanken der Verschmelzung der Untertanen wieder aufzugreifen.
Der Kaiser fand in Herodes einen Partner. Mehr und mehr gelangte Herodes zur Überzeugung, auch das jüdische Volk müsse sich anpassen an die Gemeinschaft der Völker, die im Römischen Reich vereinigt waren. Er begriff wohl, daß Judäa nicht überleben konnte, wenn seine Bewohner weiterhin den elitären Anspruch aufrechterhielten, das auserwählte Volk, die Bevorzugten Gottes zu sein. Herodes fürchtete, der Kaiser und die römische Aristokratie würden auf Dauer dem jüdischen Volk nicht zugestehen, daß es sich als einzigartig und wertvoller als alle übrigen Völker empfand. Doch Herodes wußte auch, daß der Kern seines Volkes nicht bereit war, seinen elitären Standpunkt aufzugeben. Er mußte sich eine List einfallen lassen.
Im Interesse der jüdischen Menschen, für die er verantwortlich war, spielte der König die Rolle, Herrscher eines anpassungswilligen Volkes zu sein. Er erweckte gegenüber seinem obersten Herrn den Eindruck, er verehre ihn als höheres Wesen, das die Macht besitze, den Menschen Heil zu bringen. Er schreckte nicht davor zurück, Augustus als den Erlöser zu feiern.

Derartige Äußerungen mußten den traditionell Gläubigen in Jerusalem als Greuel gelten. Sie wußten nichts vom diplomatischen Spiel ihres Herrn. Sie bemerkten nur, daß Herodes den Kaiser Augustus zum Gott erhob. Für sie stand unumstößlich

fest, daß das Heil für die Welt nur im jüdischen Volk seinen Ursprung haben konnte. Wenn es einen Erlöser gab, dann sei dessen Geburtsort bei Jerusalem zu suchen. Ein bedeutender Teil der Bevölkerung konnte nicht damit einverstanden sein, daß der Herrscher sich überzeugt gab, das die Welt lenkende göttliche Wesen stehe den Römern bei. Viele wollten der Beweisführung nicht folgen, die Bevorzugung der Römer durch Gott sei doch an den Erfolgen der römischen Legionen abzulesen, denen die gesamte Welt zugefallen sei. Beherrscher der Welt, so war die Argumentation, könne nur ein Land werden, dem Gott zur Seite stehe.
Es war die öffentliche Verkündung des Gedankens der Verschmelzung mit anderen Völkern und der damit verbundenen Forderung, die elitäre Absonderung aufzugeben, die Herodes bei wichtigen Persönlichkeiten in Jerusalem verhaßt machte. Daß er den Tempel des Gottes der Juden in neuer Gestalt wieder erstehen ließ, konnte dazu kein Gegengewicht bilden.
Man nahm dem König übel, daß die zwei Söhne Alexandros und Aristobulos, aus der Verbindung mit der ersten Mariamne, in Rom herangewachsen waren. Da sie nun erwachsene Männer geworden waren, wollte sie der König persönlich heimholen. Er reiste deshalb nach Rom, wo er glänzend empfangen wurde. Er wurde als »Freund des Kaisers« gefeiert. Wie zu erwarten war, verstanden sich Augustus und Herodes ausgezeichnet. Der Herr über Judäa und sein römischer Vorgesetzter waren sich einig, wer in der Lage war der Welt den Zustand des ewigen Friedens zu bescheren: Herodes pries Augustus als den Garanten einer friedlichen Weltordnung – und der Kaiser nickte gnädig. Er wollte eine »neue Welt« schaffen.
Herodes wußte wohl, wie Augustus zu behandeln war, zu Hause aber beging er Fehler auf Fehler. Flavius Josephus behauptet in seinen »Jüdischen Altertümern« (XVI. 7,3), der König habe Grabraub begehen wollen. Er sei bei Nacht in die Grabhöhle Davids eingedrungen, um die Schätze zu rauben, die darin vermutet wurden. David war nahezu 1000 Jahre tot, doch offenbar lebte die Legende fort, Davids Reichtum sei noch immer verborgen. Dem Text ist nicht zu entnehmen, wo Herodes das Grab Davids suchte. Zu vermuten ist, daß er eine der Höhlen in der verlassenen unteren Stadt betrat. Er soll eine böse Überraschung erlebt haben: Ehe er ganz zu den Gebeinen vordringen

konnte, habe eine Stichflamme zwei seiner Begleiter getötet. Entsetzt sei der König aus der Höhle geflohen.

Wenn diese Erzählung der Wahrheit entspricht, hat das Verhalten des Herodes sicher in der Stadt weitere Empörung veranlaßt. Daß die Geschichte vom Versuch des Grabraubs von den Feinden des Herodes nur erfunden worden ist, um ihm zu schaden, ist allerdings auch denkbar.

Verstrickungen ohne Ende – Herodes klagt seine Söhne vor dem Kaiser an

Kaum waren Alexandros und Aristobulos aus Rom nach Jerusalem zurückgekehrt, wurde ihnen erst wirklich bewußt, daß ihr eigener Vater ihre Mutter Mariamne hatte hinrichten lassen. In Rom und während der Heimreise in Begleitung des Vaters hatten Alexandros und Aristobulos Gedanken an das Schicksal der Mutter noch verdrängen können, doch in der Stadt, in der Mariamne gelebt hatte, waren die beiden täglich mit der Erinnerung an sie konfrontiert. Auszuschließen ist nicht, daß sie auf den Gedanken kamen, der Vater müsse für den Mord an der Mutter bestraft werden. Vielleicht haben sie tatsächlich darüber nachgedacht, wie Herodes umgebracht werden könnte. Salome, die Schwester des Königs, die Alexandros und Aristobulos nicht leiden konnte, sorgte auf jeden Fall dafür, daß im Palast das Gerücht zirkulierte, mit einem Anschlag der beiden müsse bald schon gerechnet werden. Da jeder im Palast über das mögliche, fast sichere Komplott sprach, erfuhr schließlich auch Herodes davon.
Von seiner Schwester Salome und seinem Bruder Pheroras, der bisher wenig Ehrgeiz entwickelt hatte, wurde dem König hinterbracht, daß seine beiden Söhne ihn beim Kaiser verklagen wollten, da er sich despotisch gegenüber Mitgliedern der eigenen Familie benehme, und er eine eigenmächtige Politik in seinem Lande betreibe, die sich nicht an Rom orientiere.
Diese Anklage traf Herodes schwer. Ein Attentat hätte er abwehren können – doch einen Keil des Mißtrauens zwischen ihn und den Mächtigen in Rom zu treiben, erschien ihm als Akt

heimtückischer Gefährlichkeit. Er fürchtete dieser Denunziation nicht gewachsen zu sein und dachte zeitweise sogar an Rücktritt. Bei weiterem Nachdenken begriff er, daß ihm keine andere Wahl blieb, als im Amt auszuharren. Er wußte gar nicht, wem er die Macht übertragen sollte. Diese Gedanken ließen ihn in tiefe Depression fallen. Herodes fühlte sich todkrank.
Doch dann glaubte er den Ausweg gefunden zu haben. Flavius Josephus schrieb darüber (»Der jüdische Krieg« I 23,1-2):
»Als Alternative zu Alexandros und Aristobulos holte Herodes den Sohn aus seiner allerersten Ehe mit Doris, er hieß Antipater, zu sich in den Palast. Er gab ihm in jeder Beziehung den Vorzug. Diese Änderung der Verhältnisse war für die Mariamne-Söhne nicht tragbar. Sie nahmen mit Verärgerung zur Kenntnis, daß ihnen der Sohn einer Frau vorgezogen wurde, die nicht von Adel war. Sie pochten nun auf ihre hohe Geburt und zeigten ganz offen ihren Zorn. So wurde die Kluft zwischen ihnen und dem Vater immer weiter. Antipater, der sich ohnehin auf Schmeichelworte verstand, umgarnte den Vater und verdächtigte die Brüder.«
Mit Antipater kam auch dessen Mutter Doris erneut in den Palast von Jerusalem zurück. Möglich ist, daß Herodes wieder intime Beziehungen zu ihr aufnahm – wenigstens ist dies der Textquelle zu entnehmen. Der König geriet immer tiefer in eine Verstrickung hinein, die ihm unlösbar erschien. Seine letzte Hoffnung auf Entwirrung der Intrigen setzte er auf den Kaiser, auf den »Erlöser und Friedensbringer«. Unter Anwendung von Gewalt ließ er Alexandros und Aristobulos nach Rom verschleppen. Er selbst begleitete den Gefangenentransport – und er selbst sprach vor dem Herrscher des Römischen Reiches die Anklage aus: »Meine Söhne wollten mich umbringen, um auf diese Weise den Thron an sich zu reißen.«
Mit dieser Formulierung hatte Herodes den Streit auf eine andere Ebene gehoben. Er war nun nicht mehr Familienangelegenheit, er war zu Staatsaffäre geworden, denn er betraf die Nachfolge auf dem Thron Judäas. Sie bedurfte der Zustimmung des Kaisers. Ein gewaltsamer Machtwechsel wäre ein Eingriff in die Machtbefugnisse des römischen Souveräns gewesen.
Am Ende der Verhandlung, die im Jahre 12 v. Chr. stattfand, empfahl Augustus dem Vater, er möge sich mit Alexandros und Aristobulos versöhnen. Der Kaiser gestand Herodes allerdings

zu, er könne künftig nach Bedarf, selbst unter seinen Söhnen, den Herrscher auswählen.
Auf diese Art und Weise war der Konflikt allerdings nicht auszuräumen. Im Gemüt des Königs hatte sich der Verdacht so tief eingefressen, daß er das Gefühl nicht überwinden konnte, die Söhne der Mariamne würden ihn bei nächster Gelegenheit tatsächlich ums Leben bringen.
Wieder in Jerusalem angekommen, hielt Herodes öffentlich eine Rede, in der er die Vereinbarungen von Rom bekanntgab. Um allem Gerede, er werde bald die Macht in andere Hände übergeben, ein Ende zu bereiten, verwies Herodes auf seine Gesundheit und auf seine Mäßigung in allen Genüssen des Lebens – auch sei er noch nicht so alt, daß man bald nicht mehr mit ihm rechnen müsse. Trotz dieser Betonung, das Herrscheramt weiter ausüben zu wollen, verkündete er, jeder seiner drei Söhne sei König: »Der eine ist durch sein reifes Alter für die Nachfolge empfohlen« – damit meinte er Antipater. »Die zwei anderen zeichnen sich durch vornehme Herkunft aus« – diese Bemerkung bezog sich auf Alexandros und Aristobulos. Herodes meinte, das Königreich sei groß genug für mehrere Herrscher.

Die Söhne der Mariamne waren mit dem Inhalt dieser Rede nicht einverstanden. Sie glaubten daraus ablesen zu müssen, daß Herodes eben doch den Sohn der nichtstandesgemäßen Doris zum Oberkönig bestimmt habe.
Daß sich der König nicht eindeutig geäußert hatte, wirkte sich bald verheerend aus. Antipater, der sich seiner Sache nicht ganz sicher sein durfte, betonte seinem Vater gegenüber auch weiterhin, daß die Söhne der Mariamne nur das eine Ziel verfolgten, Rache für den Tod ihrer Mutter zu nehmen. Alexandros und Aristobulos aber haßten ihren älteren Halbbruder und dachten darüber nach, wie er beseitigt werden könnte. Erstaunlich ist, daß Herodes sich nicht in der eigenen Familie durchzusetzen vermochte.
Herodes durfte sich »Freund des Kaisers« nennen, doch er machte bittere Erfahrung, daß diese Erhöhung auch rasch wieder vom Kaiser selbst zunichte gemacht werden konnte. Obgleich er im Reich eine Sonderstellung genoß, war es ihm durch Vertrag mit dem römischen Oberherren verboten, Krieg gegen Nachbarvölker zu führen. Entscheidungen über Krieg und

Frieden wurden in Rom getroffen. Da dem König von Judäa die Hände gebunden waren, nutzten die arabischen Stammessheikhs im Osten des Jordan die Situation aus: Sie konnten ungestraft Raubzüge unternehmen. Sie boten Personen, die in den Augen des Herodes Verbrecher waren, Asyl an. Der Statthalter Roms in Syrien sah schließlich ein, daß die ständig provozierten Spannungen an der Ostgrenze seines Staates dem König in Jerusalem nicht länger zugemutet werden konnten. Er genehmigte einen begrenzten Feldzug gegen die Nabatäer.
Nach den Angaben des Herodes bestand der Krieg nur aus einer Strafaktion – die gegnerische Seite aber beklagte sich beim Kaiser in Rom, Herodes habe einen richtigen Feldzug geführt und die gesamte Elite der arabischen Stämme töten lassen.
Augustus war offenbar nicht darüber informiert, daß Herodes den syrischen Statthalter zuvor gefragt hatte, ob ihm der Schlag gegen seine Feinde ostwärts des Jordan gestattet sei. Der Kaiser teilte dem Vasallen mit, er sei als Verbrecher gegen den Reichsfrieden zu betrachten und dürfe sich fortan nicht mehr »Freund des Kaisers« nennen – er sei ein Untertan wie andere regionale Herrscher auch. Herodes fiel von einem Tag zum anderen in Ungnade.

Augustus, der von seiner Aufgabe als Friedensbringer überzeugt war, fühlte sich in seiner Mission der Völkerverständigung von Herodes verraten. Der Feldzug gegen die Araber hatte die Vision zerplatzen lassen vom allgemeinen Frieden im Römischen Reich. Der Urheber dieser Enttäuschung mußte zur Rechenschaft gezogen werden.

So absurd es klingt, nicht mehr »Freund des Kaisers«, sondern Untertan zu sein, schadete dem Ansehen des Königs in Jerusalem. Herodes hatte immer den Vorwurf zu hören bekommen, er sei zu sehr von Rom abhängig. Jetzt, da er vom römischen Kaiser fallengelassen worden war, mißfiel diese Entwicklung vielen Untertanen. Der Prestigeverlust war beachtlich. Scheel angesehen wurde Herodes ganz besonders in seinem eigenen Palast. In ihrem Kampf gegeneinander nahmen die Söhne immer weniger Rücksicht auf den Vater.
Den Werken des Flavius Josephus ist zu entnehmen, daß der Palast in Jerusalem in jener Zeit zum Ort sexueller Ausschwei-

fung geworden sei. Herodes, dem neun Frauen zur Verfügung standen, habe sich mit drei Eunuchen vergnügt, die seine Sinne durch ihre unvergleichliche Schönheit gereizt hätten. Von Alexandros wird behauptet, er habe sich darüber beschwert, daß ihn seine Tante Salome, die Schwester des Herodes, vergewaltigt habe. Glaphyra, die Frau des Alexandros, klagte darüber, der König habe sie mit Gewalt gefügig gemacht. Der Herodes-Biograph Gerhard Prause weist sicher zurecht darauf hin, daß Flavius Josephus in derartigen Schilderungen gewaltig übertrieben habe.
In jene Zeit fiel das Fest der Tempeleinweihung. Es hätte eigentlich den größten Triumph des Königs markieren sollen, doch er war abgelenkt durch das Geschehen in seinem Palast. Das Volk der Juden aber hatte nur noch geringen Respekt vor ihm. Es feierte den Erbauer des prachtvollen Bauwerks nicht. Es wartete darauf, daß eine Entscheidung fiel im Palast im Westteil der Oberstadt. Gespannt wurde die Entwicklung des Familiendramas beobachtet.

Zwei hohe Offiziere, die aus dem Dienst entlassen worden waren, lösten den entscheidenden Konflikt aus. Sie waren in Verdacht geraten, den Söhnen der Mariamne ergeben zu sein. In den Augen des Königs galt derartiges Verhalten schon als Verrat. Die beiden wurden auf Befehl des Königs gefoltert und sagten aus, sie seien zur Ermordung des Herodes angestiftet worden. Auf einmal fand sich auch ein Brief des Alexandros an den Kommandanten der Festung Alexandreion mit der Aufforderung, ihm und seinem Bruder nach der Ermordung des Herrschers zur Verfügung zu stehen. Dieser Brief war wohl eine Fälschung, doch er war für Herodes das entscheidende Beweismittel.
Er hielt es für klug, zunächst Kaiser Augustus von den Vorfällen zu unterrichten. Die Situation war günstiger für Herodes geworden, da Augustus die Eigenmächtigkeit des Überfalls auf die arabischen Nachbarn verziehen hatte. Herodes durfte für sein Anliegen wieder mit der Sympathie des allmächtigen Herrn in Rom rechnen. Herodes verklagte Alexandros und Aristobulos. Der Vorwurf lautete, sie hätten Hochverrat begangen. Unbekannt ist, was Herodes mit dieser zweiten Anklage vor der höchsten römischen Instanz gegen seine Söhne erreichen

wollte. Anzunehmen ist, daß er bereits zu schwach war, selbst eine Entscheidung zu treffen. Er wollte die Verantwortung von sich abwälzen, und er erwartete Hilfe von Rom. In seiner Antwort teilte ihm Augustus mit, wenn Herodes überzeugt sei, daß ihm die Söhne hätten das Leben rauben wollen, müßten sie behandelt werden wie jeder andere Vatermörder auch. Bestehe jedoch ein Zweifel an ihrem Willen, ein Verbrechen zu verüben, dann sei es angebracht, einen Gerichtshof nach Berytos einzuberufen, der möge die Vorfälle untersuchen.
Herodes entschied sich für Einberufung des Gerichts. Berytos, die heutige Stadt Beirut im Libanon, gehörte zum Römischen Reich, aber nicht zum Herrschaftsgebiet des Herodes. Eine Gerichtsverhandlung in Berytos fand deshalb auf neutralem Boden für Herodes und für seine Söhne statt. Vorsitzende des Verfahrens waren hohe römische Beamte, die im Auftrag des Kaisers handelten. Beisitzer im Prozeß aber waren Römer und vor allem auch Verwandte des Königs Herodes. Diese Zusammensetzung gewährleistete keine Verhandlung, die der Wahrheitsfindung gedient hätte. Auf Wunsch des Vaters wurden die angeklagten Söhne nicht zum Prozeß zugelassen.
Herodes brachte seine Anklage vor, die zwar voll Schmähungen gegen Alexandros und Aristobulos war, der jedoch jede Eindeutigkeit der Aussage fehlte. Sie endete im Jammer über seine eigene Situation: In jedem Fall sei er selbst der Verlierer – auch wenn er über sein Söhne siege. Würden sie zum Tode verurteilt, verlöre er seine Erben.
Es ist durchaus möglich, daß die römischen Gerichtsvorsitzenden begriffen, daß dieser alternde Mann kein Garant mehr sein konnte für Stabilität in Jerusalem. Der hohe Beamte Saturninus wollte sich deshalb aus der Affäre ziehen: Ein Todesurteil gegen die Söhne des alten Mannes kam für ihn nicht in Frage, da durchaus die Möglichkeit bestand, daß einer von ihnen als Nachfolger im Königsamt gebraucht wurde. Saturninus plädierte deshalb für einen Schuldspruch, doch ohne die Konsequenz einer Verurteilung. So endete der Prozeß mit einer Verdammung von Alexandros und Aristobuls, denen offenbar keine Gelegenheit gegeben worden war, sich zu rechtfertigen.
Ob das Urteil nun zur Hinrichtung der Mariamne-Söhne führen sollte oder nicht, war völlig ihrem Vater überlassen. Seine Ratgeber waren der Meinung, es genüge, sie in Gewahrsam

zu halten – damit sei ihnen die Gelegenheit genommen, Anschläge gegen Herodes zu planen. Während der Reise von Berytos nach Jerusalem erfuhr der König jedoch, daß es gefährlich für ihn war, Alexandros und Aristobulos am Leben zu lassen. Er spürte, daß viele Kommandeure der judäischen Streitkräfte Sympathie für die zwei Männer empfanden. In jeder Stadt, in der Alexandros und Aristobulos eine Nacht verbrachten, standen Gruppen von Offizieren um das Haus, in dem die Söhne verwahrt wurden. Es mußte damit gerechnet werden, daß sie gewaltsam befreit wurden. Herodes entschied sich dafür, die beiden töten zu lassen. In Caesarea, etwa 70 Kilometer von Jerusalem entfernt, wurden die beiden erdrosselt. Herodes bestimmte, die Körper seien in der Festung Alexandreion über dem Jordantal zu bestatten.

Die dritte Mauer –
Jerusalem wächst

Wie die Bewohner der Hauptstadt über den tödlichen Ausgang des Konflikts in der königlichen Familie dachten, ist nicht überliefert. Doch ist der Zustand der Gesellschaft in Jerusalem am Wachstum der Stadt selbst abzulesen. Jerusalem blühte offenbar auf. Sicher ist, daß Intrigen und Mord keinen negativen Einfluß auf die Entwicklung hatten. Die finstere Gewalt, die das Leben im Palast bestimmte, lähmte die Lebensfreude der Bewohner nicht. Die Menschen lebten offensichtlich gern in Jerusalem. Die Stadt dehnte sich aus, während die Zahl der Bewohner anstieg. Eine rege Zuwanderung fand statt, die vom Staat gefördert wurde: Familien, die sich durch Begabung und Tüchtigkeit ihrer Mitglieder auszeichneten, wurden durch Förderungsprogramme nach Jerusalem gelockt. Dies führte dazu, daß die kleineren Städte und die Dörfer für Leute von Ehrgeiz nicht mehr attraktiv waren. Sippen, denen zuvor das Leben in Jericho behagt hatte, zogen nun Jerusalem vor. Nur die Hafenstadt Caesarea bot Lebensqualität, die der von Jerusalem entsprach.

Jerusalem wurde auch zum Anziehungspunkt für die jüdische Diaspora. Viele Juden der Mittelmeerinseln verließen ihre an-

gestammte Heimat, um in der Hauptstadt des Königs Herodes ein Haus zu bauen. Selbst aus Alexandria, der lebenslustigsten Ansiedlung der gesamten Region, zogen Sippen weg in der Absicht, ihr Glück in der Nähe des königlichen Palastes zu suchen, von dem Impulse ausgingen für die Wirtschaft Judäas: Herodes zeigte Interesse am Handel und gestattete die Gründung von Niederlassungen ausländischer Handelsorganisationen. Daß er Geschäftsverbindungen mit Städten, die hellenistisch orientiert waren, besonders förderte, ist daran abzulesen, daß die Zahl der nichtjüdischen Einwohner seines Machtzentrums zunahm. Manche der tüchtigen Fremden nahm der König in den Staatsdienst auf. Sie sorgten dafür, daß die traditionell-religiösen Schichten der Bevölkerung an Einfluß verloren. Das Ergebnis war, daß der wunderbare Tempel von Jerusalem zwar bestaunt, aber immer seltener als Gebetsort benutzt wurde.
Das neue, stark hellenistisch gefärbte Establishment ließ sich in der »Neustadt« nieder, die sich im Nordwesten von Jerusalem ausdehnte. Die alte Mauer blieb erhalten, die von der Befestigung mit den drei Türmen am Nordwesteck der Stadt auf die Brücke zulief, die einen wichtigen Tempelzugang bot. Eine neue Befestigung wurde gebaut, die ein Gebiet umschloß, das nahezu so umfangreich war, wie die bisherige obere und die untere Stadt zusammengenommen. Die Mitte der Neustadt bildete die Achse, die noch im heutigen Verlauf der Via Dolorosa erkennbar ist.

Das Gebiet der Neustadt wurde von den Familien hellenistischer Geisteshaltung auch deshalb bevorzugt, weil dort ein frischer Wind wehte. In jener Zeit des Königs Herodes nahm das Bewußtsein der Menschen den Körper wahr, Gesundheit und gesunde Lebensformen wurden bedeutungsvoll. Die Männer trieben Gymnastik und bewegten ihre Körper gern in frischer Luft.
Wer Ansehen genießen wollte in Jerusalem, der zog in die Neustadt. Die alte Davidstadt, in der viele Häuser verlassen standen und zerfielen, war nur noch von den Ärmsten bewohnt. Zu ihnen gesellten sich allerdings auch Leute, die bewußt Distanz einhalten wollten zu den »Griechen« in der Neustadt. Wer sich darüber ärgerte, daß die Besucher des Gymnasiums ihre Bewegungsspiele nackt ausübten, der hielt sich in der unteren

Stadt auf und mied die Viertel der Unmoral. So geschah es, daß oberhalb der Gihonquelle, am Westhang des Kidrontals, die Mitglieder der Pharisäerpartei ihr Zentrum hatten.
Diese Absonderung hatte zur Folge, daß der Einfluß der Pharisäer auf die politische Entwicklung immer mehr schwand. Ihre Mitglieder hatten nichts zu sagen in der oberen Stadt. Dort hatte sich die Partei der Sadduzäer festgesetzt, die mehr und mehr ihren Nachwuchs aus der Schicht der Höflinge rekrutierte. Die Pharisäer aber verbanden sich mit den Armen und Benachteiligten. Sie wurden als Bewahrer der Tradition anerkannt, die darauf bedacht waren, als Lehrer der unteren Klassen das Wissen um den Wert des eigenen Glaubens weiterzugeben. Der Glaube an Jahwe lebte im Herzen und im Gemüt der Armen.
Die Pharisäer, die überzeugt waren, Jahwe werde sie für ihr Ausharren belohnen und vor allen anderen bevorzugen, mußten in Konflikt mit der Staatsautorität geraten, für die Herodes verantwortlich war. Er war, als Vasall des römischen Kaisers, angehalten, von seinen Untertanen den Treueid auf Augustus zu verlangen. Die Parteimitglieder der Pharisäer waren der Überzeugung, dieser Eid sei mit ihrem Glauben an Jahwe nicht zu vereinbaren. Sie weigerten sich deshalb, die Eidesformel auszusprechen. Der König war durch römische Verordnung gezwungen, den Verweigerern des Eids eine Geldbuße aufzuerlegen. Die verlangte Summe muß hoch gewesen sein, denn kaum einer der Pharisäer konnte sie aufbringen. Mit Erstaunen stellte Herodes fest, daß die Frau seines Bruders Pheroras für die Pharisäerpartei eintrat: Sie bezahlte die Geldbuße.
Da war ein neuer Konfliktherd in der eigenen Familie entstanden. Als Herodes der Ursache der Sympathie dieser Frau für die Pharisäer nachging, fand er heraus, daß sie die Überzeugung der Partei teilte, den Juden werde bald ein Messias geboren werden, der diesem Volk ewiges Heil bringe. Der König begriff, daß diese Überzeugung davon ausging, die Herrschaft seiner Familie werde beim Erscheinen des messianischen Heilsbringers zu Ende sein. Die Pharisäer sagten deutlich, das Geschlecht des Herodes werde ausgelöscht, weil es nicht vom Haus David abstamme – der Messias aber werde zu den direkten Nachfahren Davids zählen.

Herodes, der ohnehin davon ausging, daß Kaiser Augustus

und vielleicht er selbst berufen seien, Heilsbringer zu sein, durfte in der eigenen Familie Parteigänger der Pharisäer nicht dulden. Er verlangte deshalb von seinem Bruder Pheroras, er habe sich von seiner Frau zu trennen.

Ungeschickt war, daß Herodes diese Forderung während einer Sitzung der führenden Persönlichkeiten im judäischen Staat stellte – die Anwesenden gehörten meist zum engen Kreis der Familie. Als Grund gab der König an, er könne es nicht ertragen, daß diese Frau den Pharisäern »Geld geschenkt« habe. Diese Gaben hätten doch nur den Sinn gehabt, die Pharisäer in ihrer Ablehnung der königlichen Politik zu bestärken. Die Frau des Pheroras betreibe ganz offen Agitation gegen ihn, den König.

Der Bruder aber antwortete, er wolle lieber sterben, als diese Frau verlassen, die der Inhalt seines Lebens sei. Damit hatte Herodes offenbar nicht gerechnet. Er bestand nicht länger auf seiner Forderung, sondern gab nur die Anweisung, den Umgang mit der Frau des Pheroras zu meiden.

Die Frau des Bruders war von geringem Stand, was sicher ihre Neigung zu den Pharisäern erklärt – sie war einst Sklavin gewesen und soll den Bruder des Königs durch »Zaubertränke«, durch Drogen also, an sich gebunden haben. Herodes konnte diese Frau nicht ausstehen. Als sie eines Tages zwei Töchter des Herodes durch freche Bemerkungen beleidigt hatte, nahm der Herrscher dies zum Anlaß, die Frau samt ihrem Mann aus Jerusalem zu verbannen. Pheroras schwor, er werde nie mehr in die Hauptstadt seines Bruders zurückkehren. Er starb tatsächlich in der Verbannung. Sein Tod löste das Gerücht aus, Pheroras sei durch Gift getötet worden – auf Befehl seines königlichen Bruders.

Die Folge war eine Kette von Verdächtigungen, Denunziationen, Beschnüffelungen, von amtlichen Untersuchungen. Gefunden werden sollte der wahre Schuldige am Sterben des Pheroras. Wieder wurde gefoltert – mit dem Ergebnis, daß absurde Beschuldigungen ausgesprochen wurden. Die Bewohner des Palastes, und mit ihnen der ganzen Stadt, nahmen Anteil am Konflikt, der wieder einmal die königliche Familie zerriß. Letztlich blieb die Aussage einer gefolterten Frau für den König wichtig: Antipater habe Gift besessen, mit dem Herodes getötet werden sollte (»Der jüdische Krieg«, I 30,5). Dieses Gift

sei jetzt im Besitz der Frau des Pheroras. Als dieser Verdacht aufkam, stürzte sie sich vom Dach ihres Hauses, das allerdings so niedrig war, daß sie am Leben blieb. Der König drohte ihr, wenn sie jetzt nicht die Wahrheit bekenne, werde er sie derart foltern lassen, »daß ihr Leib so zerfetzt sein werde, daß nichts mehr für die Bestattung übrigbleibe«.
Sie schwor, beim Tod ihres Mannes Pheroras habe sie seine letzte Anweisung befolgt und das Gift ins Feuer geschüttet – nur einen kleinen Rest habe sie für sich behalten.
Während der nächsten Tage konnte niemand im Palast sicher sein, daß er nicht in die todbringende Affäre hineingezogen wurde. Flavius Josephus bemerkte dazu: »Spürhunden gleich schlichen Agenten, die alles Verborgene entdeckten. Jeder wurde in die Untersuchungen verwickelt. Und so wurde auch die Tochter des Hohenpriesters hineingezogen, weil sie von ihren Brüdern beschuldigt wurde. Sie waren gefoltert worden.«
Antipater, der Sohn der ersten Frau des Königs, der durch geschickte Verleumdung die Söhne der Mariamne vernichtet hatte, geriet schließlich auch in den Strudel der Bezichtigungen, aus dem es kein Entrinnen mehr gab. Er versuchte durch Kühnheit den Bann zu zerbrechen, der ihn bereits umgab. Im königlichen Palast von Jerusalem wartete er eines Tages ab, bis Herodes durch die Gänge schritt, dann trat er auf den Vater zu. Der aber rief entsetzt aus: »Du bist ein Vatermörder und willst dein Opfer auch noch umarmen!«. Herodes setzte ein Gericht ein, das über die Schuld dieses Sohnes entscheiden sollte. Es bestand aus Verwandten und Freunden des Königs, aber auch aus Männern, die Sympathie für Antipater empfanden. Vorsitz führte der römische Offizier Quintilius Varus, der 15 Jahre später in den Wäldern Germaniens eine Niederlage erleiden sollte, die Kaiser und Reich erschütterte.

Quintilius Varus war damals Statthalter des Reichs in Syrien, er hatte Saturninus abgelöst. Herodes hatte ihn gebeten, nach Jerusalem zu kommen, damit er das Verfahren leite. Hauptanklagepunkt war, Antipater habe die Ermordung des Vaters geplant.
Wichtiges Beweismittel war jener Giftrest, den die Frau des Pheroras nach dem Tode ihres Mannes aufbewahrt hatte. Seine

Wirksamkeit wurde an einem überführten und verurteilten Verbrecher erprobt – er starb auf der Stelle.
Quintilius Varus ritt aus Jerusalem ab, ohne ein Urteil gesprochen zu haben. Flavius Josephus berichtet allerdings, Varus habe zuvor noch unter vier Augen mit Herodes über den Stand des Verfahrens geredet. Vom Inhalt des Gesprächs hatte Josephus nichts erfahren.

Antipater blieb in Haft. Wieder einmal war Herodes ratlos. Über seine Situation ist im Ersten Buch »Der jüdische Krieg« (37,1) zu lesen:
»Dem König ging es von Tag zu Tag übler. Sein Gesundheitszustand verschlechterte sich. Er war siebzig Jahre alt und damit ein alter Mann. Die Erkrankung war auch auf seinen Gemütszustand zurückzuführen, der unter den schlimmen Erfahrungen litt, die er mit seinen Kindern gemacht hatte. Er hätte sich allerdings auch in gesundem Zustand des Lebens nicht mehr freuen können. Daß sein Sohn Antipater noch am Leben war, wirkte sich ebenfalls schädlich auf seine Gesundheit aus. Er nahm sich vor, Antipater töten zu lassen, sobald er selbst wieder genesen sei.«

Der goldene Adler am Tempeltor – Der Aufstand der Pharisäer

In Jerusalem, dort wo sich einst Davids Stadt befunden hatte, lebten und lehrten zwei angesehene Persönlichkeiten der Pharisäerpartei. Ihre Namen waren Judas, der Sohn des Sepphraios und Matthias, der Sohn des Margalos. Beide waren überaus beliebte Lehrer, deren Häuser Tag für Tag umlagert wurden: Wißbegierige Männer strömten zusammen, um den Interpretationen des göttlichen Willens zu lauschen.
Ihr wichtigstes Thema in jenen Tagen war die schwere Erkrankung des Königs. Sie galt den Pharisäern als Zeichen Gottes, das bedeutende Wandlungen ankündigte. Ihre Ansicht war, daß Jahwe zum Zeitpunkt des Todes von Herodes den Erlöser senden werde. Für dieses Ereignis müßten Vorbereitungen getroffen werden. Der König sei schwach und nicht mehr in der

Lage zu handeln. Flavius Josephus formulierte die Gedanken der Pharisäer so: »Judas und Matthias empfahlen ihren Anhängern, jetzt ganz besonders für die Sache Gottes einzutreten. Was mit den Traditionen des Glaubens nicht übereinstimme, müsse ausgelöscht werden. Die Zeit sei reif für die Wiederherstellung des Glaubens in der reinen Form.« (Erstes Buch »Der jüdische Krieg« 32,2)
Die beiden Pharisäer redeten nicht in allgemeinen Phrasen – sie wußten genau, was sie wollten. Ihr Zorn richtete sich gegen das Abbild eines Adlers, der, golden leuchtend, über dem Haupttor des Tempelbereichs prankte. Judas und Matthias brachten folgendes Argument gegen das Adlerabbild vor: »Es ist gegen Gottes Gesetz, wenn am Tempel figürliche Darstellungen von Menschen oder Tieren, oder wenn dort auch nur Tiergesichter angebracht werden. Jede Darstellung eines lebenden Wesens widerspricht dem göttlichen Willen und bringt Gottes Strafe auf uns herab.«
Die jungen Männer, die sich versammelt hatten, um in Glaubensdingen unterwiesen zu werden, wurden aufgerufen, den Adler vom Tempelportal herunterzureißen – auch wenn dies mit Gefahr für das eigene Leben verbunden sei: »Es ist ehrenvoll sich für das Gesetz Jahwes, das Gesetz unserer Väter war, zu opfern. Wer im Kampf gegen die Gottlosigkeit sterbe, dessen Seele wird von Gott in die Unsterblichkeit hochgehoben. Ihr wird Glück und Seligkeit für alle Zeiten zuteil. Wer zu den Wissenden zählt, der wird einen solchen Tod allen anderen vorziehen.«
Während die Pharisäergelehrten diese Reden hielten, ging das Gerücht um, Herodes liege im Sterben – vielleicht sei der Tod sogar schon eingetreten. Durch derartige Informationen angestachelt, entschlossen sich einige der jungen Männer, rasch zu handeln. Sie begaben sich eilig zum Heiligtum. Bald war dort eine ganze Meute versammelt. Gegenseitig – durch Sprechchöre – heizten Gruppen die Emotionen an: Jeweils etwa ein Dutzend der Entschlossensten schrien Parolen gegen Herodes und erhielten Antwort von einem anderen Dutzend Gleichgesinnter. Als die Stimmung den Siedepunkt erreicht hatte, da kletterten Mutige auf das Dach des Tempelportals – sie ließen sich an Seilen herunter bis sie den goldenen Adler erreicht hatten. Dann zerschlugen sie das Abbild mit Beilen. Zerschmettert

lag der goldene Vogel am Boden. Die Masse jubelte. Sie glaubte , einen Sieg errungen zu haben, doch die Wache des Tempels handelte rasch. Der Kommandeur erkannte, wer die hauptsächlichen Antreiber waren und wer in den Sprechchören im Mittelpunkt stand. Er ließ 40 der jungen Männer verhaften. Sie wurden durch die Stadt zum Palast des Herodes geführt. Trotz seiner Krankheit wollte er die Aufrührer sehen und mit ihnen reden.

Die Verhafteten gaben zu, den Adler vom Tempeltor heruntergeschlagen zu haben. Auf die Frage nach dem Grund ihres Handelns sagten sie, das »Gesetz der Väter« hätte sie veranlaßt, das verbotene Abbild eines Tieres zu zerstören.

Herodes wunderte sich, daß die jungen Männer überaus fröhlich waren – im Angesicht des Todes. Er verkündete ihnen, daß sie sterben müßten, doch diese Drohung änderte ihre Haltung nicht. Sie meinten, ihr Tod werde ihnen die Türe zum höchsten Glück öffnen. Diese »Verstockheit« – so stufte der König den heiteren Gemütszustand der Beklagten ein – mußte bestraft werden. Flavius Josephus betont ausdrücklich, aus Wut sei es Herodes gelungen, die Schwäche seines Körpers zu überwinden. Er raffte sich dazu auf, eine lange Rede zu halten. Dazu berief er den Rat der Ältesten ein.

Er vertrat den Standpunkt, die »Tempelschänder« seien mit größter Härte zu bestrafen. Ihr Verbrechen bestehe eben nicht nur darin, den Adler, das Symbol königlicher Größe zerstört zu haben, sondern vor allem in der Behauptung, durch diese Tat »das Gesetz erfüllt zu haben«. In dieser Behauptung käme der Wille zum Ausdruck, unter demselben Vorwand andere, und vielleicht weit schlimmere Verbrechen ausführen zu wollen.

Die Frage stellt sich, warum dieser Adler überhaupt über dem Tempelportal, durch das die Gläubigen in den Bereich des Heiligtums eintraten, angebracht worden war. In der Vorstellung der Pharisäer war der Adler das Sinnbild der römischen Fremdherrschaft. Herodes mußte gewußt haben, daß Ärger drohte, daß mit Empörung zu rechnen war. Es ist durchaus möglich, daß er die Pharisäer reizen wollte. Vielleicht wollte er die Empörung provozieren, um – im Gegenschlag – die Bewegung der Pharisäer schwächen zu können. Seine Reaktion erfolgte schnell. Niemand, auch in der eigenen Familie nicht, sollte Zeit

und Gelegenheit haben, um Gnade für die »Tempelschänder« zu bitten.
Seine Absicht war, alle zu bestrafen, die an der »Tempelschändung« beteiligt waren. Hunderte sollten hingerichtet werden. Doch Herodes wurde bestürmt, nicht die gesamte Pharisäerpartei zu vernichten. Der König ließ sich überzeugen, daß Milde gegenüber denen angebracht war, die beim Tempel nur zugeschaut hatten, ohne sich an der eigentlichen »Schändung« zu beteiligen. Er ordnete an, die Gelehrten Judas und Matthias seien bei lebendigem Leib zu verbrennen – ebenso die jungen Männer, die sich vom Dach zum Adler herunter abgeseilt hatten. Die Hinrichtung sei öffentlich in Jerusalem erfolgt, teilt Flavius Josephus mit.
Nach diesen Erfahrungen mit den Pharisäern setzte Herodes stärker als je zuvor auf die Partei der Sadduzäer. Sie entwickelte sich mehr und mehr zur Königspartei. Wer vom Palast profitierte – durch eine einflußreiche und einträgliche Stellung am Hofe, durch gewinnbringende Aufträge des königlichen Haushalts –, der schloß sich ganz von selbst den Sadduzäern an. Auch die hohe Geistlichkeit sah in dieser Gruppierung ihre eigene Interessenvertretung. Aus der Schicht der Sadduzäer wählte der König den Hohenpriester aus. Dies geschah im Jahre 4 v. Chr. – es war jenes Jahr, in dem die Pharisäer gegen den goldenen Adler rebelliert hatten. Zur Absicherung der Machtverhältnisse wurde ein Mann aus der eigenen Familie zum Oberhaupt der Geistlichkeit ernannt. Der bisherige Hohepriester wurde abgelöst, weil er versagt hatte, trotz seiner Autorität den Aufstand der Pharisäer zu verhindern.

Antipaters Hinrichtung – Herodes stirbt in Jericho

Mehr als 70 Jahre alt war der König nun. Flavius Josephus schildert den Zustand des dahinsiechenden Mannes überaus detailgenau: »Die Krankheit griff auf den gesamten Körper über. Er hatte nun fast überall Beschwerden und Schmerzen. Das Fieber erhöhte sich allerdings kaum. Unangenehm für den Kranken war der Juckreiz, der ihn am ganzen Leib quälte. Zur Lin-

derung der Darmschmerzen wirkte keines der bekannten Heilmittel. Seine Beine schwollen an. Am Unterleib verschlimmerte sich eine Entzündung. Am Geschlechtsglied entstanden Eiterbeulen aus denen Würmer krochen. Das Schnaufen fiel im schwer. Die Gliedmaßen wurden von Krämpfen geschüttelt.« (Erstes Buch »Der jüdische Krieg« 33,5)
Vom Palast aus verbreitete sich die Nachricht, der König könne mit diesen Beschwerden nicht mehr lange leben. Im Stadtviertel oberhalb der Gihonquelle sprachen die Anhänger der Pharisäer davon, Gott strafe Herodes auf diese Weise, weil er die beiden Gelehrten Judas und Matthias habe verbrennen lassen.
Die Ärzte des Hofes hatten alle Medikamente angewandt, die ihnen zur Verfügung standen. Eine gewisse Hoffnung setzten sie noch in die Schwefelquellen, die an den Abhängen am Ostufer des Toten Meeres in einem Tal entsprangen, das heute unter dem Namen Zerka Ma'in bekannt ist. Dort stürzen noch immer Wassermassen über eine Felswand herunter, die gelbgrün ist von der Ablagerung des Schwefels. Wer sich unter den heißen Wasserfall stellt, fühlt sich nach wenigen Minuten müde. Für die Leiden des Herodes war dieses aggressive Wasser von Übel. Es verschlimmerte den Zustand des Kranken. Er wurde in seinen Palast nach Jericho gebracht, da er glaubte, Ruhe würde ihm guttun. Seine Hauptstadt Jerusalem mied er künftig.
Die Schmerzen verdüsterten offenbar den Verstand des Herrschers. Er gab Befehl, aus jeder der angesehensten Familien Judäas seien führende Persönlichkeiten zu verhaften. Die Männer wurden bei Jericho interniert. Die Wachoffiziere erhielten die Anweisung, die Gefangenen beim Eintreffen der Nachricht vom Tode des Herodes umzubringen. Seine Begründung für diese unsinnige Maßnahme: »Es ist mir bewußt, daß die Juden ein Freudenfest feiern, wenn sie erfahren, daß ich tot bin. Doch ich kann dafür sorgen, daß die Juden an jenem Tag weinen. Wenn ihnen mitgeteilt wird, ihre Verwandten seien umgebracht worden, werden sie alle weinen. Auf diese Weise werde ich ein prachtvolles Totenfest bekommen!«
Zu jenem Zeitpunkt traf aus Rom die von Herodes seit langem erwartete Mitteilung ein, sein Sohn Antipater sei wegen Verschwörung gegen den Vater zum Tode verurteilt worden. Ob

die Hinrichtung stattfinden solle oder nicht, sei Angelegenheit des Königs von Judäa. Dem Kaiser genüge als Strafe in diesem Fall Verbannung des Antipater auf Lebenszeit.
Die Mitteilung aus Rom löste keinesfalls Genugtuung im Gemüt des Königs aus. Er hatte gehofft, der Kaiser werde ihm die Entscheidung über Leben oder Tod seines Sohnes abnehmen. Nun lag das Schicksal Antipaters erneut in seinen Händen. Herodes entschloß sich zum Selbstmord: Er wollte sich ein Messer ins Herz stoßen, doch sein Neffe hielt ihn zurück.
Der Vorfall war in Jericho geschehen. Kurze Zeit später verbreitete sich in Jerusalem die Nachricht, Herodes sei tot – Selbstmord habe seinem Leben ein Ende gesetzt. Auch Antipater, der in Ketten im Gefängnis festgehalten wurde, erfuhr davon. Er glaubte, durch göttliche Fügung gerettet worden zu sein. Antipater verlangte, daß man ihm die Fesseln löse, denn schließlich sei er jetzt Herr über Jerusalem und das ganze Land. Davon erfuhr nun wieder Herodes. Er bekam einen Wutanfall und ordnete die sofortige Hinrichtung seines Sohnes an. Der Befehl wurde befolgt.
Fünf Tage später starb Herodes in Jericho. Er hatte noch seinen Sohn Herodes Archelaos zum Nachfolger bestellen können. Die Ermordung der prominenten Mitglieder angesehener Familien, die verhaftet worden waren, unterblieb.
Im Frühjahr 4 v. Chr. war die Epoche des Königs Herodes zu Ende. 37 Jahre waren vergangen, seit er von Rom die Würde eines »Freundes des Kaisers« verliehen bekommen hatte – 34 Jahre lang hatte er über Jerusalem geherrscht. Am Schluß der langen Regierungszeit besaß Herodes nur noch Feinde. Doch Erstaunliches geschah: Die Untertanen weinten. Jubel über seinen Tod brach nicht aus. Auch die Pharisäer mußten gespürt haben, daß Judäa einen erfolgreichen Herrscher verloren hatte. Der Leichenzug war prächtig:
»Er bot den ganzen Glanz und die Herrlichkeit des Königtums auf. Das Tragbett, auf dem Herodes lag, bestand aus purem Gold und war über und über mit Edelsteinen besetzt. Der Tote war in Purpurgewänder gehüllt. Das Diadem trug er auf dem Haupt. Das Zepter ruhte in seiner rechten Hand. Die Familie schritt neben dem Tragbett. Hinter den Verwandten marschierten die Lanzenträger und dann die unterschiedlichen Verbände der Truppen, darunter auch Gallier und Germanen, die in

den römischen Garnisonen im Land stationiert waren. Hinter den Soldaten zogen 500 Sklaven her, die herrlich duftende Gewürzkräuter trugen.« (Erstes Buch »Der jüdische Krieg« 33,9)

Herodes Archelaos, der neue Herrscher, durfte das höchste Regierungsamt noch nicht fest für sich beanspruchen – die letzte Entscheidung blieb dem Kaiser in Rom. Die Bevölkerung wünschte sich diesen König, denn er versprach Erleichterung von den Steuerlasten und mehr Freiheiten für die Untertanen. Die Pharisäer glaubten aus diesen Versprechungen ablesen zu können, daß der neue Mächtige im Palast von Jerusalem nachgiebig, wenn nicht sogar schwach war. Ihre Sprecher stellten sofort höhere Forderungen, die politischen Zielen dienten. Herodes Archelaos war aufgefordert, Gefangene freizugeben, die beschuldigt wurden, gegen die Sadduzäer feindliche Handlungen begangen zu haben. Die inhaftierten Pharisäer sollten sogar für die Haft entschädigt werden.
Als aus dem Palast keine abwehrende Haltung zu erkennen war, glaubte die Pharisäerführung die eigene Kraft demonstrieren zu können: Sie verlangte nun die Rehabilitierung aller Opfer des »Gewaltregimes«, für das König Herodes verantwortlich gewesen war. Nicht nur die Angehörigen der Pharisäerclique sollten die Gefängnisse verlassen dürfen, sondern alle, die Herodes gereizt hatten und deshalb eingesperrt worden waren. Die Sadduzäer sollten gezwungen werden, das begangene Unrecht einzugestehen. Den betroffenen Familien sollten Geld und Grundstücke angeboten werden. Wer für das »Gesetz der Väter« sogar zum Tode verurteilt worden sei, der habe das Recht erworben, besonders geehrt zu werden.

Nie zuvor waren in Jerusalem ähnliche Parolen zu hören gewesen. Der Boden für eine Revolution war bereitet. Flavius Josephus vermerkt dazu: »Da gellten Rufe in der Stadt, die nach Rache schrien für die Gelehrten Judas und Matthias, die im Feuer gestorben waren. Man solle Rache nehmen an allen, die durch Herodes zu Ehren und Wohlstand gekommen seien. Die Rufer verlangten auch, der von Herodes berufene Hohepriester müsse aus dem Amt gejagt werden.«
Herodes Archelaos befand sich in schwieriger Situation: Er war gezwungen zur Bestätigung seiner Amtsübernahme, nach Rom

zu reisen. Wenn er den Besuch in der Hauptstadt des Reichs aufschob, lief er Gefahr, von den römischen Herren beiseitegeschoben zu werden zu Gunsten eines anderen Kandidaten. Doch er wußte auch, daß er beim Verlassen seiner Stadt einen Unruheherd zurückließ. Er mußte vor der Romreise die Aufrührer besänftigen. Er wollte keine Gewalt anwenden, die nur die Wut und die Entschlossenheit der Pharisäer angestachelt hätte. Er nahm sich vor, mit den Anführern zu reden. Er wollte Vermittler einsetzen, die mit der Führungsgruppe der Revolutionäre, die sich im Tempel aufhielt, sprechen sollten. Doch es gelang den Vermittlern nicht, den Tempelbereich betreten zu können – sie wurden durch Steinwürfe vertrieben.
Herodes Archelaos erkannte, daß der Ausbruch einer offenen Revolte nicht auszuschließen war. Flavius Josephus beschrieb die brisante Situation so:
»Es konnte letztlich keinen Zweifel mehr geben, daß die Rebellen nicht mehr im Zaum zu halten waren, wenn ihre Zahl weiterhin wie bisher anwuchs. Um das Problem zu vergrößern, stand auch noch ein wichtiges Fest bevor: die Tage der ungesäuerten Brote. Vom Umland der Stadt strömten Gläubige zum Tempel. Sie gerieten sofort in den Einfluß der Pharisäer, die ihre Gelehrten Judas und Matthias betrauerten und laut jammernd beklagten. Die Anhänger der beiden waren bereit, den Aufstand gegen die herrschende Schicht zu führen. Nun geriet Herodes Archelaos in schwere Besorgnis, das gesamte Volk werde vom Fieber der Rebellion erfaßt. Er schickte einen Offizier und eine Horde Bewaffneter in den Tempel mit dem Auftrag, alle zu verhaften, die Unruhe stifteten. Doch dieser Versuch, den Unruheherd einzudämmen, schlug fehl. Viele der Soldaten kamen im Steinhagel ums Leben. Herodes Archelaos konnte nun nicht mehr anders handeln: Er mußte seine gesamte Streitmacht, die in Jerusalem zur Verfügung stand, gegen die Empörer einsetzen. Ohne Blutvergießen war der Aufruhr nicht zu beenden. Das Fußvolk rückte geschlossen von Westen her in der Stadt vor. Die Reiter kamen von Norden zum Tempelbereich. Die Bewaffneten stürzten sich auf alle, die sich in den Vorhöfen des Heiligtums befanden. So endete das Fest der ungesäuerten Brote im Blutrausch. 3000 Menschen sind beim Kampf im Tempel ums Leben gekommen. Der Aufstand der Pharisäerpartei war vorüber.«

Herodes Archelaos konnte unbekümmert seine Romreise antreten. Es war gerade noch Zeit, um mit den Römern Abkommen zu schließen, die der Sippe des Herodes die Macht für die Zukunft sicherte: Römische Beamte waren schon unterwegs, um die Staatskasse des Herodes und die Bargeldbestände der befestigten Städte zu beschlagnahmen – damit war vor allem der »Geldverwalter von Syrien«, der Sabinus hieß, beschäftigt. Auch Quintilius Varus reiste eben nach Judäa, allerdings auf Wunsch des Herodes Archelaos, der Hoffnung auf diesen Offizier setzte, er werde behilflich sein bei der Wahrung der Besitzverhältnisse. Varus versprach auch tatsächlich, er werde die Beschlagnahme der Geldmittel durch Sabinus verhindern. Der »Geldverwalter von Syrien« ließ sich tatsächlich dazu bewegen, eine Stellungnahme der obersten Verwaltungsbehörde in Rom abzuwarten, ehe er sich nach Jerusalem begab, um dort die Bestände an Gold und Silber aufzulisten und zu beschlagnahmen. Kaum hatte jedoch Herodes Archelaos den Hafen von Caesarea in Richtung Rom verlassen, erinnerte sich Sabinus nicht mehr an sein Versprechen. Er ritt nach Jerusalem und begab sich in den königlichen Palast. Das Gebäude nahm er im Namen des Römischen Reiches in Besitz, denn schließlich sei der nun verstorbene Herodes nichts anderes als ein Untertan des römischen Kaisers gewesen – folglich sei sein Eigentum dem römischen Staat verfallen. Dann ließ er sich die Rechnungsbücher des Schatzhauses bringen und überprüfte noch am selben Tag, ob die Eintragungen und der Geldbestand übereinstimmten.
Sabinus handelte in der Überzeugung, Herodes Archelaos werde nicht als König nach Jerusalem zurückkehren – der Kaiser werde für Judäa einen anderen Herrscher bestimmen. Sabinus kannte Stimmungen und Strömungen in der Hauptstadt, und er wußte auch, daß Herodes Archelaos aus der eigenen Verwandtschaft mit Widerstand gegen seine Amtsübernahme zu rechnen hatte. Sabinus setzte auf den Ehrgeiz des Sohnes der Salome, der Schwester des Herodes. Dieser Sohn, der sich in Rom befand, trug den in der Familie gebräuchlichen Namen Antipater. Er war überaus wortgewandt und erläuterte den Verantwortlichen in Rom, Herodes Archelaos habe längst schon die Herrschaft in Jerusalem an sich gerissen. Er nehme doch die Bestätigung, daß er nun wirklich König sei, durch den Kaiser gar nicht ernst. Herodes Archelaos fühle sich nicht an

Rom gebunden. Sofort nach dem Tod des Vaters habe er sich wie ein König benommen und habe, ganz nach seiner Vorstellung, Personen zu sich an den Hof geholt und ihnen Ämter übertragen. Herodes Archelaos habe vor allem auch Verbrecher aus der Haft entlassen, deren Begnadigung allein vom Kaiser hätte ausgesprochen werden dürfen.
Antipater klagte Herodes Archelaos auch an, er habe das Fest der ungesäuerten Brote benutzt, um eine Schicht der Bevölkerung, deren Einfluß er fürchtete, niedermetzeln zu können.
Die Verteidiger des Herodes-Sohnes aber legten dar, das Blutvergießen im Tempel sei notwendig gewesen, um einen Aufstand, der vor allem gegen die römische Herrschaft gerichtet gewesen sei, schon vor seinem eigentlichen Ausbruch zu unterdrücken.
Der Kaiser war in jener Zeit vor allem mit der Ausdehnung des Reiches auf dem Gebiet des nördlichen Germaniens beschäftigt. Die dortigen Kommandeure hatten zunächst auf eigene Faust einen Eroberungszug begonnen, der bis zur Elbe geführt hatte. Nun war die Festigung der Macht in jenem Bereich das wesentliche Anliegen der Herren in Rom. Ihr Interesse galt dem Aufblühen der römischen Siedlungen am Rhein, aus denen sich später Köln und Mainz entwickelten. Jerusalem nahm die Vorstellungskraft der Verantwortlichen kaum in Anspruch. Noch immer war Augustus Kaiser des Reiches, dem König Herodes so viel zu verdanken gehabt hatte. Er war im Jahre 63 v. Chr. geboren worden. Seit 31 v. Chr. unterstand ihm die römische Politik. Er war in all diesen Jahren alt geworden und müde. Jüngere Männer umgaben ihn, denen die Auseinandersetzung mit Germanenkönigen wichtiger war, als die Regelung von Erbfolgeproblemen im Vasallenstaat Judäa.
So geschah es, daß Augustus nach Anhörung der Standpunkte des Herodes Archelaos und des Antipater in dieser Angelegenheit keine Entscheidung fällte – er wollte Zeit für Überlegungen gewinnen.

Da war zu bedenken, daß zwar Jerusalem selbst nicht wichtig war, daß jedoch das jüdische Volk Bedeutung besaß. Während der zurückliegenden Jahrzehnte hatten sich in allen für den Handel bedeutenden Städten des Reiches jüdische Gemeinden gebildet, die wohlhabend und einflußreich waren. Selbst wenn

die Mitglieder dieser Gemeinden Jerusalem nie aufsuchten, war ihnen der Name jener Stadt heilig. Dieser Entwicklung aber wollte Augustus nicht Vorschub leisten. Je mehr er darüber nachdachte, desto deutlicher wurde ihm, daß das religiöse-geistige Zentrum Jerusalem nicht länger auch noch politischer Mittelpunkt sein durfte. Nach reiflicher Überlegung entschloß sich Augustus, den Einheitsstaat der Juden aufzulösen. Der letzte Wunsch des Königs Herodes in bezug auf die Erbfolge wurde nicht berücksichtigt: Herodes Archelaos wurde nur als Herr über ein Teilgebiet von Judäa anerkannt. Zwei andere Söhne des verstorbenen Königs, Antipater und Philippos, wurden ebenfalls mit Herrschaftsbereichen bedacht.
Herodes Archelaos, dem der Vater noch die Königswürde zugesprochen hatte, konnte allerdings trotz des Titelverlusts zufrieden sein: Zu seinem Bereich gehörten die zwei wichtigsten Städte des einstigen Königreichs: Die Hafensatdt Caesarea und die den Juden heilige Stadt Jerusalem. Ihm hatte Augustus dazuhin versprochen, er dürfe, wen er sich bewähre, damit rechnen, doch noch König über das ganze Land zu werden.

Das Passahfest des Jahres 4 v. Chr. – Keine Hoffnung mehr auf das jüdische Königtum

Der römische Beamte und Offizier Varus hatte das richtige Gespür für die Entwicklung in Jerusalem, als er dem Kaiser Augustus mitteilte, im jüdischen Staat besitze niemand mehr Autorität. Die bisher so mächtige Partei der Sadduzäer hatte mit dem Tod des Herodes allen Einfluß verloren. Politisch bedeutend war nicht mehr die Neustadt von Jerusalem, sondern das arme Viertel im Westen von Gihonquelle und Kidrontal. Varus schrieb dem Kaiser, mit einem erneuten Aufstand breiter Bevölkerungsschichten müsse gerechnet werden.
Um zum Schlag gegen die Aufständischen gerüstet zu sein, verlegte Varus drei seiner syrischen Legionen nach Jerusalem. Er selbst hielt sich nur kurze Zeit in der Stadt auf, da er glaubte, die militärischen Sicherungsmaßnahmen würden ausreichen. Der erfahrene Offizier hätte sicher recht behalten, wäre nicht der »Geldverwalter von Syrien« erneut nach Jerusalem ge-

kommen um nach Vermögenswerten zu suchen, die zum Haushalt des Herodes gehört hatten. Hausdurchsuchungen fanden statt in den reichen Vierteln – wobei Sabinus nicht die Legionäre einsetzte, die Varus zurückgelassen hatte, sondern seine eigene Truppe von Bewaffneten, die er aus der Schicht der Sklaven rekrutierte. Die Männer dieser Spezialtruppe gingen rücksichtslos vor.
Obgleich die Maßnahmen, die der »Geldverwalter von Syrien« zu verantworten hatte, hauptsächlich gegen die Reichen gerichtet waren, deren Plünderung sich lohnte, empfanden alle Schichten, sie seien Opfer der römischen Willkür. Jeder war solidarisch mit den Ausgeplünderten.
Das Passahfest stand von vornherein im Zeichen hoher emotionaler Spannung. Tausende strömten in die Stadt um ihrem Gott die Ehre zu erweisen. Noch ehe die Massen den Tempel erreichten, waren sie den Parolen der pharisäischen Agitatoren ausgesetzt, die zum Widerstand gegen die Römer aufriefen. Die antirömischen Schlagworte wurden mit Begeisterung aufgenommen. Kampfentschlossene Gruppen formierten sich, deren Führer bald eine Strategie entwickelten: Drei Formationen besetzten die Stadt, dabei konzentrierten sie sich auf drei wichtige Punkte. Sie schlugen Lager auf im Norden des Tempels, beim königlichen Palast und im südlichen Bereich der Neustadt. Auf diese Weise hielten sie die römischen Legionen und die Bewaffneten des Sabinus umzingelt.

Sobald der »Geldverwalter« sah, daß die Massen zum Kampf entschlossen waren, verlor er die Nerven. Er flüchtete auf den höchsten Turm der Zitadelle. Zuvor hatte er noch reitende Boten zu Varus geschickt mit der Aufforderung, er möge so rasch als nur möglich mit starken Truppenverbänden nach Jerusalem eilen. In seiner Verzweiflung gab Sabinus schließlich der römischen Garnison den Befehl zu Sturmangriff auf den Tempel.
Die Angegriffenen besaßen keine Waffen womit sie sich hätten wehren können. Sie standen zunächst mit bloßen Händen in den Höfen des Tempels. Als schon viele der Juden erstochen und erschlagen waren, da stiegen verzweifelte Überlebende auf die Dächer der Tempelgebäude. Was sie dort oben ergreifen konnten, warfen sie hinunter auf die Legionäre. Die Angreifer waren pötzlich einem Hagel von Steinbrocken ausgesetzt. Jetzt

erlitten die Römer Verluste. Um den Widerstand zu ersticken, zündeten die Legionäre brennbare Teile der Gebäude an. Was nicht aus festem Stein war, sondern aus Holz, brannte lichterloh. Zu den Dächern schlugen die Flammen hoch. Rauchschwaden standen über den Gebäuden.
Flavius Josephus schrieb über den Fortgang der Ereignisse: »Die Säulenhallen, die Wunder an Größe und Kostbarkeit waren, verbrannten. Viele der Juden auf den Dächern starben in den Flammen. Andere sprangen auf die Römer herunter und wurden sofort niedergemacht. Viele stürzten sich freiwillig in den Tod. Jene aber, die herunterstiegen, um sich den Römern entgegenzuwerfen, wurden leichte Beute. der mit Schwertern bewaffneten Römer. Als die Legionäre keine Feinde mehr vor sich sahen, da fielen sie über den jetzt unbewachten Tempelschatz her. Sie raubten alles.«

Das Ende des Widerstands im Tempel bedeutete jedoch nicht, daß die Revolte am Passahfest des Jahres 4 v. Chr. vorüber war. Im Gegenteil: Jetzt schlossen sich alle Bewohner zu Kampfhaufen zusammen. Da sie gegenüber den Legionären in der Überzahl waren, glaubten sie an ihren Sieg. Die Eroberung des königlichen Palastes sollte zum Symbol dieses Sieges werden. Die Aufständischen hatten ihn umzingelt. Sabinus, der sich noch immer auf dem höchsten Turm der Zitadelle befand, wurde aufgefordert, mit den Legionären abzuziehen – kluge Köpfe unter den Rebellen versprachen ihm freies Geleit. Doch der »Geldverwalter von Syrien« ließ sich darauf nicht ein. Er hoffte, Varus werde mit seinen Truppen bald vor Jerusalem erscheinen.
Daß die Römer in Bedrängnis geraten waren, wurde rasch im ganzen jüdischen Land bekannt. In vielen Städten brach nun der Aufstand los. Die Menschen waren von einem Taumel erfaßt: Sie waren überzeugt, die Freiheit erringen zu können, »die einst die Väter besessen hatten«. Der Taumel raubte vielen den Verstand. An manchen Orten ernannten sich Sklaven zu Königen – und sie fanden Anhänger, die mit ihnen zusammen bereit waren, den Kampf gegen die Römer zu führen. In Wahrheit aber zogen diese selbsternannten Könige der Juden nur brandschatzend durch das Land. Ihnen fielen wertvolle Gebäude – zum Beispiel der Palast von Jericho – zum Opfer.

Varus konnte nicht länger zusehen, wie die jüdische Provinz des Reiches zugrunde ging. Der Feldherr und Staatsbeamte mußte mit der völligen Unzufriedenheit seines Herrn rechnen, der sich noch immer als Friedensbringer, wenn nicht gar als Erlöser fühlte. Nachrichten von Aufständen, von Kriegen erregten seinen Unwillen. Wollte Varus nicht den Zorn des alten Herrschers auf sich ziehen, war er gezwungen, zu handeln. Er mobilisierte die gesamte Streitmacht, die ihm in der Provinz Syrien zur Verfügung stand und beorderte sie nach Jerusalem.
Varus hatte sich darauf eingerichtet, starken Widerstand brechen zu müssen, doch er erlebte eine Überraschung: Als sich die Nachricht vom Anmarsch der Legionäre in der Stadt verbreitet hatte, da flohen alle, die nicht in Jerusalem beheimatet waren, in ihre eigenen Dörfer. Tausende, die eben noch im Rausch der Freiheit den Römern den Tod geschworen hatten, waren durch die Stadttore verschwunden. Die Stadt war plötzlich ruhig.
Diese Entwicklung gab den wirklichen Stadtbewohnern die Gelegenheit, dem römischen Feldherrn mitzuteilen, sie seien keine Rebellen, sondern im Gegenteil, selbst erste Opfer der Rebellion gewesen. Sie seien von den Banden, die aus dem Umland in die Stadt gezogen waren, völlig ausgeplündert worden. Varus bekam sogar zu hören, die Stadtbewohner hätten Seite an Seite mit den Legionären gegen die Aufständischen gekämpft. Varus nahm diese Behauptung hin – er ließ die Stadtbewohner in Ruhe. Seine Truppen suchten im Umland von Jerusalem nach den Verantwortlichen des Aufruhrs. 2000 Männer sollen, wie Flavius Josephus schreibt, gekreuzigt worden sein.
Varus hatte den Aufstand mit Glück gemeistert. Herodes Archelaos konnte nach Jerusalem heimkehren. Das Versprechen, ihn zum König zu ernennen, brauchte Kaiser Augustus nie einlösen. Herodes Archelaos bewährte sich nicht im Sinne der römischen Staatsführung. Von ihm wurde verlangt, daß er seine Provinz beruhigt hielt. Berichte, die Augustus erreichten, sprachen jedoch von Brutalität und übermäßiger Härte, mit der er die Menschen zwang, den Willen Roms zu erfüllen. Dem Kaiser mißfiel die Art, in der Herodes Archelaos diesen winzigen Teil des Römischen Reiches verwaltete. Er setzte ihn im Jahre 6 n. Chr. ab und verbannte ihn nach Gallien. Dort starb dieser Sohn des Königs Herodes.
Von nun an gab es in Jerusalem nicht einmal mehr einen Ober-

herrn, der Jude war – von nun an waren römische Statthalter zuständig für die Verwaltung. Jeder Ansatz einer Eigenständigkeit war verlorengegangen Der Besitz der Familie des Herodes wurde kaiserlich-römisches Eigentum – vom Statthalter verwaltet. Ihm wurde jede Gewalt übertragen, die zuvor von Herodes und von Herodes Archelaos ausgeübt worden war. Der Statthalter – der erste Amtsinhaber hieß Coponius – besaß das Recht die Todesstrafe – auch die Strafe der Kreuzigung – zu verhängen.
Das jüdische Volk mußte hinnehmen, daß Fremde Urteile sprachen, die das »Gesetz der Väter« nicht kannten, die nicht Bescheid wußten über die Vorschriften der Gesetzbücher des Mose, die seit mehr als tausend Jahren das Leben der Juden geordnet hatten. Dem Römer Coponius war der Gedanke fremd, er herrsche über ein Volk, das Gott für sich ausersehen habe. Von einer besonderen Verbindung zwischen Gott und den Juden wollte Coponius nichts wissen. Die Juden waren ein Volk wie jedes andere auch im Römischen Reich.

Das Volk mußte sich damit abfinden, daß es keine eigenen Verwaltungsorgane besaß und damit keinerlei Form der Selbständigkeit. Die bisherige Elite, die mit dem königlichen Hof verbundene Sadduzäerpartei, hatte keine Funktion mehr als die, mit den Römern zu kooperieren. In diesem Prozeß der Anpassung verloren die Sadduzäer an Bedeutung. Politik war fortan allein Sache des römischen Statthalters. Den Bewohnern von Jerusalem insgesamt blieb nur der Rückzug ins Privatleben. Allein auf einem schmalen Sektor der Religion blieb ein geringes Maß an Selbständigkeit.

Bethlehem, ein Vorort von Jerusalem – Die Geburt Jesu

Neun Kilometer südlich von Jerusalem liegt die Stadt Bet Lahem im Bergland von Judäa. Sie gehört zum Einzugsgebiet der Großstadt: Sie bietet Märkte, von denen aus der arabische Teil von Jerusalem mit landwirtschaftlichen Produkten beliefert wird. Die Zahl der Menschen, die heute in Bet Lahem wohnen, wird auf 15000 geschätzt. Die Entwicklung der Kleinstadt leidet in der Gegenwart noch immer unter den Auswirkungen des Konflikts zwischen der jüdischen und der palästinensischen Bevölkerung im Gebiet, das der palästinensischen Autonomiebehörde untersteht. Seit Weihnachten 1995 gehört Bet Lahem den Palästinensern.

Vor 2000 Jahren war Bet Lahem ein wohlhabender Ort, der vom Durchgangsverkehr lebte. Er bot preiswertes Nachtquartier vor allem für Reisende, denen die Unterkunft in Jerusalem zu teuer war. Die Gasthöfe hatten auch Platz für die Tiere der Karawanen. Geräumig waren die Ställe, in denen oft Dutzende von Kamelen untergestellt wurden. Falsch ist die Vorstellung, es handle sich beim Stall von Bethlehem um einen armseligen Kuhstall. Häufig war der beliebte Übernachtungsort derart überlaufen, daß sich kaum mehr ein Quartier fand für Reisende, die spät am Nachmittag eintrafen. Dies war der Fall, wenn in Jerusalem die großen jüdischen Feiertage anstanden, wenn es Pflicht war für die Gläubigen, das Heiligtum auf dem Tempelberg aufzusuchen. Überfüllt war Bet Lahem sicher auch, wenn die römische Verwaltung auf einen bestimmten Zeitpunkt eine Volkszählung angesetzt hatte. Wessen Sippe aus Bet Lahem stammte, der mußte sich – auch aus weit entfernten Gegenden – dorthin begeben.

Von einer derartigen Volkszählung weiß das Lukas-Evangelium zu berichten:

»Es begab sich aber in jenen Tagen, daß ein Gebot ausging vom Kaiser Augustus, daß alle Provinzen des Reichs eine Steuer zu zahlen hätten. Diese Steuer war neu, und zum erstenmal wurden die Sippen in Listen erfaßt. Dies geschah zur Zeit, in der Quirinius Statthalter des Kaisers in Syrien war. Jedermann machte sich auf den Weg, denn in der Stadt, aus der seine Väter stammten, sollte er sich eintragen lassen. Da wanderte auch Joseph von Galiläa, aus der Stadt Nazareth, nach Judäa in die Stadt der Familie Davids nach Bethlehem. Denn er gehörte zur Familie und dem Stamm Davids, und er ließ sich zusammen mit Maria, seiner Verlobten, in die Liste des Kaisers eintragen. Maria aber war schwanger. Als sie in Bethlehem waren, kam die Zeit für Maria zu gebären. Und sie gebar ihren ersten Sohn, wickelte ihn in Windeln und legte ihn in eine Krippe. Denn in der Karawanserei war kein Platz für sie außer in den Ställen der Tiere.«

Die Übertragung des Neuen Testaments in die Sprache der Neuzeit, die Pfarrer Jörg Zink verfaßt hat, gibt Auskunft über Josephs Abstammung von David, ja sogar von Abraham: »Vierzehn Generationen liegen zwischen Abraham und David. Vierzehn zwischen David und der Babylonischen Gefangenschaft. Vierzehn sind es von da an bis zu Christus.«
Dieser Text ist dem ersten Kapitel des Matthäus-Evangeliums entnommen. Erzählt wird auch dort die Geschichte von der Geburt Jesu – allerdings ohne die Erwähnung des Stalls. Die Zeitangabe für die Geburt ist bei Matthäus weit gefaßt. Sie kann einen Zeitraum von mehr als drei Jahrzehnten umreißen: »Es war in der Regierungzeit des Königs Herodes.« Die Angaben des Lukas und des Matthäus lassen sich nicht in Übereinstimmung bringen.
Fest steht, daß Herodes im Jahre 4 v. Chr. gestorben ist. Als gesichert gilt auch das Datum, an dem der Legat Quirinius sein Amt in Syrien antrat: Es war im Sommer des Jahres 6 n. Chr. Beide Angaben klaffen um zehn Jahre auseinander. In jenem Jahr 6 n. Chr. schickte Kaiser Augustus auch den Beamten Coponius nach Jerusalem, damit er dort den Posten des Prokurators für Judäa antrete.

Das Evangelium des Matthäus, das sich auf die Regierungszeit des Herodes als Datumsmarkierung für die Geburt Jesu festlegte, berichtet von einem Ereignis in Jerusalem, das einen dritten Anhaltspunkt für eine mögliche Datierung gibt:
»Es war in der Regierungszeit des Königs Herodes, da kamen Sterndeuter aus dem Osten nach Jerusalem und fragten: ›Wo finden wir den neugeborenen König der Juden? Wir haben seinen Stern gesehen und sind gekommen, ihm zu huldigen.‹ Als Herodes diese Worte vernahm, da erschrak er – und mit ihm erschraken alle Bewohner von Jerusalem. Er rief alle führenden Priester und die Gelehrten der heiligen Schriften zusammen und fragte sie, ob sie etwas darüber wüßten, wo der künftige König des jüdischen Volkes geboren sein soll. Sie antworteten: ›In Bethlehem im Lande Juda.‹ Wir lesen im Buch des Propheten Micha: ›Du Bethlehem im Lande Juda, bist nicht die unbedeutendste unter den Fürstenstädten, denn aus dir wird der Herrscher kommen, der sein Volk führen und behüten soll.‹ Da empfing Herodes die Sterndeuter in aller Stille und fragte sie,

wann denn der Stern zu leuchten begonnen habe. Danach wies er sie auf Bethlehem hin und bat sie: ›Geht hin und erkundigt euch nach diesem Kind. Wenn ihr es gefunden habt, dann laßt es mich wissen, damit auch ich komme und es verehre.‹ Die Männer hörten den Wunsch des Königs und gingen. Der Stern aber, den sie im Osten gesehen hatten, war ihr Wegzeichen, bis er stehen blieb über der Stelle, an der das Kind war.«

Mit der Erscheinung dieses Sterns hat sich der Astronom Johannes Kepler zu Beginn des 17. Jahrhunderts befaßt. Er beobachtete damals die enge Verbindung von Jupiter und Saturn im Sternbild der Fische, und er bewunderte die strahlende Helligkeit, die von dieser Verbindung der beiden Sterne ausging. Kepler, ein Gelehrter, der über umfangreiches Wissen verfügte, erinnerte sich an den Text des Matthäus-Evangeliums und auch an hebräische Überlieferungen, die verkünden, mit der Ankunft des Messias, des Erlösers, sei dann zu rechnen, wenn die Planeten Jupiter und Saturn einander so nahe kommen, daß der Eindruck entstehe, sie seien zu einem Stern von ungewohnter Leuchtkraft verschmolzen. Diese Überlieferung bezieht sich darauf, daß Jupiter als Stern der Könige und Saturn als Stern der Juden angesehen wurden.
Das Phänomen des hellen Sterns beschäftigte den Astronomen Kepler, der auch Mathematiker war, derart, daß er zu berechnen begann, ob im damaligen Zeitraum, als die Geburt Jesu wohl stattgefunden hat, eine derartige Konstellation zu beobachten gewesen sei. Keplers Kalkulation ergab, daß im Jahre 7 v. Chr. die Himmelserscheinung wunderbarer Weise gleich dreimal stattgefunden hatte: Am 29. Mai, am 29. September und am 4. Dezember.
Im Jahre 7 v. Chr. war Herodes noch König. Diese Tatsache in Verbindung mit der dreimaligen Erscheinung des hellen Sterns verleitet dazu, die Sterngeschichte des Matthäus-Evangeliums ernst zu nehmen. Es könnte tatsächlich so gewesen sein, daß die Sterndeuter im Osten aufgebrochen sind, als sie am 29. September die leuchtende Erscheinung am Himmel zum zweitenmal wahrgenommen hatten. Als dann die Konstellation zum drittenmal ihre Faszination ausstrahlte, befanden sich die drei bereits in Jerusalem.

Wird dieser Sachverhalt ernstgenommen, dann darf auch die Fortsetzung der Geschichte nicht vergessen werden: Im Traum wurde Joseph gewarnt, Herodes habe die Absicht, das neugeborene Kind töten zu lassen. Joseph fühlte sich veranlaßt, nach Ägypten zu fliehen. Das Matthäus-Evangelium sagt aus: »Als Herodes merkte, daß die Sterndeuter nicht mehr zu ihm zurückkehrten, da erfaßte ihn ein gewaltiger Zorn. Er gab Befehl, in Bethlehem alle Knaben töten zu lassen, die jünger als zwei Jahre waren.«

Zu bedenken ist allerdings, daß Flavius Josephus, der in seinem Bericht über die Zeit des Königs Herodes nichts ausläßt, was einen Schatten auf den Charakter des Königs warf, der über Juden geherrscht hatte und selbst kein Jude war. Flavius Josephus erwähnt mit keinem Wort, Herodes habe die männlichen Kleinkinder von Bet Lahem töten lassen.

Der Wortlaut der Evangelien berichtet, daß Jesus durch die Flucht seiner Eltern nach Ägypten den Häschern des Herodes entging.

In Nazareth, etwa 80 Kilometer von Jerusalem entfernt, verbrachte Jesus die Kindheitsjahre nach der Heimkehr aus der Fremde. Dem Lukas-Evangelium (Lukas 2) ist zu entnehmen, daß er einmal, als er zwölf Jahre alt war, von Joseph und Maria zum Passahfest nach Jerusalem mitgenommen wurde.

»Jedes Jahr, wie es der Brauch war, machten sich seine Eltern zum Passahfest auf den Weg nach Jerusalem, und als er zwölf Jahre alt war, ging auch Jesus mit ihnen. Nun wollten die Eltern nach dem Abschluß des Festes den Heimweg antreten. Jesus aber blieb in Jerusalem – ohne daß die Eltern davon wußten. Sie waren der Meinung, er sei mit einer befreundeten Familie schon vorausgewandert. Als die Eltern eine Tagesreise zurückgelegt hatten, da suchten sie Jesus bei Freunden und Bekannten, sie konnten ihn jedoch nicht finden. Da kehrten sie um und gingen zurück nach Jerusalem. Sie suchten ihn dort. Es dauerte drei Tage bis sie ihn fanden. Jesus saß mitten unter den Gesetzeslehrern. Er hörte ihnen zu und stellte Fragen, und alle staunten über seine Kenntnisse und seine Ansichten. Die Eltern waren außer sich, als sie ihn sahen. Die Mutter fragte ihn: ›Kind, warum hast du uns dies angetan? Dein Vater und ich suchten dich verzweifelt!‹ Da sagte er: ›Warum habt ihr mich denn überhaupt gesucht? Wußtet ihr nicht, daß ich hier am richtigen Ort bin, wo es um die Sache Gottes geht?‹«

Jesus hat also im Alter von zwölf Jahren den Tempel gesehen, die prachtvolle Anlage, die Herodes hatte erbauen lassen. Die Schäden, die zur Zeit des Feldherrn Varus mehr als ein Dutzend Jahre zuvor durch Brand der Säulenhallen entstanden waren, wurden längst ausgebessert. Jesus mußte den Bau, der golden und weiß strahlte, betrachtet haben – daß er ihn bestaunte, ist nicht überliefert. Der Lukastext erweckt den Eindruck, Jesus sei eher an theologischen Problemen interessiert gewesen, als an Sehenswürdigkeiten.
Jesu Kindheit muß sich während der letzten Lebensjahre des Kaisers Augustus abgespielt haben. 57 Jahre, sechs Monate und zwei Tage – diese Berechnung stammt von Flavius Josephus – hatte Augustus über das Reich geherrscht. Das Ende war überschattet von den Ereignissen in Germanien: Derselbe Befehlshaber, der mit Härte den Standpunkt Roms in Jerusalem durchgesetzt hatte, war inzwischen in die Region zwischen Rhein und Elbe versetzt worden, um dort neueroberten Raum gegen germanische Störangriffe abzusichern. Doch er war im Teutoburger Wald samt seinen Legionen in einen Hinterhalt geraten. Im Jahre 9 n. Chr. hatte Kaiser Augustus zur Kenntnis nehmen müssen, daß seine Expansionspolitik in Germanien gescheitert war. Die Legionen, die im Teutoburger Wald aufgerieben worden waren, konnten nie mehr ersetzt werden.
Im Jahre 14 n. Chr. starb Augustus. Tiberius war sein Nachfolger. Der neue Kaiser schickte einen anderen Statthalter nach Jerusalem. Sein Name war Pontius Pilatus. Mit seiner Amtsübernahme zog in die Stadt und in das Land wieder revolutionäre Stimmung ein. Seit Varus nach Germanien abgereist war, hatte Ruhe geherrscht.

Die römischen Verantwortlichen hatten über Jahre hin keinen Wert darauf gelegt, daß in Jerusalem Symbole des Kaiserreichs verehrt wurden. Abbildungen von Adlern waren nirgends zu sehen gewesen, als der zwölfjährige Jesus den Tempel aufgesucht hatte. Doch Pontius Pilatus verlangte, daß die Kaisersymbole wieder aufgestellt wurden. Er ließ die goldenen Adler

bei Nacht verhüllt in die Stadt bringen. Am Morgen glänzten sie am Palast und am Tempel.
Sofort fanden Protestdemonstrationen statt. Es blieb nicht allein bei Zusammenrottungen der Stadtbevölkerung, auch aus den umliegenden Dörfern strömten die Menschen herbei. Delegationen der Protestierenden baten den Statthalter inständig, er möge die kaiserlichen Symbole entfernen lassen, er wisse doch, daß »das Gesetz der Väter« die Aufstellung von Tierabbildungen verbiete – und goldene Adler seien nun einmal Tierbilder. Diese Männer, die mit Pontius Pilatus sprachen, wiesen darauf hin, daß sich die Juden durch den Vertreter des Kaisers verhöhnt fühlten. Doch Pontius Pilatus gab nicht nach.
Am anderen Tag demonstrierte Pontius Pilatus eine Stärke. Er rief die Bewohner in das Sportstadion von Jerusalem. Als die Arena voll war, da zogen römische Soldaten auf und besetzten die Eingänge. Von der Rednertribüne aus verlangte Pontius Pilatus, die Stadt möge unverzüglich der Aufstellung der Kaiseradler zustimmen. Wenn sein Wunsch nicht erfüllt werde – so schrie er auf die Masse ein – werde er den Soldaten Befehl geben, alle Anwesenden zu töten. Die Reaktion der jüdischen Männer verblüffte den Statthalter: Sie boten den Römern ihre Nacken dar. Manche riefen, sie wollten lieber sterben, als das »Gesetz der Väter« mißachten.
Dieser Mut machte Pontius Pilatus nachdenlich. Sein Amtsantritt in Jerusalem wollte er nun doch nicht durch Blutvergießen belasten – Kaiser Tiberius, seit dem Tod des Augustus zuständig für das Reich, hätte ihm Brutalität übelgenommen. Tiberius neigte dazu, außergewöhnliche Handlungen seiner Statthalter mit despotischem Mißtrauen zu betrachten. Pontius Pilatus hielt es für klug, nachzugeben: Er ordnete an, die Adlerabbildungen seien wieder aus der Stadt zu bringen. Pontius Pilatus vertraute darauf, daß in Rom niemand von seiner Nachgiebigkeit erfuhr – denn auch über Schwäche könnte der Kaiser wütend sein.

Die Kohorte auf dem Dach der Tempelhalle – Das jüdische Volk verstummt

Der Statthalter wußte nun, daß er Geduld brauchte mit diesem Volk. Er vertraute der Methode behutsamer Einschüchterung. Von nun an ließ Pontius Pilatus zunächst an jedem Festtag eine bewaffnete Wache aufziehen, die das Dach der Tempelhalle besetzte. Er hatte erfahren, daß seine jüdischen Untertanen die starke Neigung besaßen, sich an den Feiertagen zusammenzurotten, Parolen gegen die Römer zu rufen und Streit mit den Wachtposten vor Palast und Tempel zu beginnen. Die ständige Gegenwart einer zahlreichen Truppe hoch über den Köpfen der Gläubigen aber schreckte vor Aufruhr ab. Bald darauf war die römische Kohorte immer auf dem Dach der Vorhalle stationiert. Ihr Anblick machte jeden vorsichtig, der Lust zu Aufruhr und Streit mit den Römern empfand.
In jener Zeit mußte an die Erneuerung der Wasserleitung für die Stadt gedacht werden. Die Bevölkerung wuchs weiterhin rasch an. Die Neustadt dehnte sich nach Norden aus. Die neuen Gebäude sollten mit Wasser versorgt werden. Pontius Pilatus befahl, daß das Leitungsnetz erweitert wurde – die Finanzierung aber sollte durch Beschlagnahme eines Teils des Tempelschatzes erfolgen. Als diese Maßnahme bekannt wurde in Jerusalem, wurden Proteste laut. An Aufruhr, an Gewalttätigkeit dachte niemand, aus Angst vor der Kohorte auf dem Tempeldach, doch wagten es viele Bewohner, ihren Zorn durch Schreie auszudrücken. Pontius Pilatus schickte seine Soldaten auf die Straßen – sie waren diesmal gekleidet wie jüdische Männer. An Stelle ihrer Waffen trugen sie Prügel unter den Umhängen verborgen. Sie durchzogen nun die Straßen und prügelten auf jeden ein, der Parolen zu schreien wagte. Pontius Pilatus hatte geglaubt, auf das Geschrei angemessen reagiert zu haben, doch verlor mancher Jude durch die Schläge sein Leben, andere wurden zertrampelt. Flavius Josephus war der Meinung, die Zahl der Opfer sei derart hoch gewesen, daß »das Volk vor Schrecken verstummte«.
Während der Regierungszeit des Kaisers Tiberius verhielten sich die Bewohner von Judäa ruhig. Sie wurden jedoch auch nicht mehr gezwungen, verhaßte Standbilder zu verehren. Wenn sie dazu aufgefordert waren, opferten sie Tiere auf dem

Altar, um Segen für den Kaiser zu erflehen, doch ihre Gedanken waren dabei nicht auf den Herrn in Rom ausgerichtet, sondern auf Jahwe, den »Gott der Väter«. Nur so konnten sie den Zwang ertragen, Kaiser Tiberius in ihe Gebete einbeziehen zu müssen. Sie unternahmen nichts, um die römische Herrschaft abzuschütteln – sie hatten sich daran gewöhnt, mit den Römern zu leben.

Die Umstände zwangen zu Verinnerlichung, zur Flucht in den Bereich des Glaubens – wobei die Auseinandersetzung um Glaubensfragen im Privatleben stattfand. Mit dem Eingreifen des Pontius Pilatus zur Unterdrückung des Protests, den die Drohung ausgelöst hatte, der Tempelschatz werde zum Teil beschlagnahmt, veränderte sich die Stimmung in der Stadt nachhaltig. Erhobene Häupter waren kaum mehr zu bemerken. Die Menschen gingen an den Hauswänden entlang. Von diesem Zeitpunkt an versteckten die Gläubigen ihre Überzeugung mehr und mehr. Die einst wichtigen religiösen Parteien wurden zu Gesetzesschulen, die darauf aus waren, den Glauben zu bewahren, die Glaubenssätze auszulegen. Politik zu machen, war ihre Sache nicht mehr. Flavius Josephus beschrieb die Glaubenslehren dieser Gruppierungen so:

»Die Pharisäer bemühen sich mit großer Sorgfalt um die Auslegung der Gesetze. Sie sind der Überzeugung, daß Gott das Schicksal der Menschen lenkt. Gott, so sagen sie, bestimmt das Leben des einzelnen. Dem Menschen stehe zwar die Wahl frei zwischen einer rechten und einer unrechten Handlung, doch wirke eben auch bei dieser Wahl das Schicksal mit. Die Pharisäer glauben, daß alle Seelen unsterblich seien, doch nur die Guten fänden Zugang zur Erlösung. Die Sadduzäer hingegen glauben, das Schicksal wirke nicht ein auf die Wahl des Menschen zwischen Gut und Böse. Es sei dem Menschen freigestellt, welchen Weg er in seinem Leben einschlage. Ein Fortleben der Seele ist für die Sadduzäer undenkbar. Deshalb lehnen sie auch die Überzeugung ab, die Seele des Bösen werde bestraft und die des Guten werde belohnt. Gott, so meinen sie, kümmere sich nicht um das, was die Menschen unternehmen.«

Die Sadduzäer, dies ist aus der Abhandlung zu entnehmen, hatten sich völlig der hellenistischen Denkweise angepaßt. Das »Gesetz der Väter« besaß für sie kaum noch Bedeutung. Von den Sadduzäern hatte die römische Besatzungsbehörde keine

Schwierigkeiten zu erwarten. Sie erkannten die Staatsautorität an. Die Pharisäer aber betrachteten den Statthalter als Geißel in der Hand ihres Gottes – sich dagegen zu wehren, hieß Stellung zu beziehen gegen Gott, sei als Frevel an Jahwe zu betrachten. So verstummte ihr Protest. In ihren Herzen aber galt für sie die Souveränität Gottes über der Souveränität des römischen Staates.
Die Pharisäer waren der Meinung, Gott werde die Verachtung seiner Autorität nicht mehr lange dulden: Sein Gericht breche in absehbarer Zeit über die Menschen herein. Gottes Zorn könne jeden Tag die Erde treffen. Das Ende der Welt stehe unmittelbar bevor. Schon aus diesem Grunde lohne es sich nicht, gegen die Römer zu kämpfen – ihr Untergang werde am Tag des Jüngsten Gerichtes besiegelt.
In jenen Jahren des Wartens auf Untergang oder Erhöhung des einzelnen durch Gottes Gericht traten Prediger auf, die den Zuhörern das nahe Ende der Welt verkündeten und Beweise der Buße forderten. Von Revolte gegen die Obrigkeit sprachen sie nicht. Einer von diesen Predigern war Johannes der Täufer. Von ihm berichtet das Evangelium des Matthäus:
»Johannes, den man den Täufer nannte, predigte in der judäischen Wüste. Er rief: ›Ändert euch bis ins Innerste. Er ist nahe, den Gott sendet. Der Herrscher, der im Namen Gottes handelt, wird bald vor euch stehen.‹ Dieser Johannes trug ein Gewand aus Tierhaaren, und er schlang einen Gürtel aus Leder um seinen Leib. Er lebte von Heuschrecken und wildem Honig. Zu ihm kamen die Menschen aus Jerusalem, aus ganz Judäa und aus den Ländern jenseits des Jordan. Sie bekannten alle, daß sie Unrecht getan hatten, und sie ließen sich taufen. Zu seinem Taufplatz am Jordan wanderten auch viele der Pharisäer und der Sadduzäer. Sie schrie er an: ›Ihr Schlangenbrut! Ihr seid überzeugt, Gott werde euch verschonen, wenn er in seinem Zorn Gericht hält. Glaubt ja nicht, ihr könntet euch selbst von allen Sünden freisprechen. Die Axt liegt bereits den Bäumen an der Wurzel. Kein einziger Baum bleibt stehen, der sich nicht durch gute Früchte auszeichnet. Abgehauen wird er und ins Feuer geworfen.‹«
Johannes der Täufer sprach, das Weltgericht sei nahe und sei durch nichts abzuwenden. Allein Buße und Taufe könne dem Menschen Rettung vor der Strafe Gottes bringen. Auch Jesus

war überzeugt, daß die Menschen seiner Generation Zeugen sein werden vom Anbruch des Gottesreiches: »Die Zeit ist erfüllt und das Reich Gottes ist nahe.« (Markus 1,15) Doch während Johannes der Täufer durch seine Verkündigung, durch Hinweis auf die Schrecken des Jüngsten Gerichts, das Bewußtsein seiner Zuhörer zur Unterscheidung von Gut und Böse veranlassen wollte, versprach Jesus denen, die an ihn glaubten, das ewige Heil im Reiche Gottes. Das eigentlich revolutionäre an seiner Lehre aber war das Versprechen, daß das Heil allen Menschen offenstehe, also auch dem Zöllner, der damals zu den untersten Schichten der Gesellschaft zählte. Die Pharisäer waren überzeugt, Gott wende den Angehörigen dieser niederen Klasse keinerlei Aufmerksamkeit zu, und eigentlich könne ohnehin nur ein Pharisäer fest damit rechnen, daß sich Gott seiner annehme.

In Jerusalem herrschte damals die Überlegung, der Anbruch des Jüngsten Gerichts werde zuerst in Jerusalem verkündet. Die Gläubigen wußten, wo dies geschehen werde: An der südwestlichen Ecke des Tempelbereichs. Ein archäologischer Fund läßt darauf schließen, daß diese Überzeugung Allgemeingut war. Entdeckt wurde ein behauener Steinblock, auf dem eine Schrift zu lesen ist, die den Hinweis gibt »Zum Platz des Trompetenblasens«. Nur noch ein weiteres Wort ist an der beschädigten Inschrift zu entziffern – es heißt »proklamieren«.

Der Stein gehörte zu einem Turm, der einst an der Südwestecke der Tempelplattform stand. Als sicher gilt, daß von der Südwestecke aus Anbruch und Ende des Sabbattages durch ein Trompetensignal verkündet wurde. Vorgesehen war, daß auch das Jüngste Gericht durch Trompetenschall eingeleitet werden würde – von derselben Südwestecke des Tempels aus.

Auch Jesus glaubte, daß Jerusalem Zentralpunkt im Ablauf des Gottesgerichts sein werde – wobei Stadt und Tempel vom Untergang nicht verschont bleiben würden.

»Unheil über euch, Pharisäer« – Jesus und der Tempel

Dem Johannes-Evangelium ist zu entnehmen, daß Jesus im Verlauf seines Lebens fünfmal in Jerusalem gewesen sein muß. Bei genauer Lektüre der Evangelientexte sind die Plätze zu erkennen, an denen er sich aufgehalten hat. Im Kapitel 5 des Johannes-Evangeliums wird beschrieben, er habe einen Kranken geheilt an einem Teich, dessen Wasser unregelmäßig sprudelt. Dieses Phänomen hatte nur der Siloa-Teich aufzuweisen, der von der Gihonquelle gespeist wird, deren Wasser sich in Schüben in den Quelltopf ergießt. Das Evangelium weiß einen Grund dafür: »Weil ein Engel Gottes von Zeit zu Zeit in den Teich herabkam und das Wasser bewegte.« Der Gedanke, Gott sende einen Engel, damit dem Teich immer wieder frisches Wasser zufließe, faszinierte die Menschen von Jerusalem derart, daß sie dem Wasser Heilwirkung zusprachen. Sie glaubten, »wer als erster beim Aufsprudeln in den Teich hineinsteigt, der werde gesund – gleichgültig an welcher Krankheit er auch leide.«

Beschrieben wird im Markus-Evangelium (Kapitel 11) der Weg Jesu von Jericho hinauf in die Stadt Jerusalem, der über das Dorf Bethanien führte, das eine Stunde Fußmarsch von der Stadt entfernt lag. Nahe bei Bethanien folgte der Weg dem Fuße des Ölbergs. Dort setzte sich Jesus auf einen Esel – wie ein Bauer oder Händler jener und unserer Zeit. Er mag mit den Beinen gebaumelt haben, wie dies die Eselreiter zu machen pflegen. Er ritt hinunter ins Kidrontal und an seinem Westhang über der Gihonquelle hinauf zum Goldenen Tor – es ist seit langem zugemauert –, das hineinführte in den Tempelbereich. Jesus war einer von vielen, die auf ihrem Reittier an jenem Tag von den Dörfern in die Stadt kamen. »Und Jesus betrat den Tempel und besah alles.« Kein Wort berichtet, daß er beeindruckt gewesen sei. Im 13. Kapitel des Markus-Evangeliums wird deutlich, daß ihm das heilige Bauwerk nichts bedeutete: »Als Jesus den Tempel verließ, bewunderte einer seiner Jünger die großartige und prächtige Anlage mit den Worten: ›Meister schau! Diese gewaltigen Steine, diese eindrucksvollen Mauern!‹ Jesus aber erwiderte: ›Schau sie nur an, die Steine und diese herrlichen Gebäude. Schau sie an, solange sie noch da sind! Kein Stein wird auf dem anderen bleiben, alle diese Mauern werden abgerissen werden.‹« Kein Wort des Bedauerns über diese Vorschau auf die Zukunft – eher Ausdruck der Genugtuung. Als Jesus dann jenseits des Kidrontals auf dem Ölberg saß, gerade dem Tempel gegenüber, da wollten die Jünger wissen: »Wann wird das sein, daß diese Pracht zerstört wird?«

Jesus antwortete: »Wann jener Tag anbricht, wann jene Stunde schlägt, ich weiß es nicht. Das weiß allein Gott.« Aber Jesus wußte, wie die Begleitumstände jenes Ereignisses sein werden. »Die Sonne wird sich verfinstern. Der Mond wird seinen Glanz verlieren. Die Sterne werden aus ihren Bahnen stürzen. Jede Ordnung im Weltall wird aufgelöst. Dann wird man mich sehen, mitten in den Wolken mit großer Macht und im Glanz Gottes.«

Aus den überlieferten Worten Jesu können Informationen über Ereignisse in Jerusalem entnommen werden, die damals allgemeines Interesse erregten und Tagesgespräch waren. Im 13. Kapitel des Lukas-Evangeliums stehen diese Worte Jesu: »Waren die 18 Bewohner schuldig an ihrem Schicksal, auf die der Turm im Stadtteil Siloa herunterstürzte und sie erschlug?« Jesus sprach von einem Unglück, vom plötzlichen Einsturz eines hohen Bauwerks im Süden der Stadt. Im selben Kapitel wird erwähnt, daß der Statthalter Pontius Pilatus im Tempel eine Pilgergruppe aus Galiläa habe erstechen lassen. Beim Opfergottesdienst sei dies geschehen. Offenbar hatte diese Gruppe den Verdacht der römischen Wachmannschaft erregt, sie seien Aufrüher und seien nach Jerusalem gekommen, um Unruhe zu stiften.

Jesus selbst geriet bald in Gefahr, als Aufrührer zur Rechenschaft gezogen zu werden. Das 20. Kapitel des Lukas-Evangeliums berichtet:

»Als Jesus wieder einmal im Tempel zu den Menschen sprach um ihnen zu erklären, daß das Reich Gottes bald schon anbreche, da traten die Schriftgelehrten und die Beamten der Tempelverwaltung auf ihn zu und fragten: ›Wie kommt es, daß du hier auftrittst als seist du ein König? Wer hat dir die Vollmacht gegeben, derartige Reden zu halten? Wer gab dir das Recht dazu?‹«

Die Absicht der Fragesteller war, Jesus eine Falle zu stellen: Sie

wollten ihn dazu bringen, daß er antwortete, Gott habe ihn beauftragt. Das Ergebnis wäre gewesen, daß die Herrn des Tempels ihn als Gotteslästerer verklagt hätten – damit verbunden wäre die Beschuldigung gewesen, er habe das Volk durch Reden über das Jüngste Gericht aufgeschreckt. Jesus entging dieser Falle dadurch, daß er mit einer Frage antwortete: »Von wem hat, nach eurer Meinung, Johannes die Vollmacht zu taufen?« Da waren die Schriftgelehrten in Verlegenheit. Sie meinten unter sich: »Wenn wir sagen, Gott habe ihn beauftragt, werden die Leute sagen: Warum seid ihr Schriftgelehrten dann gegen ihn? Wenn wir sagen, Menschen hätten ihm die Vollmacht gegeben, werden sie uns steinigen, denn die Leute sind überzeugt, daß er von Gott beauftragt worden ist.« Die Verantwortlichen für den Tempel, und damit für Angelegenheiten des Glaubens, antworteten, sie wüßten die Antwort nicht. Da brach Jesus das Gespräch ab: »Dann hat es auch keinen Sinn, daß ich sage, woher ich meine Vollmacht habe.«
Für dieses Mal verzichteten auch die Würdenträger auf eine weitere Auseinandersetzung mit dem ihnen unbequemen Prediger. Doch sie ließen ihn im Tempel nicht aus den Augen. Sie hofften, daß er sich eine Blöße geben würde, die es ihnen ermöglichte, Jesus bei den Römern anzuschwärzen. Eines Tages glaubten die Schriftgelehrten, ihn derart festlegen zu können, daß eine Anklage formuliert werden könnte. Als Jesus wieder einmal im Tempel eine Menge Menschen um sich versammelt hatte, wurde er gefragt: »Ist es recht, daß wir dem römischen Kaiser Steuern bezahlen oder ist es unrecht?« Die Zuhörer erwarteten von Jesus die Aufforderung, die Zahlung von Steuern zu unterlassen – und die Herren des Tempels erwarteten dies auch. Aufforderung zum Steuerstreik aber wäre von ihnen als Aufruf zur Rebellion gegen Roms Autorität gewertet worden. Die Anhänger Jesu und die Schriftgelehrten waren gespannt. Geschickt löste er sich mit diesen Worten aus der Falle: »Reicht mir ein Goldstück. Wessen Kopf ist darauf zu sehen? Wessen Name ist da zu lesen?« Die Antwort war: »Des Kaisers Kopf und Name ist auf der Münze eingeprägt.« Da sprach Jesus: »Warum sollt ihr dem Kaiser nicht geben, was dem Kaiser ohnehin gehört – die Münze ist sein Eigentum – und gebt Gott, was ihm gehört.«
Diese Antwort verblüffte die Schriftgelehrten, und sie erregte

Bewunderung der Tempelbesucher. Die Zahl der Zuhörer nahm von Tag zu Tag zu. »So war Jesus tagsüber im Tempel und sprach vom Willen Gottes. Die Nächte verbrachte er draußen vor der Stadt, am Ölberg. Sobald es Tag wurde, kamen die Menschen wieder in den Tempel, um ihm zuzuhören.« (Lukas 21)
Dem Johannes-Evangelium (7) ist zu entnehmen, daß die Tempelbesucher sich nicht einig waren, wer dieser Jesus eigentlich war, dem sie so bereitwillig zuhörten, und aus dessen Mund sie an jedem Tag neue und aufregende Sprüche vernehmen wollten. Die Meinungen gingen auseinander. Die einen hielten ihn für den Beauftragten Gottes, die anderen sogar für den König der Juden. Da gab es jedoch auch viele Zweifler, die meinten, der König der Juden könne doch nicht aus Galiläa kommen. Dies sei gegen jede Prophezeiung, die »geschrieben steht«. Wer Bescheid wußte in den Schriften, der sagte: »Der König der Juden kann nur aus Judäa stammen. Jesus sei eben doch nur ein gewöhnlicher Prediger, der die Köpfe der Menschen verwirre, um sie der Staatsautorität abspenstig zu machen. Wenn er kein Rebell sei, dann ein Gaukler, der mit Worten jongliere.
Ärger löste aus, daß Jesus im Tempeldienst eingeführte Traditionen auf sich bezog und ihnen damit einen völlig neuen Sinn gab. Da fand täglich beim Heiligtum die Zeremonie des »Wasserschöpfens« statt – über dem Altar wurde Wasser ausgeschüttet. Der Vorgang sollte daran erinnern, daß der Beginn des Gottesreiches vom Tempel ausgehen werde. Man war der Überzeugung, das Jüngste Gericht werde nicht nur durch Trompetenschall angekündigt, sondern auch durch das Aufbrechen einer Quelle im Tempelbereich in unmittelbarer Nähe des Heiligtums. Das Wasser dieser Quelle sei das Zeichen, daß der heilige Geist ausgegossen werde über die Gläubigen. Jesus bezog diese Glaubenstradition auf sich selbst: Wer an ihn glaube, so meinte er, für den sei die Quelle des Heils bereits aufgebrochen. Diese Umwandlung der Tradition, die den Brauch des »Wasserschöpfens« überflüssig machte, mißfiel den etablierten Verantwortlichen des Tempels. Sie wollten dafür sorgen, daß der Prediger aus Galiläa unschädlich gemacht werde. Dieser Entschluß verstärkte sich noch, als bekannt wurde, daß Jesus inzwischen mehr Anhänger gefunden hatte als Johannes der Täufer.
Pharisäer und Sadduzäer, die gewöhnlich untereinander zer-

stritten waren, sahen gemeinsam in Jesus eine Persönlichkeit, die ihnen Anhänger wegnahm. Der Fremde war zur Attraktion geworden. Um Jesus entstand eine neue politisch-religiöse Gruppierung, die den Frieden in der Stadt störte – hatte er doch bereits Hausfriedensbruch im Tempel begangen, als er Händler und Geldverleiher aus den Vorhallen hinauswarf. Damit hatte er keine Gauner, sondern ehrenwerte Männer beleidigt, die Steuerzahler waren. Der Bereich des Heiligtums war seit Jahren schon Zentrum des Handels geworden. Dort trafen sich die Geschäftsleute von Jerusalem mit den Kollegen der anderen Städte von Judäa. Das hatte seine Ordnung und war mit der Tempelverwaltung abgesprochen. Diesen Zustand wollte Jesus beenden – und er brach damit in die wirtschaftliche Struktur der Pharisäer ein, die es in der Zeit der Ruhe in Jerusalem auch gelernt hatten, das Geld zu lieben und es zu vermehren.
Jesus war auch darüber verärgert, daß der Weg über die Tempelterrasse, den er selbst benutzte und der die kürzeste und bequemste Strecke vom Kidrontal in die Stadt war, von Lastenträgern begangen wurde, die Waren transportierten. Er verlangte von ihnen, daß sie den Tempel mieden und einen Umweg machten. Den Schriftgelehrten erschien Jesus nun ein gefährlicher Verrückter zu sein, der unter allen Umständen Aufsehen erregen wollte. Jesus wußte, daß sein Wirken auf Erden zu Ende war. Der Abend des Passahfestes stand bevor, der den Auszug aus Ägypten in Erinnerung rufen soll. Das Brot des Mahls ist ungesäuert, weil damals keine Zeit blieb, es aufgehen zu lassen. Jesus wies seine Jünger an, nach Jerusalem zu gehen und sich an einen Mann zu wenden, der »einen Krug Wasser trägt«. In jener Zeit trug kein Jude, der nicht zur Sekte der Essener gehörte, auf der Straße Wasser. Das war Angelegenheit der Frauen. Die Jünger trafen den Essener und folgten ihm in sein Haus.
Das heute gezeigte »Coenaculum« auf dem Berg Zion stammt aus der Zeit der Kreuzritter. Es hat so wenig mit Jesus zu tun, wie das Davidsgrab im Untergeschoß mit David.
Das Unausweichliche geschah: Jesus wurde verhaftet. Er hielt sich gerade mit seinen Jüngern im Garten Gethsemane auf. Unter dem Namen verbirgt sich das hebräische Wort »gat-Schemen«, das Ölpresse bedeutet. Der Garten liegt am Osthang des Kidrontals unterhalb des Ölbergs. Es war Nacht.

Vom Haus des Kaiphas zur Burg Antonia – Der Prozeß Jesu

Die Verantwortlichen, die für Glaubensdinge und für Wahrung der »Gesetze der Väter« zuständig waren, verloren keine Zeit. Der Verhaftete wurde zum Verhör gebracht. Im Dunkeln führten ihn die Wachen gefesselt durch das Goldene Tor, am Tempel vorbei, durch die unbeleuchteten Straßen zum Haus des Hohenpriesters Kaiphas. Es befand sich in der Nähe des Palastes, den Herodes hatte bauen lassen. Ausgrabungen haben ergeben, daß sich südlich der Residenz prächtige Gebäude befunden haben müssen. Im Jahre 333 n. Chr. berichtete ein Reisender, der sich Pilger von Bordeaux nannte, er habe auf dem südwestlichen Hügel Reste des Kaiphashauses gesehen.

Das Verhör, das der Hohepriester leitete, hatte den Sinn, dem Gefangenen eine Schuld zu beweisen, die seine Überstellung an die römische Gerichtsbarkeit rechtfertigte. Das Recht zum Spruch über Leben und Tod besaß nur der Statthalter des Kaisers. Diesem Urteil aber mußte eine Entscheidung der jüdischen Autorität vorausgehen.

Pontius Pilatus, der Statthalter Roms, wollte nicht, daß dieser Fall ihm zur Entscheidung vorgelegt wurde – er wollte ihn von sich wegschieben. Da fiel ihm ein, daß dieser Jesus weder aus Jerusalem noch aus Judäa stammte, sondern aus Galiläa. Für ihn war also ein völlig anderer Gerichtsort zuständig. Doch der Hohepriester Kaiphas wollte den Fall Jesus von Nazareth jetzt und für immer erledigt haben. David Flusser, ein jüdischer Spezialist für das Leben Jesu, ist der Meinung, Jesus habe bewußt den Konflikt, der für ihn tödlich enden mußte, gewollt: »Bei den Zusammenstößen mit der Tempelhierarchie war Jesus immer der Handelnde. Er riß die Masse mit sich, der die sadduzäische Schicht um den Hohenpriester verhaßt war.«

Kaiphas, der Hohepriester, war als Sadduzäer ein Politiker, der sich an die Realität hielt. Da stand ein Mann vor ihm, der Wunder bewirkte, der sogar vorgab, Tote erweckt zu haben. Für ihn war dieser Jesus ein Prediger des Aufruhrs, der junge Menschen, die sich ohnehin gegen jede Autorität stellten, zu Begei-

sterungsstürmen anstachelte. Auch dieser Hohepriester kannte die Gefahr, daß während der Festtage die Bewohner von Jerusalem besonderen Spaß daran fanden, mit dem Feuer der Revolution zu zündeln. Jetzt brach bald das Passahfest aus, da konnte ein Agitator, wie Jesus, besonders gefährlich werden. Unruhe aber konnte Kaiphas gerade jetzt gar nicht brauchen, da sich der Statthalter Roms in der Stadt befand. Der Prozeß mußte geführt werden.
Über lange Zeit hin fand sich kein Zeuge, der einen stichhaltigen Beweis für ein Vergehen gegen Glaubensgrundsätze vorzubringen hatte – bis ein Mann erschien, der behauptete, Jesus habe gesagt, er könne den Tempel abreißen und in drei Tagen wieder aufbauen. Offenbar hatte dieser Zeuge eine Äußerung Jesu mißverstanden, die sich darauf bezog, daß sein eigener Leib ein Tempel sei, der drei Tage nach dem Tod wieder auferstehen würde. Dieses Mißverständnis wurde von Jesus allerdings nicht richtiggestellt. Auf die entsprechende Frage des Hohenpriesters schwieg Jesus. Kaiphas wollte daraufhin eine Antwort erhalten auf die Frage, ob Jesus überzeugt sei, Christus zu sein, der Sohn Gottes. Die Antwort war präzise: »Ja«. Jesus sprach weiter: »Ihr werdet künftig sehen können, daß ich zur Rechten Gottes sitzen werde. Ich werde wiederkommen auf den Wolken des Himmels!«
Diese Aussage genügte dem Hohenpriester. Zum Zeichen seines Entsetzens zerriß Kaiphas sein Gewand. Er schrie: »Dieser vergreift sich an Gott!« Das Tempel-Establishment hatte sein Ziel erreicht. Jesus hatte sich durch seine Worte selbst ans Kreuz geliefert. Die Übergabe an die Römer zur endgültigen Verurteilung und zur Exekution konnte erfolgen.
Seinen Hauptsitz hatte der Statthalter Roms in Caesarea, der Hafenstadt am Mittelmeer. Diese Stadt war weltoffen. Von dort aus war auch leichter Verbindung zu halten zum Zentrum des römischen Weltreichs. Für die römische Verwaltung war Jerusalem doch zu abgelegen. Aus gutem Grund war Caesarea auch Standort der Legionen. Während der großen jüdischen Feste aber hielt sich Pontius Pilatus in Jerusalem auf – zu einem derartigen Ereignis zählte das Passahfest, die »Tage der ungesäuerten Brote«. Die Anwesenheit des Statthalters kam den Anklägern Jesu zustatten. So wurde das Verfahren zum kurzen Prozeß.

Es war die Zeit des Tagesanbruchs, als Jesus in das Amtsgebäude des Pontius Pilatus gebracht wurde. Die Überlieferungstradition hatte sich schon im frühen 4. Jahrhundert auf die Burg Antonia festgelegt, die sich im Nordwesten des Tempelbereichs an die Mauer anschloß. Einen Hinweis gibt die Tatsache, daß sich dort die erste Station der Via Dolorosa befindet, die an den Leidensweg Christi erinnert.

Doch sind nicht alle Wissenschaftler der Meinung, der Statthalter habe seine Amtsgeschäfte in der Antoniafestung erledigt. Eckart Otto glaubt eher daran, daß Pontius Pilatus wohl den repräsentativen Palast des Herodes der finsteren Burg vorgezogen habe. Er verweist insbesondere darauf, daß Flavius Josephus von der Anwesenheit römischer Prokuratoren im imposantesten Gebäude der Stadt berichtet habe. Eckart Otto meint, es könnte eigentlich kaum ein Zweifel bestehen, daß die Statthalter im Herodespalast residierten. Doch dieser Bemerkung fügt der Professor für Altes Testament und Biblische Archäologie den Zusatz an, es sei jedoch erstaunlich, daß die frühbyzantinische Überlieferung sich auf die Antoniaburg fixierte.
Das Matthäus-Evangelium schildert die Bemühung des Pontius Pilatus, zu verstehen, warum Jesu Ankläger dessen Verurteilung zum Tode verlangten. Pontius Pilatus fragte, ob Jesus der König der Juden sei und erhielt darauf die Antwort: »Ja!« Nach römischem Recht war diese Feststellung kein todeswürdiges Verbrechen. Er sah keinen Grund, die Kreuzigung anzuordnen: »Denn er hatte gemerkt, daß hinter der Anklage gegen Jesus nichts als Haß stand.« (Matthäus 27,18) Pontius Pilatus suchte einen Ausweg – insbesondere nachdem ihm seine Frau hatte mitteilen lassen, er möge sein Gewissen nicht durch den Tod »dieses Gerechten« belasten. Gemäß seiner Amtsvollmacht durfte der Statthalter jeweils zum Fest einen Gefangenen freigeben. Die Auswahl mußte er allerdings den Bewohnern von Jerusalem überlassen. Der Volkswille kam durch Zuruf zum Ausdruck. Die Hoffnung des Statthalters war, daß sie ihm den Namen Jesu zuriefen, doch die Masse schrie »Barrabas«. Dies war der Name eines Mannes, der an einer regionalen Empörung gegen die Obrigkeit teilgenommen und dabei einen Mord begangen hatte. Ein gewöhnlicher Verbrecher war dieser Barrabas nicht. Möglich ist, daß er in nationalistischen Kreisen von

Jerusalem Anhänger besaß. Die Meinung der Befragten war eindeutig: Barrabas sollte freigelassen werden. Diejenigen, die zuvor gespannt oder amüsiert zugehört hatten, wie Jesus die Mächtigen in der Stadt angriff, waren jetzt gegen ihn.

Golgatha – Tod und Auferstehung

Dem Statthalter blieb keine andere Möglichkeit, er mußte Jesus zum Tod am Kreuz verurteilen. Die Kreuzigung sollte an einem Ort geschehen, der Golgatha genannt wurde – »Totenkopfhügel«. Nach dem Matthäus-Evangelium lag der Platz draußen vor der Stadt. Im Johannes-Evangelium findet sich die Ergänzung, es habe sich um einen Garten gehandelt. Seit frühbyzantinischer Zeit wird Golgatha mit der Stelle identifiziert, an der die Grabeskirche steht.

Angenommen wird, daß die Stadtmauer bei der Zitadelle nördlich des Herodespalastes einen Knick nach Osten machte, um dann wieder nach Norden zu verlaufen. Im Winkel, den die Stadtbefestigung auf diese Weise bildete, soll sich ein Hügel befunden haben, auf dem die Kreuzigungen stattfanden. Archäologische Untersuchungen haben ergeben, daß zumindest kein Befund vorliegt, der die Annahme in Frage stellt, die Grabeskirche sei der historische Ort der Hinrichtung Jesu. Eckart Otto zieht das Fazit: »Insgesamt stützen historische Exegese und archäologische Ergebnisse eher die Tradition des Grabes Christi in Verbindung mit der heutigen Grabeskirche, als daß sie diese Tradition widerlegen.«

Seltsames weiß das Lukas-Evangelium zu berichten: »Als sie ihn vor die Stadt hinausführten, konnte Jesus sein schweres Holzkreuz nicht länger tragen. Da nahmen sie einen Mann, der gerade vom Felde kam, der hieß Simon von Kyrene. Er wurde gezwungen, das Kreuz für Jesus zu tragen. Viele Leute liefen hinterher, darunter auch zahlreiche Frauen, die um Jesus weinten. Er aber wandte sich ihnen zu und sagte: »Ihr Frauen von Jerusalem! Weint nicht wegen mir! Weint über euch selbst! Weint über euere Kinder! Es werden Zeiten kommen, da man sagen wird: Glücklich sind die Unfruchtbaren! Glücklich sind

die Frauen, die keine Kinder zur Welt brachten! Glücklich, wer kein Kind gestillt hat! Dann wird man zu den Bergen sagen: Fallt über uns und deckt uns zu.«
Jörg Zink erläutert in seiner Übertragung des Neuen Testaments die Prophezeiung so:« Jedes Kind, das von einer jüdischen Mutter geboren wurde, konnte bisher der Messias sein. Das ist nun vorbei. Es könnten nur noch Menschen zur Welt kommen, die diese Chance verloren haben, dem Messias je zu begegnen. Siebenunddreißig Jahre nach dem Tod Jesu folgte das Volk seinen Führern, die sich als Gottgesandte, sogar als Messias bezeichneten, in einen aussichtslosen Kampf. Glücklich, so sagte Jesus, sind diejenigen, die sich in einem solchen Entsetzen wenigsten nicht sagen müssen, sie hätten Kindern das Leben geschenkt und sie dem Schrecken ausgesetzt.«
Das Tempel-Establishment war wohl der Meinung, das Ärgernis, das ihnen der unbequeme Prediger bereitet hatte, sei durch die Hinrichtung auf Golgatha beendet. Die Mächtigen täuschten sich. Zwei der Anhänger des Hingerichteten, sie nannten sich Petrus und Johannes, ließen sich Tag für Tag im Tempel blicken: meist zur Gebetszeit in der Mitte des Nachmittags. Sie halfen einem blinden Bettler im Namen Jesu und erregten mit dieser Tat Aufmerksamkeit. Sie erzählten, Jesus sei auferstanden – und zogen für diese Worte den Zorn der Sadduzäerpartei auf sich, deren Anhänger von einer Auferstehung der Toten nichts wissen wollten, schon gar nicht von der Auferstehung jenes Unruhestifters Jesus. Die Führung der Sadduzäer verlangte von der Tempelwache die Verhaftung von Petrus und Johannes. Beide waren nicht dafür bekannt, in Fragen des »Glaubens der Väter« beschlagen, und damit Schriftgelehrte, zu sein – folglich durften sie nicht das Recht beanspruchen, im Tempel zu predigen und zu lehren. Im Falle Jesu war die Situation anders gewesen: Ihn hatte auch der Hohepriester als Autorität in Glaubensfragen anerkennen müssen; er hatte über Wissen verfügt. Mit Johannes und Petrus aber glaubte Kaiphas leicht fertig werden zu können. Er fragte sie in harschem Ton, wer ihnen die Erlaubnis gegeben habe, im Tempel vor den Gläubigen den Mund aufzumachen. Die beiden ließen sich nicht einschüchtern. Sie bekannten sich zu Jesus, dem Auferstandenen, dem Gott ein neues Leben gegeben habe. Kaiphas wollte ihnen das Versprechen abnehmen, den Namen Jesus nie mehr öffentlich

auszusprechen und nirgends mehr zu sagen, er sei auferstanden von den Toten. Petrus und Johannes aber meinten, sie seien nur verpflichtet, Gott zu gehorchen, nicht aber dem Hohenpriester. Kaiphas wollte sich mit dieser Angelegenheit nicht länger beschäftigen; er begnügte sich mit Ermahnungen.
Die Sadduzäer blieben erbitterte Feinde der beiden Jünger Jesu. Sie setzten schließlich durch, daß Petrus und Johannes verhaftet wurden. Doch sie kamen bald wieder frei und niemand wußte, wie das geschehen war. Möglich ist, daß sie von Männern, die dem Kreis der Mächtigen angehörten, aus dem Gefängnis geholt wurden. Es muß Männer gegeben haben, die Sympathie für den Mut der Jünger empfanden.
Von einem solchen Mann – sein Name war Gamalieh berichtet das Kapitel 5 der Apostelgeschichte. Gamalieh gehörte zur Partei der Pharisäer. Er war einflußreich und als Gelehrter geachtet. Er gab seinen Parteifreunden den Rat, vorsichtig zu sein bei der Verfolgung der Anhänger Jesu: »Gebt sie frei. Wenn das, was da geschieht und was wir erleben nur eine Angelegenheit von Menschen ist, wird bald nicht mehr davon die Rede sein. Steht jedoch Gott dahinter, dann könnt ihr die Entwicklung nicht unterdrücken. Es wäre dann sogar möglich, daß ihr gegen Gott Stellung nehmt.« Der Rat des Gamalieh wurde nur eine kurze Zeitspanne lang befolgt.

In der stetig wachsenden Gemeinde wurde ein Mann namens Stephanus zum führenden Kopf. Er war gebildet und konnte argumentieren. Stephanus wagte es, den Tempel als Institution in Frage zu stellen: »Unsere Väter hatten keinen Tempel. Sie hatten ein Zelt in der Wüste, in dem Gott wohnte. Gott sprach mit Mose und zeigte ihm, wie er das Zelt aufrichten sollte. Und die Väter folgten dieser Anweisung. So kam das Zelt mit Josua in unser Land. Das Land war von fremden Völkern bewohnt, doch Gott vertrieb sie und gab unseren Vätern Land bis zu den Tagen Davids. Da aber begann das Unheil. Salomo baute statt eines Zeltes einen Tempel. Doch der Höchste wohnt nicht in Tempeln, die von Menschenhänden erbaut worden sind! So sagt der Prophet: ›Der Herr spricht: Der Himmel ist mein Thron. Die Erde ist der Schemel meiner Füße! Was für ein Haus wollt ihr bauen, in dem ich wohnen soll? Was soll das für eine Stätte sein, an der ich Ruhe finde? Hat nicht meine eigene Hand alles geschaffen, womit ihr baut?‹« Jeder, der am Tempel beschäftigt war, der von ihm lebte, der ihm eine Pfründe verdankte, bezog nun Position gegen Stephanus. Die Attacke gegen den Tempel bedeutete Angriff auf die bestehende Ordnung. Im Vergleich dazu galten die Worte von Petrus und Johannes über den auferstandenen Jesus harmlos. Petrus und Johannes hatten eine bestehende Lehre angegriffen, nicht aber die Machtgrundlage der Sadduzäer. Die Revolte gegen den Tempel mußte im Ansatz getilgt werden.

Die Sadduzäer sorgten dafür, daß eine erregte Masse Stephanus vor die Stadt hinausschleppte und ihn steinigte. Dies soll vor dem heutigen Stephanstor geschehen sein. Mit diesem Ereignis begann in Jerusalem die allgemeine Verfolgung der Christen. Diese Entwicklung hatte zur Folge, daß die Anhänger Christi die Stadt verließen und zunächst im Umkreis des jüdischen Landes, dann aber im gesamten Bereich des römisch-hellenistischen Lebensraums Gemeinden gründeten.

Diese Entwicklung mißfiel dem Hohenpriester und der Sadduzäerführung. Sie entschlossen sich, die Keimzellen des neuen Glaubens zu zerschlagen. Sie schickten entschlossene Männer in die Städte, in denen sich Christen bemerkbar gemacht hatten, mit dem Auftrag, ihrem Treiben ein Ende zu bereiten. Nach Damaskus machte sich ein Mann auf den Weg, der Saulus hieß. Er war Zeuge der Steinigung des Stephanus gewesen – und er hatte dessen Tötung gebilligt. Nun hatte sich Saulus Vollmacht des Hohenpriesters geben lassen, »alle Christen, Männer und Frauen, die er in Damaskus fände, in Fesseln nach Jerusalem zu bringen.« (Apostelgeschichte 9) Kurz vor Damaskus aber hörte er die Stimme des auferstandenen Jesus, die aus einem blitzenden Licht vom Himmel tönte. Diese Erscheinung bewirkte, daß Saulus fortan von der Auferstehung Jesu überzeugt war. Unter dem Namen Paulus trieb er die Missionierung mit Energie voran.

Im Jahre 36 n. Chr. war der Statthalter Pontius Pilatus abgelöst worden. Kaiser Tiberius war nach und nach zur Überzeugung gekommen, daß sein Vertreter in Judäa unfähig war, mit der unruhigen Bevölkerung von Jerusalem zu einem erträglichen Verhältnis zu gelangen. Die jüdisch-nationalistischen Umtriebe hatte er nicht eindämmen können. Doch auch die Nachfolger waren nicht geschickter im Umgang mit den Bewohnern dieses

Landes, die sich immer wieder gegen die römische Staatsgewalt erhoben.

Unruheherd Jerusalem – Die Zeit bestechlicher Statthalter

Flavius Josephus (Buch Zwei des »jüdischen Krieges« 12. Kapitel) berichtet, während des Fests der ungesäuerten Brote, das immer kritische Tage bescherte, habe ein Soldat der römischen Kohorte, die auf dem Dach der Säulenhalle des Tempels stationiert war, absichtlich seinen Mantel hochgehoben, um den Gläubigen seinen Hintern zu zeigen – er soll dabei auch ein passendes Geräusch ausgestoßen haben. Seine Absicht war, die Gläubigen zu beleidigen.

Die Tausende von Männern, die sich zum Fest versammelt hatten, waren empört. Die Mutigsten unter den Empörten begaben sich zum Statthalter, der wegen der Feiertage in Jerusalem, und nicht an seinem Amtssitz in Caesarea war, und verlangten, der Soldat müsse gemaßregelt werden – seine Unverschämtheit dürfe nicht ungestraft bleiben.
Während der Römer Cumanus sich die Forderung anhörte, hatte die aufgeregte Menge den Palast des Statthalters, der einst die Residenz des Herodes gewesen war, erreicht. Für viele war die obszöne Geste des Soldaten willkommener Anlaß zum Aufruhr gewesen; sie schienen nur darauf gewartet zu haben, daß derartiges geschehen würde. Die Aufrührer warfen mit Steinen auf die Wachen vor dem Palast und versuchten einzudringen.
Diese Gefahr wurde durch entschlossenes Auftreten der Legionäre abgewendet; aber schon entstand eine neue brisante Situation am Tempel. Dort konnten sich die Soldaten auf dem Dach der Säulenhalle kaum vor dem Steinhagel retten. Ihnen kamen andere Kohorten zu Hilfe, deren Soldaten schwer bewaffnet waren. Sie hieben mit Schwertern und stachen mit Lanzen auf die Revoltierenden ein. Die Zahl der toten Gläubigen soll riesig gewesen sein. Wer dem Massaker hatte entkommen können, der wurde in den Straßen der Stadt abgefangen und

registriert. Jeder, der freigelassen werden wollte, mußte Goldmünzen in die Kasse des Cumanus einzahlen.
Im Jahre 54 n. Chr. wurde Nero römischer Kaiser. Mehr als seine Vorgänger liebte er kostspielige Pracht. Besonders in seiner Hauptstadt, deren Wiederaufbau nach dem Brand des Jahres 64 er vorantrieb. Obgleich die historischen Zeugnisse aus Rom selbst nicht darüber berichten, gilt als selbstverständlich, daß derartige Anstrengungen nur durch Steuererhöhungen in den Provinzen möglich waren. In Judäa brachen damals Unruhen aus, die gegen die Person des Statthalters gerichtet waren. Nero hatte Persönlichkeiten, die seiner Art entsprachen, nach Judäa geschickt. Von einem dieser Statthalter, der Albinus hieß, berichtete Flavius Josephus:

»Es ist keine Gemeinheit denkbar, die dieser Albinus nicht begangen hätte. Wer vermögend war in Jerusalem, der mußte Teile seines Reichtums an Albinus abführen. Das ganze Land war verpflichtet, Sondersteuern zu zahlen. Er schickte Leute ins Gefängnis, und verlangte dann Lösegeld für ihre Freilassung. Wer nicht bezahlen konnte, der blieb im Gefängnis. Die führenden Familien in Jerusalem hatten schließlich nur deshalb nichts von ihm zu befürchten, weil sie regelmäßig Bestechungsgelder an ihn abführten.« (Zweites Buch »Der jüdische Krieg« 14)
Diese Willkürherrschaft zerbrach die Rechtsordnung: Wer von Albinus nichts zu befürchten hatte, der brauchte auch nicht mehr in Sorge sein, für Untaten belangt zu werden. Die führenden Familien begannen bewaffnete Banden aufzustellen, die Raubzüge unternahmen. Milizen terrorisierten das Land. Sich beim Statthalter über dieses Bandenwesen zu beklagen, war sinnlos, da Albinus ihre Verbrechen deckte. Als reicher Mann verließ er schließlich Jerusalem.
Sein Nachfolger Gessius Florus, den Nero im Jahre 66 n. Chr. als seinen Vertreter nach Judäa schickte, war jedoch noch schlimmer. Wie Flavius Josephus schreibt: »Gessius Florus schreckte vor keiner Greueltat zurück. Mit einzelnen Menschen gab er sich in seiner Raublust gar nicht erst ab. Er bereicherte sich an Städten. Durch seine Habsucht wurden ganze Landstriche ruiniert. Niemand wagte es, sich bei seinem Vorgesetzten, der zuständig war für die gesamte Provinz Syrien, zu beklagen.«
Gessius Florus aber war nicht sicher, daß er immer mit Neros

Nachsicht rechnen konnte. Wenn der Statthalter durch sein unmenschliches Verhalten in den Augen der römischen Elite und der Offiziere in der Provinz zur Belastung für den Kaiser wurde, dann war abzusehen, daß dieser hart reagierte – Nero scheute dann sicher vor einer Bestrafung nicht zurück. Damit war aber nur zu rechnen, wenn die Provinz selbst als beruhigt galt, wenn sie nicht von gefährlichen Rebellen bewohnt wurde. Der Statthalter Gessius Florus kam auf eine verwegene Idee. Am sichersten konnte er der Strafversetzung in unwirtliche Gebiete entgehen, wenn es ihm gelang, die Bewohner von Jerusalem derart zu reizen, daß sie Krieg gegen die Römer führten. In diesem Fall war der Statthalter berechtigt, mit Feuer und Schwert seine Gegner auszuplündern bis sie nichts mehr besaßen – und er konnte sich darauf verlassen, daß Nero alle Unterdrückungsmaßnahmen billigen würde.
Gessius Florus wußte, wie die Wut der Anhänger aller Parteien von Jerusalem aufs höchste zu steigern war: Er brauchte nur die Hand auf den Tempelschatz zu legen. Mit der Begründung, der Kaiser habe ihn beauftragt, einen wesentlichen Teil des Bestandes an Gold und Silber nach Rom zu schicken, verlangte er, daß ihm der Schatz gezeigt wurde. Kaum war der Wunsch des Statthalters bekanntgeworden, rotteten sich die Menschen zusammen und zogen in Haufen zum Tempel. Dort beschimpften sie erst die Wachen auf dem Dach, dann verlangten sie in Sprechchören die Ablösung von Gessius Florus. Lautstark verfluchten sie den obersten der Römer, der sich damals im Herodespalast aufhielt.
Den Hohenpriester und die übrigen Verantwortlichen der Tempelverwaltung packte das Entsetzen. Sie wußten, daß Gessius Florus diese Demonstration gegen seine Amtsführung als Vorwand nehmen könnte, um den gesamten Tempelschatz zu beschlagnahmen – und um die Hinrichtung der Empörer anzuordnen. Ihre schlimmsten Befürchtungen wurden bestätigt; allerdings erst Tage später.

Längst war wieder Ruhe eingekehrt in Jerusalem, da forderte der Römer den Hohenpriester und führende jüdische Persönlichkeiten auf, zum freien Platz vor dem Palast zu kommen. Als sie dort eintrafen, sahen sie, daß der Richtstuhl unter die Bogen des Eingangstores gestellt worden war. Der Statthalter war also

entschlossen, Rechenschaft zu fordern für den Aufruhr der vergangenen Tage. In den Arkaden, die den Platz an drei Seiten umschlossen, standen bewaffnete Soldaten. Die vierte Seite, nach Westen, bildete die unüberwindbare Mauer des Palastes. Die Honoratioren von Jerusalem waren Gefangene.
Gessius Florus verlangte in barschem Ton die Auslieferung der Männer, die ihn am Vortag beschimpft hatten. Er wollte sie streng bestrafen lassen. Sollte seine Anweisung nicht befolgt werden, hätten der Hohepriester und die angesehenen Bewohner der Stadt mit harten Konsequenzen zu rechnen.
Der Hohepriester versuchte zu beschwichtigen. Es seien doch nur wenige gewesen, die sich zu Schmähungen hätten hinreißen lassen. In einer Masse gäbe es immer auch solche Leute, die unverantwortlich handelten. Die Schuldigen aus dieser Masse herauszulesen, sei wirklich unmöglich. Der Hohepriester meinte noch, jeder, der sich gestern als Empörer aufgeführt habe, befinde sich inzwischen still und bescheiden zu Hause, und werde sich künftig hüten, rebellische Parolen zu rufen. Der Oberste der Geistlichen wagte es, dem Statthalter den Rat zu geben, wenn er wirklich den Frieden wolle, wäre es klug, die Angelegenheit auf sich beruhen zu lassen.
Genau dieses wollte Gessius Florus nicht. Er brauchte den Konflikt. Seinen Soldaten gab er den Befehl, den Markt in der Oberstadt auszurauben. Damit wollte er die Vornehmen bestrafen. Die Absicht war, ihre Feindschaft derart anzustacheln, daß sie offen Widerstand leisteten. Endlich sollte der Konflikt zum offenen Krieg ausarten.
Die Brutalität der Römer war, wie Flavius Josephus zu entnehmen ist, ohne Beispiel in der Geschichte der römischen Besetzung von Judäa:
»Die Soldaten waren durch ihren eigenen Herrn angestachelt in ihrer Beutegier. Sie fielen nicht nur über den Markt in der Oberstadt her, sie brachen auch die Häuser der reichen Familien auf und plünderten. Sie metzelten die Bewohner nieder. Männer, Frauen und Kinder rannten voll Angst durch die engen Gassen. Wen die Römer fingen, den töteten sie. Gessius Florus ließ Angehörige der vornehmsten Familien auf den Platz vor dem Palast holen. Dort wurden sie ausgepeitscht und dann gekreuzigt. Selbst Männer, die einen Ehrentitel im römischen Staat trugen, wurden auf diese Weise getötet.«

Daß sich die Situation in Jerusalem während der Nacht beruhigte, ärgerte den Statthalter. Der offene Krieg war wieder nicht ausgebrochen. Selbst die Vornehmen waren zu ängstlich um Widerstand zu leisten. Gessius Florus erfuhr, die Priester bemühten sich im Tempel Pharisäer und Sadduzäer zur Ruhe zu mahnen. Dies war schwierig, da jetzt erst das Ausmaß der Zerstörungen und Morde bekannt wurde – die oberen Stadtviertel waren verwüstet und auf deren Straßen lagen die Leichen. Als dazuhin bekannt wurde, weitere Kohorten der Römer seien unterwegs von Caesarea nach Jerusalem, schienen die Bemühungen vergebens zu sein, den Konflikt zu entschärfen. Der Hohepriester redete auf die Masse ein, den neuen römischen Verbänden freundlich zu begegnen, sie bereits draußen vor der Stadt zu begrüßen. Sie sollten durch Freundlichkeit von Gewalttaten abgehalten werden.
Mit dieser Geste der Unterwerfung waren viele der Gläubigen nicht einverstanden. Sie sagten deutlich, daß sie sich der römischen Brutalität nicht länger beugen würden. Sie forderten Kampf gegen die Kohorten, da Gessius Florus doch ohnehin ein Entgegenkommen der Juden nicht belohnen würde. Die zum Kampf bereiten Männer wurden nur durch Einschüchterungen dazu gebracht, sich beim Empfang der römischen Soldaten ruhig zu verhalten.
Die Skeptiker aber behielten recht. Die anrückenden Kohorten erwiderten den Gruß nicht. Da stieg in vielen der Männer aus Jerusalem die Wut hoch. Kaum waren die ersten Schimpfworte zu hören, zogen die Römer ihre Schwerter und schlugen auf die Menschen ein, die an der Straße standen. Flavius Josephus beschreibt das grausige Geschehen, das folgte, so:
»Die Schwerter sausten nieder. Die Pferde der Reiterei trampelten auf Menschenleiber. Panik brach aus. Jeder wollte durch das Tor hinein in die Stadt. Die Masse staute sich. Männer und Frauen konnten sich im Gedränge nicht aufrecht halten. Wer auf dem Boden lag, über den wälzten sich die anderen hinweg. Viele wurden derart zertrampelt, daß sie nicht mehr zu erkennen waren. Zwischen den Fliehenden zwängten sich auch Soldaten durch das Tor. Mit den Schwertern schlugen sie sich den Weg frei. Die Juden glaubten, sich in den Tempel oder noch besser in die Burg Antonia retten zu können. Einige Haufen der Fliehenden aber bekamen jetzt in den Gassen der Stadt Mut. Sie

stellten sich mit ihren Leibern den Römern entgegen und schützten so die anderen. Tatsächlich gelang es den Entschlossenen, die Fluchtwege zum Tempel und zur Antonia freizuhalten. Andere aber, die vermuteten, der Statthalter werde die Gelegenheit nutzen, um mit einer starken Streitmacht den Tempel zu besetzen, in der Absicht, die Schätze zu rauben, besetzten die Mauern des Tempelbereichs. Diese Vorbereitung zur Verteidigung schreckte Gessius Florus davon ab, den Tempel stürmen zu lassen. Er entschloß sich zum Abzug aus Jerusalem. Er kehrte mit der Mehrzahl seiner Truppen zum Amtssitz Caesarea zurück.«
Die Römer hatten ganz offenbar Nerven und Verstand verloren. Wer zum Widerstand gegen die Römer aufgefordert hatte, der fühlte sich jetzt gerechtfertigt und konnte verlangen, daß auch künftig den Römern mit Entschlossenheit und Härte zu begegnen sei.

Allmählich löste sich die Spannung in der Stadt. Die Schäden am Markt und an den Häusern wurden ausgebessert. Steuergelder wurden eingesammelt, um die fälligen Abgaben nach Rom schicken zu können. Die Vernünftigen begannen sich durchzusetzen. Sie überzeugten viele, daß ein Abbau des Konflikts mit Rom dringend notwendig sei, wenn die Stadt überleben wolle. Das Argument der Nachgiebigen, die Verantwortlichen in Rom würden vielleicht auch zu besseren Einsichten gelangen, fand wenig Zuspruch.
Tatsächlich wurde bald bekannt, daß für Gessius Florus kein Nachfolger zu erwarten sei, der mildere Behandlung versprechen könne. Von diesem Statthalter aber wollte niemand mehr beherrscht werden. Pharisäer und Sadduzäer stimmten darin überein, daß eine Rückkehr des Gessius Florus unbedingt Krieg bedeuten würde.

Rings im Land begannen die Männer in den Dörfern, sich auf einen militärischen Konflikt vorzubereiten. Sie sammelten Waffen in Verstecken, legten Befestigungen an und übten sich im Gebrauch der Schwerter und Lanzen. Der Abfall von Rom, drohte Wirklichkeit zu werden. Die Priester sahen eine schreckliche Zukunft für die Stadt voraus. Zusammen mit der Partei der Sadduzäer verstärkten sie die Bemühungen, die Rebellen

zu beruhigen. Ein Erfolg gegen die römischen Kohorten war undenkbar. In die Herzen der Vornehmen schlich sich Angst ein, das Unheil war offenbar nicht mehr abzuwenden. Die Prophezeiungen der vergangenen Jahre, Jerusalem werde zum Trümmerhaufen zerfallen, wurde von Mund zu Mund weitergegeben. Die Stimmung in Jerusalem war verzweifelt.
Allein eine Gruppe junger Männer glaubte, durch Gottes Hilfe könne erfolgreicher Widerstand möglich sein. Ihr Anführer hieß Eleazar und war der Kommandeur der Tempelwache. Einfluß besaß er nicht allein durch seinen zupackenden Charakter und seine gewinnende Art, sondern auch durch seine Abstammung: Er war der Sohn eines Hohenpriesters. Den Respekt, der ihm zustand, nützte er aus. Ihm gelang es, den Priestern, die am Tempel tätig waren, einzureden, es sei gegen das »Gesetz der Väter«, wenn im Heiligtum Opfer gebracht werden, die von Nichtjuden gestiftet worden sind. Gemeint waren die Gaben, die von der römischen Verwaltung zur Verfügung gestellt wurden. Verweigert werden müßten – so meinte Eleazar – Räucheropfer, die Opfer zu Ehren des römischen Kaisers. Eleazar war sich bewußt, daß eine derartige Verweigerung eine heftige Reaktion des Statthalters auslösen mußte.
Der Hohepriester, nicht an einer Verschärfung des Konflikts interessiert, redete auf die ihm untergebenen Priester ein, sie sollten die Opfer für den Kaiser weiterführen. Doch die Jungen blieben bei ihrem Standpunkt, im Heiligtum dürfe kein Gottesdienst im Namen des römischen Kaisers stattfinden. Sie rückten nicht von der Ansicht des Eleazar ab.
Der Streit, ob Opfer für Nero stattfinden dürften oder nicht, zerriß den Zusammenhalt der Stadt: Die Bewohner der Viertel der Reichen in der oberen Stadt waren dafür, die Beziehung zur römischen Reichsbehörde nicht zu belasten. Doch Eleazar gewann immer mehr Anhänger. Der Tempel und die Unterstadt waren schließlich in der Hand der Aufrührer, die glaubten, Gottes Willen erfülle sich in der Abwehr der Fremden. Es blieb nicht bei der bloßen Trennung der Stadthälften. Offener Streit brach aus. Bald schon waren die Bewohner von Oberstadt und Unterstadt miteinander in Kämpfe verwickelt. Mit Steinschleudern wurde aufeinander geschossen. Pfeile flogen weit in die Stadtviertel hinein. Es geschah auch, daß Stoßtrupps in die gegnerischen Viertel einbrachen. Besonders die Männer des

Eleazar unternahmen derartige militärische Vorstöße. Ihr Ziel war es, die Oberstadt zu erobern. Bürgerkrieg spaltete Jerusalem.
Da die radikalen junge Leute um Eleazar entschlossener kämpften als die Bewaffneten der Vornehmen, gelang es ihnen tatsächlich, die Oberstadt einzunehmen. Einige Gebäude wurden während dieser militärischen Aktion angezündet: Dazu zählte das Archiv der Verwaltung, in dem Schuldscheine und Steuerlisten aufbewahrt wurden. Der Brand dieser Urkunden löste Begeisterung der Armen aus. Auf einmal war Eleazar ihr Retter aus der Not. Zum Zeichen, daß er entschlossen war, den Kampf der Besitzlosen radikal zu führen, ließ Eleazar auch das Haus seines eigenen Vaters, des Hohenpriesters Ananias, in Flammen aufgehen.
Der Hohepriester und die Vornehmen waren vor dem Verlust ihrer Stadthälfte in die Burg Antonia geflohen. Dort befand sich noch immer eine kleine Garnison der Römer, die in Vergessenheit geraten war. Die Legionäre hatten im internen Streit der Juden untereinander keine Partei ergriffen. Im Schutz dieser römischen Garnison glaubten der Hohepriester und seine Verbündeten einer langen Belagerung trotzen zu können. Die Aussicht dafür war tatsächlich gut, denn die Rebellen besaßen keine Belagerungsmaschinen und die Mauern der Antonia waren fest.

Die Situation veränderte sich, als es einem Trupp von Aufständischen unter Führung eines Mannes mit Namen Manaim, gelang, die Tore zum Waffenarsenal der Festung Masada am Toten Meer aufzubrechen. Manaim brachte die erbeuteten Waffen nach Jerusalem, und er wurde von den Rebellen wie ein König empfangen. Eleazar, der Kommandeur der Tempelwache, verlor seine Führungsposition.
Noch immer besaßen die Rebellen keine Werkzeuge, mit denen die Mauern, der Festung zum Einsturz gebracht werden konnten, doch sie wußten sich zu helfen: Sie gruben Schächte unter die Mauern, die das Fundament destabilisierten. Die Quader gerieten, als der Boden unter ihnen einbrach, in eine schiefe Lage und stürzten zusammen. Für diesen Augenblick hatten die Verteidiger vorgesorgt: In aller Eile war hinter der ersten Mauer eine zweite aufgeschichtet worden. Der Anblick dieses Boll-

werks entmutigte die Angreifer – mit ihm hatten sie nicht gerechnet. Ihre Siegessicherheit zerplatzte. Als die Verteidiger nun die Übergabe der Festung gegen die Zusicherung von freiem Geleit anboten, da ging Manaim darauf ein. Er gestattete allen Bewaffneten und Vornehmen, die aus Jerusalem stammten, Abzug aus der Antonia. Dies bedeutete, daß die Römer, die in der Burg ausgeharrt hatten, in der Falle saßen. Sie nutzten die Gelegenheit des freien Geleits und flüchteten auf die drei Türme der Zitadelle.

Der Hohepriester Ananias wollte sich auf das Versprechen der Aufständischen nicht einlassen, daß auch sein Leben geschützt sei. Er versteckte sich mit anderen Bewohnern der Oberstadt im Kanal einer Wasserleitung. Das Versteck wurde jedoch entdeckt. Ananias und alle, die mit ihm waren, wurden erstochen. Den Tod seines Vaters konnte Eleazar nicht einfach hinnehmen. Er beriet sich mit seinen Anhängern, und sie kamen gemeinsam zum Beschluß, daß die Rebellion unter Manaim einen falschen Weg einschlage: Sie sei nicht mehr eine Bewegung zum Kampf um die Freiheit; sie übe nur noch Gewalt um der Gewalt willen aus. Eleazar entschloß sich, Manaim umzubringen. Manaim benahm sich an jenem Tag, als sei er der König der Juden. Mit einem prächtigen Mantel angetan, ging er im Tempel auf und ab, umgeben allerdings von finsteren bewaffneten Gestalten. Eleazar und seine Männer überfielen Manaim und seine Begleiter. Manaim selbst gelang zunächst die Flucht, doch bald schon wurde er im Viertel der einstigen Davidstadt aufgestöbert und getötet.

Eleazar war nun wieder der Führer des Aufstands – und er hatte keineswegs die Absicht, den Kampf gegen die Römer zu beenden. Die Zitadelle, in deren Türme sich die Legionäre verschanzten, wurde weiterhin belagert. Da die Eingeschlossenen über keine Lebensmittel verfügten, waren sie schließlich gezwungen, die Kapitulation anzubieten. Ihre einzige Bedingung war, daß sie unbehelligt Jerusalem verlassen durften – dafür waren sie bereit, alle Waffen, Schilde und Ehrenzeichen in der Zitadelle zurückzulassen. Eleazar stimmte der Kapitulationsvereinbarung zu – ohne auch nur daran zu denken, sie einzuhalten. Flavius Josephus beschrieb den schmählichen Untergang der römischen Besatzung von Jerusalem so:

»Als sie ahnungslos abziehen wollten, da fielen die Bewaffneten des Eleazar über sie her. Die Römer wurden erst umzingelt und dann erstochen, ohne daß sie sich wehren konnten. Alle ihre Proteste, es seien doch vertragliche Abmachungen getroffen worden, nützten nichts. Verschont wurde nur der Offizier Metelius, der versprach Jude zu werden und sich beschneiden zu lassen.«

Dieser unter Bruch von Versprechungen und Eiden errungene Erfolg löste kein Glücksgefühl aus in Jerusalem. Im Gegenteil: Was geschehen war, wurde als Frevel empfunden – waren die Legionäre doch an einem Sabbattag niedergestochen worden, an einem solchen Tag war der Kampf nur erlaubt, wenn er der Abwehr eines gegnerischen Angriffs diente. Ein vor Gott gültiger Vorwand für das Massaker bestand nicht.

Es war genau an jenem Sabbattag, daß die hellenistisch orientierte Bevölkerung der Hafenstadt Caesarea eine große Anzahl der jüdischen Bewohner umbrachte. Den Anstoß dazu hatte Gessius Florus gegeben. Er wollte auf diese Weise den umfassenden Krieg gegen die Juden beginnen. Flavius Josephus gab die Zahl der Toten mit 20 000 an – allein in Caesarea. Doch blieb die Verfolgung der Juden nicht auf diese Stadt beschränkt. Auch in Ashkalon, Skythopolis, Ptolemais und Gaza fanden Morde statt, ebenso in vielen Dörfern Syriens.

Derartige Progrome blieben ohne Auswirkung auf die Juden von Jerusalem. Dort bereiteten sie sich auf Widerstand gegen die Römer vor. Die Verantwortlichen wußten, daß sich das Weltreich die heimtückische Ermordung seiner Legionäre nicht gefallen lassen konnte. Der Legat von Syrien, Cestius Gallus, erhielt von Kaiser Nero den Befehl, Jerusalem zu bestrafen. Eine kampferprobte Legion, die in Antiochia stationiert war, stand ihm für diesen Feldzug zur Verfügung. Die Legion marschierte auf der Küstenstaße von Norden her bis Caesarea und danach weiter bis Lydda. Hier begann der mühsame Aufstieg über die »Steige von Bet-Horon«, die schon Jahrhunderte zuvor in Auseinandersetzungen zwischen Juden und Philistern ein Hindernis für Heere war. Die vom Anstieg erschöpften Legionäre wurden in der Nähe der Hauptstadt von Guerillakämpfern angegriffen und erlitten Verluste. Der römische Kampfverband wurde allein durch die ausgezeichnete Disziplin der eigenen Reitertruppe gerettet, die durch Gegenangriffe bedrohte Abschnitte der Kampflinie entlastete.

Wäre die jüdische Seite einig gewesen, hätte die Abwehr des römischen Vormarsches gelingen können. Doch wieder einmal brach Zwist aus. Die Masse der Bewohner von Jerusalem waren dafür, sich mit den Römern zu einigen. Diese Partei der Friedenswilligen wurde gestärkt durch Gerüchte, der römische Legat Cestius Gallus habe angedeutet, er könne sich vorstellen, daß er persönlich – wenn sich die Juden entschuldigten und einen höheren Betrag zu zahlen bereit waren – den Aufstand und die Folgen vergessen würde.

Cestius Gallus war informiert, daß die Guerillas, die seine Legionäre bei Bet-Horon angegriffen hatten, in der Stadt kritisiert und sogar bei der Rückkehr vom Kampf mit Steinen beworfen worden waren. Cestius Gallus war bei seiner Ankunft vor den Wällen von Jerusalem voller Zuversicht, daß man ihn auf Knien bitten würde, die Aufsicht über die Stadt und das ganze Land zu übernehmen.
Auf dem Scopusberg ließ er das Lager aufschlagen. Dort wartete er ab, ob sich die Partei der Friedenswilligen durchsetzte. Doch was ihm aus der Stadt berichtet wurde, enttäuschte ihn von Tag zu Tag mehr: Die Aufständischen tyrannisierten die Friedensbereiten. Die Kriegspartei gewann die Oberhand. Da verlor Cestius Gallus die Geduld: Er ließ seine Legionäre antreten und vom Scopusberg auf Jerusalem zu marschieren.
Jetzt verließ den Kriegsbereiten der Mut. Sie wagten es nicht, die Tore vor den Römern zu schließen. So konnte Cestius Gallus einrücken. Die bewaffneten Gegner zogen sich auf den Tempelbereich zurück.
Der römische Feldherr ließ seine Truppen auf dem Platz vor dem Herodespalast lagern. Die Neustadt befand sich in ihrer Hand. Ein Vorrücken in die südlichen und östlichen Stadtviertel wäre jetzt unbedingt erfolgreich gewesen, doch der Feldherr wollte kein Risiko eingehen. Selbst als ihn vornehme Juden wissen ließen, daß eine Besetzung der gesamten Stadt ohne bedeutende Verluste möglich sein würde, ließ er sich darauf nicht ein. Aus der Stadt war nun zu erfahren, daß diejenigen, die Kontakt zu den Römern aufgenommen hatten, umgebracht worden seien. Jetzt gab Cestius Gallus den Befehl zu Angriff.

Die Nordmauer des Tempels war das Angriffsziel. Die Verteidiger wehrten sich durch einen Hagel von schweren Steinen. Doch die Legionäre wußten, wie diesen Wurfgeschossen zu begegnen war: Die vordersten der Kämpfer preßten ihre Schilde über dem Kopf fest gegen die Mauer, und die nächste Reihe der Soldaten schloß sich, ebenfalls mit den Schilden über dem Kopf daran an. So entstand eine Kampfformation, die Flavius Josephus »Schildkröte« nannte. Von diesem Schilddach rollten die Steine nach dem Aufprall zu Boden, ohne Schaden anzurichten. Unter dem schützenden Schilddach arbeiteten Legionäre daran, die Mauern der Nordseite des Tempels zu unterhöhlen.
Eine andere »Schildkröte« hatte sich am nördlichen Tempeltor aufgebaut. Dort waren Legionäre dabei, die hölzernen Torflügel anzuzünden. Sobald diese Vorbereitungen im Tempel bemerkt wurden, brach dort Verzweiflung aus. Waren die Männer bisher überzeugt gewesen, die Römer seien zu besiegen, so glaubten sie jetzt, ihre Stadt sei dem Untergang geweiht. Die Anführer der Rebellion flohen, als hätten sie jegliche Urteilskraft verloren.
Doch auch der römische Feldherr erweckte den Eindruck, seine Sinne hätten sich verwirrt: Er war darüber informiert, daß die Organisation des Aufstands zerbrach, daß keine Kommandostruktur mehr im Tempel existierte – und dennoch gab er den Befehl zum Rückzug. Seine Truppen wurden angewiesen, aus dem Bereich Jerusalem abzuziehen.
Über dieses seltsame Verhalten urteilte Flavius Josephus so: »Ich bin überzeugt, daß Gott damals schon die völlige Vernichtung von Jerusalem beschlossen hatte.« Mit diesem Satz meint der Autor, daß Cestius Gallus von Gott in seinem Entschluß beeinflußt war, den Aufstand in Jerusalem nicht niederzuschlagen – was leicht möglich gewesen wäre. Ein Ende des Aufstands aber hätte, davon war Flavius Josephus überzeugt, den Römern jeden Anlaß genommen, später die Stadt völlig zu zerstören. Nach der Überzeugung des Zeitzeugen hatte Gott die Geister verwirrt, damit das Unheil seinen Lauf nehmen konnte.
Von der Katastrophe des römischen Rückzugs, die sich bei der

»Steige von Bet-Horon« anbahnte, ist folgendes zu berichten: Als sich die Aufständischen von der Verblüffung über den Abzug der Römer erholt hatten, griffen sie zunächst die Nachhut an. Dabei verloren römische Reiter und Fußsoldaten ihr Leben. Cestius Gallus, der sich noch auf dem Scopusberg befand, entschloß sich, mit den Einheiten seiner persönlichen Bewachung, den Abziehenden nachzureiten. Die Rebellen bemerkten, daß die Flucht ihrer Gegner kopflos erfolgte. Ermutigt durch diese Beobachtung, organisierten sie ihre Kampfverbände neu und begannen mit einer geordneten Verfolgung der Römer. Sie zogen beiderseits des Marschwegs ihres Gegners mit und stießen immer wieder in die Flanke der marschierenden Verbände. Dadurch wurde der Zusammenhalt der Marschierenden gestört. Jeder der Soldaten hatte schwer zu schleppen und war deshalb in seiner Verteidigung behindert – während sie sahen, daß die Juden, durch kein Gepäckstück belastet – überaus beweglich waren. Die Folge waren starke Verluste der Römer. Viele Soldaten sanken getroffen zu Boden – darunter auch der Kommandeur der 6. Legion, Priscus, und weitere hohe Offiziere. Als nun dem Cestius Gallus berichtet wurde, die ganze Gegend sei voll jüdischer Rebellen, da beschleunigte er den Abmarsch. Er ließ dazu alles vernichten, was die Legionäre behindern konnte. Man brachte sogar die Maultiere und Esel um. Nur die Lasttiere, die Kriegsmaschinen zu schleppen hatten, blieben am Leben. Dieses wertvolle Gerät durfte nicht in die Hand der Angreifer fallen, denn es war zu befürchten, daß es gegen die Römer verwendet werden würde. Cestius Gallus trieb seine Männer an, rasch die Steige von Bet-Horon zu erreichen. Er glaubte, dahinter winke die Sicherheit. Als seine Reiter und Truppen den engen Straßenabschnitt erreichten, mußten sie feststellen, daß der westliche Ausgang der Schlucht versperrt war. Für die Römer schloß sich die Falle. Von hinten schob die Nachhut, die wiederum von dem Gegner bedrängt wurde – vorn aber war der Weg verschlossen. Die Hauptmasse der Juden stand auf den Steilhängen über der Schlucht. Von dort rollten sie Steine herunter. Die Mannschaften zu Fuß wußten nicht, wie sie sich retten sollten – besonders betroffen aber waren die Reiter, deren Pferde scheuten. An eine Abwehr des Angriffs war in dieser Lage nicht zu denken. Doch auch Flucht war nicht mehr möglich.

Cestius Gallus befand sich nicht in der Falle. Er ritt hinter seiner Hauptstreitmacht her. Als er vernahm, was auf der Steige von Bet-Horon vorgefallen war, verließ er den Pfad und wandte sich im freien Gelände nach Norden. Die Aufständischen nahmen sofort die Verfolgung auf, konnten den Feldherrn jedoch nicht erreichen. Fast ohne Begleitung erreichte Cestius Gallus Caesarea. Nahezu sein ganzes Heer ging in der Schlucht der Steige von Bet-Horon verloren. Das gesamte Kriegsmaterial – dazu gehörten die gewaltigen Wurfmaschinen – fiel den Rebellen in die Hände.

Ohne Zweifel war ein Sieg errungen, doch ein Ende des Krieges war nicht abzusehen. Beendet war auch nicht der Konflikt in der eigenen Stadt. Daß Jerusalem eine geteilte Stadt war, wurde auch jetzt wieder bemerkbar: In der unteren Stadt, in den ärmeren Vierteln herrschte Jubel. In der oberen Stadt aber stieg die Angst an. Die Vornehmen waren sich bewußt, daß die Römer diese erneute Niederlage nicht hinnehmen würden. Es konnten nun Monate der Ruhe folgen, doch irgendwann mußte mit einem gewaltigen Heer gerechnet werden, das nur zu dem einen Zweck ins Bergland von Judäa geschickt werden würde, Jerusalem völlig zu zerstören und seine Bewohner zu töten – ohne Rücksicht darauf, ob sie Postition für oder gegen die Römer bezogen hatten.

Viele politisch Denkenden entschlossen sich damals, mit ihren Familien aus Jerusalem wegzuziehen.

Flavius Josephus zieht folgenden Vergleich: »Es war, als ob man ein Schiff schwimmend vor seinem Untergang verläßt« – die Vornehmen verließen Jerusalem fluchtartig. Die Fliehenden waren meist überzeugt, sie würden ihre Stadt nie mehr wiedersehen. Da gab es jedoch auch einige, die machten sich auf den Weg nach Rom, in der Hoffnung, sie könnten Kaiser Nero dazu überreden, auf die Rache zu verzichten. Sie glaubten, Nero werde vielleicht durch ein finanzielles Angebot milder gestimmt werden.

Nero aber war entschlossen, der Aufstandsbewegung in Judäa ein für allemal ein Ende zu bereiten. Er dachte gründlich darüber nach, welcher Persönlichkeit er den Oberbefehl über das zu entsendende Heer anvertrauen sollte. Nero war sich bewußt, daß die Niederlage auf der Steige von Bet-Horon weniger durch die Kampfkraft der Aufständischen, als durch das

völlige Versagen des obersten römischen Befehlshabers ausgelöst worden war. Er sah die gewaltigen Probleme eines Feldzuges im judäischen Bergland voraus, an dem mindestens 60 000 Legionäre teilzunehmen hatten. Eine neuerliche Katastrophe durfte unter keinen Umständen geschehen. Sie hätte zur Folge gehabt, daß auch in anderen Regionen des riesigen Reiches Unzufriedene sich ermutigt gefühlt hätten, den Bruch mit Rom zu wagen – Anzeichen für Abspaltungsbewegungen waren schon in Gallien und Spanien zu erkennen.
Nach reiflicher Überlegung entschied sich Nero für Titus Flavius Vespasianus. Dieser Feldherr war zwar schon nahezu 60 Jahre alt, jedoch er war überaus erfahren und bewährt. Berühmt geworden war Titus Flavius Vespasianus mit dem Erfolg der Befriedung der germanischen Grenzgebiete. Die Meinung des Kaisers Nero war, daß einem Befehlshaber, dem es gelungen war, das Germanenproblem zu meistern, der Sieg über das judäische Volk selbstverständlich sein müsse. Vertrauen gab dem Kaiser auch die Information, Vespasianus werde bei seinen Kriegzügen von seinem Sohn Titus begleitet, der das militärische Talent des Vaters geerbt habe.

Vespasianus entwickelte den Plan, den Feldzug in einzelne Phasen aufzulösen. Phase eins war die Befriedung des Umlands von Jerusalem. Das Ziel war, zuerst Galiläa unter Kontrolle zu bekommen. Um Jerusalem wollte er sich zunächst überhaupt nicht kümmern. Mobilisiert wurden für den Galiläa-Krieg dic in Syrien stationierten römischen Verbände und die 15. Legion, die ihre Garnison in Alexandria besaß. Die Stabsoffiziere des Feldherrn leisteten gründliche Vorarbeit. Vespasianus war sich mit dem Kaiser darin einig, daß keine überstürzte Aktion stattfinden sollte. Nero bewies in diesem Fall eine erstaunliche Geduld.

Daß der Rachefeldzug der Römer auf sich warten ließ, löste in Jerusalem die Fehleinschätzung aus, die Stadt werde wohl künftig in Ruhe gelassen werden, da der Kaiser in Rom resigniert habe. Der Hohepriester gehörte zu denen, die gegen eine Aufrüstung der Stadt waren und lieber die offensichtliche Kriegsmüdigkeit der Römer für Verhandlungen nützen wollten. Vor allem war der Hohepriester dagegen, daß die Kriegs-

partei immer wieder durch regionale Kriegszüge die Aufmerksamkeit der römischen Verwaltungsbehörde in Caesarea auf sich zog.
Flavius Josephus schrieb über die Aktivität der Kriegslüsternen:
»Der Untergang der Truppe des Cestius Gallus war den Juden in den Kopf gestiegen. Ihr Erfolg über die Römer stachelte sie derart an, daß sie nicht mehr zu bändigen waren. Sie beschlossen, die alte Stadt Ashkalon anzugreifen, in der die Römer eine Garnison unterhielten. Sie war allerdings nur schwach besetzt. In der Stadt befand sich eine Kohorte der Fußsoldaten und eine berittene Einheit. Die Garnison wurde jedoch von einem erfahrenen Befehlshaber, er hieß Antonius, geführt. An Zahl waren seine Leute den jüdischen Kämpfern unterlegen, doch sie verteidigten sich geschickt. Antonius hatte, als er die ersten Anzeichen eines Angriffs bemerkte, seine Reitertruppe aus der Stadt geschickt. Sie überfiel dann die schlecht bewaffneten Leute, die sich um die Mauern von Ashkalon scharten. Der Kampf endete mit der Niederlage der Angreifer aus Jerusalem. 10000 Mann verloren sie bei dieser sinnlosen Aktion.« (Drittes Buch »Der jüdische Krieg« 2. Kapitel) Sie sollten ihnen kurze Zeit später fehlen, als die Römer ernsthaft Krieg gegen Jerusalem führten.
Im Frühjahr 67 n. Chr. erhielten die römischen Verbände in Antiochia den Befehl zum Marsch nach Süden. Die Kriegsmaschine des Weltreichs geriet in Bewegung. Sie wurde nur noch einmal, für kurze Zeit aufgehalten.

Vespasianus in Galiläa – Blutige Kämpfe in Jerusalem

Mehr als ein Jahr lang dauerte der Feldzug in Galiläa. Das Volk der Galiläer, dessen Männer durchweg militärisch ausgebildet waren – »sie pflegten von Jugend an das Kriegshandwerk« – waren klug genug, den Widerstand nicht zu energisch zu führen. Es war die Absicht, die Römer möglichst wenig zu reizen. Sie merkten von selbst, daß der römische Kriegszug gar nicht ihnen, sondern der Stadt Jerusalem galt, die vom Umland abgetrennt werden sollte. Die Bewohner von Sepphoris, der größten Stadt von Galiläa, boten dem Feldherrn Vespasianus, kaum hatte er sich genähert, Frieden und Zusammenarbeit an. Die offene Schlacht wagte niemand. Wurde tatsächlich Widerstand geleistet, dann bestand er darin, daß sich Festungen einigelten.

Gab sich eine Stadt den Anschein, die Bewohner wollten sich verteidigen, kannte der römische Befehlshaber kein Erbarmen. So wurden alle Männer von Gabara getötet, weil in der Nähe der Stadt einige Bewaffnete gesichtet worden waren. Flavius Josephus, der in dieser Kriegsphase als Offizier galiläischer Bewaffneter tätig war, hat diese Erfahrung gemacht: »Die Römer haßten die Juden!«

Nach Jerusalem drangen nur Gerüchte und entstellte Nachrichten vom Geschehen in Galiläa. Wer die Stadt, aus dem Kriegsgebiet kommend, erreichte, der sagte meist nicht die Wahrheit, sondern prahlte damit, er habe an bedeutenden Siegen über die Römer teilgenommen. Durch derartige Erzählungen wurde das Ansehen der Kriegspartei gestärkt, die den Mitgliedern der Friedenspartei mit der Behauptung zusetzte, sie seien Feiglinge, wenn nicht sogar Verräter. Der Zwist unter den Bewohnern wurde schließlich zum Generationsproblem, denn es waren meist die Älteren, die den Frieden mit den Römern forderten. Die dynamische Jugend aber konnte das Aufflammen des Krieges in Judäa kaum erwarten. Sie ärgerten sich darüber, daß Vespasianus seine Zeit in Galiläa vertrödele und ihnen damit die Chance raube, ihn vor den Toren von Jerusalem zu schlagen.

In ihrer Frustration rotteten sich die Jugendlichen zu Banden zusammen und führten Überfälle aus. Opfer waren immer die Bewohner umliegender Dörfer, die zum eigenen Volk gehörten. Flavius Josephus urteilte über die Verhältnisse so: »Grausamkeit und Niedertracht herrschten im Land.«

Die Gewalt regierte in Jerusalem. Es gab keine legitime Staatsautorität mehr in der Stadt seit dem Abzug des römischen Statthalters. An seiner Stelle hätte eigentlich der Hohepriester Entscheidungen treffen können, die das Leben der Menschen regelten, doch befand sich auch dieses Amt bereits in der Hand der Aufständischen. Sie hatten die Würde des Hohenpriesters für einen Mann aus ihren Reihen gefordert, und es war ihnen auch tatsächlich gelungen, die bisher amtierende Tempelpriesterschaft zu verdrängen.

Schließlich kamen die Anführer der Rebellion sogar auf den Gedanken, die Position des Hohenpriesters zu verlosen. Das Los traf einen Mann, dem die Glaubenstraditionen völlig fremd waren. Die Absicht war, das Amt des Hohenpriesters zu entwerten und lächerlich zu machen. Umsturz der alten Ordnung war das Endziel. Niemand, außer den führenden Männern der Aufständischen, sollte in der Stadt zu bestimmen haben.
Die Gegner der bisherigen Staatsautorität formierten sich inzwischen zu einer Organisation, die unter der Bezeichnung »Zeloten« bekannt wurde. Der Name dieser Partei ist aus dem griechischen Wort für »Eiferer« abgeleitet. Ihr Ziel war die Vorbereitung des jüdischen Volkes auf die Endzeit, die dem Anbruch des Gottesstaates vorangehen sollte. Zur Methode, um dieses Ziel zu erreichen, gehörte die Zerstörung der traditionellen Machtstrukturen. Die Parole der Zeloten hieß: »Kein Gesetz außer dem Gesetz der Väter – kein König, außer Gott.«
Einflußreiche Männer in Jerusalem versuchten, die Zeloten zu zügeln. Eine Persönlichkeit der Familie, die ein Anrecht darauf hatte, das Amt des Hohenpriesters zu bekleiden – sein Name war Ananus – baute insgeheim zur Bekämpfung der Zeloten eine Miliz auf. Bewaffnete in großer Zahl waren bereit, gegen die Rebellen zu kämpfen. Der Truppenverband, den Flavius Josephus, der selbst aus priesterlicher Familie stammte, voll Sympathie »Volksheer« nannte, war schließlich ausreichend für die militärische Auseinandersetzung in der Stadt, für den Bürgerkrieg, gerüstet. Die Männer wollten sich für die Befreiung des Tempels von der Besetzung durch die Zeloten einsetzen.
Der Kampf begann mit Steinwürfen der Rebellen gegen die Kämpfer des Ananus, dann flogen Speere und schließlich wurden die Schwerter gezogen. Tagelang tobte die Schlacht zwischen den Häusern an der Westseite des Tempels. Die Zeloten kämpften verzweifelt, weil sie wußten, daß sie keine Gnade zu erwarten hatten – sie wurden dennoch auf den Tempelbereich zurückgedrängt. Es gelang ihnen, die Tore zu verriegeln. Die Männer des »Volksheeres« machten sich eben daran, die hölzernen Torflügel einzuschlagen, da wurden sie von Ananus aufgehalten. Er hielt es für eine Sünde, daß seine Kämpfer »in

unreinem Zustand« in den Tempel eindrangen. Er hielt sie deshalb am Tor auf – und sie gehorchten ihm. Die Zeloten waren gerettet.

Ananus stellte rings um die Tempelmauern Wachen auf, die verhindern sollten, daß jemand in den Gebäudekomplex eindrang oder ihn verließ. Den Eingeschlossenen gelang es trotzdem, mit ihren Anhängern in der Stadt Kontakt zu halten. Es war ihnen sogar möglich, Agenten in den Stab des Ananus einzuschleußen. Die Zelotenführung war auf diese Weise über alle Pläne der Kommandeure des »Volksheeres« unterrichtet. Sie wußten genau, daß Ananus die Absicht hatte, Vespasianus zu bitten, rascher als geplant Jerusalem zu besetzen.
Die Bitte an die Römer um Hilfe war für die Zeloten der Grund, um Unterstützung von außen zu werben – gegen die Verräter in der Stadt. Sie schickten ihre Agenten zum Volk der Idumäer mit der Nachricht, Ananus sei dabei, Jerusalem an den römischen Feind zu verraten. Sie aber, die das Vaterland liebten, seien in Gefahr von den Bewaffneten des Ananus erschlagen zu werden – wenn die Idumäer sie nicht befreien würden.
Dieses Volk, das südlich des Landes Judäa lebte, war zwar jüdischen Glaubens, war aber nie völlig in die jüdische Gemeinschaft aufgenommen worden. An das Gefühl der Idumäer, sie seien Juden zweiter Klasse, richtete sich der Appell der Zeloten, die es verstanden, sich selbst als unterprivilegiert darzustellen. Ihre Agenten schilderten die Zeloten als Menschen, die unter der Fuchtel der Vornehmen in Jerusalem zu leiden hatten. Die Parole war: Unterprivilegierte hätten sich gegenseitig zu unterstützen. Ihr Ruf um Hilfe wurde im Land der Idumäer vernommen. Die Männer waren sofort bereit, den Bedrängten in Jerusalem zu helfen.

Ananus mußte feststellen, daß seine Wachen an den Tempelmauern unaufmerksam gewesen waren. Sie hatten Kontakte zwischen Tempelbesetzern und dem Idumäerland zugelassen. Ein Fehler war geschehen, der nicht mehr zu korrigieren war. Mit den Agenten der Zeloten erschienen Idumäerhaufen vor der Stadt. Versuche, sie zur Umkehr zu überreden, scheiterten. Einheiten des »Volksheeres« bezogen nun Stellung an den Stadttoren. Darüber empörten sich die Idumäer: Sie protestierten dagegen, daß ihnen der Zugang zur »gemeinsamen Hauptstadt« verwehrt wurde. Ihnen gehöre Jerusalem schließlich auch. Ihre Befehlshaber sprachen mit den Soldaten am Tor. Sie argumentierten, sie seien gekommen, um die »Freiheitskämpfer«, die im Tempel eingeschlossen seien, zu schützen. Die Soldaten bekamen zu hören, sie seien wohl bereit, die Stadt für die Römer »mit Girlanden zu schmücken«, den Angehörigen des eigenen Landes aber würden sie entgegentreten.

Die Tore blieben für die Idumäer verschlossen. Die Dunkelheit brach herein und noch immer standen die Männer in Haufen vor der Mauer. Kaum hatte die Nacht begonnen, zog ein Unwetter am Himmel auf, mit Blitz, Donner und starkem Wind. Die Idumäer waren dem Gewitter schutzlos ausgeliefert. Sie waren der Meinung, Gott bestrafe sie nun, weil sie es gewagt hatten, in feindlicher Absicht nach Jerusalem zu ziehen. Ananus und seine Männer aber glaubten, Gott habe das Unwetter geschickt, um die Idumäer wieder nach Hause zu treiben. Sie dachten, die Gefahr sei vorüber und wurden nachlässig in der Kontrolle der Wachen.
Die Zeloten im Tempel nutzten den Augenblick der schlimmsten Entladung des Gewitters, um von innen ein Tor aufzubrechen. Die Wachen hatten sich zum Schutz vor dem Regen in die Säulenhalle zurückgezogen. Den Rebellen glückte es, unbemerkt die Stadt zu durchqueren und zum Tor zu gelangen, vor dem die Idumäer trotz des Regens in Haufen standen. Diese glaubten zunächst, als sich das Tor öffnete, sie würden vom »Volksheer« angegriffen werden. Ihre Begeisterung war gewaltig, sobald sie begriffen, daß ihnen die Zeloten entgegenkamen. Vereint zogen die Verbündeten hinauf zum Tempel. Wieder wurde Blut vergossen in Jerusalem. Die Zeloten und die Idumäer ließen keinen am Leben, der sie aufzuhalten versuchte. Als die Wachen im Tempel niedergestochen waren, wälzten sich die bewaffneten Haufen durch die obere Stadt.
Einige der Zeloten suchten nach Ananus und nach den Priestern, die sich zu ihm bekannt hatten. Keiner von ihnen wurde verschont.

Flavius Josephus sah in den Ereignissen jener Nacht und des darauffolgenden Tages erneut das Wirken Gottes, der nicht

wollte, daß Ananus Jerusalem vor dem Untergang rette: Wäre es dem Ananus gelungen, Vespasianus in die Stadt zu holen, hätte der römische Befehlshaber Grund gehabt, Milde walten zu lassen. Das Schicksal der Stadt, so meinte Flavius Josephus, sei nun endgültig besiegelt gewesen.
Die Offiziere des Vespasianus, die bald vom Kampf der Bewohner untereinander erfuhren, waren überzeugt, daß der Zeitpunkt zur Einnahme der Stadt günstig sei, Vespasianus aber antwortete, der sofortige Marsch auf Jerusalem würde bedeuten, daß der Zwist der Juden gegen Juden rasch zu Ende ginge: »Sie würden sich gemeinsam gegen uns stellen. Wenn wir abwarten, vernichten sie sich weiter gegenseitig. Man muß die Juden sich selbst aufreiben lassen. Sicher ist ein Sieg mit der Waffe ruhmvoller, doch müssen wir vor allem das Ziel nicht aus den Augen verlieren, den Feind zu besiegen, ohne große Verluste zu erleiden.«
Nach dem Tod des Ananus fehlte eine Persönlichkeit in Jerusalem, die der Friedenspartei vorstehen konnte. Ihre Anhänger waren der Diktatur der Zeloten ausgeliefert. Es verging kein Tag, an dem nicht Männer aus der vornehmen Schicht getötet wurden. Flavius Josephus schrieb: »Es war wie in einem Körper, an dem alle Glieder erkranken.« (Buch IV »Der jüdische Krieg« 7,2)
Anfang des Jahres 68 v. Chr. näherte sich Vespasianus Jerusalem von Norden her. Seine Truppen marschierten den Jordan entlang. Blutig war die Spur, die das römische Heer hinterließ: »An manchen Stellen war der Jordan verstopft durch die Leichen der Niedergemetzelten. Auch auf dem Asphaltsee (gemeint ist das Tote Meer) schwammen leblose Körper.«
Die Aufmerksamkeit des Feldherrn Vespasianus war damals auf eine andere Gegend des Weltreiches ausgerichtet. Sein Ehrgeiz reichte über Jerusalem und Judäa hinaus. Im Westen des Imperiums, und bald darauf in Rom, gab es faszinierende Entwicklungen. Die Kommandierenden in Gallien lösten sich von Nero. Dieser Prestigeverlust des Kaisers hatte wiederum Spannungen im Zentrum des Imperiums zur Folge. Unzufriedenheit mit Neros Regierungsmethoden führte bei Offizieren und Honoratioren zu Überlegungen, den Herrscher zu stürzen. Vespasianus, der selbst Lust verspürte, erster Mann im Reich zu werden – zumindest seit ihm der Überläufer Flavius Jose-

phus prophezeit hatte, er werde Kaiser – beobachtete gespannt die Entwicklung in der Hauptstadt.

Die Operationen der römischen Truppen in der Region um Jerusalem wurden von Jericho aus geleitet. Bislang war der Feldzug bedächtig geführt worden, doch er war erfolgreich gewesen: Während sich die Bewohner von Jerusalem im Bruderkrieg verzehrten, hatten die Legionen das Umland besetzt. Jerusalem war völlig isoliert. Vespasianus war nun bereit, die Militäraktion zu beschleunigen – die Sorge vor der Entwicklung in Rom trieb ihn an.
Die Vorbereitungen für die Belagerung von Jerusalem wurden getroffen. Nach Meinung des römischen Feldherrn konnte sie nicht lange dauern, da die Verteidigungskräfte durch internen Streit weitgehend aufgezehrt waren. Dann aber trafen Nachrichten ein, die Vespasianus veranlaßten, zögerlicher vorzugehen. Die Herrschaft des Kaisers zerbröckelte: Seine Autorität wurde im Westen des Reiches bereits nicht mehr anerkannt. In Rom selbst konnte er sich nur noch auf ihm ergebene Existenzen geringer Bedeutung verlassen. Der Vorteil für Vespasianus war: Aus Rom trafen keine Befehle mehr ein.
Inzwischen setzten die Untergebenen des Feldherrn die Unterwerfung des Landes um den Jordan fort – wobei sich jetzt die Strategie durchgesetzt hatte, die Städte zu zerstören und die Bewohner zu versklaven oder umzubringen. Über das Schicksal der Stadt Gerasa – heute Jerash in Jordanien – berichtete Flavius Josephus, der nun von römischer Seite aus die Vorgänge beobachten konnte:
»Vespasianus schickte den Obersten Lucius Annius mit einer starken Reitertruppe und mit einem gewaltigen Aufgebot an Bewaffneten zu Fuß nach Gerasa. Die Stadt wurde im ersten Ansturm erobert. Dabei wurden etwa 1000 Männer getötet. Frauen und Kinder wurden als Sklaven gefangengenommen. Den Soldaten gewährte Lucius Annius das Recht, die Stadt insgesamt zu plündern. Sobald sie leer war, wurden die Häuser angezündet.«

Nero stirbt – Aufschub für Jerusalem

Als niemand mehr seine Anordnungen ernst nahm, da wußte der Kaiser, daß der Tod durch das Schwert auf ihn wartete. Um der Ermordung zu entgehen, tötete er sich selbst.

Galba, der bisherige Befehlshaber in Spanien wurde zum Herrscher im Römischen Reich ausgerufen. Er war nicht der Wunschkandidat des Befehlshabers in Judäa. Vespasianus hatte kein Interesse daran, die Macht dieses Galba abzusichern – und so wartete er erst einmal in Jericho ab, ob jetzt Befehle aus Rom eintreffen würden. Er beschloß mit seinen Offizieren, ohne ausdrückliche Anordnung aus der Zentrale des Reichs den Feldzug gegen die Hauptstadt von Judäa nicht fortzusetzen.

Doch Galba, Neros Nachfolger, war mit dem Problem der Stabilisierung seiner Herrschaft in Rom befaßt. Das Problem Judäa beschäftigte ihn nicht. Das Schweigen des Kaisers wiederum machte Vespasianus unruhig. Er schickte schließlich seinen Sohn Titus nach Rom, um dort zu sondieren, welche Politik im Land zwischen Mittelmeerküste und Jordangraben einzuschlagen sei.

Während er in einem Hafen an der griechischen Mittelmeerküste auf günstiges Wetter zur Weiterfahrt wartete, erfuhr Titus, daß Kaiser Galba zu Beginn des Jahres 69 n. Chr. auf dem Forum Romanum ermordet worden war. Galba hatte gerade etwas mehr als ein halbes Jahr regiert. Der Sohn des Vespasianus hielt es unter diesen Umständen für wichtiger, nach Caesarea zurückzukehren, um dort mit seinem Vater zusammenzutreffen. Vespasianus mußte von den Ereignissen in der Hauptstadt informiert werden.

Vater und Sohn waren der Meinung, der Kampf um Jerusalem sollte nicht fortgesetzt werden. Beide hielten die Lage im Zentrum des Reiches für instabil. Im politischen Machtkampf, der sich abzeichnete, sollten seine Truppen ein aktiver Faktor sein – ungeschwächt durch Kämpfe. Vespasianus brauchte seine Soldaten als Machtbasis. Ohne seine Legionen konnte er nicht Herrscher werden in Rom.

Die Einschätzung des Feldherrn war richtig: In Rom hatte Marcus Salvinus Otho die Kaiserwürde übernommen – die Ermordung des Galba hatte er zu verantworten. Diese Bluttat bela-

stete seine Regierungszeit von Anfang an. Achtung vor Otho empfand niemand in Rom. Die Meinung war, er werde die Zügel des Reiches wohl nicht lange festhalten können. Da regten sich auch bald die Offiziere der germanischen Legionen, die ihren Feldherrn Aulos Vitellius auf dem Kaiserthron sehen wollten. Sie organisierten von Germanien aus einen Marsch auf Rom. Niemand stellte sich den revoltierenden Soldaten in den Weg. Die Legionäre brachen zu Zehntausenden über die Stadt herein. Da bestand keine Ordnungsmacht mehr, die stark genug war, sich dagegen zu wehren, daß die Häuser der Vornehmen zwangsweise mit Einquartierung belegt wurden. Der Marsch auf Rom endete mit der Besetzung von Rom – und um die Mitte des Jahres 69 n. Chr. mit der Thronbesteigung durch den Kommandeur der Truppen in Germanien. Kaiser Otho tötete sich selbst.
Über die Reaktion des Feldherrn Vespasianus sind wir durch Flavius Josephus informiert, der im »jüdischen Krieg« schreibt, Vesapsianus sei empört gewesen über das Vorgehen des Aulos Vitellius. Er habe es als unerträglich empfunden, daß der Befehlshaber in Germanien von Gier nach Reichtum zu seiner Revolte angestachelt worden sei – und nicht aus Liebe zum Vaterland. Vespasianus habe sofort, nachdem er die Nachricht von der Machtübernahme durch Aulos Vitellius gehört habe, deutlich gemacht, daß er unter diesem Kaiser ganz bestimmt keine Feldzüge gegen fremde Völker führen werde.
Dazu blieb ihm auch gar keine Zeit. Seine Offiziere drängten ihn, sich selbst für das höchste Staatsamt zur Verfügung zu stellen. Eine sofortige Reise nach Rom war aus Gründen der Jahreszeit jedoch unmöglich – der Herbst des Jahres 69 v. Chr. hatte begonnen. Da verlangten die Offiziere, daß Vespasianus von der zweitgrößten Stadt des Römischen Reiches, von Alexandria aus, seinen Herrschaftsanspruch verkünde.
Die Vertrauten des Vespasianus in Rom aber führten den Schlag gegen Aulos Vitellius. Am 20. 12. des Jahres 69 n. Chr. wurde er in der Hauptstadt ermordet, und die Zeit des Bürgerkriegs in Rom war vorüber. Vespasianus war der unbestrittene Herr über das Imperium. Sein Sohn Titus übernahm nun die Aufgabe, den Krieg gegen Jerusalem weiterzuführen.

Die Situation in der Stadt war während des Jahres 69 n. Chr.

durch den mörderischen Konflikt zwischen zwei Zelotenkommandeuren geprägt. Dem einen, Johannes von Gischala, war es während der Auseinandersetzungen der vergangenen Monate gelungen, die Kontrolle über Jerusalem in die Hand zu bekommen. Johannes von Gischala stammte aus Galiläa. Zum Konkurrenten für ihn entwickelte sich Simon bar Giora, der in Gerasa geboren worden war. Simon bar Giora hatte sich zunächst darauf beschränkt, dem Umland seinen Willen aufzuzwingen. Seine Absicht war jedoch, Fuß zu fassen in Jerusalem. Da erste Versuche fehlschlugen, wandte sich Simon bar Giora zunächst dem Idumäerland zu und nahm Hebron in Besitz. Dabei passierte ihm das Mißgeschick, daß es Johannes von Gischala gelang, ihm seine Frau zu rauben und nach Jerusalem zu entführen, Simon aber rächte sich: Er fing mit seiner Bande jeden ab, der aus der Stadt heraus oder in die Stadt hinein wollte. Simon mißhandelte Frauen und Männer, vielen ließ er die Hände abhacken. Seine Brutalität verbreitete Schrecken. Das Ergebnis war, daß kaum mehr jemand wagte, Jerusalem zu verlassen. Die Zeloten-Führung der Stadt ließ deshalb, um Simon bar Giora zu beruhigen, dessen Frau wieder frei.
Noch immer behauptete sich, wenn auch im verborgenen, die Partei der Friedensbereiten in Jerusalem. Sie glaubten, es sei nun der letzte Zeitpunkt gekommen, um mit den Römern zu einer Verständigung zu gelangen. Die Anhänger dieser Partei wurden von der Organisation des Johannes von Gischala verfolgt und konnten die Verbindung zu den römischen Kommandeuren nicht aufnehmen. In ihrer Verzweiflung suchten sie nach einem starken Verbündeten. Da fanden sie nur einen, der über genügend Kämpfer verfügte, um einen wirksamen Gegenpol zu den Zeloten des Johannes zu bilden. Sie wußten wohl, auf wen sie sich einließen, doch sie hofften, er werde seine Gewalttätigkeit in ihrem Sinne einsetzen. So wurde der Priester Matthias vor die Stadt zu Simon bar Giora geschickt mit der Bitte, er möge kommen, um Jerusalem von der Tyrannei des Johannes zu befreien.
Als Simon bar Giora Jerusalem betrat, wurde er in den oberen Stadtvierteln von Bewohnern mit Ölbaumzweigen in der Hand begrüßt. Sie empfingen ihn als Retter – und er erklärte sich bereit, ihre Führung zu übernehmen.
Simon erreichte, was er wollte. Seine Kämpfer besetzten die

einst vornehmen Gegenden der Stadt – und auch sie plünderten. Im Kampf zwischen den Bewaffneten des Simon und denen des Johannes setzten beide Seiten Wurfmaschinen ein. Die Kämpfer des Johannes waren dabei im Vorteil, weil sie an der Südwestecke des Tempelbereichs über einen Turm verfügten, von dem aus sie Pfeile und Steine weit in die Unterstadt hinein schleudern konnten. Simon verlor durch die Wirksamkeit dieser Waffe zahlreiche Männer. Innerhalb der Stadtmauern tobte Krieg.

Es blieb nicht bei der Spaltung der Stadt in zwei sich bekämpfende Hälften: Eine dritte Gruppierung versuchte Boden zu gewinnen. Sie wurde angeführt von Eleazar, der seine Basis, wie Johannes, im Tempelbereich besaß: Er kontrollierte den Zugang zum Heiligtum, den auch Johannes beanspruchte. Jetzt beschossen sich drei Kriegsparteien.

Der Tempel selbst blieb von den Kämpfen keineswegs verschont. Die Wurfmaschinen schleuderten Steine bis zum Altar. Priester wurden getötet, während sie Jahwe opferten. Johannes brach aus dem Bauwerk Balken heraus, die er zum Bau von Wurfmaschinen verwenden ließ. Das war der Zeitpunkt, als die Nachricht eintraf, die Römer rüsteten sich in Caesarea zum Aufbruch, um die Belagerung von Jerusalem zu beginnen. Damit hatte in Jerusalem kaum mehr jemand gerechnet.

Ein prächtiger Zug setzte sich in Bewegung: Titus, der Sohn des Vespasianus, ritt in der Mitte, umgeben von den Legionären zu Pferde. Ihnen folgten die Kohorten der Fußtruppen. Zehntausende von Soldaten waren unterwegs. Lasttiere schleppten die Einzelteile der Kriegsmaschinen. Allem voran ritten und marschierten die Eliteeinheiten, über denen Adler und Feldzeichen schwebten. Laute Fanfarenklänge waren zu hören. Flavius Josephus, inzwischen voll Bewunderung für die Römer, hebt in seiner Schilderung des Feldzugs besonders die äußerst disziplinierte Ordnung der römischen Kolonnen hervor.

Von Norden her näherte sich die Streitmacht der Stadt. 20 Kilometer vor Jerusalem, in Gophne, wurde haltgemacht, um auf die Nachhut zu warten und um die Formationen zu ordnen. Dann wurde nur fünf Kilometer von Jerusalem entfernt, ein Lager aufgeschlagen, bei Gibea, einem Dorf, das zur Zeit des Königs Saul von Bedeutung gewesen war.

Von diesem Lager aus wollte Titus näher an die Stadt heranrei-

ten und einen Eindruck bekommen von der Stärke der Türme und Mauern, von der gesamten Befestigungsanlage.
Dieser erste Ausritt in die Gefahrenzone hätte allerdings beinahe kein gutes Ende gehabt. Titus und seine Begleiter, die allesamt das Terrain nicht kannten, benützten die Hauptstraße von Norden her, um ganz nahe an die Stadtmauer heranzukommen. Plötzlich tauchten Reiter auf, die den Weg versperrten. Es gelang ihnen, den Feldherrn von der Mehrheit seiner Begleiter zu trennen. Offenbar hat ihn nur seine Entschlußkraft und sein Mut gerettet.Titus konnte die Straße nicht verlassen, da sich rechts und links Gräben befanden sowie Gebüsch und Mäuerchen. Der Feldherr trieb sein Pferd an und sprengte auf seine Feinde zu, während Pfeile und Speere durch die Luft zischten. Doch Titus wurde nicht getroffen und konnte entkommen. Die Absicht der Angreifer war gewesen, Titus zu umzingeln, ihn gefangenzunehmen, um ihn als Beute im Triumphzug in die Stadt zu bringen. Er wäre ein Faustpfand in der Hand der Belagerten gewesen – sie hätten für seine Freigabe den Abzug der Römer verlangen können.
In der Nacht nach diesem Vorfall trafen alle römischen Truppen, die dem Befehlshaber zur Verfügung standen, vor der Stadt ein. Ihm waren die Fünfte, Zehnte, Zwölfte und Vierzehnte Legion zugewiesen. Zusammen mit den Hilfstruppen standen ungefähr 60000 Männer unter dem Kommando des Titus.
Entsetzen packte die Anführer der Parteien in der Stadt, als sie sahen, in welch großer Zahl die römischen Verbände vor den Mauern aufmarschierten. Sie begriffen endlich, daß sie durch ihren Bruderzwist dem Feind die Aufgabe erleichtert hatten. Jetzt entschlossen sie sich, die Abwehr der Belagerung gemeinsam anzupacken. Die beiden bedeutendsten Persönlichkeiten, Johannes und Simon, einigten sich auf ihre Verantwortung in getrennten Befehlsbereichen. Johannes war zuständig für die Befestigung an der Ostseite der Stadt – Simon kommandierte die Verteidiger von der Nordostecke der Mauer an bis zum Teich Siloa im Süden.

Titus und sein Stab kamen rasch zur Einsicht, daß die Stadt natürlichen Schutz besaß gegen einen Angriff von außen. Das Kidrontal im Osten war ein tiefer Einschnitt – steil ragten die Hänge hinauf zur Stadtmauer. Ähnlich sah das Gelände im Süden und Westen aus. Nirgends bestand dort die Möglichkeit mit dem Rammbock die Mauer zu erreichen, und die Wurfmaschinen waren nicht kräftig genug, um Steine derart weit in die Höhe zu schleudern. Nur im Norden war der Boden eben und damit geeignet für die Aufstellung der Kriegsgeräte. Der Feldherr Titus machte dieselbe Erfahrung, unter der alle Angreifer zu leiden hatten: Die Verteidiger waren durch die Beschaffenheit des Geländes im Vorteil gegenüber den Angreifern.
Für die Attacke aus Norden sprach auch die Struktur der Stadt: Sie hatte sich weiter in der Ebene ausgedehnt. Das Gebiet nordwestlich des Tempels, das an Fläche doppelt so groß war wie Oberstadt und Unterstadt zusammengenommen, bestand aus weniger stabilen Gebäuden. Dieses Viertel war nicht in einer Zeit des Wohlstands gewachsen, sondern während der Jahre innerer Wirren in Jerusalem. Die Häuser waren niedrig und die Zwischenräume weit. Wichtiger aber war, daß die Mauer um die neuentstandenen Viertel nicht so hoch und nicht so stark war wie die Mauern, die das bisherige Gebiet umfaßten. Ein Durchstoßen dieser »dritten Mauer« könnte gelingen.
Hatte Titus zunächst noch die Hoffnung gehabt, die Verantwortlichen in der Stadt könnten beim Anblick der römischen Streitmacht sich dazu entschließen, die Kapitulation anzubieten, so wurde er enttäuscht. Jeder Versuch eines Unterhändlers mit Offizieren auf der dritten Mauer ins Gespräch zu kommen, wurde durch einen Hagel von Pfeilen beantwortet. Einer der Freunde des römischen Befehlshabers, sein Name war Nikanor, hatte sich zusammen mit Flavius Josephus – der nun völlig im Dienst der Römer stand – bis auf Rufweite an die jüdischen Posten herangewagt. Nikanor war den Offizieren auf der Mauer persönlich bekannt und wollte mit ihnen einen Dialog über die Sinnlosigkeit der Verteidigung beginnen. Doch auch Nikanor wurde mit Pfeilen beschossen und in die linke Schulter getrof-

fen. Daraufhin verbot Titus jegliche Kontakaufnahme mit dem Feind.
Die Römer hatten zuvor schon schlechte Erfahrungen mit jüdischen Kämpfern gemacht, die listig vorgingen: Sie rissen ein Stadttor auf und spielten die Verängstigten, denen Verfolger auf den Fersen waren. Sie schrien den römischen Vorposten zu, sie seien friedliebende Leute und würden deshalb von den Kriegstreibern vor die Stadt hinausgejagt werden. Sobald sich jedoch die Soldaten der Vorposten näherten – im Glauben, sie hätten jetzt die Möglichkeit, das offene Tor zu besetzen – wurden sie von der Mauer herunter mit Steinen beworfen. Dutzende von Römern erlitten den Tod. Die »Verängstigten« aber befanden sich längst wieder hinter der Mauer.
Das Hauptquartier des Befehlshabers der Belagerungsarmee befand sich auf dem Scopusberg. Von dort hatte Titus den besten Blick auf den nördlichen Teil von Jerusalem und auf den Tempel. Er sah auch auf die beiden eigenen Lager im Nordwesten und im Westen der dritten Mauer. Vom Scopusberg aus traf Titus seine strategischen und taktischen Entscheidungen. Er ordnete an, das Gelände vor der Mauer von allen Gebäuden, Gebüschen, Bäumen und Mäuerchen freizuräumen, damit ein freies Feld entstand, auf dem etwaige Ausfälle der Verteidiger rasch erkannt und abgewehrt werden konnten.
Mit Sorge beobachtete Titus, daß auf den Mauern Wurfmaschinen ganz moderner Bauart aufgestellt wurden, die bei näherer Betrachtung seinen Offizieren bekannt vorkamen. Es handelte sich um die Geräte, die das Heer des Cestius Gallus bei der Flucht über die »Steige von Bet-Horon« hatte stehenlassen. Die Maschinen waren einsatzfähig und in der Lage, schwere Steine weit zu schleudern. Die Sorge des Befehlshabers, seine Leute könnten getroffen werden, verminderte sich jedoch rasch, als ihm gemeldet wurde, die jüdischen Kämpfer hätten keine Ahnung, wie sie mit den Zielvorrichtungen der Wurfmaschinen umgehen sollten: Sie versuchten zwar zu schießen, trafen jedoch nichts.
Als die Erkundung des künftigen Kampfplatzes abgeschlossen war, verlegte Titus sein Hauptquartier näher an die dritte Mauer heran. Er wollte die Wirkung der »Mauerbrecher« beobachten. Auf seinen Befehl hin wurden die fahrbaren Belagerungstürme an die Nordmauer herangeschoben. In ihrer Basis be-

fanden sich die gewaltigen Stoßhämmer, die – von vielen kräftigen Männern angeschoben – mit Wucht gegen Quadermauern prallten, und denen letztlich, wenn sie lange genug ungestört eingesetzt werden konnten, keine Stadtbefestigung widerstand. Die ständige Wiederholung der Schläge zermürbte jedes Gemäuer. Erst entstanden Sprünge an den Quadern, dann zerbrachen die Steine. Lücken wurden sichtbar und schließlich Löcher. Es konnte Wochen dauern, doch schließlich stürzte der Mauerabschnitt ein. Durch die Bresche konnte dann der Sturmangriff erfolgen.
Die wuchtigen Schläge zerstörten nicht nur Stadtmauern, sondern auch die Widerstandskraft der Verteidiger, der Bewohner. Der Aufprall der Rammböcke war als furchtbares dumpfes Dröhnen in der ganzen Stadt zu vernehmen – Tag und Nacht. Es hallte den Menschen in den Ohren, raubte ihnen den Schlaf, machte sie nervös. Sie wußten, daß sie jeder Schlag dem Untergang näher brachte. Flavius Josephus berichtet, die Bewohner hätten zu schreien angefangen, seien in Panik auf den Straßen hin und her gerannt. Dem furchtbaren Knall des Aufpralls entkam niemand.
Nur eine Taktik konnte es geben, um dem Gedröhne ein Ende zu bereiten: Die hölzernen Belagerungstürme mußten in Brand gesetzt werden. Dies war möglich mit Hilfe von brennenden Pfeilen. Dagegen konnten sich die Besatzungen der Türme wehren: Sie bespannten die Holzkonstruktion mit feuchten Fellen und nassen Tüchern.

Den Verteidigern von Jerusalem gelang es mehrmals, die Türme der Römer in Brand zu setzen. Besonders kühne Männer sprangen von der Mauer auf die hölzernen Gestelle hinüber, rissen die nassen Tücher und Felle weg und brachten Brandsätze an. Um derartig tollkühne Einsätze junger Juden zu verhindern, ließ Titus Bogenschützen neben und auf den Türmen Stellung beziehen. Sie hatten auf jeden zu schießen, der sich anschickte von der Mauer zu springen.

Die Verteidiger reagierten durch Änderung ihrer Taktik. Sie schickten Stoßtrupps aus den Toren, die große Brandsätze mit sich schleppten, die sie unter die Belagerungstürme zu werfen hatten. Die römischen Soldaten, völlig überrascht, ließen sich

zunächst überrumpeln. Elitetruppen mußten herbeigeordert werden, um die Angreifer abzudrängen. Nur unter großen Anstrengungen konnten die Belagerungsmaschinen vor der Zerstörung durch Feuer bewahrt werden.
In einer der Nächte dieses Sommers geschah es, daß einer der hölzernen Türme von selbst zusammenstürzte. Da die 25 Meter hohe Holzkonstruktion aus gewaltigen Balken bestand, war der Zusammenbruch mit lautem Getöse verbunden. Die Legionäre in den Lagern erwachten und glaubten, ein Angriff der Verteidiger habe begonnen. In der Dunkelheit rannten die Soldaten zwischen den Zelten umher auf der Suche nach einem Feind. Es dauerte lange, bis wieder Ruhe eintrat.
Am 15. Tag der Belagerung gelang es dem größten der Mauerbrecher, dem die Römer den Namen »Nikon« gegeben hatten, eine Bresche in die dritte Mauer zu schlagen. Die Verteidiger, die vorausgesehen hatten, daß sie diesen Erfolg der Römer nicht mehr verhindern konnten, hatten den nördlichsten Teil der Stadt zuvor schon geräumt und sich auf die zweite Mauer, die weit stärker war, zurückgezogen. Offenbar war ihnen die Aufgabe der Nordstadt leicht gefallen. Die Verkleinerung des zu verteidigenden Gebiets brachte einen Vorteil: Die Verteidiger konnten enger zusammenrücken und kamen mit weniger Mannschaft aus. Noch erschien die Lage in der Stadt nicht hoffnungslos.
Die Belagerungstürme wurden nun zur zweiten Mauer gebracht. Noch war Titus unschlüssig, an welchem Abschnitt er die Mauerbrecher ansetzen sollte. Da sah er auf einem Turm einen jungen Juden, der sich nicht vor den Bogenschützen fürchtete. Er machte Späße oben auf der Plattform und verspottete die Legionäre. Darüber ärgerte sich Titus, und er ordnete an, gerade dieser Turm sei mit dem Rammbock anzugreifen.
Wieder hallte das dumpfe Dröhnen durch die Stadt, ohne Unterlaß. Diesmal aber war es lauter, denn der Turm gehörte zur zweiten, inneren Mauer, die Wohngebiete umschloß. Der ohrenbetäubende Lärm machte jede Hoffnung zunichte. Die Bewohner waren sich bald bewußt, daß nachdem die äußere Mauer bezwungen war – auch in diese Befestigung eine Bresche geschlagen werden würde.
Fünf Tage nachdem der Einbruch in die Nordstadt gelungen

war, brach der Turm unter der Wucht der Schläge des Rammbocks zusammen. Damit war eine Lücke entstanden in der Befestigung der oberen Stadt. Der Befehlshaber gehörte zu den ersten, die durch die Bresche stiegen. Titus befand sich mit seiner Leibgarde in den Gassen der Händler von Wolle und Kleidern; auch die Schmiede hatten ihre Werkstätten in jener Neustadt.
Titus ordnete jetzt an, die Häuser seien zu verschonen – und die Bewohner auch. Er untersagte die Plünderung. Die Absicht war, den Bewohnern und den Verteidigern der noch nicht eroberten Stadtviertel zu zeigen, daß er menschlich sein konnte – und daß im Falle der Kapitulation niemand sein Hab und Gut verlieren und niemand an seinem Leibe Schaden erleiden würde.
Die Kommandeure der Verteidiger aber glaubten, die Römer seien erschöpft und zu keinen Anstrengungen mehr fähig. Sie waren überzeugt, der Zeitpunkt sei günstig für einen Angriff auf die Legionäre, die sich innerhalb der zweiten Mauer befanden. Die Entschlossenen stürzten sich aus den Häusern auf den Feind.

Die römischen Offiziere und die Soldaten hatten nicht mit einem derartigen Angriff gerechnet. Sie brachten es nicht fertig, die Angreifer niederzuringen. Sie wichen sogar zurück. Titus selbst bereute es nun, daß er die Schonung der oberen Stadt angeordnet hatte. Vor allem ärgerte es ihn, daß die Bresche in der Mauer nicht sofort, gemäß den Regeln der Kriegskunst, erweitert worden war. Es erwies sich nämlich als notwendig, die eingedrungenen Legionäre wieder aus der Stadt zu bringen. Da die Öffnung in der Mauer zu schmal war, benötigte der Rückzug Zeit. Die angreifenden jüdischen Kämpfer bedrängten die Römer, die sich, aus Mangel an Bewegungsfreiheit, schwer wehren konnten. Nur unter Verlusten gelang die Flucht aus der oberen Stadt.
Die römischen Offiziere trugen selbst die Schuld an dieser Niederlage. Sie hatten einen wichtigen Grundsatz ihrer Kriegskunst nicht befolgt, der ausdrücklich vorsah, daß ein Angriff nur nach gründlicher Vorbereitung und nach Erkundung des Geländes und der Kampfkraft des Gegners stattfinden dürfe. Blinde Siegessicherheit hatte zum Mißerfolg geführt.
Verlustreich waren die Kämpfe der nächsten Tage für beide Sei-

ten. Die Legionäre griffen wieder an der Bresche der inneren Mauer an und wurden mehrfach zurückgeschlagen. Schließlich aber erlahmten die Verteidiger. Den Römern gelang der zweite Einbruch in das Viertel der Händler von Wolle und Kleidern und der Schmiedewerkstätten. Diesmal vermied Titus den Fehler milde zu sein – Häuser wurden angezündet, Gefangene getötet. Vor allem aber ließ der Befehlshaber die nördlichen Abschnitte der Stadtmauer noch während der Kämpfe niederreißen. Noch einmal sollte die Stadt nicht zur Falle für seine Truppen werden.
Auch als die obere Stadt gefallen war, erfolgte kein Angebot zur Kapitulation. Im Gegenteil, die Verteidiger setzten plötzlich die Kriegsmaschinen ein, über die sie verfügten. Während der Tage der Belagerung hatten sie gelernt, mit den Zielvorrichtungen umzugehen. Auf der dritten Mauer und auf den Befestigungswällen des Tempels standen mehr als 300 Steinwurfgeräte. Mit ihren Geschossen war es nun möglich, das Vorrücken der römischen Belagerungstürme zu verhindern. Titus befahl, mit der Aufschüttung von Erde bei der Festung Antonia zu beginnen. Dort sollte die nächste Phase des Angriffs stattfinden. Als die Erdwälle fertig waren, konnten endlich auch die Belagerungstürme näher an die Mauer herangebracht werden. Da geschah das für die Römer Unfaßbare: Der Boden wankte, brach ein. Die Erdwälle versanken und die Türme stürzten um. Die Soldaten und die Offiziere, die schon geglaubt hatten, jetzt könne der letzte Sturm auf Jerusalem beginnen, sahen sich um den Lohn der mühsamen Schanzarbeit betrogen. Es dauerte einige Zeit, bis sie den Ablauf der Ereignisse begriffen.
Johannes von Gischala, der Kommandeur der Verteidiger im Tempelbereich, hatte von der Burg Antonia aus unter der Erde Stollen graben lassen, deren Wände und Decken durch Holz abgestützt waren. Die Stollen, die auf die Erdwälle und die Belagerungstürme der Römer zuliefen, waren mit trockenem Buschwerk gefüllt, das mit Asphaltbrocken aus dem Toten Meer vermischt worden war. Feuer, an dieses Buschwerk gelegt, verkohlte bald die Stützhölzer – Wände und Decken der Stollen brachen ein. Erdwälle und Belagerungsmaschinen hatten kein Fundament mehr und stürzten zusammen.
Der Berichterstatter Flavius Josephus, der zu den Römern übergelaufen war und Sympathie für seine neuen Herren in seinen

Schriften beweisen mußte, konnte dennoch seine Bewunderung für den Mut der jüdischen Verteidiger nicht verbergen, wenn er über die tollkühnen Ausfälle junger Männer berichtet, die »ohne Furcht« die gegnerische Front durchbrachen, um die Besatzungen der Rammböcke anzugreifen. Häufig seien sie dabei so erfolgreich gewesen, daß an einigen Frontabschnitten die vorderste Linie der Belagerungstruppen zurückwich und ihr Kriegsgerät vor der Mauer stehenließ. Die Erzählungen des Flavius Josephus über derartige Ereignisse endeten fast immer mit dem persönlichen Eingreifen des Befehlshabers Titus, der unter Einsatz des eigenen Lebens, zusammen mit seiner Elitetruppe, jede schwierige Situation gemeistert habe.
Die todesmutig durchgeführten Ausfälle der jüdischen Kämpfer, gaben den Stabsoffizieren der Römer zu denken: Offenbar hatten die Verteidiger mit dem Leben abgeschlossen – den Sinn ihrer restlichen Existenz sahen sie darin, möglichst viele ihrer Feinde in den Tod mitzureißen. Eine militärische Aktion, die unmittelbar im Norden der Zitadelle stattgefunden hatte, war Ursache der Überlegungen: Aus einem verborgenen Tor, das im Winkel lag, der durch das Zusammentreffen der drei Stadtmauern gebildet wurde, drang ein Stoßtrupp gegen das im Westen der Oberstadt gelegene Lager der Legionäre vor. Diese Aktion brachte zwar den Verteidigern keine wesentliche Entlastung, doch sie bewies den Römern, daß sich die jungen Männer von Jerusalem mit dem Kampfgeist der Verzweiflung einsetzten. Da sie sicher seien, ohnehin sterben zu müssen – so argumentierten die römischen Stabsoffiziere – sei den jüdischen Kämpfern der Abgang von der Erde mit dem Schwert in der Hand der ehrenvollste.
Die Konsequenz dieser Überlegungen war, daß die Mehrheit der Berater im Hauptquartier des Titus dafür eintrat, die Verteidiger auszuhungern. Durch Verstärkung der Wachen rings um Jerusalem müsse künftig gewährleistet sein, daß sich niemand in die Dörfer des Jordantals hinunterschleichen könne, um von dort Verpflegung in die Stadt zu holen.
Titus wiederum fand es wenig ehrenvoll, mit einer gewaltigen Streitmacht Ausgänge einer Stadt bewachen zu müssen, die doch eigentlich reif dafür war, gestürmt zu werden. Der Befehlshaber gab seinen Offizieren recht, wenn sie sagten, den Legionären sei die Aufschüttung neuer Wälle vor der Antonia

nicht mehr zuzumuten, an Schanzarbeiten um Angriffsrampen zu schaffen, könne deshalb nicht gedacht werden. Am Ende der langen Aussprache einigten sich Kommandeur und Offiziere, daß wohl die Strategie des Aushungerns den meisten Erfolg verspreche – auch wenn sie nur bei längerer Kriegdauer zu wirken beginne. Beschlossen wurde, die Legionäre doch zu Erdarbeiten einzusetzen – allerdings anderer Art: Sie hatten einen Wall aufzuwerfen, der die Stadtviertel, die sich noch in der Hand der Verteidiger befanden, völlig umschlossen. Es gelang den Offizieren, die Soldaten davon zu überzeugen, daß dies eine sinnvolle Arbeit sei. Der Ringwall werde den Transport von Lebensmitteln in die Stadt verhindern – die Verteidiger, die ohnehin schon an Hunger litten, würden weiterhin geschwächt und bald schon unfähig sein, ein Schwert zu führen.
Der Erdwall, der nun entstand, bildete einen Kreis um das Zentrum von Jerusalem: Er durchschnitt die neuen Stadtteile im Norden, verlief im Osten am Grunde des Kidrontals und machte beim Teich Siloa einen Knick, um der alten Stadtmauer in Richtung Westen, und dann nach Norden zu folgen. Seine Länge betrug rund 4500 Meter.

Die Strategie des Aushungerns erzielte schon nach wenigen Tagen Wirkung: In Jerusalem stieg die Zahl der Toten durch Verhungern an. Flavius Josephus beschreibt die Zustände in der Stadt so:
»Die engen Gassen waren bedeckt von Leichen, die aufgedunsen waren. Die Menschen brachen zusammen, wo sie eben standen. Niemand war in der Lage, für die Angehörigen ein Grab zu schaufeln. Es gab keine Totenklage und keine Trauer mehr. Stille legte sich über die Stadt. Doch es waren Räuber unterwegs, Leichenschänder, die in die Häuser eindrangen, um die Toten zu berauben.«
Titus, der täglich dem Erdwall entlang ritt, sah, wie die Toten von der Mauer in das Kidrontal hinuntergeworfen wurden. Tausende von Körpern lagen dort im Sand und im niederen Gebüsch. Titus nahm den Gestank der verfaulenden Leichen wahr, die sich in der Sonnenhitze rasch zersetzten. Gefühle des Triumphes soll er nicht empfunden haben.
Er gab Anweisung, Überläufer, die sich von der Mauer abseilten um dem Hunger zu entkommen, gut zu verpflegen. Doch

diese Maßnahme erwies sich für manchen als Unglück. Die Körper, an Nahrungsaufnahme nicht mehr gewöhnt, hielten der Belastung durch kräftige Kost nicht stand. Wer sich nicht beherrschen konnte, der starb qualvoll nach erfolgreicher Flucht.
Die römischen Soldaten wußten zwar, daß sie letztlich Sieger sein würden, doch sie fühlten auch, daß sie nach dieser Belagerung wenig Ruhm ernten würden. Nicht einen einzigen triumphalen Erfolg hatte Titus bisher seinem Vater Vespasianus nach Rom melden können.
Es zeigte sich, daß die Legionäre Angst empfanden vor der Wildheit der Verteidiger. Sie zögerten mit dem Angriff auf die Festung Antonia, deren Mauern unbezwingbar erschienen. Doch die Einnahme der Antonia an der Nordwestecke des Tempelbereichs war die Voraussetzung für die Eroberung des Heiligtums selbst, das den Mittelpunkt des jüdischen Widerstands bildete. Es blieb dem Befehlshaber nichts anderes übrig, als noch einmal das Aufschütten von Erdrampen anzuordnen – auch wenn die Legionäre murrten. Zwei dieser Rampen sollten den Sprung auf die Plattform der Antonia ermöglichen.
Erdrampen aber konnten nur entstehen, wenn die Erde seitlich durch Holz abgestützt wurde. In der Nähe von Jerusalem aber befand sich kein Baum und kein Strauch mehr. Von weither mußten Baumstämme geschleppt werden. Die Landschaft veränderte sich damals: Sie wurde kahl.
Als die Rampen fertiggestellt waren, erklärte sich zunächst niemand bereit, von ganz oben den Sprung zur Antonia zu wagen. Erst Tage später entschlossen sich einige Legionäre im Schutz der Nacht in die Festung einzudringen. Es gelang ihnen, die Verteidiger zu überrumpeln. Die Verwirrung wurde von den römischen Einheiten ausgenützt. Die Erdrampen bewährten sich – sie trugen die Masse der Legionäre nach oben, doch der Kampf fiel den Römern nicht leicht. Nach Augenblicken des Durcheinanders formierten sich die jüdischen Kämpfer zu einer taktisch geschickt aufeinander abgestimmten Verteidigungslinie. Die Römer hatten viele Opfer zu bringen, doch noch während der Morgenstunden jenes Tages gelang es ihnen durch Hartnäckigkeit den Widerstand zu brechen und die Antoniafestung in ihre Hand zu bekommen. Ihr erster Vorstoß in den Tempelbereich aber wurde abgewiesen.

Im Heiligtum war inzwischen jeder Gottesdienst und jede Form von Opferung eingestellt worden. Einigemale hatten Steingeschosse, von Katapulten geschleudert, Altar und Priester getroffen. Diese Beschießungen ließ Titus nun einstellen. Er wollte nicht, daß der Tempel noch stärker beschädigt werde. Der Feldherr betonte immer wieder, er sie auch weiterhin keinesfalls an der Vernichtung der Stadt interessiert – noch immer hoffe er, daß die Verteidiger kapitulierten.
Sie dachten allerdings nicht daran, ihren Kampf als verloren aufzugeben. Im Gegenteil: Einen Tag nach dem sie die Antonia unter dem Ansturm der Legionäre geräumt hatten, wagten jüdische Kämpfer einen Ausbruch aus der Tempelfestung. Sie wollten während der späten Vormittagsstunden, in denen gewöhnlich nicht gekämpft wurde die Wachsamkeit der römischen Posten prüfen. Ihr Ziel war das Römerlager auf dem Ölberg. Es war ihre Absicht, von dort Proviant für die hungernde Stadt zu holen. Tatsächlich konnten sie unbemerkt unten im Kidrontal den Erdwall übersteigen, dann aber gerieten sie in ein Handgemenge mit herbeieilenden Legionären. Sie schlugen sich mutig und beherrscht, doch besaßen sie nicht mehr die Energie, um sich gegen die gutgenährten Römer zu behaupten. Dem Stoßtrupp blieb schließlich nur noch die Möglichkeit zur Flucht: Die Männer rannten das Kidrontal hinunter, wurden jedoch von römischen Soldaten eingefangen.
Unmittelbar nach der Eroberung der Festung Antonia hatte Titus befohlen, deren Quadermauern völlig abzutragen. Nach einer Woche war dieser Befehl ausgeführt. Ein breiter Platz war entstanden für den Aufmarsch der Streitmacht, die den Tempel erobern sollte. Dann wurde das Baumaterial der Erdrampen an der Antonia dazu benutzt, an der Nordmauer des Heiligtums aufgeschüttet zu werden. Die Legionäre waren während der heißen Sommermonate eher mit ihren Schaufeln beschäftigt als mit ihren Schwertern. Dieser Feldzug gegen Jerusalem mißfiel ihnen mehr und mehr.
Als die Dämme die Mauerkrone des Tempels erreicht hatten, da standen ganz oben, gegenüber den Verteidigern auf den Zinnen, Römer bereit, um hinüberzuspringen – doch sie zögerten, weil ihnen die Zahl der jüdischen Kämpfer in den vor ihnen liegenden Tempelhallen zu groß erschien. Doch auf einmal sahen die zögernden Römer, daß die Verteidiger davonrannten. Sie

entschlossen sich, dem Gegner zu folgen. Kaum war jedoch der Haufen der Römer, der wohl keine 100 Kämpfer stark war, in die nordwestlichen Hallen eingedrungen, flammten Feuer auf und schwerer schwarzer Rauch stand zwischen den Säulen.

Wieder hatten die Verteidiger mit einer List Erfolg. Die Feuerfalle war gut vorbereitet. Haufen von trockenem Gestrüpp mit Asphalt aus dem Toten Meer vermischt, waren in den Hallen bereitgelegt worden in Erwartung der Angreifer. Flavius Josephus wußte zu berichten: »Die Männer in der Halle, von der Feuersbrunst überrascht, verfielen in Panik. Sie suchten einen Ausweg und rannten weiter in den Tempel hinein. Andere versuchten durch die Flammen zu den Ihrigen zurückzukehren. Viele töteten sich selbst, um nicht lebendig vom Feuer verzehrt zu werden.«

Der improvisierte römische Angriff auf den Tempelbereich war mißlungen. Titus fühlte, daß er ernsthafte Maßnahmen zu einer raschen Eroberung von Jerusalem ergreifen mußte – wenn er sich nicht blamieren wollte. Während der vergangenen Tage war er zur Einsicht gelangt, daß die »Mauerbrecher« gegen die Quader des Bauwerks aus der Zeit des Königs Herodes nichts ausrichten konnten. Er zog die »Widder« und die Belagerungstürme zurück. Ein entschlossener Angriff über die Rampen und über eigens gefertigte Leitern wurde vorbereitet.

Der Angriff schien zunächst erfolgreich zu verlaufen. Die ersten Feldzeichen wurden auf den Mauern des Tempelbereichs aufgepflanzt. Auf einmal aber sahen sich die Angreifer einer Übermacht gegenüber. Die jüdischen Kämpfer packten die Feldzeichen und zerschlugen sie. Die Legionäre aber flohen über die Rampen hinunter.

Titus änderte jetzt die Angriffstaktik. Er ließ ein hölzernes Tor des Tempels anzünden, das mit Silberbeschlägen versehen war. Das Silber schmolz und nährte sogar noch die Flammen. Das Feuer züngelte in die Hallen hinein und griff bald auf das Holzgebälk über. Schließlich standen die meisten der Tempelhallen in Flammen. Einen Tag und eine Nacht wütete der Brand.

Der Widerstand der Juden aber war noch nicht gebrochen. Sie beherrschten weiterhin die inneren Gebäude des Heiligtums. Titus beriet sich mit seinem Stab, ob es in dieser Situation des Krieges noch möglich sein würde, das eigentliche Tempelbauwerk, das dem Feldherrn überaus gefiel, zu verschonen. Noch waren nur die äußeren Hallen ein Opfer des Feuers geworden. Titus wollte nicht verantwortlich für die Zerstörung des Heiligtums der Juden sein – sein Name sollte nicht im »Buch der Geschichte« mit der Zerstörung des Tempels von Jerusalem in Verbindung gebracht werden. Seine Offiziere aber waren der Ansicht, solange der Tempel bestehe, werde er Sammelpunkt sein für rebellische Geister unter den Juden. Nur seine völlige Vernichtung könne verhindern, daß der »jüdische Krieg« wieder aufflamme. Titus setzte sich durch: Der Tempel müsse erhalten bleiben, er werde künftig ein besonderes Schmuckstück des Römischen Reiches sein. Er werde auch als Beweis dienen dafür, daß die Römer im Siege mild und großzügig zu sein pflegten.

Doch es geschah, daß ein Legionär die Brandfackel in das Innerste des Heiligtums warf. Sofort schlugen die Flammen hoch auf. Titus, der rasch herbeigeholt wurde, schrie seinen Männern den Befehl zu, Wassereimer zu holen und zu löschen. Die Soldaten gehorchten nicht. Flavius Josephus führte die Befehlsverweigerung darauf zurück, daß Gott längst den Untergang des Heiligtums beschlossen hatte.

Niemand konnte mehr die Soldaten vor der Plünderung der innersten Räume, die noch nicht brannten, zurückhalten. Als Titus sah, daß seine Männer jede Rücksicht und jede Besinnung verloren, verließ er den Tempelbereich. Nun wußten die Legionäre, daß sie keiner mehr zügeln würde: Sie raubten und mordeten. Das Prasseln der Feuer mischte sich mit dem Wehklagen der drangsalierten Bevölkerung. Wer noch jammern konnte, der beklagte den Untergang des Tempels der Juden.

Die Zerstörung des Heiligtums sei, so sagen die Gelehrten der heiligen Schriften, am selben Tag des jüdischen Monats Av geschehen, an dem – 657 Jahre zuvor – die Babylonier den ersten Tempel vernichtet hatten. Jahwe habe mit Absicht die Wiederholung am selben Tag stattfinden lassen. Von den letzten Augenblicken der Existenz des zweiten Tempels der Juden berichten Schriften, die den Gläubigen heilig sind. Erzählt wird, daß der Hohepriester, als der Tempel in Flammen stand, auf das Dach des Heiligtums stieg. Er hatte den Tempelschlüssel in der Hand. Er rief Gott an und sagte: »Wir sind nicht wert, Dein Amt zu verwalten! Nimm den Schlüssel zu Deinem Haus zurück!«

Dann warf der Hohepriester den Schlüssel in die Höhe. Eine Hand sei in den Wolken zu sehen gewesen, die den Schlüssel aufgefangen habe.
Nach dem Tempel brannten auch bald die Häuser.
Ohne den Befehlshaber um seine Meinung zu fragen, ließen die Kommandeure die Häuser im Umkreis des Heiligtums anzünden. Den Soldaten aber gaben sie zuvor noch Gelegenheit, daraus wegzutragen, was wertvoll war. Für jeden der Legionäre, der den Sommer des Schreckens überlebt hatte, fiel reiche Beute ab.

Jetzt erst waren die Anführer der Verteidiger bereit, mit Titus über eine Kapitulation zu reden. Die Verhandlungen sollten auf der Brücke geführt werden, die den Tempel mit der Oberstadt verband. Dort fanden sich Johannes und Simon ein, die führenden Köpfe des Zelotenaufstands. Sie waren von der Stadt her gekommen; Titus aber stand auf dem Boden des Tempels. Der Kaisersohn hielt eine lange Rede, in der Ursache und Geschichte des Konflikts zwischen Juden und Römern zusammengefaßt wurden. Er sprach von seiner eigenen Nachsicht und Mäßigung. Die Schuld an der Vernichtung des Tempels wies er den Juden zu, »ihr habt das Heiligtum, das euerem Volk seit alters her von überragender Bedeutung war, selbst eingeäschert.« Zum Schluß der Rede bot er an, das Leben der Rebellen zu schonen, wenn sie sofort erklärten, daß die Kämpfe eingestellt werden würden.
Johannes und Simon gingen auf die Worte des Siegers nicht ein. Sie antworteten, es liege ihnen fern, um Gnade zu bitten. Sie hätten die Absicht, sich in die Wüste zurückzuziehen. Nur für die Frauen und Kinder erbäten sie Schonung. Die Kämpfe würden selbstverständlich sofort beendet werden.
Titus geriet in Zorn über diese Form der Kapitulation. Er lehnte sie ab. Vom Eingang des Tempels aus erklärte er, sein Ziel sei jetzt die völlige Vernichtung der Stadt. Nichts mehr dürfe übrigbleiben. Bald darauf stand ganz Jerusalem in Flammen.

Ein Gebäude gab es noch, in dem Widerstand geleistet wurde: Der einstige Palast des Herodes. In ihn hatten die Vornehmen das Eigentum gebracht, das ihnen noch geblieben war. In ihm verschanzten sich nun die Radikalen der Zelotenrebellion. Sie

hofften, sich mit den Schätzen davonstehlen zu können. Vom einstigen Herodespalast aus gab es unterirdische Gänge. In diesen verbargen sie sich, in der Hoffnung, die Römer würden die Stätte der Verwüstung bald schon wieder verlassen und aus Jerusalem ins Winterquartier abziehen. In den Gängen unter der Stadt verwahrten sie auch die angesammelten Schätze.
Johannes und Simon befanden sich noch in der Stadt, um Widerstand gegen die Römer zu organisieren. Sie glaubten, die Idumäer, die sich in der Unterstadt festgekrallt hatten, würden noch zu ihnen halten. Ihr Plan war, diesen Truppenverband, der Zusammenhalt bewiesen hatte, in der Zitadelle zu stationieren, deren drei Türme die obere Stadt überragten. Die beiden Zelotenführer glaubten, mit Hilfe der Idumäer in der Festung den Widerstand solange fortsetzen zu können bis Wind und Wetter des Winters im judäischen Bergland den Feind vertrieb. Wäre der Idumäerverband dazu bereit gewesen, hätten die Römer erneut ihre Rammböcke, die »Mauerbrecher«, einsetzen müssen, um das Gemäuer dieser alten Burg zu zermürben. Die Legionäre hatten dazu keine Kraft mehr, denn der Wechsel zwischen Enttäuschung und Erfolg hatte sie müde gemacht in diesem heißen Sommer.
Daß den Römern Mühen erspart blieben, ist an den Mauern des Hauptturmes zu erkennen, die bei Ausgrabungsarbeiten freigelegt wurden. Die Basis des Palastturmes ist gefunden worden – der fälschlicherweise als Davidsturm bezeichnet wird. Er war einst nach Phasael, dem Bruder des Herodes, benannt worden.
Die einzelnen Quader des Fundaments erscheinen keineswegs mächtig. Sie haben eine Länge von höchstens einem Meter, doch sie liegen in mehreren Schichten hintereinander. Dadurch erhielt das Gemäuer große Stabilität. Es bildet ein Quadrat von 21,5 Metern Seitenlänge. Beschädigungen, die auf Kriegsereignisse zurückzuführen waren, sind nicht zu erkennen.
Unzerstörbar wäre dieses Fundament nicht gewesen – doch das Gemäuer zu erschüttern, hätte Zeit gekostet. Titus aber durfte den Feldzug nicht bis in den Winter hinein verlängern – er fühlte sich deshalb erleichtert, als die Anführer der Idumäer Kontakt zu ihm aufnahmen, um ihn zu fragen, ob sie und ihre Männer, im Falle der Kapitulation, Schonung erwarten dürften. Titus versprach, keiner der Idumäer werde zur Rechenschaft

gezogen werden für seine Beteiligung am Aufstand gegen die Römer.
Simon bar Giora – durch die Begegnung mit Titus keineswegs klüger geworden – erfuhr von der Absicht der Idumäerführung, den Kampf einzustellen. Er ließ die fünf Männer, die mit Titus geredet hatten, durch das Schwert hinrichten. Da dennoch Gefahr bestand, daß die Truppe in einzelnen Haufen nach und nach die Stadt verließ, um zu den Römern zu fliehen, verstärkte Simon die Posten auf den Mauerabschnitten, die noch seiner Kontrolle unterstanden.

Diese Maßnahme nützte nichts. Die Wachen konnten zwar einige der Fliehenden aufhalten, doch den meisten der Idumäer gelang es, die Stadt zu verlassen. Sie wurden alle von den Legionären aufgenommen und gut behandelt. Die römischen Soldaten, so bemerkt Flavius Josephus, hätten ohnehin keine Lust mehr gehabt, zu töten.
Johannes von Gischala und Simon bar Giora erkannten nun, daß jeder weitere Widerstand sinnlos war. Sie verloren völlig den Überblick. Sie hielten sich in der Festung auf, als ihnen gemeldet wurde, die Römer seien dabei, den Phasael-Turm zu besteigen. Ohne die Lage zu überprüfen, rannten sie und der Rest ihrer Anhänger aus der Zitadelle hinaus in die untere Stadt. Sie glaubten beim Teich Siloa eine Möglichkeit zum Ausbruch zu finden, doch die Legionäre beherrschten auch dort bereits die Mauern und trieben die Zelotenführer in die Stadt zurück. Aus dem Bericht des Flavius Josephus ist zu erfahren, daß sie sich beim Teich Siloa in unterirdische Gänge geflüchtet hätten – gemeint sind der Wassertunnel des Hiskia und andere Kanäle, deren Spuren heute noch direkt an der Straße am Kidrontal zu sehen sind. Tunnel und Kanäle waren wie geschaffen für Verstecke. Johannes von Gischala und Simon bar Giora aber hatten nicht für Lebensmittel sorgen können. Sie wurden in ihren Höhlen im Fels zwar nicht entdeckt, doch der Hunger trieb sie schließlich heraus.

»Von Jerusalem soll keine Spur mehr bleiben« – Die Stadt verschwindet vom Erdboden

Titus ritt nun in Jerusalem ein – durch die Breschen im Norden der Stadt. Noch immer waren weite Teile der Wohnviertel erhalten. Berichtet wird, der Befehlshaber sei erstaunt gewesen über die Höhe der Häuser und über die Anlage der Straßen. Ganz besonders interessierte er sich für die Türme der Zitadelle, deren Eroberung seinen Legionären erspart geblieben war. Seine Meinung war, daß die Mauern den Belagerungsmaschinen wohl lange widerstanden hätten – und er wunderte sich darüber, daß Johannes und Simon eine derart perfekte Verteidigungsanlage ohne Not aufgegeben haben. Flavius Josephus zitiert diese Äußerung des Befehlshabers: »Ich begreife, daß Gott in diesem Krieg auf unserer Seite stand. Er war es, der unsere Feinde aus dieser Festung vertrieb. Unsere Rammböcke hätten nichts gegen diese Mauern ausrichten können.«

Nach seinem Besichtigungsritt ordnete Titus an, die gesamte Stadt sei zu verbrennen – und was nicht brennen könne, sei abzubrechen. Nichts dürfe an Jerusalem und an seine rebellische Bevölkerung erinnern. Er betonte seinen Vernichtungswillen ausdrücklich: »Wenn einst ein Wanderer über diese öde Stätte geht, darf ihn kein Gedanke daran bewegen, daß hier jemals Menschen gewohnt haben.«

Die Bewohner der Stadt traf der Befehl mit Härte: Wer die Rebellion und den Krieg überlebt hatte, der wurde deportiert. Diese Aufgabe übernahmen die Sklavenhändler – die nun in Jerusalem ihre Ware nahezu umsonst erhielten, so riesig war das Angebot. Männer, die besonders kräftig waren, wurden zu den Steinbrüchen Ägyptens geschickt, andere wurden dazu bestimmt, in den Hauptstädten der Provinzen des Reichs in den Arenen gegen wilde Tiere kämpfen zu müssen. Die schönsten und größten der Männer aber sollten nach Rom gebracht, um dort im Triumphzug mitgeführt zu werden.

Die Zahl der Bewohner war während der gesamten Kriegszeit außerordentlich hoch gewesen. Der Grund ist darin zu suchen, daß sich zu Beginn der Belagerung viele Gläubige aus dem Umland in der Stadt befanden. Sie waren aus Anlaß des Festes der »ungesäuerten Brote« zum Tempel nach Jerusalem gewandert. Sie hatten die Anzeichen für den Beginn des Konfliktes nicht beachtet und waren vom Anmarsch der Römer überrascht worden. Die Sieger machten nun keinen Unterschied, ob jemand in der Stadt beheimatet oder nur Gast war: Gefangen und aus der Stadt getrieben wurden alle. So geschah es, daß die Deportation nicht nur Frauen und Männer aus Jerusalem, sondern aus dem gesamten Land Judäa betraf. Gläubige Juden waren damals schon der Meinung, dies sei ein Zeichen dafür, daß Jahwe mit seiner Strafe das Volk der Juden insgesamt geschlagen habe, als Sühne für Vergehen.

In der menschenleeren Stadt wüteten tagelang die Brände. Erzählt wird, die Sonne sei kaum zu erblicken gewesen über dem schwelenden Jerusalem. Die Archäologin Kathleen M. Kenyon fand bei Ausgrabungen auf dem südöstlichen Hügel Zeichen der Gewalt des Feuers: Zu erkennen sind Brandspuren an Mauern.

Eindeutiger aber sind Entdeckungen, die Professor N. Avigad an der Misgar-Ladachstraße, sie liegt im Gebiet der einstigen Oberstadt, gemacht hatte: Er war auf die Reste eines Hauses gestoßen, das einer vornehmen Familie gehört hatte. Professor Avigad konnte sogar den Namen dieser Familie feststellen: Auf einem steinernen Gewicht sind Buchstaben zu entziffern, deren Sinn bedeutet, daß dieses Gewicht dem »bar Katros« gehört habe. Talmud-Texten ist zu entnehmen, daß die Familie Katros zur Oberschicht der Priester in der Stadt gehörte.

Ihr Haus umfaßte allem Anschein nach zwei Stockwerke – wobei das obere Stockwerk beim Brand auf das untere heruntergestürzt ist. Im Erdgeschoß befanden sich die Eingangshalle, vier Zimmer, die Küche und eine Waschgelegenheit für rituelle Zwecke. Erhalten geblieben sind Mauerreste in Kniehöhe, aus denen jedoch der Grundriß des Katros-Hauses abzulesen ist. Die Mauern bestanden aus behauenen Steinen.

Beim Zusammenbruch des Hauses wurden Gegenstände verschüttet, die unter dem Schutt erhalten geblieben sind. Gefunden wurde ein Relief aus Stein, auf dem zwei Füllhörner zu erkennen sind, die einen aufrechtstehenden Granatapfel umrahmen. Ausgegraben wurden ein steinerner Tisch mit einem Bein und Splitter einer Vase aus Stein. Andeutungen einer Freskenmalerei sind im Katros-Haus erhalten geblieben, auf denen geometrische Figuren abgebildet sind. Über die Jahrhunderte wurde auch die Darstellung eines siebenarmigen Leuchters bewahrt. Avigad schloß aus diesem Fund, der wohl den Leuchter des Tempels darstellt, daß der Hausbesitzer tatsächlich ein hoher Tempelpriester war. Eine Entdeckung in den Überresten des Katros-Hauses gibt den Hinweis, daß offenbar nicht alle Bewohner bei der Zerstörung die Stadt bereits verlassen hatten. Im Mauerwerk, das der Küche zuzurechnen ist, wurden menschliche Knochen gefunden, die als Skelettreste einer jüngeren Frau identifiziert wurden. Avigad ist der Meinung, die Frau sei vom Einsturz des oberen Stockwerks überrascht worden.

Den Legionären des Titus gelang es nicht, wie befohlen, sämtliche Spuren des Tempels auszulöschen. Bewahrt worden ist – wenn auch zum Teil unter Trümmern begraben – die Mauerbasis der Tempelterrasse. Sie zu beseitigen war wohl den römischen Soldaten zu mühsam gewesen. Sobald ihr Befehlshaber Jerusalem verlassen hatte, war ihre Energie, Spuren zu tilgen, erloschen – die größten der Quader ließen sie aufeinander geschichtet. Ein Abschnitt des erhaltenen Gemäuers bildet die Klagemauer.

Auch in ihren Überresten ist die Mauer eindrucksvoll: Zu erkennen sind sieben Gesteinsschichten aus der Herodeszeit und vier Schichten, die der römischen Epoche zuzurechnen sind. Die einzelnen Steine sind im Durchschnitt 110 Zentimeter hoch und über drei Meter lang. Es gibt jedoch auch einen Koloß unter den Quadern, der über elf Meter lang ist und über 100 Tonnen wiegt. Archäologen sind bei Untersuchungen des Mauerwerks nördlich der Klagemauer auf noch größere Blöcke gestoßen. Einige der Forscher sind der Meinung, gerade dort seien noch Geheimnisse der Klagemauer zu entdecken – vielleicht sogar der Tempelschatz. Mancher glaubt, er habe vor den Legionären des Titus noch rechtzeitig in tiefen zugemauerten Gewölben versteckt werden können.

Gunnar Lehman, ein deutscher Archäologe am Deutschen Evangelischen Institut für Altertumswissenschaft in Jerusalem, berichtet von einer Grabung, die in den 80er Jahren dieses Jahrhunderts vom Rabbiner Jehude Getz durchgeführt wurde. Getz war überzeugt, nach der Analyse talmudischer und kabbalistischer Schriften genau zu wissen, wo wertvolle Relikte aus dem Tempel verborgen liegen. Der Rabbiner ließ einen Tunnel unter der Altstadt von Jerusalem graben. Als Palästinenser entdeck-

ten, daß unter ihren Häusern Ausgrabungen stattfanden, entstand Unruhe. Der Tunnel im Bereich der Klagemauer wurde versiegelt.
Die Klagemauer hat die Zerstörungswut der Römer überstanden. Den Beschluß, nichts dürfe von Jerusalem übrigbleiben, hat Titus selbst dann doch noch wenigsten in einem Fall aufgehoben: Der Phasael-Turm der Zitadelle sollte erhalten bleiben, als Denkmal des eigenen Sieges, aber auch als Beweis der Stärke der Befestigung von Jerusalem, die dennoch der römischen Kriegskunst nicht standzuhalten vermocht hatten.

Der siebenarmige Leuchter in Rom – Der Triumphzug des Titus

Im Durchgang des Titusbogens in Rom ist der Leuchter in Stein gehauen zu sehen: Sechseckig ist seine Basis, die sich in zwei Stufen erhebt. Die Männer, die auf diesem Relief den Leuchter tragen, lassen, aus dem Vergleich, dessen Maße erkennen: Der Sockel war wohl 40 Zentimeter hoch und der gesamte Leuchter 1,2 Meter. Dargestellt ist im Relief der Triumphzug des Titus nach der Heimkehr. Der siebenarmige Leuchter wird als wichtigstes Beutegut mitgeführt.
Flavius Josephus schildert, was im Frühjahr 71 n. Chr. in Rom stattfand:
»In der Nacht war das gesamte Heer in voller Stärke vor der Stadt beim Tempel der Isis angetreten. Im Palast, der sich dort befindet, ruhten sich Vespasianus und Titus aus. Sobald der Morgen anbrach, traten die beiden, mit dem Lorbeerkranz auf dem Haupt und mit dem Purpurgewand angetan aus dem Palast. Sie wurden bereits von den Senatoren und von den Vornehmen des Staates erwartet. Dort befand sich eine Tribüne, auf deren Sessel aus Elfenbein standen. Darauf setzten sich die Triumphatoren. Da erhoben die Legionäre ein Freudengeschrei. Sie bejubelten die Taten der beiden. Dann empfing Vespasianus die Glückwünsche. Sobald Ruhe eintrat, stand er auf und sprach das Gebet, das für diesen Augenblick vorgeschrieben war. Zuvor jedoch verbarg er sein Gesicht im Gewand. Nach Vespasianus betete Titus. Hierauf hielt der Kaiser eine kurze

Rede und entließ die Truppen zum Morgenmahl, das vom Kaiser gespendet wurde. Auch Vespasianus und Titus nahmen ihr Morgemahl ein. Als das Mahl beendet war, zogen sie die für Triumphzüge üblichen Gewänder an, opferten den Göttern in deren Heiligtümern und eröffneten dann den Triumphzug, der durch alle weitläufigen Arenen führte. Erstaunen erregten die tragbaren Holzgerüste, auf denen wichtige Vorkommnisse aus dem Krieg dargestellt waren. Da war zu sehen, wie Verwüstung ein bisher reiches Land zum Ruin führt, wie Feinde in großer Zahl den Tod finden, wie eine Masse die Flucht ergreift und ein ganzes Volk in Gefangenschaft gerät. Auf weiteren Gerüsten war zu erkennen, wie Mauern zusammenbrechen unter den Stößen der Rammböcke, wie Brandfackel in den Tempel geworfen werden, wie Menschen unter herunterstürzendem Mauerwerk begraben werden. Hinter jedem dieser Gerüste folgte der feindliche Befehlshaber einer Stadt. Als diese Schaustücke vorübergezogen waren, wurden jenes Beutegut unter dem Jubel der Zuschauer im Triumphzug mitgeführt, das aus dem Tempel von Jerusalem stammte. Da war ein Tisch zu bestaunen, der ganz aus Gold bestand. Da sah man einen Leuchter der Art, die sonst in der Welt unbekannt war: In der Mitte befand sich ein Schaft, aus dessen Seite sechs Arme wuchsen – so bestand der Leuchter aus sieben Lichtern. Am Schluß dieser Abteilung des Triumphzuges wurden die jüdischen Gesetzbücher vorgezeigt. Der Festzug bewegte sich zum Tempel des Jupiter Capitolinus. Dort warteten alle , nach altem Brauch, bis ein Bote feierlich verkündete, der gefangene feindliche Feldherr sei tot. Es war Simon bar Giora, der im Triumphzug zusammen mit anderen Gefangenen vorgeführt worden war. Er war jetzt hingerichtet worden. Als sein Tod bekanntgemacht wurde, da brach der Jubel der Legionäre los. Nun wurden die Opfer dargebracht. Dann kehrten die Imperatoren in den Palast zurück. Zusammen mit wichtigen Persönlichkeiten nahmen sie ihre Mahlzeit ein. So wurde der Sieg über die Feinde gefeiert – aber auch das Ende der Bürgerkriege, die Rom zerrissen hatten.«

Der Kampf um Judäa und Jerusalem war keineswegs der einzige militärische Konflikt gewesen, den das Römische Reich um das Jahr 70 n. Chr. durchzustehen hatte. Als Vespasianus

bereits zum Imperator ausgerufen worden war, sich jedoch noch im Nahen Osten aufhielt, hatten germanische Stämme geglaubt, der Zeitpunkt sei günstig, sich aus der Klammer der römischen Herrschaft zu befreien. Was weit im Osten des Reiches geschah – die Rebellion des jüdischen Volkes – wurde auch im Nordwesten, in Germanien bekannt und besprochen. Daß sich das jüdische Volk im Aufstand befand, war in den Zentren des Imperiums kein Geheimnis geblieben. Dazuhin war von den Führern der Germanen der rasche Wechsel auf dem römischen Thron als Schwäche des Imperiums ausgelegt worden – sie hatten jedoch nicht damit gerechnet, daß Vespasianus hart durchgreifen würde. Er beauftragte seinen Feldherrn Petilius Cevalis, der eben unterwegs war nach Britannien, die Rebellion mit äußerster Härte niederzukämpfen. Dies gelang in einer Zangenbewegung. Petilius Cevalis stieß aus Westen vor. Von Süden her rückte ein römisches Heer unter Domitianus in Germanien ein.
Der rasche Sieg der Römer schreckte gallische Stämme ab, ebenfalls gegen die römische Herrschaft zu revoltieren. Innerhalb weniger Wochen waren Germanien und Gallien »befriedet«. Den Feldherrn des Vespasianus gelang es auch, Skythenstämme am Vordringen über die untere Donau zu hindern. Der Kaiser konnte stolz sein auf die Resultate seiner Herrschaft. Um die Triumphe insgesamt zu feiern, ließ er in Rom einen Tempel bauen, in dem die bemerkenswertesten Beutestücke der Kriegszüge ausgestellt wurden – dazu zählten auch die goldenen und silbernen Geräte aus dem Tempel von Jerusalem. Die Bücher des jüdischen Glaubens, das »Gesetz«, bewahrte Vespasianus in seinem Palast auf.

Gottes Wohnsitz ist ein Trümmerhaufen – Hoffnung auf das »himmlische Jerusalem«

Als Ruhe eingetreten war auf der Ruinenstätte und der Rauch der Brände sich verzogen hatte, da hielt sich kaum noch ein jüdischer Mensch in Jerusalem auf. Noch vor seiner Abreise nach Rom – sie hatte sich wegen des Winters auf das Frühjahr 71 n. Chr. verzögert – war von Titus angeordnet worden, daß

die Zehnte Legion »Frentensis« im Gebiet der ehemaligen Stadt eine Garnison zu errichten habe. Ihr Standort lag beim Phasael-Turm, der auf höchsten Befehl vor der Zerstörung bewahrt worden war. In jener Ecke um die Zitadelle waren auch noch Teile der Stadtmauer erhalten geblieben. Sie dienten nun zum Schutz des Hauptquartiers der Zehnten Legion. Kathleen M. Kenyon hat im Bereich des Phasael-Turmes zahlreiche Bruchstücke von Tonziegeln gefunden, in die das Zeichen »Leg X Fre« eingedrückt war, die Erkennungsmarke der Zehnten Legion »Fretensis«. Doch auch an anderen Stellen der Oberstadt wurden derartige Ziegel entdeckt. Daraus ist zu schließen, daß sich das Lager der römischen Garnison weit über das Gebiet der einstigen Zitadelle ausgedehnt hatte. Aus der Inschrift eines Grabsteins ist zu entnehmen, daß die Offiziere auch Frauen und Kinder bei sich hatten. Die Römer hatten also Besitz von der Trümmerstätte genommen. Kathleen M. Kenyon weist darauf hin, es sei nicht gelungen, spezielle Spuren der römischen Militärsiedlung zu entdecken – doch existieren archäologische Beweise für Zivilbauten aus jener Zeit in der oberen Stadt.
Anzunehmen ist, daß Überlebende der jüdischen Bevölkerung sich nach und nach wieder Unterkünfte in Jerusalem gebaut haben. Die Männer der Zehnten Legion und ihre Familien benötigten Hilfskräfte für die Garnison und die Haushalte. Sie mußten mit Lebensmitteln versorgt werden. Um diese Versorgung kümmerten sich Händler, die ebenfalls mit ihren Familien rings um das Truppenlager lebten. Je größer die Garnison war, desto mehr ortsansässige Arbeitskräfte wurden beschäftigt. Ganz behutsam begann die Stadt wieder zu leben.
Der wesentliche Unterschied zu früher aber war, daß es keinen Tempel Gottes mehr gab. Jahwe hatte seinen Wohnsitz verloren – da er als allmächtig galt, lag die Vorstellung nahe, daß er selbst für die Zerstörung des Allerheiligsten gesorgt habe. An diese Überlegungen schloß sich die Frage an, wo Jahwe jetzt seinen Wohnsitz habe. Da konnte es nur eine Antwort geben: im Himmel.

In der Offenbarung des Johannes (21) findet dieser Gedankengang seinen stärksten Ausdruck: »Das neue Jerusalem sah ich herabgleiten, die Heilige Stadt schwebte von Gott her. Jerusalem, die himmlische Stadt, war bereit wie eine Braut, ge-

schmückt für ihren Gatten. Vom Thron Gottes her ertönte eine laute Stimme, die sprach: »Siehe, dies ist das Zelt, in dem Jahwe wohnt.«
Es war die eben entstehende Gemeinschaft der Christen, die Trost darin fand, daß Jerusalem im Himmel wieder entstanden sei. Die Offenbarung des Johannes legt Zeugnis dafür ab. (Kapitel 15 und 16):
»Danach sah ich auf und schaute: Da tat sich das himmlische Heiligtum auf, in welchem Gott wohnt und woher sein Wort und Wille ergeht. Aus dem himmlischen Heiligtum traten die sieben Engel, die das siebenfache Unheil ankündigten. In reine, strahlende Leinwand waren sie gekleidet und goldene Gürtel trugen sie um die Brust. Jedem der sieben Engel wurde eine goldene Schale gereicht, die gefüllt war mit dem Unwillen des ewig herrschenden Gottes. Gottes herrliche heilige Macht aber glühte im Heiligtum auf, und niemand konnte es betreten, bis das siebenfache Unheil, das die Engel verkündigten, vollendet war. Eine mächtige Stimme hörte ich aus dem Tempel, die rief den sieben Engeln zu: Gießt die sieben Schalen des Zornes Gottes über der Erde aus. Da trat der erste hin und goß seine Schale über die Erde, und böse und schmerzhafte Geschwüre brachen an den Menschen, die das Malzeichen der Bestie trugen und ihr Bild anbeteten, hervor. Der zweite Engel schüttete seine Schale über dem Meer aus. Da wurde das Meer schwarz wie das Blut eines Toten, und alles Leben im Meer ging zugrunde. Der dritte Engel goß seine Schale über Flüsse und Quellen, und sie wurden zu Blut. Der vierte Engel schüttete seine Schale in die Sonne, und die Sonne verbrannte die Menschen mit feuriger Glut. Der fünfte Engel goß seine Schale über dem Thron der Bestie aus, und das Reich des Untiers verfinsterte sich. Der sechste Engel goß seine Schale über den Euphrat, den großen Strom. Da trockneten seine Wasser aus, und der Weg wurde frei für die Könige, die von Osten her einbrachen. Zuletzt schüttete der siebte Engel seine Schale in die Luft, und vom Heiligtum her erklang eine mächtige Stimme – von Gottes Thron kam sie. Das Ende ist furchtbar wie keines je zuvor seit es Menschen auf der Erde gibt, die Welt erschütterte. Die Macht der Menschen zerbarst und die Städte der Menschen stürzten zusammen. Die Inseln versanken und die Berge waren verschwunden. Ein Hagel, wie Steinbrocken schwer, fiel vom Himmel auf die Men-

schen. Und sie schrien ihren Haß zu Gott empor, aus der furchtbaren Qual, die der ungeheuere Hagel ihnen zufügte.«
Die Ausbreitung des christlichen Glaubens wurde gefördert durch die Zerstörung des Tempels. Jesus, der den Untergang des Heiligtums vorausgesehen hatte, war keiner der Schriftgelehrten des Tempels gewesen, hatte in sich keine Bindung an das Bauwerk des Herodes gespürt. Seine Jünger waren Kritiker des priesterlichen Establishments gewesen. Die Gemeinde der Christen verschwendete keine Gedanken an das irdische Jerusalem. Die Pracht Gottes entfaltete sich im Himmel, dort stand sein Thron. Das himmlische Jerusalem entfaltete sich in der Phantasie der Christen, der Untergang der irdischen Stadt wurde von ihnen nicht beweint.

Keine Hoffnung auf den Wiederaufbau des Tempels – Der jüdische Glaube formiert sich neu

»Judaea capta« – diese zwei Worte zieren Münzen, die nach dem Jahr 70 in Rom geprägt wurden. Das Ereignis der Einnahme von Jerusalem war den Römern so wichtig, daß sie diese Gedenkmünzen in Umlauf brachten. »Judäa ist erobert« – diese stolze Behauptung stimmte nicht ganz. Die hartnäckigsten Feinde der Römer hielten immer noch Festungen im Umland von Jerusalem besetzt. Der Legat Lucilius Bassus, der nun die Verantwortung trug für die Ruhe in der römischen Provinz zwischen Mittelmeerküste und Jordangraben, sah sich veranlaßt, die Festung Herodeion anzugreifen, die von Widerstandskämpfern besetzt war. Sie niederzukämpfen war keine schwere Aufgabe. Als nächste Bastion, von der aus die Rebellion wieder hätte angestachelt werden können, war die Burg Machaerus gefährlich. Sie lag auf der Ostseite des Toten Meeres. In ihr war zwei Generationen zuvor Johannes der Täufer enthauptet worden.
Die Festung war derart klug angelegt, daß ihr eigentlich nur durch eine, den Kriegsregeln gemäße Belagerung beizukommen war. Die dazu nötige Zeit wollte der Kommandeur der römischen Truppe nicht aufwenden. Da fiel ihm eine List ein: Einer der Verteidiger, ein ganz junger Mann, der Eleazar hieß,

trieb häufig Spott mit den Legionären. Er trat hinaus vor das Festungstor und reizte die Römer durch vorlaute Sprüche. Damit hatte sich dieser Eleazar bei seinen eigenen Kampfgenossen beliebt gemacht. Als ihn nun eines Tages ein Haufen der Legionäre schnappen konnte, weil er nicht schnell genug wieder hinter dem Tor verschwand, da wurden die Verteidiger traurig. Und als sie nun zusahen, wie Eleazar auf Befehl des römischen Kommandeurs nackt ausgezogen und gepeitscht wurde, da heulten seine Freunde in der Festung vor Schmerz auf. Der Kommandeur wußte, wie er die Verzweiflung noch steigern konnte: Er ließ die Kreuzigung des jungen Mannes vorbereiten. Diesen Anblick konnten die Verteidiger nicht ertragen: Sie übergaben die Festung Machaerus den Römern.
Lucilius Bassus starb und wurde durch Flavius Silva ersetzt. Ihm blieb noch die Aufgabe, in der Festung Masada am Westufer des Toten Meeres den jüdischen Widerstand zu brechen. Diese Burg lag auf einem Felskegel, der von der Küstenebene steil aufragt. Herodes hatte sie einst zum Schutz seiner eigenen Familie ausgebaut. Jetzt befand sie sich in der Hand einer radikalen Gruppe, die sich schon im belagerten Jerusalem als kompromißlos erwiesen hatte. Sie galten als zelotische Terroristen. Ihre Feinde waren nicht nur die Römer, sondern auch alle Juden, die sich mit der Römerherrschaft abgefunden hatten – und die nicht aktiven Widerstand leisteten. Außer sich selbst betrachteten sie alle anderen als Feinde. Sie bekämpften ihre jüdischen Brüder noch härter als die Römer.

Die Sympathie des jüdischen Volkes war auf der Seite der Truppen des Flavius Silva, als sie mit der Belagerung von Masada begannen. Der Feldherr ließ eine Mauer errichten, die den Bergkegel ganz umgab. Sie verhinderte Ausbruchsversuche. Doch an Ausbruch dachte keiner in der Burg, denn es standen ausreichend Lebensmittel zur Verfügung: Da war Getreide eingelagert, das für Jahre ausreichte, in den Vorratskammern befanden sich Krüge für Öl und Wein; da waren Säcke mit Hülsenfrüchten gestapelt. Die Lagerhaltung auf Masada hatte einen Vorteil: Die Luft so hoch über dem Toten Meer war trocken und frei von Verunreinigungen – die Vorräte wurden konserviert. Das einzige Problem, das sich den Verteidigern stellte, war die mangelnde Aufnahmekapazität der Wasserzisternen. Wenn es

lange Zeit nicht regnete, bestand Gefahr, daß kein Trinkwasser mehr vorhanden war.
Flavius Josephus beschrieb, wie der römische Befehlshaber der Festung beizukommen versuchte: Flavius Silva habe einen Damm aufschütten lassen, eine Rampe, die es den Legionären möglich machte, sich den Burgmauern zu nähern. Über diese Rampe gelang es sogar Belagerungsmaschinen zum Tor hochzuschleppen Obgleich die Mauern dort stark waren, gab ein Abschnitt schließlich nach.

Die Verteidiger waren auf diesen Notfall vorbereitet: Sie hatten hinter dem steinernen Gemäuer bereits eine Mauer aus Holz hochgezogen. Sie aber hielt nicht lange stand. Feuer von den Legionären entzündet, verzehrte das Holz. Nun war die Situation der Belagerten unhaltbar geworden. Ihr Anführer beschloß, daß die Männer erst alle Frauen und Kinder töteten, und dann sich gegenseitig selbst umbrachten.
Zuerst fand er wenig Zustimmung, doch seine Rede, die seinen Genossen ihr Schicksal vor Augen führte, das sie in römischer Gefangenschaft erwartete, änderte die Stimmung in der Festung Masada. Die Männer und Frauen waren bereit zu sterben. Nur zwei Frauen wollten überleben. Sie versteckten sich und wurden dann von den Römern gefunden. Die zwei Überlebenden berichteten, der Anführer habe noch gesagt, der Untergang des jüdischen Widerstands sei von Jahwe gewollt. Es sei auch sein Wille gewesen, daß die »hochgeweihte Stadt Jerusalem« von den Flammen verzehrt worden sei. Das Volk der Juden – einst Gottes Lieblingsvolk – habe seinen Untergang durch Abfall von Gott selbst verschuldet. An den Wiederaufbau von Stadt und Tempel habe der Anführer nicht mehr geglaubt. Ohne Hoffnung auf eine Zukunft für Jerusalem sei er gestorben.
Masada wurde später, nach der Gründung des Staates Israel, zum Symbol für den Opferwillen des jüdischen Volkes – der Fels entwickelte sich nahezu zum Heiligtum. Damals jedoch, im Jahre 73 n. Chr. entzündeten die Gläubigen mit ihrem Tod kein Fanal. Viele, die ähnlich dachten wie die Verteidiger von Masada, suchten nach einer Möglichkeit des Weiterlebens in Würde. Einige der fanatischen Zeloten besannen sich darauf, daß an einem anderen Ort des Römischen Reiches ein Tempel

existierte, der Juden als heilig galt: Er stand in Heliopolis im ägyptischen Nildelta und war schon zu Zeiten der Ptolemäer gebaut worden zum Nutzen der vielen Juden, die in Ägypten lebten und dort Freiheiten genossen. Flavius Josephus beschreibt dieses Heiligtum am Ende seines Berichts über den »jüdischen Krieg«.

»Der Tempel von Heliopolis sah anders aus, als der von Jerusalem. Er war eher nach Art einer Festung gebaut und bestand aus gewaltigen Quaderblöcken. Der Altar aber glich dem von Jerusalem – er war auch mit ähnlichen Weihegeschenken ausgestattet. Nur gab es im Tempel von Heliopolis keinen Leuchter. Da hing eine goldene Ampel an einer goldenen Kette von der Decke. Der ganze Tempelbereich war von einer Ziegelmauer umgeben, nur die Tore bestanden aus Naturstein. Dem Tempel gehörte auch ein großes landwirtschaftlich nutzbares Grundstück, das die Priester mit Lebensmittel versorgte. Aus dem Gewinn, den der landwirtschaftliche Betrieb abwarf, konnten die Kosten der Gottesdienste bestritten werden. Die Erbauer des Tempels konnten sich auf eine 600 Jahre alte Weissagung des Propheten Jesaja berufen, die besagt, ein Jude werde einen Tempel in Ägypten errichten.«

Dieser Tempel existierte schon seit fast dreieinhalb Jahrhunderten, und niemand hatte das Heiligtum sonderlich ernstgenommen. Jetzt aber wurde er zur Zuflucht von kompromißlosen Gläubigen, die nicht aufgeben wollten – es mögen 200 gewesen sein. Sie waren während des Krieges den Römern entkommen. Sie glaubten in Heliopolis Ersatz zu finden für den zerstörten Tempel in Jerusalem. Doch die Hoffnung zerplatzte rasch: Der römische Befehlshaber am Nil – Lupus war sein Name – erhielt aus der Hauptstadt des Reiches die Anweisung, den Tempel sofort zu schließen, da in Rom befürchtet wurde, er könne Zentrum eines erneuten Aufstands der Juden werden. Die Flüchtlinge aus Jerusalem konnten für einige Wochen Hoffnung schöpfen, als Lupus plötzlich starb. Doch dessen Nachfolger Paulinus plünderte sofort nach Amtsantritt den Tempel aus und entweihte das Allerheiligste. Zunächst wurde das Tempelgebäude nur verriegelt – wenig später aber wurde es abgetragen: »So daß es keine Spur mehr gab von jenem Heiligtum« (»Der jüdische Krieg« VII, 10,4). Nach Meinung des Flavius Josephus war auch der Untergang dieses Tempels nach dem

Willen Jahwes geschehen, der von Zorn bestimmt war. Keinen Tempel sollte es mehr geben, keinen Ersatz für Jerusalem.
Der römischen Besatzungsmacht an der Ostküste des Mittelmeers gelang es, die Provinzen zwischen Ägypten und Syrien zu beruhigen. Dem jüdischen Volk war die Neigung zu Aufruhr und Widerstand vergangen. Die Familien waren damit beschäftigt, für das tägliche Überleben zu sorgen. Da war nichts, was ihnen Halt gab: Autorität und Apparat des Staates waren aufgelöst worden. Die Eliteschicht, die seit vielen Generationen Jerusalem regiert hatte, bestand nicht mehr. Der sadduzäischen Priesterschicht war mit der Zerstörung des Tempels die Existenzgrundlage entzogen worden. Den bisher Vornehmen blieb kein Ausweg, als Freundschaft und schließlich Verschmelzung mit den Familien der römischen Oberschicht.
Da ihnen jedes Wirken auf politischem Gebiet versagt blieb, besannen sich intelligente Männer der ärmeren Schicht des jüdischen Volkes auf die Bedeutung des Glaubens. Insbesondere die Mitglieder der Pharisäerpartei konzentrierten sich auf das Studium der heiligen Bücher und der »Gesetze der Väter«. Da ihnen Zusammenkünfte in Jerusalem nicht erlaubt wurden, baten sie den obersten Beamten der Besatzungsadministration, er möge einen Ort zuweisen, an dem sich die Kenner des »Gesetzes der Väter« treffen dürften. Die Entscheidung des Legaten fiel auf die nicht sehr bedeutende judäische Küstenstadt Jabne – nördlich von Ashkalon. Hierher zogen die führenden Köpfe der – während des Krieges wichtigen aber unterlegenen – pazifistischen Fraktion der Parteien. Sie durften in Jabne ein Lehrhaus eröffnen. Ihm stand Rabbi Jochanan ben Sakkai vor, der im Verlauf des Krieges mit Wissen und sogar mit Unterstützung der Römer die belagerte Stadt verlassen hatte. Die Besatzungsmacht gestattete ihm schließlich, den Sanhedrin wieder einzurichten, den obersten Gerichtshof in allen Fragen des jüdischen Lebens. Der Vorsitzende des Sanhedrins galt als der geistliche Leiter der Juden. Seine Autorität war bald schon unbestritten – nicht nur bei den in Judäa verbliebenen Juden, sondern bei allen Gemeinden der Mittelmeerwelt. Die Schriftgelehrten von Jabne gaben der Synagoge Bedeutung. Sie ersetzte den Tempel. Nur geopfert werden durfte in der Synagoge nicht. Seit der Zerstörung des Tempels fällt das Opfer im Glaubensleben der Juden aus.
Rabbi Jochanan ben Sakkai trat die Führung des Sanhedrin an

Rabbi Gamaliel II. ab, der einen berühmten Vorfahren hatte: Den Rabbi Hillel, der zur Zeit des Königs Herodes die Pharisäerpartei angeführt hatte. Rabbi Gamaliel II. begründete eine neue jüdische Führungselite, die unter der Bezeichnung Hilleliten bedeutend wurde.

Rabbi Gamaliel II. brachte es durch Beharrlichkeit fertig, daß der Sanhedrin in Jabne zur inoffiziellen Regierung des jüdischen Gebiets wurde. Außerhalb von Jerusalem entstand so nach und nach ein Machtzentrum für Judäa. Sein Einfluß war in den Städten weniger mächtig, doch der Sanhedrin besaß hohe Autorität in den Siedlungen und Dörfern, in denen die Beamten der Besatzungsmacht nicht vertreten waren.

Rabbi Gamaliel II. setzte eine Neuordnung der heiligen Texte durch. Der Sanhedrin hatte zu entscheiden, welche der Bücher den Wert der Offenbarung besaßen und welche nicht. Die Schriften der Juden insgesamt wurden überprüft, ob sie Abweichungen von den »Gesetzen der Väter« enthielten. Der Sanhedrin entwickelte jedoch auch Lehren, die in eine neue Richtung wiesen: Seit der Zerstörung des Tempels litten gläubige Juden unter Schuldgefühlen, weil es ihnen nicht mehr möglich war, den Opferungen am Altar beizuwohnen. Es gab keine Opfer mehr – der Gläubige konnte deshalb die »Gesetze«, deren Befolgung Gott als zwingend vorgeschrieben hatte, nicht erfüllen. Ungewollt wurde so der Gläubige zum »Gesetzesbrecher«. Viele gerieten wegen dieser erzwungenen Mißachtung göttlicher Gebote in Verzweiflung. Um die Gewissen der Gläubigen zu entlasten, bestimmte der Sanhedrin, daß Gebete für die Vergebung der Sünden so bedeutungsvoll seien, wie die früheren Räucheropfer.

Die Politik der Nichteinmischung der Besatzungsautorität in Glaubensfragen des jüdischen Volkes bewährte sich: Für zwei Generationen herrschte Ruhe in Judäa. Die römische Aufsicht griff nur ein, wenn irgendwo ein Prediger zu lehren begann, das Erscheinen des Messias stehe kurz bevor. Da solche Parolen immer die Gemüter beunruhigten und sogar rebellisch machten – besonders zu Zeiten, wenn Feste gefeiert wurden – war die Unterdrückung messianischer Propaganda im Sinne der Römer notwenig. Das Wiederaufleben der Überzeugung, der Messias werde kommen, um den Tempel wieder zu errichten, wurde von den Legaten verhindert.

Noch war die Expansionsphase des Römischen Reiches nicht abgeschlossen: Kaiser Trajanus eroberte im Jahre 106 das Königreich der Nabatäer ostwärts des Jordangrabens – die Hauptstadt war Petra. Für Judäa hatte diese Eroberung eine Konsequenz: Das Bergland geriet völlig ins Abseits der Handelswege. Eine neue Route der Karawanen verband Eilat am Roten Meer mit Bosra im heutigen Syrien und berührte die Städte Philadelphia (Amman) und Gerasa (Jerash). Die Straße, die dem Mittelmeer entlang führte, wurde kaum noch benützt. Die einstigen Philisterstädte verarmten.
Die Ruhe in Judäa war neun Jahre später gefährdet, als Trajanus eine Offensive begann, deren Ziel das Gebiet jenseits des Euphrats war. Die beachtlichen jüdischen Gemeinwesen in Babylonien waren auf einmal in Gefahr, von römischen Legionären besetzt zu werden. Erinnerungen an die Babylonische Gefangenschaft wurden in den Gemüter der Juden lebendig. Überall im Römischen Reich wurden in den jüdischen Siedlungen Klagelieder laut, die an das Leiden der Juden unter Nebukadnezar erinnerten. In den jüdischen Vierteln der Städte rotteten sich die Menschen zusammen. Auch in Judäa wurden Gebete für die Juden Babylons gesprochen, aus denen sich antirömische Sprechchöre und schließlich Demonstrationen entwickelten. Der Offizier Lucius Quietus – er soll ein Schwarzer gewesen sein – sorgte mit Gewalt für Ruhe.
In Jerusalem brauchte er nicht einzugreifen. In der Stadt lebten noch immer so wenige Juden, daß es Zusammenrottungen nicht geben konnte.
Trajanus starb im Jahre 117. Sein Nachfolger Hadrianus begriff, daß die Ausdehnung des Reiches über den Euphrat hinaus nicht möglich war. Er verzichtete auf die weit im Osten gelegenen Eroberungen. Er konzentrierte sich darauf, dem Land westlich des Euphrat den Frieden zu sichern. Um seine Absicht kundzutun, reiste Hadrianus im Jahr 130 durch den »arabischen Teil« des Römischen Reiches. Er besuchte dabei auch Jerusalem, das seit 60 Jahren ein von Unkraut überwachsenes Trümmerfeld war. Hadrianus empfand die verwahrloste Stätte als Schande. Er beschloß, die Stadt müsse als römische Niederlassung aufgebaut werden – doch nichts dürfe an das jüdische Jerusalem erinnern.

Der Plan des Kaisers wurde sofort verwirklicht. Die Oberfläche der Tempelterrasse wurde von den letzten Mauerquadern des zweiten Tempels gesäubert und eingeebnet. Dort, wo bis zum Jahre 70 das Heiligtum der Juden war, sollte nun ein Tempel gebaut werden, der den Göttern des Kapitols in Rom gehören sollte: Er war Jupiter, Juno und Minerva zu weihen. Als Verbeugung vor den Göttern des Kapitols wurde vom Kaiser, das Wort »Capitolina« in den Stadtnamen eingefügt. Vor »Capitolina« aber wurde »Aelia« gesetzt – ein Bezug zum Familiennamen des Kaisers.

»Aelia Capitolina« sollte nach Meinung des Kaisers Publius Aelius Hadrianus der Stolz der östlichen Provinzen des Römischen Reiches werden. Der Namensbestandteil »Capitolina« bedeutete auch ein Programm: Er wies ausdrücklich darauf hin, daß zwischen Mittelmeerküste und Jordangraben ein zweites Kapitol und damit ein Ableger von Rom vorgesehen war.

Daß auf dem Tempelberg gearbeitet wurde, daß dort Neues, Fremdes entstand, sprach sich rasch im jüdischen Land herum. Empörung machte sich breit über die Absicht der Besatzungsmacht, einen Tempel zu bauen für die »Götzen« Jupiter, Juno und Minerva. Es zeigte sich, daß Hoffnung auf Hadrianus gesetzt worden war, er besitze Großherzigkeit und lasse den Tempel der Juden wieder aufbauen. Die Enttäuschung steigerte den Zorn gegen die Römer insgesamt. Gleichzeitig aber wurde deutlich, daß die Schrecken des Krieges, die vor zwei Generationen vom jüdischen Volk erlebt worden waren, in Vergessenheit geraten waren. Die Furcht vor den römischen Legionen war verblaßt. Die religiösen Führer glaubten an die Stärke des eigenen Volkes – sie unterschätzten die Schlagkraft der Legionäre.

Der Denker der entstehenden Widerstandszellen gegen die Besatzungsmacht war Rabbi Akiba, ein gelehrter Mann, der sein Wissen durch seinen eigenen harten Willen erarbeitet hatte: Er war als junger Mann Hirte gewesen und hatte sich dann berufen gefühlt Studierender und Lehrer des »Gesetzes der Väter« zu werden. Er hatte sich auch mit den Umständen der Rebel-

lion befaßt, die zur Katastrophe des Jahres 70 geführt hatten. Seine Analyse lautete: Der Zeitpunkt war schlecht gewählt. Als der Aufstand gegen die Römer begann, befanden sich zu viele und zu starke römische Legionen in der Region. Die Erkundungsarbeit der Zelotenführung war unzureichend gewesen. Der zweite Umstand, der schuld war am Scheitern des Widerstands, war der Zwist zwischen den zwei Zelotenführern Johannes von Gischala und Simon bar Giora. Beide Umstände sollten diesmal vermieden werden.
Die römische Führung spürte rasch, daß das jüdische Volk unruhig wurde. Sie erhielt Meldungen, die Bereitschaft wachse wieder, an das Kommen des Messias zu glauben. Der Entschluß des Kaisers Hadrianus, auf dem Tempelberg eine Kopie des Kapitols zu erstellen, wurde als Anzeichen für den Beginn der Endzeit erkannt. Diese Einsicht machte sich breit: Ein derartiger Frevel könnte nur in einer Zeit möglich sein, in der die Welt aus den Fugen geriet. Aufgrund der Meldungen von Umtrieben der Wanderprediger in Judäa verlegte das römische Oberkommando die Sechste Legion Ferrata (die »Harnisch tragende«) in den Bereich von Jerusalem. Diese Maßnahme erfolgte im Jahr 130.
Zur Parole für alle, die Widerstand leisten wollten, wurde ein Spruch aus dem Vierten Buch Mose (Numeri 24,17): »Ein Stern geht auf aus Jakob, und ein Zepter erhebt sich aus Israel.« Jeder wußte, wer gemeint war.
Sein Name lautete Simon Bar Kochba – er ist zu übersetzen mit »Simon, der Sternensohn«. Er gilt als derjenige, auf den die Weissagung aus dem Buch Numeri zutraf: Er wurde verehrt als der Stern aus dem Hause Jakob. Den Gläubigen wurde gepredigt, Bar Kochba sei der Gesalbte und von Jahwe eingesetzte König der Juden, der gekommen sei, um das Werk Davids in der Gegenwart neu zu beginnen – allerdings unter dem als glücksbringend erachteten Vorzeichen aus dem »Hause Jakob!« abzustammen, aus uraltem Geschlecht also. Jakob wurde als der Vater der zwölf Stammväter des jüdischen Volkes betrachtet. Wer sich auf eine derartige Abstammung berufen konnte, der war als würdig erachtet, gesalbter König der Juden zu sein.

Die Ausstrahlung der Persönlichkeit des noch jungen Mannes muß gewaltig gewesen sein. So geschah es, daß niemand wirk-

lich nach der Herkunft des Simon Bar Kochba fragte. In Vergessenheit geriet, daß zu Beginn seines Wirkens der Verdacht geäußert worden war, der Name habe ursprünglich »Simon Bar Kosiba« gelautet – also »Simon, Sohn der Lüge«.
Es war ein glänzender Redner und ein guter Organisator. Berichtet wird, die Schmiede rings im Land seien von ihm dazu verpflichtet worden, Waffen, die ihnen von den Legionsverwaltungen zur Ausbesserung übergeben wurden, mit Absicht so unordentlich zu reparieren, daß die Schwerter, Schilde und Lanzen von den Auftraggebern empört wieder den Handwerkern zugestellt wurden – die Römer wollten das Pfuschwerk nicht annehmen, und so blieben die Waffen in jüdischen Händen.
Der führende politische Kopf der Widerstandszellen blieb auch weiterhin Rabbi Akiba. Aus seiner Analyse des Krieges vom Jahre 70 hatte er gelernt, daß zur Vorbereitung eines Konflikts auch die Schaffung einer finanziellen Basis gehörte. Der Rabbi begann in der jüdischen Diaspora Geld zu sammeln. Er schickte Männer seines Vertrauens nach Caesarea, Damaskus, in griechische Hafenstädte und nach Alexandria. Sie sollten Geld sammeln für die Kriegskasse des jüdischen Widerstands – und sie kehrten mit gefüllten Beuteln zurück.
Das Zentrum der Widerstandszellen waren schlichte Lehmhütten im Dorf Modein. Dieser Ort existiert heute noch und liegt nahe des heutigen Flughafens Ben Gurion in den Vorhügeln von Samaria. Legenden umgaben damals die Stadt. Hier war im Jahre 167 v. Chr. der Aufstand der Gläubigen ausgebrochen gegen die einflußreichen Propagandisten der griechischen Götter. Hier hatte Judas der Makkabäer seine Heldentaten geplant. Den jüdischen Nationalisten war Modein ein Begriff.
Der römischen Verwaltung aber blieb verborgen, was sich in Modein vorbereitete. Rabbi Akiba gab sich unauffällig und lebte wie ein bescheidener Mann Gottes, dem politische Umtriebe fremd waren. Seinen Anhängern aber predigte er, das Ende des Römerreiches stehe nahe bevor, denn der Messias befinde sich bereits unter dem Volke. Er pries Simon Bar Kochba, den »Sternensohn« als den Verkünder des Reiches Gottes.
Die öffentliche Proklamation zum »Messias« fand im Herbst 132 statt – als die Ernte eingebracht war. Rabbi Akiba hatte auch einkalkuliert, daß die Widerstandskämpfer Nahrung benötig-

ten – deshalb hatte er diesen Termin gewählt. Die Proklamation erfolgte ausdrücklich unter Berufung auf das Wort aus dem Buch Numeri: »Ein Stern geht auf aus Jakob, und ein Zepter erhebt sich aus Israel.« Unmittelbar nach der Proklamation zeigten sich die ersten Bewaffneten bei Modein. Sie machten sich auf zum Marsch nach Jerusalem.

Bald waren auch andere Gruppen unterwegs zum Ort, wo früher der Tempel gestanden hatte. Ein Haufen dieser Bewaffneten stieß im Jordantal bei Jericho auf eine Kohorte römischer Legionäre. Den jüdischen Kämpfern gelang ein Überraschungsangriff. Die meisten der 500 römischen Soldaten starben unter den Schwerthieben der Aufständischen.

Als die Nachricht von der Guerillaaktion im Hauptquartier in Jerusalem eintraf, war der Statthalter Tenejus Rufus überaus beunruhigt – vor allem weil der Angriff ohne Vorwarnung erfolgt war. Am selben Tag noch hörte Rufus, daß Bewaffnete in großer Zahl Modein verlassen hätten. Auch aus anderen Gegenden trafen ähnliche Meldungen ein. Tenejus Rufus fand die Situation derart unübersichtlich und bedrohlich, daß er die Räumung von Aelia Capitolina befahl. Innerhalb von 24 Stunden hatte der Abmarsch stattzufinden. In Marschkolonnen verließen Bewaffnete und Zivilisten, Männer, Frauen und Kinder die Stadt. Über die »Steige von Bet-Horon« zogen sie hinunter ins Küstenland. Ihr Ziel war Caesarea.

Jerusalem gehörte wieder den Juden – nach 62 Jahren. Kampflos hatten die Männer des Simon Bar Kochba einziehen können. Es muß für jeden ein großes Gefühl gewesen sein, daran mitgewirkt zu haben, daß die Römer vom heiligen Boden des Tempels geflohen waren. Menschenleer war die Stadt – es hatten ja fast nur Römer dort gelebt.

Sofort wurde mit dem Wiederaufbau des Heiligtums begonnen. Eine Fassade entstand, eine Halle, für den Altar. Zum erstenmal – seit zwei Generationen – wurde dem Gott Jahwe wieder in Jerusalem geopfert. Die Anhänger des Simon Bar Kochba waren überzeugt, der Messias habe dieses Gotteszeichen bewirkt.

Simon Bar Kochba organisierte nicht allein den Tempeldienst aus dem Nichts – er setzte einen Hohenpriester ein –, sondern schuf auch einen funktionierenden Staatsapparat, an dessen Spitze er als »Fürst von Israel« stand. Die Verwaltung erhob

Steuern, erließ Gesetze, bestrafte Frevler und achtete darauf, daß vor allem die »Gesetze der Väter« sorgfältig beachtet wurden.
Wochen und Monate vergingen, ohne daß ein Anzeichen römischer Gegenwehr zu erkennen gewesen wäre. Der jüdische Staat gewann an Kraft und an Vertrauen der Bevölkerung. Juden zogen wieder nach Jerusalem. Sie bezahlten mit Münzen, auf denen sie lesen konnten. »Jerusalem ist befreit«. Auf der Rückseite der Münzen war das Abbild des Tempels zu erkennen, so wie er einst ausgesehen hatte. Simon Bar Kochba verbesserte die Finanzsituation des jüdischen Gebiets durch Wiederherstellung früherer Besitzverhältnisse: Er ordnete an, daß einige umfangreiche landwirtschaftliche Betriebe wieder in staatliche Verwaltung überführt wurden. Sie waren einst persönliches Eigentum des Königs Herodes gewesen. Nach dessen Tod hatten die gewaltigen Erträge weiterhin der königlichen Familie gehört – bis die habgierigen römischen Statthalter die Erlöse aus dem Verkauf der Ernten an Palmöl und Balsam von höchster Qualität beschlagnahmten. Seit dem Jahre 70 hatten die Palmenwälder und Balsamgärten am Jordan dem römischen Kaiser gehört, und waren von Beamten in Jerusalem – Aelia Capitolina – verwaltet worden. Diese Beamten waren jetzt zusammen mit Tenejus Rufus, nach Caesarea geflohen. Die Plantagen waren zunächst herrenlos, bis sie Simon Bar Kochba kaufmännisch begabten Männern anvertraute. Er hoffte, durch die bemerkenswert hohen Einnahmen, den Staatsapparat seines Landes finanzieren zu können.
Er dachte auch daran, die Asphaltgewinnung am Toten Meer wieder zu aktivieren, die zwei Generationen lang vernachlässigt worden war. Abnehmer der Asphaltklumpen waren einst Kaufleute aus Ägypten gewesen. Der Handelskontakt zwischen Judäa und dem Nilland war seit der Mitte des ersten Jahrhunderts brüchig gewesen; seit der Rebellion des »Sternensohns« war er völlig unterbrochen. Den Ägyptern, die sich den Römern fügten, war der Kontakt mit dem Rebellengebiet verboten. Simon Bar Kochba hoffte auf eine Normalisierung des Handels – er brauchte Geld für den Wiederaufbau des Tempels. Gerade die Einnahmen aus dem Asphaltgeschäft sollten dieses gewaltige Bauvorhaben finanzieren.
Michael Avi-Jonah weist in seinem Buch darauf hin, daß die Re-

volte des Simon Bar Kochba nicht allein auf jüdische Menschen anziehend wirkte, sondern auch auf Männer aus den nichtjüdischen Küstenstädten des östlichen Mittelmeers. Aus Caesarea, Berytos und Saida wanderten Begeisterte nach Jerusalem. Vor allem Angehörige der ärmeren Schichten glaubten, durch Simon Bar Kochba der Armut zu entrinnen, soziales Ansehen zu gewinnen. Männer, die sich in die Ordnung ihrer Stadt nicht einfügen konnten oder wollten, schlossen sich dem »Sternensohn«! an. Es soll unter seinen Anhängern sogar desertierte Legionäre gegeben haben, die allerdings nicht aus dem römischen Kernland, sondern als Söldner aus Syrien und Kleinasien stammten. Für Geächtete und Verbrecher bot Simon Bar Kochba im Haufen seiner Bewaffneten Schutz. Auch sie jubelten dem »Messias aus dem Hause Jakob« zu.
Avi-Jonah macht auch darauf aufmerksam, daß damals, um das Jahr 130, die bis heute anhaltende Kluft zwischen dem jüdischen Volk und dem Christentum begonnen habe. Die jüdischen Familien, die sich zu Jesus Christus bekannten – diese »Judenchristen« waren zahlreich in jener Zeit – hätten nicht akzeptieren können, daß Simon Bar Kochba als »Messias« gefeiert wurde. Für sie war allein Jesus Christus der Heilsbringer. Die christlichen Männer wehrten sich, die Aufstandsbewegung des »Sternensohns aus dem Hause Jakob« zu unterstützen. Ihr Messias war Jesus, aus dem Hause David. Wer sich jedoch weigerte, Steuern zu bezahlen für Simon Bar Kochba, den Messias des Rabbi Akiba, wurde hart bestraft. Wer nicht mitmachte, der galt als Verräter am nationalen Kampf des jüdischen Volkes.
Simon Bar Kochba, zuständig vor allem für den militärischen Bereich der Aufstandsbewegung, war sich bewußt, daß irgendwann die Gegenaktion der Römer einsetzen mußte. Unvorstellbar war, daß Kaiser Hadrianus auf seinen Lieblingsgedanken verzichten würde, im Osten seines Reiches endlich die Stadt Aelia Capitolina als Zeichen römischer Größe bauen zu lassen. Simon Bar Kochba wußte: An eine Verteidigung des völlig ungeschützten Stadtgebiets von Jerusalem war nicht zu denken. Er konnte sich nicht der Illusion hingeben, den Bereich des Tempelneubaus zu verteidigen. Anzunehmen ist, daß der Realist Simon die Arbeiten am Heiligtum bald nach der Errichtung der Fassade und der Halle des Opferaltars eingestellt hat. Arbeitkraft und Baumaterial wurden auf die Ausbesserung der

Festungen konzentriert, die einst Herodes draußen im Land hatte anlegen lassen. Vor allem war dem Feldherrn Simon Bar Kochba die Burganlage Herodion wichtig. Der Bergkegel befindet sich in der judäischen Wüste, abseits der Straße von Bethlehem nach Hebron.

Kaiser Hadrianus war nicht untätig gewesen nach der kopflosen Flucht seines Statthalters Tenejus Rufus. Er hatte seinen fähigsten Feldherrn Julius Severus aus Britannien zurückbeordert und mit einer eindeutigen Instruktion an die Ostküste des Mittelmeers geschickt: Dem jüdischen Volk muß ein für allemal die Lust an Aufständen ausgetrieben werden. Der strategische Ausgangspunkt des Feldzugsplans war, daß der Aufwand, den Vespasianus und Titus zwei Generationen zuvor zur Niederringung der Rebellion gebraucht hatten, diesmal nicht nötig war, da sich das Gebiet, das die Aufständischen beherrschten, auf Judäa beschränkte. Die Bewohner der jüdischen Nordregion Samaria hatten geringe Neigung gezeigt, den »Sternensohn« als ihren Messias anzuerkennen.

Der Kriegsplan des Julius Severus sah vor, die römischen Truppen in kleinen Formationen aus allen Richtungen auf das Herrschaftsgebiet des Simon Bar Kochba zumarschieren zu lassen. Diese Zangenbewegung hatte den Zweck, die Aufständischen immer enger einzuschnüren und sie vom Umfeld zu isolieren. Es erwies sich jedoch, daß diese Art der Kriegsführung viele Soldaten erforderte. Julius Severus mußte immer wieder um Verstärkung bitten – und hatte schließlich doch mehr Legionäre zur Verfügung, als Titus: Acht Legionen standen in der Region von Jerusalem bereit.

Die Hoffnung der römischen Führung auf einen raschen Sieg zerschlug sich – dies kann aus den spärlichen historischen Quellen abgelesen werden. Für diesen Teil des »jüdischen Krieges« fehlt eine Chronik nach der Art des Buches , das Flavius Josephus über den Konflikt bis zum Jahre 70 verfaßt hatte. Kein schriftliches Zeugnis hat die Zeit überdauert. Fest steht, daß Severus einen Abnutzungskrieg führte, der die eigenen Kräfte schonen, und die des Gegners zermürben sollte. Um die Truppenbewegungen zu erleichtern, ließ Feldherr Julius Severus

Straßen anlegen, von denen Reste noch erhalten sind. Damals entstanden im Land Judäa die ersten gepflasterten Straßen. Das Netz der befestigten Wege schloß auch das Gebiet ostwärts des Jordangrabens ein: Zu sehen sind am südlichen Anstieg des Arnontals, direkt neben der heutigen Asphaltstraße, die Meilensteine der Römerstraße – mit Entfernungsangaben zwischen dem Standort und Rom.
Kein Bericht schildet die Härte des Kampfes, der schließlich um Jerusalem geführt wurde. Avi-Jonah hat einen Beweis dafür gefunden, daß der Krieg auch für die Römer überaus verlustreich gewesen sein muß: Die XXII. Legion Deioteriana war eigens für diesen Konflikt von Ägypten an die Ostküste des Mittelmeers verlegt worden. Nach ihrem Einsatz in Judäa verschwand sie aus der offiziellen Legionsliste des Römischen Reiches. Sie war offenbar in den Schlachten um Jerusalem völlig aufgerieben worden.
Die Römer siegten schließlich. Drei Jahre lang war Jerusalem wieder eine Stadt gewesen, in der jüdische Menschen in einer Ordnung leben konnten, die vom »Gesetz der Väter« bestimmt gewesen war – dann ging Jerusalem, samt dem Tempelbereich, den Juden erneut verloren. Kein Wort ist überliefert vom Verlauf der Schlacht, vom letzten Widerstand der Kämpfer des Simon Bar Kochba in der Stadt. Bezeugt ist nur, daß ihm die Flucht gelungen war zur Festung Beth-Ter, die südwestlich von Jerusalem lag. Als auch diese Festung nicht mehr zu halten war, wichen die letzten Getreuen des »Sternensohnes« in Höhlen am Toten Meer aus. Dort sind, auf Papyrusstreifen, die letzten verzweifelten Aufforderungen des Simon an andere Versprengte zu finden, sie sollten ihm, den »Fürsten von Israel« Hilfe und Nahrung bringen. Im Sommer des Jahres 135 verlor Simon Bar Kochba, der Messias, sein Leben im Kampf mit den Römern.

Für Juden kein Zutritt –
Der Tempelberg beherrscht die römische Stadt

Kaum befand sich Jerusalem wieder in römischer Hand, bestimmte Kaiser Hadrianus durch Dekret, daß jeder Jude, der die Stadt künftig betrete, zu töten sei. Keine Ausnahme sei er-

laubt – der Todesstrafe verfalle auch derjenige, der die Stadt auch nur vorübergehend besuchen wolle. Ohne Untersuchung der Gründe einer Übertretung des Verbots, sei für »Beschnittene«, die in Jerusalem aufgegriffen würden, die Todesstrafe anzuwenden.
Nachdem dieses Dekret erlassen worden war, befahl Kaiser Hadrianus, der Aufbau von Aelia Capitolina sei energisch voranzutreiben. Um dieses Ereignis zu dokumentieren, wurden Münzen geprägt mit der Aufschrift »Colonia Aelia Capitolina condita« – »Die Kolonie Aelia Capitolina ist gegründet worden«. Auf solchen Münzen ist der Kaiser zu sehen, der in die Erde Furchen pflügt – und der auf diese Weise anzeigt, wo der Verlauf der künftigen Mauern sei. Mit dieser Geste des Pflügens auf ebenem Boden wird ausgesagt, daß eine völlig neue Stadt entstehen soll, die sich nicht an den Grundrissen der alten Stadt orientiert.
Da kein Jude sich im Bereich des einstigen Jerusalem aufhalten darf, ist kein Jude Zeuge der Vernichtung des Opferaltars, den Simon Bar Kochba hatte aufrichten lassen. Kein Gläubiger hat mitansehen müssen, wie die geweihten Steine hinuntergestürzt wurden ins Kidrontal. Dieser, für die Gläubigen ungeheuerliche Vorgang sprach sich bald unter dem Volk herum, das weit zerstreut im Lande und in fremden Regionen zu leben hatte. Trost in der Verzweiflung bot eine Voraussage des Propheten Jeremia, die fast 700 Jahre zuvor ausgesprochen worden war: »Der Herr der Heere spricht: Jerusalem wird umgepflügt werden wie ein Acker.« Das Bild auf der römischen Münze zeigte den Gläubigen, daß der Prophet Wahres ausgesagt hatte. Diese Erkenntnis wiederum war deshalb tröstlich, weil sie bewies, daß sich die Ereignisse nach dem Plan Jahwes entwickelt hatten – und daß sich dies auch in Zukunft nicht ändern wird. Aus diesen Gedanken heraus entstand ein Gefühl der Geborgenheit auch in der ärgsten Not.
Religiöse Dichtungen entstanden in der Fremde, im erzwungenen Exil – Psalmen, die das Schicksal der Heiligen Stadt schildern. Einer dieser Psalmen »Jerusalems Schmach« wird fälschlicherweise Salomo zugeschrieben. Der Psalm berichtet Ereignisse, die mehr als 1000 Jahre nach Salomos Lebenszeit stattgefunden haben.

»Der Frevler stürzte voller Übermut
Die stärksten Mauern mit dem Widder ein.
Auf deinen Altar stiegen die Ungläubigen.
Zertraten seine Schätze mit den Stiefeln.
Dies geschah, weil selbst die Söhne von Jerusalem
Das Heiligtum des Herrn entweiht
Und Gottes Gaben selbst befleckt.
Deshalb sprach Gott:
Ich habe kein Gefallen mehr an dieser Stadt.
Vor Gott ist ihre wunderschöne Pracht ein Nichts.
Sie ward aufs schmachvollste geschändet.
Verhöhnt wird sie von Heidenvölkern.
Jerusalem fiel in die Tiefe von dem stolzen Thron.
Sein Ehrenkleid ward durch das Trauerkleid ersetzt.
Verloren war das wunderbare Diadem,
Das Gott der Herr ihm aufgesetzt.
Entehrt lag seine Zier, zur Erde hingeworfen.«
(»Altjüdisches Schrifttum außerhalb der Bibel«)

Geplant war in der Vorstellung der Sieger der Bau einer Stadt, die völlig den römischen Vorstellungen von städtischer Kultur entsprechen sollte, doch die Absicht ließ sich nicht völlig im Sinne der neuen Herren verwirklichen.
Die römischen Stadtplaner folgten gewöhnlich einem Schema: Achse der Siedlung bildete eine gerade Straße, die Geschäftszentrum war. Palmyra, eine Oase, 200 Kilometer von Damaskus entfernt, gibt ein Beispiel dafür. Die Stadt wurde im Jahr 129 von Kaiser Hadrianus besucht – zu jener Zeit wurde die Oase römischen Vorstellungen angepaßt und hieß »Hadriana Palmyra«.
In Palmyra entstand die gerade Straße, deren Verlauf heute noch zu erkennen ist. Sie ist umrahmt von Säulen, unter denen sich Ladengeschäfte befanden. Bäder und Theater gruppierten sich um die Achse. Sie war auch Verbindung zwischen den Heiligtümern. Daß die Stadtplaner aber auch bereit waren, Konzessionen zu machen an bestehende Verhältnisse, ist aus der Anlage von Palmyra zu erkennen: Die »gerade Straße« hat zweimal einen Knick, sie bildet einen leichten Winkel – auf diese Weise konnte sie auf das größte Bauwerk der Stadt, auf den Baalstempel zugeleitet werden.

Die Ausgrabungen von Palmyra haben eine Stadtanlage freigelegt, die bis ins Detail die Analyse vom Aufbau der Kolonie »Hadriana Palmyra« ermöglicht. Für Aelia Capitolina gibt es kaum eine derartige Möglichkeit. Jerusalem verschließt sich weitgehend der archäologischen Erkundung – soweit sie nicht der Erkenntnisfindung über ihren Zustand in rein jüdischer Zeit dient. Wie die Kolonie »Aelia Capitolina« aussah, interessiert weit weniger. Der Historiker Dan Bahat bedauert: »Die historischen Quellen über die römische Zeit sind spärlich und an archäologischen Funden gibt es nahezu nichts.« Dieses »Nichts« besteht aus Säulenresten, die den Verlauf der Hauptachse andeuten.
Daß jedoch noch Spuren vorhanden sind aus einer früheren Epoche, aus der Zeit des Herodestempels, ist ein Beweis dafür, daß sich die römischen Planer nicht strikt an ihr Schema halten konnten: Sie paßten sich an. Die Tempelterrasse war ein architektonischer Faktor, mit dem sie rechnen mußten. Trotz aller Zerstörungen beherrschte sie das Hügelland ringsum. Die Stadtplaner hatten sich ganz von selbst dem wuchtigen Bau der Terrasse zu fügen.

Gleichgültig von welcher Richtung her sich damals ein Römer dem Gelände von Aelia Capitolina näherte, er sah die Mauern der erhabenen Tempelterrasse. Besonders eindrucksvoll war der Blick vom Kidrontal auf diese Mauern: Mächtig standen sie in der Höhe vor Augen. Sie imponieren auch heute noch dem Betrachter. Sichtbar sind ausgebesserte Stellen; die Reparaturarbeiten wurden ausgeführt, um die Plattform abzusichern, auf der das Heiligtum von Jupiter, Juno und Minerva zu errichten waren. Die Archäologen sind sich darin einig, daß die heute sichtbaren östlichen Mauern des Tempelbergs dem Mauerwerk an der Ostseite der Aelia Capitolina entsprechen. Sie war und ist die östliche Begrenzung des Tempelbergs.
Dem traditionellen Schema der Stadtplanung hätte eine Straßenführung entsprochen, die durch die Siedlung auf den Tempel zugeführt hätte. Doch die Idee des Tempels als krönenden Abschluß gefiel offenbar den Planern nicht. Den Archäologen gelang der Nachweis, daß Aelia Capitolina zwei Hauptstraßen besaß, die beide in Nord-Süd-Richtung verliefen. Den Regeln römischer Stadtbaukunst hätte eine Straßen-

führung in West-Ost-Richtung – vom heutigen Jaffator zum Tempelberg – entsprochen. Archäologen vermuten, daß diese Straße vorgesehen war, aber nicht gebaut worden ist. Der Ausgangspunkt beider Hauptstraßen, wie sie dann tatsächlich entstanden sind, war der Punkt des Damaskustores, das damals nicht existierte. An seiner Stelle stand eine Art Triumphbogen, an dessen Stirnseite die Inschrift zu lesen war: »Colonia Aelia Capitolina« – und ein Hinweis darauf, daß diese Schrift auf Grund eines Dekrets des »Stadtrats« angebracht worden war. Dieser Hinweis ist der einzige Anhaltspunkt auf die Weise, in der die Stadt damals verwaltet wurde. Die Inschrift ist während der Ausgrabungsarbeiten des Jahres 1938 entdeckt worden, zusammen mit dem Fundament des einstigen Triumphbogens – in der Basis des Damaskustors.
Legt man die archäologischen Funde als Beweismittel für die innere Gestalt der römischen Stadt fest, dann wird deutlich, daß die Darstellung von Jerusalem in der »Mosaikkarte von Madaba« der Wirklichkeit entsprechen muß. Sie ist im Fußboden einer Kirche im jordanischen Bergland ostwärts des Jordans zu betrachten und stammt aus dem sechsten Jahrhundert. Zu sehen ist die »gerade Straße«, die auf beiden Seiten Säulen besitzt, und eine Straße weiter ostwärts, die nur auf der Ostseite mit Säulen bestückt ist. Diese östliche Straße weist dort einen Knick auf, wo der Zugang zur Tempelterrasse abzweigt. Das Mosaik gibt einen Eindruck von der Gestalt der Innenstadt. Daß die Stadtkarte aus späterer Zeit stammen muß, ist daran zu erkennen, daß eine Mauer die Siedlung umgibt. Aelia Capitolina wurde lange Zeit allein durch die römischen Legionäre geschützt. Die Kolonie besaß keine Wälle.
Abseits von den zwei Hauptstraßen erhob sich der Tempelberg, auf dem langsam das Heiligtum der römischen Gottheiten entstand. Dan Bahat, der israelische Archäologe, nimmt an, daß es genau dort gebaut wurde, wo sich zuvor der Tempel befand. Er nimmt auch an, daß die Felsplatte, die sich heute unter der Kuppel des Felsendoms befindet, in den Tempel von Jupiter, Juno und Minerva einbezogen war.
Kein Jude durfte sich der Tempelterrasse nähern, das Verbot, Aelia Capitolina zu betreten, blieb bestehen. Die römische Verwaltung wollte sich dieses »rebellische Volk« vom Halse halten. Um jede Hoffnung auf Freiheit zu tilgen, wurden nach und

nach die Kampfgenossen des »Sternensohnes« hingerichtet – dazu zählte auch Rabbi Akiba. Ihn enthaupteten die Römer in Caesarea. Rabbi Akiba führt die Liste der zehn bedeutenden Märtyrer an, die den Gläubigen als heilig gelten.
Weitere Maßnahmen der römischen Verwaltung war das Verbot der Anbetung Jahwes im gesamten Bereich der Provinz Judäa. In der Öffentlichkeit war auch das Gebet des einzelnen nicht gestattet – Gruppen durften sich auch in Häusern nicht versammeln. Dieses Verbot galt für die jüdischen Gemeinden im übrigen Römischen Reich nicht.
Mit einer Namensänderung wollte Kaiser Hadrianus einen Schlußstrich ziehen unter die für Rom leidige Angelegenheit: Die Erinnerung an das rebellische Volk sollte völlig schwinden. Hadrian verbot die Verwendung der Provinzbezeichnung Judäa. Das Land mußte künftig »Syria Palaestina« genannt werden – zum Ärger der Juden, die es perfide fanden, daß ausgerechnet die Philister im Landnamen Anerkennung fanden – das Wort »Palaestina« ist von der ortsüblichen Bezeichnung »Falestin« abgeleitet.

Die Klagemauer – Jahrhunderte der Trauer

Das jüdische Volk war entwurzelt. Nach dem Verlust von Jerusalem war die Neigung der Juden gering, im Lande zwischen Mittelmeer und Jordangraben zu bleiben. Wer seine Heimat nicht verlassen wollte, der war noch lange in Gefahr gefangengenommen und als Sklave verkauft zu werden. Die Preise für männliche und weibliche Sklaven waren auf den Märkten Ägyptens, Syriens und im Euphratgebiet überaus gering.
Im Verlauf der Jahre waren die römischen Herren selbst daran interessiert, daß wieder Juden Aufenthaltserlaubnisse für die ihnen verbotene Stadt erhielten. Hatten die Römer nach der Zerstörung des Tempels und weiter Teile der Stadt im Jahre 70 Dienstpersonal benötigt, so war dies auch jetzt wieder der Fall. Gebraucht wurden auch Händler und Lieferanten. Auf Verlangen der Familien, die der Zehnten Legion angeschlossen waren, gaben die regionalen Behörden zunächst zeitlich begrenzte Zu-

zugsgenehmigungen für Aelia Capitolina. Um das Jahr 150 war erneut eine jüdische Gemeinde entstanden, die allerdings keinerlei Rechte besaß. Bürger waren allein die Römer und deren Angehörige.
War den jüdischen Menschen in der Stadt zunächst die Ausübung ihrer Glaubensrituale untersagt, so lockerten die römischen Behörden das Verbot nach einer Generation. Sicher wurde die Restriktion als sinnlos angesehen, schließlich lag der blutige Krieg gegen Simon Bar Kochba viele Jahre zurück – die Legionäre und die Beamten hatten seit damals gewechselt. Sie wußten kaum mehr etwas von den einstigen verlustreichen Kämpfen. Dazuhin hatten sich die Juden in Aelia Capitolina als nützlich und harmlos erwiesen. Es wurde ihnen schließlich erlaubt, ihren Gott anzubeten. Nur auf dem Tempelberg durfte dies nicht geschehen. Und wieder eine Generation später war es schon selbstverständlich, daß sich die Gläubigen am Jahrestag der Zerstörung des Tempels an der Stelle versammelten, an der noch ein deutlicher Überrest der Fundamente des Heiligtums zu erkennen war: Sie beteten und beugten sich klagend an der Westmauer.
Der Besuch der Klagemauer wurde wenig später auch an anderen jüdischen Festtagen erlaubt. Dann durften sich nicht nur die Gläubigen dort treffen, die Wohnrecht in Aelia Capitolina besaßen, sondern auch Bewohner des Umlandes. Ihnen war erlaubt, das Opferfest zur Zeit der »ersten Früchte des Jahres« in Jerusalem zu begehen.

Zu sehen war damals nur wenig von der Westmauer des Herodestempels. Fünf Quaderreihen waren nicht von Trümmerschutt bedeckt. Glücklich pries sich in römischer Zeit jeder Jude, der diese Quader berühren durfte. Sie galten als heilig. Vor ihnen klagten die Gläubigen über das Schicksal des Tempels, der Stadt und des Volkes Die Klagemauer ist der Ausweis für den Anspruch der Juden auf den Besitz des Tempelberges.
Über die Generationen hin vollzog sich ein stetiger Prozeß der Konsolidierung der jüdischen Gemeinden. Die wichtigste Motivation der Gläubigen war die Hoffnung auf das Wiedererstehen des Tempels, auf den Anbruch des Gottesreiches, der in der Heiligen Stadt verkündet werden würde. Doch dieser Prozeß der Konsolidierung konnte nicht darüber hinwegtäuschen, daß

den Juden nicht mehr Jerusalem, und nicht einmal mehr das Umland gehörte. Die Provinz Syria Palaestina war entvölkert. Von Osten her drängten Araber in das einstige Judäa, sie trieben, als Halbseßhafte, ihre Herden auf die Weidegründe um Aelia Capitolina. Die Zehnte Legion war – trotz des Limes Arabicus, der als Grenzwall fruchtbares Land von der Wüste trennte – nicht mehr schlagkräftig und vor allem nicht mehr wendig genug, die Infiltration zu verhindern. Kampfkraft und Disziplin der Truppe waren schwächer geworden. Der Grund dafür war, daß die Zehnte Legion aus Gastsoldaten bestand, aus Söldnern, die vor allem am Sold interessiert waren, und nicht an der Sicherheit der Provinz, in der sie zum Dienst eingeteilt waren. Oft genug blieb ihnen die römische Provinzverwaltung den Sold auch noch schuldig. Dafür wiederum war die spärliche Besiedlung von »Syria Palaestina« verantwortlich zu machen – da war kaum jemand, der steuerlich zu belasten war. Das Steueraufkommen von Aelia Capitolina galt als besonders mager. Die Einnahmen reichten nicht für die Bezahlung der Söldner. Es gab eben keine reichen jüdischen Bewohner mehr, die in der Lage waren, hohe Steuern zu bezahlen.

Da in der Hauptstadt des Römischen Reiches während seiner Endphase häufig die Kaiser wechselten, waren die Offiziere der Zehnten Legion oft ohne politische Orientierung. Die Anweisungen aus Rom blieben aus. Dies bewirkte Unsicherheit der Offiziere. Es kam zu Streitigkeiten untereinander. Die Folge war, daß das Ansehen der römischen Truppe in »Syria Palaestina« sank. Davon profitierte die Autorität der jüdischen Schriftgelehrten und die Mitglieder des Gerichtshofs Sanhedrin.

Besonders während der Regierungsjahre des Gaius Aurelius Valerius Diocletianus (284–305) empfanden die Juden ein Gefühl der Hoffnung, daß der Tempel wieder ihr Heiligtum werden könnte. Der Kaiser selbst nährte den Hoffnungsfunken. Diocletianus erklärte die Christen zu Staatsfeinden. Die Juden dagegen erhielten wieder Rechte zugesprochen. Sie durften sich in Aelia Capitolina frei bewegen. Zuzug in die Stadt mußte jedoch auch weiterhin eigens genehmigt werden.

Kaiser Diocletianus, der ein disziplinierter Soldat gewesen war, versuchte, dem Imperium wieder Festigkeit zu geben. Er regierte sinnvoll und entschlossen. Seine Anweisungen erreichten Aelia Capitolina: Von der Zehnten Legion wurde härterer Einsatz gegen arabische Eindringlinge verlangt. Dies bedeutete, daß jüdisches Eigentum stärker als bisher geschützt wurde. Doch die ersehnte Erlaubnis zum Wiederaufbau des Tempels erhielten die Juden nicht. Da hätte allerdings zuvor ein Wunder geschehen müssen, denn am Platz des einstigen Tempels stand noch immer das Heiligtum von Jupiter, Juno und Minerva.

Auch der nächste Kaiser Constantin der Große dachte nicht daran, den Charakter von Aelia Capitolina zugunsten der Juden zu verändern. Im Gegenteil: Die Stadt sollte ganz bewußt im christlichen Sinne gestaltet werden. Eine Glaubensrevolution hatte mit dem Amtsantritt dieses Herrschers stattgefunden: Er bekannte sich zum Christentum und verlangte dieses Bekenntnis auch von den Untertanen.

Jerusalem war für Kaiser Constantin dadurch geprägt, daß Jesus Christus, der Erlöser, in ihr am Kreuz gestorben war. Für ihn war diese Stadt bald nicht mehr Aelia Capitolina, sondern wieder Jerusalem. Als die Kaiserin Helena Jerusalem besuchte, entschied sie, daß eine Kirche über der Stelle zu bauen sei, an der Jesus Christus den Tod gefunden hatte. Auch am Platz seiner Geburt solle eine Kirche entstehen.

Innerhalb weniger Jahre war die Stadt auch den Christen heilig geworden. Das Phänomen der doppelten Heiligkeit hatte sich gebildet: Bisher war Jerusalem allein den Juden heilig gewesen. Sie sahen mit Erstaunen, wie sich »ihre« Stadt veränderte. Nur jüdische Christen hatten bisher das Ereignis der Kreuzigung Jesu, das zehn Generationen zuvor stattgefunden hatte, ernstgenommen. Jetzt aber hatte der Herrscher des Römischen Reiches dekretiert, daß Jerusalem dem Christentum gehören müsse. Die Zeit des Mißtrauens und der Feindschaft zwischen Juden und Christen begann. Eine Verständigung zwischen den beiden Glaubensrichtungen war nicht möglich – seit dem Aufstand des Simon Bar Kochba hatte das unterschiedliche Verständnis vom »Kommen des Messias« die Kluft zwischen Juden und Christen aufgerissen. Fortan erhoben beide den Anspruch, Jerusalem sei ihre Stadt – und für beide war Syria Palaestina das »Heilige Land«.

Für die Juden geschah ein Wunder, als in Byzanz ein Kaiser den

Thron bestieg, der vom Christentum nichts wissen wollte: Flavius Claudius Julianus (361-363). Da er die Christen verfolgen ließ, bevorzugte er ganz von selbst die Juden. Seine Absicht war, das seit Constantin festgefügte Band zwischen christlicher Kirche und Staatsführung zu zerbrechen. Er bezog zu allen im Einvernehmen mit Bischöfen getroffenen Entscheidungen eine Gegenposition. Diese Haltung betraf auch die Juden. Ihnen wurde erlaubt, ungehindert nach Jerusalem zu ziehen – dafür wurden Christen ausgewiesen. Den Juden wurde mitgeteilt, daß dem Wiederaufbau des Tempels nichts im Wege stehe.
Als sich diese Nachricht im Römischen Reich verbreitete, löste sie Jubel in den jüdischen Gemeinden aus. Überall wurde Geld gesammelt für die Neuerstehung des jüdischen Glaubenszentrums. Für das Heiligtum in Jerusalem wurden in allen wohlhabenden Küstenstädten von den Händler große Beträge gespendet. Bald schon wurden die Arbeiten aufgenommen. Unbekannt ist, nach welchem Bauplan die Mauern erstellt wurden. Wie der Tempel des Herodes ausgesehen hatte, konnte sich zur Zeit des Flavius Claudius Julianus wohl niemand wirklich vorstellen – seit seiner Zerstörung waren nahezu 300 Jahre vergangen. Sicher ist, daß die Bauherren die Vorschriften ernstgenommen haben, die in den Texten der Bücher Mose zu finden waren. Wahrscheinlich aber hat keiner daran gedacht, im Tempel dem Gott Jahwe einen Wohnsitz zu erbauen. Der Glaube, Gott könne in einem bestimmten Haus wohnen, war erloschen.
Mehr als das Fundament wird nicht fertiggestellt worden sein, da traf die Aufbauwilligen der erste Rückschlag: Ein Erdbebenstoß erschütterte das Fundament. Daraufhin wurden die Arbeiten zunächst unterbrochen. Dann aber brach das völlige Ende der Tempeleuphorie rasch herein: Kaiser Flavius Claudius Julianus starb nach nur kurzer Regierungszeit von zwei Jahren. Sein Nachfolger, Kaiser Jovian, beendete sofort die Benachteiligung der Christen im Reich. Nach Jerusalem erging Befehl, die Arbeiten am Tempel seien einzustellen. Gleichzeitig sollten die Bestimmungen für das Wohnrecht der jüdischen Familien im früheren Sinne geregelt werden: Zuzugsgenehmigungen wurden widerrufen. Die Rechtssituation der Juden in Jerusalem hatte sich über Nacht geändert. Kaiser Jovian war entschlossen, Jerusalem als christliche Stadt zu bewahren.

Ausdruck der auch durch diese Enttäuschung nicht verblaßten Hoffnung auf das Wiedererstehen des Tempels ist eine eingeritzte Schrift aus jener Zeit, die auf einem der gewaltigen Quader an der Westmauer der Tempelterrasse – also an der Klagemauer – entdeckt worden ist. Der Text lautet: »Ihr sollt von Jerusalem getröstet werden. Wer Jerusalem sieht, dem wird das Herz frohlocken.« Diese Worte stammen aus dem Buch Jesaja (66). Zu erkennen ist, daß die Schrift nicht von einem Steinmetz in offiziellem Auftrag in den Quader geritzt worden ist. Sie drückt das Bekenntnis eines einfachen Gläubigen aus.
Die Juden erlebten, daß ihre Stadt nun ohne Rücksicht auf ihre Gefühle eine christliche Silhouette erhielt: Kirchen entstanden mit Türmen. Synagogen durften nicht mehr gebaut werden. Jerusalem wurde zur Attraktion für Pilger aus Europa. Viele kamen in der Absicht, zu bleiben um auf ewig in den Spuren Jesu zu wandeln. So wuchs die Bevölkerung rasch an – und es waren ausschließlich Christen, die in die Stadt zogen.
Prominente Persönlichkeiten aus dem Römischen Reich entschlossen sich damals, ihren Lebensabend in Jerusalem zu verbringen. Sie alle brachten Gold mit, das sie für sich und für gottgefällige Zwecke verwenden wollten – in Erwartung des Tages, an dem das Gottesreich anbrechen würde.
Auch die Christen verbanden von nun an Heilserwartungen mit Jerusalem: Wer sich in dieser Stadt aufhielt, der war dem Paradies nahe. Parallel dazu glaubten viele Juden, wer in der Nähe des Tempelbergs begraben liege, der höre als erster die Trompetenstöße, die das Kommen des Messias verkünden.
Manchmal empfand eine der prominenten Persönlichkeiten aus dem Römischen Reich sogar Sympathie für die Unterprivilegierten. Eudokia, die von ihrem Mann, dem byzantinischen Kaiser Theodosius II., getrennt lebte, wählte im Jahre 444 Jerusalem zum Wohnsitz. 16 Jahre lang wohnte sie in der Nähe der Plätze, an denen Jesus seine letzten irdischen Lebenstage verbracht hatte. Eudokia erwirkte von den lokalen kaiserlichen Behörden, daß die Juden garantiertes Wohnrecht in Jerusalem erhielten.
Die Hilfestellung der Eudokia war nicht von langer Wirkung. Angehörige des jüdischen Volkes, dem einst die Stadt gehört hatte, waren nur noch die Geduldeten in Jerusalem. Sie durften nicht aufgenommen werden in den Staatsdienst. Der Erwerb

von Grund und Boden war Beschränkungen unterworfen. Die Juden durften keine neuen Synagogen bauen. Sie fanden jedoch einen Ausweg: Hinter unauffälligen Fassaden von Häusern der unteren Stadt richteten sie ihre Beträume ein – die dann allerdings reich geschmückt waren mit Ornamenten und kostbaren Mosaiken.
Zu bemerken ist, daß viele der jüdischen Familien wohlhabend wurden. Finanzieller Reichtum war ihre Absicherung gegenüber den Launen der Mächtigen. Um Geld zu verdienen, beschritten sie neue Wege. Sie begriffen frühzeitig, daß die Betreuung von Pilgern ein Gewerbe war, das bei Tüchtigkeit einträglich werden konnte. Sie machten sich vertraut mit den Heiligen Stätten der Christen in Jerusalem, mit Bibeltexten, mit Legenden und Überlieferungen. Durch dieses Wissen wurden sie gesuchte Führer für die Pilger, die aus allen Gegenden des Römischen Reiches eintrafen.
Obgleich ihr Leben meist eine gute materielle Basis besaß, wuchs der Unmut der Juden gegen die byzantinische Verwaltung von Generation zu Generation. Die Bibelgelehrten betrachteten während dieser Jahre mit Genugtuung, daß sich die christlichen Herren uneins waren und stritten. Dieser Streitpunkt war den Rabbis unverständlich: Der Zwist war entbrannt, über die Frage, ob Jesus menschlichen oder göttlichen Charakters gewesen sei, oder gar eine Mischung von beiden. Die Uneinigkeit der Christen konnte von den jüdischen Einwohnern nicht ausgenützt werden. In einem waren die byzantinischen Herren einer Meinung: In der Ablehnung der Juden.
Im Jahr 614 glaubten die politisch führenden Persönlichkeiten der jüdischen Gemeinde in Jerusalem, daß durch kluges Taktieren eine Chance für Besserung ihrer Situation zu erreichen sei. Der Erbfeind der Byzantiner, das persische Reich, war darauf aus, die christliche Macht über das Gebiet zwischen Euphrat und Mittelmeerostküste zu brechen. Zu diesem Zeitpunkt war die persische Armee stärker und gewann an Raum. Die Siege des Reichs im Osten wurden auch in abgelegenen Regionen bemerkt: In der Wüstenstadt Mekka beobachtete Mohammed – der Kaufmann, der zum Propheten geworden war – diese Entwicklung. Er offenbarte den Fortgang der Auseinandersetzung (30. Koransure »Al Rum«): Die göttliche Inspiration ließ ihn wissen, daß schließlich Byzanz die Perser wieder

überwinden werde. »Besiegt sind die Römer (Ostrom), die sich nicht weit von uns befinden. Doch sie werden die Niederlage verschmerzen und Sieger sein in wenigen Jahren.«

Mohammed ist überzeugt, daß durch den zu erwartenden Sieg der Oströmer der Konflikt zwischen den Byzantinern und dem Islam nicht zu vermeiden sei. Er bereitete sich darauf vor, ein islamisches Heer gegen die byzantinischen Panzerreiter zu entsenden.

Was sich damals auf der Arabischen Halbinsel vorbereitete, geschah, ohne daß die Bewohner von Jerusalem davon erfuhren. Arabien war für sie ein Land der Barbarei und blieb unbeachtet. Die Stärke der Perser aber wurde zur Kenntnis genommen. Gerade in jener Zeit bemühten sich die byzantinischen Behörden darum, die Juden in Syria Palaestina zu veranlassen, ihren Glauben aufzugeben und christlich zu werden. Durch Lockungen und Drohungen wurde versucht, dieses Ziel zu erreichen. Doch die jüdischen Familien waren nicht willig, sich zu beugen. Auf der Suche nach einem Ausweg, wandten sie sich an die Führung des Perserheeres, das sich bereits in Damaskus befand. Die persischen Kommandeure wurden gebeten, ihre Verbände rasch in Richtung Jerusalem in Marsch zu setzen. Die jüdischen Abgesandten versprachen Hilfe beim militärischen Konflikt mit der byzantinischen Garnison in der Stadt. Tatsächlich gelang die Einnahme durch die persischen Truppen nahezu reibungslos – sie wurden unterstützt durch Juden, die glaubten, eine bessere Zeit breche für sie an.

Die neuen Herren ließen sich durch diesen Verlauf ihres Feldzugs täuschen: Sie glaubten in der jüdischen Bevölkerung von Jerusalem einen starken Partner gefunden zu haben. Sie übertrugen den geschicktesten und redegewandtesten der jüdischen Bevölkerungsgruppe zunächst die Verwaltung der Stadt. Die Juden glaubten, einen Sieg errungen zu haben, und sie entwickelten erneut Pläne für den Wiederaufbau des Tempels. Die persische Militärverwaltung erhob keinen Einspruch – und so begannen die Arbeiten auf der Tempelterrasse: Das Heiligtum für Jupiter, Juno und Minerva, das schon seit langer Zeit nicht mehr in Benutzung war, wurde abgerissen. Auch die Reste der Fassade, die während der zwei Regierungjahre des Flavius Claudius Julianus (361–363) entstanden war, verschwanden.

Auch im Falle dieses dritten Versuchs, des Tempelneubaus ist nicht überliefert, nach welchen Plänen die Verantwortlichen die Wiederherstellung anpacken wollten.
Die Arbeiten auf der Tempelterrasse wurden eingestellt, als der persische Befehlshaber entdeckte, daß seine jüdischen Partner nur eine Minderheit war, die wenig bewirken konnte, wenn die Christen nicht mitmachten. Den Juden wurde die Kontrolle über die Stadt entzogen. Für einen Zeitraum von mehr als 20 Jahren trugen nun Christen Verantwortung für die Verwaltung von Jerusalem. Während dieser Jahre begann sich ein revolutionärer Wandel der geschichtlichen Entwicklung vorzubereiten. Den Ort, in dem die Entwicklung begann, kannte wohl niemand in Jerusalem – er hieß Mekka und war eine Oase in der Wüste Arabiens. Dort hatte der Kaufmann, dessen Name Mohammed war, begriffen, daß seine Offenbarungen Grundlage eines Staates sein konnten, der dem Willen Allahs entsprach. Mohammeds Überzeugung wurde zum politischen Faktor. Seine kühne Prophezeiung des Sieges der Byzantiner über die Perser erfüllte sich im Jahre 629. Kaiser Herakleios zog am 21. März als Triumphator in Jerusalem ein.
Zweimal wurden islamische Reitertruppen während der nächsten Jahre – in militärische Auseinandersetzungen mit der byzantinischen Reiterei hineingezogen. Beide Male gelang es den Moslemkämpfern nur mit Mühe, eine totale Niederlage zu verhindern.

In dieser Zeit festigte sich jedoch Mohammeds Herrschaft über den arabisch-islamischen Staat auf der Arabischen Halbinsel. Eine Theokratie entstand, deren rechtliche Basis der Koran als Gesetzbuch war. Mohammed regierte in Übereinkunft mit Allah – und fühlte sich dadurch ganz besonders mit Jerusalem verbunden.
Als »Gesandter« des einen und allmächtigen Gottes sah er sich selbst als letztes Glied in einer Kette von Propheten. Da diese Propheten meist in Jerusalem die Überzeugung verkündet hatten, es sei im Himmel nur ein Gott, war es für Mohammed selbstverständlich, daß er sich eingliederte in diese Prophetenreihe, und daß er sich selbst mit Jerusalem in Verbindung brachte. Um dies zu vollbringen, mußte er die Entfernung zwischen Mekka und Jerusalem überbrücken. Die Gläubigen wa-

ren zu überzeugen, er habe in Jerusalem Außergewöhnliches erlebt.

Mohammed und die Felsplatte auf dem Hügel Morija – Die Folgen der »Nachtreise« des Propheten

Erzählt wird von Mohammed, er habe am Heiligtum der Kaaba in Mekka geschlafen. Da sei mitten in der Nacht der Erzengel Gabriel auf ihn zugetreten und habe ihn mit dem Fuß angestoßen. Mohammed habe sich aufgesetzt, es sei jedoch niemand zu bemerken gewesen. Als er wieder eingeschlafen war, habe er wieder den Fußtritt gespürt, doch auch diesmal habe er niemand gesehen. Ein drittesmal wiederholte sich dieser Vorgang. Jetzt, so wird berichtet, habe sich der Prophet erhoben. Da sei ein Reittier vor ihm gestanden von eigenartiger Gestalt – weder Pferd, noch Esel, noch Maultier. Besonders auffällig seien die Flügel an seinen Schenkeln gewesen.

Mohammed habe das Reittier besteigen wollen, doch es sei zurückgewichen. Da habe der Erzengel Gabriel, der dabei stand, das Tier beruhigt durch eine Berührung seiner Mähne. Jetzt erst sei es Mohammed möglich gewesen, das geflügelte Tier zu besteigen.
Der Ritt begann, der eher einem Flug glich. Mit den Hinterbeinen sprang das Tier, die Vorderbeine aber setzten weit entfernt am Horizont auf. Rasend schnell verging die Zeit des Fluges. Mohammed war dabei nicht allein. Der Erzengel Gabriel blieb sein Begleiter. Als die beiden in Jerusalem ankamen, wurden sie bereits erwartet. Auf der Felsplatte des Hügels Morija standen ehrfurchtgebietende Gestalten. Mohammed erkannte sie: Er sah Abraham, Mose, Jesaja, Johannes den Täufer und Jesus. Gabriel bestimmte, daß Mohammed der Vorbeter der Propheten sei. Damit war festgelegt, daß Mohammed die führende Persönlichkeit der Gesandten Allahs war – er war der Jüngste und bildete den Abschluß aller Offenbarungen des einen und allmächtigen Gottes. Durch Festlegung der Rangordnung, durch Ernennung des Jüngsten zum Vorbeter, hatte der Erzengel Gabriel zu erkennen gegeben, daß es fortan keinen weiteren Pro-

pheten mehr geben werde. In Jerusalem, auf dem Hügel Morija, hat Gabriel den Abschluß der Verkündigungsphase für die gesamte Menschheit angeordnet: Was Gott, was Allah, den Menschen zu sagen gehabt hatte, das war durch die Propheten von Abraham bis Jesus – und vor allem durch Mohammed – verkündet worden.

Die Felsplatte des Hügels Morija ist von der goldstrahlenden Kuppel des Felsendoms überwölbt. Sie ist durch den Bericht vom Treffen des Propheten Mohammed mit seinen Vorläufern zum bedeutenden Heiligtum des Islam geworden. Die gläubigen Moslems sind überzeugt, der Prophet habe wirklich seinen Fuß auf jene Steinplatte gesetzt. Damit war sie zu einem Faktor der Politik aller Zeiten geworden. Dieser Fels und den Boden, der ihn umgibt, kann die Gemeinschaft der Moslems zu keiner Epoche der politischen Kontrolle durch das jüdische Volk überlassen. Damals sind die Wurzeln gelegt worden für den Konflikt unserer Jahre. Dadurch, daß vom Propheten berichtet wird, er sei auf dem Stein des Hügels Morija gestanden – die Frage nach der Wahrheit spielt dabei keine Rolle –, ist dieser Fels zum Objekt des Streits zwischen Juden und Moslems geworden. Nach jüdischer Tradition hatte einst Abraham seinen Sohn auf der Felsplatte dem allmächtigen Gott zum Opfer angeboten. Nicht vergessen werden darf, daß der Stein in der Mitte der Tempelterrasse liegt und wohl einst Bestandteil des Tempels war – auch wenn die alttestamentarischen Texte ihn in diesem Zusammenhang gar nicht erwähnen.
Der Bericht über die »Nachtreise« des Propheten Mohammed hat eine Fortsetzung. Nachdem der Vorbeter Mohammed die Gebete gesprochen hatte, reichte ihm der Erzengel Gabriel zwei Trinkschalen. Die eine enthielt Milch, die andere Wein. Mohammed griff nach der Milchschale und verschmähte den Wein. Für diese Wahl wurde er vom Erzengel gelobt: »Dein Handeln entspricht dem Willen Gottes. Er hat den Wein verboten.«
Eine Leiter stand da plötzlich auf dem Fels des Hügels Morija. Eine Leiter, von der berichtet wird, Mohammed habe sie für das schönste gehalten, was er je gesehen habe. Es sei die Lichtleiter gewesen, die Sterbende vor Augen haben, wenn sie sich bereitmachen, ins Paradies einzugehen.

Mohammed wurde von Gabriel aufgefordert, die Leiter hinaufzusteigen. Der Prophet folgte der Anweisung des Erzengels. Er kam schließlich vor das Himmelstor, das – so wird berichtet – vom Engel Ismail bewacht wird, dem 12000 Engel gehorchen, denen wiederum jeweils 12000 weitere Engel untertan sind. Der Türhüter Ismail fragte Gabriel, ob er den Gesandten Allahs bringe. Gabriel antwortete mit »Ja«. Daraufhin wurde Mohammed eingelassen.

Gabriel zeigte ihm die Himmel. Er führte ihn zum Herrn des untersten Himmels – Adam hatte dieses Amt. Er mußte die Seelen der eben Verstorbenen beurteilen und ihnen Strafen zuweisen. Wer das Eigentum von Waisen veruntreut hatte, war dazu verurteilt, glühende Steine in den Eingeweiden zu verdauen. Wer Wucherzinsen genommen hatte, den plagte ein aufgeblähter Bauch. Frauen, die einem Mann ein Kind untergeschoben hatten, waren an ihren Brüsten aufgehängt.

Mohammed stieg vom untersten Himmel hinauf zum obersten. Er sah, wer bestraft und wer belohnt wurde. Auf diese Weise lernte er den Willen Gottes kennen; er erfuhr, welche Ordnung Gott für das Leben der Menschen vorgesehen hatte. Als er zurückkam auf die Erde, auf die Felsplatte des Hügels Morija, wußte Mohammed, welchen Gesetzen der Islam zu folgen hatte.

Der Koran gibt nur eine magere Bestätigung des nächtlichen Aufenthalts in Jerusalem. Sie findet sich in der 17. Koransure, die den Namen »Die Nachtreise« trägt:

»Ehre und Preis sei dem Erhabenen, der seinen Gesandten in der Nachtreise zum heiligen Tempel von Jerusalem geführt hat. Diese Reise ist gesegnet, damit unser Wille sichtbar wird: Allah hört und sieht alles.«

Als der Prophet Mohammed im Jahre 622 n. Chr. von den Bewohnern der Stadt Jathrib aufgefordert wurde, in ihrer Stadt, die im gesetzlosen Chaos unterzugehen drohte, Ordnung zu schaffen, folgte Mohammed diesem Wunsch. Er wurde Regierungschef in Jathrib – und der Koran war Gesetzbuch und Verfassung seiner Exekutive. Zu den Bewohnern der Stadt und des Umlandes gehörten jüdische Familien. Wie sie aus dem Land zwischen Mittelmeer und Jordangraben in die Oase mitten in der Wüste Arabiens gekommen waren, ist unsicher. Möglich ist durchaus, daß die Sippen ein halbes Jahrtausend zuvor aus der Gegend von Jerusalem geflüchtet waren, als nach der Niederlage des Bar-Kochba-Aufstandes den Juden Verfolgung drohte. Eine andere Theorie besagt, die jüdischen Clans von Jathrib wären arabischer Abstammung. Sie hätten irgendwann den jüdischen Glauben angenommen. Für die Wahrscheinlichkeit dieser Theorie spricht, daß viele ihrer Sitten und Gebräuche denen der nichtjüdischen Clans entsprachen. Solange die arabischen Bewohner von Jathrib keine ausgeprägte religiöse Überzeugung besaßen, gab es keine Schwierigkeiten zwischen den Sippen. Möglich waren sogar Heiraten untereinander. Erst als sie Moslems wurden, entstanden Konflikte. Bis dahin hatte niemand an Trennung von Arabern und Juden gedacht.

Mohammed war keineswegs auf Konfrontation aus. Er glaubte, daß die Bindungen, die in der Vergangenheit bestanden hatten, auch in der Zukunft bestehen bleiben würden. Mohammed respektierte die Juden als ein Volk, dem Gott eine Offenbarung seiner Macht und Größe hatte zuteil werden lassen. Dieser Respekt kam dadurch zum Ausdruck, daß Mohammed die Gläubigen des Islam angewiesen hatte, während des Gebets Gesicht und Blick in Richtung Jerusalem zu wenden. Die Stadt war ihm deshalb heilig, weil dort die Propheten Gottes gewirkt hatten, in deren Reihe er sich selbst durch die wundersame Nachtreise eingegliedert hatte.
Mohammed bestätigte ausdrücklich – als er Regierungschef in Jathrib geworden war–, daß Jerusalem Priorität vor allen anderen heiligen Stätten besitze. Einer seiner Anhänger hatte während eines Rittes von Mekka, nach Jathrib Gewissensbisse, weil er – beim Blick in Richtung Jerusalem – ganz von selbst der Kaaba, dem Heiligtum in Mekka, den Rücken zuwenden müsse. Der Gläubige hatte diese Gebetshaltung als der Kaaba nicht würdig empfunden. Mohammed beruhigte das Gewissen des Mannes: Wer in Richtung Jerusalem bete, der beleidige das Heiligtum in Mekka nicht.
In dieser Zeit versuchte Mohammed den Juden zu empfehlen, sich auf Gemeinsamkeiten des Glaubens zu besinnen. Er offenbarte, daß er von Allah die Anweisung erhalten habe, mit den »Schriftbesitzern« – gemeint sind in diesem Fall die Juden, denen durch Mose die Offenbarung der Existenz des einen Gottes zuteil geworden war – eine Vereinbarung darüber zu treffen, daß niemand neben Gott ein anderes Wesen setzen dürfe

(3. Koransure). Daraus ist zu ersehen, daß Mohammed zu weitgehenden Kompromissen bereit war: Er bat schließlich nur noch darum, daß die jüdischen Sippen die Moslems als »Gottergeben« anerkannten.
Überliefert ist, daß einige der Schriftgelehrten dem Propheten und Staatschef Interesse an dessen Glauben vorgetäuscht hätten. Sie hatten sich bereit erklärt, anzuhören, was Mohammed über Gott zu sagen hatte, doch sie seien nur darauf ausgewesen, ihn in Widersprüche zu verwickeln. Mohammed begann, sich über die Juden zu ärgern.
Der Ärger steigerte sich, als er spürte, daß er verspottet wurde. Einmal hatte er vergeblich sein Kamel gesucht und bekam dann zu hören, daß er doch ständig mit Gott in Verbindung stehe – da könne er wohl am besten von Gott erfahren, wo sich das Tier befinde.

Mohammed war schon wenige Wochen nach seiner Ankunft in Jathrib zum Gegenstand von Witzen geworden. Die Juden mokierten sich hauptsächlich darüber, daß er sich »Gesandter Allahs« nennen ließ. Berichtet wird, sie seien in die Moschee gekommen, um das Gebet durch Getuschel über diesen »Gesandten Allahs« zu stören. Wurden die Störenden zurechtgewiesen, bemerkten sie spöttisch: »Wir werden uns doch in diesem Dattelspeicher aufhalten dürfen.« Sie bezogen sich darauf, daß auf dem Platz der Moschee von Jathrib früher ein Lagerschuppen für Datteln stand.
Die jüdischen Familien wollten nicht dulden, daß Jathrib umgetauft wurde in »Medinat al-Rasul«, in die »Stadt des Propheten«. Sie wollten mit diesem Propheten nichts zu tun haben und behielten deshalb den Stadtnamen Jathrib bei.
Die Jahrhunderte überlebt hat die Erzählung aus jener Zeit vom Besuch der Schriftgelehrten bei Mohammed. Sie hätten ihn aufgefordert, vier Fragen zu beantworten. Wenn es ihm möglich sei, die richtigen Antworten zu geben, seien sie bereit, ihn als Propheten anzuerkennen. Mohammed ging auf diese Herausforderung ein, obwohl er annehmen mußte, daß er nicht ernsthaft auf die Probe gestellt werden würde. Er hatte derartige Disputationen zuvor schon erlebt.
Diesmal entwickelte sich das Gespräch für ihn wohl schlimmer als gedacht. Mohammed sollte Antwort geben auf die Frage,

wie es möglich sei, daß ein Sohn seiner Mutter gleiche, obwohl doch der Same vom Mann stamme. Der Prophet, so wird überliefert, habe diese Antwort gegeben: »Mann und Frau haben unterschiedliche Samenflüssigkeiten. Die Ähnlichkeit des Sohnes mit der Mutter entstehe dann, wenn der Same der Mutter sich gegenüber dem Samen des Vaters durchzusetzen vermochte.« Die Schriftgelehrten haben sich offenbar mit dieser Antwort zufrieden gezeigt.
Von ähnlicher Qualität seien die nächsten beiden Fragen gewesen. Die vierte Frage aber habe gelautet: »Was kannst du uns vom göttlichen Geist sagen?« Die Antwort des »Gesandten Allahs«: »Gabriel ist der göttliche Geist – und er teilt sich mir mit!« Nach diesen Worten hätten die Schriftgelehrten empört das Haus des Propheten verlassen. Sie hätten ihn ohnehin nie als Übermittler göttlicher Nachrichten anerkannt.
Mit großer Geduld hielt Mohammed auch weiterhin an seiner Politik fest, den Versuch der Einigung mit den Juden fortzusetzen. Als ihm vorgeworfen wurde, er dürfe sich nicht auf Abraham berufen, da dieser Prophet Jude gewesen sei und deshalb wohl kein Vorläufer von Mohammed habe sein können, gab er zur Antwort: »Abraham war weder Jude noch Christ – doch er besaß den reinen Glauben.« Diese diplomatische Antwort verlor allerdings ihre Verbindlichkeit durch den Nachsatz: »Unter allen Propheten, die auf Abraham gefolgt sind, gleicht ihm Mohammed, der Gesandte Allahs, am meisten!«

Die brüske Ablehnung, die Mohammed erfuhr, machte den Bruch mit den jüdischen Sippen unvermeidbar. Als er keine Möglichkeit der Verständigung mehr sah, da war er überzeugt, daß er die Gebetsrichtung ändern mußte. Der Blick des Gläubigen sollte beim Gebet nicht mehr auf Jerusalem ausgerichtet sein – auch wenn dort die Mehrheit der Propheten des einen und allmächtigen Gottes gewirkt hatte – und sogar er selbst den Ort geheiligt hatte. Eine Offenbarung öffnete die Möglichkeit für die notwendige Korrektur der Gebetsrichtung: Abraham habe das erste Bethaus errichtet für die Menschen im Namen des einen Gottes – dies sei in Mekka geschehen, dort, wo sich die Kaaba befinde. Mit der Aufforderung, den Ort von Abrahams Bethaus zu respektieren, wurde die Richtungsänderung vollzogen. Die Gläubigen sahen vom Jahre 623 an ihr Glaubenszentrum in Mekka. Doch es gelang nicht, Jerusalem aus dem Bewußtsein der Moslems zu tilgen. Jerusalem blieb ihnen eine heilige Stadt. Als die Zeit gekommen war, nach der Stadt zu greifen, da nahmen sie die Chance wahr.

Der Kalif Omar sucht die Felsplatte – Jerusalem – eine der vier Städte des Paradieses

Zu Fuß schritt der siegreiche Kalif Omar, der »Beherrscher der Gläubigen«, von der Zitadelle durch die gesamte westliche Stadt. Der Patriarch Sophronius, der Jerusalem den Gläubigen des Islam übergeben hatte, geleitete den Kalifen. Tausende von jubelnden Kriegern des Islam begleiteten die beiden. Alle gingen zu Fuß, aus Ehrfurcht vor dieser Stadt. Omar überschritt die Hauptachse, die seit der Aelia Capitolina die Stadt durchzog, er sah die Grabeskirche zur linken und wandte sich dann dem Tempelberg zu. Dieser Ort interessierte den Nachfolger des Propheten Mohammed als Staatschef des islamischen Reiches ganz besonders. Auf der Tempelterrasse angekommen, wußte er genau, was er suchte. Er streifte zunächst, wie unabsichtlich mit dem Saum seines langen und weiten Mantels den Staub beiseite. Viel Staub und Dreck hatte sich während der vergangenen Jahrhunderte angesammelt. Patriarch Sophronius muß den Kalifen verständnislos beobachtet haben, die Gläubigen aber begriffen schnell, was ihr Beherrscher bezweckte. Bald schon besorgten sie einige Besen und Schaufeln, um den Schutt wegzuräumen. Schließlich wurde der Felsen freigelegt, der einst vom Fuß des Propheten Mohammed berührt und damit geheiligt worden war.
Zielsicher hatte Kalif Omar die Steinplatte gefunden, von der aus, nur etwa 17 Jahre zuvor, der »Gesandte Allahs« in den Himmel aufgestiegen war, um sich vom Erzengel Gabriel Allahs Ordnungsprinzipien für den Himmel und für die Welt erklären zu lassen. Der Kalif gab Befehl, an dieser Stelle sei ein Bethaus zu errichten. Dies geschah im Jahre 638. Kalif Omar war empört, daß die Christen den heiligen Hügel als Müllplatz verwendet hatten. Er soll seinen Zorn gegenüber dem Patriarchen deutlich zum Ausdruck gebracht haben.

Sechs Jahre zuvor, unmittelbar nach dem Tode des Mohammed, war der Eroberungszug, der die Moslems schließlich nach Jerusalem führte, begonnen worden. Das Ziel war, den islamischen Glauben zu verbreiten, und gleichzeitig für reiche Beute zu sorgen. Unaufhaltsam waren die Reiterkolonnen vorgedrungen. Nach wenigen Monaten hatten sie den unteren Euphrat erreicht. Die Moslemreiter konnten es jetzt wagen, beide Großmächte zugleich anzugreifen: Sie schlugen die Perser und die Byzantiner. Das christliche Heer wurde im Jahr 634 am Fluß Jarmuk, der heute die Grenze bildet zwischen Syrien und Jordanien, geschlagen. Im Jahre 635 kapitulierte Damaskus. Ein Jahr später begann die Belagerung von Jerusalem, die über 20 Monate lang dauerte. Dann war Kalif Omar Sieger. Jerusalem gehörte dem Islam, und bald darauf kontrollierte er das gesamte Heilige Land.
Die Überzeugung war unter den Moslems damals weit verbreitet, daß Allah demjenigen alle Sünden vergibt, der nach Jerusalem kommt. Verläßt er die Stadt wieder, so ist seine Seele so rein wie die eines neugeborenen Kindes. Er kann künftig damit rechnen, daß er in der besonderen Gnade Allahs steht: Er wird empfinden, daß sein Leben reicher geworden ist; er wird feststellen, daß auch sein Wohlstand zugenommen hat.
Bis heute hat sich der Glaube an die besondere Heilskraft von Jerusalem gehalten: Wer sicher sein will, daß er mit dem »Gesandten Allahs« zusammen ins Paradies einziehen darf, der braucht nur ein Gebet in Jerusalem zu sprechen und der Wunsch wird erfüllt. Weit verbreitet unter den Gläubigen ist die Ansicht, daß derjenige, der einen Tag in der Stadt gefastet habe, das Höllenfeuer kaum zu spüren bekommen werde, auch wenn er nach seinem Besuch in Jerusalem wieder gesündig habe. Wer zwei Tage gefastet habe, dem könne das Feuer nichts anhaben, auch wenn er häufig Sünden begangen hat; wer drei Tage in Jerusalem gefastet habe, der sei von der Hölle völlig befreit.
Im Frühjahr 638 hatte Kalif Omar den Entschluß gefaßt, auf dem Tempelberg von Jerusalem ein Bethaus zu errichten – doch er muß diesen Entschluß wohl wieder vergessen haben. Denn erst im Jahre 691 wurde die heilige Felsplatte überdacht: Der Felsendom entstand.
Die islamische Welt hatte sich inzwischen verändert. Das Kali-

fat war in den Besitz der Omayyaden übergegangen. Der letzte der vier islamischen Herrscher, die mit dem Propheten noch familiär verbunden gewesen waren – der Schwiegersohn Ali – war im Jahre 661 ermordet worden. Er hatte den Omayyaden die Herrschaft streitig gemacht.
90 Jahre lang regierte fortan die Dynastie der Omayyaden. Jerusalem veränderte in dieser Zeit sein Gesicht kaum. Nur im Bereich südlich der Tempelterrasse, im obersten Teil der einstigen Davidstadt, entstanden ausgedehnte Paläste, die den Omayyadenherrschern als Residenz dienten. Ihre Fundamente wurden während der vergangenen Jahre durch Archäologen untersucht.

Die eigentliche Hauptstadt der Omayyaden war Damaskus, doch sie maßen Jerusalem in ihrem Staat eine wichtige Funktion zu – es sollte Mekka im Bewußtsein der Gläubigen ersetzen. Mekka und das Heiligtum der Kaaba waren weit von der Hauptstadt entfernt. In Mekka entwickelten sich politische Strömungen, die auf Eigenständigkeit und zeitweise sogar auf Loslösung von Damaskus drängten. Um die Pilger aus Damaskus nicht in Versuchung zu bringen, rebellische Reden in Mekka anhören zu müssen, wurde ein Heiligtum geschaffen, das die Pilgerfahrt nach Mekka überflüssig machen sollte. Den Gläubigen wurde im nahen Jerusalem ein Ort der Anbetung geboten, der durch Schönheit und Pracht die Kaaba weniger anziehend erscheinen ließ.
Professor Dr. Eckart Otto, der Spezialist für Altes Testament und Biblische Archäologie an der Universität Hamburg, weist allerdings darauf hin, daß der Beweggrund, der Felsendom sei in Konkurrenz zur Kaaba von Mekka entstanden, überschätzt werde. Er zitiert den arabischen Historiker Mukaddasi, der um das Jahr 985 der Meinung gewesen sei, der Felsendom sei entstanden, damit die Schönheit der christlichen Grabeskriche »nicht die Sinne der Moslems verwirre«.

Die goldglänzende Kuppel über der Felsplatte überstrahlt seit 691 die Stadt Jerusalem. Sie ist entstanden zum Schutz des verehrten Steines vor Einflüssen der Witterung – und zu seiner Glorifizierung. Nach der Fertigstellung des Felsendoms wurde erst das Bethaus gebaut. Als Platz für die Al-Aqsa-Moschee wurde der südlichste Teil der Tempelterrasse ausgewählt.

Felsendom und Al-Aqsa-Moschee steigerten die Attraktivität von Jerusalem. Fromme Moslems waren bereit, Stiftungen an die Verwaltung der Heiligtümer zu überschreiben. Wohlhabende Pilger kauften Grund und Boden in der Stadt und in der Umgebung. Jerusalem wurde zur Zeit der Omayyaden reicher als je zuvor. Der Ruhm der Stadt wuchs. Sie wurde gepriesen als eine der vier Städte, die ins Paradies übernommen werden würden – die anderen drei waren Mekka, Medina und Damaskus. Die Krönung aber soll Jerusalem am Jüngsten Tag erhalten: Da werde Allah seinen Thron beim Felsendom aufstellen; er werde dort das Zeichen zur Auferstehung geben und Gericht halten über die Sterblichen.

Al Quds, die Heilige –
Die Entrechteten sind die Juden

»Als Kalif Omar die Stadt übernahm, da gab er dem Patriarchen von Jerusalem das schriftliche Versprechen, daß kein Jude in Jerusalem wohnen dürfe.« Dan Bahat berichtet diesen Sachverhalt als christliche Überlieferung.
Sicher steckt hinter diesem Satz Wunschdenken der Christen von Jerusalem jener Zeit. Sie hatten die Stadt dem Islam übergeben und waren der Meinung, Patriarch Sophronius habe die Bedingung des Wohnverbots für Juden bei der Kapitulation durchsetzen können. Das Gegenteil war der Fall: War während der byzantinischen Epoche (326–638 n. Chr.) das Wohnrecht der Juden Beschränkungen unterworfen gewesen, so wurden sie jetzt gelockert. Kalif Omar gestattete 70 Familien den Umzug von Tiberias am See Genezareth nach Jerusalem. Diese Familien galten als besonders gläubige Juden. Ihnen wurde zugestanden, sich im Gebiet der einstigen Davidstadt anzusiedeln, am Abhang über dem Kidrontal. Die 70 Familien hatten sich diesen Platz gewünscht, weil er dort lag, wo die Geschichte des jüdischen Jerusalem angefangen hatte. Sie wollten auch der Tempelterrasse nahe sein und dem Teich Siloa, den sie für ihre rituellen Bäder benützten. So entstand südlich der prunkvollen Omayyaden-Paläste ein jüdisches Viertel mit einem eigenen Markt.

Das Viertel mußte von Grund auf neu gebaut werden. Der Bereich der einstigen Davidstadt war schon lange nicht mehr bewohnt gewesen. Der Hang war seit römischer Zeit als Steinbruch benützt worden. Die Steinmetzen der Byzantiner hatten ebenfalls von dort ihre Quader geholt. Dabei war das ursprüngliche Hanggelände verändert worden. Sogar die beiden aus dem Fels gehauenen immer noch beachtlich großen Höhlen, die wahrscheinlich einmal die Gräber von David und Salomo gewesen waren, wurden um die Hälfte verkleinert.

Auf diesem Schuttplatz bauten die Siedler aus Tiberias Hütten. Die jüdischen Familien paßten sich, soweit es möglich war, dem islamischen Regime an. Sie bewarben sich darum, einfache Dienste am und im Felsendom ausführen zu dürfen – und es wurde ihnen gestattet. Sie waren zuständig für die Kehrarbeiten und für die Reinigung der gläsernen Lampen. Sie sorgten auch dafür, daß diese Lampen immer mit Öl gefüllt waren.
Diese dienende Funktion brachte die jüdischen Männer immerhin auf die Tempelterrasse, auf den Platz, wo das Heiligtum sich früher befand. Als gläubige Männer dachten sie an den Glanz des einstigen Wohnsitzes ihres Gottes. Für sie wurde der islamische Felsendom zum Ersatz ihres Tempels – auch wenn es ihnen nicht gestattet wurde, dort zu beten oder gar zu opfern. Auf dem Weg von der Tempelterrasse zur unteren Stadt, hatten sie über die Brücke zu gehen, die sich dort befand, wo »Wilsons Bogen« zu sehen ist – dann führte sie der Weg vorbei an der Westmauer der Terrasse, sie sahen die mächtigen Quader, die Herodes hatte aufschichten lassen. Möglich ist, daß die Westmauer damals schon zur »Klagemauer« geworden ist. Den Bewohnern des jüdischen Viertels war es möglich, ihre Arbeitsstätte im Bereich des Felsendoms über die gesamte Zeit der Omayyadenherrschaft beizubehalten. Wer am islamischen Heiligtum beschäftigt war, der genoß Steuerfreiheit.
Die Kalifen gestalteten den Tempelberg nach ihrer Vorstellung. Als Felsendom und Moscheee Al Aqsa entstanden waren, wurde – genau im Schnittpunkt der vier Ecken der Tempelterrasse – auf Anordnung des Kalifen abd al-Malik der kleine »Kettendom« gebaut. Sein Sinn ist nicht deutlich zu erkennen. Ähnliche Gebäude, zum Beispiel im Hof der Omayyaden-Moschee in

Damaskus, sind als Schatzhäuser verwendet worden – als Sammelpunkt der Spenden, die dem Heiligtum übergeben wurden. Der »Kettendom« kann Aufbewahrungsort für wertvolle Gaben gewesen sein. Möglich ist auch, daß der Kuppelbau an der Stelle steht, an der einst die zwei Säulen des salomonischen Tempels errichtet worden waren, die durch Ketten verbunden gewesen seien. Eckart Otto gibt einen weiteren Grund an für die Benennung des Gebäudes. Er erzählt die Legende von der »Gerichtskette des Salomo«:

»Damit er leichter unterscheiden könne zwischen Gut und Böse, ließ Salomo, der Sohn Davids, eine Kette zwischen Himmel und Erde aufhängen, so daß der Gerechte sie berühren konnte, der Ungerechte aber nicht. Eines Tages geschah es, daß ein Jude, dem 100 Dinare geliehen worden waren, behauptete, sie zurückgezahlt zu haben, was der Gläubiger bestritt. Der Rechtsstreit wurde zur Entscheidung vor Salomo gebracht, damit die Kette entscheide. Der Jude hatte die 100 Dinare in einem Stock versteckt. Als er die Kettenprobe ablegen sollte, gab er dem rechtmäßigen Besitzer des Geldes den Stock in die Hand. Als er schwor, das Geld zurückgezahlt zu haben, da zeigte die Kette an, daß er gerecht sei. Der Gläubiger aber schwor unwissend, er habe das Geld nicht erhalten, und ihn wies die Kette als ungerecht aus. Doch Salomo in seiner Weisheit erkannte, was geschehen war. Er ließ die Kette vom Himmel abnehmen und in den Kettendom legen.«

Diese Legende sagt weniger über die Entstehung des Namens »Kettendom« aus, als über die Position »der Juden« in Jerusalem. Diese Bezeichnung ist durchaus abwertend gedacht, wobei auch noch zu bemerken ist, daß diese Legende aus der Zeit des christlichen Jerusalem König Salomo offenbar nicht als Juden erkennt.

Im Jahre 750 zertrümmerte das Geschlecht der Abbasiden mit wuchtigen Schlägen die Macht der Sippe Omayya. Die Abbasiden waren aus dem Osten gekommen, um das »korrupte Regime in Damaskus« zu beseitigen. Die neuen Herren übernahmen auch die Regierung der Stadt Jerusalem. Hatten die Omayyaden mit leichter Hand geherrscht, so waren die Abbasidenherren Despoten mit persischen Manieren. Sie gaben sich islamischer als die Vorgänger. Sie duldeten nicht, daß die Juden weiterhin ihre Dienste am Heiligtum ausübten. Die Juden durften die Tempelterrasse nicht mehr betreten. Sie hieß fortan »Haram ash-Sharif« – das »edle Heiligtum«. Der Name schon beinhaltet das Verbot der Annäherung für Christen und für Juden. Überliefert ist, daß Juden vor den Toren des Mauerkomplexes – also wohl an der Westmauer – gebetet hätten.

Die Christen von Jerusalem besaßen keineswegs mehr Freiheiten. Sie schickten im Jahr 797 eine Delegation zu Kaiser Karl dem Großen, mit der Bitte, er möge den Kalifen Harun al-Raschid veranlassen, ihnen die hohen Steuern zu erlassen. Die Christen waren mit ihrer Initiative zum Teil erfolgreich.
Die jüdische Bevölkerung fand lange Zeit niemand, der ihnen half – bis die Fatimiden in Ägypten mächtig wurden. Sie hatten zeitweise zwei Juden in ihren Diensten, die zum Islam übergetreten waren. Während dieser Zeit war die Faust der Abbasiden , die weit weg in Baghdad regierten, in Jerusalem kaum mehr zu spüren, und so konnte Ägypten wieder einmal Einfluß ausüben zwischen der Mittelmeerostküste und dem Jordangraben. Die zwei Männer jüdischer Abstammung in Fatimidendiensten sorgten dafür, daß die Juden in Jerusalem weitgehend in Ruhe gelassen wurden.
Die Zeit der Erholung der jüdischen Gemeinde endete im Jahr 1009. Der Kalif Al-Hakim bi-Amrillah – er residierte am Nil –, der sich selbst als gottähnlich sah, befahl damals die Zerstörung aller nichtislamischen Gotteshäuser in Jerusalem. Verbrannt wurde damals auch die Grabeskirche. Die Juden verloren ihre Synagogen. Die Grabeskirche konnte bis zum Jahr 1048 wieder aufgebaut werden. Die jüdische Gemeinde aber besaß weder die Kraft noch die Mittel an den Wiederaufbau ihrer Bethäuser auch nur zu denken.
Die Ereignisse nach dem Jahr 1009 veranlaßte eine große Zahl jüdischer Familien, Jerusalem zu verlassen. Die Gemeinde löste sich nahezu auf. Nur wenige waren bereit, ihr schweres Leben in der Stadt weiterhin zu ertragen. Wer auswanderte, war gut beraten. Nach der Einnahme von Jerusalem durch die Kreuzritter verschwand das jüdische Viertel auf dem Boden der einstigen Davidstadt völlig. Das Erbe Davids schien vernichtet zu sein – die Erben Davids galten als heimatlos.
Der 15. Juli des Jahres 1099 brachte einen gewaltigen Einschnitt

in die Geschichte der Stadt: Den Kreuzrittern gelang die Eroberung von Jerusalem. Sie hatten am 7. Juni mit der Belagerung begonnen. Ihre erste Maßnahme galt der Blockade des Zugangs zur Gihonquelle und zum Teich Siloa. Die Quelle und der Teich mußten damals also wichtig gewesen sein für die Wasserversorgung der Stadt.
Die Strategie der Kreuzritter unterschied sich jedoch wesentlich von der der römischen Belagerungstruppen. Die Ritter aus Europa griffen auch von Süden aus an. Dies hatten die Römer nie gewagt. Allerdings waren die Mauern der islamischen Stadt nicht von hoher Qualität. Auf Verteidigung waren die arabischen Herren nicht vorbereitet. Dies nützten die Kreuzritter aus. Raymond de St. Gilles ließ an der Südwestecke der Stadtbefestigung Erde aufschütten, damit dort ein Belagerungsturm an die Mauer herangefahren werden konnte. An dieser Stelle gelang am 14. Juli 1099 tatsächlich der erste Einbruch in die Stadt. Die »Mauerbrecher« im Norden schlugen erst einen Tag später eine Bresche – der Ritter Tancred drang durch sie bis zum Haram ash-Sharif durch. Dann geschah, was bei keiner Eroberung vermieden wurde: Die Einwohner wurden hingemordet. Auch die Kreuzritter verschonten niemand, der nicht christlichen Glaubens war. Nach der Einnahme von Jerusalem durch das christliche Heer hielt sich kein Jude mehr in Jerusalem auf. Menschen aus unterschiedlichen Ländern lebten nun in der Stadt. Syrische Christen bezogen die Häuser in der Nordostecke des Wohngebiets; Armenier wohnten im Südwesten. Der Patriarch residierte mit seinen Männern in der Nähe der Zitadelle. Dazwischen ließen sich die Deutschen nieder, zusammen mit den Franzosen.
Die Stadt veränderte ihr Gesicht nur durch die Kirchen, die wieder aufgebaut oder neu gebaut wurden. Erhalten blieb das Straßenbild der »Aelia Capitolina«. Selbst auf dem Hügel Haram ash-Sharif veränderte sich nur wenig: Der Felsendom wurde einfach umgetauft in »Templum Salomonis«. Die unterirdischen Gewölbe im Süden der Tempelterrasse wurden in Pferdeställe verwandelt, und heißen bis heute »die Ställe des Salomo«. Einige Verwaltungsgebäude wurden errichtet, vor allem im Westen des »Salomotempels«.
Nach 88 Jahren ging die Herrschaft der Kreuzritter in Jerusalem zu Ende. In dieser Zeit hatten sich die europäischen Edel-

leute in Raubritter verwandelt. Durch Egoismus, Planlosigkeit und Habsucht war das christliche Königreich ruiniert worden. Sein Untergang war fällig. Am 4. September 1187 traf Saladdin mit seinen islamischen Streitkräften vor der Stadt ein. Er konzentrierte die Angriffstruppen im Norden. Die Mauern wurden unterhöhlt und an einer Stelle zum Einsturz gebracht. Nun waren die Ritter bereit, zu verhandeln. Am 2. Oktober 1187 wurde die Hauptstadt des christlichen Königreiches wieder islamisch. Durch die Bresche, die sich gegenüber dem Platz des heutigen Rockefeller-Museums befand, zog Saladdin in die Stadt ein. Er ließ zunächst das große Kreuz von der Mauer stürzen, das dort zu sehen gewesen war seit die Kreuzritter 88 Jahre zuvor an genau derselben Stelle eine Bresche geschlagen hatten. Jerusalem hieß fortan wieder »Al Quds« – die Heilige.

Durch das Davidstor bei der Zitadelle, dem heutigen Jaffator, zogen die Christen aus der Stadt. Ein Massaker hatte es diesmal nicht gegeben – dafür hatte Saladdin von jedem Abziehenden Lösegeld verlangt. Geordnet nach Zugehörigkeit zu Ländern und Ritterorden wanderten die Geschlagenen hinunter zur Küste. Ihr Ziel waren Häfen an der Küste und Schiffe, die sie nach Europa bringen sollten.
Der neue Herr von Jerusalem hob das absolute Ansiedlungsverbot für Juden auf, das zur Zeit der Kreuzritter gegolten hatte. Doch da waren nirgends jüdische Sippen, die hätten nach Jerusalem ziehen wollen. Erst als Saladdin 1191 Städte an der Mittelmeerküste zerstörte, kamen jüdische Flüchtlinge aus Ashkalon in die entvölkerte Stadt.
Saladdin hatte nicht die Zeit, um Jerusalem zu verändern – und doch ist ein Zeugnis seiner Regierungszeit deutlich zu sehen: Das »Goldene Tor« in der Mauer hoch über dem Kidrontal ist durch Quader verschlossen. Dem islamischen Eroberer war berichtet worden, die Juden erwarteten, daß durch dieses Tor der Messias einziehen werde. Um ihnen die Hoffnung zu nehmen, diese Vision werde Wirklichkeit, hat Saladdin das »Goldene Tor« zumauern lassen. Als er dann zu hören bekam, die Hoffnung auf das Kommen des Messias sei immer noch nicht erloschen, hat er vor dem Tor, am Abhang zum Kidrontal, einen islamischen Friedhof anlegen lassen.

Im Jahr 1193 starb Saladdin in Damaskus. Jerusalem fand in jener Zeit wenig Beachtung.
Daß die Stadt menschenleer und verödet war, das wurde während der nächsten Jahre auch in Europa bekannt. Derartige Nachrichten regten nicht nur Christen zu Kreuzzugsideen an, sondern sie brachten auch jüdische Familien auf den Gedanken, daß die Zeit günstig sei, ins Heilige Land zurückzukehren, schien doch die Gefahr eines christlichen Staates gebannt. Aus Frankreich und England trafen nach und nach 1210 Familien jüdischen Glaubens ein.

Doch sie kamen nicht in eine sichere Stadt. Nachfolger des Saladdin glaubten, künftige Generationen von Kreuzfahrern würden weniger begehrlich auf den Ort blicken, wenn er nicht mehr befestigt wäre. Sie sorgten dafür, daß die Mauern abgerissen wurden, die noch auf Saladdins Anregung ausgebessert und ergänzt worden waren. Im Jahre 1930 wurde an der Stadtmauer bei der Zitadelle eine Steinplatte gefunden, die darauf hinwies, daß der »ruhmreiche Sultan al-Malik al-Adil Abu Bakr Ibn Ayyub« – er war Saladdins Bruder – die Befestigung gebaut habe. Der Sohn jenes »ruhmreichen Sultans« aber war überzeugt, ungeschützt würde Jerusalem die Kreuzritterstürme eher überleben. Die Zerstörung der Stadtmauer führte jedoch zu einer Flucht der Bewohner in sichere Orte. Jerusalem wurde erneut entvölkert.

Die jüdischen Familien blieben, da sie wußten, daß sie kaum in anderen Städten aufgenommen werden würden. Doch dann drohte ihnen erneut Vertreibung: 1229 schloß der Stauferkaiser Friedrich II. – seit 1225 durch Heirat mit Isabella von Brienne auch König von Jerusalem – einen Vertrag mit Sultan al-Malik al-Kamil, der die Übertragung der Souveränität über die heiligen Stätten den Christen und über Jerusalem an den Kaiser vorsah. Die Stadt wurde erneut christlich. Dem Vertrag entsprechend hatten die Juden innerhalb kurzer Frist Jerusalem zu verlassen.
Diese Kreuzritterzeit dauerte nur 13 Jahre. Sie endete im Ansturm eines Volkes, das aus Zentralasien vorgedrungen war. Seine Kämpfer brachen in die unbefestigte Stadt ein – auch Friedrich II. hatte die Mauern nicht aufrichten dürfen. Die Er-

oberer zerstörten Kirchen und töteten Christen, dann zog das Reitervolk wieder ab.
Der Angst vor einem bevorstehenden und noch gewaltigeren Angriff der Mongolen machten die Mameluken ein Ende, deren Herrschaft über Jerusalem von 1250–1517 dauerte. Ihr Machtzentrum war in Ägypten, doch der Besitz von Jerusalem gab den Herrschern Ansehen – sie konnten sich Beschützer der islamischen heiligen Stätten nennen.

Ihr Schutz war jedoch nicht darauf ausgerichtet, den Stadtbewohnern wirklich ein Gefühl der Sicherheit zu geben: Sie unterließen es, den Wiederaufbau der Mauern zu befehlen. Einzig die Zitadelle wurde in einen Zustand versetzt, der im Kriegsfall eine Verteidigung ermöglichte. Die Gestalt, die sie damals erhielt, hat sie bis heute bewahrt.
Politische Bedeutung besaß die Stadt zur Mamelukenzeit nicht. Sie gehörte zur Provinz Syrien und war Damaskus untergeordnet. Waren Bauten zu errichten, so hatte der Gouverneur in der Provinzhauptstadt die Genehmigung zu erteilen. An einer wirtschaftlichen Weiterentwicklung der Stadt waren die Gouverneure nicht interessiert. Sie waren durch ihre Vorgesetzten gezwungen, Geld für Kriege gegen die Osmanen aufzubringen, die den Nahen Osten erobern wollten. Um die Forderungen erfüllen zu können, mußten sie die Bevölkerung durch Steuererhebung auspressen. Nur die Erkenntnis, daß die Steuerpolitik im gesamten Mamelukenreich – also in allen Regionen ringsum – gleich rigoros war, hinderte die Kaufleute daran, Jerusalem zu verlassen.

Koranschulen und Herbergen – Jerusalems Gesicht wird islamisch

Um das Jahr 1300 war das Stadtbild noch immer geprägt von den Stadtplanungen der römischen Architekten der »Aelia Capitolina«, deren Bau im Jahre 135 begonnen worden war: Zwei Hauptachsen führten durch die Viertel der Wohnhäuser und der Geschäfte. Sie hatten Abzweigungen, die in Richtung der Tempelterrasse verliefen. Die Märkte befanden sich dort, wo die Römer sie einst hatten haben wollen. Erst nach dem Jahr 1300 verlagerte sich das wirtschaftliche Zentrum in Richtung der Mauer des Haram ash-Sharif. Die Geschäfte wurden in Gewölbe verlegt, die direkt nahtlos an die Mauer des »edlsten Heiligtums« anschlossen. So befand sich bald der Markt der Tuchhändler in einem langen Gang, der sich direkt zum Felsendom öffnete. Wer zum Heiligtum wollte, der mußte an Kaufleuten und deren Auslagen vorbei.

An Gassen, wo sich keine Verkaufsgewölbe vor den Toren des heiligen Bezirks befanden, ließen sich gelehrte Männer Häuser mit Kammern und kleinen Hallen erbauen, in denen sie Pilger in islamischen Glaubenslehren unterrichteten und vor allem mit den Koransuren vertraut machten. Ihre Schüler kamen aus Nordafrika, aus Anatolien und aus Ländern ostwärts des Schatt al-Arab. Sie waren häufig wohlhabend und bereit, für ihre Koranstudien Geld auszugeben. Sie hinterließen vor der Abreise in die Heimat Stiftungen, die an ihre Anwesenheit in Jerusalem erinnern sollten. Das Geld wurde wiederum für die Erweiterung der Schulen ausgegeben. Auf engem Raum entstanden beim Haram ash-Sharif zahlreiche Lehrstuben.

Beim Eingang zum Heiligtum südlich des »Tors der Tuchhändler« befanden sich vier Koranschulen, die wegen der Gelehrtheit ihrer Lehrer berühmt wurden. Weitere islamische Lehrinstitute entstanden im Norden der Tempelmauer.

Zur Mamelukenzeit wurden die dunklen Durchgänge, die engen Gassen, geheimnisvollen Haustore, Treppenaufgänge und Gewölbe geschaffen, die heute noch den Betrachter im Gewirr der Gassen und Gebäude nördlich der Klagemauer faszinieren. Die Geschäfte und Gewölbe hatten sich bis 1967 auch eng an die Klagemauer angelehnt. Der freie Platz, der heute dort den Betenden zur Verfügung steht, ist erst nach dem Junikrieg 1967 entstanden.

Da die Lernenden der Koranschulen, die Besucher des Heiligtums und die aus der Ferne hergereisten Kunden der Geschäftsgewölbe Unterkunft benötigten, entstanden westlich des Tempelbezirks einfache und auch bessere Herbergen. Da die Reisenden sich nach langem Ritt erholen wollten, wurden für die Männer Dampfbäder geschaffen mit komfortablen Ruheräumen. In der Nähe des Marktes der Tuchhändler standen Pilgern und Kunden vier solcher Dampfbäder zur Verfügung.

Jerusalem wurde durch derartige Einrichtungen zur Attraktion für Pilger aus der gesamten islamischen Welt. Je mehr Fremde eintrafen, desto mehr wurde für sie gesorgt. Der Bereich von Schulen, Verkaufsgewölben, Herbergen und Dampfbädern dehnte sich bald weiter nach Westen aus. Die Kombination von Heiligtum und Handel sorgte dafür, daß die Bewohner der Stadt, trotz der hohen Steuerlast, gut leben konnte.
Die wenigen Christen, die noch in Jerusalem wohnten, nahmen nicht teil am wirtschaftlichen Leben. Es waren meist Mönche, die das Leben in der islamisch ausgerichteten Stadt aushielten: Sie gehörten vor allem dem Orden der Franziskaner an; die Mönche widmeten sich mit behördlicher Genehmigung den Gottesdiensten für die christlichen Pilger, die – trotz aller Schwierigkeiten – noch immer zum Grab Jesu Christi kamen.
In der islamischen Umwelt entwickelte sich die jüdische Gemeinde erstaunlich lebhaft. Die Familien jüdischen Glaubens kauften sich nach und nach im Stadtviertel westlich der Klagemauer ein. Dieses jüdische Viertel überdauerte die Jahrhunderte bis in unsere Zeit. Die Gläubigen waren in ihrem Stadtteil dem Platz des einstigen Tempels nahe, doch betreten durften sie ihn bis zum Jahr 1967 nur selten. Das Verbot aus der Mamelukenzeit galt Jahrhunderte lang.
Im Jahr 1331 besuchte der jüdische Pilger Isaak Ben Joseph Ibn Cheto Jerusalem. Er notierte: »Die jüdische Gemeinde lebt in Ruhe. Die Männer sind Färber, Schneider, Schuhmacher. Die meisten aber betreiben Handel und haben schöne Läden. Andere sind Ärzte oder widmen sich der Mathematik und der Astronomie. Viele gelehrte Männer studieren Tag und Nacht die heiligen Schriften. Sie bemühen sich um die wahre Weisheit. Sie werden von der Gemeinde bezahlt, denn das Studium der Schriften ist ihr einziger Beruf.
Juden und Christen hatten sich allerdings in der Öffentlichkeit besonders zu kennzeichnen: Die Juden mußten gelbe Turbane tragen und die Christen blaue.«
Gegenüber den herrschenden Mameluken boten Juden und Christen ein Bild der Zerstrittenheit. Die Franziskanermönche waren der Meinung, sie hätten den ganz bestimmten Saal gefunden, in dem Jesus und die Jünger das Abendmahl abgehalten hatten. Sie wollten das Grundstück und das Haus erwerben und baten für das Vorhaben europäische Herrscher um Unter-

stützung. Die Juden aber waren der Ansicht, gerade in diesem Gebäude befinde sich das Grab des Königs David, und sie traten ebenfalls als Kaufinteressenten auf. Den Streit um das Kaufobjekt beendete die islamische Verwaltung durch eigenen Zugriff. Sie beschlagnahmte das Gebäude auf dem Zionsberg und verwandelte es in eine Moschee. Das Haus mit dem Saal des Abendmahls und mit dem Davidsgrab wird heute noch frommen Gläubigen gezeigt.
Häufig aber wurden beide religiöse Gemeinschaften – Juden und Christen – gemeinsam vom Zorn der Moslems getroffen: Als im Jahre 1491 Jerusalem und das Umland unter Trockenheit zu leiden hatten, da wurden die Weinkeller der Juden und der Christen aufgebrochen; die Fässer wurden auf die Straße getragen und zerschlagen. Im jüdischen Viertel bei der Klagemauer und im christlichen Viertel im Nordwesten der Stadt floß der Wein über die Steinplatten. Die islamischen Nachbarn waren überzeugt gewesen, der Wein, dessen Genuß ihnen verboten war, habe Allah derart erzürnt, daß er über Stadt und Land die Trockenheit geschickt habe.
Zu Beginn des 16. Jahrhunderts wurde der Druck des Osmanischen Reiches spürbar, das eine überaus expansive Politik betrieben: Während die Osmanen auf dem Balkan in Richtung Mitteleuropa drängten – sie standen 1529 vor Wien –, zerschlugen sie an der Mittelmeerostküste die Macht der Mameluken. Die entscheidende Schlacht fand im Sommer 1516 nördlich von Aleppo statt. Im Dezember desselben Jahres zog Sultan Selim I. in die noch immer nahezu unbefestigte Stadt Jerusalem ein. Der Herrscher maß diesem Ereignis nur geringe Bedeutung bei, denn er ritt sofort nach Gaza weiter. Die einstige Philisterstadt hielt Selim I. für wichtiger. Es war in Gaza, wo er die Schlüssel von Jerusalem überreicht bekam.
Die Osmanensultane sorgten dann allerdings rasch dafür, daß die Stadt Bedeutung erlangte: Sultan Soliman der Prächtige (1520–1566) gab Befehl zum Wiederaufbau der Stadtmauer. Da es ihm nicht gelungen war, Wien zu erobern, fand er Trost im Gedanken, Jerusalem zu besitzen, die Stadt, die durch den Propheten Mohammed geheiligt worden war. Die Mauer, die heute die Altstadt umgibt, ist damals entstanden. Das Damaskustor zeigt, mit welcher Sorgfalt die Bauarbeiten ausgeführt wurden.

Hatten die Mameluken kein Interesse gezeigt am Handel – Wohlstand war ohne Unterstützung durch die Mächtigen geschaffen worden –, so bewiesen die Sultane, daß sie im Sinne der Händler dachten. In Damaskus und in Jerusalem entstanden die weitläufigen Suks, die Kaufanreiz boten. Die Händler von Jerusalem waren glücklich über die neuen Herren, denn sie förderten die Erweiterung der Märkte, die sich an die westliche Tempelmauer anlehnten. Der Markt der Tuchhändler wurde vergrößert.

An dieser Entwicklung beteiligten sich vor allem jüdische Kaufleute. Ihre Aktivität wurde von den Behörden nicht behindert. Als Händler erweiterten sie das Warenangebot: Auf ihre Anregung hin wurde mit beträchtlichem Erfolg Seife in der Stadt produziert – der Überfluß an Olivenöl machte die Seifenherstellung möglich. Die Verbesserung des Lebensstandards der Juden steigerte die Hoffnung, ihr Glaube werde in der Stadt wieder respektiert werden. Diese Hoffnung konnte sich nicht erfüllen, denn die Basis des osmanischen Reiches war der Islam. Die Herrscher dachten nicht daran zuzulassen, daß der islamische Charakter von Jerusalem verändert wurde.

Genährt war diese Hoffnung auf Wiedererstehen der Stadt von David und Salomo durch ein Ereignis, das über Jahrzehnte hin die Phantasie der Juden und Christen bewegte: Im Jahre 1520, als eben jüdische Festtage begonnen hatten, verbog sich die Stange, auf der ganz oben auf der Kuppel des Felsendoms der Halbmond festgemacht war. Er schien sich zu verneigen – vor den beiden anderen Religionen, vor dem Judentum und dem Christentum.

Die Christen verhielten sich allerdings häufig unwürdig. Im Jahre 1697 machte der englische Pilger Manndrell diese Beobachtung: »Die verschiedenen Glaubensgruppen streiten um den Besitz des Heiligen Grabes. Sie schlagen aufeinander ein und verwunden sich, sogar vor der Tür des Grabes.«

Während des 16. Jahrhunderts wuchs die jüdische Gemeinde an. Ihr Stadtviertel dehnte sich nach Westen und Norden aus. Die Einkünfte der jüdischen Händler machten es möglich, daß ein Komplex von vier Synagogen entstand. Das Selbstwertgefühl der Gläubigen wuchs durch diese Bethäuser. Die Juden erhielten auch politisches Gewicht in der Stadt. Zwar bildeten die Moslems weiterhin die Bevölkerungsmehrheit, doch konnten die Juden darauf hinweisen, daß ihre Zahl nicht sehr viel geringer war.

Der zupackende Schwung, der die osmanische Verwaltung zunächst ausgezeichnet hatte, erlahmte noch im 16. Jahrhundert. Die Gouverneure verloren ihr Interesse am Handel der Stadt. Sie erwiesen sich mehr und mehr als Despoten, die für sich selbst Gewinn aus ihrer Position ziehen wollten. Ihre Methoden der Steuereintreibung ruinierten Handel und Gewerbe. Für die Bewohner wurde die Situation derart unerträglich, daß viele – und diesmal auch jüdische Familien – anderswo ihr Glück suchten. Am Ende des 17. Jahrhunderts hatte sich die Bevölkerungszahl auf 15000 halbiert.

Der Niedergang der Stadt war unaufhaltsam. Die Zentralverwaltung des Osmanischen Reiches verlor an Kraft, an Innovationsdrang, an Intelligenz, an Duldsamkeit. Das Imperium wurde nur noch durch Gewalt zusammengehalten. In Jerusalem regierten einflußreiche Familien – dazu gehörten die Sippen Husseini und Nashashibi – nahezu unabhängig. Auch diese Clans dachten nur an sich selbst. Bauten, die der Gemeinschaft dienten, entstanden während des 18. Jahrhunderts nur auf dem Hügel des Haram ash-Sharif: Die Al-Aqsa-Moschee wurde gründlich renoviert.

Das Wunder im 19. Jahrhundert – Ein reicher Engländer gibt den Anstoß

Im Jahre 1831 gelang es Mehmed Ali (1805–1849), dem Sieger über die Mameluken (1811), der eigentlich dem osmanischen Sultan Gehorsam schuldig war, Jerusalem und das gesamte Umland unter seine Kontrolle zu bringen. Um den Sultan kümmerte er sich nicht. Erstaunliches war die Folge: Die Stadt begann zu leben. Die neuen Herren gaben Jerusalem eine bevorzugte Sonderstellung: Sie hofften dadurch, die europäischen Mächte für ihre Expansionspolitik zu gewinnen. Ihr Hintergedanke war, daß Frankreich, England und letztlich auch Deutschland die Eigenständigkeit des Reiches am Nil duldeten, wenn durch seinen Herrscher die Heilige Stadt pfleglicher behandelt wurde, als durch die Osmanensultane. Die Verant-

wortlichen in Cairo waren sich bewußt, daß von den Europäern ganz besonders die Gewährung von Freiheiten an Christen und Juden honoriert wurden. Beide Gemeinden erhielten die Erlaubnis zum Bau von Gotteshäusern.
Im Jahre 1835 wurden die Synagogen des jüdischen Viertels völlig umgebaut.
Drei Jahre später kam ein Besucher aus England nach Jerusalem, der sich während der nächsten Jahre aktiv für die Belange der Stadt und ganz besonders der jüdischen Gemeinde einsetzen sollte: Sir Moses Montefiore, ein vom britischen Königshaus geadelter Geschäftsmann, der international hohes Ansehen genoß. Als Jude war er nach Jerusalem gekommen, um mit eigenen Augen zu sehen, in welchem Zustand sich die Heilige Stadt befand. Er wollte die Heiligtümer besuchen – und stieß zunächst auf Schwierigkeiten. Ihm war das Grab des Königs David auf dem Zionsberg als besichtigungswert empfohlen worden. Das Haus, in dem sich Davids Grab und der Saal des Abendmahles befinden, war 1551 den Franziskanern und den Juden weggenommen und in eine Moschee verwandelt worden. Sir Moses Montefiore und Lady Montefiore beschrieben in ihrem gemeinsamen Tagebuch ihre Erlebnisse:
»Noch vor dem Frühstück ritten wir durch den Kidrontal und dann hinauf zum Davidsgrab. Der Wächter dort hielt uns eine Order von Ibrahim Pascha vor, die den Eintritt für Europäer verbot. Wir schickten sofort durch einen Boten einen Brief an den Gouverneur, in dem wir ihm mitteilten, uns werde der Eintritt verweigert. Nur kurze Zeit später kam der Gouverneur selbst. Er gab dem Wächter recht, meinte dann jedoch, daß der Befehl des Paschas für einen Gentleman wie Sir Moses, der das höchste Ansehen genieße, nicht gelten könne. Er lud uns ein, ihm zum Grab des Königs David zu folgen. Es war eine geräumige, gewölbte Kammer, in deren Mitte eine stützende Säule stand. Hinter einem Gitter war das Grab zu sehen, bedeckt von reich bestickten Teppichen. Darauf war zu lesen: »Dies ist das Grab unseres Herrn David.« Zu erkennen waren auch die zweifachen Dreiecke, die als »Schild Davids« bezeichnet werden.«
Sir Moses Montefiore nahm sich bei diesem ersten Besuch der Heiligen Stadt vor, seinen Reichtum im Interesse der jüdischen Gemeinde einzusetzen. Als er vor der Klagemauer stand und betete, kam ihm der Gedanke, er könne seinen Glaubensge-

nossen am besten dienen, wenn er für sie die Klagemauer dem Osmanischen Reich abkaufe. Das Angebot wurde später vom Gouverneur abgelehnt.

Sir Moses begnügte sich an jenem Tag des Besichtigungsrundgangs nicht mit dem Gebet an der Mauer – er besuchte auch die Tempelterrasse. Als überaus gläubiger Jude fand er sich nicht berechtigt, dort mit seinen Füßen aufzutreten, wo sich einst das Allerheiligste des Tempels befand. Um sich nicht der Gefahr der Entweihung des Bodens auszusetzen, ließ sich Sir Moses Montefiore auf die Tempelterrasse tragen – von zwei Arabern.
Den Betrag, den er nicht für den Kauf der Klagemauer hatte ausgeben können, spendete Sir Moses für den Bau der »Hurva-Synagoge« im jüdischen Viertel. Sie war 100 Jahre zuvor von Moslems, die einen verborgenen Schatz suchten, niedergebrannt worden. Ihr Name »Hurva« bedeutet »Ruine«. Sie ist 1948 durch Jordanier erneut zerstört worden. Ein edler Bogen aus Kalkstein überspannt heute die Steine, die von der Hurva-Synagoge damals übriggeblieben sind. Der Bogen ist ein Mahnmal.
Insgesamt siebenmal besuchte der Engländer die Stadt – zuletzt im Alter von 91 Jahren. Selbstlos investierte er Geld in wichtige Projekte. 1842 stiftete er eine Klinik, eine Apotheke und eine gut eingerichtete Arztpraxis. Mit dem Arzt, den Sir Moses bezahlte, stieg die Zahl der Mediziner in Jerusalem auf zwei. Fünf Jahre später brach die dritte Pestepidemie seit 1814 aus. Der britische Archäologe Robinson notierte damals, alle Geschäfte seien geschlossen, und die Stadttore seien drei Wochen lang nicht geöffnet worden, damit sich die Krankheit nicht im Umland verbreite. Ursachen der Epidemien waren überfüllte Wohnungen, verseuchtes Wasser und Fehlen der sanitären Anlagen. Bei diesen Zuständen fühlte sich nicht nur Sir Moses zur Hilfe veranlaßt: Die deutschen Diakonissen richteten eine Hilfsstation ein, ebenso die Britische Missionsgesellschaft sowie französische und amerikanische medizinische Hilfsorganisationen.
Es war Sir Moses Montefiore, der den Gedanken entwickelte, die Stadt müsse die engen Mauern sprengen, wenn ihre Bewohner gesunden sollten. Bei seinem vierten Besuch in Jerusalem kaufte er Boden westlich der Südwestecke der Stadtmauer. Im Jahr 1860 entstand dort das Wohngebiet Mishkenot

She'ananim. Sir Moses wollte im Areal des Wohngebiets ein Krankenhaus bauen lassen, um die Kranken aus der Stadt in eine gesündere Umgebung bringen zu können. Seine Absicht war, die Sterblichkeitsrate der Erkrankten zu senken. Das Krankenhausprojekt scheiterte jedoch, weil sich niemand außerhalb der Stadt pflegen lassen wollte – das Heim draußen vor den Mauern war den Kranken zu unsicher.

Sir Moses hatte keinen Mangel an Einfällen, um seinen Glaubensbrüdern in Jerusalem zu helfen im Bestreben, die Lebensbedingungen zu verbessern. Als ihm zugetragen wurde, arabische Müller besäßen das Monopol um Getreide zu mahlen, und sie verlangten dafür enorme Preise, ließ er aus Canterbury eine Windmühle und zwei Müller kommen. So versorgte sich die jüdische Gemeinde mit Mehl. Die Windmühle steht noch heute außerhalb der Südwestecke der Stadtmauer.

Die größte Attraktion des Fortschritts in Jerusalem aber war eine Motorpumpe, die Sir Moses dem Stadtviertel Mishkenot She'ananim stiftete. Derartiges war bisher in der Stadt nicht gesehen worden. Juden, Araber und Christen schauten sich das Gerät an, das ohne Mühe Wasser aus dem Boden holte.

Daß sie außerhalb der Stadtmauer gebaut wurde, prägte den Stil der ersten Siedlung. Er war an der Konstruktion von Festungen orientiert. Die Häuser waren eng aneinander gebaut und besaßen nach Westen hoch angesetzte und kleine Fenster, die eher Schießscharten glichen. Die Hauptfenster und die Türen befanden sich im Osten der Gebäude und waren auf die Stadtmauer ausgerichtet. Wer aus dem Haus blickte, der sah zur eigenen Beruhigung die Befestigungen von Jerusalem. Die Hauswände waren einen Meter dick. Die Türen waren durch Stahlbänder verstärkt und durch Riegel gesichert, die eigens aus England importiert worden waren. Das Eigentümlichste der Siedlung aber waren die Dächer der Gebäude. Auf ihnen befanden sich Zinnen, die denen der Stadtmauer ähnlich waren. Sie sollten im Falle eines Angriffs den Verteidigern Schutz bieten.

Sir Moses hatte den Baumeistern vorgeschrieben, daß sie die Siedlung gegen Überfälle zu sichern hätten. Schon die Lage nahm Rücksicht auf Sicherheitsbelange: Die Siedlung lag oben am Abhang des Hinnomtales. Dieser Abhang hätte von Angreifern erst überwunden werden müssen.

Von der ersten Siedlung des Jahres 1860 an war die Wahrscheinlichkeit der Konfrontation in Betracht gezogen worden – wobei als mögliche Angreifer nur Araber gemeint waren. Das Siedlungsprinzip, das Sir Moses Montefiore eingeführt hatte, ist bis in die Gegenwart beibehalten worden.
Die Gemeindeordnung von Mishkenot She'ananim war militärisch ausgerichtet: Sie schrieb vor, »communitiy officers« hätten zu überprüfen, daß die Wachhabenden niemand Einlaß gewährten, der nicht Bewohner war, oder eine schriftliche Besuchsgenehmigung besaß. Der Name jedes Besuchers, dem Eintritt gewährt wurde, war in ein Register einzutragen. Keinem Fremden war es erlaubt, die Nacht in der Siedlung Mishkenot She'ananim zu verbringen.
Die Idee der Festungssiedlungen, die bis in unsere Zeit wirksam bleibt, ist nicht von Mitgliedern der jüdischen Gemeinde von Jerusalem entwickelt worden, sondern vom Engländer Sir Moses Montefiore. Die Juden der Stadt zeigten lange Jahre kein Interesse an Wohnungen außerhalb der Mauer. Sie fühlten sich nur drinnen in der Stadt wirklich sicher. Sir Moses, der seine Idee nicht aufgeben wollte, war gezwungen, arme Familien des jüdischen Viertels durch Geschenke vor die Stadt zu locken: Ihnen wurde die Miete erlassen, und sie erhielten noch Bargeld für ihren Lebensunterhalt. Sir Moses ließ ihnen Saatgut zur Verfügung stellen und die nötigen landwirtschaftlichen Geräte, um den Boden zu bearbeiten. Doch sein Bevollmächtigter in Jerusalem bemerkte, daß der Sir betrogen wurde: Die »Siedler« verbrachten meist nur die Tagesstunden in Mishkenot She'ananim. Sobald es dunkel wurde, verschwanden sie hinter der Stadtmauer. Die Nacht wollten sie nicht draußen verbringen.
Als im Jahre 1860 die erste Siedlung außerhalb des Bereichs der alten Stadt entstand, waren längst wieder die Osmanenherrscher zuständig für Jerusalem. Die Mächtigen in Istanbul hatten 1840 Jerusalem ihren ägyptischen Unterfürsten wieder abgenommen. Der Machtwechsel brachte keine Veränderung. Vor allem blieb die Rechtsgleichheit der nichtmoslemischen Gemeinschaften erhalten. Dies bedeutete, daß christliche und jüdische Bewohner Grundstücke kaufen und bebauen durften. Die Christen nützten die Chance kaum aus. Die wenigen Gläubigen der Christengemeinde – es waren hauptsächlich Mönche – bauten fast ausschließlich innerhalb der Mauer und ganz be-

sonders im Bereich der Grabeskirche. Die Ausnahme bildete das Waisenhaus, das der deutsche evangelische Missionar Johann Ludwig Schneller im Jahre 1860 an der Straße nach Jaffa gegründet hatte – zur Aufnahme von Waisenkindern, deren Eltern im damaligen libanesischen Bürgerkrieg das Leben verloren hatten. Schnellers Motto hieß »Gottes Wort und Arbeit«. Doch ihm fehlte ein Gönner von der Finanzkraft des Sir Moses Montefiore. Daß dessen Drängen auf Sicherheit für seine Siedlung außerhalb der Stadtbefestigung nicht unbegründet war, mußte Schneller feststellen. Sein Gebäude an der Jaffastraße ist tatsächlich von arabischen Bewaffneten angegriffen worden. Schneller mußte sein Waisenhaus zunächst hinter die Mauer verlegen.

Johann Ludwig Schneller gehörte zu den wenigen Christen, die sich, aus Europa kommend, in Jerusalem niederlassen wollten. Nur wenige christliche Europäer sahen Grund nach Jerusalem zu ziehen. Die Juden in Mittel- und Osteuropa aber wurden um die Mitte des 19. Jahrhunderts gepackt von der Begeisterung für Jerusalem. »Heim nach Zion« hieß die Parole. Ursache der Begeisterung waren die meist elenden Umstände, unter denen die Masse der Juden besonders in Osteuropa lebten. Ihnen war bewußt, daß sie in Jerusalem kein Reichtum erwartete. Sie nahmen in Kauf, daß sie zunächst bedrängt leben mußten.

In der Stadt, und vor allem im jüdischen Viertel, waren bald wirklich keine Wohnungen mehr zu finden; den Familien, die neu zuzogen, blieb nichts anderes übrig, als sich in Siedlungen vor dem Jaffator einzuquartieren. Im Jahr 1868 entstand außerhalb der Nordwestecke der Stadt, im Bereich der heutigen Shlomo Hameleh-Straße, die Siedlung Mahane Israel, und ein Jahr später nur wenige 100 Meter nördlich die Siedlung Nahalat Shi'va.

Mit dem Beginn der 70er Jahre wurde im Nordwesten der Stadt eine jüdische Ansiedlung nach der anderen erbaut: Beit David 1873, Mea She'arim 1874, Even Israel 1875, Mishkenot Israel 1875, Kiryat Ne'emana 1875. Ohne daß eine Absicht dahinter steckte, geriet der Beginn der Ausfallstraße von Jerusalem hinunter ins Küstenland unter jüdische Kontrolle.

Diese Ausfallstraße war in jenen Jahren neu angelegt worden. Bis dahin hatte es keine befestigte und für Wagen wirklich brauchbare Straße zwischen den Hafenstädten und Jerusalem

gegeben. Bis in die 60er Jahre des 19. Jahrhunderts hinein gelang es nur Eseln, Mauleseln, Pferden und Kamelen Reisende und Güter die »Steige von Bet-Horon« heraufzutransportieren. Seit nahezu 3000 Jahren war dieser Weg für Handel und Kriegsführung wichtig gewesen. Die Straße wird heute noch benützt. Sie führt von Latrun über Bet Ur (Bet-Horon) zum Flughafen von Jerusalem.
Als Sir Moses Montefiore im Jahre 1855 nach Jerusalem reiste, mußte er noch zu Pferde über die »Steige von Bet Horon« reiten. Er schlug damals vor, eine bequeme Verbindung nach Jerusalem zu schaffen unter Verwendung des Verkehrsmittels, mit dem England eben gute Erfahrungen machte: Eine Eisenbahn sollte gebaut werden von Jaffa nach Jerusalem. Als energisch zupackender Charakter ließ Sir Moses das Projekt nicht bei der Idee bewenden. Er beauftragte den Ingenieur, der zuvor die Bahnlinie Alexandria – Cairo gebaut hatte, mit der Planung – und er bezahlte ihn auch.
Graf Pizzamano, der Konsul von Österreich-Ungarn in Jerusalem, sah in diesem Vorhaben eine »englisch-jüdische Verschwörung«. Er stellte als Gegenprojekt den Plan einer für Wagen benutzbaren Straße vor. Der Bau sollte von den europäischen Mächten finanziert werden. Konsul Pizzamano schlug vor, die Aufsicht über Planung und Ausführung dem Erzherzog Maximilian, dem Bruder des Kaisers von Österreich, zu übertragen, der ein besonderer Liebhaber des Heiligen Landes sei.
Das Projekt scheiterte aus zwei Gründen: Da lange darüber öffentlich diskutiert und gestritten wurde, schnellten die Grundstückspreise zwischen Jaffa und Jerusalem in die Höhe. Der Straßenbau war nicht mehr zu bezahlen. Der zweite Grund war bedeutungsvoller: Während des Bürgerkriegs des Jahres 1860 im Libanon war dort eine französische Armee gelandet, um den bedrängten Christen beizustehen. Gefragt hatten die Franzosen die Osmanen nicht. Sie beriefen sich darauf, Schutzmacht für die Christen zu sein. Der osmanische Sultan, Oberherr über Libanon und die Region Jerusalem, fürchtete fortan, die europäischen Staaten könnten sein Reich durch Sonderrechte und Schutzfunktionen für Bahnen und Straßen zu beherrschen versuchen. Er sah im österreichischen Straßenbauplan eine »Verschwörung der christlichen Kaiser und Könige«. Er lehnte den

Plan ab. Erst im Jahre 1870 stand eine brauchbare Straße von Jaffa nach Jerusalem zur Verfügung. Die Eisenbahnstrecke wurde dann im Jahre 1892 eröffnet.
Zu diesem Zeitpunkt war der Norden außerhalb der alten Stadt dichtbesiedelt: Ein jüdisches Viertel schloß sich an das andere an. Eine völlig neue Stadt war entstanden. Da die Altstadt für Erneuerungen staatlicher und städtischer Einrichtungen keinen Platz geboten hatte, waren die Neubauten für den Post- und Telegraphendienst und für die Stadtverwaltung nördlich des Jaffators entstanden. Hotels, Konsulate, Banken, Schulen und Krankenhäuser gruppierten sich um die Jaffastraße. Die moderne Stadt Jerusalem wuchs heran.
Nach eigenen Gesetzen entwickelte sich das Viertel Mea She'arim, in dem traditionsbewußte Juden ihre Heimat fanden. Eine Gemeinschaft entstand, in der Regeln galten, die den einzelnen Familien wenig Freiheit ließen. Wer sich der Gemeinschaft anschließen wollte, der hatte sich lange zuvor anzumelden. Gemeinsam wurde Land gekauft, die Bauplanung in Auftrag gegeben und die Finanzierung angepackt. Die Gemeinschaft beauftragte den Architekten Conrad Schick, einen festungsähnlichen Komplex zu errichten, der von den Straßen her keinen Einblick in sein Innenleben gestattete. Zwischen der Avraham Mislonim-Straße und der Surastraße – die damals erst trassiert wurden – entstanden zwischen 1874 und 1881 zwei Gebäudegruppen, deren Trennlinie die Mea She'arimstraße wurde. Eng aufgeschlossen standen, und stehen bis heute, die Wohnhäuser des äußeren Rings. Sie umgaben Gebetsstätten, Badehäuser, Geschäfte, Wasserzisternen, Bibliotheken – vor allem war auch genügend Platz vorgesehen für Parkanlagen:
Die Gemeinschaft von Mea She'arim gab sich eigene Regeln der Selbstverwaltung. Sie sammelte Geld für Erweiterungsbauten und für Reparaturen. Sie regelte vor allem auch das Verhalten des einzelnen und der Familie unter besonderer Betonung der »Gesetze der Väter«.
Lange Zeit wollte die osmanische Verwaltung nicht wahrnehmen, daß im Nordwesten und Norden von Jerusalem eine völlig neue Stadt heranwuchs, die einen rein jüdischen Charakter besaß. Schließlich aber war nicht mehr zu übersehen, daß im Verlauf der Jahre systematische Siedlungspolitik betrieben wurde. Der Anstoß dazu kam auch diesmal weniger von den

jüdischen Politikern des Heiligen Landes, als von Glaubensgenossen, die im Ausland lebten. Es waren Persönlichkeiten wie Sir Moses Montefiore, der wiederum andere wohlhabende Juden in Europa und in den USA für seine Ideen zu faszinieren verstand, die durchweg menschenfreundlich zu nennen waren. Dazu gehörte der Amerikaner Judah Tonro, der eine Stiftung aus eigenen Geldern zum Siedlungsbau in Jerusalem begründete.
Namen von Klang und Würde sind in diesem Zusammenhang zu nennen: Baron Alphonse de Rothschild beauftragte im Jahr 1887 den Arzt Dr. Schwarz, ein Krankenhaus für die Bewohner der neuen Stadtteile zu errichten. Schon ein Jahr später war das Gebäude vollendet. Es besaß einen Zugang von der Jaffastraße her. Der Gesamtpreis für Grundstück und Gebäude belief sich auf 250000 Goldfranken.
Das Rothschild-Krankenhaus behob den Mangel an Betten und Ärzten nicht, der durch das rasche Anwachsen der Bevölkerung in der Neustadt entstanden war. Die Notlage wurde auch in Europa bekannt. Informationen darüber veranlaßten im Jahr 1890 die Gemeinde der Juden in Frankfurt am Main einen jungen Arzt mit religiösen Neigungen nach Jerusalem zu schicken, um den Glaubensbrüdern zu helfen. Sein Name war Dr. Moshe Wallach. Kaum in der Heiligen Stadt angekommen, erkannte er, daß weitere Krankenhäuser gebaut werden mußten. Er reiste nach Frankfurt zurück, um die nötigen Gelder zu sammeln – und er fand wohlhabende Bürger, die bereit waren, ihm zu helfen. Als er wieder in Jerusalem ankam, verfügte er über genügend Geld, um ein beachtliches Grundstück zu kaufen. Es lag allerdings so weit außerhalb des bisher bebauten Geländes, daß Dr. Wallach den Scherz zu hören bekam, er werde wohl seinen Patienten die Reisekosten zum Arztbesuch ersetzen müssen.

Das Projekt genoß von Anfang an die Unterstützung des Auswärtigen Amtes in Berlin. Aus diesem Grunde war der deutsche Konsul in Jerusalem angewiesen, Dr. Wallach tatkräftig zu unterstützen. Das »General Jewish Hospital Sha'arei Tzedek« wurde im Jahr 1902 eingeweiht, in Anwesenheit hoher osmanischer Würdenträger.
Das Deutsche Reich begann sich für das Heilige Land zu interessieren. Unter staatlicher Protektion entstanden in Jerusalem

»die Propstei« als Wohnsitz und Arbeitsplatz des Propstes der evangelischen Gemeinde an der Straße der Propheten (Hanevi'im). Fertiggestellt wurden die »Deutsche Schule« und der »Deutsche Kindergarten«. Zu diesem Zeitpunkt beabsichtigte der »Palästina-Verein der Katholiken in Deutschland«, ein »Deutsches Haus« zu errichten, als Zentrum aller Deutschen, die das Heilige Land besuchten. Gedacht war dabei an Pilger, Forscher, Künstler und Siedler, die eine Unterkunft benötigten. Mit dem Bau des Komplexes entsprechender Gebäude wurde begonnen.

Der Höhepunkt des deutschen Eifers, im Heiligen Land Wurzeln zu schlagen, wurde im Jahr 1898 erreicht, als der deutsche Kaiser Jerusalem besuchte. Er war mit einem Kriegsschiff in Haifa angekommen und von dort mit der Kutsche weitergereist. Er sah sich als Kreuzritter, der den christlichen Idealen diente. Entsprechend war sein Auftreten. Die britische Zeitschrift »Punch« veröffentlichte damals eine Karikatur, die den Kaiser im Schuppenpanzer der christlichen Ritter zeigte, dem ein verschreckter Türke gegenüberstand. Das Schwert trug der Kaiser geschultert. Die spöttische Unterschrift der Karikatur lautete: »Der Pilger von Cooks Gnaden«.

Wilhelm II. hatte den Wunsch, in Jerusalem auf dem Rücken seines Pferdes einreiten zu können. Er brachte damit den osmanischen Gouverneur in die größte Verlegenheit, denn dieses Recht war bisher allein den Eroberern der Stadt zugestanden worden. Wäre der Kaiser, wie es sein Wunsch war, durch das Jaffator geritten, hätte er damit dokumentiert, daß er die Stadt als seine Beute betrachte. Die Behörden fanden einen Ausweg: Direkt neben dem Jaffator wurde eine Bresche in die Mauer geschlagen, – durch sie durfte Wilhelm II. einreiten. Die Bresche gab ihm erst recht das Gefühl, daß er die Stadt als Sieger übernahm.

Veröffentlichungen im Kaiserreich unter dem Titel »Das deutsche Kaiserpaar im Heiligen Land« zeigten den Kaiser mit blinkendem Helm und weißem Kreuzrittermantel auf einem Schimmel. Hinter ihm, auf schwarzen Pferden, seine Adjutanten und Offiziere in ähnlichen Kostümen mit wehenden Standarten.

In einer Zeltstadt, etwas erhoben an der Straße der Propheten, waren der Kaiser und sein Hofstaat untergebracht – mit Blick

auf die Kuppel des Felsendoms, den Berg Scopus und den Ölberg.
Besonders der Ölberg und seine Aussicht auf die Stadt hatten den Kaiser und die Kaiserin Auguste Victoria fasziniert. Als ihnen der Wunsch einer Delegation aller deutschen Gruppen in Jerusalem vorgetragen wurde, das allerhöchste Paar möge doch den Bau einer Begegnungsstätte für die deutsche Kolonie in Palästina unterstützen, da war das Kaiserpaar sofort für ein derartiges Vorhaben gewonnen. Als die Delegation dann auch noch wünschte, ein derartiges Hospiz müsse abseits vom Trubel der Stadt entstehen, war der geeignete Ort sofort gefunden: Das »Auguste-Victoria-Hospiz« mußte auf dem Ölberg gebaut werden.
Nach der Rückkehr in ihre Hauptstadt gründete die Kaiserin die »Ölberg-Gesellschaft« zum Zweck der Sammlung von Spendengeldern. Da die deutsche Wirtschaft um die Jahrhundertwende blühte, war das Ergebnis der Kollekte glänzend. Auf der schönsten Erhebung im Osten der Stadt konnten 81 000 Quadratmeter Land gekauft werden. Die Planungsphase für das Auguste-Victoria-Hospiz begann.
Der deutsche Architekt Robert Libniz wurde beauftragt, Pläne für ein dem herausragenden Punkt der Stadt entsprechendes Bauwerk zu entwerfen. Da sich der Kaiser als Kreuzritter gefühlt hatte in Jerusalem, war es selbstverständlich, daß eine Burg im Stil der Ritterzeit entstehen mußte. Die Vorgabe des Kaisers war ausdrücklich, der Bau habe deutlich Elemente der Hohenzollernburg bei Hechingen aufzuweisen. Der Architekt Libniz war auch verpflichtet, in Bamberg Anregungen zu finden. Eine weitere Vorgabe des Kaiserpaares war, daß vom Turm der Burg aus das Mittelmeer im Westen und die Berge Moab im Osten zu sehen sein mußten.
Dem britischen Konsul in Jerusalem kam ein Verdacht, als der Rohbau des Auguste-Victoria-Hospizes fertig war: Er teilte seiner Regierung in London mit, das Deutsche Reich habe sich im Heiligen Land eine Burg geschaffen, die es als Militärbasis zu nutzen gedenke. Seinen Verdacht begründete er damit, daß ein normales Hospiz nicht derart dicke Mauern, verstärkte Zinnen, tiefe Keller und gewaltige Wasserzisternen benötige. Dazuhin beherrsche das »Auguste-Victoria-Hospiz« die Stadt Jerusalem und die gesamte Umgebung. Der Konsul schloß seine Beurtei-

lung mit der Bemerkung, die Befürchtung sei wohl nicht unbegründet, daß die Deutschen daran dächten, sich Palästina eines Tages vom Osmanischen Reich übereignen zu lassen; dann sei jenes Hospiz auf dem Ölberg die ideale Residenz für einen deutschen Gouverneur. Schließlich habe sich der Kaiser als Protektor aller heiligen Stätten in Jerusalem wohl gefühlt.

Die Visionen vom »Judenstaat« – Theodor Herzl und Kaiser Wilhelm

Die Begegnung war gründlich vorbereitet worden: Theodor Herzl, der Visionär eines Staates der Juden, wollte den Kaiser der Deutschen in Jerusalem treffen. Im Herzl-Museum im Westen der Stadt sind die Schritte, die zum Treffen führten, durch Schriften und Fotos dokumentiert.
Theodor Herzl ist in Budapest geboren und aufgewachsen. Er gehörte zum Jahrgang 1860. Zum Freundeskreis der Familie zählte Rabbi Joseph Natonek, der dem Jungen den Gedanken eingab, das jüdische Volk müsse wieder einen Zusammenhalt finden, dürfe nicht weiterhin gezwungen werden, zerstreut in Demut zu existieren. Die Aufspaltung reize andere Völker zu aggressivem Verhalten gegen die Schwachen.
Theodor Herzl hatte frühzeitig antisemitische Demonstrationen in Budapest erlebt und dabei begriffen, daß er einer diskriminierten Rasse angehörte. Herzl erkannte, daß die Stellung der Juden als Minderheit die Ursache der Diskriminierung sei. Jeder glaube, er dürfe die Juden verachten.
Als er 1878 innerhalb des österreichisch-ungarischen Kaiserreiches nach Wien umzog, trat er einer angesehenen Studentenverbindung bei – mußte aber auch hier die Erfahrung machen, daß er als Intellektueller zwar geachtet, als Jude aber eher mißachtet wurde. Er trat aus der Verbindung aus.

Theodor Herzl war dabei, sich zum brillanten Rechtsanwalt zu entwickeln, doch er wollte nicht Jurist werden, sondern Schriftsteller. Er glaubte, als Jude werde er vor Gericht nicht respektiert. Er schulte sich zum Journalisten, schrieb im Feuilleton von Tageszeitungen, erdachte Kurzgeschichten und dichtete

Dramen. Den Stoff, der ihm am meisten lag, dramatisierte er im Schauspiel »Das neue Ghetto« (1894). Seine Absicht war, zur Diskussion um die Lage der Juden anzuregen. Dies geschah noch ehe das Thema »Die Existenz des jüdischen Menschen in der christlich orientierten Umwelt« in Europa durch den Dreyfus-Prozeß Interesse erregte.
Bei diesem Verfahren gegen den Offizier Alfred Dreyfus in Paris war Theodor Herzl als Zeitungskorrespondent präsent. Der Hauptmann wurde zu lebenslänglicher Haft auf der Teufelsinsel verurteilt mit der Begründung, er habe militärische Staatsgeheimnisse an die Deutschen verraten. Das Verfahren war ganz offensichtlich durch antisemitische Vorurteile geprägt: Die Abneigung gegen den Juden Dreyfus, die im französischen Offizierkorps und in der Öffentlichkeit vorherrschte, hatte das Urteil bestimmt. Erst nach zehn Jahren wurde der Hauptmann rehabilitiert. Theodor Herzl hatte in Paris während des Verfahrens im Jahre 1894 erlebt, daß sich auf Straßen und Plätzen Menschen zusammenrotteten, die schrien: »Nieder mit Dreyfus! Nieder mit den Juden!« Da waren auch Rufe zu hören gewesen »A mort les juifs!« – »Tod den Juden«. Herzl, tief erschüttert über die Vorgänge in der französischen Hauptstadt, erkannte, daß in diesem Prozeß ein Angeklagter nur deshalb kein faires Verfahren erhielt, weil er Jude war. In der »Affäre Dreyfus« war das Judentum angeklagt. Theodor Herzl zog das Fazit: »Da wurde der Wunsch der ungeheuren Mehrheit der Franzosen deutlich, einen Juden und in diesem einen alle Juden zu verdammen.« Er war sich bewußt, daß eine derartige Verdammung auch in anderen Ländern Europas geschehen konnte. Die »Judenfrage« wurde Herzls Generalthema.
Unmittelbar nach der Urteilsverkündung im Dreyfus-Prozeß schrieb Herzl an Baron Moritz Hirsch, der einer der reichsten Männer in Europa am Ende des 19. Jahrhunderts war, und der sich Gedanken über die Verbesserung der Situation der Juden machte: »Durch unsere zweitausendjährige Verstreuung sind wir ohne einheitliche Leitung unserer Politik gewesen. Das halte ich für unser Hauptunglück. Das hat uns mehr geschadet, als die Verfolgung. Daran sind wir innerlich zugrunde gegangen, verlumpt.«

Baron Hirsch, der ein Projekt unterstützte, jüdische Familien in

Argentinien anzusiedeln, empfand Interesse für Herzl. Er lud ihn zu einem Gespräch in seinen Palast in der Rue d'Élysée ein. Während der recht hitzigen Diskussion sagte Herzl zum Bankier Hirsch, der glaubte, die »Judenfrage« sei durch Geld zu lösen: »Sie sind der große Geldjude, ich bin der Geistesjude. Daher kommen die Verschiedenheiten unserer Mittel und Wege.« Er hatte recht, die beiden konnten nicht gemeinsam aktiv werden. Dem Baron war humanitäre Hilfe wichtig – Herzl aber verfolgte den Gedanken an einen Staat der Juden.
Im Januar 1896 veröffentlichte Theodor Herzl sein programmatisches Buch »Der Judenstaat« in Leipzig und Wien. Der Untertitel lautete: »Versuch einer modernen Lösung der Judenfrage.« Herzl entwickelte den Gedanken, die Assimilation, die Anpassung der Juden in die nichtjüdische Umwelt, sei gescheitert, sei immer ein Irrweg gewesen. Die Konsequenz war, daß er glaubte, die »Judenfrage« könne nur durch Zusammenfassung eines möglichst großen Teils der Juden in einem eigenen Land gelöst werden.
Theodor Herzl vertrat den Standpunkt, es handle sich bei der »Judenfrage« nicht um ein religiöses Problem, sie habe auch kaum einen sozialen Aspekt. Sie sei deshalb nicht durch Geld zu lösen. Wichtig sei der nationale Gesichtspunkt: »Wir sind ein Volk« – oder besser gesagt »Wir sind *ein* Volk!«

Daß für Herzl die Religion tatsächlich nicht der wesentliche Faktor der »Judenfrage« war, wird daraus deutlich, daß Jerusalem für ihn nicht unbedingt das Zentrum des jüdischen Staates sein mußte. Die Wiederherstellung des Tempels war kein Punkt in Herzls Programm. Die geographische Lage dieses Staates ist ihm erstaunlicherweise zunächst gleichgültig – er hätte sogar die Gründung des Staates in Uganda akzeptiert, wenn dies rasch möglich gewesen wäre. Wichtig war allein, daß sich die Juden überhaupt staatlich organisieren können.
Enttäuscht von den Reichen unter den Juden, suchte Herzl Hilfe bei normalen jüdischen Bürgern – und bei den Intellektuellen unter ihnen. In diesem Sinne rief er für den 29. August 1897 alle interessierten Juden zum »Ersten Zionistischen Congress« ins Casino in Basel ein. 197 Delegierte nahmen teil. Sie sahen zum erstenmal die blau-weiße Fahne, die in der Mitte den Davidstern trug. David war die Leitfigur des Kongresses.

Das Symbol »David« lenkte die Gedanken der Delegierten dann ganz von selbst auf die »Stadt Davids«, auf Jerusalem. Die Diskussion um eine mögliche Ansiedlung sonstwo in der Welt erstarb. So entstand der Programmentwurf des »Ersten Zionistischen Congresses«:

»Der Zionismus erstrebt für das jüdische Volk die Schaffung einer rechtlich gesicherten Heimstätte in Palästina.« In das, von den Delegierten dann beschlossene »Basler Programm« wurde dieser Satz leicht verändert aufgenommen: »Der Zionismus erstrebt für das jüdische Volk die Schaffung einer öffentlich-rechtlich gesicherten Heimstätte in Palästina.« Der Staatsträger sollte eine öffentlich-rechtlich fundierte Körperschaft sein. Das Ziel der Heimstätte könne »durch Ansiedlung von jüdischen Ackerbauern, Handwerkern und Gewerbetreibenden in Palästina« erreicht werden.

Nun war Palästina kein leeres Land – und es gehörte dem Osmanischen Reich. Die Gründung einer jüdischen Heimstätte konnte nur mit Genehmigung des Sultans Abdul Hamid II. erfolgen – und der zeigte keine Bereitschaft, gerade im Umfeld um Jerusalem auf seine Souveränität zugunsten einer autonomen Heimstätte für die Juden zu verzichten. Da zeichnete sich im Sommer 1897 die Möglichkeit ab, durch hohe Vermittlung zum Mächtigen des Osmanischen Reiches Verbindung aufzunehmen: Die Absicht des Deutschen Kaisers wurde bekannt, eine Palästinareise unternehmen zu wollen. Theodor Herzl bemühte sich, Wilhelm II. für die Pläne des Zionistischen Congresses zu interessieren.

Es war ein Glücksfall für Herzl, daß er dem Großherzog von Baden vorgestellt worden war, der sich als empfänglich für die Idee der jüdischen Auswanderung nach Palästina gezeigt hatte. Im Karlsruher Schloß hatte Herzl Gelegenheit gehabt, dem Großherzog seine Gedanken darzulegen. Er hatte dabei einen Köder ausgelegt: Die Auswanderung, so meinte er, würde bewirken, daß das jüdische Proletariat in Deutschland nicht mehr in Versuchung gerate, die »Parteien des Umsturzes« zu unterstützen. Deutlicher ausgedrückt: Wenn die jüdischen Bürger des Deutschen Reiches erst nach Palästina ausgewandert sind, werden sie keine Gelegenheit mehr haben, die Sozialdemokratie zu unterstützen, wie dies bisher doch der Fall sei. Dem Großherzog von Baden hatte diese Konsequenz der Auswanderung gefallen – und eine zweite auch: Die jüdische Finanzmacht werde künftig in Palästina gebraucht und verliere damit ihren Einfluß auf Geldmarkt und Wirtschaft in Deutschland. Niemand brauche mehr Angst zu haben vor dem Geld der jüdischen Bankiers.

Daß Herzl mit dem Interesse des Großherzogs Friedrich von Baden (1826–1907) nicht nur einen Regionalfürsten für sich gewonnen hatte, sondern den einflußreichen Berater des deutschen Kaisers, war Teil seiner politischen Kalkulation. Zu diesem Zeitpunkt glaubte Herzl, er könne die Protektion des Kaisers für die jüdische Heimstätte in Palästina erlangen.

Mit Geschick plante Herzl die weiteren Schritte, die zur Audienz mit dem Kaiser an Ort und Stelle in Jerusalem führen sollten. Die Dokumente dazu sind im Herzl-Museum in Jerusalem ausgestellt. Da ist der Brief zu sehen, den der deutsche Botschafter in Wien, Graf Philipp zu Eulenburg, an Herzl geschrieben hat. Das Schreiben enthält die Bestätigung, Kaiser Wilhelm II. sei bereit, die Siedlungen der Juden in Palästina unter seine Protektion zu stellen. Der Graf, vom Kaiser zum »Spezialreferenten in Fragen des Zionismus« ernannt, schrieb diese Mitteilung am 27. September 1898. Eulenburg erweckte in Herzl die Hoffnung, er sei nahe vor dem Ziel: »Der Kaiser hat sich schon ganz in Protektoratsgedanken hineingelebt. Der Kaiser hat die Vermittlung übernommen, und er will sie durchführen.« Vermittlung war nötig bei Sultan Abdul Hamid II., dem Oberherrn über Jerusalem und Palästina. Eulenburg meinte dazu: »Der Kaiser glaubt, daß der Sultan seinen Rat jedenfalls gut aufnehmen wird.«

Daß er Kräfte geweckt hatte, die seinem Projekt nicht positiv gesinnt waren, das bekam Herzl jetzt zu spüren. Voll Optimismus hatte er sich zum Reichskanzler Fürst Hohenlohe-Schillingsfürst begeben, um ihn für die Idee der jüdischen Auswanderung zu erwärmen, doch er war mit der Frage überrascht worden: »Glauben Sie wirklich, daß die Juden die Börse im Stich lassen, um mit Ihnen fortzuziehen?« Der Reichskanzler war allerdings beeindruckt, als ihm Herzl sagte, er verfüge bereits über verschiedene Finanzfonds in Millionenhöhe zur Finanzierung des Vorhabens. Die Reaktion des Fürsten: »Das Geld wird's machen! Damit wird man an die Sache ran können!«

Die Bemerkung war nicht ernstgemeint. Fürst Hohenlohe-Schillingsfürst hatte zu Recht Sorge vor einer Belastung der Beziehungen zum Osmanensultan. Abdul Hamid II., das wußte der Chef der Exekutive im Deutschen Reich, war ein Gegner jedes Plans, der die eigene Machtfülle einschränkte. Der Reichskanzler war deshalb gegen die Gründung der jüdischen Heimstätte in Palästina – und es gelang ihm, den Kaiser zu beeinflussen. Der Fürst spekulierte einfach darauf, daß Wilhelm II. eine Zeitlang Feuer und Flamme für einen Plan war, um dann ziemlich rasch das Interesse zu verlieren.
Beim ersten Treffen mit dem Kaiser am 19. Oktober 1898 in Istanbul spürte Herzl die Veränderung in der Einstellung des Herrschers noch nicht. Er überhörte bereitwillig ganz deutliche antisemitische Äußerungen Wilhelms II. Herzl glaubte, der Kaiser werde sich beim Sultan für die Idee des Zionisten Congresses einsetzen.
Eine Woche später befand sich Herzl in Jerusalem. Die Stadt gefiel ihm gar nicht. In sein Tagebuch notierte er, sie müsse, »wenn wir sie bekommen«, erst gereinigt werden. Die Klagemauer beeindruckte ihn nicht. Die Gassen seien übelriechend.

Am 2. November 1898 wurde Theodor Herzl vom Kaiser in dessen Zeltstadt vor den Toren Jerusalems empfangen. Die Handschrift der Rede, die Herzl dabei hielt, wird im Herzl-Museum aufbewahrt. Herzl sagte:
»Das ist das Land unserer Väter, das sich für die Kolonisierung und Kultivierung eignet. Euere Majestät haben das Land gesehen. Es schreit nach Menschen, die es bebauen sollen. Diese Menschen schreien nach einem Lande, das sie bebauen wollen. Nun möchten wir aus den zwei Notständen – durch die planvolle Verbindung beider – eine Wohlfahrt schaffen. Für so gut halten wir diese Sache, für so wert einer Teilnahme der Großmütigsten, daß wir Kaiserliche Majestät um Ihre Hilfe zu dem Werk bitten.«
Herzl hatte beabsichtigt, das Treffen mit Wilhelm II. zu einer Staatsaktion hochzustilisieren. Er sah sich als der Vertreter des jüdischen Volkes, das Anrecht besaß auf das Land Palästina. Der Kaiser aber behandelte ihn als den Repräsentanten einer deutschen Volksschicht, die er nicht schätzte. Er redete freundlich, aber unverbindlich. Er empfahl Theodor Herzl, er möge in

Palästina für »Wasser und Schatten« sorgen, damit das Land fruchtbar werde. Auf derartig kleinliche Ratschläge legte Herzl keinen Wert. Er wollte einen Staatsvertrag mit dem Kaiser über eine Autonomie der jüdischen Gebiete schließen. Doch darauf ging Wilhelm II. nicht ein. Er hielt sich an die politische Linie des Reichskanzlers Fürst Hohenlohe-Schillingsfürst.
Daß Herzl enttäuscht war von Kaiser Wilhelm II. verbarg er nicht. Doch im Herzl-Museum ist eine Tagebuchnotiz ausgestellt, die Herzls Einsicht in mögliche politische Entwicklungen beweist: »Daß der Kaiser das Protektorat nicht übernommen hat, ist für die spätere Entwicklung unserer Sache vorzüglich. Wir hätten für dieses Protektorat Wucherzinsen zahlen müssen.« Vielleicht wäre unter deutschem Protektorat eine Heimstätte entstanden, doch gerade der deutsche Schutz hätte für die jüdischen Verantwortlichen dieser Heimstätte Verwicklungen mit England nach sich gezogen. Die britische Regierung hätte die Annahme deutscher Protektion übelgenommen. Ohnehin war der Besuch des Kaisers in Jerusalem als Versuch der deutschen Politik gewertet worden, im Reich des osmanischen Sultans Fuß zu fassen.
Daß die Kraft des Osmanischen Imperiums zu Ende ging, war auch in Jerusalem zu spüren: Die Selbständigkeit des türkischen Gouverneurs wuchs. Er brauchte nicht mehr auf Anweisungen aus Istanbul zu warten. Gewachsen war auch seine Neigung, Geld anzunehmen. Wer bauen wollte oder ein Geschäft eröffnen, kalkulierte Schmiergelder ein. Darauf mußten sich besonders die Banken einstellen, die sich in beachtlicher Zahl im letzten Viertel des 19. Jahrhunderts in Jerusalem niederließen. Seit dem Besuch des deutschen Kaisers war die Valerobank als privates Institut bedeutungsvoll geworden; sie blieb des Kaisers Hausbank in der Stadt. Deutsche Bauvorhaben wurden über die Deutsch-Palästinensische Bank abgewickelt. Die Engländer bedienten sich der Anglo-Palestine Bank und die Franzosen der Banque Crédit Lyonnais. Alle diese Institute hatten ihren Sitz außerhalb der Stadtmauer. Die Altstadt war wirtschaftlich unwichtig geworden.
Vor dem Besuch der Altstadt warnte im Jahr 1901 der »Guide to Jerusalem« von E. A. Reynolds-Ball: »Es gibt kein Abwassersystem für die Straßen und nirgends sanitäre Anlagen. Läden nach europäischem Maßstab sind in der Altstadt unbekannt.

Wer unbedingt die Altstadt besuchen will, hat vorsichtig zu sein. Überall liegt Abfall. Die Polizei kümmert sich um nichts und ist korrupt. Mit gutem Grund wohnten zu Beginn des 20. Jahrhunderts die meisten Familien in den neuen Stadtvierteln. Die Zahl der Altstadtbewohner war zurückgegangen.
In der Gesamtstadt bildeten seit 1870 die jüdischen Einwohner die Mehrheit. Zu Beginn des 19. Jahrhunderts hatten nur 2000 Juden in Jerusalem gelebt – am Ende des Osmanischen Reiches waren es 45 000. Die Zahl der Christen wuchs während dieser rund 110 Jahre von 3000 auf 13 000, und die der Moslems von 4000 auf 12 000. Rund 70 000 Menschen lebten in Jerusalem als der Erste Weltkrieg ausbrach.
Er brachte für die Bewohner einschneidende Veränderungen. Engländer und Franzosen wurden von den Behörden des Osmanischen Reiches als Feinde betrachtet, weil ihre Herkunftsländer Krieg führten gegen Deutschland, das mit dem türkisch-osmanischen Reich verbündet war. Prominente Engländer und Franzosen wurden interniert. Im Verlauf des Krieges wurden Tausende von Juden aus der Stadt weggebracht und in die Gegend von Istanbul deportiert. Araber, die Sympathie zeigten für die Engländer wurden außerhalb des Jaffators erhängt. Wen die türkische Behörde verschonte, der litt Not. Da die Transportmittel, wie Eisenbahnwaggons aber auch Pferde und Kutschen, vom türkischen Heer beschlagnahmt wurden, gelangten kaum Lebensmittel in die Stadt. Hunger herrschte.
Die Moslems, die bisher von der osmanischen Verwaltung meist bevorzugt worden waren, standen jetzt unter Druck der Rekrutierungsbehörde: Sie hatte Anweisung, wehrfähige Männer zur türkischen Armee einzuziehen. Da sich die islamischen Männer Palästinas nicht als Türken fühlten, sondern als Araber, wehrten sie sich gegen die Rekrutierungsbefehle. Viele verließen Jerusalem um im Osten des Jordan Zuflucht zu suchen. Die Zahl der Menschen nahm ab.

Die Briten erobern Jerusalem – Hoffnungsschimmer für die Juden

Die Ausgangssituation war für das Osmanische Reich bei Eintritt in den Ersten Weltkrieg nicht schlecht gewesen: Die Streitkräfte der Engländer im Nahen Osten waren zunächst kaum auf den Konflikt eingestellt. Eine entschlossene türkische Offensive in Richtung Suezkanal hätte Erfolg haben können. Doch die Chance wurde vertan. Es gelang den Engländern arabische Stämme zum Aufstand gegen die Osmanen zu bewegen. Insbesondere die Sippe Haschem, die Haschemiten, waren aufgeschlossen für britische Anfragen, ob die Araber nicht den Befreiungskampf wagen würden. Sherif Hussein, dem Mekka und Medina unterstanden, erklärte sich bereit, im eigenen Interesse den Engländern zu helfen – wenn sie ihm Waffen, Geld und Militärspezialisten zur Verfügung stellten. Vom britischen Hauptquartier in Cairo aus wurde der Offizier Thomas Edward Lawrence (Lawrence of Arabia) zur Arabischen Halbinsel geschickt, um dort den »Aufstand der Araber« zu organisieren. Ernstzunehmende militärische Erfolge erzielten die Stammeskrieger unter britischer Anleitung nicht, doch gelang es ihnen häufig die Nachschubwege der Türken zu unterbrechen. Der Gleiskörper der Hedschazbahn wurde schließlich an mehreren Stellen derart zerstört, daß den Türken Militärtransporte auf der Arabischen Halbinsel und in Südsyrien erschwert wurden. Der haschemitischen Führung des arabischen Aufstandes war vom Vertreter der britischen Krone in Cairo versprochen worden, daß – nach einem glücklichen Ausgang des Krieges im Nahen Osten – unter der Herrschaft der Haschemitenfamilie ein unabhängiger arabischer Staat entstehen werde, der die Arabische Halbinsel, Syrien, Irak, Libanon und auch Palästina umfassen sollte. Sherif Hussein von Mekka und Medina sah sich bereits als Herrscher über diesen an Fläche gewaltigen Staat, zu dem auch Jerusalem gehören würde.

Was Emir Hussein nicht wußte, war die Tatsache, daß die britische Regierung ihr Versprechen gar nicht ernst meinte. Dem Fürsten der Wüste blieb unbekannt, daß England und Frankreich Verhandlungen begonnen hatten mit dem Ziel, Einflußsphären in Arabien festzulegen. Das Ergebnis der Verhandlungen lag im Jahre 1916 vor, blieb jedoch zunächst geheim. Es regelte, daß Frankreich künftig für den Bereich Syrien zuständig sein sollte und England für Ägypten und Palästina. Der englischen Regierung war insbesondere der Schutz des Suezkanals wichtig. Die Kontrolle über Ägypten und Palästina gaben den Verantwortlichen in London die nötige Sicherheit, daß keine feindliche Macht zum Kanal vorstoßen und diese Lebensader Englands, die das Mutterland mit Indien verband, unterbrechen konnte.

Partner in Verhandlungen und Abkommen, das die Bezeichnung Sykes-Picot-Agreement trägt, war das russische Zarenreich, ohne territorial daran beteiligt zu sein. Das Ergebnis dieser russischen Partnerschaft war, daß im Archiv des Moskauer Außenministeriums der Wortlaut des Sykes-Picot-Agreements aufbewahrt wurde. Als die bolschewistischen Revolutionäre nach ihrem Sieg das Archiv öffneten, fanden sie das die britische Nahostpolitik entlarvende Dokument, und sie veröffentlichten den Text. So erfuhr Sherif Hussein von seiner Existenz. Als er gegen das Abkommen protestierte, wies ihn der Vertreter Englands darauf hin, daß sich im Absatz 1 des Vertragstextes durchaus positive Äußerungen zur Schaffung eines arabischen Staates zu finden seien. Sherif Hussein ließ sich beschwichtigen. Erst nach dem Kriege begriff er das ganze Ausmaß der britischen Täuschung.

England erweckte die Hoffnung arabischer Führer auf einen unabhängigen arabischen Staat – und es erweckte die Hoffnung der Juden, die von Theodor Herzl erträumte Heimstätte in Palästina könne bald geschaffen werden. Am 2. November 1917 erhielt der Vorsitzende der britischen zionistischen Organisation, Lord Rothschild ein Schreiben, dessen Verfasser der britische Außenminister Arthur James Balfour war. Lord Rothschild las diesen Text, der auf ein schlichtes Blatt Papier ohne offiziellen Briefkopf getippt worden war:

»Lieber Lord Rothschild,

mit großem Vergnügen teile ich Ihnen im Namen der Regierung seiner Majestät die folgende Sympathieerklärung für die Ziele der zionistischen Bewegung mit. Sie ist vom Kabinett gebilligt worden:

›Die Regierung seiner Majestät begünstigt die Schaffung einer nationalen Heimstätte für das jüdische Volk in Palästina und wird sich mit besten Kräften bemühen, daß dieses Ziel erreicht

wird. Es besteht jedoch Übereinstimmung darin, daß nichts unternommen wird, das die bürgerlichen und religiösen Rechte der bestehenden nichtjüdischen Gemeinschaften in Palästina in Frage stellt. Nicht von dieser Erklärung betroffen sind Rechte und politischer Status der Juden in anderen Ländern.‹ Ich wäre dankbar, wenn Sie diese Erklärung der zionistischen Föderation übermittelten.
Ihr ergebener Arthur James Balfour«
Der Protektor für die jüdischen Siedlungen in Palästina war gefunden: die britische Regierung. Was sich Theodor Herzl vom Kaiser der Deutschen erhofft hatte, erhielt die zionistische Bewegung nun von der britischen Regierung: Die Zustimmung zur Schaffung eines »national home« in Palästina. Bei dieser Wortwahl wird die Anlehnung an Herzls Formulierung deutlich: Er hatte eine »Heimstätte« schaffen wollen.
Mit der Balfour Declaration geschah die dritte Täuschung durch England, und sie betraf Juden und Araber. Die »Balfour Declaration« war weniger aus Sympathie für das jüdische Volk verfaßt worden, als aus ganz praktischen politischen Erwägungen. Das Versprechen, die Gründung einer nationalen Heimstätte in Palästina begünstigen zu wollen, sollte einflußreiche jüdische Bürger in Großbritannien und vor allem in den USA veranlassen, ihre Anstrengungen zur Fortsetzung des Krieges zu steigern.
Zum Zeitpunkt, als die Balfour Declaration an Lord Rothschild überreicht wurde, befanden sich die britischen Truppen auf dem Vormarsch in Palästina. Das 21. Britische Corps konzentrierte sich darauf, über die »Steige von Bet-Horon« den Angriff auf Jerusalem vorzutragen. Die 53. und die 26. Türkische Division waren eingesetzt, um den Norden und den Westen des Vorfelds von Jerusalem zu verteidigen. Die 27. Türkische Division sollte den Süden abschirmen. Doch die englischen Verbände fanden nach dem 8. Dezember 1917 nur geringen Widerstand. Die türkischen Soldaten flohen aus Jerusalem nach Norden in Richtung Ramallah. Am 11. Dezember 1917 betrat General Allenby durch das Jaffator Jerusalem zu Fuß: Er nahm dort die Kapitulation entgegen.
Nördlich von Jerusalem, bei Ramallah und Bira, konnten die Osmanen ihre Front stabilisieren. Zur Versorgung ihrer Verbände bauten die Engländer eine Schmalspurbahn. Damit war

eine erste Grundlage für die Nahverkehrsverbindungen im Umland von Jerusalem geschaffen. Doch die Bahn zwischen Jerusalem und Ramallah verfiel bald nach Ende der Kampfhandlungen.

Jerusalem hatte den Krieg unbeschädigt überstanden. Die britische Verwaltung sorgte für ein rasches Ende der Lebensmittelknappheit: Sie brachte Versorgungsgüter aus ihren Depots in Ägypten in die Stadt.
Die »Verwaltung der Besetzten Gebiete des Südens« wurde aufgebaut, der ein Militärgouverneur vorstand. Er richtete sein Hauptquartier im Auguste-Victoria-Hospiz ein. Kein deutscher Gouverneur residierte nun dort – wie die Engländer zwei Jahrzehnte zuvor befürchtet hatten, sondern ein Vertreter der britischen Krone.

Die ersten Maßnahmen der neuen Verwaltung waren darauf ausgerichtet, zu verhindern, daß sich in Jerusalem eine der Bevölkerungsgruppen Vorteile zum Nachteil anderer verschaffte. Die Verordnungen regelten die Besitzverhältnisse: Sie mußten bleiben wie bisher. Keine Gruppe durfte ihr Stadtgebiet ausdehnen. Es war kein Geheimnis, daß diese Maßnahmen gegen die Juden gerichtet waren. Die britische Verwaltung fürchtete, diese Gemeinschaft, die an Zahl die stärkste war, würde ihre Wohngebiete erweitern wollen. Sie hätten Anlaß dazu gehabt, denn gerade die jüdischen Familien lebten, auch in der neuen Stadt, unter recht beengten Verhältnissen.
Die Verantwortlichen der jüdischen Gemeinde stellten überrascht fest, daß die Briten ihnen in keiner Weise entgegenkamen. Dabei war gerade in ihren Kreisen am Ende des militärischen Konflikts der Hoffnungsschimmer ins Bewußtsein eingedrungen, nun werde die Zeit der Juden anbrechen. Schließlich hatte England in der Balfour Declaration versprochen, es werde Protektor sein über die jüdischen Siedlungen in Palästina. Mit gutem Grund konnten die Vertreter der zionistischen Bewegung den Sinn dieser Regierungserklärung aus dem Jahre 1917 so interpretieren, daß Großbritannien den Juden zumindest einen Sonderstatus in Palästina zugestand. Davon konnte allerdings keine Rede sein – im Gegenteil.
Die Mehrheit der Bevölkerung war zwar jüdisch, doch die

Stadtverwaltung blieb islamisch, wie zur Zeit der osmanischen Herrschaft. Die arabischen Honoratiorenfamilien bestimmten das Leben in der Stadt – in Übereinkunft mit dem High Commissioner Sir Herbert Samuel, der im Auguste-Victoria-Hospiz residierte. Er hatte zunächst den letzten Bürgermeister der osmanischen Epoche im Amt belassen. Sein Name war Hussein Selim al-Husseini, und er stammte aus der angesehenen Husseinisippe. Als er um Ablösung bat, wurde sein Bruder Musa Kazim al-Husseini zum Bürgermeister bestimmt. Er nutzte sein Amt dafür aus, die arabische Bevölkerung zu bevorzugen. Diese Aktivität entsprach nicht den politischen Regeln, die der High Commissioner aufgestellt hatte. Sir Herbert Samuel entließ Musa Kazim al-Husseini. Sein Nachfolger aber gehörte zu einer ebenso prominenten arabischen Familie – er hieß Raghib Nashashibi. Seine Sippe ist – wie die der Husseini – bis heute mächtig in Palästina.

Mit Beginn der britischen Epoche war Jerusalem wieder Hauptstadt geworden. Die Stadt war das Zentrum des Mandatsgebiets Palästina, für das Großbritannien im Namen des Völkerbundes die politische und administrative Verantwortung trug. Daß Jerusalem nicht mehr der syrischen Hauptstadt Damaskus nachgeordnet war, hatte Konsequenzen: Behörden entstanden, die Personal benötigten. Die Bewohner der Stadt fanden Arbeit. Bald war mehr als die Hälfte der Arbeitskräfte von Jerusalem in Ämtern der Verwaltung und der religiösen Institute tätig.
Der Bürgermeister aus der arabischen Honoratiorenfamilie bevorzugte ganz offen Araber in den Ämtern der Stadtverwaltung, und auch der britische High Commissioner stellte mit Vorliebe Araber ein. Die jüdische Gemeinde protestierte mit dem Argument, ihre Mitglieder bezahlten 75% der Steuern in Jerusalem, doch sie seien nur mit 44% der Ämter bedacht worden. Der Protest wurde nicht beachtet.

Die Teilung der Stadt zeichnet sich ab – Jahre der Unruhe

Wer den Streit begonnen hat, war nicht zu klären. Die britische Mandatsverwaltung schob die Schuld den Führern der zionistischen Bewegung in der Stadt zu; sie wiederum sagten, die Araber hätten begonnen.

Es geschah im Jahre 1920, am Fest des Propheten Mose in der Altstadt von Jerusalem: Juden und Araber fielen übereinander her. Daß der Krawall in einem islamischen Viertel begann und daß dort sechs Juden starben und über 100 verwundet wurden, läßt den Schluß zu, die Araber hätten die Juden aus ihrer Wohngegend vertreiben wollen. Die britische Militärpolizei, die zuständig war für Sicherheitsbelange in Jerusalem, griff erst am dritten Tag des Konflikts ein. Sie verhaftete führende Persönlichkeiten der Zionistenbewegung. Einer wurde zu 15 Jahren Zwangsarbeit verurteilt.

Fortan hatte die jüdische Bevölkerung nur noch geringes Vertrauen in die britische Verwaltung. Der radikale Zionist Wladimir Jabotinsky, der für die Schaffung eines jüdischen Staates in den von der Bibel vorgezeichneten Grenzen eintrat, forderte den Aufbau einer Organisation zur Selbstverteidigung der Juden im gesamten palästinensischen Gebiet. Jabotinsky selbst organisierte noch im Jahr 1920 die Gründung der Kampfgruppe »Haganah« – auf deutsch »Selbstschutz«.

Sie bewährte sich bereits am 2. November 1921, als der Konflikt diesmal im jüdischen Viertel der Altstadt erneut aufbrach. Der »Haganah« stand auf arabischer Seite keine wirksame Kampforganisation gegenüber. »Haganah« verfügte zu diesem Zeitpunkt über Handfeuerwaffen und Handgranaten. Sie konnte sich durchsetzen.

Nach 1921 verging kein Jahr ohne Streit zwischen Arabern und Juden in der Stadt. Am 1. April 1925 wurde auf dem Scopusberg die »Hebrew University« eröffnet, im Beisein des Autors der Balfour Declaration, Arthur James Balfour. Die Araber demonstrierten gegen dieses Zentrum des jüdischen Geistes.

Die Vorfälle nahmen an Härte zu, als der Geistliche Hadsch Amin al-Husseini im Jahr 1926 vom Mufti zur Position des Großmufti von Jerusalem aufstieg. Er war erst 30 Jahre alt und ein glühender palästinensischer Nationalist. Er war 1895 in

Jerusalem geboren worden. Er gehörte zu den arabischen Politikern, die den Engländern vorwarfen, sie hätten die Araber mit der Politik der sich widersprechenden Versprechungen – Zusagen der Staatsgründung an die Haschemiten und Aufteilung Arabiens im Abkommen der beiden Diplomaten Sykes und Picot – arglistig betrogen. Hadsch Amin al-Husseini klagte die englische Verwaltung an, sie würde durch ihre Maßnahmen einseitig die jüdische Bevölkerung unterstützen auf Kosten der Araber. Insbesondere sei die britische Einwanderungspolitik für Palästina darauf ausgerichtet, den jüdischen Bevölkerungsanteil anwachsen zu lassen, damit der Gedanke der nationalen Heimstätte für die Juden verwirklicht werden kann.
Seine Popularität bei den Arabern führte dazu, daß Hadsch Husseini im Jahre 1926 zum Vorsitzenden des Obersten Islamischen Rates gewählt wurde. Der Großmufti war nicht daran interessiert, einen Ausgleich zwischen arabischen und jüdischen Ansprüchen zu erreichen – er hatte das feste Ziel, Palästina in einen arabischen Staat zu verwandeln. Um auf dem Weg zu diesem Ziel voranzukommen, suchte er Konfliktstoffe.
Am Vorabend des Festtages Jom Kippur des Jahres 1929 errichteten die jüdischen Gläubigen eine Trennwand an der Klagemauer, die Frauen und Männer auseinanderhalten sollte. Arabische Politiker empfanden die Aufstellung der Wand als eine »Maßnahme der Veränderung« in Jerusalem – und Veränderungen waren laut Verordnung der britischen Behörden verboten. Nach dem Protest der Politiker rissen arabische Jugendliche die Trennwand ein. Am 23. August 1929 brachen Straßenschlachten aus, insbesondere in den Quartieren um den Stadtteil Mea She'arim. Britische Militärpolizei beendete die Kämpfe. Auf beiden Seiten hatten es zahlreiche Opfer gegeben.
Das Ergebnis der Kämpfe des Jahres 1929 war, daß jüdische Familien, die bisher noch in arabischen Quartieren gelebt hatten, in jüdische Viertel umsiedelten; ebenso verließen arabische Bewohner ihre Häuser und Wohnungen in jüdischen Stadtgegenden. Die Teilung Jerusalems wurde eingeleitet.
Daß die Fluchtbewegung der Juden hätte verhindert werden müssen, war der Standpunkt vieler junger Juden. Nach ihrer Meinung durfte auf die Präsenz der Juden in allen Teilen der Stadt nicht verzichtet werden. Die Aufgabe, die Juden in arabischen Vierteln zu verteidigen, wäre Angelegenheit der »Haga-

nah« gewesen. Ihr wurde Versagen vorgeworfen. Die Radikalsten unter den Empörten traten aus der »Haganah« aus und gründeten die »Militärische Nationale Organisation« – »Irgun Zwai Leumi«. Sie wurde zum Hauptträger des Kampfes gegen die britische Mandatsverwaltung und gegen die Araber. Menachem Begin – später der israelische Ministerpräsident, der Ende der 70er Jahre zusammen mit dem Ägypter Anwar as-Sadat den ersten Schritt zum Frieden zwischen Juden und Arabern unternahm – war am Ende des Zweiten Weltkriegs Kommandeur der Irgun Zwai Leumi.

Begin sah seine Aufgabe auch darin, die jüdische Einwanderung nach Palästina zu organisieren. Die Engländer, darauf bedacht, nichts in Palästina zu verändern, wollten die Bevölkerungsstruktur so belassen, wie sie zum Zeitpunkt des Beginns der britischen Mandatszeit beschaffen war. Die letzte türkische Statistik für die gesamte palästinensische Provinz des Osmanischen Reiches – also nicht für Jerusalem – wies diese Zahlen aus: 82% der Menschen in Palästina waren Araber; 10% waren Christen und 8% waren Juden. Nur 6% des Bodens in Palästina gehörten jüdischen Familien. Um diesen Zustand zu bewahren hatte die britische Verwaltung die Zahl der Einwanderer limitiert. Gegen diese Beschränkung kämpften Menachem Begin und seine Irgun Zwai Leumi erfolgreich. Es gelang ihnen Transportschiffe mit jüdischen Flüchtlingen aus Europa an der Küste des Mandatsgebiets auszuladen, oft in menschenleeren Gebieten, die von der britischen Armee nicht kontrolliert wurden.
Die Sympathie der westlichen Welt und vor allem der USA waren auf der Seite der Flüchtlinge und der jüdischen Organisationen, die ihnen halfen. Die allgemeine Ansicht in Europa und in den USA war, daß die Menschen, die der Verfolgung in Deutschland und in den von den Deutschen besetzten Gebieten ausgesetzt waren, eine Heimat in Palästina finden sollten, die ihnen Sicherheit für Leib und Leben bot. Eine Begrenzung der Einwanderungszahl fand nirgends Verständnis.
Die britische Regierung aber berief sich auf Paragraph 6 des Völkerbundmandats vom 24. Juli 1922, der ausdrücklich festlegt, die Zuwanderung der Juden dürfe nur in dem Ausmaß erfolgen, das die »Rechte und die Position« anderer Bevölke-

rungsgruppe nicht berühre. Deutlich genug war in diesem Zusammenhang auch der Wortlaut der Präambel, der besagt: »Es darf nichts unternommen werden zum Nachteil der bürgerlichen und religiösen Rechte der bestehenden nichtjüdischen Gemeinden.« Allerdings wurde der Gedanke aufgegriffen, daß in Palästina »a National Home for the Jewish People« geschaffen werden könne. Von Autonomie, von souveräner Abgrenzung des jüdischen Gebiets war nicht die Rede.

Daß die Gründung einer derartigen »Heimstätte« und die Bewahrung der Rechte nichtjüdischer Gemeinschaften in Palästina nicht zu vereinbaren waren, stellte im Sommer 1937 eine königliche Untersuchungskommission fest (Peel Commission), die den Konflikt in Palästina zu analysieren hatte. Die Peel Commission trat für eine saubere Lösung ein. Der Vorschlag der Kommission lautete, das Mandat über Palästina zu beenden und zwei unabhängige und souveräne Staaten zu schaffen: einen arabischen Staat und einen jüdischen Staat.

Die Peel Commission verlangte allerdings, daß Jerusalem weder dem einen noch dem anderen Staat zugeschlagen wurde – für Jerusalem sollte der Völkerbund einen neuen Mandatsauftrag vergeben. Auf keinen Fall dürfe die Heilige Stadt Bestandteil des »National Homeland for the Jewish People« werden.

Im Mai 1939 stellte die britische Regierung ein »White Paper« zusammen, das die Palästinapolitik für die kommenden Jahre festlegen sollte. Darin wurden erstmals feste Quoten für die jüdische Einwanderung nach Palästina fixiert (Paragraph 14, 1,4): Pro Jahr sollten 10 000 Einwanderer zugelassen sein für einen Zeitraum von fünf Jahren. Dazuhin war vorgesehen – »als Beitrag zur Lösung des jüdischen Flüchtlingsproblems« –, daß 25 000 Juden auf einmal einreisen dürften. Eine Wiederholung dieses Zugeständnisses war nicht vorgesehen.

Das »White Paper« der britischen Regierung wurde weltweit von den zionistischen Organisationen abgelehnt. Am 11. Mai 1942 trafen sich im Hotel Biltmore in New York City Vertreter derartiger Organisationen aus den USA zur »Zionist Conference«. Die Delegierten verurteilten das »White Paper« als »moralisch und rechtlich« untragbar. Die Konferenz verlangte, daß »die Tore Palästinas aufgestoßen werden für jüdische Flüchtlinge aus Europa«. Und es wurde Bilanz gezogen der bisherigen Einwanderungserfolge: »Am Ende des Krieges (1918)

lebten 50000 Juden in ihrem einstigen Heimatland; jetzt aber sind es mehr als 500000.«
Viele der Einwanderer waren bereit, in die bestehenden Kampforganisationen einzutreten. »Haganah« und »Irgun Zwai Leumi« wurden schlagkräftiger – und kühner. Am 22. Juli 1947 sprengte Irgun Zwai Leumi einen Flügel des King David Hotels im neueren Teil von Jerusalem. Die Fassade stürzte zusammen; die Decken der Stockwerke klappten nach unten. 91 Engländer starben in den Trümmern. Menachem Begin, der für das Attentat Verantwortliche, wurde von der Mandatsmacht gesucht. Das britische Militär war gezwungen, das Stadtgebiet nordwestlich des Jaffators, in dem sich das Telegraphenamt, Regierungsgebäude und wichtige Mandatsbehörden befanden, durch Stacheldraht abzuriegeln. Die Sicherheitszone erhielt im Volksmund die Bezeichnung »Bevingrad« – so benannt nach dem britischen Außenminister Ernest Bevin (1945–1951), der auf britischer Seite verantwortlich war für die internationalen Verhandlungen in Palästina.
Am 29. November 1947 beschloß die Generalversammlung der Vereinten Nationen, ein zuvor ausgearbeiteter Teilungsplan müsse in Kraft treten. Der Plan berücksichtigte die demographische Struktur des Gebietes von Palästina. Regionen mit überwiegend jüdischer Bevölkerung sollten unter jüdische Selbstverwaltung gestellt werden – Regionen mit überwiegend arabischer Bevölkerung sollten von Arabern verwaltet werden. Der Teilungsplan war bald wertloses Papier, da er weder von der arabischen noch von der jüdischen Seite angenommen wurde.
Die Jewish Agency for Palestine, die Vertretung der jüdischen Interessen, hatte schon im Jahr 1938 einen eigenen Teilungsplan für Jerusalem vorgelegt. Die Forderungen der jüdischen Seite waren bescheiden gewesen. Zur jüdischen Stadt hätten nur die Viertel im Westen gehört.
Für Jerusalem hätte die Anwendung des Teilungsplans der Vereinten Nationen die Trennung des Stadtgebiets in den arabischen Osten und den jüdischen Westen bedeutet. Diese Trennung war zwar schon vollzogen, doch sie war durch kein Dokument schriftlich fixiert. Die Annahme der »Partition Resolution« hätte die Teilung der Stadt international rechtskräftig werden lassen, auch wenn es die Absicht der Generalver-

sammlung der Vereinten Nationen war, Jerusalem zur »internationalen Zone« zu erklären, die der UN unterstellt werden sollte. An die Realisierung dieser Absicht glaubten nicht einmal die britischen Politiker, die den Teilungsplan empfohlen hatten.
Die Initiative der Vereinten Nationen, die von beiden Seiten nicht gewünscht worden war, löste jüdische und arabische Reaktionen aus. Da die demographische Struktur des Gebiets von Palästina durch den Teilungsplan zum bestimmenden politischen Faktor geworden war, versuchten sowohl die Araber als auch die Juden, die eigenen Gebiete zu vergrößern. Die dazu nötigen Maßnahmen begannen im Frühjahr 1948. Am 12. Februar stießen Streitkräfte der »Haganah« vom Scopusberg aus gegen das Dorf Sheikh Jarrah vor; es liegt in der Mitte zwischen dem von jüdischen Streitkräften beherrschten Scopusberg und der Nordostecke der Altstadt. Gegen diese Bedrohung reagierten die arabischen Bewohner: Sie griffen das Stadtviertel der Juden innerhalb der Stadtmauer an und blockierten den Zugang. Die jüdischen Einwohner der Altstadt waren damit abgeschnitten. Die von der arabischen Seite erhoffte Notsituation der Belagerten trat allerdings nicht ein: In allen jüdischen Vierteln der Stadt, außerhalb und innerhalb der Mauer, waren Depots mit Notvorräten angelegt worden. Da die jüdischen Komitees zur Aufrechterhaltung der Ordnung auch damit zu rechnen hatten, daß die Wasserversorgung abgeschnitten wurde, hatten sie in improvisierten Zisternen mehr als 100 000 Kubikmeter Wasser gesammelt.
Im Dezember 1947 geschahen die ersten Überfälle auf Lastwagen, die von Tel Aviv her über die steilen Bergstrecken unterwegs waren nach Jerusalem. Besonders der Straßenabschnitt, der am Kloster von Latrun vorbeiführt, wurde von arabischen Bewaffneten kontrolliert. Lebensmitteltransporte waren gezwungen, nach Süden auszuweichen und die schlechtere Route über Hulda zu benutzen. Steil war dann die Strecke hinauf nach Kiryat Anavim westlich von Jerusalem. Auch die Straße über Bet Lahem lag zeitweise unter Beschuß. Dort wurde am 13. Januar 1948 ein Lastwagenkonvoi getroffen. Zwölf Begleitpersonen starben. Gefährdet war der schlechte Pfad über Nebi Samwil: Er war häufig durch arabische Stoßtrupps unterbrochen. Am 31. März 1948 beherrschten Palästinenser auch die Umwegstrecke über Hulda. Westjerusalem war nun tatsächlich

abgeschnitten vom Küstenland. Die Situation der Juden in Jerusalem war kritisch aber nicht hoffnungslos.
Die Position der palästinensisch-jordanischen Streitkräfte war nur in Ostjerusalem und im Westen beim Kloster von Latrun wirklich zufriedenstellend. Ihre Organisation war jedoch mangelhaft, es fehlten Kommandeure; die Bewaffnung war miserabel. Die Verantwortlichen hatten ganz offenbar die Kampfkraft der jüdischen Bewaffneten unterschätzt. »Haganah« aber verfügte über 60000 ausgebildete Kämpfer, die nach strategischen Plänen eingesetzt wurden.
Im April 1948 war die Zielsetzung der jüdischen Kriegsführung zu erkennen: Das Gebiet, das im UN-Teilungsplan als hauptsächlich von Juden besiedelt ausgewiesen war, mußte erweitert werden. Bis Mitte Mai jenes Jahres waren 400 000 Palästinenser aus ihren Dörfern vertrieben worden. Großbritannien war zu diesem Zeitpunkt noch immer Mandatsmacht und eigentlich verpflichtet, für Frieden und Ordnung in Palästina zu sorgen. Doch die britischen Truppen hatten jeden Einfluß auf die Ereignisse verloren. Es war, als wenn sie kapituliert hätten vor der Gewalt beider Seiten. Sie beschränkten ihre Aufgabe darauf, den Stützpunkt »Bevingrad« in Jerusalem zu halten. Die Briten befanden sich in der Defensive und ständig in Angst, weitere Niederlagen einstecken zu müssen.
Politiker und Militärs sehnten sich den Tag herbei, an dem das Mandat beendet werden konnte. Die britische Regierung hatte, durch eigenen Entschluß, dafür den 14. Mai 1948 festgelegt. Der Rückzug aus Jerusalem, abgeschlossen schon vor dem dazu bestimmten Termin, glich eher einer Flucht. Großbritannien hatte zwar zu den Siegern des Zweiten Weltkriegs gezählt, doch seine Kraft war verloschen – die Rolle als Kolonialmacht war ausgespielt. Daß sie in Palästina einen Scherbenhaufen hinterließen, an dem ihre eigene zweideutige und unaufrichtige Politik Schuld war, das war den Politikern in London bewußt: Sie hatten versagt.
Doch aus dem Scherbenhaufen entstand rasch eine neue Ordnung. Zur Überraschung der arabischen Welt erklärte eine bisher nicht an die Öffentlichkeit getretene »israelische Regierung« eine Minute nach Ablauf des britischen Mandats die Existenz des »Staates Israel«. Genau zehn Minuten später teilte die Regierung der Vereinigten Staaten von Amerika mit, sie erken-

ne den jüdischen Staat an. Die entsprechende Erklärung der UdSSR erfolge nur wenig später.

Kampf um Jerusalem – Die Stadt als Brennpunkt des Nahostkonflikts

In Tel Aviv ist der Staat Israel proklamiert worden, nicht in Jerusalem. An der Stirnseite des Saales, in dem die israelische Regierung unter David Ben Gurion zusammentrat, hing ein Bild des Mannes, der die Idee vom »Judenstaat« zum erstenmal formuliert und publiziert hatte: Theodor Herzl. Er hatte prophezeit, in 50 Jahren sei dieser Judenstaat Realität – es hatte ein Jahr länger gedauert.

Die jüdische Seite im Palästinakonflikt war auf das Ende der Mandatszeit vorbereitet gewesen. Einen Tag zuvor hatte David Ben Gurion eine Regierung zusammengestellt, die aus Persönlichkeiten der Exekutive der Jewish Agency for Palestine bestand, die sich zur Mandatszeit als Vertretung des jüdischen Volkes gegenüber der britischen Verwaltung herausgebildet hatte. Die Jewish Agency for Palestine hatte als politische Körperschaft gewirkt, die auch von den Engländern respektiert worden war. Das jüdische Volk empfand die Übernahme von Regierungsverantwortung durch führende Mitglieder der Jewish Agency als legitim.

Diese Organisation hatte bereits eine Verfassung vorbereitet als Grundlage der Existenz des Staates Israel. Abgeschlossen waren auch die Vorarbeiten für demokratische Wahlen. Bereit waren vor allem die Männer, die Verantwortung trugen für den militärischen Bereich: Aus »Haganah« war schon die Grundstruktur der Israel Defence Force entstanden. Sie hatte bereits die Koordination der militärischen Aktionen im Bereich der Straßen westlich von Jerusalem übernommen. Eile war geboten, denn ägyptische Verbände waren auf dem Vormarsch in Richtung auf die Heilige Stadt.

In Jerusalem selbst begann die Arabische Legion Jordaniens, kommandiert vom britischen General Glubb Pascha, mit konzentrierten Angriffen auf die jüdische Kampflinie zwischen dem Scopusberg und dem Dorf Ramat Rahel im Süden. Der

Vorteil der Israel Defence Force war, daß es ihr gelungen war, alle Positionen im Osten der Stadt zu besetzen, die von den abziehenden Briten geräumt worden waren. Die Arabische Legion hatte sich zu lange zurückgehalten.
Kritische Situationen entstanden an den Steilstraßen im Westen der Stadt. Es gelang den israelischen Streitkräften nicht, die Hauptroute zwischen Latrun und Bab al Wad zu öffnen. Da die Stadt durch die effektive Blockade völlig ohne Versorgung war, mußte eine Verbindung geschaffen werden, die Latrun umging. So entstand die »Burmastraße« durch das judäische Bergland. Sie trug diesen Namen, weil ihr Vorbild die legendäre Straße durchs Burmagebiet war, die von den Engländern zur Versorgung verbündeter chinesischer Verbände im Zweiten Weltkrieg gebaut worden war. Beide »Burmastraßen«, die im Fernen und die im Nahen Osten, hatten schwieriges Terrain zu überwinden. Die Route zur Umgehung von Latrun mußte auf einem Abschnitt von sechs Kilometern durch steiles Felsgebiet geschlagen werden. Die Artilleriebeobachter der Arabischen Legion hatten bald entdeckt, daß die jüdischen Streitkräfte begonnen hatten, sich einen neuen Weg zu bahnen: Sie lenkten Artilleriefeuer auf den betreffenden Abschnitt. Hoch waren die Verluste unter den Pionieren der Israel Defence Force: Der Kommandeur der Harel-Brigade, die an den Steilstrecken eingesetzt war, erinnerte sich: »Ich habe das alles erlebt, den Hunger in der Stadt und die Versuche, Lebensmittel nach Jerusalem zu bringen. An der Straße stehen noch immer die ausgebrannten Trümmer der Fahrzeuge, denen es nicht gelungen war, durchzukommen. Ich kannte jeden, der in diesen Lastwagen gestorben ist. Ich habe den Toten ins Gesicht geschaut.« Der Kommandeur der Harel-Brigade damals war Yitzhak Rabin, der dann am 4. November 1995 in Tel Aviv wegen seiner Bemühungen um den Frieden ermordet werden sollte.
David Ben Gurion, der Staatschef Israels, schickte am 30. Mai 1948 diese Botschaft an die jüdische Bevölkerung von Jerusalem: »Es ist absolut notwendig, daß das jüdische Jerusalem ausharrt. Dies sind Tage der Prüfung. Wir unternehmen alle Anstrengungen, um die Altstadt zu entsetzen. Seid stark und mutig.«
Anfang Juni 1948 war der Weg zwischen Tel Aviv und Jerusalem tatsächlich frei. Einer der ersten Offiziere, der einen Ver-

sorgungskonvoi mit Gütern in die Stadt bringen konnte, berichtet über sein Erlebnis: »Auf beiden Seiten der Straße lagen verkohlte Leichen um die ausgebrannten gepanzerten Fahrzeuge. Leichen und Fahrzeuge waren Beweise für die Härte des Kampfes. Die Männer hatten versucht, den Belagerungsring zu zerbrechen. Sie waren von den Kugeln der Araber niedergemäht worden, die sich oben auf den Hügeln eingegraben hatten. Dann erreichten wir Jerusalem. Mit Jubel wurden wir von den Belagerten begrüßt. Wir sahen die Jungen, die Waffen trugen, und die Alten, die Gräben aushoben. Und wir sahen die Tapferen, die von außen Wasser in die Stadt schleppten.«

Brennpunkt des Kampfes war auch das jüdische Viertel der Altstadt. Die Verteidiger hatten am meisten unter Versorgungsschwierigkeiten zu leiden. Bis in das Häusergewirr der südlichen Altstadt drang kaum einmal ein Fahrzeug mit Mehl oder Speiseöl durch. Einzelnen Kämpfern gelang es auf Umwegen durch enge Gassen Munitionskisten in die Stellungen westlich der Klagemauer zu schleppen. Etwas erleichtert wurde die Situation für die Belagerten, als es einem jüdischen Verband gelang, den Zionsberg einzunehmen. Von dort aus war ein Vorstoß zum Zionstor erfolgreich. Die Spuren des erbitterten Kampfes sind heute noch an der Außenwand des Zionstors zu sehen: Geschosse schlugen viele hundert Löcher in die Steine.
Für einige Stunden war die Verbindung hergestellt zwischen der Weststadt und dem jüdischen Viertel. Nachschub und Verstärkung konnten hinter die Mauern gebracht werden. Am nächsten Morgen aber eroberte die Arabische Legion das Zionstor zurück.
Ägyptische Verbände waren inzwischen im Süden der Stadt aufgetaucht. Ihre Kampfkraft war gering, da ihnen kein klares Kampfziel gesetzt worden war. Dazuhin hatten ihre Offiziere nicht die Absicht, ihr Leben einzusetzen. Der Vorstoß der Ägypter konnte beim Dorf Ramat Rahel von den Israelis abgefangen werden.
Die Artillerie der Arabischen Liga beschoß Tag und Nacht das jüdische Viertel. Mehr als zweihundert Bewohner und Verteidiger wurden verwundet. Ein weiteres Ausharren war bald nicht mehr zu verantworten. Ende Mai beschlossen die Kommandeure des jüdischen Viertels das Stadtgebiet der Arabi-

schen Legion zu übergeben. Damit war die Teilung der Stadt vollzogen. Die Demarkationslinie verlief jeweils von der Westmauer der Altstadt aus nach Norden und Süden. Jüdisch geblieben war im Osten von Jerusalem allein der Scopusberg, mit der Hebrew University und dem Hadassah-Krankenhaus. Allerdings war der Hügel völlig umzingelt. Am 13. April 1948 wollte ein Konvoi von Bussen und Lastwagen von Westjerusalem zum Scopusberg durchbrechen. Der Konvoi sollte Ärzte und Krankenschwestern zum Hadassah-Krankenhaus bringen. Busse und Lastwagen wurden beschossen und brannten aus. 78 Frauen und Männer wurden getötet.

Der palästinensische Sender, der in Ramallah stand, zehn Kilometer nördlich von Jerusalem, verbreitete zum Zeitpunkt, als die Teilung der Stadt durch die militärischen Aktionen vollzogen wurde, Siegesmeldungen: Die arabischen Armeen waren auf dem Vormarsch. Wer allerdings auf die Ortsnamen achtete, die im Text der Nachrichten genannt wurden, der wunderte sich. Die Ägypter meldeten, sie hätten Khan Junis erobert und befänden sich auf dem Vormarsch in Richtung Tel Aviv. Khan Junis aber war eine arabische Kleinstadt bei Gaza. Die irakische Nachrichtenagentur verbreitete den Erfolgsbericht, ein Kraftwerk im Jarmuktal besetzt zu haben, von dem die Stromversorgung Israels völlig abhänge. Jenes Kraftwerk gehörte den Jordaniern und versorgte deren Städte Irbid, Mafraq, Zarqa und Amman. Wenig später sprachen ägyptische Berichte von Siegen bei Hebron und Bethlehem. Diese Städte gehörten zum haschemitischen Königreich Jordanien. Nur die Nachrichtenagentur Jordaniens gab glaubwürdige Meldungen bekannt. Sie brauchte nicht zu lügen: Die Situation der Arabischen Legion war durchweg als günstig zu betrachten.
Mit gutem Grund wunderte sich der Major, der auf der jordanischen Seite die Jerusalemfront befehligte, am Morgen des 11. Juni 1948, daß ihm sein Herrscher König Abdallah den Befehl zur Feuereinstellung gab. Die Arabische Legion hatte während der vergangenen Tage keineswegs Niederlagen erlitten. Sie besaß auch genügend Munition. Die Soldaten waren überzeugt, es werde gelingen, die eingeschlossenen Israelis auf dem Scopusberg zur Kapitulation zu zwingen. Gegen seinen Willen und gegen seine Überzeugung leitete der Major die königliche

Anweisung weiter, das Feuer sei um 10 Uhr einzustellen. Noch einmal flammten am Zionstor Gefechte auf, dann trat Ruhe ein. David Ben Gurion, der Regierungschef des jüdischen Staates, hatte dem durch die Vereinten Nationen vermittelten Waffenstillstand zugestimmt, obgleich an manchem Frontabschnitt die Kampfziele nicht erreicht worden waren, weil er hoffte, aus Europa würden Maschinengewehre, Granatwerfer und Geschütze eintreffen. Die Frachtschiffe hatten die europäischen Häfen bereits verlassen. Die Waffensituation der israelischen Truppe war äußerst angespannt. 30 Tage lang sollte zunächst die Waffenruhe dauern, die Zeit wollte David Ben Gurion nützen. Er war sich bewußt, daß der Krieg um die Unabhängigkeit des jüdischen Staates und um den Besitz von Jerusalem noch nicht zu Ende war. Er war jedoch überzeugt, die militärische und politische Lage seines Staates werde sich mit jedem Tag verbessern.
Daß vor allem der Ostblock derart hilfsbereit war, hatte sich David Ben Gurion nicht vorstellen können. Die Tschechoslowakei erwies sich als ergiebiger Waffenlieferant. Die Prager Regierung war Zwischenhändler auch für Flugzeuge. Mit drei Sportmaschinen hatte die Israel Airforce den Konflikt begonnen – zum Zeitpunkt des ersten Waffenstillstands besaß sie drei Fliegende Festungen, vier Bostonbomber und 20 Jagdflugzeuge des deutschen Typs Me 109.
David Ben Gurion hatte auf die Amerikaner gesetzt und war überrascht, daß sie nicht die einzigen Freunde waren. Die Sympathie der Weltöffentlichkeit war auf der Seite der Israelis. Die Araber wurden als die Angreifer betrachtet, die das Entstehen eines friedlichen Staates der leidgeprüften Juden verhindern wollten. Die Araber waren in der öffentlichen Meinung der Welt die Schuldigen am Konflikt um Israel, Palästina und Jerusalem. So geschah es, daß Großbritannien, bisher die wichtigste Quelle für Gewehre, Geschütze und Munition, ihre Waffenlieferungen an arabische Staaten einstellte.
Darunter hatte sogar der Truppenverband auf Dauer zu leiden, der von den Engländern gegründet worden war und noch immer von einem britischen Offizier kommandiert wurde. Der oberste Kommandeur der Arabischen Legion, General Glubb Pascha, flog nach Suez, um den Befehlshaber der britischen Streitkräfte im Nahen Osten dringend zu bitten, ihm aus seinen

Beständen Kriegsmaterial zur Verfügung zu stellen. Glubb Pascha erhielt nicht eine einzige Patrone. Anzunehmen ist, daß der britische Kollege des Generals wußte, daß dessen Arsenale noch gut gefüllt waren. Glubb Pascha hatte nur für die Zukunft vorsorgen wollen.

David Ben Gurion, dessen Sorgen tatsächlich von Tag zu Tag geringer wurden, nützte die vier Wochen der Waffenruhe, um die Umwandlung der Kampforganisationen in eine reguläre israelische Armee zu vollenden. Die Israel Defence Force, die aus der »Haganah« hervorgegangen war, bekam am 29. Juni 1948 offiziellen Status. Nicht alle Kampfgruppen waren einverstanden, in die Israel Defence Force (IDF) eingegliedert zu werden. »Palmach« und »Irgun Zwai Leumi« wollten ihre Unabhängigkeit bewahren.

David Ben Gurion aber wollte gerade die »Irgun Zwai Leumi« zähmen, die Menachem Begin unterstand. Begin war dabei, sich dadurch zu profilieren, daß er das Einverständnis der Regierung zum Waffenstillstand für eine »schmähliche Kapitulation« hielt. Er betrachtete die »Irgun« als die wahre Armee des jüdischen Staates. Es war ihm gelungen, in Europa fünf Halbkettenfahrzeuge und 300 Maschinenpistolen zu kaufen, einen Frachter zu mieten und in Richtung israelischer Küste auf den Weg zu bringen. Als der Frachter anlegen wollte, wurde die Besatzung aufgefordert, Schiff und Ladung der israelischen Armee zu übergeben. Auf Weisung von Menachem Begin entzog sich der Frachter der Beschlagnahme durch Flucht. Jetzt war es die Taktik der »Irgun Zwai Leumi«, das Schiff direkt vor Tel Aviv auf den flachen Sand zu setzen. Nun fand vor den Augen der Bewohner der Stadt und der Weltöffentlichkeit die Auseinandersetzung zwischen der Kampforganisation und der israelischen Regierung statt. Ein Bürgerkrieg bahnte sich an.

Die Waffen hatte Menachem Begin zum Kampf in Jerusalem gegen die Arabische Legion bestimmt – aber auch zur Stabilisierung der eigenen politischen Position. Er hatte schon die Parole ausgegeben: »Wir übernehmen die Macht in Jerusalem!« Zunächst aber übernahm er tatsächlich die Macht in Tel Aviv. Israelische Soldaten mußten gegen die »Irgun Zwai Leumi« eingesetzt werden. Bei Kämpfen, die einen Tag lang andauerten, verloren über 80 jüdische Männer ihr Leben. Der Konflikt wurde durch ein Artilleriegeschoß beendet, das den Frachter

traf, der im flachen Wasser vor Tel Aviv festlag. Die Ladung detonierte. Menachem Begin sah ein, daß er den Kampf um die Macht in Jerusalem verloren hatte.
Wenige Wochen zuvor, am 9. April 1948, hatte Menachem Begin schon einmal versucht, die Position der Irgun Zwai Leumi durch eine spektakuläre Aktion zu stärken – das Resultat war eine moralische Niederlage für Israel gewesen.
Keine fünf Kilometer südwestlich von Jerusalem lag das arabische Dorf Dir Jassin, abseits der Hauptstraße, die von der Küste heraufführt. Das Dorf war bisher nicht in den arabisch-jüdischen Konflikt verwickelt gewesen, trotzdem hatte der Gemeindevorsteher Wachen aufstellen lassen, die vor allem den Weg, der vom jüdischen Dorf Beit Hakerem herüberführte, zu kontrollieren hatten. Sie bemerkten um 4.30 Uhr morgens Gestalten, die auf die Häuser von Dir Jassin zuschlichen. Noch außerhalb des Dorfes feuerten die Angreifer die ersten Schüsse ab. Die Wachen schossen zurück und wurden bald schon von Bewaffneten aus dem Dorf unterstützt. Der Kommandeur des Irgunverbandes – sein Name war Giora, in Anlehnung an den einstigen Zelotenführer Simon bar Giora – überlegte sich für einen Augenblick, ob es wohl klüger sei, den Befehl seiner Vorgesetzten, Dir Jassin zu besetzen, nicht zu befolgen. Doch seinen Männern gelang es, den arabischen Widerstand niederzukämpfen. Die Dorfwächter und die Bewaffneten waren den Irgunkämpfern unterlegen. Als die Verteidiger den Widerstand aufgaben, packte die Angreifer ein Blutrausch: Sie trieben die Bewohner zusammen und töteten sie.
Beim Morgengrauen erfuhr der Vertreter des Internationalen Roten Kreuzes in Jerusalem – sein Name war Jacques Reynier – von den Vorfällen draußen vor der Stadt. Er fuhr sofort nach Dir Jassin, obgleich die Behörde Jewish Agency ihm keinerlei Unterstützung gewährte Sie war nicht daran interessiert, aufzuklären, was am Stadtrand von Jerusalem geschehen war. Jacques Reynier schrieb in sein Tagebuch, was er dort erlebt hatte: »Männer mit Maschinenpistolen und Gewehren rannten in Häuser hinein und wieder heraus. Menschen wurden erschossen und erdolcht. Leichen lagen umher. In den Häusern war alles auseinander gefetzt und umgeworfen. Handgranaten waren detoniert.« Jacques Reynier schätzte, daß 200 Menschen ermordet worden waren. Er beschrieb die Bewaffneten, die er in

Dir Jassin sah, so: »Sie alle trugen Uniformen und Helme. Sie waren alle jung. Viele waren Halbwüchsige, auch die Frauen. Sie trugen viele Waffen bei sich, vor allem Handgranaten und Messer. Die Klingen waren rot vom Blut. Eine hübsche junge Frau zeigte mir ihr Messer, von dem Blut tropfte. Sie gehörte zum Team, das aufzuräumen hatte.«
David Ben Gurion war entsetzt über das Geschehen. Er ließ dem König von Jordanien mitteilen, er sei tief betroffen. Der Oberrabbiner von Jerusalem bezeichnete die Tat der Irgun Zwai Leumi als »Mord«. Menachem Begin versuchte, Schuld von sich abzuwälzen durch die Feststellung, er habe einen Lautsprecherwagen nach Dir Jassin geschickt, der die Bewohner hätte warnen und zur Flucht veranlassen sollen. Dieser Lautsprecherwagen sei unterwegs in einer Sanddüne steckengeblieben.

Das Resultat der Aktion Dir Jassin war, daß Zehntausende von Arabern ihre Dörfer verließen, die sich in der Nähe von jüdischen Siedlungen befanden. »Dir Jassin« wurde zum Schreckenswort für die Araber. Es löste die erste Flüchtlingswelle des israelisch-palästinensischen Konflikts aus.
Diese »Umsiedlung« war beabsichtigt. Herzls Tagebücher verraten, daß die Vertreibung der palästinensischen Bevölkerung aus ihren Dörfern von Anfang an zum Konzept der Gründung seines Staates gehörte: »Die neuen Siedler werden dafür sorgen, daß die Eingeborenen von Palästina auf gütliche Art und Weise enteignet werden. Die Enteigneten werden über die Grenzen geschickt. Wir werden anregen, daß sie in anderen Ländern Arbeit erhalten. In unserem Land verweigern wir ihnen die Arbeit.« Herzl war allerdings daran gelegen, daß die Enteignung ohne Aufmerksamkeit zu erregen, erfolgen sollte. Diese Auflage hatte Irgun Zwai Leumi im Fall Dir Jassin nicht befolgt.
Als die 30 Tage der Waffenruhe Anfang Juli 1948 zu Ende gingen, war für David Ben Gurion das Problem Irgun Zwai Leumi gelöst: Die Israel Defence Force war fortan die einzige ernstzunehmende militärische Organisation in Israel. Bei Ausbruch der Kämpfe bot Irgun Zwai Leumi der Israel Defence Force an, sie bei einem Vorstoß in die Altstadt von Jerusalem zu unterstützen. Nach zwei Tagen mußte das Oberkommando einsehen, daß die ummauerte Stadt eine starke und abwehrbereite Festung war; der Vorstoß wurde abgebrochen, weil die Zu-

sammenarbeit zwischen Israel Defence Force und Irgun Zwai Leumi nicht wirkungsvoll war.
Ein Versuch der Arabischen Legion durch das Jaffator in die Neustadt vorzudringen, schlug auf der Jaffastraße fehl. Keiner Seite gelang es, Boden zu gewinnen. Kurz vor dem Tag der Wirksamkeit des zweiten Waffenstillstands gelang der Israel Defence Force die Einnahme von Kirbet al-Hamama. Die Gegend wurde bald darauf umgetauft in »Mount Herzl«. Hierher wurde im Jahre 1949 die Leiche von Theodor Herzl überführt. Der Visionär des »Judenstaates« fand auf »Mount Herzl« seine letzte Ruhestätte.

Neunzehn Jahre kein Gebet an der Klagemauer – Die umstrittene Demarkationslinie

Die Vereinten Nationen bemühten sich noch vor Abschluß des zweiten Waffenstillstandsabkommens, eine dauerhafte und stichfeste Lösung für den Konflikt zwischen Israel und Jordanien – als den in erster Linie Betroffenen – zu finden. Im Juni 1948 schlug der von den Vereinten Nationen ernannte Unterhändler Graf Folke Bernadotte vor, die gesamte Stadt Jerusalem sei dem arabischen Territorium anzugliedern. Für das Gebiet der jüdischen Bewohner sei ein Autonomiestatus vorzusehen. Die israelische Regierung lehnte diesen Vorschlag ohne weitere Diskussion ab – auch wenn seine Verwirklichung bedeutet hätte, daß Jerusalem als Ganzes in Einheit bewahrt bliebe.
Vom ersten Tag seiner Vermittlertätigkeit an erregte Graf Bernadotte den Zorn der Israelis. Die Empörung steigerte sich noch, als er im Juli 1948 verlangte, daß Jerusalem eine entmilitarisierte Zone werden sollte. Auch die arabische Seite war mit Bernadottes Vorschlägen nicht einverstanden – wobei die Staaten, die sich am wenigsten an den Kämpfen beteiligt hatten, am lautesten die Fortsetzung des Krieges forderten. Am 17. September 1948 wurde Graf Folke Bernadotte in Jerusalem von einem jüdischen Nationalisten erschossen. Mit seinem Tod war für Jahre die letzte Chance vertan, Jerusalem vor der Teilung zu bewahren.
Graf Bernadotte hatte sich auch durch sein Bemühen in Israel

unbeliebt gemacht, der Weltsicherheitsrat möge alle Schritte unternehmen, um die Flüchtlinge – also auch die noch lebenden Bewohner von Dir Jassin – wieder in ihre Heimat zurückzubringen. Allein diese Forderung machte ihn zum »Feind Nummer 1«. Darin hatte der Graf die Araber abgelöst.
Am Tag des Attentats war Bernadotte auf dem Flughafen Kalendia im Norden von Jerusalem gelandet. Sein Assistent hatte ihm geraten, einen Umweg zu fahren, um den Übergang zwischen dem arabischen und dem jüdischen Teil der Stadt zu vermeiden. Der Graf aber bestand darauf, den gewöhnlichen Weg zu benützen, mit der Bemerkung, was er seinen UN-Beobachtern zumute, das müsse er auch selbst auf sich nehmen. Kaum hatte das Fahrzeug des UN-Vermittlers das »Mandelbaumtor«, den einzig möglichen Übergang, passiert, da wurde es aufgehalten. Ein Mann schoß durch das Wagenfenster und traf Bernadotte tödlich.
Der Mörder erklärte während seines Prozesses, der Graf habe verhindert, »daß ganz Jerusalem, ganz Palästina und ganz Transjordanien zu Israel gehöre« – deshalb sei er ein Feind. Der Mörder wurde zu einer Haftstrafe von acht Jahren verurteilt.
Durch Gewaltakte war die Teilung von Jerusalem besiegelt worden. Von nun an war es 19 Jahre lang den Juden nicht mehr möglich, an der Klagemauer zu beten. Ihnen blieb der einzige Übergang, das Mandelbaumtor, verschlossen. Die jordanische Regierung brach damit das Waffenstillstandsabkommen vom 3. April 1949, das in Artikel VIII ausdrücklich den freien Zugang zu den heiligen Stätten für Gläubige aller Religionsgemeinschaften vorsah.
Noch einmal versuchte die Generalversammlung der Vereinten Nationen im Dezember 1949 die Einheit der Stadt zu retten. Der Ausgangspunkt war, daß sich Israel und Jordanien nicht darauf einigen wollten, Jerusalem gemeinsam zu verwalten. Die Generalversammlung schlug vor, Gesamtjerusalem als »Corpus Separatum« zu betrachten, als Gebiet, das abgetrennt ist, vom jordanischen und vom israelischen Territorium. Regiert werden sollte die Stadt von einem »Trusteeship Council«, dessen Mitglieder von den Vereinten Nationen bestimmt werden.
Das Gebiet, das zum »Corpus Separatum« gehören sollte, war großflächig gedacht: Bethlehem war darin eingeschlossen, aber auch Dörfer im Westen, Norden und Osten. Daß dieser Plan der

Generalversammlung der Vereinten Nationen, Jerusalem zur internationalen Stadt zu erklären, nie eine Chance besaß, Wirklichkeit zu werden, ist einzusehen.
Bald schon nach dem Abschluß des zweiten Waffenstillstandsabkommens begann sich der westliche, der jüdische Teil beachtlich auszudehnen. Da gab es auf den Hügeln und deren Abhänge genügend freien Platz. An Beschlagnahme von arabischem Boden brauchte noch niemand zu denken. Mit Hilfe von Geldern jüdischer Spender in den Vereinigen Staaten von Amerika und durch Zuschüsse der US-Regierung konnten Siedlungen für die Familien gebaut werden, die aus dem nun jordanischen Gebiet geflohen waren. Aber auch für die Zehntausende von Juden, die aus Europa und den USA ins ersehnte Land kamen, entstand Wohnraum. Die Stadtverwaltung war darauf bedacht, möglichst viele Häuser zu schaffen – es mußte billig gebaut werden. Das Aussehen der Gebäude war unwichtig.
Im Westen der Jaffastraße entstanden Siedlungen – alle auf erhabenen Punkten der Landschaft – die keinen unmittelbaren Anschluß an das Stadtgebiet hatten. Sie wurden so angelegt, daß sie leicht zu verteidigen waren. Im Zentrum befanden sich Synagogen, Schulen und Gemeindeverwaltung. Um sie herum waren ringförmig die Wohnanlagen gruppiert. Sie bildeten eine Burgmauer – nach außen verschlossen, zum Zentrum hin geöffnet. Die Bauweise gab den Bewohnern Sicherheit, auch bei einem Angriff. Mit dem Wiederaufflammen des Krieges mußte gerechnet werden.
Zwar waren die Gebäude des Geschäftszentrums der Weststadt während der Kämpfe nur wenig beschädigt worden, doch entwickelte sich dort nur langsam wirtschaftliches Leben. Unsicherheit prägte das Denken der Geschäftsleute und hemmte die Entwicklung. Bis zum Sechstagekrieg des Jahres 1967 veränderte sich das Gebiet zwischen der Jaffastraße und der Ben Hejuda-Straße nur wenig – selbst wenn es mit Leben erfüllt war.
Auch das Gesicht der Altstadt blieb, wie es war. Das jordanische Königshaus zeigte nur geringes Interesse an Jerusalem. Die Finanzmittel wurden für den Ausbau der Hauptstadt Amman verwendet. Die Haschemitenfamilie besaß keinen Palast in der Heiligen Stadt. König Hussein erklärte zwar am 23. Juli 1953, Ostjerusalem zur »alternativen Hauptstadt« seines Staates, doch folgten darauf keine Konsequenzen. Seine Regierung

behinderte weiterhin die wirtschaftliche Entwicklung der Stadt zugunsten von Amman. König Hussein weigerte sich, in Jerusalem eine arabische Universität zu gründen.
Die israelische Regierung aber gab dem ihr verbliebenen Teil von Jerusalem Bedeutung: Am 5. Dezember 1949 erklärte sie Jerusalem zur Hauptstadt des Staates Israel. Am 23. Januar 1950 traf sich das israelische Parlament in Jerusalem und verkündete, diese Stadt sei immer die Hauptstadt Israels gewesen und werde immer die Hauptstadt Israels sein.

Mord vor der Al-Aqsa-Moschee – Die Palästinenser fühlen sich verraten

Die Teilung von Jerusalem hatte bewirkt, daß auch für die Bewohner der Altstadt die Aussicht auf die Zukunft eher trübe war. Ostjerusalem besaß kein eigenes funktionierendes Geschäftszentrum modernen Stils. Die Suks der Stadt hinter der Mauer waren orientalisch und farbenfroh, doch wirklich attraktiv waren sie nur für die Touristen, und sie mieden Jerusalem aus Sorge, der Konflikt würde wieder aufflammen.
Arabische Kaufleute und Unternehmer, die am wirtschaftlichen Leben teilnehmen wollten, zogen um nach Amman. Nur die Kleinhändler blieben im arabischen Teil von Jerusalem. Die Zahl der Bewohner reduzierte sich um ein Drittel auf etwa 70000 Menschen.

Wer von der Stadtmauer beim Jaffator und beim Tor an der Südwestecke der alten Stadt immer wieder hinüber blickte, über das jüdische Viertel der Jaffastraße hinweg, der konnte im Verlauf der Jahre 1949 und 1950 weiter draußen Fortschritte entdecken: Die Stadt dehnte sich nach Westen aus. Wer vergleichen konnte unter den Bewohnern der arabischen Viertel, den bedrückte der Unterschied zwischen West und Ost. Im Westen, wo früher freies Land war, da empfanden die Menschen offenbar Lebensfreude. Ostjerusalem aber versank im Dreck. Darin hatte sich seit dem 19. Jahrhundert nichts verändert. Niemand war da, der die Behörden kontrollierte.

Selten kam König Abdallah von Jordanien in die Stadt. Er hatte zwar am 24. April 1950 verkünden lassen, das arabische Jerusalem sei fortan Bestandteil des haschemitischen Königreichs Jordanien – zusammen mit allen von der Arabischen Legion gehaltenen Gebieten am Westufer des Jordan – doch war dieser Schritt eher als Abwehr palästinensischer Ansprüche gedacht. In Gaza, das zu jener Zeit unter ägyptischer Aufsicht stand, hatte sich eine palästinensische Autonomieregierung gebildet, die sich auch für Jerusalem verantwortlich fühlen wollte.
Der Anspruch dieser Regierung war keinesfalls abwegig. Seine politische Bedeutung war fundiert. Das palästinensische Volk insgesamt war nicht damit einverstanden, daß König Abdallah das arabische Territorium westlich des Jordan seinem Staat einverleibt hatte. Die Palästinenser glaubten von Abdallah bestohlen worden zu sein. Palästina gehörte den Palästinensern und nicht dem jordanischen Monarchen, dessen Familie nach dem Ersten Weltkrieg von den Engländern aus Mekka geholt und nach Amman verpflanzt worden war. Der Herrscher von Transjordanien war ihnen schon deshalb unsympathisch, weil er beduinischer Abstammung war. Sie aber waren seit vielen Generationen Städter. Sie wußten wohl, warum »der Beduine Abdallah« so selten nach Jerusalem kam. Er liebte diese Stadt nicht.
Die Palästinenser sahen den König als Verräter an – insbesondere nachdem bekannt wurde, daß er mit israelischen Politikern, insbesondere mit Golda Meir, Geheimverhandlungen geführt habe. Tatsächlich hatte er sich mit dieser Frau auf gemeinsame Ziele einigen können. Es hatte ihm imponiert, daß sie sich in Männerkleidern durch Waffenstillstandslinien geschlichen hatte. Erst ein strenger Verweis durch die Gremien der Arabischen Liga, der Dachorganisation aller arabischen Staaten, brachte den jordanischen König vom Weg der politischen Anerkennung des Staates Israel ab. Vor allem hatte Ägypten mit Konsequenzen gedroht, wenn Abdallah ernsthaft daran denke, die arabische Abwehrfront gegen Israel zu verlassen. Der König von Jordanien war damals der einzige arabische Staatschef gewesen, der begriffen hatte, daß Israel keine vorübergehende Erscheinung in der Völkerfamilie war.
Vernunft war jedoch nicht gefragt zu Beginn der 50er Jahre in Arabien. König Abdallah hatte keine Freunde. Die regierende

Familie im benachbarten Saudi-Arabien, die nach dem Ersten Weltkrieg die Haschemiten aus Mekka und Medina vertrieben hatte, sahen ungern, daß die verhaßte Haschemitensippe nun zuständig war für die heiligen Stätten in Jerusalem – waren sie, die Angehörigen der Sippe As-Saud, doch die »Beschützer der Heiligtümer« des Islam. Noch immer lebte und regierte in Saudi-Arabien König Ibn Saud, der Begründer des Reiches auf der Arabischen Halbinsel. Er wollte selbst »Hüter des Felsendoms« sein. Sein Geld sorgte dafür, die Stimmung in Jerusalem gegen die Haschemiten, und gegen Abdallah insbesondere, anzuheizen. Wer gegen König Abdallah war, der durfte mit Geld aus den steigenden Öleinnahmen Saudi-Arabiens rechnen.
Auch das ägyptische Herrscherhaus bemühte sich um Einfluß in Jerusalem. Eine Inschrift an der Al-Aqsa-Moschee aus jener Zeit zeugt davon. Da ist zu lesen: »Der Oberste Rat der Moslems hat diese gesegnete Moschee restauriert. Ägypten stiftete die Holzdecke. Es geschah dies unter der Herrschaft des guten Königs Faruk I. Allah möge ihn und sein Königreich erhalten.«

Mitte Juli 1951 nahm sich der 78jährige König Abdallah von Jordanien vor, selbst in Jerusalem zu versuchen, die Spannungen abzubauen. Er vertraute darauf, daß er – in der heiligen Stadt Mekka als Mitglied der Sippe des Propheten Mohammed geboren – eine respektheischende Persönlichkeit war. Nur wenige Angehörige seines Hofstaats teilten dieses Vertrauen. Als in Amman bekannt wurde, Abdallah wolle nach Jerusalem fahren, machten sich diejenigen Sorgen, die zum König standen. Der amerikanische Botschafter, der daran interessiert war, daß in Jordanien ein Mann regierte, der bereit war, Israel anzuerkennen, besaß Informationen, die auf eine Attentatsgefahr hinwiesen. Seine Informationen stammten vom israelischen Geheimdienst, dessen Leitung es bedauerte, in der Altstadt von Jerusalem nicht selbst den Schutz des Königs übernehmen zu können. Der Botschafter bat Abdallah dringend darum, Jerusalem zu meiden. Doch dessen Antwort war: »Ich werde sterben, wann mir der Tod bestimmt ist.«
Am Morgen des 20. Juli 1951 fuhr die königliche Wagenkolonne von der Allenby-Brücke aus in das Gebiet ein, das Abdallah seinem Staat eingegliedert hatte. Die Straße vom Jordan hinauf nach Jerusalem war damals noch schmal und staubig. Im Fahr-

zeug des Königs saß dessen Enkel Hussein. Eigentlich war gar nicht vorgesehen gewesen, daß der Enkel ihn begleiten sollte. Erst als Abdallah hatte feststellen müssen, daß ihn kaum ein Mitglied des Hofstaats begleiten wollte, aus Angst vor Kugeln eines Attentäters, fragte er Hussein, ob er mutig genug sei, mit ihm nach Jerusalem zu fahren. Ein »Nein« erwartete der König nicht. Abdallah meinte, er habe sich selten derart fadenscheinige Ausreden seiner Höflinge anhören müssen. Hussein war bereit, mit dem Großvater nach Jerusalem zu fahren.

Am Südtor über der Stadt Davids mußten Abdallah und seine Begleiter die Kraftfahrzeuge verlassen, da die Straßen zu eng waren. Die Gegend der Klagemauer bestand aus einem Gewirr von Gassen. Da Abdallah keine Absperrung gewünscht hatte, begegneten ihm auf dem Gang zum Bab al-Nadhi, zum Tor, das sich auf den Platz des Haram ash-Sharif öffnete, viele Menschen. Der Enkel Hussein erinnerte sich später, im Gedränge hätten die meisten bösartig geblickt; nirgends habe er ein Gesicht gesehen, das Sympathie ausgestrahlt hätte. Abneigung und Verachtung schlugen dem alten und dem jungen Haschemiten entgegen.

Am Eingang zur Al-Aqsa-Moschee war eine militärische Ehrenwache angetreten. Ihre Anwesenheit mißfiel Abdallah. Er wandte sich zu seinem Begleitoffizier und sagte, daß er sich an einem heiligen Ort befinde und nicht auf einem Exerzierplatz. Als der König nun auf das Portal der Moschee zuschritt, trat rechts von ihm ein Mann aus dem Schatten. Er schoß sofort. Geschosse aus der Pistole trafen Abdallah am Kopf. Der Monarch stürzte auf die Steinplatten – dabei verlor er das Tuch, das er um den Kopf gelegt hatte.

Der Enkel Hussein erinnerte sich später, der Attentäter sei einen unerträglich langen Moment vor ihm gestanden, dann sei der Mann im Zickzack ins Innere der Moschee gerannt. Hussein habe noch versucht, ihn aufzuhalten, auf einmal aber habe der Schütze auf ihn gezielt. Da sei niemand gewesen, der sich dazwischen geworfen hätte. Von den Begleitern habe er keinen mehr gesehen. Zum Glück für Hussein traf das Geschoß auf einen massiven Orden, den er auf der linken Brustseite trug. Es prallte ab, Hussein blieb unverletzt. Jetzt erst wagten sich Abdallahs Begleiter und Wachen aus ihren Verstecken hinter den Säulen des Moscheeportals hervor. Eine wilde Schießerei fand

statt, die erst endete, als sich der Mörder, auf dem Moscheeboden liegend, nicht mehr regte. Draußen lag König Abdallah – auch er war tot.
Außer dem Enkel war da kaum jemand, der ihn beweinte. Die Politiker im jüdischen Teil der Stadt hatten einen Partner im geheimen Dialog verloren, die jüdische Bevölkerung aber hatte den jordanischen König seit 1948 als Feind ihres Glaubens betrachtet: Es waren seine Soldaten gewesen, die in der Altstadt von Jerusalem unmittelbar nach dem erfolgreichen Abschluß der Sicherung des Ostteils der Stadt die Huvra-Synagoge zerstört und deren Kultgegenstände entweiht hatten. Dem König Abdallah war auch die Verwüstung des jüdischen Friedhofs über dem Kidrontal zur Last gelegt worden. Abdallah hatte auf jeden Fall nicht verhindert, daß die Grabplatten als Baumaterial verwendet worden waren.
Palästinenser und viele Jordanier waren zufrieden, daß der »Verräter« bestraft war, der mit der Israelin Golda Meir Geheimgespräche geführt hatte.
Der Tod des Königs Abdallah hatte im jordanischen Staat nur personelle Veränderung zur Folge. Das Königreich selbst überstand die Krise. Nachfolger wurde Abdallahs Sohn Talal, dessen Geisteszustand allerdings zu größter Besorgnis Anlaß gab. Talals geistige Verwirrung führte schließlich zu dessen Ablösung. Hussein, der Enkel des ermordeten Abdallah wurde jordanischer Monarch. Seine politische Stütze waren von Anfang seiner Herrschaft an die Beduinen und nicht die palästinensischen Städter. Den Palästinensern insgesamt verzieh er das Attentat an der Al-Aqsa-Moschee nie. Jerusalem, der Ort an dem sein Großvater ermordet worden war, wurde nicht Husseins Stadt.
Die Bewohner des Ostteils, die sich seit 1948 – vor allem nach dem Tode des Königs Abdallah – damit hatten abfinden müssen, daß sie Untertanen des haschemitischen Herrscherhauses waren, begannen sich um die Mitte der 50er Jahre auf ihre Zugehörigkeit zum palästinensischen Volk zu besinnen. Sie wurden darin von der Propaganda der ägyptischen staatlichen Radiostation unterstützt, die Hussein vorwarf, er setze die Politik des Großvaters fort, der darauf hingearbeitet habe, palästinensisches Gebiet in jordanisches zu verwandeln. Tatsächlich bedrängte Hussein die arabischen Bruderstaaten, die Einfügung der palästinensischen Städte und Dörfer in sein Königreich zu

sanktionieren. Gamal Abdel Nasser antwortete mit Abbruch der diplomatischen Beziehungen zur Regierung in Amman. Ein Jahr später, im August 1959, sah der ägyptische Präsident ein, daß er Hussein durch Isolierung nicht in die Knie zwingen konnte – er schickte wieder einen Botschafter nach Amman. Am Protest gegen die territoriale Erweiterung des jordanischen Königreichs hielt er fest.
Nur zwei Regierungen der Welt erkannten die Eingliederung von Ostjerusalem in den jordanischen Staaten: Pakistan und Großbritannien. London war deshalb zu diesem Schritt gezwungen, weil der britische General Glubb Pascha den jordanischen Feldzug um Jerusalem kommandiert hatte.

König Hussein dachte sich einen, nach seiner Meinung geschickten Schachzug aus. Er bot allen palästinensischen Flüchtlingen und den Bewohnern des Jordanwestufergebiets die jordanische Staatsbürgerschaft an. Wer sich darum bewarb, konnte sich bei den Behörden ein jordanisches Ausweispapier abholen. Doch kaum jemand aus Jerusalem war an einem königlich-haschemitischen Paß interessiert. Die Araber in Jerusalem legten Wert darauf, Palästinenser zu sein. Die Sehnsucht der arabischen Menschen der Stadt war, einen palästinensischen Paß zu besitzen.
Die Feindschaft zwischen Palästinensern und dem jordanischen Königshaus wuchs. Hussein wollte, daß von den Palästinensern überhaupt nicht mehr geredet wurde. Der Begriff »Palästinenser« war im amtlichen Sprachgebrauch nicht erlaubt – alle Araber zwischen der Mittelmeerküste und der Wüste im Osten sollten sich als Jordanier fühlen. Zur gleichen Zeit unterstützte die israelische Außenministerin Golda Meir, die für dieses Amt von 1956 bis 1966 zuständig war, den Standpunkt des Königs durch diese Äußerung: Das palästinensische Volk gibt es überhaupt nicht. Das sind doch alles Untertanen des Königs Hussein. Zwischen dem Mittelmeer und dem Euphrat gibt es nur die Israelis und die Jordanier.«
Im Jahr 1963 trat David Ben Gurion, der Begründer des Staates Israel, als Ministerpräsident seines Landes zurück. Levi Eshkol, bisher Finanzminister, übernahm dessen Funktionen. Eshkol glaubte, daß es möglich sein werde, eine Verständigung mit den arabischen Nachbarn zu erreichen – und er dachte dabei

besonders an König Hussein von Jordanien. Sein innenpolitischer Gegner wurde David Ben Gurion, der es nun bereute, sein Amt an die »Taube« Levi Eshkol abgegeben zu haben. Zusammen mit General Moshe Dayan, der 1956 die israelische Armee im Sinaikrieg zu einem eindrucksvollen Sieg über die Ägypter geführt hatte, sah David Ben Gurion den israelisch-arabischen Konflikt nicht als Streitfall zwischen Jordanien und Israel an, sondern als Ausdruck der Todfeindschaft zwischen den Philistern und den Juden, zwischen den Palästinensern und dem israelischen Volk.
Der Ministerpräsident dachte dabei in traditionellen Kategorien: Vertreter des palästinensischen Volkes waren für ihn die Honoratioren der Städte Jerusalem, Bet Lahem (Bethlehem), Ramallah und Hebron. Er kalkulierte eine Entwicklung falsch ein. Levi Eshkol nahm die nun entstehenden Kampforganisationen der Palästinenser nicht ernst. Er hielt sie für radikale Splittergruppen, die von Moskaus Gnaden existierten. Er glaubte nicht daran, daß die Al-Fatah und die PLO irgendwelche Bedeutung erringen würden – weder auf militärischem noch auf politischem Gebiet.
Moshe Dayan aber erkannte, daß das palästinensische Volk die eigenen Honoratioren mitverantwortlich machte für die Unfähigkeit der Araber, das Entstehen des Staates Israel zu verhindern. Der General empfand richtig, daß die Palästinenser nach einer anderen Führung suchten – nach Männern, die darauf bedacht waren, die Ehre der Araber zu wahren. Moshe Dayan glaubte zu recht, die Kampforganisationen würden es verstehen, den aktuellen Willen der Palästinenser zum Ausdruck zu bringen.

Im September 1963 entschied der »Rat der Arabischen Liga«, es müsse alles nur erdenkliche getan werden, um die »Palestinian entity« zu bewahren. Der Zusammenhalt des Volkes der Palästinenser sei für die Zukunft Arabiens von Bedeutung. Die jordanische Regierung protestierte gegen diesen Beschluß der Arabischen Liga, doch sie konnte nicht verhindern, daß im Mai und Juni 1964 gerade im Ostteil von Jerusalem ein Kongreß der Palästinenser zusammentrat, der diese Stadt zum Zentrum des palästinensischen Staates der Zukunft erklärte.

Das legendäre »Orient House« –
Das Zentrum der Honoratiorenclans in Ostjerusalem

Im »Husseini Quarter« ist das »Orient House« zu finden, nördlich der Altstadt, in der Nähe des American Colony-Hotels. Die geräumige Villa aus dem Jahre 1897 war das Gebäude, in dem seit Generationen palästinensische Politik bestimmt wurde. Hier plante der Großmufti von Jerusalem seinen Kampf gegen die Engländer und gegen die Vorkämpfer des jüdischen Staates; hier wurde die Strategie des Konflikts der 40er Jahre im Kampf gegen das entstehende Israel festgelegt. Im »Orient House« trafen sich im Frühjahr 1964 die Honoratioren aus allen palästinensischen Städten, um sich auf einen neuen politischen Kurs festzulegen. Sie hielten einen »Palästinenserkongreß« ab, der beschloß, die Palästinensische Befreiungsbewegung (PLO) sei die einzige legitime Vertretung des Volkes der Palästinenser – und der Kongreß definierte, Jerusalem sei die Hauptstadt des künftigen Staates Palästina.
Zwei Familien aus dieser Stadt waren während des Kongresses besonders aktiv: Die Sippe Nashashibi und die Sippe Husseini. Sie beanspruchten keine Macht für sich, denn auch die Angehörigen dieser Honoratiorenfamilien hatten begriffen, daß ihre Zeit vorläufig vorbei war. Sie waren bislang die Führer des Volkes gewesen, hatten Opfer gebracht und Spuren hinterlassen.
Ein Mitglied der Familie Nashashibi war Bürgermeister in Jerusalem als das britische Mandat wirksam wurde. Von seiner Zurückhaltung weiß Teddy Kollek zu berichten: »Am Gebäude des Stadtrates in Jerusalem aus jener Zeit ist eine kleine Tafel angebracht. Darauf stehen die Namen prominenter Mitarbeiter der Stadtverwaltung aus jener Zeit. Der Bürgermeister war Raghib Nashashibi, ein Nachkommen einer der alten aristokratischen Familien. Sein Name erscheint auf der Tafel in den kleinsten Buchstaben.«
Die Sippe Nashashibi brauchte sich nicht in den Vordergrund zu schieben. Ihre Politik machte sie prominent in Jerusalem. Ihre Mitglieder wagten es oft, eigenwillige Wege zu gehen, die sie in Gefahr brachten. Da ist am 30. November 1938 Fakhri Bey Nashashibi vom »Gerichtshof der Großen Arabischen Revolution« zum Tode verurteilt worden, weil er Verständigung an-

gestrebt hatte mit den »Zionisten« und mit den Engländern. Der »Gerichtshof der Großen Arabischen Revolution« war ein geheimes Gremium und besaß keine Exekutive, um das Urteil vollziehen zu lassen. Die starke Persönlichkeit im »Gerichtshof der Großen Arabischen Revolution« war Hadsch Amin Husseini – das Oberhaupt einer zweiten arabischen Sippe von Bedeutung in Jerusalem. Die Clans Husseini und Nashashibi waren Todfeinde.

Noch ehe der »Gerichtshof der Großen Arabischen Revolution« sein Todesurteil ausgesprochen hatte, war auf Anordnung von Hadsch Amin Husseini in Jerusalem ein Attentat auf Fakhri Bey Nashashibi verübt worden. Das Opfer war nicht getötet, sondern nur schwer verwundet worden. Diese Erfahrung hatte Fakhri Bey Nashashibi veranlaßt, Kontakte zum britischen Hochkommissar und zu Persönlichkeiten der jüdischen Organisationen zu intensivieren. Er hatte die politische Lösung des Konflikts zwischen Juden und Palästinensern in der Kooperation der beiden Völker angestrebt. Dem Vertreter der britischen Regierung in Jerusalem war diese Entwicklung recht gewesen, doch seine Sicherheitskräfte konnten nicht verhindern, daß Fakhri Bey Nashashibi am 4. November 1941 in Jerusalem von einem Mitglied des Husseiniclans getötet wurde.

Der Nashashibiclan gab sich damals nicht geschlagen. Er stellte eine Kommandoorganisation auf, deren Kämpfer Personen schützen sollten, die von den Husseinianhängern verfolgt wurden. Diese Gruppen, auf englisch »peace squads« genannt, konnten nur wenig ausrichten gegen die Getreuen der starken Husseinisippe, die von Hadsch Amin Husseini in den Krieg mit England und den Juden in Palästina hineingetrieben wurden. Die Nashashibis konnten Freunde gewinnen in bürgerlichen Kreisen der Jerusalemer Altstadt, die radikaleren Husseinis aber hätten die Massen für einen Aufstand mobilisieren können, wenn nicht ihr Anführer einen Fehler begangen hätte: Er begab sich mitten im Zweiten Weltkrieg zu Adolf Hitler nach Berlin. Seine Absicht war, den Führer des Dritten Reiches zu veranlassen, beim Aufbau des »palästinensischen, antizionistischen und antibritischen Staates« eine aktive Rolle zu spielen.

Hadsch Amin Husseini wurde zum Verbündeten Hitlers – und in dessen Niederlage hineingerissen.
Auf der Titelseite der »Wiener Illustrierten« vom 12. Januar 1944 ist er bei seiner letzten Amtstätigkeit im Sinne des Dritten Reiches zu sehen: Er schreitet die Front bosnischer islamischer SS-Männer ab, die eben auf Adolf Hitler vereidigt worden waren. Als Großmufti von Jerusalem gab er dem Dritten Reich einen Hauch von Legitimation im Kampf gegen die Vormachtstellung der Engländer im Nahen Osten. Seine schlimmste Enttäuschung war, daß es Generalfeldmarschall Rommel nicht gelingen konnte, das Afrikakorps zum Suezkanal und damit bis an die Grenzen Palästinas zu führen. Hadsch Amin Husseini hatte geplant, im Augenblick der britischen Niederlage am Suezkanal den Staat Palästina auszurufen.
Hadsch Amin Husseini mußte erkennen, daß seine Politik grundfalsch gewesen war. Die Reise nach Berlin hatte ihn an den Verlierer des Krieges gekettet. Ein rechtzeitiges Umschwenken auf die Politik Großbritanniens hätte unter glücklichen Umständen die Gründung des Staates Israel verhindern können. Hadsch Amin Husseini wäre – wenn er zum entschlossenen Verbündeten der Engländer und nicht des Dritten Reiches geworden wäre – in der Lage gewesen, die politische Strategie der britischen, und auch der amerikanischen Regierung im Nahen Osten beeinflussen zu können. Die Geschichte des Konflikts zwischen Juden und Arabern wäre anders verlaufen: Die enge Bindung der jüdischen Politik an die des Westens wäre nicht eingetreten. Die Palästinenser hätten eine bevorzugte Position in der Werteinschätzung durch westliche Politiker erhalten.
Hadsch Amin Husseini erlebte das Kriegsende 1945 als Flüchtling. Es gelang ihm, nach Ägypten zu entkommen. Für sein restliches Leben – er starb im Jahre 1974 – wählte er Beirut als Heimat. Wirkungsvoll politisch tätig wurde er nicht mehr.
Doch die Husseinifamilie verlor trotzdem ihren Einfluß nicht. Ihr Prestige hing nicht vom gescheiterten Großmufti ab. Die Mitglieder besannen sich darauf, daß sie einer dreizehnhundert Jahre alten Familie angehörten, daß sie von Hussein abstammten, dem Sohn der Prophetentochter Fatima. Hussein aber war der Sohn von Ali gewesen, vom Schwiegersohn des Propheten Mohammed, auf den sich die Schiiten als

glaubensstarkes und gerechtes Vorbild für alle Gläubigen berufen.
Das Ansehen des Husseiniclans besitzt Wurzeln, die in die Zeit des Gesandten Allahs zurückgehen. In Jahren der wachsenden Besinnung auf Werte und Tradition des Islam gewinnt eine derartige Abstammung an Bedeutung. Die Autorität der Husseiniangehörigen in der Gegenwart ist groß. Die Legende besagt, den Nachfahren von Ali und Fatima habe Mohammed den Schlüssel zum Heil übergeben.

Auch als Hadsch Amin Husseini durch den Fehlschlag seiner Politik zum Schweigen und zur Inaktivität gezwungen worden war, blieb die Kontinuität bewahrt: Kommandeur arabischer Verbände in Jerusalem war nach dem Zweiten Weltkrieg Abdel Kader al-Husseini, der Neffe des Großmuftis. Er leitete die Operationen arabischer Kämpfer während des Konfliktes von 1948. Abdel Kader al-Husseini fiel im Kampf um die Straße von Latrun nach Jerusalem. Er wurde auf dem Gelände des Haram ash-Sharif begraben. Er wird bis heute als Held gefeiert. Sein Sohn Faisal al-Husseini profitierte davon. Er wurde zum führenden politischen Kopf der Palästinenser – nach Jassir Arafat. Faisal al-Husseini und Jassir Arafat sind verwandt: Die Mutter des PLO-Vorsitzenden – ihr Name war Hamida – war eine Kusine des Großmuftis von Jerusalem. Dieser Verwandtschaftsgrad reichte aus, um Jassir Arafat noch vor Ausbruch des Sechstagekrieges von 1967 eine Sonderstellung unter den palästinensischen Politikern zu sichern. Arafats Aufstieg an die Spitze der Palästinenser aber begann zur Zeit der schlimmsten arabischen Niederlagen. Die Herren des »Orient House« traten hinter Arafat zurück.

Die Klagemauer wieder in der Hand der Juden – Yitzhak Rabins Stern verdunkelt sich

Als Abdel Kader al-Husseini im Jahre 1948 palästinensische Kämpfer beim Kloster Latrun befehligte, da war sein Gegner der 1922 in Jerusalem geborene Yitzhak Rabin, der damals stellvertretender Befehlshaber der jüdischen Kampforganisation

»Palmach« war. Auch Yitzhak Rabin galt als Held. Er machte militärische Karriere.
Am 19. Jahrestag der Gründung des Staates Israel, am 15. Mai 1967, feierte der Westen der geteilten Stadt. Die Menschen glaubten Grund zum Jubel zu besitzen, denn nur wenige Tage zuvor hatte der israelische Generalstabschef Yitzhak Rabin verkündet, dem Land stehe eine lange Periode der Ruhe und des Friedens bevor. Dem Generalleutnant Rabin vertrauten die Israelis. In die allgemeine Glücksstimmung paßte ein Lied, das damals populär war: »Jerusalem, die goldene Stadt.«
Die Worte des Generalstabschefs wurden auch noch nicht bezweifelt, als Gamal Abdel Nasser drei Tage später in einer demonstrativen Geste Panzer in großer Zahl durch Cairo in Richtung Sinai fahren ließ. Yitzhak Rabin meinte, diese Drohgebärde brauche nicht ernstgenommen zu werden. Gamal Abdel Nasser müsse eben seine Popularität aufpolieren.
An jenem 17. Mai 1967 verlangte der ägyptische Führer den Rückzug der United Nations Emergency Force von einigen Punkten der Waffenstillstandslinie. Der Sinn dieser Forderung war tatsächlich, daß Nasser seinem Volk imponieren wollte. UN-Generalsekretär U Thant beantwortete Nassers Forderung mit der Bemerkung, er werde entweder die United Nations Emergency Force an allen Punkten der Waffenstillstandslinie zwischen Israel und Ägypten belassen, oder sie völlig zurückziehen. Er entschied sich ohne Zwang für den völligen Rückzug – ohne Konsultation mit der Generalversammlung der Vereinten Nationen oder wenigstens mit dem Weltsicherheitsrat. Diese Fehlentscheidung, die den Krieg nahezu unvermeidlich machte, quälte U Thant bis an sein Lebensende.
Am 22. Mai 1967 erklärte Gamal Abdel Nasser, die Straße von Tiran, also der Eingang ins Rote Meer, sei fortan für israelische Schiffe gesperrt. Keine Großmacht erklärte sich bereit, Israel in diesem Fall der Blockade der internationalen Schiffahrtsstraße zu helfen – Israel besaß allerdings entsprechende Zusagen der Amerikaner und mußte nun feststellen, daß sie nichts wert waren. Diese Entwicklung wiederum machte das Idol der Araber kühn. Am 26. Mai sprach Nasser vor dem arabischen Gewerkschaftskongreß und verkündete dabei seine Absicht, Israel zu zerstören.
Jetzt erst war Levi Eshkol, der israelische Ministerpräsident, be-

unruhigt. Er schickte seinen Außenminister Abba Eban in die westlichen Hauptstädte – doch dort fand Abba Eban niemanden, der annahm, Nasser beabsichtige wirklich Krieg zu führen. Levi Eshkol sah sich gezwungen, allein zu entscheiden, wie er der ägyptischen Bedrohung zu begegnen habe. In diesem kritischen Augenblick fiel sein Generalstabschef Yitzhak Rabin durch Nervenzusammenbruch für zwei Tage aus – die Diagnose war Nikotinvergiftung. Dem Helden von Latrun versagten die Nerven. Er mußte durch Generalmajor Ezer Weizman ersetzt werden, der zu diesem Zeitpunkt Operationschef des Generalstabs war.
In Israel wurde dieser Vorfall lange nicht vergessen. Als Yitzhak Rabin später, im Jahre 1974, Golda Meir im Amt des Ministerpräsidenten ersetzen sollte, protestierte General Weizman dagegen mit der Begründung, Yitzhak Rabin habe sich durch sein Verhalten in brisanten Tagen für hohe Ämter disqualifiziert.
Rabins Ausfall brachte Israel Glück. Er zwang Levi Eshkol zum kriegsentscheidenden Schritt: Er holte den energischen und kompromißlosen General Moshe Dayan als Verteidigungsminister in sein Kabinett. Generalstabschef Rabin verschwand während des Sechstagekrieges von 1967 im Schatten des übermächtigen Moshe Dayan.
Die Kämpfe begannen zuerst auf der Sinaihalbinsel. Israel zerschlug innerhalb weniger Minuten die ägyptische Luftwaffe. Diese Tatsache blieb Gamal Abdel Nasser zehn Stunden lang verborgen. Erst um 16 Uhr an jenem 5. Juni 1967 wurde dem ägyptischen Führer gemeldet, daß er kein einziges einsatzfähiges Kampfflugzeug mehr besitze. Bis dahin hatte er geglaubt, seine Verbände befänden sich auf dem Vormarsch. In der Überzeugung, der Sieg sei nahe, hatte Nasser den jordanischen König in den Krieg hineingezogen. Das Schicksal Jerusalems stand auf dem Spiel.
Dem Büro des Kommandeurs der UN-Beobachter in Jerusalem war noch die Aufgabe zugefallen, den Versuch zu wagen, Hussein vor dem Kriegseintritt zu bewahren. Levi Eshkol hatte General Odd Bull am frühen Morgen des 5. Juni 1967 gebeten, Jordanien vor kriegerischen Handlungen an der Jerusalemer Waffenstillstandslinie zu warnen. Israel werde von sich aus nichts gegen Jordanien unternehmen. Daraus ist abzulesen, daß zu

diesem Zeitpunkt Moshe Dayan seinen Willen, in diesem Krieg beide Teile von Jerusalem zu vereinigen, noch nicht durchgesetzt hatte.
Hussein zögerte tatsächlich den Angriffsbefehl hinaus, doch als Gamal Abdel Nasser ihm versicherte, der Krieg sei so gut wie gewonnen, dachte er nicht länger beiseite stehen zu dürfen. Hussein war so naiv zu glauben, ägyptische Panzerverbände seien in Richtung Jerusalem unterwegs und hätten bald schon die Hügel von Hebron erreicht. Hussein verkündete selbst über Radio Amman: »Die Stunde der Rache ist gekommen.«
Um 11 Uhr verließen jordanische Truppen ihre Stellungen südlich von Jerusalem und besetzten das Hauptquartier der UN-Beobachter im sogenannten »Government House«, das einst die Residenz des britischen Hochkommissars für Palästina gewesen war. Es befand sich auf einem Hügel, der zur Erinnerung an biblische Ereignisse »Der Berg des bösen Ratschlusses« heißt. Auf diesem Hügel soll es gewesen sein, in einem Landhaus des Hohenpriesters Kaiphas, daß die Vertreter der unterschiedlichen jüdischen Parteien darüber beraten haben, wie Jesus getötet werden könnte. Daß die britische Verwaltung einst gerade dort ihren Sitz gehabt hatte, war in der Stadt immer mit seltsamen Gefühlen zur Kenntnis genommen worden.

Den jordanischen Truppen brachte die Besetzung des UN-Hauptquartiers kein Glück. Der Befehlshaber der israelischen Verbände im Raum Jerusalem, Generalmajor Uzi Narkiss fühlte sich herausgefordert. Narkiss gab, nach Absprache mit Moshe Dayan, den Befehl, die Stadt völlig von der jordanischen Truppe abzuschneiden. Er schickte seine Panzer zunächst gegen die Hügel im Norden, die von der Straße nach Ramallah durchschnitten wird. Generalmajor Narkiss folgte damit historischen Beispielen: Josua, der erste Befehlshaber jüdischer Kämpfer nach Mose, hatte nach der Einnahme von Jericho diese Hügel besetzt, weil von dort das den Juden versprochene Land zu überblicken war. Von hier aus hatten die Kreuzfahrer einst Jerusalem zum erstenmal gesehen. Hier hatte die britische 90. Division im Jahre 1917 Position bezogen, ehe General Allenby in Jerusalem einmarschierte. Jetzt sperrte Generalmajor Uzi Narkiss von dieser Position aus die Nachschubroute der arabischen Verbände von Ramallah her ab.

Der nächste militärische Schritt galt der Befreiung der israelischen Enklave auf dem Berg Scopus. Seit dem Waffenstillstand von 1948 war das Gebiet des Hadassah-Hospitals und der Hebrew University eine belagerte Festung – besetzt von 120 israelischen Polizisten, die unter Aufsicht der UN-Beobachter alle 14 Tage mit Nahrung versorgt worden waren.
Trotz heftigem jordanischen Widerstand gelang den israelischen Panzertruppen auch die Unterbrechung der Verbindung zwischen Bet Lahem und Jerusalem. Unterstützt wurden die Panzer von der israelischen Luftwaffe, die inzwischen die winzigen jordanischen Luftstreitkräfte – sie bestanden aus 22 Flugzeugen vom veralteten Typ Hawker Hunter – vernichtet hatte.
Durch Luftangriff unbrauchbar gemacht wurden die Anlagen des Rundfunksenders Ramallah, die erst kurz zuvor von einer deutschen Elektronikfirma auf modernen Stand gebracht worden waren. Derselbe Sender Ramallah, wiederaufgebaut, wird ein Vierteljahrhundert später der Palestinian Broadcasting Corporation (PBC) des Autonomiegebiets der Palästinenser zur Verfügung stehen.
Es war Verteidigungsminister Moseh Dayan – und nicht der Generalstabschef Yitzhak Rabin –, der anordnete, der arabische Teil von Jerusalem müsse umzingelt, jedoch nicht erobert werden. Um die Einkreisung zu vollenden, wurde die 80. israelische Brigade ins Kidrontal entsandt, um einen Angriff gegen die Artilleriestellungen der Jordanier auf dem Ölberg einzuleiten. Es zeigte sich jedoch, daß die Aufklärungsarbeit der Brigade ungenau gewesen war. An der Brücke über den Kidronbach beim Garten Gethsemane geriet der Verband in eine Falle. Der Angriff gegen die Stellungen auf dem Ölberg unterblieb.
Obgleich die Arabische Legion noch keine entscheidende Niederlage erlitten hatte, begannen ihre Panzertruppen mit dem Rückzug auf der Straße im Kidrontal unterhalb der Gethsemanebrücke. Der jordanische Brigadegeneral Ata Ali versuchte, den Zerfall seiner Frontlinie im Osten von Jerusalem aufzuhalten. Er forderte Panzerverstärkung auf der Straße von Jericho her an. Der königliche Generalstab entsprach der Bitte: Die Verstärkung sollte während der Nacht geschickt werden. Der israelischen Luftwaffe gelang es jedoch, die Straße durch »flare bombs«, durch Leuchtraketen, die an Fallschirmen her-

unterschweben, hell auszuleuchten. Den Schutz der Nacht gab es nun für den jordanischen Eingreifverband nicht mehr. Da die Israelis die Luftüberlegenheit besaßen, hinderte sie niemand daran, den jordanischen Panzerkonvoi auf der Straße Jericho–Jerusalem zu vernichten.
Die Verteidiger der Altstadt von Jerusalem waren am Abend des 6. Juni eingeschlossen. Anwar al-Khatib, der Gouverneur, telefonierte mit König Hussein, der sich in Amman befand, und teilte ihm mit, er habe sich geweigert, die Stadt zu verlassen, um mit den Panzern des General Ata Ali das rettende Land ostwärts des Jordan zu erreichen. Anwar al-Khatib war von der einen Sorge getrieben, ein Artilleriegeschoß könne den Felsendom oder die Al-Aqsa-Moschee treffen. In beiden heiligen Bauwerken hatte die Armee riesige Munitionsvorräte gespeichert. Eine Granate, durch einen Zielfehler auf die Flugbahn zum Felsendom gebracht, würde genügen, um den gesamten Haram ash-Sharif zu zerstören – und dazu zählte die Klagemauer. Der Gouverneur war sich bewußt, daß die Juden insgesamt den Arabern den Einsturz des Heiligtums nie verzeihen würden. Die Reaktion der Moslems auf die Zerstörung des Felsendoms wagte er sich gar nicht vorzustellen. Der Gouverneur erkannte mit Entsetzen, daß die Kämpfe dem Haram ash-Sharif näherrückten.
Während des 6. Juni hatten sich israelische Infanteristen im Nordosten der Stadt der Mauer bis auf wenige Meter herangekämpft. Erst hatten sie die Gegend des American Colony-Hotels und des »Orient House« erobert und dann das Rockefeller-Museum am strategisch wichtigen Punkt, an dem die nördliche Mauer nach Süden abknickt.
Die Frage stellte sich nun, wie dieser Erfolg ausgenutzt werden konnte. Eine politische Entscheidung war zu treffen. Noch bestand das Verbot, die Altstadt zu erobern. Levi Eshkol war besorgt, die Einnahme würde Israel in eine schwierige politische Situation versetzen: Proteste der christlichen Welt waren zu erwarten, wenn die Heilige Stadt zum Kriegsschauplatz werden würde. Zu berücksichtigen war auch der Zorn islamischer Länder, die sich bisher in der Beurteilung des Konflikts zwischen Israelis und Palästinenser zurückgehalten hatten. Levi Eshkol wollte das unausgesprochene Bündnis mit dem Schah von Iran nicht verlieren, das sich wirtschaftlich und militärisch als nütz-

lich erwiesen hatte. Die Entscheidung, wem Ostjerusalem künftig gehören sollte, mußte jedoch rasch fallen, da die USA auf Waffenstillstand drängten. Levi Eshkol war gezwungen, auf die USA Rücksicht zu nehmen. Wenn die amerikanische Regierung die Lieferung von Munition verbot, geriet die israelische Armee in eine schwierige Lage.
Die Bedenken des Ministerpräsidenten fanden wenig Resonanz.

Die zwei Neulinge im israelischen Kabinett, Moshe Dayan und Menachem Begin, setzten sich durch, weil sie entschlossen, und von ihrem Standpunkt überzeugt waren. Am frühen Morgen des 7. Juni 1967 stand fest: Ostjerusalem wird erobert.
Der Widerstand im Bereich des Haram ash-Sharif war gering. Die 55. israelische Brigade durchbrach das Stephanstor im Osten der Stadt und stürmte zum Platz, auf dem einst die Tempel von Salomo und Herodes gestanden hatten. Um 10 Uhr an jenem 7. Juni 1967 befand sich die Klagemauer wieder im Besitz des jüdischen Volkes. Oberst Mordechai Gur, der den Angriff angeführt hatte, beschrieb das Ereignis so: »In Gruppen bewegen sich die Soldaten durch die Gassen zur Mauer. Zu spüren ist das hohe Maß an Befriedigung, aber auch die Müdigkeit der Männer. Auch Gläubige in Zivil haben sich schon zur Mauer vorgewagt. Die Laute von Gebeten sind zu hören. Wir sehen die Mauer. Große, graue und stille Steine. Kleine Büsche wachsen aus Mauerlöchern. Soldaten in Khakiuniform beten. Ihre Körper schwingen vor und zurück. General Narkiss kommt zur Mauer und der Stellvertretende Generalstabschef, Generalmajor Bar-Lev. Narkiss sagt: ›Was heute geschah, ist unvorstellbar, ist unbegreiflich!‹«
Dieser Meinung waren nahezu alle jüdischen Bewohner Israels. Mehr als das Ereignis der Staatsgründung 19 Jahre zuvor, ergriff das Geschehen des 7. Juni 1967 Gemüt, Verstand und Phantasie des jüdischen Volkes. Es war, als ob die Zeit Davids wiedergekommen wäre, die geprägt gewesen war von Neubeginn, Aufschwung und vom Gefühl der Zusammengehörigkeit.
Die Menschen begriffen, daß ihrem Staat von jetzt an nicht allein die Klagemauer gehörte, sondern auch Hügel und Abhang über der Gihonquelle – also die Erde der Stadt Davids. General Narkiss hatte die richtigen Worte gefunden: »Was heute

geschah, ist unvorstellbar, ist unbegreiflich!« Seit jener Stunde weht die Fahne mit dem Stern Davids über der Klagemauer und über dem Boden, in dem sich noch die Reste der Davidstadt befinden mußten. Erst durch Eroberung des Ostteils von Jerusalem war wirklich und augenfällig die Brücke geschlagen zwischen der alttestamentarischen Vergangenheit und dem jüdischen Staat der Neuzeit. Durch den Besitz von Klagemauer und Davidstadt hatte der Staat im Bewußtsein der Bewohner seine Rechtfertigung erhalten. Die Davidstadt Jerusalem war nun das Zentrum Israels und nicht mehr Tel Aviv, die Stadt im Norden.

Jerusalem wird wirklich Hauptstadt von Israel – Die Vereinten Nationen sind machtlos

Die letzten Schüsse waren gefallen, da befahl die Regierung Eshkol die Beseitigung aller Spuren der Teilung. Sämtliche Barrieren, Mauern, Wälle und Sichtblenden wurden abgetragen. Soldaten rissen die Stacheldrahtverhaue ein und räumten Minenfelder. Straßen, die jahrelang nicht mehr befahrbar waren, wurden ausgebessert, um freien Zugang zu schaffen, in den Ostteil.

Jerusalem hatte sich bereits verändert, als sich das israelische Parlament, die Knesset, noch im Juni des Jahres 1967 mit dem rechtlichen und politischen Status der Stadt befaßte. Nach nur kurzer Diskussion beschlossen die Abgeordneten ein Gesetz zur Eingliederung des arabischen Teils der Stadt in die Gesamtgemeinde Jerusalem.

Die Osthälfte, bereits durch die Beseitigung der Grenzen einer Sonderbehandlung unterzogen, wurde durch Knessetbeschluß aus dem besetzten Gebiet westlich des Jordan ausgeklammert. Ostjerusalem gehörte nicht zu den »occupied territories«. Sie unterstand nicht dem israelischen Gouverneur für das besetzte Westjordanland.

Israelische Politiker aller wichtigen Gruppierungen stimmten darin überein, daß die Stadt auf ewig vereint bleiben müsse – als Hauptstadt des Staates Israel.

Die Maßnahme der Eingliederung, die dem Völkerrecht widersprach, wurde ergänzt durch einen Regierungsbeschluß, der das Unrecht vergrößerte: Die Fläche der Stadt wurde verdreifacht. Der zur jüdischen Stadt gehörende Teil hatte bisher 38 km^2 umfaßt – er maß nun 110 km^2. Dies konnte geschehen durch Verschiebung der Stadtgrenze in arabisches Gebiet hinein. Im Norden umschloß sie nun den Flughafen, der knapp vor Ramallah liegt. Im Westen waren alle strategisch wichtigen Hügel der Stadt zugeordnet. Im Süden endete Jerusalem an der Stadtgrenze von Bet Lahem und im Osten am Beginn des Abhangs über dem Jordantal. Die Vergrößerung der Stadt erfolgte nach politischen und militärischen Gesichtspunkten. Alle strategischen Hügelpositionen waren nun eingemeindet und damit den Arabern entzogen. Sie konnten bebaut werden mit Siedlungen, die gesichert waren wie Festungen. Bisherige Besitzverhältnisse blieben unbeachtet: Die Stadtverwaltung beschlagnahmte Grund und Boden, den sie für den »Siedlungsbau« benötigte.
Mit Absicht benutzte die Verwaltung den Begriff »Siedlung« für die festungsartigen Gebilde auf den Höhen und den Begriff »Siedler« für die Menschen, die darin lebten. Beide Begriffe erweckten den Eindruck, da werde bisher freier Boden beackert und bebaut – da würden Frauen und Männer Pionierarbeit leisten. Beides war nicht der Fall. Vertrieben worden sind die Bauern, weil sie Palästinenser waren. Beamte, Offiziere, Soldaten, Kaufleute, mittelständische Unternehmer und Lehrer ließen sich in die Häuser einweisen, die auf einst arabischem Boden hochgezogen wurden. Mit Landwirtschaft hatte keiner der neuen Bewohner zu tun.
Auf fruchtbarem Land entstanden Wohngebiete. Strategische und politische Gründe bestimmten die Baupolitik. Wichtig war den Verantwortlichen aber auch ein Gesichtspunkt: Jerusalem durfte nicht mehr aussehen wie vor dem Jahr 1967. Jerusalem mußte eine neue Skyline bekommen.
Es war die Zeit, als die Sowjetunion jüdische Familien ausreisen ließ – zum Ärger der Araber. Für diese Menschen wurde tatsächlich Wohnraum gebraucht. Mit diesem Argument gelang es den israelischen Regierungen oft, den Politikern in Washington und reichen amerikanischen Bürgern Geld zu entlocken.
Um den Scopusberg an die Stadt anzubinden – er war 19 Jahre

lang Enklave im jordanischen Gebiet gewesen – wurde bald schon nach Kriegsende die Bebauungslücke geschlossen, die zwischen Hügel und Stadt bestand. Dann formierten sich neue Viertel im Norden und Süden. Die Neubauprojekte wurden entwickelt, um Wohnraum für mehr als 100000 Menschen zu schaffen. Palästinenser sollten damit allerdings nicht bedacht werden. Sie hatten das Land abzutreten.

Die Gesamtheit der Vereinten Nationen versuchte sich, gegen diese Entwicklung zu stemmen – und da bildeten auch die USA keine Ausnahme, trotz aller Sympathie für den jüdischen Staat. Bei Abstimmungen in den Gremien der Vereinten Nationen zeigte die US-Regierung ihren Widerwillen gegen die israelische Siedlungspolitik durch Stimmenthaltung. In Jerusalem wurde dieses Verhalten als Zeichen der Verärgerung registriert. Doch eine Reaktion erfolgte in Jerusalem nicht.

Vier Wochen nach Kriegsende erklärte die Generalversammlung der Vereinten Nationen die Annektierung arabischen Bodens durch den Staat Israel für ungültig. Die Abstimmung, die dieser Erklärung vorausgegangen war, hatte mit dem Ergebnis 99 zu 0 Stimmen für die Verurteilung Israels geendet. Wieder hatte sich der US-Vertreter der Stimme enthalten. Die israelische Regierung wurde aufgefordert, in Jerusalem keinerlei territoriale Veränderung zuzulassen. Zehn Tage danach wiederholte die Generalversammlung ihre Aufforderung. Die Regierung Levi Eshkol reagierte nicht. Moshe Dayan und Menachem Begin diktierten was zu geschehen habe.

Moshe Dayan war entschlossen, den wunderbaren Sieg auszunützen. Der Versuch sollte unternommen werden, die arabische Bevölkerung zu reduzieren. Dazu war der Befehl Nummer 125 der Militärverwaltung für die besetzten Gebiete ein nützliches Instrument: Er verbot die Rückkehr aller Personen, die sich am 7. Juni 1967 nicht an ihrem Wohnort befunden hatten. Wer, um den Kämpfen zu entkommen, ins Gebiet ostwärts des Jordan geflohen war, durfte nicht zurückkehren. Bei Zuwiderhandlung drohte lebenslange Gefängnisstrafe. Der Befehl Nummer 125 verhinderte die Rückkehr einiger hundert Flüchtlinge aus der Altstadt, die sich am 6. und 7. Juni beim Ölberg der abziehenden jordanischen Panzertruppe angeschlossen hatten. Wer jetzt nach Jerusalem zurückkehren wollte, galt als »Infiltrator« und wurde entsprechend behandelt.

Unmittelbar nach der Eroberung wurde das Viertel um die Klagemauer verändert: Die Häuser verschwanden, die im Verlauf von Jahrhunderten bis nahe an die Mauer herangebaut worden waren. Die Besitzer wurden enteignet und aus dem Stadtviertel vertrieben. Das einflußreiche Rabbinat verlangte, ein freier und repräsentativer Platz müsse vor der Klagemauer entstehen. Um dieses Vorhaben zu ermöglichen, wurde das »Maghreb-Viertel« dem Erdboden gleichgemacht. Beobachter der Vereinten Nationen stellten fest, daß in der Altstadt von Jerusalem 4000 Palästinenser ihre Wohnungen durch diese Maßnahmen eingebüßt hatten. Ministerpräsident Levi Eshkol begründete die Veränderungen im Bereich der Klagemauer mit dem Argument, es seien Zehntausende von gläubigen Juden am Heiligtum zu erwarten, schließlich sei ihnen 19 Jahre lang der Zugang verwehrt gewesen. Dieser Nachholbedarf an Äußerung religiöser Gefühle müsse bedacht werden.
Eshkol hatte sofort nach Kampfende angeordnet, vom Berg Zion bis zum »Dung Gate« sei eine Straße zu bauen, da den Gläubigen der Weg durch die Altstadt vom Zionstor bis zur Klagemauer nicht zuzumuten sei. So entstand die Ma'ale Hasholom, die entlang der südlichen Stadtmauer verläuft.
Als der Gebetsplatz vor der Mauer entstanden war, legte Bürgermeister Teddy Kollek Wert auf die Feststellung, daß er persönlich den Befehl zum Abriß des »Maghreb Quartiers« gegeben habe. Er habe die Baufirmen beauftragt, mit schwerem Planiergerät zu arbeiten, und nicht aufzuhören, auch wenn der Verteidigungsminister Moshe Dayan persönlich an der Klagemauer erscheine, um die Einstellung der Zerstörung zu befehlen. Das Maghreb-Viertel sei schließlich eine Schande für Jerusalem gewesen, denn die Gebäude dort hätten eher Ruinen geglichen als Wohnhäusern. Er, Teddy Kollek, sei stolz darauf, der Klagemauer eine würdevolle Umgebung geschaffen zu haben. Durch diese, seine Initiative, so Kollek, sei der nahezu quadratische Platz von jeweils ungefähr 60 Meter Seitenlänge entstanden.
Ein Resultat des Abrisses war allerdings nicht beabsichtigt gewesen: Wer auf dem großen Platz steht, der empfindet die Klagemauer als wenig eindrucksvoll. Zuvor waren die aufgeschichteten Quader für den, der direkt davorstand, von imponierender Wirkung gewesen. Der Gläubige hatte in die Höhe

blicken müssen – weil ihm der Abstand fehlte. Das Empfinden der Ehrfurcht hatte sich dabei von selbst eingestellt. Jetzt aber herrschte das Gefühl der Enttäuschung vor. Das Problem sollte durch die Tieferlegung des Bodenniveaus vor der Klagemauer behoben werden. Dafür wurden zwei weitere Quaderreihen der Mauer freigelegt. Doch das Gefühl der Enttäuschung im Gemüt der Gläubigen blieb.
Der zuständige Architekt Joseph Scheinberger wollte, um die Wirkung zu verbessern, dem Platz unterschiedlich hohe Bodenebenen geben. Dagegen stimmte Rabbi Yitzhak Nissim, dessen Stimme Gewicht hatte in Jerusalem. Er gestattete nur, daß die Betenden tiefer stehen durften, als die Touristen, die nur gekommen waren, um die Gemäuer zu betrachten, ohne es als Heiligtum wahrzunehmen.
Die osmanische Verwaltung, die vier Jahrhunderte lang – von 1517 bis 1917 – für Jerusalem zuständig war, hatte mit Absicht den Platz vor der Mauer beschränkt gehalten. Sie hatte verhindern wollen, daß Massen von Gläubigen zum Überrest des Herodestempels strömten. Den osmanischen Herren war bewußt, daß die Gläubigen beteten: »Möge der Tempel rasch wieder aufgebaut werden in unseren Tagen.« Daran waren die islamischen Osmanengouverneure keineswegs interessiert. Ihr Grundsatz war: Je weniger Menschen an der Mauer Gelegenheit zum Beten hatten, desto besser. Beteten nur wenige, dann blieb ihre Stimmung gedämpft. Sie konnten sich nicht hineinsteigern in die Idee, der Messias komme bald und baue den Tempel auf.

Wer an der Mauer betet, weiß, daß er sich einem Ersatz für das eigentliche Heiligtum zuwendet. Die Mauer selbst umfaßte einst den heiligen Ort – war nicht das Heiligtum selbst – doch ihr Anblick erweckte die Sehnsucht, der Tempel möge rasch wieder aufgebaut werden in unserer Zeit. Wenn sich viele vor den Quadern versammeln, wächst der kollektive Wunsch, der Tempel des jüdischen Volkes möge wieder entstehen.

Unter diesem Gesichtspunkt ist es nicht erstaunlich, daß in den Köpfen besonders gläubiger Juden der Gedanke wuchs – und zwar ausdrücklich nach Beendigung des Krieges von 1967 –, den Tempel tatsächlich »in unserer Zeit« entstehen zu lassen.

Vernünftigere Gläubige machten den bescheidenen Vorschlag, wenigsten auf der Tempelterrasse zwischen Felsendom und Al-Aqsa-Moschee eine Synagoge zu errichten. Die israelische Regierung konnte alle Versuche, neue Realitäten im Haram ash-Sharif zu schaffen, verhindern. Sie nahm damit Rücksicht auf die Gefühle der Moslems.
Doch im täglichen Leben der palästinensischen Stadtbewohner gab es über Nacht eine neue politische Wirklichkeit, die das Dasein veränderte. Am 29. Juni wurde Ruhi Khatib, der Bürgermeister der arabischen Viertel, vom stellvertretenden Militärbefehlshaber informiert, daß er von nun an nicht mehr Bürgermeister sei, daß sein Stadtrat aufgelöst, das Stadtvermögen und das Archiv beschlagnahmt sei. Die Funktion des Bürgermeisters der Araber habe Teddy Kollek übernommen, der bisher für die jüdischen Viertel zuständig war. Ruhi Khatib erfuhr, daß im arabischen Teil von Jerusalem künftig nicht mehr jordanisches Geld, sondern nur noch der israelische Shekel Gültigkeit besitze, daß die israelische Gerichtsbarkeit zu beachten sei und daß die Schulen israelischen Lehrplänen zu folgen hätten. Das Prinzip dieser Handlungsweise erklärte Jehoshafat Palmon, Teddy Kolleks Berater in arabischen Angelegenheiten so: »Wir nehmen das Land und machen nachher die entsprechenden Gesetze.«
Der Weltsicherheitsrat protestierte durch Beschluß Nummer 252 vom Mai 1968 gegen diese Veränderung der inneren Situation der Stadt Jerusalem. Die israelische Regierung wurde wieder einmal aufgefordert, alle Maßnahmen rückgängig zu machen, die frühere Verhältnisse veränderten. Das Ergebnis war, daß die Veränderungen sogar noch beschleunigt wurden. An der Nablusstraße, die vom Damaskustor aus nach Norden führt, entstanden die ersten Großsiedlungen. Jehoshafat Palmon rechtfertigte die Bauvorhaben: »Jerusalem muß eine Großstadt werden. Wir sind kein Dorf in der Wüste, in dem Esel herumlaufen.«

Von verheerender Wirkung auf die Geschäftsleute der Altstadt war die Bestimmung der Stadtverwaltung, künftig dürfe keine Ware aus Jordanien und aus den besetzten Gebieten des Jordanwestuferlandes nach Jerusalem gebracht und dort verkauft werden. Diese Waren – ganz besonders Zitrusfrüchte und

Gemüse – waren ausgesprochen billig gewesen, Orangen aus dem Küstenland um Ashdod und Ashkalon waren teurer. Der Preisanstieg in den Geschäften ringsum die Via Dolorosa war nicht zu vermeiden. Die Käufer blieben aus. Sie fuhren mit dem Bus nach Bet Lahem und kauften dort ein.
Gleichzeitig aber wurde das israelische Steuersystem eingeführt, das weit höhere Steuersätze einforderte, als die jordanische Steuerpraxis. Die Beamten, die bisher für die Erhebung zuständig gewesen waren, hatten dazuhin meist mit sich handeln lassen – dies entsprach der Mentalität der palästinensischen Altstadtbewohner. Hatten sie erst gehandelt, war ihnen die Steuerlast weniger schwer erschienen. Von einem Tag zum anderen war die Sprache der Finanzämter härter. Die Gemüsehändler der Al Wad-Straße, der kleine Buchverkäufer im Suq Khan ez-Zeit, der Kaffeehauspächter in der Suq al-Quattanin-Gasse kamen mit dem neuen System nicht zurecht. Wenn sie auch den König Hussein nicht geliebt hatten, jetzt wünschten sie sich die Haschemitenherrschaft zurück.
Im Juli 1969 drückte der Weltsicherheitsrat in strengen Worten sein Bedauern darüber aus, daß sich die israelische Regierung in keiner Weise darum bemüht habe, die früheren, Jerusalem betreffenden, Entschlüsse in die Tat umzusetzen. Der Sicherheitsrat erklärte alle Maßnahmen der Israelis, die Veränderungen in der Stadt bewirkten, für ungültig. Zwar hatte sich inzwischen die Regierung verändert – Levi Eshkol war am 26. Februar 1969 gestorben – doch auch Golda Meir reagierte auf Sicherheitsratsbeschlüsse nicht.

Feuer im Haram ash-Sharif – Jerusalem, Konfliktzentrum unserer Zeit

Im August 1969 packte Entsetzen die islamischen Gläubigen in der Stadt. Ein gewaltiges Feuer zerstörte große Teile der Al-Aqsa-Moschee. Die Palästinenser empfanden die Rauchsäule über dem Haram ash-Sharif als Fanal zur Verteidigung ihres Besitzes und ihrer Rechte. Die Befürchtung der Araber schien Wirklichkeit zu werden, daß radikale Juden nur das eine Ziel kennen, die Heiligtümer der Moslems auf dem Tempelberg zu ver-

nichten, um an deren Stelle den Tempel der Juden wieder aufzubauen. In der Altstadt rotteten sich die Palästinenser zusammen und bewarfen israelische Soldaten mit Steinen. Prediger in den Moscheen klagten die Israelis an, sie seien nicht in der Lage, den Ort zu beschützen, den der Prophet Mohammed durch seine »Nachtreise« nach Jerusalem geheiligt habe. Selbst die Christen waren beunruhigt, auch ihre heiligen Stätten könnten bedroht sein.
Die israelische Regierung unternahm Schritte, um die Empörung einzudämmen. Sie versprach, den Wiederaufbau der zum Teil eingestürzten Halle zu finanzieren – und sie präsentierte einen Täter. Sein Name war Dennis Michael Rohan. Er war Australier und keineswegs Jude. Nach langem Zögern meinten schließlich auch viele islamische Palästinenser, es sei nur ein Verrückter gewesen, der die Al-Aqsa-Moschee angezündet habe. Doch in ihren Herzen blieb Mißtrauen.
Außerhalb der Stadt, in weit entfernten Ländern, schwelte der Zorn weiter und wurde zur Triebfeder der Politik.
Besonders die königliche Familie in Saudi-Arabien, die sich als Beschützer aller islamischen Heiligtümer fühlte, brachte auch weiterhin lautstark ihre Empörung über die »absichtliche und abscheuliche Zündelei« der Israelis zum Ausdruck. Aus Riyadh war die Parole zu hören, die wichtigste Aufgabe der Araber sei jetzt, die Rückeroberung von Jerusalem. Der Ruf ertönte, Jerusalem sei es wert, daß ein Heiliger Krieg um seinen Besitz geführt werde. König Faisal verpflichtete sich, mit ganzer Kraft dafür zu kämpfen, daß Haram ash-Sharif den Juden entrissen werde. Da er selbst keine nennenswerte Armee besaß, sorgte Faisal dafür, daß der ägyptische Präsident Anwar as-Sadat seine Streitkräfte aufrüsten konnte – Saudi-Arabien finanzierte die notwendigen Rüstungskäufe. Der Krieg, der dann im Oktober 1973 geführt wurde, endete für die arabische Seite nicht ganz so blamabel wie der Konflikt des Jahres 1967. König Hussein hatte diesmal keine jordanischen Truppen an den Kämpfen teilnehmen lassen.
Der Ausgang des Krieges, bei dem es keine Sieger aber auch keine wirklich Besiegten gab, hatte ein günstiges Verhandlungsklima geschaffen. Dazuhin war Israels Wirtschaftskraft geschwächt. Der Staat war auf US-Hilfe mehr als zuvor angewiesen – und war deshalb auch eher bereit, auf die Meinung

der amerikanischen Regierung zu hören. Nur in einem Punkt blieb Golda Meir unnachgiebig. Sie sagte deutlich: »Über Jerusalem reden wir nicht!«
Der israelische Standpunkt, Jerusalem sei die »ewige Hauptstadt Israels« blockierte lange Zeit die Bemühungen, nach dem Krieg von 1973 eine friedliche Lösung des Konflikts zwischen Israelis und Arabern zu finden. Die israelische Regierung verfolgte hartnäckig ihre Politik, Jerusalem nie mehr teilen zu lassen und nie zu gestatten, daß die arabischen Viertel an Jordanien zurückgegeben oder gar der palästinensischen Selbstverwaltung übergeben werden. Genau so hartnäckig aber setzten sich die Gremien der Vereinten Nationen für den Verzicht der Israelis auf Ostjerusalem ein. Es verging kein Jahr, ohne daß der Weltsicherheitsrat den Staat Israel wegen seiner Jerusalempolitik und seiner Mißachtung von UN-Resolutionen und UN-Forderungen verurteilte.
Inzwischen veränderte sich das Stadtbild völlig. Jerusalem war umzingelt von festungsähnlichen Siedlungen. Der amerikanische Außenminister Henry Kissinger, darum bemüht, den Ansatz einer Möglichkeit zum Friedensschluß zu finden, sagte: »Wenn ich nach Jerusalem komme, schließe ich die Augen. Wenn ich sie geöffnet lasse, sehe ich, was gebaut wird und glaube nicht mehr an den Frieden.«

Die Bereitstellung von derart viel Wohnraum führte zu einer radikalen Veränderung der Bevölkerungsstruktur. Zum Zeitpunkt des Zusammenschlusses der westlichen und östlichen Viertel lebten rund 270 000 Menschen in der Stadt. Bis zum Jahre 1990 verdoppelte sich diese Zahl. Unter den Umständen der Besiedlung konnte das Resultat nur sein, daß die Mehrheit der Bewohner Juden waren. Ihr Anteil war auf 73 % angewachsen. Etwas weniger als ein Viertel waren Palästinenser. Der Anteil der Christen wird auf 3% geschätzt.
Die Palästinenser spürten in diesem Zeitraum, daß ihre Zahl im Verhältnis zu den Juden an jedem Tag geringer wurde – und mit jedem Tag stieg ihre Angst vor dieser Übermacht. Es gab Anlässe, die diese Angst rechtfertigten: Am 11. April 1982 feuerte ein israelischer Soldat beim Felsendom Schüsse ab auf Palästinenser, die sich zum Gebet versammelt hatten. Zwei der Moslems wurden getötet und über 30 verletzt. Im Januar 1984 ent-

deckten die Wächter der Al-Aqsa-Moschee unmittelbar vor Beginn des Freitagsgebets, daß in der Nacht zuvor große Mengen Sprengstoff in die Moschee geschmuggelt worden waren. Es war die Absicht der Attentäter gewesen, das Gebäude während des Gottesdienstes über den Gläubigen zum Einsturz zu bringen.
Die Untersuchungen durch die israelischen Behörden ergaben, daß Sprengstoff aus Armeebeständen verwendet worden war – und daß die Verantwortlichen zu einer Organisation gehörten, die den Tempelberg vom Islam »befreien« wollten, damit dort der Tempel der Juden gebaut werden kann.
Um den Besitzanspruch der Palästinenser auf Haram ash-Sharif zu dokumentieren, hatten Männer, die der PLO nahestanden – und dazu zählte vor allem Faisal Husseini – eine Idee. Seit der Ermordung des jordanischen Königs Abdallah im Jahre 1951 befand sich dessen Grab auf der Terrasse des Haram ash-Sharif. Über dem einfachen Begräbnisplatz wehte seit 1951 die jordanische Flagge. Eines Tages stellten Israelis fest, daß sich diese Flagge verändert hatte: Ihr fehlte der weiße siebenzackige Stern im grünen Dreieck. Ohne diesen Stern aber war die jordanische Flagge zur palästinensischen Flagge geworden. Auch sie zeigt die Farben rot, schwarz, weiß und grün.
Israelische Politiker begaben sich auf den Ölberg und blickten mit Ferngläsern hinunter zur Tempelterrasse. Sie sahen, daß dort tatsächlich die PLO-Fahne wehte. Einer unter ihnen meinte, es sei jetzt wohl deutlich, daß der Krieg von 1967 umsonst geführt worden sei, denn über der Klagemauer flattere stolz das Symbol der Palästinenser. Die Politiker erinnerten sich daran, daß ein israelischer Soldat am 7. Juni 1967 die Flagge mit dem Davidstern auf dem Felsendom gehißt habe – damals habe Moshe Dayan verlangt, sie wieder herunterzuholen, um die Moslems nicht zu beleidigen.

Es war Teddy Kollek, der diesmal zur Vernunft mahnte. Er meinte, gleichgültig, wessen Fahne auf dem Tempelplatz auch weht, er untersteht unserer Souveränität. Ein Stück Tuch schaffe wohl noch keine politische Realität.
Zwei Jahre später, Anfang Januar 1986, meldete der Innenpolitische Ausschuß der Knesset bei der für Haram ash-Sharif zuständigen islamischen Aufsichtsbehörde Interesse am Besuch

der Al-Aqsa-Moschee an. Die Abgeordneten wollten überprüfen, ob die Reparaturarbeiten, die von der israelischen Regierung finanziert wurden, ordnungsgemäß ausgeführt wurden. Die islamischen Autoritäten sahen keinen Anlaß, die Bitte abzulehnen, obgleich ihnen zugetragen worden war, daß die Anregung zu diesem Besuch von extremistischen Kreisen ausgegangen war. Tatsächlich erschienen die Abgeordneten am 7. Januar in Begleitung von stadtbekannten Extremisten. Nun versuchten die Moscheewächter der Gruppe den Eintritt zu verwehren. Aus Wortwechsel und Geschrei entwickelte sich eine Prügelei. Bald tönten von den Minaretten der Altstadt Aufrufe an die Moslems, zum Haram ash-Sharif zu eilen, um dort das Heiligtum zu verteidigen. Ein Polizeieinsatz war nötig, um die Abgeordneten und die Extremistengruppe ins jüdische Viertel zu retten. Zu diesem kritischen Zeitpunkt wurde erneut, und diesmal vom Rabbinat, die Forderung erhoben, auf dem Tempelberg müsse eine Synagoge gebaut werden – dazu sei der israelische Staat verpflichtet.

Grundsteinlegung für den dritten Tempel – »Einer der schlimmsten Tage von Jerusalem«

In Gaza waren die ersten Steine gegen israelische Soldaten geworfen worden, bald aber folgten – im Dezember 1987 – die Jugendlichen von Ostjerusalem dem Vorbild. Der Ort, an dem einst der Tempel der Juden stand, wurde für die Palästinenser zum Zentrum der Empörung. Wieder wurde Krieg geführt in Jerusalem.

Teddy Kollek, der Bürgermeister von Jerusalem, sah die Entwicklung mit Sorge. Der Platz zwischen Felsendom und Al-Aqsa-Moschee wurde zum Treffpunkt für die Jugendlichen.

In Sprechchören brachten sie ihre Wut gegen Israel und gegen die USA zum Ausdruck. Sie steigerten sich in Haß hinein und verbrannten häufig israelische und amerikanische Fahnen. Der Bürgermeister beurteilte die Situation so: »Auf dem Tempelberg versammeln sich Zehntausende von Moslems. Das ist ein Potential von glühendem Haß, von Fanatismus und Bereitschaft zum Tod. Der Aufruf zum »Heiligen Krieg« macht diese

Masse zu einer Gefahr ohnegleichen. Jeder Versuch, in das Gelände einzudringen und dort die Prinzipien des israelischen Staates und seiner Staatsmacht durchzusetzen, muß mit einem entsetzlichen Blutvergießen enden.«
Teddy Kollek erinnert sich an einen Vorfall im Jahre 1988 als einem Polizisten, der mit anderen israelischen Ordnungshütern auf dem Gelände des Haram ash-Sharif patrouillierte, die Pistole von Jugendlichen aus der Hand gerissen wurde. Die Polizisten hätten sich zurückziehen können, doch dies verbot Ehre und Dienstvorschrift. Verstärkung, die eintraf, sah eine Möglichkeit, der Situation Herr zu werden, allein darin, die Masse in die Al-Aqsa-Moschee abzudrängen und einzusperren. Es war ein heißer Tag und bald wurden die ersten der Eingeschlossenen ohnmächtig. Da begannen besonnene Männer auf beiden Seiten miteinander zu verhandeln. Eine vernünftige Lösung wurde gefunden. Der Polizist erhielt seine Dienstpistole wieder. Sie wurde von der Polizei rein zufällig in einer Ecke des Portals der Moschee gefunden. Das Blutvergießen war gerade noch einmal verhindert worden.
Teddy Kollek, damals Bürgermeister von Gesamtjerusalem, war zwar Jude, doch er fühlte sich auch verantwortlich für die arabische Bevölkerung in seiner Stadt. Er gestand, daß er machtlos war gegen die Steigerung der Gewalt. Er sah, daß beide Seiten schuldig daran waren.
Unruhen gab es auch in den westlichen, den rein jüdischen Stadtvierteln. Am 8. April des Jahres 1990 demonstrierten mehr als 100 000 Menschen rund um die Jaffastraße gegen den wachsenden Einfluß der kleinen religiösen Parteien auf die Politik der Regierung. Die Demonstration war Ausdruck des Unwillens über Politiker, die aus religiösen Gründen gegen eine Verständigung mit den Palästinensern eintraten, die im Streit mit den Palästinensern die historische Fortsetzung des Konflikts mit den Philistern sahen.
Nur vier Tage später besetzten 150 orthodoxe jüdische Gläubige mitten im Christenviertel der Altstadt in der Nähe der Grabeskirche ein Hospiz, das dem griechisch-orthodoxen Patriarchat unterstand. Die Umstände dieser Besetzung konnten nie ganz geklärt werden, doch wurde während der Untersuchung des Vorfalls deutlich, daß das Ministerium für Wohnungsbau, das in Ostjerusalem seinen Sitz hat, die Aktion der Orthodoxen

finanziert hatte. Es brauchte schließlich einen Entscheid des höchsten israelischen Gerichts um die Besetzer zu vertreiben.
Der 8. November 1990 aber war der Tag, von dem Teddy Kollek sagte, er werde in die Geschichte Jerusalem als einer der schlimmsten Tage eingehen, die diese Stadt je erlebt habe. Für diesen Tag hatte die Gemeinschaft der »Getreuen des Tempelbergs« angekündigt, sie werde den Grundstein für den Bau des dritten Tempels legen. Der 8. November war der vierte Tag des Laubhüttenfestes. Aus diesem Grund wollten sie zunächst eine Laubhütte am Mughrabitor der Westmauer der Tempelterrasse errichten, um dann neben dem Dung Gate den Tempelgrundstein zu legen.

Die »Getreuen des Tempelbergs« hatten eine Woche zuvor beim Obersten Gerichtshof des Staates Israel den Antrag gestellt, der Polizei den Befehl zu geben, die Grundsteinlegung nicht zu verhindern. Der Oberste Gerichtshof hatte sich nicht zuständig gefühlt.
Die Polizei, entschlossen, die Grundsteinlegung zu verhindern, teilte der islamischen Verwaltung des Haram ash-Sharif mit, die Moslems hätten nichts zu befürchten, da den »Getreuen des Tempelbergs« der Zugang zum Heiligtum verweigert werde. Das Mißtrauen der islamischen Verantwortlichen war jedoch derart groß, daß sie der Polizei nicht glaubten. Sie waren der Meinung, Allah verlange von ihnen die Verteidigung des Haram ash-Sharif gegen eine Besetzung und Beschlagnahmung. Ihr Standpunkt war: »Unser Leben werden wir dafür einsetzen, daß der Grundstein zum dritten Tempel nicht gelegt wird.« Erregung ergriff die Gemüter der islamischen Bewohner der Altstadt. Sie glaubten den Muezzins, die dazu aufriefen, zum Felsendom zu eilen, um seine Zerstörung zu verhindern. Schon um sechs Uhr morgens waren dort die ersten Gruppen von Gläubigen versammelt – nicht zu stillem Gebet, sondern zu lautem Protest. Zur gleichen Stunde kamen die ersten Juden zur Klagemauer. Drei Stunden später wurde Faisal Husseini, der PLO-Repräsentant in Jerusalem, unter der Menschenmenge gesehen. Er sprach mit den Verwaltern des Heiligtums. Für einen Abbau der Spannung sorgte er nicht. Auch er war an einer machtvollen Demonstration interessiert. Faisal Husseini unternahm nichts, um die Konfrontation zu vermeiden. Um 11 Uhr

wurden die israelischen Posten beim Mughrabitor bedrängt und mit Steinen beworfen. Schreie »Tötet die Juden« waren zu hören, und immer wieder der Ruf »Allahu Akbar – Allah ist über allem!«
Polizisten wurden verletzt. Die Mannschaft begann sich zurückzuziehen. Für die Palästinenser war dies das Zeichen ihres Sieges. Von der Mauer über der Ophelstraße schleuderten sie Steine auf den Polizeitrupp, der sich dort zum Rückzug sammelte. Dieser Angriff veranlaßte die Polizeiführung durch das Dung Gate wieder auf den Platz vor der Klagemauer vorzudringen. Um 11.30 Uhr schoß die Polizei scharf auf die Menge der Palästinenser. 17 Palästinenser starben und über 100 wurden verletzt.
Während der folgenden Monate herrschte Schrecken in der Altstadt. Der Gang durch die Gassen wurde für Juden gefährlich. An dunklen Ecken warteten Mörder. Es war die Zeit des Kriegs am Persischen Golf. Eine Allianz von amerikanischen, englischen und französischen Truppenverbänden kämpfte gegen Saddam Hussein, der Kuwait widerrechtlich besetzt hatte. Die israelische Regierung verhielt sich neutral.
Hatten die Araber durch Saddam Husseins Aggression insgesamt an Sympathie in der Welt verloren, so änderte sich diese Einstellung nach dem Tod der 17 Palästinenser wieder: Die Politiker in den USA erkannten, daß die Situation der Palästinenser nicht länger von Hoffnungslosigkeit geprägt sein durfte. Sie verurteilten Israel wegen der Schießerei am Tempelberg nicht, sie suchten jedoch nach einem Weg, der aus der Route der Gewalt hinausführen sollte.
Im Juli 1992 fanden Wahlen in Israel statt, die zur Übernahme der Regierung durch die Arbeitspartei führte. Yitzhak Rabin, der neue Ministerpräsident Israels, verkündete, über eine erneute Teilung von Jerusalem werde bei Friedensverhandlungen nicht gesprochen: »Dies ist kein Thema für mich!«
Im selben Jahr 1992 wurde George Bush nicht mehr zum Präsidenten der USA gewählt. Sein Nachfolger Bill Clinton galt als Freund des Staates Israel. Während seines Wahlkampfes hatte er versprochen, er werde die amerikanische Botschaft von Tel Aviv nach Jerusalem verlegen. Dieser Schritt hätte die Anerkennung von Jerusalem als israelischer Hauptstadt bedeutet. Doch Faisal Husseini, der zwei Jahre zuvor dem Expräsidenten

Carter in Jerusalem vorgeworfen hatte, die USA hätten die Stadt an die Israelis verschleudert, wurde durch Clintons tatsächliche Haltung überrascht. Der amerikanische Präsident schickte im Februar 1993 seinen Außenminister Warren Christopher nach Ostjerusalem zu Gesprächen mit palästinensischen Honoratioren, zu denen auch Faisal Husseini gehörte. Husseini traute seinen Ohren nicht, als er Warren Christopher sagen hörte, der amerikanische Präsident sei keineswegs für die Fortdauer der Eingliederung der arabischen Viertel in die israelische Hauptstadt Jerusalem. Clinton könne nur deshalb seinen wahren Standpunkt nicht laut äußern, weil er an Statements seines Vorgängers Bush gebunden sei. Faisal Husseini glaubte gehört zu haben, für die USA sei der »Fall Jerusalem« noch offen.

Menachem Begin, der seit 1984 nicht mehr Premierminister war, hatte dennoch die Entwicklung um Jerusalem mit heißem Herzen weiterbeobachtet. Er war von der Erkenntnis geplagt, die Palästinenser würden im Verlauf der Jahre an politischen Fähigkeiten den Israelis gewachsen sein. Sein Argwohn hatte sich dabei besonders gegen Faisal Husseini gerichtet. Begin hatte kurz vor seinem Tode gesagt: »Er wird uns überlisten mit seinem fortwährenden Gerede und Geschwafel von Autonomie und von spezieller Souveränität! Ich weiß, daß Faisal Husseini Freunde hat in der Knesset. Doch das sind alles Idioten und Narren.« Und dann hatte er lachend die seltsame Bemerkung gemacht: »Von meinem Büro aus hier in Ostjerusalem kann ich zu Fuß zu seinem Büro hinübergehen.«

Das »Orient House« und die Zukunftsplanung – Die Erben Davids als Gefangene des Konflikts

Im Jahre 1988 war Faisal Husseini von den Israelis verhaftet worden, weil er kein Geheimnis daraus machte, daß er die PLO in Jerusalem vertrat. Daß er rasch wieder aus der Haft entlassen wurde, verdankte er der amerikanischen Regierung. Die außenpolitischen Berater des Präsidenten George Bush waren der Meinung, die Israelis sollten nicht gerade die palästinensische Persönlichkeit verhaften, die sich zum Standpunkt durchgerungen hatte, mit der israelischen Regierung müsse eine Übereinkunft erzielt werden. Faisal Husseini war als potentieller Partner israelischer Politiker eingestuft.

Seine Gedanken waren schon eingeflossen in ein Dokument, das Jassir Arafats außenpolitischer Ratgeber Bassam Abu Sharif bei der außerordentlichen Gipfelkonferenz der arabischen Staatschefs im Juni 1988 in Algier verteilt hatte. Der Titel des Dokuments »PLO View: Prospects of a Palestinian-Israeli Settlement«. Darin war deutlich gemacht, daß die PLO, trotz Fortgangs von Intifada, trotz Krieg der steinewerfenden Kinder, bereit war zum Frieden mit Israel.
Faisal Husseini war eingebunden in die Verhandlungsrunden, die seit Oktober 1991 zwischen arabischen und israelischen Partnern geführt wurden, die jedoch deshalb zu keiner Einigung zwischen israelischen und palästinensischen Politikern führen konnten, weil sie schließlich nur noch Scheingefechte waren zur Verschleierung der wahren Friedensgespräche – die in Oslo stattfanden.
Das Thema der Verhandlungen in der norwegischen Hauptstadt war durch die Themenvorgabe »Gaza zunächst« festgelegt. Den Kontakt dazu hatte Ahmed Suleiman Khoury aufgenommen, der – unter dem Decknamen Abu Alaa – langjähriges Mitglied der PLO-Führung war, und der das besondere Vertrauen von Arafat besaß. Die erste Annäherung war Ende des Jahres 1992 geschehen.
Die Brücke zu schlagen zwischen israelischen Politikern und der PLO hatte eine norwegische Forschungsgruppe übernommen, die sozialwissenschaftliche Studien im Jordantal betrieb. Der Leiter der Gruppe, Terje Röd Larsen, lernte während eines Regierungsempfangs für die jungen Wissenschaftler Jossi Belin kennen, der zu dieser Zeit gerade Stellvertretender Außenminister Israels wurde. Terje Röd Larsen war der Meinung, es sei seiner Forschungsgruppe möglich, Gesprächsbeziehungen zur PLO zu knüpfen. Es müsse endlich gelingen, über alle Gräben hinweg, Problemlösungen anzustreben und Spannungen abzubauen.
Da die israelische Regierung zunächst nicht in die Gespräche einbezogen werden sollte, bat Belin den Wissenschaftler Dr. Jair

Hirschfeld, der Politologe an der Universität Haifa war, sich mit einem Vertreter der PLO-Führung zu treffen. Dieses geheimgehaltene Ereignis fand vom 20. bis zum 22. Januar 1993 in einer Villa bei Oslo statt. Von palästinensischer Seite nahm Abu Alaa teil. Gesprochen wurde über palästinensische Selbstverwaltung für den Gazastreifen. Erste Einigung wurde erzielt: Sie bestand darin, daß die große Politik ausgeklammert wurde. Man redete über praktische Verwaltungsdinge. Man diskutierte über die Währung im künftigen Autonomiegebiet, über Wasserversorgung und Müllabfuhr. Einig waren sich die Gesprächspartner schließlich auch darin, daß die amerikanische Regierung nicht über die Verhandlungen in Oslo informiert werden sollte. Israelis und Palästinenser hatten Angst vor der Geschwätzigkeit der Politiker in Washington.
Günstig für den Fortgang war der Zeitpunkt: Gerade damals waren beide Seiten an Entspannung interessiert. Die israelischen Soldaten waren kaum mehr dazu bereit, Dienst in den palästinensischen Flüchtlingslagern zu leisten. Intifada, der Krieg der steinewerfenden Jugendlichen, hatte sie zermürbt. Aus diesem Grund war die israelische Regierung vor allem daran interessiert, die Verantwortung über Gaza loszuwerden. Deshalb galt die Zielvorgabe »Gaza zunächst«. Arafat aber brauchte dringend einen Erfolg, der die Weltöffentlichkeit wieder auf ihn und die PLO aufmerksam machte – die steinewerfenden Jugendlichen waren für die Kameramänner interessant gewesen, und nicht der Vorsitzende der PLO, der in Tunis lebte. Vor allen Dingen aber waren die Kassen der PLO leer, seit Arafat im Golfkrieg seine Beziehungen zu Saddam Hussein nicht abgebrochen hatte. Die Friedenslösung, so glaubte Arafat zurecht, werde ihm die finanzielle Unterstützung der Industrienationen einbringen, die an einem befriedeten Nahen Osten als Markt interessiert waren.
Nicht vergessen werden darf, daß Arafat mit dem Untergang der Sowjetunion einen wichtigen Partner verloren hatte. Der PLO-Chef konnte es sich gar nicht leisten, außerhalb der amerikanischen Einflußsphäre zu bleiben. Der Golfkrieg hatte es ihm bewiesen: Die USA waren die einzige bestimmende Macht geblieben. Arafat mußte versuchen, das Vertrauen der Mächtigen in Washington zu gewinnen. Um dies zu erreichen, war er bereit, auf Ziele zu verzichten. Schweren Herzens gab er der

PLO-Delegation die Direktive: »Wenn die Israelis nicht über Jerusalem reden wollen, so wollen wir es auch nicht!«
Der israelische Ministerpräsident Yitzhak Rabin glaubte nicht an den Erfolg der Osloer Gespräche. In seinen Memoiren schreibt Shimon Peres, Rabin sei immer ein vorsichtiger Charakter gewesen. Er habe die Gespräche mit Skepsis verfolgt und häufig an ihrem Sinn gezweifelt. Rabin lehnte jede direkte Beteiligung eines Kabinettsmitglieds an den Osloer Treffen ab.
Aus dem Konzept »Gaza zunächst« wurde das Projekt »Gaza und Jericho zunächst«. Dies geschah auf Drängen von Jassir Arafat, der durch die Einbeziehung von Jericho dokumentieren wollte, daß auch das Westjordanland in die Autonomie einbezogen werden sollte. Jericho – das für die Israelis seit der Zeit des Josua auch religiöse Bedeutung besaß – sollte symbolisieren, daß letztlich auch Jerusalem Bestandteil des autonomen Gebiets werden könnte. So dachten allerdings nur Arafat und dessen Delegierte.
Am 13. September 1993 wurde das Autonomieabkommen zwischen Israel und der PLO unterzeichnet. Jerusalem ist im Abkommen nur im Annex erwähnt: »Palästinenser, die in Jerusalem leben, können an den Wahlen teilnehmen« – die den Palästinensern insgesamt gestattet werden. Damit war für die Israelis ausgesagt, daß sich am Status der Stadt nichts ändere – die Palästinenser aber meinten, damit sei ein Ansatzpunkt geschaffen für Verhandlungen über Jerusalem.
Faisal Husseini, der Repräsentant der PLO in Jerusalem, war nicht von den Geheimgesprächen unterrichtet worden. Der Kreis der Wissenden war schmal geblieben. Hannan Ashrawi, die ebenfalls von Arafat unwissend gehalten worden war, zog sich beleidigt aus der PLO-Politik zurück. Husseini wußte, daß es nicht die Zeit war, um Arafat Vorwürfe zu machen. Der PLO-Vorsitzende war dabei populärer bei den Palästinensern zu werden, als jemals zuvor.
Am 4. November 1995 wurde Yitzhak Rabin in Tel Aviv von einem jüdischen jungen Mann erschossen, der den Versuch der Aussöhnung zwischen Juden und Palästinensern für ein Verbrechen am jüdischen Volk hielt, der es nicht ertragen konnte, daß die Palästinenser Teile ihres Landes zurückerhielten. Die Mordtat war auch als Warnung an israelische Politiker gedacht, jemals an eine Abtretung des Ostteils von Jerusalem zu denken.

Wer diesen Schritt wagte, der würde nicht überleben. Yitzhak Rabin wurde auf dem Friedhof des Mount Herzl bestattet – unweit des Grabes von Theodor Herzl, der dort seit 1949 ruht.
Faisal Husseini, der im »Orient House« in der Straße Abu Ubayda Ibn Al-Jarah in Ostjerusalem residiert, sieht mit Gelassenheit, wie die Erben Davids die Zukunft der Stadt verwalten wollen. Daß vor dem Haus an einem Knick der Straße ein Notlager aufgeschlagen ist, in dem jüdische Siedler hausen, amüsiert ihn. Durch ihre Anwesenheit wollen die religiös orientierten Männer demonstrieren, daß Jerusalem ihnen gehört, daß die PLO kein Recht darauf hat, im »Orient House« ein Schattenkabinett als Konkurrenz zur israelischen Stadtverwaltung zu unterhalten. Bürgermeister Jehud Olmert, der Nachfolger von Teddy Kollek, ist derselben Meinung. Er hat am 29. August 1995 den Standpunkt vertreten, das »Orient House« müsse geschlossen werden, »weil dort Aktivitäten stattfinden, die im Kontext der Versuche der Palästinenser stehen, Israel die Hauptstadt Jerusalem streitig zu machen.«
Faisal Husseini weiß, daß das »Orient House« nicht geschlossen wird. Die israelische Regierung hält die schützende Hand darüber. Polizeifahrzeuge fahren Patrouille in der Straße vor dem Haus – sie verhindern, daß irgend jemand einen Übergriff wagt.
Faisal Husseini kennt noch einen dritten, der auffälliges Interesse an Jerusalem zeigt, obgleich ihm die Stadt früher eher gleichgültig war: König Hussein von Jordanien, der auf eigene Kosten die Kuppel des Felsendoms hatte neu vergolden lassen. Das Gerücht ging um in der Stadt, er habe dafür ein Haus in London verkauft.
Bekannt wurde auch die Einschätzung des nach Rabins Tod ins Amt des israelischen Ministerpräsidenten eingesetzten Shimon Peres: »König Hussein hat nie wahrhaftig auf das Westjordanland verzichtet. Er hat immer nur gesagt, er sei nicht mehr zuständig für die Verhandlungen. Er hat darauf gewartet, daß man ihn wieder einbeziehe. Er wird sein Interesse an Ostjerusalem anmelden!«
Drei Interessenten für ein ummauertes Viereck von 300 Meter Länge und 300 Meter Breite. Der Prophet Ezekiel hatte behauptet, Jerusalem bilde die Mitte der Welt – und noch um das Jahr 1490 hatte Rabbi Obadi gelehrt, »alle Winde der Welt bla-

sen durch Jerusalem. Wenn sie sich anschicken andere Gegenden der Welt aufzusuchen, verbeugen sie sich vor Gott in Jerusalem.« Es ist ein Wunder, daß diese Stadt nicht von ihren Legenden erdrückt wird – und von ihrer Geschichte.

Daß Bürgermeister Olmert das Jubiläumsfest zum 3000. Jahrestag der Eroberung der Jebusiterstadt durch König David feiern will, wird im »Orient House« mit Gelassenheit zur Kenntnis genommen. Die Botschafter der Europäischen Gemeinschaften haben Faisal Husseini in seiner Residenz besucht, um ihm offiziell mitzuteilen, daß ihre Staaten der Feier fernblieben – weil die Regierungen Jerusalem nicht allein unter dem Gesichtspunkt jüdischer Geschichte betrachten wollen.
Nicht zu leugnen ist, daß die Stadt mit der Tat des Königs David ins Licht der Geschichte trat, durch ihn hatte sie Bedeutung erlangt. Oft war die Stadt zerstört und einmal sogar völlig ausgelöscht und durch eine andere Stadt ersetzt worden. Aber Jerusalem ist immer wieder auferstanden.
Seine Geschichte ist nicht abgeschlossen: Sie ist an einem kritischen Punkt angelangt. Wenn es längst Frieden geben wird für das übrige palästinensische Land, wird Jerusalem noch nicht in Ruhe leben. Am 20. Januar 1996 zeichnete sich der Konflikt der Zukunft ab: Die Palästinenser der bisher besetzten Gebiete im Westufergebiet des Jordan durften wählen. Wahlberechtigt waren auch die arabischen Bewohner von Ostjerusalem. Erst kurz vor dem Wahltag merkten israelische Politiker, daß sie mit diesem Zugeständnis einen Fehler gemacht hatten: Die Palästinenser Ostjerusalems durften für Arafat und für den Palästinensischen Autonomierat stimmen – doch sie waren Bewohner eines Teiles der Stadt, die für alle Zeiten ungeteilte Hauptstadt Israels sein soll. Bürgermeister Jehud Olmert sagte:
»Damit ist die Bresche geschlagen in die Bastion des israelischen Jerusalem. Die Palästinenser in der Stadt können jetzt immer darauf hinweisen, sie hätten sich an den Wahlen im Autonomiegebiet beteiligt. Sie gehörten folglich zum autonomen Gebiet der Palästinenser und nicht zum Gebiet der Hauptstadt Israels. Die Wahlen zum Autonomierat liefern die Grundlage für weitere Aktionen, die darauf ausgerichtet sind, Ostjerusalem einen palästinensischen Status zu geben. Auf diese Weise wird uns Ostjerusalem gestohlen.«

Unmittelbar nach den Wahlen vom 20. Januar 1996 sagte Faisal Husseini: »Der nächste Schritt ist, daß wir einen Palästinenser als Gouverneur für den arabischen Teil von Jerusalem einsetzen.« Er selbst will dieses Amt nicht übernehmen. Der Name des Gouverneurs steht an jenem Tag schon fest: Jamil Othman. Am selben Tag bestärkte der niederländische Außenminister Hans van Miento Faisal Husseinis Standpunkt: »Ostjerusalem gehört den Palästinensern!« Diese Aussage wurde im »Orient House« gemacht. Darüber ärgerte sich wiederum der für interne Sicherheit in Jerusalem zuständige Minister Moshe Shahal: »Es gibt keinen Grund für irgendeinen Außenminister, sich mit Faisal Husseini im ›Orient House‹ zu treffen. So wird unsere Souveränität untergraben!«
Hintergrund des Geplänkels ist der Wille der Palästinenser, unter allen Umständen den Zugriff von jüdischen Gläubigen auf Haram ash-Sharif zu verhindern. Der Komplex der heiligen Stätten ist der Brennpunkt des Konflikts, der die Aufmerksamkeit der Welt, und besonders der Menschen des Abendlandes, auf sich zieht.

Felsendom und Klagemauer liegen eng beieinander. Es müßte ein Wunder geschehen, wenn Juden und Palästinenser gerade dort einander friedlich begegnen könnten. Hoffnung gibt allein das nahöstliche Sprichwort: »Wer nicht an Wunder glaubt, der ist kein Realist.«

ANHANG

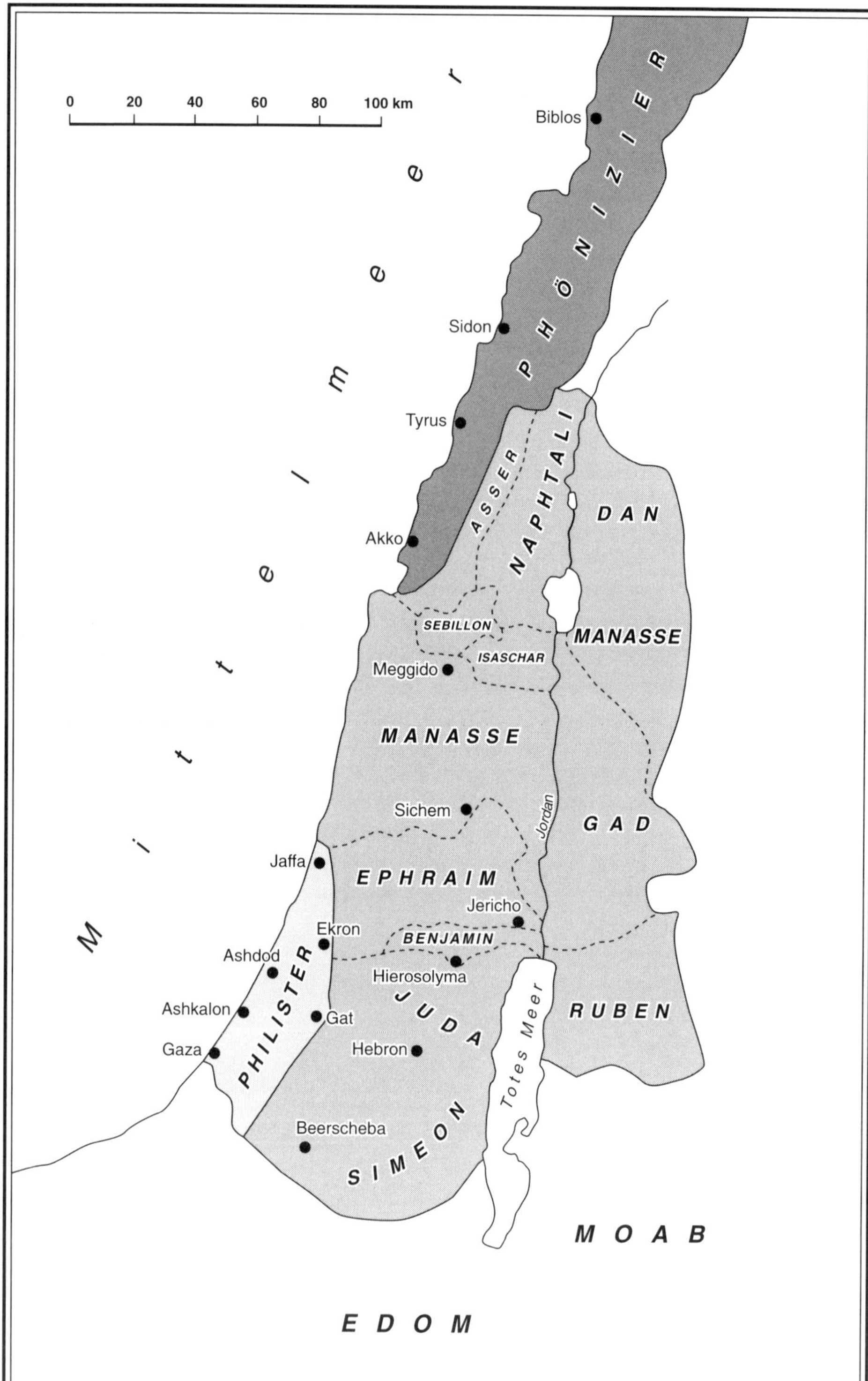

Die jüdischen Stämme um 1200 v.Chr.

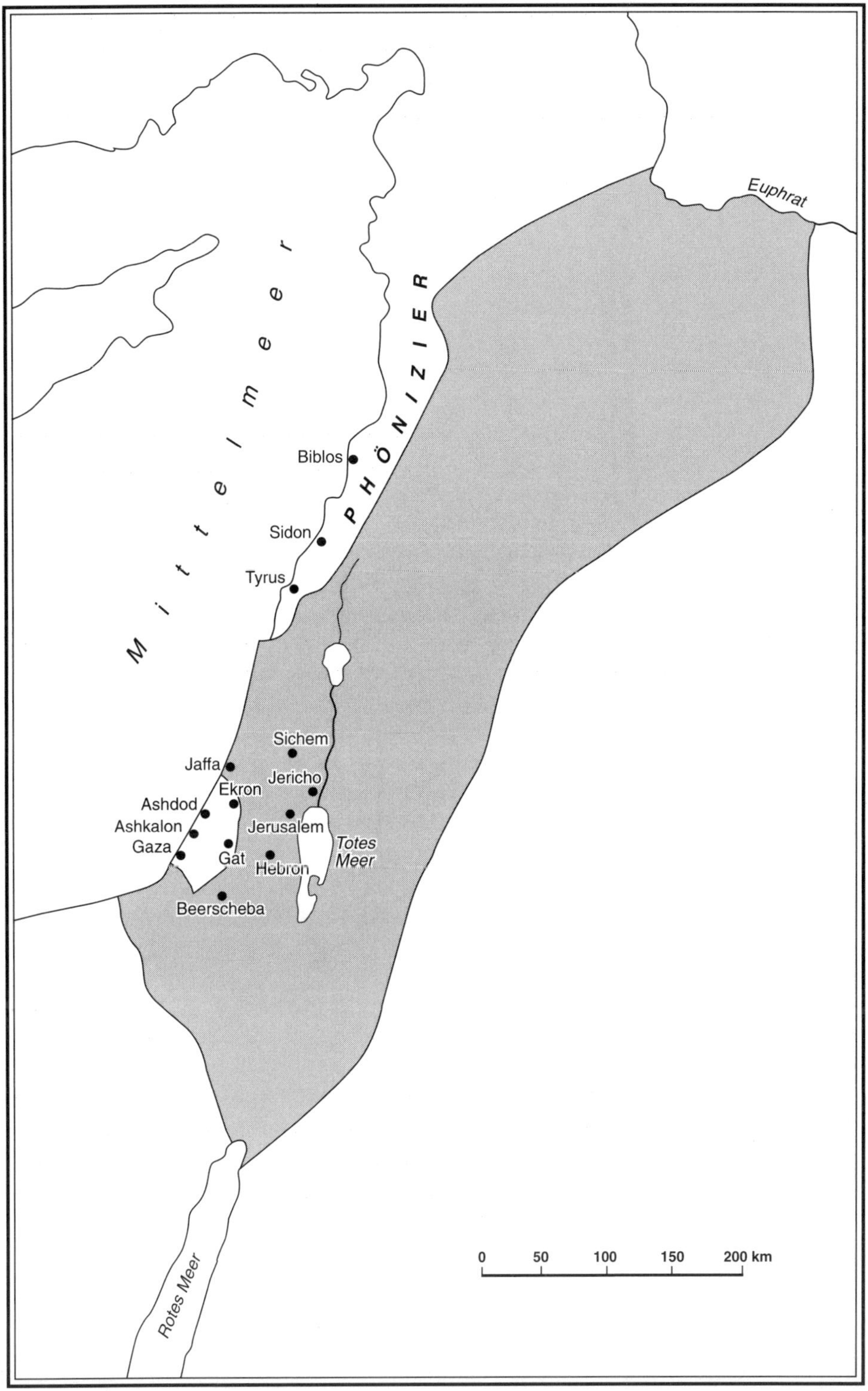

Das Reich der Hebräer zur Zeit König Salomons (1004 - 928 v.Chr.)

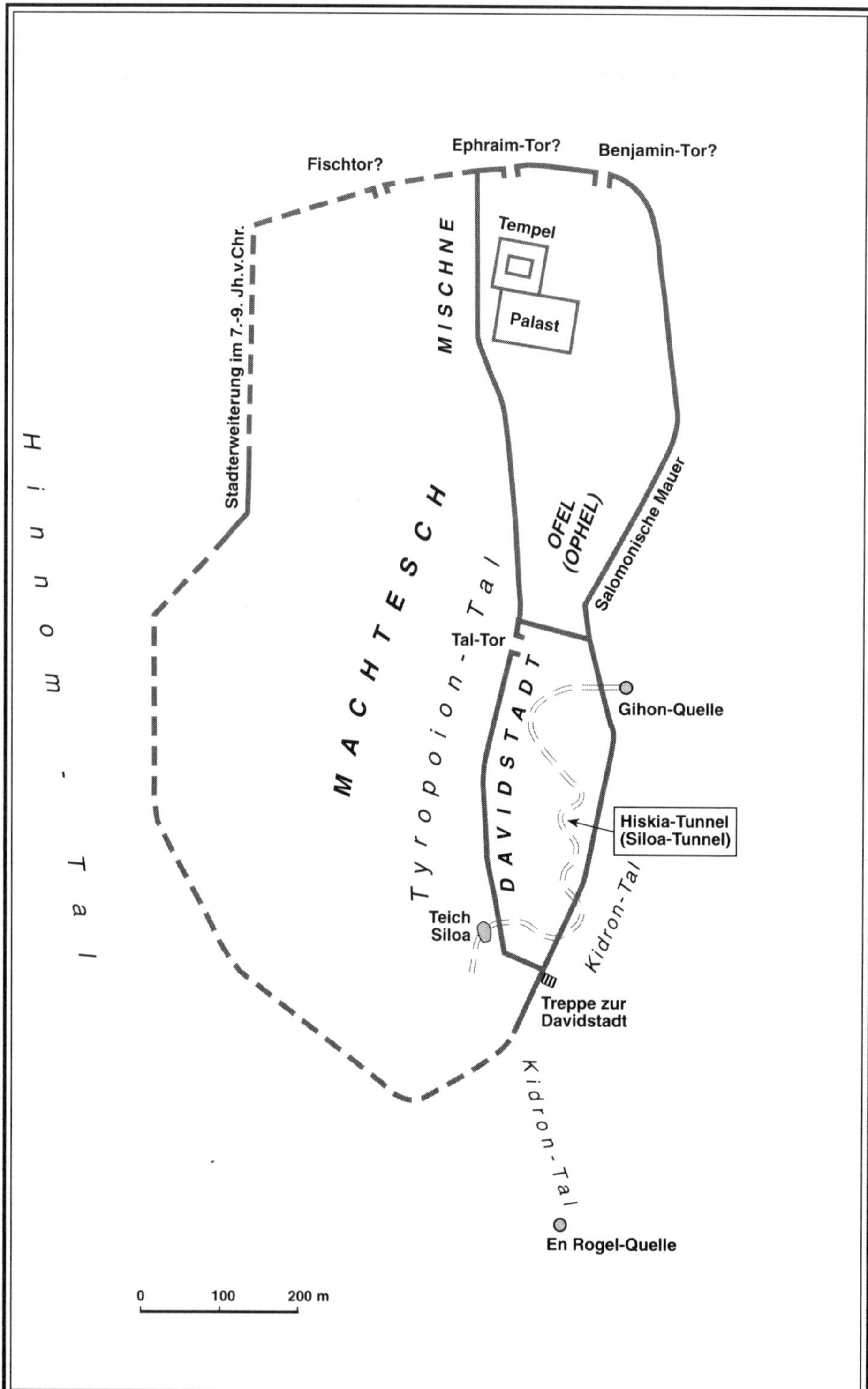

Jerusalem zur Zeit Salomons, 10. Jahrhundert v.Chr.

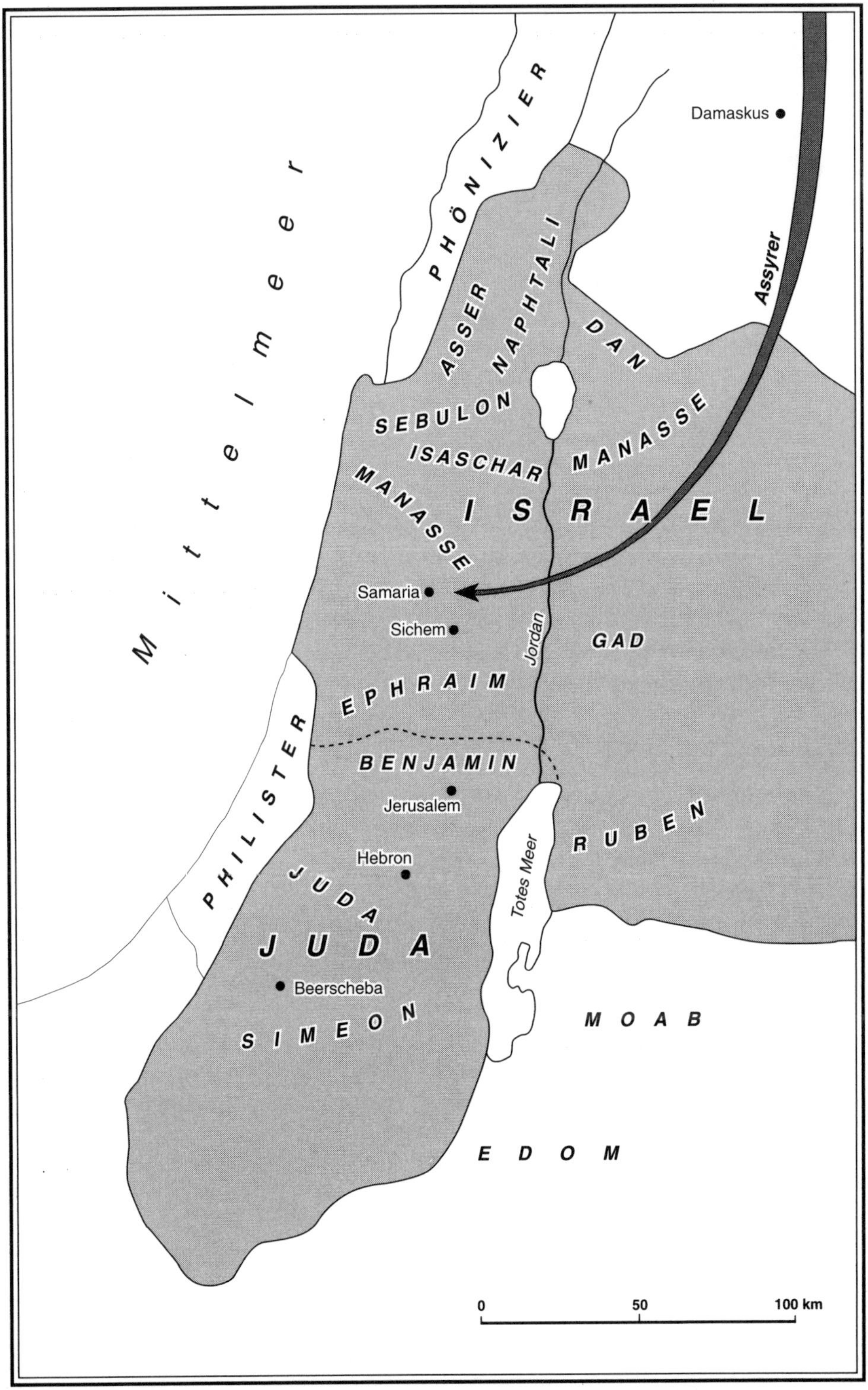

Die hebräischen Teilreiche Juda und Israel (928 - 722 v.Chr.)

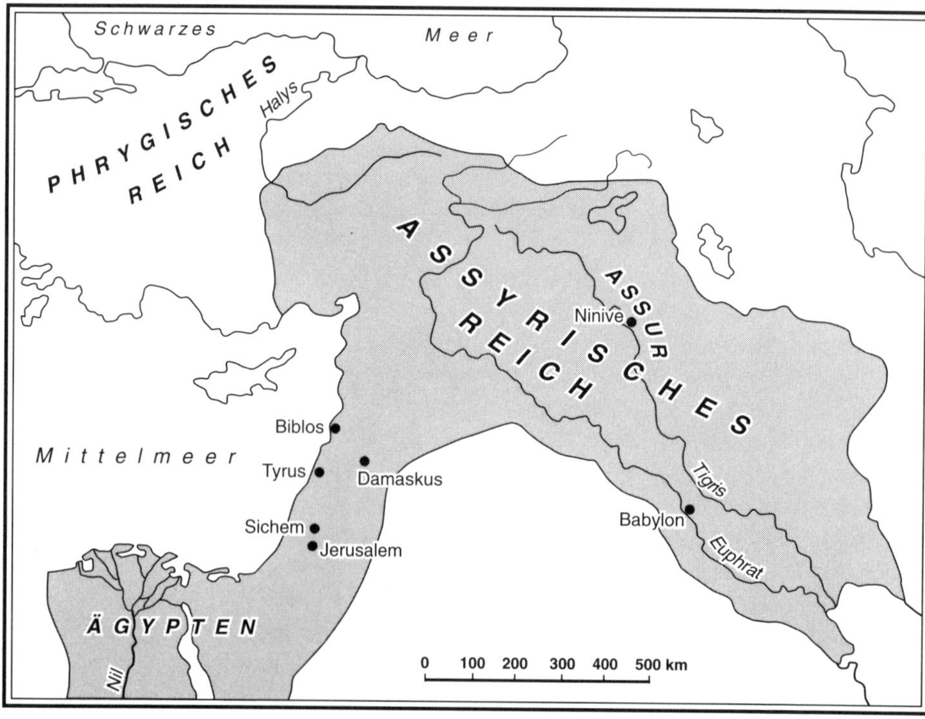

Der Vordere Orient um 700 v.Chr.

Der Vordere Orient um 550 v.Chr.

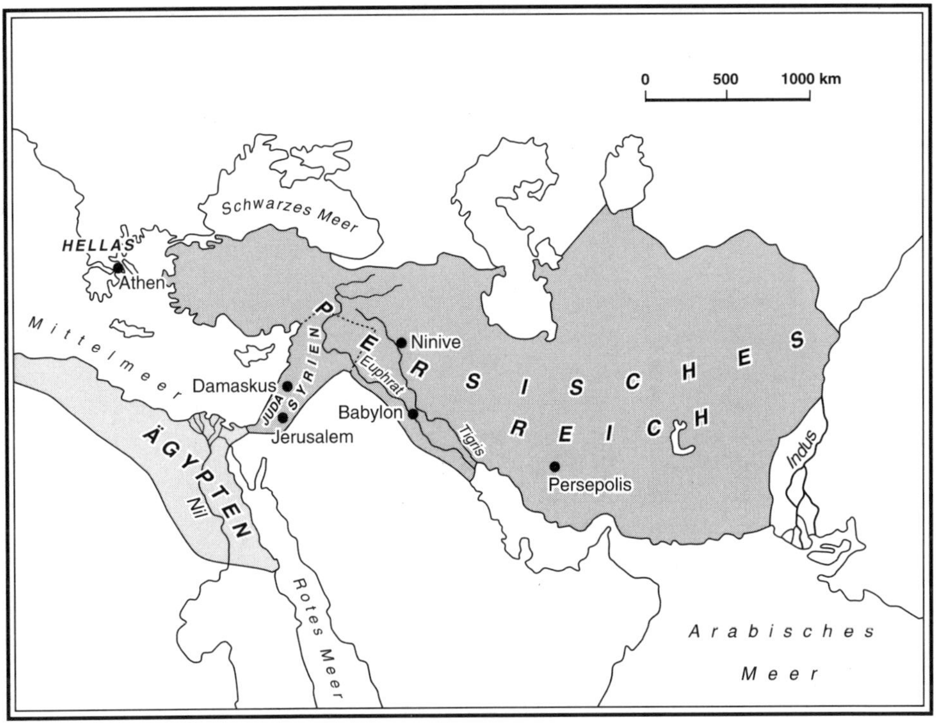

Der Vordere Orient unter persischer Herrschaft um 500 v.Chr.

Der Vordere Orient unter römischer Herrschaft um 150 n.Chr.

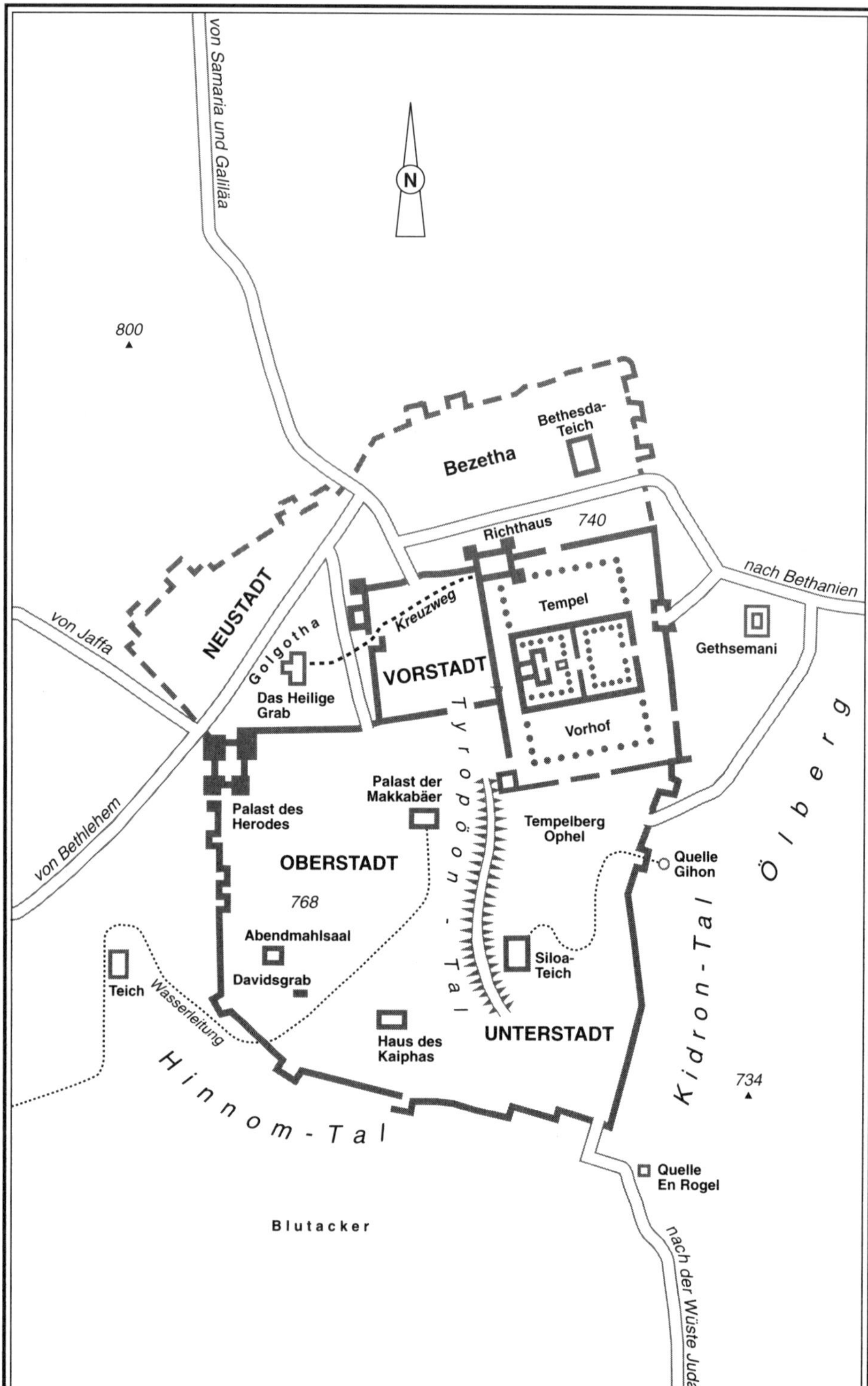

Jerusalem zur Zeit Christi

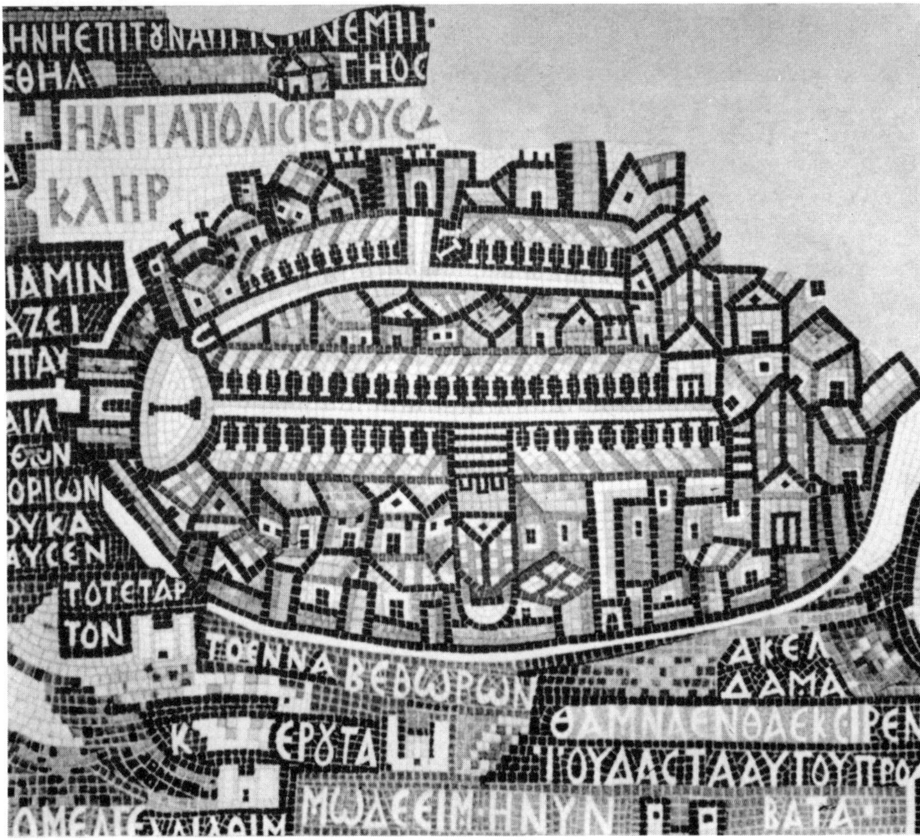

Die älteste Darstellung von Jerusalem
(aus der Mosaik-Karte von Madabo aus dem 6. Jahrhundert

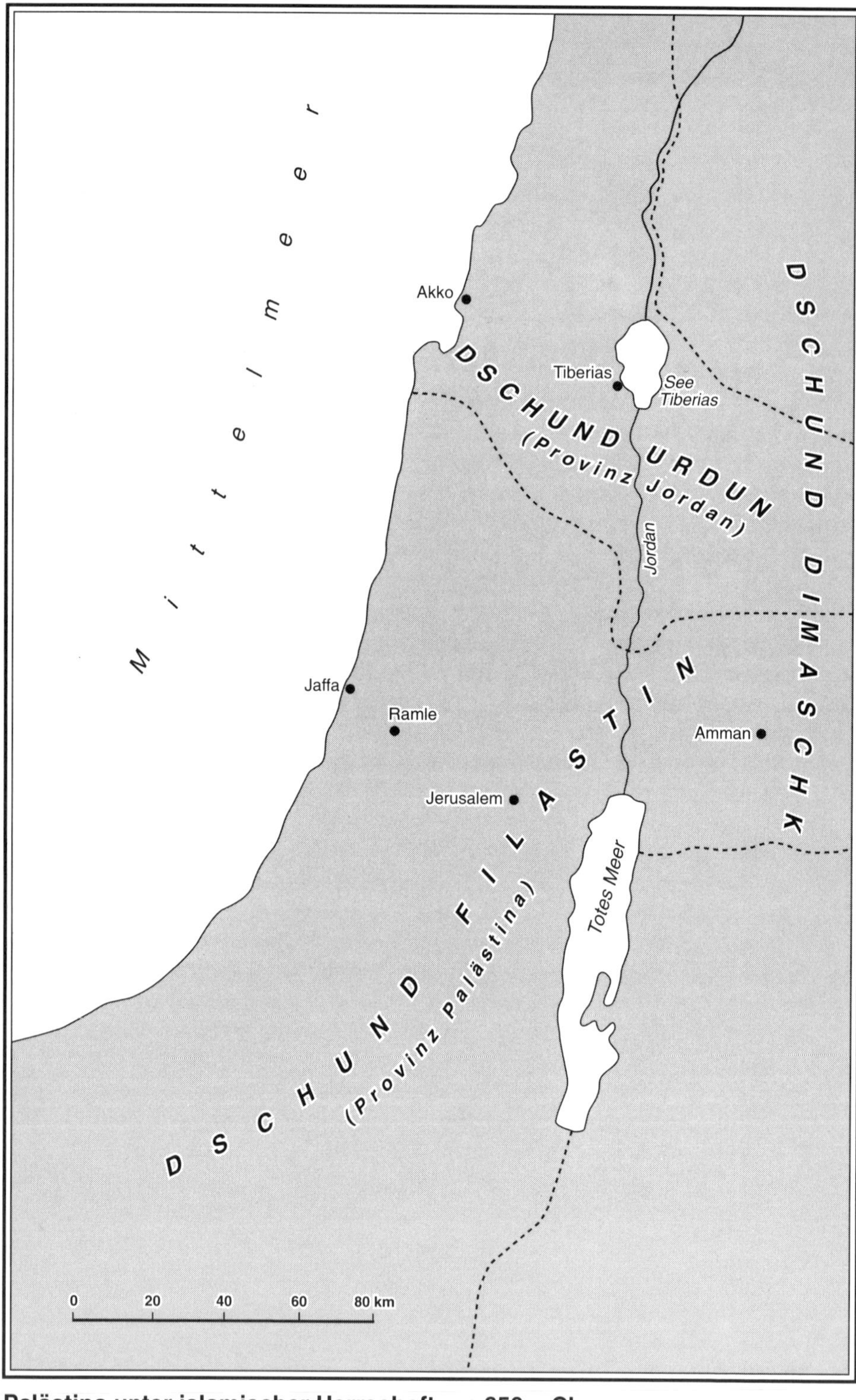

Palästina unter islamischer Herrschaft um 650 n.Chr.

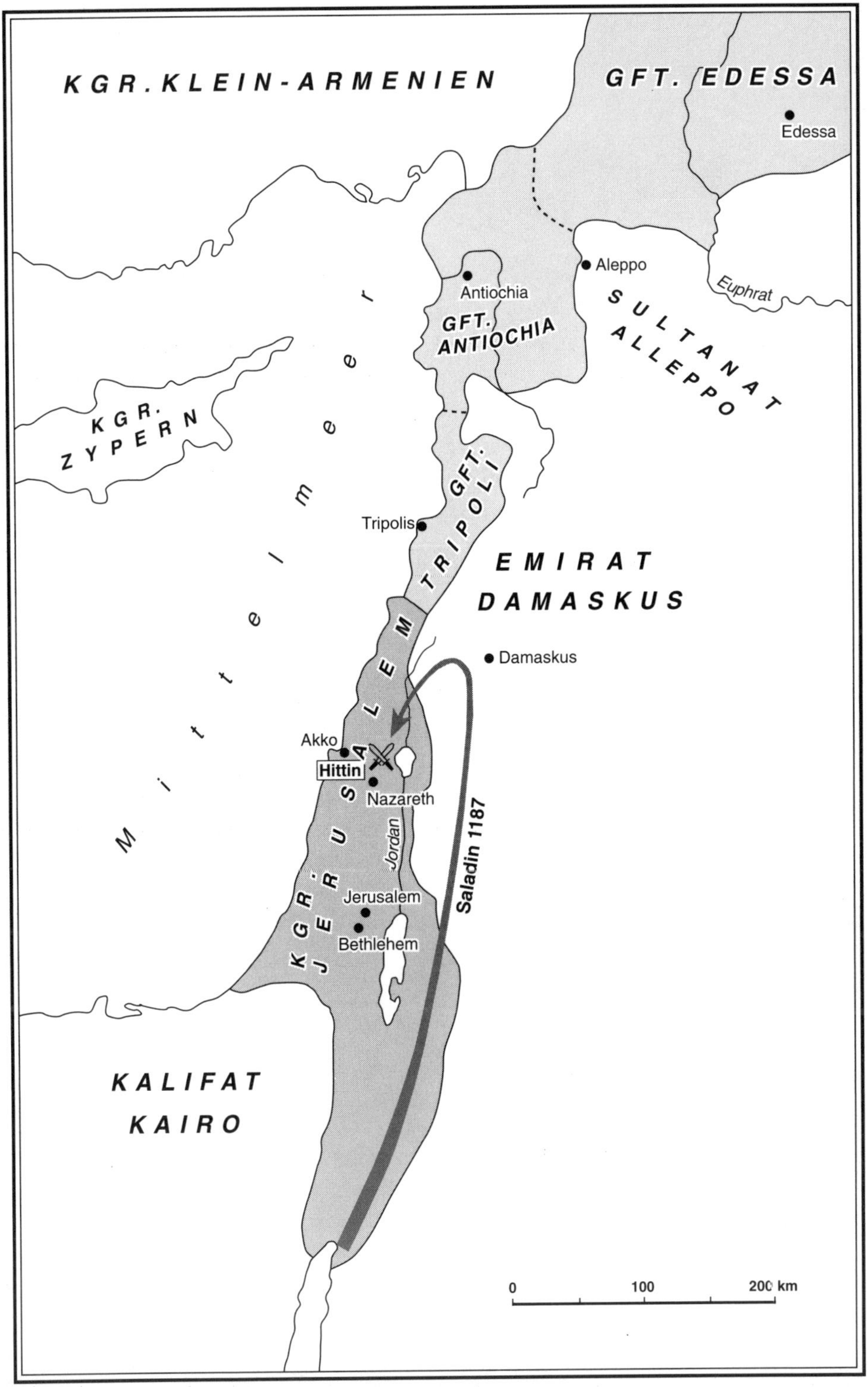

Palästina zur Kreuzfahrerzeit (1098 - 1187 n.Chr.)

Grenzen Palästinas nach dem Plan der Zionistischen Weltorganisation (1919)

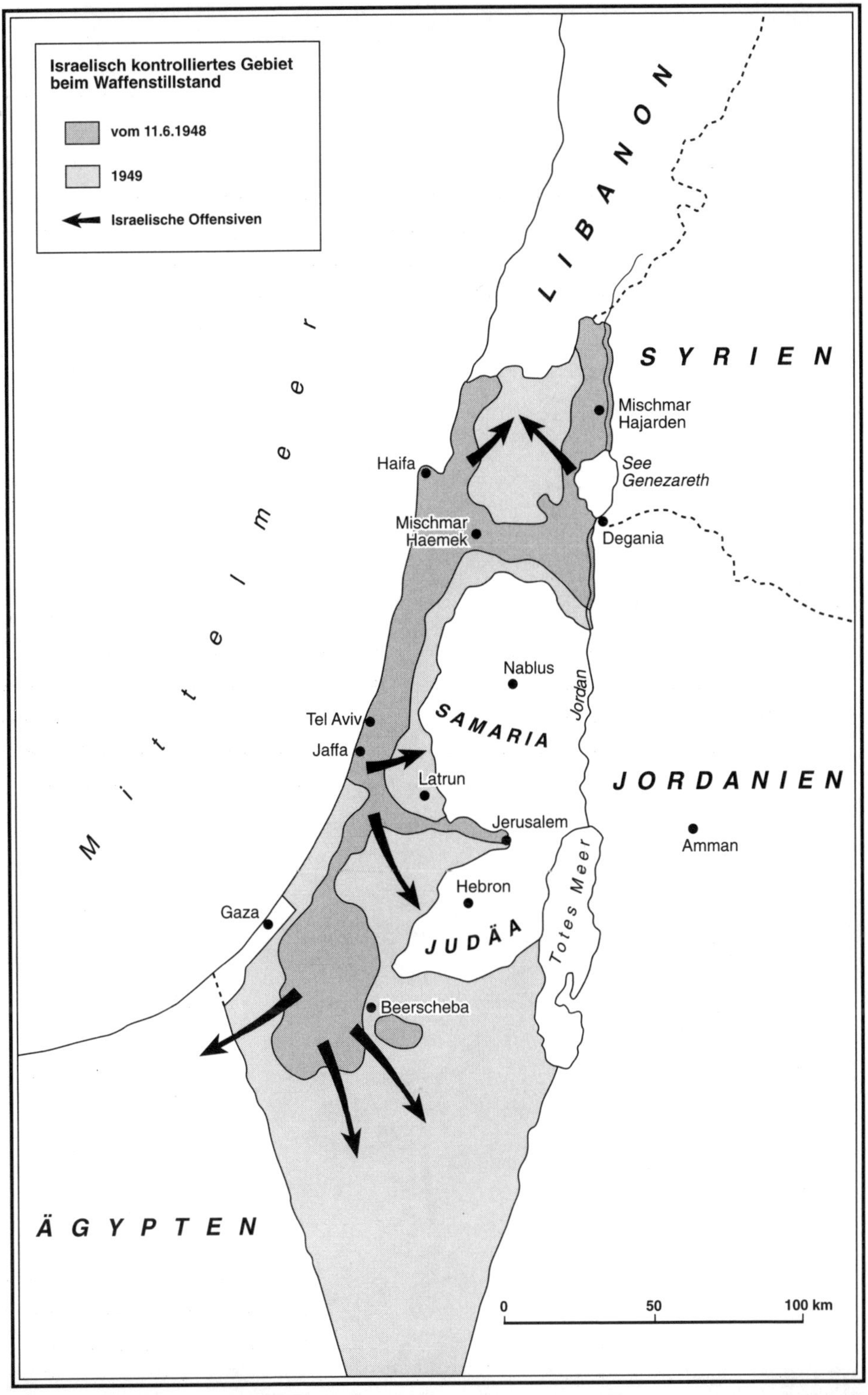

Der Nahostkrieg von 1948/49

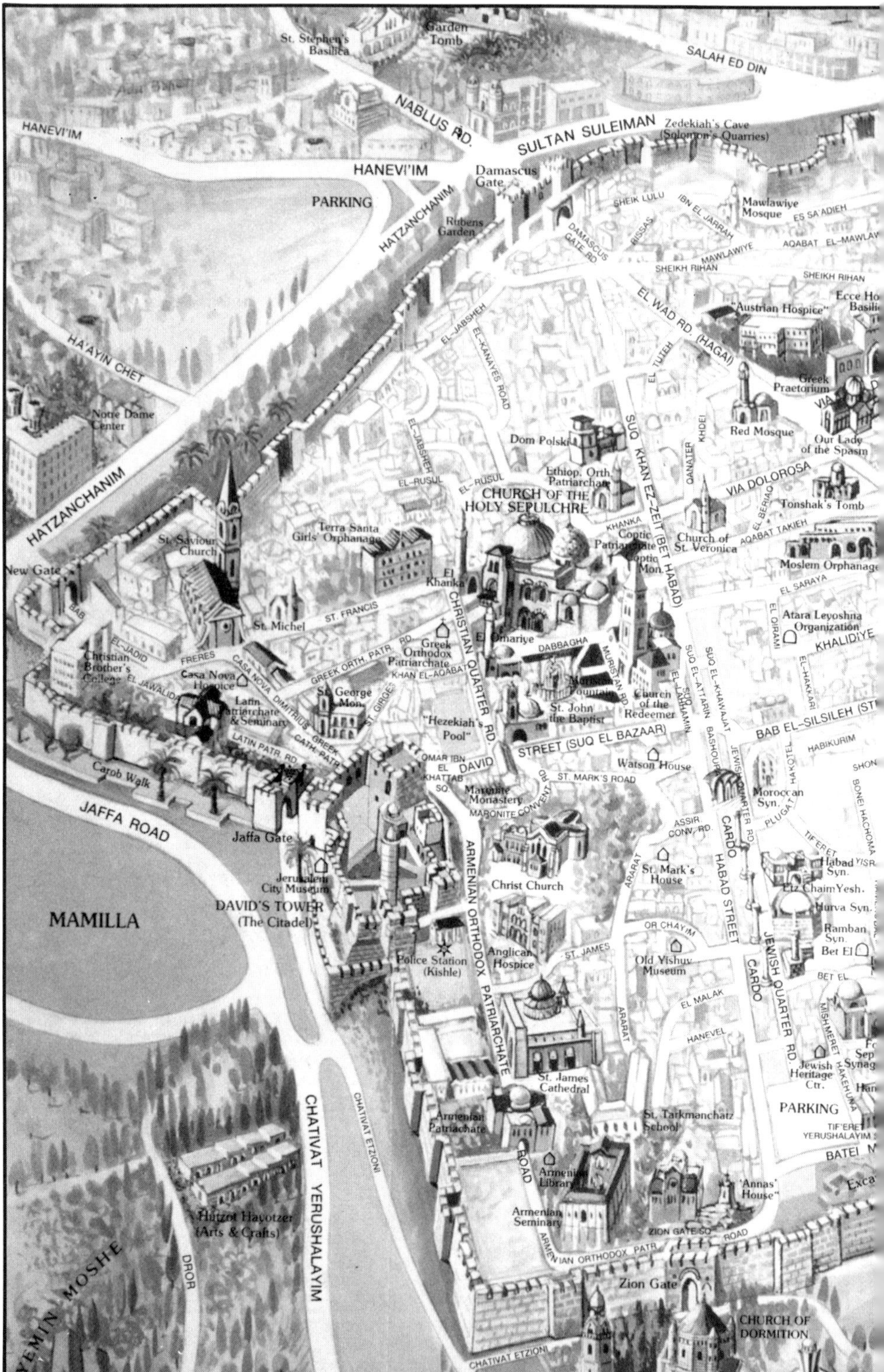

St. Stephen's Basilica
Garden Tomb
SALAH ED DIN
NABLUS RD.
HANEVI'IM
SULTAN SULEIMAN
Zedekiah's Cave (Solomon's Quarries)
HANEVI'IM
PARKING
Damascus Gate
HATZANCHANIM
Rubens Garden
SHEIK LULU
IBN EL JARRAH
Mawlawiye Mosque
ES SA'ADIEH
DAMASCUS GATE RD
BISSAS
AQABAT EL-MAWLAWI
MAWLAWIYE
SHEIKH RIHAN
SHEIKH RIHAN
EL WAD RD. (HAGAI)
"Austrian Hospice"
Ecce Homo Basilica
HA'AYIN CHET
EL-JABSHEH
EL-KANAYES ROAD
EL TUTEH
Greek Praetorium
Notre Dame Center
EL-JABSHEH
Dom Polski
SUQ KHAN EZ-ZEIT (BET HABAD)
KHDEI
Red Mosque
Our Lady of the Spasm
HATZANCHANIM
EL-RUSUL
EL-RUSUL
Ethiop. Orth. Patriarchate
CHURCH OF THE HOLY SEPULCHRE
QANATER
VIA DOLOROSA
Tonshak's Tomb
Terra Santa Girls' Orphanage
KHANKA
Coptic Patriarchate
Coptic Mon.
Church of St. Veronica
AQABAT TAKIEH
St. Saviour Church
New Gate
El Khanka
Moslem Orphanage
EL SARAYA
St. Michel
ST. FRANCIS
CHRISTIAN QUARTER RD.
Greek Orthodox Patriarchate
El Omariye
EL QIRAMI
Atara Leyoshna Organization
KHALIDIYE
Christian Brother's College
EL-JADID
FRERES
CASA NOVA
GREEK ORTH. PATR. RD.
DABBAGHA
MURISTAN RD
SUQ EL-ATTARIN
SUQ EL-KHAWAJAT
EL-HAKKARI
Casa Nova Hospice
KHAN EL-AQABAT
EL-LAHHAMIN
EL JAWALIDA
St. George Mon.
Muristan Fountain
Church of the Redeemer
Latin Patriarchate & Seminary
DIMITRIUS
St. John the Baptist
BASHOURA
BAB EL-SILSILEH (ST
"Hezekiah's Pool"
ST. GIRGES
LATIN PATR. RD.
GREEK CATH. PATR.
STREET (SUQ EL BAZAAR)
HABIKURIM
OMAR IBN EL KHATTAB SQ.
DAVID
Carob Walk
Watson House
ST. MARK'S ROAD
SHONEI
JAFFA ROAD
Maronite Monastery
MARONITE CONVENT RD
Moroccan Syn.
PLUGAT HAKOTEL
BONEI HACHOMA
Jaffa Gate
ASSIR. CONV. RD.
CARDO
JEWISH QUARTER RD.
TIF'ERET YISRAEL
ARMENIAN ORTHODOX PATRIARCHATE
ARARAT
St. Mark's House
Habad Syn.
Jerusalem City Museum
Christ Church
HABAD STREET
Etz Chaim Yesh.
Hurva Syn.
DAVID'S TOWER (The Citadel)
MAMILLA
OR CHAYIM
Ramban Syn.
Bet El
Police Station (Kishle)
Anglican Hospice
ST. JAMES
Old Yishuv Museum
CARDO
BET EL
EL MALAK
ARARAT
JEWISH QUARTER RD.
MISHMERET HAKEHUNA
HANEVEL
Jewish Heritage Ctr.
St. James Cathedral
CHATIVAT ETZIONI
CHATIVAT YERUSHALAYIM
PARKING
Armenian Patriachate
St. Tarkmanchatz School
TIF'ERET YERUSHALAYIM
BATEI M
ROAD
Armenian Library
'Annas' House
Hutzot Hayotzer (Arts & Crafts)
Armenian Seminary
ZION GATE SQ
ROAD
ARMENIAN ORTHODOX PATR.
YEMIN MOSHE
DROR
Zion Gate
CHURCH OF DORMITION
CHATIVAT ETZIONI

Die Altstadt von Jerusalem

Bibliographie

Die Zitate aus dem Alten und Neuen Testament sind verschiedenen Bibelausgaben entnommen (s. Bibliographie). Die Zitierweise der einzelnen Bücher richtet sich nach:
Die Heilige Schrift des Alten und Neuen Testamentes. Pattloch Verlag, Aschaffenburg.
Bibelausgaben:

Die Heilige Schrift des Alten und Neuen Testamentes. Nach den Grundtexten übers. u. hrsgg. v. Vinzenz Hamp u. a. Aschaffenburg 1962
Jerusalemer Bibel. Freiburg 1968
Zink, Jörg: *Das Alte Testament.* Stuttgart 1966
Zink, Jörg: *Das Neue Testament.* Stuttgart 1965

Ariel, Yisrael: *The Odyssey of the Third Temple.* Temple Institute Jerusalem. (o. J.)
Avi-Jonah, Michael: *A History of the Holy Land.* Jerusalem 1961
Avi-Jonah, Michael; Yohanan Aharoni. *Der Bibel-Atlas.* Hamburg 1982
Baedeker, K.: *Jerusalem and its Surroundings.* Leipzig 1871, Reprinted 1973 (Freiburg)
Bahat, Dan: *The Illustrated Atlas of Jerusalem.* Jerusalem 1990
Biblische Stätten einst und heute. Stuttgart 1983
Bourbon, Fabri: *The Holy Land. Yesterday and today.*
Ben Arich, Yehoshua: *Jerusalem in the 19th century.* Jerusalem 1986
Calvocoressi, Peter: *Who's who in der Bibel.* München 1990
Collins, Larry; Dominique Lapierre: *O Jerusalem.* München NA 1993
Comay, Joan: *Who's Who in the Old Testament.* New York 1980
Eckart, Otto: *Jerusalem.* Geschichte der Heiligen Stadt. Stuttgart 1980
Flavius Josephus: *Der jüdische Krieg.* (Goldm. Klass. Studienausg. 7579). München 1993
Flavius Josephus: *Jüdische Altertümer.* Übers. v. Heinrich Clementz. 11. Aufl. Wiesbaden 1993
Gilbert, Martin: *Atlas of the Arab-Israeli Conflict.* London 1993
Gilbert, Martin: *Jerusalem.* Illustrated History Atlas. Jerusalem 1994
Golb, Norman: *Wer schrieb die Schriften vom Toten Meer?* Hamburg 1994
Grollenberg: *Atlas of the Bible.* London 1965
Guggenheim, Willi: *Jerusalem.* Zürich 1968
Hart, Alan: *Arafat, Terrorist oder peacemaker?* London 1984

Herzl, Theodor: *Briefe und Tagebücher.* Hrsg. Alex Bein u. a. 6 Bde. Berlin 1983–1993

Herzog, Chaim: *The Arab-Israeli Wars. War and Peace in the Middle East.* London 1982

Hürst, David: *The Gun and the Olive Branch. The Roots of Violence in the Middle East.* London 1977

Jacoby, Hilla und Max: *Hallelujah Jerusalem.* Hamburg 1980

Jerusalem. Merianheft, Dezember 1995. München 1995

Kallner, Rudolf: *Herzl und Rathenau.* Stuttgart 1976

Katz, Samuel: *Tage des Feuers. Das Geheimnis der Irgun.* Königstein 1981

Kenyon, Kathleen M.: *Digging up Jerusalem.* London 1974

Kollek, Teddy: *Jerusalem und ich.* Frankfurt 1995

Kollek, Teddy: *Next Year in Jerusalem.* Jerusalem 1995

Kollek, Teddy; Pearlman Moshe: *Jerusalem.* Jerusalem 1973

Kornberg, Jacques; Theodor Herzl: *From Assimilation to Zionism.* Indiana University Press 1993

Länder der Bibel. Archäologische Funde aus dem Vorderen Orient. Prähistorische Staatssammlung München. Mainz 1981

Mazar, Benjamin: *Der Berg des Herrn.* Neue Ausgrabungen in Jerusalem. Bergisch Gladbach 1979

Meir, Ben Dor u. a.: *The Western Wall.* Jerusalem 1983

Negev, Avraham: *Archéological Encyclopedia of the Holy Land.* New York 1972

Negev, Avraham, Eckart, Otto: *Archaeology in the Land of the Bible.* Tel Aviv 1976.

Pearlman, Moshe: *Aus der Wüste brechen sie auf, Auf den Spuren des Moses.* Olten 1973

Peres, Shimon: *Shalom. Erinnerungen.* Stuttgart 1994

Perry, Mark: *A Fire in Zion. The Israeli-Palestinian Search for Peace.* New York 1994

Pörtner, Rudolf: *Operation Heiliges Grab. Legende und Wirklichkeit der Kreuzzüge.* München 1980

Prause, Gerhard: *Herodes der Große.* Hamburg 1977

Schoeps, Juline H.: *Theodor Herzl.* Göttingen 1975

Shanks, Hershel: *The City of David.* Washington 1975

Shanks, Hershel: *Judaism in Stone.* Jerusalem 1979

Tal, Eliyahn: *Whose Jerusalem?* Jerusalem 1994

The Middle East and North Africa. Regional Surveys of the World. 41st Edition. London 1995

Wahl, Rudolph: *Spuren im gelobten Land.* München 1977

Personenregister

B

C

D

E

F

G

H

I

J

K

L

M

N

O

P

Q

R

S

T

U

V

W

Y

Z

Kein Krieg
ohne Kairo –
kein Friede
ohne Damaskus

Ein faszinierendes, facettenreiches Portrait dieses Brennpunktes im Nahen Osten vom intimsten Kenner dieser Region. Es macht deutlich, warum diese Stadt, die wohl älteste ständig bewohnte Siedlung der Welt, in Geschichte und Gegenwart eine Sonderstellung einnimmt.

Herbig